财务分析与决策

（第二版）

吴世农 吴育辉 编著

图书在版编目(CIP)数据

CEO 财务分析与决策/吴世农,吴育辉编著. —2 版. —北京:北京大学出版社,2013.1
(中国高级工商管理丛书)
ISBN 978-7-301-21697-2

Ⅰ.①C… Ⅱ.①吴… ②吴… Ⅲ.①企业管理-会计分析 ②企业管理-经营决策 Ⅳ.①F275.2 ②F272.3

中国版本图书馆 CIP 数据核字(2012)第 283990 号

书　　　　名:	CEO 财务分析与决策(第二版)
著作责任者:	吴世农　吴育辉　编著
策 划 编 辑:	林君秀
责 任 编 辑:	徐　冰
标 准 书 号:	ISBN 978-7-301-21697-2/F·3427
出 版 发 行:	北京大学出版社
地　　　　址:	北京市海淀区成府路 205 号　100871
网　　　　址:	http://www.pup.cn
电 子 信 箱:	em@pup.cn　　QQ:552063295
新 浪 微 博:	@北京大学出版社　@北京大学出版社经管图书
电　　　　话:	邮购部 62752015　发行部 62750672　编辑部 62752926　出版部 62754962
印　刷　者:	三河市博文印刷有限公司
经　销　者:	新华书店
	787 毫米×1092 毫米　16 开本　27.5 印张　621 千字
	2008 年 3 月第 1 版
	2013 年 1 月第 2 版　2023 年 1 月第 11 次印刷
印　　　　数:	34501—37500 册
定　　　　价:	72.00 元

未经许可,不得以任何方式复制或抄袭本书之部分或全部内容。
版权所有,侵权必究
举报电话:010-62752024　电子信箱:fd@pup.pku.edu.cn

中国高级工商管理丛书

丛 书 序 言

在我国高校 MBA 教育项目成功开办十周年后,国务院学位委员会于 2002 年 7 月正式批准我国 30 所高校开办 EMBA 教育项目。从此,一批具有高层管理经验的企业家、董事长和总经理等纷纷报考高级工商管理硕士研究生,再次走进高校,开始他们的学习生涯,工作之余,继续学习。他们刻苦钻研,深究理论,联系实际,探讨改革,在课堂上提出许多中国特有的、具有理论挑战性的管理问题。这批具有丰富实践经验、勤于探索的学生与高校的管理学院之间形成了实践和理论的互动,推动了我国高校管理学院在教学和科研方面的改革和创新。

自清华、北大、复旦、上海交大、西安交大、厦大和南京大学等 30 所高校开办 EMBA 教育项目以来,EMBA 教育特有的学习和培养模式深受国有企业、外资公司和民营企业高级管理人员的欢迎。他们当中不乏硕士、博士,不乏高级工程师、高级经济师等,但他们有着与众不同的学习目标——不为学历为学习,不为文凭为求知,不为自己为企业,不为现状为未来。我国 30 所高校的管理学院,在国务院学位委员会的领导下,由全国 MBA 教育指导委员会组织全国著名专家学者,借鉴国际上 EMBA 教育的经验,结合中国国情,认真设计和制定了 EMBA 教育项目的培养方案、课程体系和管理办法;密切注意 EMBA 教育中出现的问题,提出和制定了相应的政策和管理规范;设计和制定了 EMBA 教育基本教学规范和教学质量评估方案,并对全国 30 所招收 EMBA 研究生的高校进行了教学质量评价。这些举措有力地推动了我国 EMBA 教育的健康发展。

五年多来,在各高校管理学院的努力之下,EMBA 教育的总体发展趋势良好,并涌现了一批优秀的 EMBA 教师。他们按照我国 EMBA 研究生培养方案中的课程体系和教学要求,借鉴全国重点高等院校和国际一流大学 EMBA 课程教学的经验,根据 EMBA 学生的特点,精选教学内容,结合典型案例,善于联系实际,授课生动活泼,深受学生欢迎。他们丰富的教学经验,是我国管理教育的一笔宝贵财富。为此,北京大学出版社在全国 MBA 教育指导委员会的支持下,邀请国内一流 EMBA 院校的负责人和活跃在 EMBA 教学一线的知名学者组成《中国高级工商管理丛书》编委会,遴选国内一流 EMBA 院校中在 EMBA 教育领域已积累丰富经验、深受学生欢迎的知名教师为各书作者,组织撰写和出版《中国高级工商管理丛书》。

本系列丛书针对企业高层管理者在现代管理思想、领导能力、综合决策方面的实际需要,强调管理理论的知识整合和决策导向,注重使用通俗易懂的语言和国内外典型案例,讲授涉及企业全局性、战略性、前瞻性等方面的管理问题,使广大企业高层管理人员能尽快掌握系统的工商管理理论要点和分析决策方法,结合企业管理实践进行有效的管理决策。本系列丛书具有如下特点：

1. 实用性。本系列丛书参照 EMBA 培养方案和课程体系，以全国重点高等院校和国际一流大学所开设的 EMBA 主干课程为基础，邀请具有丰富教学经验的知名专家学者，尊重和鼓励他们在教学内容和教学组织等方面有所突破和创新，同时结合国情，根据我国高层管理人员的管理实践需要，精选教学内容和案例，设计和撰写适合我国高层管理人员实际需要的教材。丛书内容充分吸收了中国企业管理的智慧和经验，具有突出的中国特色。

2. 思想性。本系列丛书针对企业高层管理人员在企业实际运作中面临的企业组织、公司治理、竞争力、财务、资本运作、人力资源、营销、生产和运作等战略性问题，在准确、精练地阐述每个领域的基本理论的同时，结合在中国本土的各类企业的实践，深入挖掘管理实践背后的理论观点和思想内涵，注重启发读者的思维，使读者既能掌握先进的现代管理理念，又能增强解决实际问题的能力。

3. 广泛性。本系列丛书坚持"学以致用，学以致道"的原则，旨在为企业高层管理人员提供一整套系统、实用的企业管理理论和分析方法，为其发现、分析和解决企业各类战略决策问题服务。由于语言通俗易懂，理论突出重点而又简练，分析精辟而独到，案例经典且有借鉴价值，因此本系列丛书不仅适合作为 EMBA 研究生主干课程的教材，同时也适合作为国际通行的高级管理人员培训项目 EDP（Executive Development Program）或企业高级管理人员自学的教材。

此外，本系列丛书将在出版基础教材的同时，推出教学课件，包括教学 PPT、思考与练习题参考答案和案例分析示范等配套教辅材料，以尽可能地方便教师使用。

基于此，我代表编委会真诚地向各位读者推荐这套丛书，并希望这套丛书在今后能够持续地吸收来自读者的意见和建议，在可以预见的将来不仅能够充分地满足国内读者学习高层管理知识的需要，同时也因为它日益完善的本土特色而有朝一日成为国外读者了解和学习中国高层管理知识的首选。

赵纯均

全国 MBA 教育指导委员会常务副主任

2008 年 1 月 30 日

第二版前言

《CEO财务分析与决策》(第一版)已经出版发行近五年了,深受广大读者,特别是EMBA研究生、MBA研究生、EDP学员、企业CEO和CFO等的欢迎与好评。但我们深知,一字之差,可能失之千里。写书,永远都是一项遗憾的工作。在教学实践中,我们一方面思索教材中的不足和缺陷并进行相应的修正,另一方面不断修改课件和编写相关案例以充实教学内容。在第一版的体系、框架和内容基础上,本着写一本"立足中国,面向世界"的财务管理教材,写一本"理论联系实际"的财务管理教材,写一本对具有实践经验的企业CEO、高管和董事会成员来说"简明、易学、实用"的财务管理教材,写一本"学以致用、学以至道"的财务管理教材,我们进行了精心的修改、调整与充实,力求止于至善。今天,历经一年的修订,《CEO财务分析与决策》(第二版)终于脱稿了,即将再次与读者见面。

此次我们从三个方面进一步完善此书:第一,由于企业的发展犹如大浪淘沙,新旧更替,更似激流之舟,不进则退,为此我们系统地收集了最新的企业财务管理案例资料和数据,更新了所有的案例,使用最新的财务数据分析和研究近年来柯达、宜家、可口可乐、福耀、金龙、宇通、苏宁、国美、美的、夏新、李宁、安踏、海龙等公司的经营之道、成功经验和失败教训等,使得本书所阐述的理论及原理与财务管理实践密切结合,同时让读者能够及时掌握企业财务管理实务的动态发展与现状。第二,随着近年来财务管理理论研究的不断深入,特别是负债理论、现金分红理论和业绩评价理论等取得一系列新的进展,本书增加了动态资本结构理论、迎合股利政策理论、财务业绩评价和商业模式评价方法等,简要地介绍了这些新的研究成果及其现实意义和应用价值。第三,对书中的某些文字进行订正,个别内容进行了调整和充实,并增加了一些现实的例子,修改和增补了习题以及财务指标体系计算公式等。

在本书的修订过程中,我要特别感谢吴育辉副教授。他为本书的再版和修订投入了大量时间和精力,我为有这样一位学生、助手和同事而深感荣幸。我相信,他今后将担负更多的责任,不断修订此书,使之臻于完美。感谢我们的同事厦门大学管理学院沈艺峰、李常青、屈文洲、王志强、肖珉、吴超鹏等老师,感谢他们所提出的建议和给予的鼓励;感谢查露、卓建明、朱睿、王鼎、罗华、耿艳丽、汤亮、范高燕、蔡伟鑫、冯玉玲、李娜、梁丽娟、汪媛、张筱雪、张秋煌、郑嘉义、郑东也、熊力凡、王毓娴、张婧菁、庄园等同学参与本书第二版的部分案例资料收集、整理、初步分析以及校对工作。

本书第二版是第一版的延续,因此,我还要再次感谢世界银行和厦门国家会计学院的资助,感谢厦门国家会计学院副院长黄世忠教授,感谢所有帮助我们完成此书的同仁。

感谢我们的母校、家人、同事和朋友,感谢我们的学生。

教师以教书育人为己任,总希望能把终身积累的知识传承下去,而传承知识最好的载体之一就是教材。光阴荏苒,世事变迁。当一辈子教书匠,写一本好教材,著几篇好论文,教一批好学生。"三好"是我终身追求,如能遂愿,此生足矣。

吴世农

2012 年 7 月 16 日

于厦门大学海滨东区 8 号楼

第一版前言

随着改革开放的深入,中国经济显现出前所未有的活力。在中国经济增长奇迹的背后,我们看到了数以亿计的建设者们辛勤的汗水和努力的工作,无数企业的高效经营和日夜运作,一批批企业经营者精心的管理和富有眼光的战略,这些因素成为推动中国经济强劲增长的动力之一。

随着经济的发展,终身学习成为人们的自觉行动。从那一群群涌入大学校园继续深造、学习科学技术与管理的年轻人身上,从那一群群放弃休息、忘却辛劳、回到教室接受培训的企业家和高层经理人渴望知识的眼光里,作为大学的教师,我感到教材的重要性。在以论文数量和研究经费多寡评价教师学术水平的年代里,校园里盛行"一流教授发表论文,二流教授参加学术会议,三流教授写教材"的风气,我重拾写书这种繁重的"爬格子"生活,收集资料和文献,坐在计算机前,一字一句地敲打键盘,将我在财务管理这一领域的教学经验、科研成果和实践经验,融入这本为那些具有丰富管理经验,但缺乏财务知识的企业家和中、高层管理者而编写的教材。

这几年来,我有幸在厦门大学、中山大学、武汉大学、重庆大学、湖南大学、华南理工大学、大连理工大学等高校为 EMBA 研究生讲授《CEO 财务管理》课程,也有幸数次应邀到厦门国家会计学院、深圳证券交易所、中国移动、中国电信、中国建设银行、北京银行和很多国资委下属的国有企业,为高层管理者、董事和独立董事讲授《财务报表和财务政策分析》和《投资分析与决策》课程,深受学生和学员的欢迎。他们强烈的求知欲,不仅让我积累了许多宝贵的教学经验,而且增添了我写作的信心,激发了我写作的热情。

本书从企业财务管理实际出发,围绕企业 CEO 或高层经营管理者通常面临的六大财务管理决策问题——企业经营和财务绩效评价、营运资本管理决策、投资决策、负债决策、股利决策、投资价值的分析与决策,采取"三表入手,由表及里"的教学路径,通过分析企业的资产负债表、利润表和现金流量表,讨论和分析企业的财务管理决策问题,为具有企业实践经验的学生和学员构建一个有序而系统、简明而易懂的财务分析和决策框架。同时,本书系统地向学生和学员灌输现代财务管理思想、理念、基本原理和分析方法,力图让他们了解企业财务管理的优秀思想观念——利润、价值、现金、风险、成长,掌握财务管理的主要理论及其现实意义,了解如何应用主要的财务分析方法解决财务管理的实践问题。

正巧,世界银行立项支持中国的财务和会计的培训,包括资助撰写系列教材、编写案例和制作课件。厦门国家会计学院副院长黄世忠教授提议我申请为我国企业高层管理者编写一部《CEO 财务分析与决策》的教材、相关案例和课件。世界银行的资助和厦门国家会计学院的支持,使得这本教材的编写成为现实。为此,我特别感谢世界银行,感谢厦门国家会计学院,感谢黄世忠教授。我还要感谢沈艺峰、李常青、王志强、肖珉、屈文洲老师,他们参加了该书的讨论和审稿;感谢我的助手吴育辉博士,他协助收集了大量资料,并撰写了本书其中两章——"营运资本管理与决策"和"投资价值分析与决策";感谢厦门大学管理学院的博士和硕士研究生黄娟娟、许年行、吴超鹏、肖作平、汪强、胡赫男、翁洪波、潘越、吴红军、王庆文、陈剑平、林晓辉、章之旺、傅德伟、陈炜、曾永艺、李文强、蔡志岳、王毅辉、陈晓芸、李锦、曾小兰、高局先、刘光辉、刘光伟、王占兴、王校培、陈伟、闫薇等同学,他们参加了有关资料的收集和整理工作;感谢 Athena Yang 同学参与本书的首次校对和课件修改工作。

  我还要特别感谢数年来参加高层经理培训、独立董事培训和参加 EMBA 课程学习的那些"好学、淘气的老学生",他们耐心地听我讲授那些枯燥的财务数字和繁杂的财务公式,认真地思考数字和公式背后的含义,并向我提出种种具有挑战性问题,促使我思考如何运用更加通俗、简练和明了的语言和实例,剖析那些烦人的财务原理,讲述那些枯燥数字背后的故事。感谢我的同事、学生、朋友和家人,他们从各方面无私地支持我完成这本小书,有的与我讨论写作内容,有的帮我收集资料,有的为我校对书稿,有的为我修改课件……点点滴滴,铭记在心!

吴世农
2007 年 12 月 8 日
于厦门大学芙蓉湖畔嘉庚主楼

目　　录

第一章　解读企业财务报表 ·· (1)
　　第一节　财务报表的战略意义 ·· (3)
　　第二节　解读资产负债表 ·· (5)
　　第三节　解读利润表 ·· (8)
　　第四节　解读现金流量表 ·· (11)
　　第五节　解读财务报表之间的关系 ·· (19)
　　第六节　案例分析
　　　　　　——解读美的电器2006—2010年度财务报表 ······················ (21)
　　本章小结 ·· (29)
　　专业词汇 ·· (30)
　　思考与练习 ·· (31)

第二章　CEO解读企业财务报表 ·· (35)
　　第一节　CEO解读资产负债表 ·· (37)
　　第二节　CEO解读利润表 ·· (41)
　　第三节　CEO解读现金流量表 ·· (50)
　　第四节　协调发展和可持续增长 ·· (53)
　　第五节　案例分析
　　　　　　——解读宇通客车和金龙汽车的财务报表 ···························· (55)
　　本章小结 ·· (72)
　　专业词汇 ·· (73)
　　思考与练习 ·· (73)

第三章　分析企业财务报表 ·· (81)
　　第一节　财务指标体系 ·· (83)
　　第二节　财务比率分析 ·· (86)
　　第三节　财务报表的三维分析 ·· (106)
　　第四节　主要财务指标的分解分析 ·· (116)
　　本章小结 ·· (141)
　　专业词汇 ·· (142)
　　思考与练习 ·· (143)

第四章　营运资本管理与决策 ·· (147)
　　第一节　营运资本管理思想的演变 ·· (150)

第二节　现代营运资本管理核心——"三控政策" ……………………… (158)
　　第三节　现代营运资本管理与现金管理 ……………………………… (173)
　　第四节　案例分析
　　　　　——苏宁电器与国美电器的营运资本管理 ……………………… (180)
　　本章小结 ………………………………………………………………… (193)
　　专业词汇 ………………………………………………………………… (194)
　　思考与练习 ……………………………………………………………… (194)

第五章　投资分析与决策 …………………………………………………… (199)
　　第一节　投资项目的可行性研究、论证和管理 ………………………… (201)
　　第二节　资本成本和货币时间价值 ……………………………………… (209)
　　第三节　投资项目的财务报表编制和财务效益与风险评价 …………… (220)
　　第四节　投资项目财务效益评价的若干理论和实践问题 ……………… (242)
　　第五节　案例分析
　　　　　——A公司投资项目的效益和风险评价 ……………………… (249)
　　本章小结 ………………………………………………………………… (256)
　　专业词汇 ………………………………………………………………… (257)
　　思考与练习 ……………………………………………………………… (258)

第六章　负债管理理论与实践 ……………………………………………… (261)
　　第一节　负债管理的理论问题 …………………………………………… (263)
　　第二节　负债管理的实践问题 …………………………………………… (277)
　　第三节　财务困境的分析与预测 ………………………………………… (284)
　　第四节　案例分析
　　　　　——山东海龙的短期融资券事件 ……………………………… (300)
　　本章小结 ………………………………………………………………… (308)
　　专业词汇 ………………………………………………………………… (308)
　　思考与练习 ……………………………………………………………… (309)

第七章　股利政策理论与实践 ……………………………………………… (319)
　　第一节　股利政策的主要理论 …………………………………………… (321)
　　第二节　股利政策的主要形式 …………………………………………… (331)
　　第三节　股利政策管理的实践问题 ……………………………………… (337)
　　第四节　案例分析
　　　　　——福耀玻璃的现金股利政策 ………………………………… (348)
　　本章小结 ………………………………………………………………… (354)
　　专业词汇 ………………………………………………………………… (354)
　　思考与练习 ……………………………………………………………… (355)

第八章　投资价值分析与决策 ……………………………………………… (359)
　　第一节　债券投资的估值方法与实践应用 ……………………………… (361)
　　第二节　股票投资的估值方法与实践应用 ……………………………… (378)

第三节　案例分析
　　　　——中国建设银行的投资价值方法 ·················· (395)
　本章小结 ·· (405)
　专业词汇 ·· (405)
　思考与练习 ··· (406)

附　录 ·· (409)
　附表一　战略性财务分析指标体系一览表
　　　　——财务指标的计算公式和含义 ································ (411)
　附表二　商业银行主要监管指标的计算公式和释义 ·············· (417)
　附表三　总风险、经营风险、财务风险的分解公式 ················ (420)
　附表四　权益资本收益率(ROE)和自我可持续增长率(g)的
　　　　影响因素分解公式 ·· (421)
　附表五　经济增加值(EVA)的分解公式 ······························ (422)

参考书目 ·· (423)

第一章　解读企业财务报表

认真研读企业的财务报表,正确分析和理解其中的财务信息,是企业领导者的基本功。面对由成堆枯燥无味的数字构成的财务报表,面对拗口的财务概念和繁杂的财务公式,企业的总裁和董事长等高层管理者常常认为难以应付,因此不愿多花时间去学习和理解。实际上,在这些枯燥无味的数字背后隐含着极其丰富的经营和管理信息,包括企业高层管理者或董事会过去正确和错误决策所导致的结果,包括反映企业未来兴衰存亡或命运趋势的信息,具有极其重要的战略意义。在这一章,我们将了解企业财务报表的基本框架,解读资产负债表、利润表和现金流量表中的基本财务原理,以及财务报表中各种数据背后的含义,使得没有会计或财务专业背景的高层管理者可以通过解读财务报表来初步了解企业的财务状况,"三表"入手,由表及里,从财务管理的角度,逐步深入了解企业面临的问题,并思考应采取的对策。

第一节　财务报表的战略意义

一、财务报表及其使用者

所谓的财务报表,主要是指资产负债表、利润表和现金流量表,俗称"三表"。它们是企业按照企业会计准则编制出来的,向企业的股东、债权人、董事会、管理者和政府有关部门(如税务局)报告企业在过去某一时点财务状况和一段时期经营业绩的正式文件。

财务报表集中地反映了企业在过去某一时点(月、季、半年、年)的财务状况和一段时期的经营管理成果,是企业未来进行经营管理决策的重要依据。企业的董事会和高层管理者可以依据企业的财务报表评价企业过去一段时期的业绩,调整和制定企业下一时期的经营计划、经营政策和财务政策,计算和评判高层管理者的业绩和给予薪酬激励的合理性等;银行或债权人可以根据企业提供的财务报表分析企业的负债程度和偿债能力,评价企业的信用等级,决定是否批准企业的贷款申请或者考虑是否提前收回贷款或继续提供贷款;投资者可以依据企业所披露的财务报表,分析企业股票或债券的投资价值,判断企业未来的财务状况和业绩是否足以支撑其股票价格或债券价格,并根据企业的股票价格或债券价格是否超过或低于其应有的内在价值来决定买卖其股票或债券;政府的税务部门可以根据企业的财务报表计算企业应缴的所得税等各种税费,判断企业是否足额纳税;国有资产管理部门可以根据其所控股或参股企业提供的财务报表,分析企业的经营业绩,判断国有资产是减值、保值还是增值了,以此决定对其经营管理者的奖惩方案。

二、解读财务报表的重要意义

在每年的3—6月份,也就是各个国家的公司上一年度的财务报表正式披露结束之后,财经媒体进入了一年中最繁忙的季节,各式各样的财务分析报告和排名接踵而来。2006年5月22日,《上海证券报》按照在上海证券交易所上市的中国公司的盈利能力、销售收入增长、销售总收入、净利润等分别排出了"中国上市公司100强";美国《商业周刊》2006年第5期专刊报道了"《商业周刊》50强"和"《商业周刊》标准普尔500股票指数公司排名"。此外,美国的《财富》和《福布斯》、英国的《金融时报》、中国的《新财富》等财经媒体也不甘示弱,纷纷排出基于各种财务指标的全球或本国100强公司,包括:销售100强公司、利润100强公司、市场价值100强公司、成长性100强公司、价值创造100强公司,如此等等,令人眼花缭乱。

在《商业周刊》2006年的50强排名中,苹果公司位居50强的首位,但如果从过去3年的利润增长率来看,苹果公司仅以318.7%名列第五;从过去1年的销售收入增长率来看,苹果公司仅以66%位居第八;从股东回报率、净利润率和长期盈利增长率来看,苹果公司甚至没有进入前10名;从规模来看,苹果公司2005年度的销售收入和净利润分别只有162亿美元和16亿美元,而微软公司同期的销售收入和净利润分别达到414亿美元和131亿美元,但在排名上却只屈居50强的第34位。那么,《商业周刊》到底为什么将苹果公司排在50强的首位呢?事实证明,《商业周刊》的排名确实富有远见。2010年5月,苹果公司以2 220亿美元的市值首次超过了微软的市值;2011年8月,苹果公司以3 467亿美元市值首次成为全球市值最高的公司,超过此前全球市值第一的埃克森美孚;2012年2月13日,苹果的股价收盘500.39美元,市值4 627.38亿美元,超过了微软与谷歌市值的总和(见图1-1),此时微软的市值约为2 560亿美元,而谷歌约为1 990亿美元。

图1-1 苹果公司2007—2012年初的股价走势图

资料来源:新浪网。

对于一家公司的财务状况、业绩和未来的发展前景,财经专业人士和财务分析师的分歧不足为奇,因为他们关注公司财务信息和经营信息的不同方面。但是无论如何,面对众说纷纭的分析和评价,我们不能让某些"简单"的排名或某些"片面"的财经报道主导我们的看法、评论和行动。财务分析是一项比较专业的工作,任何涉及企业财务状况的评价,都应该基于科学的分析,而不是表层现象的简单叙述。

对近20年来各种企业的排名分析后可见:曾是全球最大汽车制造公司的通用汽车公司于2009年6月正式向美国政府申请破产保护;同样是著名的跨国公司、拥有131年历史的柯达公司也于2012年1月向美国纽约州提出破产保护;昔日互联网的代名词、曾经最大的网站公司——雅虎公司自2008年以来表现一蹶不振,股票市值大幅缩水;曾是中国家电企业龙头老大的长虹2004年销售收入达到115.39亿元人民币,但却爆出36.81亿元的巨额亏损;曾经以A8手机风靡全国的夏新电子,2003—2005年的销售收入分别是68.17亿元、50.54亿元和48.09亿元,而净利润却分别是6.14亿元、0.11亿元和-6.58亿元,业绩转眼"大变脸",令投资者目瞪口呆;曾备受中国众多财经媒体吹捧的"德隆神话"早已经从"天堂"掉入"地狱"。这样的例子不胜枚举。惨痛的教训反复地告诫我们:无论是企业的高层管理者、股东、债权人还是政府的财经官员,都必须学会读懂公司的财务报表。美国著名财务学家希金斯(Robert C. Higgins,2003)说:"不懂得财务报表的经营管理者,就好像是一个会投篮而不会得分的球员。"总之,"自己动手,丰衣足食"。如果你是公司的高层管理者人员、董事会成员、银行家、政府的财经官员或投资者,学会自己看懂、理解和分析公司的财务报表,必将终生受益。

当你学会和掌握了分析企业财务报表的基本方法,以你亲身的管理经验和管理实践,潜心研究经营管理决策与财务报表及其业绩之间的关系,根据企业长期发展战略的目标,调整和制定相对正确的经营政策和财务政策,体会研读财务报表后进行战略决策的价值,其乐无穷!更重要的是,通过分析和研究自己所管理的企业的财务报表,你将正确地理解经营管理决策可能给公司财务状况带来的后果,有助于避免盲目或错误的决策。读懂财务报表,你可以成功地经营和管理一家企业,也可以更加自信地去拯救一家处于困境中的企业!

第二节 解读资产负债表

一、资产负债表简介

资产负债表是一张反映公司资本来源和资本使用状况的报表,它表明了公司在某一个特定时点的各种资本来源和与之相对应的全部资产,或者说,所拥有的全部资产和与之相对应的全部要求权。编制资产负债表的基本公式是:

$$资产 = 负债 + 所有者权益 \quad (1\text{-}1)$$

为了理解资产负债表的原理和含义,让我们设想创办一家新公司时的情形。通过市场调查,2009年末,王先生和李先生等5人研究决定每人出资100万元创办一家ABC护肤洗涤用品制造公司,这样5人共出资500万元形成了公司的"所有者权益"或"权益资本"。公司推举王先生为董事长,李先生为总经理。李先生招聘了分管投资、技术、生产、采购、人事、财务和营销7个部门的经理,公司召开了第一次经营管理会议,决定向董事会提出申请银行贷款的计划——向银行申请贷款500万元,其中长期贷款300万元,短期贷款200万元。董事会研究后批准了管理层的贷款计划,银行也批准了该公司的贷款申请。这样公司就形成了500万元的"负债",即来自银行贷款的资本——"债务资本"500万元。结果是,公司的资本来源共计1 000万元,其中所有者权益500万元,负债500万元。即

$$\begin{aligned}企业的总资本 &= 权益资本 + 债务资本\\ &= 500 + (200 + 300)\\ &= 1\,000(万元)\end{aligned} \qquad (1\text{-}2)$$

首次债务筹资后,李总经理开始布置工作,各部门经理开始分工合作。首先,分管投资和技术的经理将700万元用于厂房建设和设备采购安装,于是形成了700万元的"固定资产";其次,分管生产和采购的经理将200万元用于采购原材料、配件和能源,其中150万元形成"存货",剩下的50万元形成了"预付款";最后,财务经理经过核算,将剩余的100万元存入银行,于是形成了100万元的"银行存款"。结果是,公司的总资产1 000万元,其中"长期资产"或"固定资产"700万元,"流动资产"300万元;流动资产又包括银行存款100万元,预付款50万元,存货150万元。即

$$\begin{aligned}企业的总资产 &= 长期资产 + 流动资产\\ &= 700 + (100 + 50 + 150)\\ &= 1\,000(万元)\end{aligned} \qquad (1\text{-}3)$$

事实上,我们已经编制出了ABC公司的第一张资产负债表,即2009年末的资本来源和资本使用的状况表,见表1-1。

表1-1 ABC护肤洗涤用品公司2009—2010年资产负债表　　　　单位:万元

总资产	2009年末	2010年末	总资本	2009年末	2010年末
货币资金	100	150	短期借款	200	200
交易性金融资产	0	0	应付票据	0	0
应收账款	0	100	应付账款	0	50
预付账款	50	0	应付股利	0	0
存货	150	200	流动负债合计	200	250
流动资产合计	300	450	长期借款	300	300
固定资产原值	700	700	非流动负债合计	300	300
减:累计折旧	0	50	负债合计	500	550
固定资产净值	700	650	股本	500	500
无形资产	0	0	资本公积	0	0
其他资产	0	0	盈余公积	0	15
非流动资产合计	700	650	未分配利润	0	35
			所有者权益合计	500	550
资产总计	1 000	1 100	负债和所有者权益总计	1 000	1 100

二、解读资产负债表

表1-1表明了ABC这家新创立的公司从首次筹资到首次投资,到生产经营一年后的全部资产使用和资本来源的状况,即2009—2010年末的资产负债表。在解读和分析资产负债表时,必须注意如下几个问题:

第一,资产负债表的表格形式可以是"直列式",也可以是"并列式"。为了便于学习,在教学讲解时通常使用并列式资产负债表,但实践中却大多使用直列式资产负债表。无论是并列式还是直列式,二者只是形式不同,内容和含义完全相同。

第二,在并列式的资产负债表中,其右边表明资本的来源,即资本来源于负债和所有者权益,反映了公司的筹资政策和效果;左边表明资本的使用结果,即资本的使用结果形成了流动资产和长期资产,反映了公司的投资政策和资产配置的效果。或者说,左边反映了公司的全部资产,右边反映了与公司全部资产相对应的所有要求权或索取权。

第三,在资产负债表中有三种重要的结构:一是"资本结构",反映各种资本的来源及其比例关系,例如,负债和所有者权益的比例关系,长期负债和短期负债的比例关系,所有者权益和长期负债的比例关系,有息负债和无息负债的比例关系。二是"资产结构",反映了公司各种资产之间的比例关系,例如,流动资产与非流动资产的比例关系,流动资产中各项资产的比例关系,非流动资产中各项资产的比例关系,流动资产中现金资产与非现金流动资产的关系。三是"股权结构",反映了公司投入资本与留存收益之间的关系、股本与资本溢价之间的关系。

第四,在流动资产这一栏目中,流动资产的各项资产按照其变现能力的高低,从高到低依序逐项排列。首先是货币资金(现金和银行存款),其变现能力最强;其次是交易性金融资产;再次是应收账款和预付账款;最后是存货,其变现能力最弱。这样一种排序,有助于管理者和银行观察和分析公司流动资产的变现能力。特别是对于银行来说,当其给公司短期贷款时,总是希望公司的流动资产越多越好,超过其短期贷款金额,且变现能力越强越好,以防公司无力按期支付银行短期债务时,银行能够将公司的流动资产拍卖变现以抵偿其拖欠的短期贷款。因此,分析比较流动资产与流动负债之间的关系,可以反映公司流动资产的变现能力和短期债务的偿还能力。

第五,当企业开始正式生产和销售时,就不可避免地产生了一些应收应付款和预收预付款。当应收款和预付款的总额超过应付款和预收款的总额,说明公司的资本(金)被他人无偿占用,从而增加了公司总的资本占用;当应收款和预付款的总额少于应付款和预收款的总额,说明公司无偿地占用了他人的资本(金),从而减少了公司总的资本占用。因此,实际上,企业的占用资本不等于企业的总资产,企业的投入资本不等于企业的负债和所有者权益之和。所谓的"占用资本"或"投入资本"(Invested Capital),是指企业需要支付成本的资本,而不需要支付成本的资本不在其中。当一个公司被他人占用了资本,其投入资本就需要增加;当一个公司占用了他人的资本,其投入资本就会减少。换言之,当一个公司使用的债务全部是有息负债,其投入资本等于总资产;当一个公司使用的债务部分是有息负债,部分是无息负债,其投入资本小于总资产;当一个公司使用的债务全部是无息负债,其投入资本等于权益资本。

第六,在中国,权益资本除了"股本"和"未分配利润",还有"资本公积"和"盈余公积"。其中,未分配利润、资本公积和盈余公积三者之和可视为国外的"留存利润"或"留存收益"。其中,盈余公积又分为"法定盈余公积"和"任意盈余公积",法定盈余公积是按照公司税后利润的10%提取,法定盈余公积累计额达到注册资本的50%时可以不再提取。法定盈余公积主要用于弥补未来公司可能发生的亏损或转增资本。任意盈余公积则是上市公司按照股东大会的决议提取。

第七,资产负债表中的所有数据都是"时点数据",表明在某一特定时点,如年末(12月31日)或上半年末(6月30日),公司的资本来源和资本使用状况,但不能反映公司1年期间或半年期间公司的资本来源和资本使用状况,因此是一种"静态数据"或"静态信息"。正因为如此,资产负债表的数据一般会做"平均化"处理,才能反映公司在1年期间或半年期间的资本来源和资本使用状况。[①] 例如,ABC公司2009年末公司的总资产为1 000万元,2010年末的总资产为1 100万元,则公司过去1年平均的总资产是(1 000 + 1 100)/2 = 1 050万元。

第三节 解读利润表

一、利润表简介

利润表,又称损益表,是一张反映公司销售收入、成本、费用、所得税和盈利关系的报表,它表明公司在过去一段时期,例如一个季度、半年或一年,通过销售产品或提供服务所确认或获得的销售收入和与之相应的成本及利润。编制利润表的基本公式是:

净利润 = 营业收入 − 营业成本 − 营业税金及附加
　　　− (销售费用 + 管理费用 + 财务费用) − 资产减值损失
　　　+ 公允价值变动收益 + 投资收益 + 营业外收支 − 所得税费用　(1-4)

为了进一步理解利润表的原理和含义,我们再次来演绎ABC护肤洗涤公司的利润表。当ABC公司创立后,便开始生产和销售。1年后的2010年末,经会计核算,公司2010年的销售收入达到1 000万元,其中90%的销售收入是现金收入,10%是应收账款;实现这1 000万元销售收入的总成本是850万元,其中:营业成本(包括直接材料、直接人工和制造费用等)是450万元,营业税金及附加是50万元,销售费用是150万元,管理费用是150万元,财务费用是50万元。这样,如果公司的所得税税率是33%,那么ABC公

[①] 在有些情况下,为了方便起见,一些财务指标也可以直接用资产负债表期初或期末的数据来计算,如净资产收益率等。

司的净利润是 100 万元。事实上,我们也已经编制出了 ABC 公司 2010 年度的利润表,见表 1-2。

表 1-2　ABC 护肤洗涤用品公司 2010 年度的利润表　　　　　　　单位:万元

项目	金额
一、营业收入	1 000
减:营业成本	450
营业税金及附加	50
销售费用	150
管理费用	150
财务费用	50
资产减值损失	0
加:公允价值变动收益	0
投资收益	0
二、营业利润	150
加:营业外收入	0
减:营业外支出	0
三、利润总额	150
减:所得税费用	50
四、净利润	100
加:年初未分配利润	0
其他转入	0
五、可供分配的利润	100
减:提取公积金	15
六、可供股东分配的利润	85
减:普通股股利	50
七、未分配利润	35

注:假定现金股利已经在 2009 年年底发放。

二、解读利润表

表 1-2 反映了 ABC 公司自创立投产后 1 年来的经营成果——收入、成本、费用、所得税和利润。在解读和分析公司的利润表时,应注意如下几个问题:

第一,利润表反映了公司的营业收入、总成本和利润之间的关系。当营业收入高于总成本时,企业就有盈利;反之,当营业收入低于总成本时,企业就发生亏损。

第二,利润表反映了股东和债权人之间的风险和收益的关系,也反映了企业和政府之间的关系。在利润表中,债权人拥有对公司的债权,因此获得利息作为其所拥有债权的回报;政府由于为企业提供公共管理而获得了税收;股东获得公司最后的剩余收益,即税后利润。这种制度安排表明:债权人由于拥有债权而获得的利息是在税前开支了,优先于股东获得回报;而股东虽然拥有股权,其所获得的利润却是税后的剩余收益。可见,同是出资人,债权人的收益是税前所得,而股东的收益是税后所得,所以股东承受的风险高于债权人承受的风险。

第三,在利润表中,公司的盈利状况可以表现为多个不同的盈利指标,其中:① 营业利润等于公司的营业收入减去营业成本、营业税金及附加、"三项费用"(销售费用、管理费用和财务费用)及资产减值损失,再加上公允价值变动收益和投资收益;② 利润总额,即税前利润,等于公司的营业利润加上公司的营业外收入减去营业外支出;③ 息税前利润(Earnings Before Interest & Taxes),即 EBIT,等于公司的利润总额加上财务费用;④ 税后 EBIT,即 EBIT(1-所得税税率),实际上等于公司的税后利润加上税后利息费用或税后财务费用;⑤ 净利润,即税后利润,等于利润总额扣除所得税费用;⑥ 对于固定资产投资数额巨大的基础设施企业,如水、电、路、桥、通信等公用服务企业,由于这类企业每年的折旧和摊销费用巨大,而折旧和摊销费用是企业的"非付现成本",其作为成本的一部分计入产品的总成本,但又通过销售收入转化为现金回到企业,是企业经营净现金的重要组成部分,因此需要计算另一个重要而特殊的盈利指标——息税前利润加折旧及摊销(Earnings Before Interest & Taxes plus Depreciation & Amortization),即 EBITDA,俗称"现金利润"。以 ABC 公司为例,假设固定资产每年的折旧为 50 万元,以上各种盈利指标及其与营业收入的比例关系如表 1-3 所示。

表 1-3　ABC 护肤洗涤用品公司的各种盈利能力指标

盈利指标	营业收入	营业利润	税前利润	EBIT	税后 EBIT	净利润	EBITDA
金额(万元)	1 000	150	150	200	134	100	250
销售利润率	—	15%	15%	20%	13.4%	10%	25%

第四,在利润表中,企业的利润受到如何确认销售收入的影响。当采用权责发生制来确认公司的销售收入及其与之相应的成本时,买卖双方一旦签订并开始履行正式的法律合同后,就可以根据合同进程确认销售收入及其与之相匹配的成本,所确认的销售收入扣除与之相匹配的成本后,就是利润。但是,若出现赊销,ABC 公司作为卖方就产生了应收账款,而购买者作为买方则发生了应付账款,结果 ABC 公司的销售收入不等于经营性现金收入。同理,若 ABC 公司在购买其他公司的产品作为原材料时也进行赊购,则其作为买方就产生了应付账款,而供货商作为卖方则产生了应收账款,结果 ABC 公司的成本开支也不等于经营性现金支出。可见,上述情况将导致公司的净利润不完全是经营净现金。一般来说,当 ABC 公司的 EBITDA 小于税前经营净现金时,说明公司应收账款小于应付账款,占用了供货商的资金,或存货减少导致占用资金减少;反之,当 EBITDA 大于税前经营净现金时,说明公司应收账款大于应付账款,其资金被客户占用了,或存货增加导致资金占用增加。

第五,在利润表中,企业的利润还受到如何计算每年的固定资产折旧费用的影响。固定资产折旧费用是企业过去的固定资产投资总额在今后各年内的分摊,虽然折旧是企业的成本,但是由于公司在过去购买固定资产时已经发生了现金支出,因此将每年的折旧费用计入企业的总成本中并不会导致企业发生现金流出,因此我们称之为非付现成本,折旧费用将通过销售收入以现金形式返回企业,成为企业经营净现金的一个组成部分。在确定某项特定固定资产的年折旧金额时,受到三个因素的影响:一是资产的使用年限,许多资产的物理生命周期长于其经济生命周期;二是资产的残值,即折旧年限到期后资产的剩余价值;三是年折旧费用的计算方法。年折旧费用的计算有两种基本方法:一是直线折旧法,即年平均折旧费用=(资产的价值–残值)/资产使用年限;二是加速折旧法,具体有很多计算方法,但总的思路是一样的,即在资产使用年限内,前一年比后一年的折旧额多,每年的折旧额随着时间的推移而逐年减少直至等于资产的残值。

第四节　解读现金流量表

一、现金流量表简介

企业的董事会、管理层、投资者和债权人通过资产负债表和利润表,掌握了企业某一时点的资产、负债和所有者权益的状况以及某一期间的收入、成本和利润的状况,那为什么还要编制现金流量表呢?

简单地说,在编制利润表的时候,由于现行的会计制度采取的不是现金收付制,而是权责发生制,即企业是根据是否提供或取得产品或劳务来确认销售收入和成本支出,而不是根据是否收到现金或是否支付现金来确认销售收入和成本支出,这就可能导致企业的销售收入不等于现金收入,成本支出不等于现金支出,净利润不等于净现金收入。此外,当固定资产折旧和无形资产摊销的费用计入成本的时候,实际上并没有支出现金,即属于非付现成本,这部分成本是总成本的一部分,通过销售收入,又以现金的形式回到企业。在实践中,我们常常可以看到一些企业有利润而无现金,而另一些企业则有现金而无利润。那些有利润而没有现金的企业往往因现金短缺,无力付息还本而破产,而那些有现金而没有利润或利润很低的企业,由于有现金用于付息还本,往往不会破产。同样,资产负债表只反映企业的资本来源和资本使用情况,并在资产负债表的流动资产中,以"货币资金"这一栏目,反映企业总的现金存量,但没有反映现金具体的收支状况。可见,无论是企业的利润表,还是企业的资产负债表,都没有反映企业具体的现金收支状况。但是,恰恰是被忽略的现金收支状况,可能是影响企业财务状况的主要因素,甚至是决定企业未来生存与发展的关键因素。实际上,现金比利润更加重要,企业必须重视现金,故有"现金为王"(Cash is King)之说!

企业的现金来源和去向与企业的经营、投资和筹资活动相关。根据企业现金的来源进行分类,企业的现金流入主要有三个来源:第一类是经营活动产生的现金流入;第二类是投资活动产生的现金流入;第三类是筹资活动产生的现金流入。根据企业现金的去向进行分类,企业的现金流出也主要有三个去向:第一类是经营活动产生的现金流出;第二类是投资活动产生的现金流出;第三类是筹资活动产生的现金流出。① 因此,企业总的现金净流量,简称"总现金净流量"的计算公式如下:

企业总现金净流量 = 经营活动产生的现金流量净额 + 投资活动产生的现金流量净额
+ 筹资活动产生的现金流量净额 (1-5)

图 1-2 表明了企业经营活动、投资活动和筹资活动的现金流入、流出和净流量的关系。企业现金流量表的设计和编制正是基于这样一个框架图。

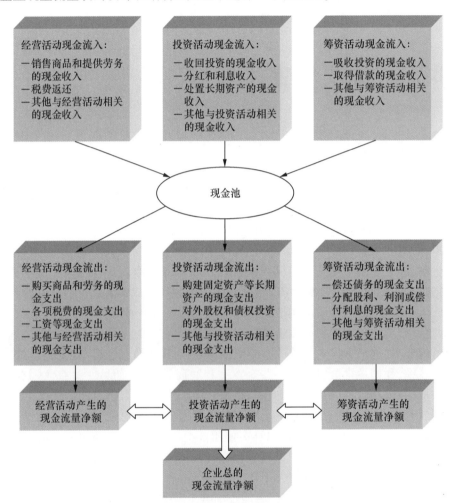

图 1-2　企业经营活动、投资活动和筹资活动的现金流入、流出和净流量图示

二、解读经营活动产生的现金流量

经营活动产生的现金流量是指企业在经营活动过程中形成的现金流入、现金流出和

---

① 若企业具有国际业务,其现金还可能受到汇率变动的影响。在此,我们忽略。

现金净流量。现金流入主要包括：销售商品、提供劳务收到的现金；收到的税费返还；收到的其他与经营活动有关的现金等。现金流出主要包括：购买商品、接受劳务支付的现金；支付给职工以及为职工支付的现金；支付的各项税费；支付的其他与经营活动有关的现金等。经营活动产生的现金流量净额就是流入与流出之差，即

经营活动产生的现金流量净额 = 经营活动现金流入 − 经营活动现金流出　　(1-6)

经营活动产生的现金流量净额又简称为"经营净现金"。如何计算经营净现金呢？企业可以采用两种方法计算：一种是间接法，另一种是直接法。① 对于非财务专业的 CEO 和高级管理人员，按照间接法计算经营净现金更加直观、容易理解和接受。因此，我们先讨论间接法。

从理论上来说，如果一个企业所有生产出来的产品都卖出去了或库存为零，且企业不欠别人的钱，别人也不欠这个企业的钱，则这个企业的所有税后利润都是现金。然而，在企业的产品成本构成中，有一类特殊的成本——固定资产折旧费用、无形资产和长期待摊费用的摊销、资产减值损失等。这一类成本之所以特殊，在于它们属于非付现成本。顾名思义，它们是企业成本的组成部分，但并没有支付现金。为什么呢？因为它们来自于企业的固定资产和无形资产，而固定资产和无形资产是企业的一次性投资，然后从营运年份起，每年从中计提折旧费用和摊销费用。换言之，这些成本在投资的时候已经一次性支出了现金，以后分年度计入企业的成本或费用。因此，当企业将产品或服务出售后，形成了销售收入，实际上这些折旧费用和摊销费用又通过销售收入，以现金的形式收回来了。可见，折旧和摊销这些非付现成本也是现金。②

此外，企业支付的利息费用，在利润表中作为扣减项减少了企业的利润，而利息费用并不属于企业经营活动产生的费用，而属于筹资活动产生的费用，因此，在计算经营净现金时，应将利息费用重新加回企业的利润中来。

基于上述逻辑关系，我们可以在利润、折旧和利息等数据的基础上，间接地计算出"应得经营净现金"。所谓的应得经营净现金，就是在理想经营环境下，买卖双方以现金交易，生产出来的产品或服务全部以现金形式售出且存货为零的环境下，企业应该获得的经营净现金。由于经营净现金有税前和税后之分，其公式如下：

应得税后经营净现金 = 税后利润 + 利息 + 折旧 + 摊销 + 资产减值损失　　(1-7)
应得税前经营净现金 = EBIT + 折旧 + 摊销 + 资产减值损失　　(1-8)

我国在税后利润基础上编制现金流量表，所以得到的是税后经营净现金；欧美国家在息税前利润（EBIT）基础上编制现金流量表，所得到的是税前经营净现金，然后扣除上缴所得税，即得到税后经营净现金。

遗憾的是，上述公式所描述的是理想经营状态中企业的经营净现金。在实践中，企业的销售收入不一定能收到如数的现金，企业的成本支出也不一定全是现金支出，因此净利润不等于经营净现金。正如前面所说的，现有企业的利润表编制方法不是采取现金

---

① 在《企业会计准则第31号——现金流量表》中明确规定企业应当采用直接法列示经营活动产生的现金流量；但是在其他很多国家和地区，公司可以采用间接法编制现金流量表。
② 资产减值损失也属于非付现成本，但与折旧和摊销不同的是，资产减值损失根据资产是否存在发生减值的迹象来计提，不一定需要每年都计提资产减值损失。

收付制,而是采取权责发生制,因此就需要编制现金流量表作为利润表的补充,从而说明利润的质量——企业所实现的利润是否具有现金保证?企业是否将应该获取的经营净现金如数收回?企业是否因竞争劣势被他人占用现金或因库存激增导致经营净现金下降?那么,如何在理想状态企业的经营净现金基础上,调整计算一般状态企业的经营净现金呢?

首先,区别于现金收付制,权责发生制在确认销售收入的时候,基于卖方是否已提供产品或劳务,而不是买方是否向卖方支付货款。因此,这就造成了企业的销售收入不一定等于现金收入。显然,若出现买方拖欠货款,卖方企业的现金收入就小于销售收入,形成应收账款。若出现买方预付货款,卖方企业在发货之前就有现金收入,形成预收账款。其次,同理,企业的成本支出不一定等于现金支出。显然,若企业购买货物拖欠卖方的货款,买方企业的现金支出就小于成本支出,形成应付账款。若企业预先支付货款,其现金支出就会大于成本支出,从而形成了预付账款。再次,若企业生产出来的产品或提供的服务不能卖出去,就形成了库存,而库存占用了企业的现金,导致其现金净流量的减少。由此可以推出:

(1) 当企业应收账款增加,其经营净现金减少,反之增加;
(2) 当企业预付账款增加,其经营净现金减少,反之增加;
(3) 当企业库存增加,其经营净现金减少,反之增加;
(4) 当企业应付账款增加,其经营净现金增加,反之减少;
(5) 当企业预收账款增加,其经营净现金增加,反之减少。

因此,对于一般状态的企业,其实际获得的经营净现金的计算公式是:

实际税后经营净现金 = (税后利润 + 利息 + 折旧 + 摊销 + 资产减值损失)
− (应收账款增加额 + 预付账款增加额 + 库存增加额
− 应付账款增加额 − 预收账款增加额)   (1-9)

实际税前经营净现金 = (EBIT + 折旧 + 摊销 + 资产减值损失)
− (应收账款增加额 + 预付账款增加额 + 库存增加额
− 应付账款增加额 − 预收账款增加额)   (1-10)

因此,在应得税后经营净现金(税后利润 + 利息 + 折旧 + 摊销 + 资产减值损失)的基础上,我们可以来调整计算公司实际的经营活动净现金,如表1-4第一栏所示。根据ABC公司利润表中的净利润和财务费用等数据及资产负债表中的库存、应收款、应付款、预收款和预付款增加额等数据,我们可以计算该公司2010年的实际税后经营净现金为150万元,见表1-4第二栏。

表1-4 间接法计算ABC护肤洗涤用品公司2010年的经营净现金　　　　单位:万元

经营净现金	金额
净利润	100
加:少数股东权益	0
计提(转回)的资产减值准备	0
固定资产折旧	50
无形资产摊销	0

(续表)

经营净现金	金额
长期待摊费用摊销	0
处置固定资产、无形资产和其他长期资产的损失(减:收益)	0
固定资产报废损失(减:收益)	0
财务费用(减:收入)	50
投资损失(减:收益)	0
递延所得税资产减少	0
递延所得税负债增加	0
存货的减少(减:增加)	−50
经营性应收项目的减少(减:增加)	−100
经营性应付项目的增加(减:减少)	100
经营活动产生的现金流量净额	**150**

同理,根据利润表和资产负债表的数据,我们可以推出基于直接法计算的经营净现金。根据(1-6)式,按照直接法计算的经营净现金的公式可参照表1-5第一栏。根据ABC公司2010年度利润表和资产负债表中的数据,我们同样可以基于经营活动中现金的收支项目,计算出该公司2010年的实际税后经营净现金为150万元,计算过程如表1-5第二栏所示。

我们进一步用应得经营净现金和实际经营净现金这两个指标的比值来反映公司的盈利质量,并将该指标称为获现率指标,用公式表示如下:

$$获现率 = 实际经营净现金 / 应得经营净现金 \quad (1-11)$$

在实际计算获现率指标时,我们还需调整除财务费用之外的其他非经营性收益对税后利润的影响,如处置固定资产等长期资产的损失、投资收益、公允价值变动损失等,这些将影响公司的应得经营净现金和实际经营净现金,并最终影响获现率指标。

经营活动净现金是企业通过日常经营活动获取的现金,企业每天的经营活动都会发生现金流入和流出,具有频发性的特点。若经营活动净现金为正,说明企业可以为未来的经营与发展提供稳定的现金支持,例如,增加投资、偿还负债或增加分红等,结果是企业持续健康发展;若经营活动净现金为负,企业则可能需要通过不断筹资或减少投资来弥补经营活动所需的现金,例如,增加负债、增发新股、减少投资或减少分红等,若失去举债和增资扩股的条件,结果可能导致企业经营规模不断萎缩,甚至发生债务危机。因此,如果说"现金为王",那么经营活动的净现金就是"王中王"(King of Kings),是企业生存和发展的血脉!正因如此,从功能上来看,我们称经营活动净现金是"造血型现金"。当然,还有一些公司常年来其经营净现金为负数,说明公司不仅无法通过经营活动创造经营净现金,无法"造血",反而"失血",这类企业我们称之为"失血型公司"。

表 1-5　直接法计算 ABC 护肤洗涤用品公司 2010 年的经营净现金　　　单位：万元

经营净现金	金额
经营活动现金流入：	
销售商品、提供劳务收到的现金	900
收到的税费返还	0
收到的其他与经营活动有关的现金	0
现金流入小计	900
经营活动现金流出：	
购买商品、接受劳务支付的现金	400
支付给职工以及为职工支付的现金	100
支付的各项税费	100
支付的其他与经营活动有关的现金	150
现金流出小计	750
经营活动净现金	150

三、解读投资活动产生的现金流量

投资活动产生的现金流量是指企业通过投资活动形成的现金流入、现金流出和现金净流量。现金流入包括：收回投资收到的现金，取得投资收益收到的现金，处置各类固定、无形资产或长期资产收回的现金，处置子公司及其他营业单位收到的现金和其他与投资活动相关的现金；现金流出包括：购置各类固定、无形资产或长期资产的现金支出，投资支付的现金，取得子公司及其他营业单位支付的现金和支付其他与投资活动相关的现金。投资活动产生的现金流量净额就是流入与流出之差，即

投资活动产生的现金流量净额 = 投资活动现金流入 − 投资活动现金流出　（1-12）

投资活动产生的现金流量净额，简称"投资净现金"，其计算方法如表 1-6 第一栏所示。由 ABC 公司 2010 年的利润表和资产负债表可见，因为 ABC 公司在 2010 年没有发生任何的投资活动现金流出或流入，所以其投资净现金等于 0，如表 1-6 第二栏所示。

表 1-6　ABC 护肤洗涤用品公司 2010 年投资净现金计算表　　　单位：万元

投资净现金	金额
投资活动现金流入：	
收回投资收到的现金	0
取得投资收益收到的现金	0
处置固定资产、无形资产和其他长期资产收回的现金净额	0
处置子公司及其他营业单位收到的现金净额	0
收到其他与投资活动有关的现金	0
现金流入小计	0
投资活动现金流出：	
购建固定资产、无形资产和其他长期资产支付的现金	0

(续表)

投资净现金	金额
投资支付的现金	0
取得子公司及其他营业单位支付的现金净额	0
支付的其他与投资活动有关的现金	0
现金流出小计	0
投资活动净现金	0

不同的企业、在不同的发展阶段可能表现出不同的投资净现金。首先,对于正在通过投资扩张的初创企业或快速成长的企业来说,由于投资多、分红少,投资净现金通常是负数;对于趋于成熟的企业,由于投资少、分红多、偿债多,投资净现金通常是负数。对于以收购兼并和投资买卖企业为主要业务的投资公司而言,对于投资效益好的公司,投资净现金通常是正数;对于投资效益差的公司,投资净现金通常是负数。一般来说,随着产业生命周期越来越短,企业必须不断去寻求新的投资机会,因此,多数企业的投资净现金是负数。正因如此,从功能上来看,我们又称投资净现金为"放血型现金"。当然,还有一些公司因经营管理不善,经营净现金严重短缺,同时失去举债和增资扩股的条件,不得不拍卖公司现有的资产或股权,获得投资净现金,此时其投资净现金为正数,这类公司我们称之为"吸血型公司"。

四、解读筹资活动产生的现金流量

筹资活动产生的现金流量是指企业通过筹集资金形成的现金流入、现金流出和现金净流量。现金流入包括:吸收投资收到的现金,取得借款收到的现金,收到其他与筹资活动有关的现金;现金流出包括:偿还债务支付的现金,分配股利、利润或偿付利息支付的现金,支付其他与筹资活动有关的现金。筹资活动产生的现金流量净额就是流入与流出之差,即

筹资活动产生的现金流量净额 = 筹资活动现金流入 − 筹资活动现金流出　　(1-13)

筹资活动产生的现金流量净额,简称"筹资净现金",其计算方法如表1-7第一栏所示。根据ABC公司2010年的利润表和资产负债表,ABC公司在2010年发生利息费用50万元和股利支付50万元,所以其筹资净现金为 − 100万元,如表1-7第二栏所示。

表1-7　ABC护肤洗涤用品公司2010年筹资净现金计算表　　　　　　　单位:万元

筹资净现金	金额
筹资活动现金流入:	
吸收投资收到的现金	0
取得借款收到的现金	0
收到其他与筹资活动有关的现金	0
现金流入小计	0

(续表)

筹资净现金	金额
筹资活动现金流出：	
偿还债务支付的现金	0
分配股利、利润或偿付利息所支付的现金	100
支付的其他与筹资活动有关的现金	0
现金流出小计	100
筹资活动净现金	-100

由表1-7可见，筹资活动现金流入的来源主要是权益筹资和债务筹资，其选择结果将影响到企业的所有者权益与负债的比例，即负债状况。筹资活动的现金流出主要是偿还到期债务和支付各项筹资费用、利息、股息等。值得注意的是：首先，企业筹集的现金用于投资和增加营运过程所需的资金，若投资后经营活动能够产生足够的经营净现金，则企业将步入良性发展轨道；若投资后经营活动不能产生足够的经营净现金，则企业将陷入财务危机——无力还本付息和给予股东必要的回报。此外，股息的支付情况反映出企业的分红政策，而分红政策的实施不仅受到企业盈利能力的影响，而且受到企业现金生成能力的影响。对于那种有利润而无现金的企业，支付利息和支付股息意味着现金流出，一般情况这部分现金流出是依赖于经营净现金；若经营净现金为负数，则只能依赖于投资净现金；若投资净现金也为负数，则只能依赖于筹资净现金，从而将出现用股东的本金和银行的贷款支付股息和利息的异常现象。长期以往，股东和债权人必将停止为企业提供权益资本和贷款，企业也就难以为继。由此可见，筹资净现金实际上是权益筹资和债务筹资过程中发生的现金收入与支出的差，而股东和债权人只愿意为盈利且经营活动现金生成能力强的企业提供权益资本和债务资本，所以又称筹资净现金是"输血型现金"。当然，存在少数的一些优秀企业，其盈利能力强且经营净现金多，其创造的经营净现金不仅可用于投资、分红、偿债，结果还有剩余，因此继续偿债，负债比例相当低，期末结余的现金十分丰厚，结局是：其分红派息和偿债所支出的现金多于其增资扩股和举债的现金，这类公司的筹资净现金为负数，属于"献血型公司"。

五、解读企业总的现金流量

企业总的现金流量由四大部分构成，其从总体上反映当年企业现金流入、流出和净流量的状况，同时反映了企业当年总现金的来源和构成。首先，企业总的净现金流量主要由经营净现金、投资净现金和筹资净现金三大部分组成。此外，由于企业在国际经营活动中受汇率变化影响导致现金流入或流出的变化，形成汇率变化对现金产生的影响额，也是影响企业总的净现金流量的主要因素之一。因此，企业总的净现金流量，又称"现金及现金等价物净增额"，等于经营净现金、投资净现金、筹资净现金和汇率变化对现金影响额这四个项目的总和。表1-8第一栏就是企业当年总的净现金流量的计算表。根据表1-5至表1-7，2010年ABC公司总现金净流入量为50万元。这50万元增加的现金也反映在 2010 年 ABC 公司资产负债表中的流动资产的第一项"现金和银行存款",可见 ABC 公司的现金从 2009 年的 100 万元增加到 2010 年的 150 万元,净增 50 万元的现金。

表 1-8　ABC 护肤洗涤用品公司 2010 年总的现金流量计算表　　　　　　单位:万元

总的现金流量	金额
一、经营活动产生的现金流量净额	150
经营活动现金流入小计	900
经营活动现金流出小计	750
二、投资活动产生的现金流量净额	0
投资活动现金流入小计	0
投资活动现金流出小计	0
三、筹资活动产生的现金流量净额	-100
筹资活动现金流入小计	0
筹资活动现金流出小计	-100
四、汇率变动对现金产生的影响额	0
五、现金及现金等价物净增加额	50

在资产负债表的现金栏目的数据,是企业年末的现金余额,反映了企业在年末所拥有的现金存量,是企业随时可以动用的现金。企业年末的现金余额等于企业年初的现金余额,加上当年企业净增的现金流量。显然,若企业当年净增的现金流量为正,则企业当年末的现金就会增加;反之,若企业净增的现金流量为负,则企业当年末的现金就会减少。绩优的公司其现金管理具有一个显著的特点:长期来看,其年末结余的现金越来越多,逐年增加;绩差的公司其现金管理的特点则相反:年末结余的现金越来越少,逐年下降。

第五节　解读财务报表之间的关系

在解读完资产负债表、利润表和现金流量表之后,我们知道,资产负债表、利润表和现金流量表从不同角度反映了企业的资本来源和资本使用状况、经营成果和资金循环状况,但它们之间存在密切的联系,如图 1-3 所示。

第一,我们来分析一下资本是如何转化为资产的。企业通过向股东发行股票或受让股份获取权益资本,通过向债权人借款或发行债券获取债务资本,形成了资产负债表的右边,其反映了企业的资本来源或筹资的结果,即来自股东的权益资本和来自债权人的负债。由于企业高层管理者受托管理企业,负责将筹集的资本转化为资产,形成了资产负债表的左边,其反映了企业资本的使用去向,表现为各种各样的资产,包括流动资产、固定资产和其他资产。

第二,我们来分析一下资产如何转化为营业收入和利润。企业高层管理者受托管理

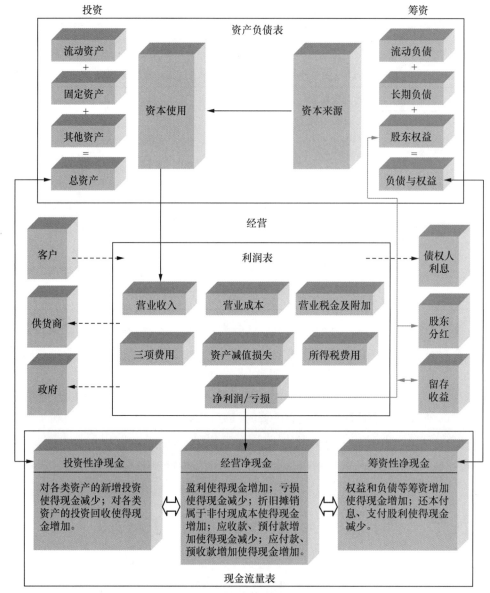

图1-3 企业财务报表之间的联系

和经营资产负债表左边的那些资产,生产并出售产品或提供服务,从而给企业带来营业收入,即利润表中的第一行,其受到产品价格和销售量的影响。按照目前中国的企业会计准则,利润表就是在营业收入的基础上,扣除营业成本、营业税金及附加、三项费用(管理费用、营业费用、财务费用)、资产减值损失,加上公允价值变动收益和投资收益,就得到营业利润。营业利润加上营业外收入,扣除营业外支出,就得到利润总额,再扣除所得税费用,就是净利润。我们可以将营业利润调整为息税前利润(EBIT),其将在政府、债权人和股东之间进行分配,政府获得所得税,债权人获得利息,股东获得净利润。

第三,我们再来分析一下筹资和投资(资产负债表的右边和左边)与经营(利润表)是如何影响企业现金流入和流出,从而形成企业总的现金流量。① 当企业的权益资本或债务资本增加了,随之企业筹资性现金增加了。② 当企业投资增加,其长期性资产增加,但投资性现金减少了;反之,当企业收回投资或获得投资分红,其长期性资产减少,但产生现金收入,因此投资性现金增加了。③ 当企业获得经营利润后,加上折旧和摊销,其经营性现金增加了;若亏损,其经营性现金将减少。④ 当企业的营运资本需求量(应收款＋预付款＋存货－应付款－预收款)增加,经营性现金将减少;反之则增加。⑤ 当企业分配经营利润,向债权人付息还本和支付股利给股东,使得筹资性现金减少;交纳税收使得企业的经营性现金减少。

第六节 案例分析
——解读美的电器2006—2010年度财务报表

一、案例背景——美的电器的成长之路

广东美的电器股份有限公司(以下简称"美的电器")源自1968年的广东顺德县北滘公社塑料生产加工组,1981年注册"美的"商标并正式进入家电行业。美的电器是中国证监会成立以来批准的第一家乡镇企业上市公司,1992年经过股份制改造,1993年11月12日挂牌上市,证券简称"美的电器",证券代码为000527。

从1993年上市至2010年,美的电器保持了年年盈利、年年分红的记录。截至2010年末,美的电器的资产总额由上市初的15亿元增至421亿元,增长了27倍;营业收入由9亿元增至746亿元,增长近82倍;利润总额从1.4亿元上升至49.6亿元,增长了34倍。公司已成为以白色家电产业为主的现代化企业,是中国最具规模的白色家电生产基地和出口基地之一,公司拥有完整的空调、洗衣机、冰箱产业链,家用空调国内市场公司属于龙头企业之一,海外市场连续多年领先;冰箱、洗衣机、中央空调位居国内市场前列;空调压缩机规模全球最大。

美的电器有员工近十万人,拥有美的、小天鹅、荣事达、华凌等多个品牌产品,下辖家用空调事业本部、冰箱事业部、洗衣机事业部、中央空调事业部、压缩机事业部五个产品事业部,以及中国事业本部、国际事业本部两个营销平台。公司目前在国内有顺德、广州、合肥、芜湖、武汉、荆州、重庆、邯郸等9大生产基地,海外有越南及埃及生产基地。公司现有国内60余家区域销售公司、海外则是全球5大区近60个国家经营团队,国内营销网点近6万家,其中美的专卖店1万多家。在中国最有价值品牌排行榜(2010年)中,美的品牌价值以497亿元位居第6位。

2006—2010年,是美的电器战略布局的5年。美的电器从家用空调为主,逐步成长为暖通空调产业、白色家电产业综合协调发展的行业龙头之一;资本市场上,美的完成了

股权分置改革、公开增发,推动了近期的非公开增发;收购整合小天鹅、荣事达和华凌等;5年间,美的电器收入、净利润和总市值分别增长了3.5倍、8.2倍和27.2倍。

二、案例分析——解读美的电器的财务报表

(一)解读美的电器的利润表

在多年的高速发展过程中,美的电器一直秉承"上规模、保盈利、调结构"的经营方针,把扩大规模放在第一位,事实证明,这一经营方针使美的电器迅速成长为中国白色家电行业的龙头企业之一。然而,这种规模至上的经营策略在为美的电器带来巨额销售收入的同时,是否会给美的电器的发展造成隐患?这种经营策略又能否在美的电器未来的发展中持续奏效呢?

带着这些问题,我们收集了美的电器2006—2010年的利润表,对美的电器过去5年的经营情况进行分析和研究。从表1-9可见,美的电器过去5年营业收入的增长速度确实迅猛。从2006年的212亿元增长到2010年的746亿元,年均增幅高达37%,不仅高于行业平均水平,也远远高于其主要竞争对手青岛海尔(年均增长幅度为27%)和格力电器(年均增长幅度为23%)。尤其是2009年以来,国家对家电行业系列扶持政策的密集出台,成为内需消费增长和白色家电行业复苏的重要因素。2010年美的电器的营业收入比2009年增长了57.7%,达到创纪录的746亿元,远远高于青岛海尔的606亿元和格力电器的608亿元。

表1-9 美的电器2006—2010年利润表 单位:千元人民币

项目	2006年	2007年	2008年	2009年	2010年
一、营业总收入	21 170 511	35 188 339	45 313 462	47 278 248	74 558 886
其中:营业收入	21 170 511	35 188 339	45 313 462	47 278 248	74 558 886
二、营业总成本	20 344 371	33 592 370	43 603 149	44 817 752	72 254 550
其中:营业成本	17 422 986	28 724 705	36 631 540	36 975 216	62 114 202
营业税金及附加	8 201	26 368	41 570	60 566	85 789
销售费用	2 067 745	3 389 542	4 613 874	5 730 733	6 943 427
管理费用	698 004	1 137 630	1 725 421	1 660 164	2 663 128
财务费用	139 139	290 953	481 410	222 446	464 056
资产减值损失	8 295	23 172	109 335	168 627	-16 053
加:公允价值变动收益	—	53 487	-22 126	27 127	118 069
投资收益	16 787	180 013	39 127	32 125	134 312
其中:对联营和合营企业的投资收益	16 787	178 567	46 130	9 464	51 219
三、营业利润	842 927	1 829 469	1 727 314	2 519 749	2 556 718
加:营业外收入	22 736	138 149	119 700	396 422	2 570 296
减:营业外支出	33 567	58 977	91 443	163 342	163 843
其中:非流动资产处置损失	15 258	36 734	29 150	133 941	42 755

（续表）

项目	2006年	2007年	2008年	2009年	2010年
四、利润总额	832 095	1 908 642	1 755 571	2 752 829	4 963 171
减：所得税费用	28 023	213 590	204 469	238 963	919 932
五、净利润	804 073	1 695 052	1 551 102	2 513 866	4 043 239
归属于母公司普通股股东的净利润	536 146	1 212 187	1 025 304	1 847 748	3 127 097
少数股东损益	267 926	482 864	525 798	666 118	916 141
六、每股收益					
（一）基本每股收益	0.85	0.96	0.54	0.82	1.00
（二）稀释每股收益	0.85	0.96	0.54	0.82	1.00
七、其他综合收益	—	—	-104 870	101 964	44 444
八、综合收益总额	804 073	1 695 052	1 446 233	2 615 830	4 087 683
归属于母公司所有者的综合收益总额	804 073	1 695 052	921 597	1 951 491	3 172 113
归属于少数股东的综合收益总额	—	—	524 635	664 339	915 570

然而，这种规模至上的经营策略同样给美的电器未来的发展带来新的问题与挑战。

第一，尽管美的电器2010年的营业收入比2009年增长了57.7%，但公司的营业利润却几乎在原地踏步，从2009年的25.2亿元略微增长到2010年的25.6亿元。尽管公司最终的净利润还是从2009年的25亿元增长到2010年的40亿元，但增长的动力几乎完全来源于政府对节能空调的补贴（体现为营业外收入25.7亿元）。一旦政府取消对节能空调的补贴，公司未来的利润增长速度将受到极大的影响。

第二，公司营业利润之所以没有增长，主要原因在于美的电器各项产品毛利率的大幅下降。我们对美的电器主要产品毛利率进行了横向和纵向比较。从表1-10可见，美的电器的三大主要产品为空调、电冰箱和洗衣机，2010年的毛利率都在17%左右，不仅处于公司历史的最低水平，更远远低于竞争对手的同期水平。与公司2009年的毛利率相比，公司2010年空调、电冰箱和洗衣机的毛利率分别下降了4.81%、5.27%和6.75%。与主要竞争对手相比，青岛海尔2010年电冰箱的毛利率为26.18%，洗衣机的毛利率为29.66%，均远远高于美的电器的同类产品；青岛海尔2010年空调的毛利率为17.79%，也基本上与美的电器持平。而格力电器2010年空调的毛利率达到22.54%，同样高出美的电器近5个百分点。

第三，公司对三大费用的控制无法抵消毛利率下降对营业利润造成的负面影响。美的电器主要的期间费用为销售费用和管理费用，这两项费用2010年的金额分别为69.43亿元和26.63亿元，分别比2009年上涨了21%和60%。尽管涨幅得到一定的控制，但由于公司毛利率下降过多，这两项费用的控制并不能显著提高公司的营业利润。

综合以上对美的电器利润表的分析，可以看出，尽管美的电器的营业收入在过去5年实现了年均37%的增长幅度，但这种规模的增长在未来很难真正转化为盈利能力的增长。而一旦国家相关扶持政策退出，公司将面临增长乏力甚至衰退的风险。因此，公司有必要对目前这种规模至上的经营方针进行反思。

表 1-10 美的电器与主要竞争对手产品收入、成本、毛利率比较

单位：千元人民币

公司	产品类别	2006年 业务收入	2006年 业务成本	2006年 毛利率	2007年 业务收入	2007年 业务成本	2007年 毛利率	2008年 业务收入	2008年 业务成本	2008年 毛利率	2009年 业务收入	2009年 业务成本	2009年 毛利率	2010年 业务收入	2010年 业务成本	2010年 毛利率
美的电器	电冰箱	—	—	N.A.	3 680 086	2 943 202	20.02%	5 018 749	3 952 614	21.24%	6 312 696	4 866 859	22.90%	9 939 276	8 186 419	17.64%
	洗衣机	—	—	N.A.	1 780 909	1 426 947	19.88%	4 217 036	3 319 149	21.29%	5 965 323	4 531 316	24.04%	9 729 237	8 047 538	17.29%
	空调	18 319 621	15 012 732	18.05%	25 077 831	20 316 992	18.98%	33 100 399	26 564 329	19.75%	32 039 215	24 831 666	22.50%	48 259 282	39 724 711	17.68%
	其他	2 850 890	2 410 254	15.46%	4 649 513	4 037 564	13.16%	2 977 278	2 795 448	6.11%	2 961 015	2 745 375	7.28%	6 631 091	6 155 534	7.17%
	合计	21 170 511	17 422 986	17.70%	35 188 339	28 724 705	18.37%	45 313 462	36 631 540	19.16%	47 278 248	36 975 216	21.79%	74 558 886	62 114 202	16.69%
格力空调	电冰箱	—	—	N.A.	—	—	N.A.	—	—	N.A.	—	—	N.A.	—	—	N.A.
	洗衣机	—	—	N.A.	—	—	N.A.	—	—	N.A.	—	—	N.A.	—	—	N.A.
	空调	23 469 818	19 086 771	18.68%	34 894 827	28 511 256	18.29%	38 184 164	30 384 197	20.43%	38 329 408	28 800 101	24.86%	55 109 962	42 686 266	22.54%
	其他	692 304	593 344	14.29%	902 891	829 815	8.09%	910 781	819 440	10.03%	739 464	649 492	12.17%	1 244 564	1 094 719	12.04%
	合计	24 162 122	19 680 115	18.55%	35 797 717	29 341 071	18.04%	39 094 945	31 203 637	20.18%	39 068 872	29 449 593	24.62%	56 354 526	43 780 985	22.31%
青岛海尔	电冰箱	10 442 619	8 819 523	15.54%	13 728 474	11 038 959	19.59%	15 537 786	11 427 038	26.46%	18 901 540	13 220 870	30.05%	22 811 010	16 839 530	26.18%
	洗衣机	—	—	N.A.	—	—	N.A.	—	—	N.A.	9 187 349	6 539 443	28.82%	11 534 998	8 113 663	29.66%
	空调	8 736 745	7 005 357	19.82%	10 391 051	8 042 415	22.60%	9 648 017	7 411 737	23.18%	8 685 231	6 491 652	25.26%	11 395 735	9 368 580	17.79%
	其他	3 463 581	3 123 939	9.81%	4 618 285	4 101 445	11.19%	4 688 795	4 066 350	13.28%	7 310 278	5 542 036	24.19%	14 093 590	11 520 662	18.26%
	合计	22 642 944	18 948 819	16.31%	28 737 810	23 182 819	19.33%	29 874 598	22 905 126	23.33%	44 084 398	31 794 000	27.88%	59 835 333	45 842 435	23.39%

(二) 解读美的电器的资产负债表

进一步来分析美的电器2006—2010年的资产负债表。由表1-11可见，公司过去5年的规模扩张很快，总资产从2006年的126亿元增长到2010年的421亿元，年均增长幅度高达35.2%；归属母公司股东的权益也从2006年的35亿元增长到2010年的123亿元，年均增长幅度也高达37%左右。尽管公司扩张很快，但公司整体的财务状况依然保持良好。从资产负债率来看，公司尽管在2007—2008年出现了一定的上升，达到69%左右，但很快又恢复正常，2009—2010年维持在60%左右。从公司的流动比率来看，除2008年受到国际金融危机和国内经济增长下滑的影响而低于1以外，其他年份公司的流动比率都维持在1以上，2009—2010年的流动比率更是维持在1.1以上。这表明公司并没有因为快速扩张而造成财务上的过大压力。

表1-11 美的电器2006—2010年资产负债表　　　　单位：千元人民币

项目	2006年	2007年	2008年	2009年	2010年
流动资产					
货币资金	1 129 962	2 164 021	2 285 323	3 855 082	5 802 686
交易性金融资产	—	151 464	—	27 184	150 166
应收票据	834 666	1 213 490	2 357 265	5 448 452	3 871 020
应收账款	933 271	2 286 472	2 936 330	4 666 875	4 442 126
预付款项	762 832	827 698	745 733	808 354	2 544 403
应收利息					
应收股利			1 799		
其他应收款	98 871	316 807	240 410	358 631	468 133
存货	4 344 971	7 107 690	5 137 536	5 827 508	10 436 249
一年内到期的非流动资产					
其他流动资产	86 580	108 232	82 374	139 893	302 018
流动资产合计	**8 191 154**	**14 175 874**	**13 786 770**	**21 131 979**	**28 016 799**
非流动资产					
可供出售金融资产			7 045	313	313
持有至到期投资					
长期应收款					
长期股权投资	157 014	16 077	246 868	374 836	781 230
投资性房地产	398 194	395 142	386 342	327 441	505 405
固定资产	2 988 499	3 649 098	5 024 186	5 694 024	7 672 289
在建工程	111 026	153 676	637 570	486 632	952 216
工程物资					
固定资产清理					
无形资产	494 231	793 513	1 194 752	1 220 852	1 552 463
开发支出					
商誉	18 550	91 041	1 473 527	1 473 527	1 473 527
长期待摊费用	95 621	148 196	177 996	157 885	274 953

(续表)

项目	2006年	2007年	2008年	2009年	2010年
递延所得税资产	129 457	261 956	448 529	790 138	824 843
其他非流动资产	—	—	—	—	—
非流动资产合计	**4 392 590**	**5 508 699**	**9 596 816**	**10 525 648**	**14 037 238**
资产总计	**12 583 744**	**19 684 573**	**23 383 586**	**31 657 627**	**42 054 038**
流动负债					
短期借款	536 943	1 171 627	2 360 335	539 689	728 563
交易性金融负债	—	—	22 126	74	7 555
应付票据	1 636 706	3 454 285	3 405 900	2 986 246	5 699 506
应付账款	4 410 897	5 779 210	6 068 116	9 216 013	11 023 051
预收款项	332 378	1 425 996	1 053 514	1 007 256	1 793 680
应付职工薪酬	313 604	429 716	468 608	559 149	791 907
应交税费	-228 178	-401 272	72 515	182 867	-417 209
应付利息	—	—	—	—	—
应付股利	1 343	586	223 567	3 554	3 306
其他应付款	187 738	304 897	307 165	323 048	337 015
一年内到期的非流动负债	—	—	—	—	—
其他流动负债	861 056	1 339 233	2 033 517	4 041 528	5 220 744
流动负债合计	**8 052 487**	**13 504 279**	**16 015 365**	**18 859 423**	**25 188 118**
非流动负债					
长期借款	—	20 000	—	—	393 809
应付债券	—	—	—	—	—
长期应付款	—	—	—	—	—
专项应付款	—	—	—	—	—
预计负债	—	—	18 542	11 214	18 488
递延所得税负债	—	—	55 165	55 437	62 900
其他非流动负债	4 700	4 657	2 010	3 679	8 025
非流动负债合计	**4 700**	**24 657**	**75 716**	**70 330**	**483 222**
负债合计	**8 057 187**	**13 528 936**	**16 091 081**	**18 929 753**	**25 671 341**
股东权益					
股本	630 357	1 260 713	1 891 070	2 080 177	3 120 265
资本公积	972 189	988 044	302 297	2 651 774	2 092 101
减:库存股	—	—	—	—	—
盈余公积	444 885	552 213	607 155	676 480	741 469
未分配利润	1 476 948	2 115 223	1 950 943	3 513 532	6 367 622
外币报表折算差额	-557	-4 782	-2 439	-15 535	14 879
归属母公司股东权益合计	**3 523 822**	**4 911 411**	**4 749 027**	**8 906 428**	**12 336 337**
少数股东权益	1 002 735	1 244 226	2 543 478	3 821 447	4 046 359
股东权益合计	**4 526 557**	**6 155 637**	**7 292 505**	**12 727 874**	**16 382 697**
负债和所有者权益总计	**12 583 744**	**19 684 573**	**23 383 586**	**31 657 627**	**42 054 038**

但是,需要关注的是公司 2010 年资产负债表中存货的激增。2009 年美的电器的存货仅有 58 亿元,到了 2010 年,公司的存货高达 104 亿元,涨幅高达 80% 左右。尽管储备一定的原材料能够抵御通货膨胀可能给公司造成的成本压力,但从财务报表附注中我们发现,公司原材料占存货的比重仅有 20% 左右,存货的主要形式是库存商品,占存货比重的 70% 左右,达到 75 亿元左右。这表明公司的销售开始出现乏力的迹象,公司原有的经营方针可能需要作出一定的调整。

(三)解读美的电器的现金流量表

从美的电器的现金流量表来看(表 1-12),美的电器的经营活动产生的现金流量净额从 2006 年的 10 亿元增长到 2008 年的 37.5 亿元,2009 年下降至 20.6 亿元,2010 年又回升至 54.5 亿元,年均增长幅度超过 50%,表明公司的经营管理活动具有良好的现金创造能力。比较公司 5 年的累计现金创造能力和累计盈利能力可以发现,公司 5 年间累计创造的净利润为 106 亿元,而累计创造的经营活动净现金高达 140 亿元,表明公司不光盈利能力有现金流作保障,而且固定资产的折旧和无形资产的摊销也得到了现金保障,公司整体的盈利质量很高。

表 1-12　美的电器 2006—2010 年现金流量表　　　　单位:千元人民币

项目	2006 年	2007 年	2008 年	2009 年	2010 年
一、经营活动产生的现金流量					
销售商品、提供劳务收到的现金	9 864 131	21 567 831	29 386 031	27 394 119	35 659 918
收到的税费返还	386 801	811 605	1 468 657	444 467	1 507 128
收到的其他与经营活动有关的现金	108 812	209 212	505 771	567 172	3 063 219
经营活动现金流入小计	10 359 744	22 588 648	31 360 458	28 405 757	40 230 265
购买商品、接受劳务支付的现金	5 540 875	14 627 533	19 657 041	17 022 905	20 778 843
支付给职工以及为职工支付的现金	693 137	1 373 539	1 826 860	1 926 292	3 404 598
支付的各项税费	403 038	679 826	1 321 481	1 794 102	2 276 786
支付的其他与经营活动有关的现金	2 679 480	4 159 404	4 802 227	5 605 992	8 324 317
经营活动现金流出小计	9 316 529	20 840 302	27 607 610	26 349 290	34 784 544
经营活动产生的现金流量净额	1 043 215	1 748 346	3 752 848	2 056 467	5 445 721
二、投资活动产生的现金流量					
收回投资所收到的现金	7 278	1 998	31 001	14 409	—
取得投资收益所收到的现金	—	30 000	40 607	46 982	108 056
处置固定资产、无形资产和其他长期资产所收到的现金	143 050	74 966	24 311	159 051	32 321
处置子公司及其他营业单位收到的现金净额	—	289 500	7 216	38 631	17 696
收到的其他与投资活动有关的现金	—	—	—	—	—
投资活动现金流入小计	150 327	396 464	103 135	259 073	158 073
购建固定资产、无形资产和其他长期资产所支付的现金	832 352	1 324 571	2 027 855	1 123 105	3 937 180

(续表)

项目	2006 年	2007 年	2008 年	2009 年	2010 年
投资所支付的现金	2 940	103 620	35 252	20 335	—
取得子公司及其他营业单位支付的现金净额	36 464	150 000	1 891 957	228 269	433 169
支付的其他与投资活动有关的现金	—	—	—	—	—
投资活动现金流出小计	871 757	1 578 191	3 955 064	1 371 709	4 370 349
投资活动产生的现金流量净额	−721 430	−1 181 728	−3 851 929	−1 112 636	−4 212 276
三、筹资活动产生的现金流量					
吸收投资所收到的现金	—	—	45 364	3 266 901	51 986
其中:子公司吸收少数股东投资收到的现金	—	—	45 364	353 752	51 986
借款所收到的现金	2 046 579	1 793 686	7 162 053	2 664 237	3 000 755
收到的其他与筹资活动有关的现金	—	—	—	—	—
筹资活动现金流入小计	2 046 579	1 793 686	7 207 418	5 931 138	3 052 740
偿还债务所支付的现金	2 164 638	1 499 502	6 138 845	4 484 863	2 418 071
分配股利、利润或偿付利息所支付的现金	397 708	498 854	805 016	702 593	449 581
支付的其他与筹资活动有关的现金	—	—	—	—	—
筹资活动现金流出小计	2 562 346	1 998 356	6 943 861	5 187 456	2 867 652
筹资活动产生的现金流量净额	−515 767	−204 670	263 557	743 682	185 088
四、汇率变动对现金的影响	—	—	—	—	—
五、现金及现金等价物净增加额	−193 981	361 948	164 475	1 687 513	1 418 533
年初现金余额	1 086 984	1 045 563	1 407 512	1 571 987	3 251 601
年末现金余额	893 003	1 407 512	1 571 987	3 259 500	4 670 134

从投资活动产生的现金流量来看,公司 2006 年投资活动净现金投入为 7.2 亿元,到 2008 年投资活动净现金流出达到 38.5 亿元,2009 年该指标下降为 11.1 亿元,但 2010 年又回升到 42.1 亿元,表明公司在过去 5 年一直在增加固定资产的投资,这也是公司规模扩张战略下的必然结果。因为只有增加固定资产投入,才能扩大生产规模、降低产品成本,进而以低价格迅速占领市场。需要注意的是,当公司销售良好时,这种模式是没有问题的,但如果公司的销售无法实现预期目标,固定资产的过快投入将可能导致工厂或开工不足,或产品积压销售不出去,进而影响公司未来的经营净现金。

筹资活动产生的现金流量可以体现出公司长期贯彻负债经营的思想。筹资活动产生的现金流量主要来自借款。2006 年公司借款收到 20.5 亿元,2008 年借款增加到 71.6 亿元,2010 年又下降至 30 亿元。将借款产生的现金流入与公司偿还债务的现金流出进行比较,可以进一步看出公司的借款主要是 1 年期以内的短期借款。尽管公司目前的流动性以及现金创造能力足以应对公司的借款,但公司还是要警惕当销售乏力时,资金在产品上的积压而可能造成的资金周转不畅。

三、结论和启示

从美的电器2006—2010年的三大报表来看,尽管美的电器实现快速增长,但这种规模至上的"激进式—进攻型"增长模式似乎已经走到了尽头,尤其是国家扶持政策的不稳定性,例如,启动四年之久的家电下乡政策已接近尾声,加上通货膨胀、汇率波动、原材料及人工成本上升等不利因素,都宣告了廉价制造时代正在终结,规模优势亦难以为继。不转型,公司规模可能还可以增长几年,但盈利能力会受到更大的影响,积累的问题会更多,问题爆发时产生的破坏力会更大;转型,则需要管理层思考选择什么样的经营战略和发展道路,以及公司是否能够承受转型的"阵痛"。两难之间,管理层必须作出抉择。

值得庆幸的是,美的电器的管理层自身也清醒地意识到了战略转型的必要性和紧迫性。自2011年下半年以来,美的电器开始放弃了原有经营方针中的"上规模",并在各事业部的业绩考核指标中取消了规模增长指标。"转变发展方式、推动战略转型"被全面提上日程,而转型的目标就是"从注重增长数量向注重增长质量转型、从低附加值向高附加值转型、从粗放式管理向精细管理转型"。其核心就是要告别之前的"野蛮生长"。与此同时,公司摈弃了原来的"规模、盈利、品质"的考核顺序和"重营销、轻研发"的发展思路,要求各事业部每年将收入的3%投入研发,并由一位副总裁亲自抓品质,从设计到原材料选用到最后的品质验收,试图由原来的以规模取胜转变为以效益取胜。美的电器的战略转型能否取得成功呢?我们拭目以待!

本章小结

"三表"入手,由"表"及里。企业的财务分析和财务管理,离不开"三张财务报表"。因此,本章重点介绍三张财务报表的格式和基本原理,为掌握财务分析方法和财务管理理论及方法奠定基础。财务报表涉及四大使用者:股东、债权人、管理者和政府。

资产负债表是一张反映企业资本来源和资本使用去向的财务报表,其基于"总资产=负债+所有者权益"这一平衡式来编制。该表说明企业的资本来源有两类:一是来自股东的权益资本,二是来自债权人的债务资本。经营管理者将这些资本转化为资产,包括流动资产、固定资产和无形资产。

利润表是一张反映企业的收入、成本、费用、所得税和利润关系的财务报表,其说明了企业经营管理者使用了股东和债权人的资本所形成的资产带来的销售收入和利润,因此是一张反映企业经营成果的财务报表。

现金流量表是一张反映企业现金流入和现金流出的财务报表,按照现金的来源和去向,其包括三类现金的流入和流出情况——来自经营活动的现金流入和流出,来自投资活动的现金流入和流出,以及来自筹资活动的现金流入和流出。在权责发生制下,由于企业的销售收入不等于现金收入,成本支出不等于现金流出,加上企业有折旧和摊销之类的非付现成本,因此需要编制现金流量表来反映企业的现金变动情况。此外,在实践中,有利润而没有现金的企业往往陷入财务危机甚至破产,而利润低而现金充裕的企业则可安然生存甚至发展前景良好。可见,在企业的生产经营活动中是"现金为王"!在三类现金中,如果经营净现金为正,说明企业的经营活动带来了现金;如果为负,说明企业在经营活动中损失了现金。若企业在经营活动中不能带来正的经营性现金,其最终将失去投资机会和筹资机会,因此"经营净现金是王中王"!

三张财务报表具有重要的关联关系,其从不同层面反映企业的"资本—资产—销售—利润—现金"的关系,从而全面而客观地揭示了企业实际的经营和财务状况。

专业词汇

1. 资产负债表(Balance Sheet)
2. 利润表(Income Statement)
3. 现金流量表(Cash Flow Statement)
4. 资产(Assets)
5. 负债(Liabilities)
6. 所有者权益(Owner's Equities)
7. 流动资产(Current Assets)
8. 流动负债(Current Liabilities)
9. 应收账款(Account Receivables)
10. 应付账款(Account Payables)
11. 预付账款(Advance Payments)
12. 预收账款(Advance Receipts)
13. 存货(Inventories)
14. 固定资产(Fixed Assets)
15. 折旧(Depreciation)
16. 摊销(Amortization)
17. 收入(Revenues)
18. 成本(Costs of Goods Sold)
19. 毛利(Gross Profit)
20. 营业利润(Operating Profit)
21. 税前利润(Earnings Before Income and Taxes)
22. 税后利润(净利润)(Net Income)
23. 经营净现金(Net Cash Flows from Operating Activities)
24. 投资净现金(Net Cash Flows from Investing Activities)
25. 筹资净现金(Net Cash Flows from Financing Activities)

思考与练习

（一）单项选择题

1. A企业的短期负债是3 000万元,长期负债2 000万元,所有者权益资本5 000万元,各项长期资产6 000万元。该公司的流动资产是(   )。
   - (a) 5 000万元
   - (b) 4 000万元
   - (c) 3 000万元
   - (d) 2 000万元

2. 流动资产不包括(   )。
   - (a) 现金
   - (b) 应收账款
   - (c) 应付账款
   - (d) 存货

3. 流动负债不包括(   )。
   - (a) 应付账款
   - (b) 1年期银行贷款
   - (c) 应付票据
   - (d) 应收账款

4. 流动资产中流动性最强的资产是(   )。
   - (a) 现金
   - (b) 有价证券
   - (c) 应收账款
   - (d) 存货

5. 以下哪项成本属于"非付现成本"?
   - (a) 销售费用
   - (b) 利息费用
   - (c) 折旧和摊销
   - (d) 维修费用

6. A公司的营业收入3 000万元,营业成本及税金与附加为1 600万元,销售费用400万元,管理费用300万元,财务费用300万元,折旧300万元。该公司的营业利润是(   )。
   - (a) 1 400万元
   - (b) 1 000万元
   - (c) 700万元
   - (d) 100万元

7. 根据第6题的资料,如果公司的所得税税率30%,A公司的税后利润是(   )。
   - (a) 980万元
   - (b) 700万元
   - (c) 490万元
   - (d) 70万元

8. M公司的总资产为8 000万元,固定资产是4 000万元,长期负债3 000万元,短期负债是2 000万元,因此该公司的所有者权益资本是(   )。
   - (a) 4 000万元
   - (b) 5 000万元
   - (c) 3 000万元
   - (d) 6 000万元

9. W公司本年度经营净现金2 500万元,投资净现金－3 500万元,筹资净现金500万元。上年末公司的现金余额1 000万元。该公司本年末的现金余额是(   )。
   - (a) －500万元
   - (b) 500万元
   - (c) 3 000万元
   - (d) 4 000万元

10. 根据第9题,W公司本年度的现金(   )。
    - (a) 减少500万元
    - (b) 增加500万元
    - (c) 减少1 000万元
    - (d) 增加1 000万元

11. 2005年度T公司的净利润1 500万元,利息支出500万元,折旧和摊销1 500万元,存货增加 300 万元,应收账款增加 500 万元,预付款增加 200 万元,应付账款增加 1 000 万元,预收款增加 500 万元。该公司的经营净现金是( )。

(a) 2 000 万元　　　　　　　　(b) 3 000 万元
(c) 3 500 万元　　　　　　　　(d) 4 000 万元

12. 在其他因素不变的情况下,当一个公司的存货增加,其( )。

(a) 经营净现金增加　　　　　　(b) 投资净现金增加
(c) 经营净现金减少　　　　　　(d) 投资净现金减少

13. 以下哪个表述是正确的?

(a) 流动资产 = 流动负债
(b) 权益资本 + 流动负债 = 流动资产 + 长期资产
(c) 权益资本 = 总资产 + 负债
(d) 权益资本 + 流动负债 + 长期负债 = 流动资产 + 长期资产

14. 当公司的应收账款增加后,会导致公司的( )。

(a) 经营净现金增加　　　　　　(b) 利润增加
(c) 经营净现金减少　　　　　　(d) 利润减少

15. 在( )条件下,公司的经营净现金 = (净利润 + 利息 + 折旧 + 摊销)。

(a) 应收账款 + 存货 + 预付款 = 应付账款 + 预收款
(b) 应付账款 + 存货 + 预收款 = 应付账款 + 预付款
(c) 应收账款 + 存货 + 预付款 = 应付账款 + 预付款
(d) 应付账款 + 存货 + 预付款 = 应收账款 + 预收款

(二) 简述题

1. 简述资产负债表、利润表和现金流量表的作用及其相互关系?
2. 为什么要编制现金流量表?
3. 根据利润表,企业的净利润受哪些因素的影响?
4. 根据现金流量表,企业年末的现金余额和当年经营净现金分别受哪些因素的影响?
5. 资产负债表上的哪些项目将影响企业的经营净现金?如何影响?

(三) 微型案例分析

AB 公司美国是一家专门从事服装设计、制造和加工的企业,2009—2010 年度的资产负债表、利润表和现金流量表如下。请你解读 AB 公司的资产负债表、利润表和现金流量表,并简述其财务特征。

AB 公司 2009—2010 年资产负债表　　　　单位:万美元

资产	2010 年	2009 年	负债和所有者权益	2010 年	2009 年
现金	4 061	2 382	1 年期借款	5 614	6 012
交易性金融资产	5 272	8 004	应付账款	14 294	7 591
应收账款	8 960	8 350	预收款	6 512	5 948
预付款	512	759	1 年内到期的长期借款	1 884	1 516
存货	47 041	36 769	**流动负债小计**	**28 304**	**21 067**

(续表)

资产	2010 年	2009 年	负债和所有者权益	2010 年	2009 年
流动资产小计	**65 846**	**56 264**	长期负债	21 059	16 975
长期资产	29 452	19 645	权益资本	45 935	37 867
总资产	95 298	75 909	负债和所有者权益	95 298	75 909

AB 公司 2008—2010 年利润表　　　　　　　　　　　　单位：万美元

项目	2010 年	2009 年	2008 年
营业收入	215 600	153 000	140 700
减：营业成本	129 364	91 879	81 606
毛利	**86 236**	**61 121**	**59 094**
减：管理费用	32 664	26 382	25 498
销售费用	14 258	10 792	9 541
租赁费用	13 058	7 111	7 267
折旧和摊销	3 998	2 984	2 501
维修费用	3 015	2 046	3 031
EBIT	**19 243**	**11 806**	**11 256**
加：利息收入	422	838	738
减：利息支出	2 585	2 277	1 274
营业利润	**17 080**	**10 367**	**10 720**
减：所得税费用	7 686	4 457	4 824
净利润	**9 394**	**5 910**	**5 896**

AB 公司 2008—2010 年现金流量表　　　　　　　　　　单位：万美元

项目	2010 年	2009 年	2008 年
经营净现金	10 024	−3 767	−5 629
投资净现金	−13 805	−4 773	3 982
筹资净现金	2 728	6 464	−111
现金及现金等价物增减	−1 053	−2 076	−1 758

第二章 CEO 解读企业财务报表

作为一位公司的 CEO、董事长、总经理或高层管理者,当你拿到公司的季度、半年度或年度财务报表,如何在短时间之内,从企业战略和财务政策的角度,迅速了解公司整体的财务状况及其变化趋势,把握公司财务业绩、存在问题和主要成因呢?通过学习第一章的内容,我们已经了解了资产负债表、利润表和现金流量表的基本构架、主要内容、项目及其主要含义。在这一章,我们将从公司高层管理者的角度,进一步讨论和概括企业 CEO 解读财务报表的要点,为企业高层管理者提供一个通过解读财务报表探讨企业战略的便捷工具。

第一节 CEO 解读资产负债表

一、营运资本管理与 OPM 战略

CEO 解读资产负债表,首先应该关注公司的营运资本管理与 OPM 战略。OPM 是"Other People's Money"的简称,中文可以译为"无本经营战略"。实际上,OPM 是一种基于营运资本管理战略(Working Capital Management Strategy)的企业经营模式。对过去 30 年经营极具成功的企业进行系统的研究,发现它们成功的一个共同特点是对营运资本进行有效的管理。零售业的巨子沃尔玛,世界上最大的计算机制造商之一戴尔,都是营运资本管理和 OPM 战略的典范。在中国,苏宁与国美堪称零售业中 OPM 战略的典范;茅台、五粮液、格力、美的、海尔等堪称制造业中 OPM 战略的典范。那么,什么叫做营运资本呢?为什么对营运资本进行有效管理可以取得经营上的成功呢?我们先来看一个最简单的营运资本需求量(Working Capital Requirement,WCR)的计算公式:

$$WCR = 应收账款 + 存货 - 应付账款 \qquad (2\text{-}1)$$

从公式(2-1)可知,WCR 主要受应收账款、存货和应付账款的影响。当公司应收账款和存货增加而应付账款减少时,公司的 WCR 就随之增加,表明公司的资金被购货商占用,自身却无法占用供货商的资金。因此,为了自身的发展,公司只能另想办法筹集资金来满足生产经营活动的需要;当公司的应收账款和存货减少而应付账款增加时,公司的 WCR 将随之减少,表明公司实施了有效的 OPM 战略,不仅减少了资金被购货商的占用,还有效地占用了供货商的资金。因此,公司现有的资金既能够满足公司生产经营活动的需要,还有富余的资金用于短期投资或者扩大生产经营的规模,从而提高公司的绩效。

为了加强营运资本的管理,一些著名公司编制了另外一种资产负债表——管理资产负债表。根据第一章的表 1-1,我们可以编制 ABC 护肤洗涤用品公司 2009—2010 年度的管理资产负债表,结果如表 2-1 所示。可见,管理资产负债表的原理无异于标准资产负债表。但是,管理资产负债表的右边合计数是"占用资本"或"吸收资本",表示企业资本的来源;左边合计数是"投入资本"或"资产净值",表示资本的使用。在流动资产项下,增加了一个项目——营运资本需求量(WCR)。这样,高层管理者可以快捷地了解公司本年度营运资本需求量的变化趋势。若一个公司本年度的 WCR 上升,说明其存货增加,或应收款增加,或应付款减少,或兼而有之,公司在生产、销售、采购三大环节的管理可能出现问题,值得关注;若一个公司本年度的 WCR 下降,说明其存货减少,或应收款减少,或应付款增加,或兼而有之,公司在生产、销售、采购环节的管理成效显著,前景可喜。

表 2-1 ABC 护肤洗涤用品公司 2009—2010 年管理资产负债表　　单位:万元

投入资本	2009 年	2010 年	占用资本	2009 年	2010 年
流动资产			流动负债		
货币资金	100	150	短期借款	200	200
WCR	200	250	其他流动负债	—	—
非流动资产			非流动负债		
固定资产净值	700	650	长期借款	300	300
无形资产	—	—	其他非流动负债		
其他非流动资产	—	—	所有者权益	500	550
资产净值	1 000	1 050	吸收资本	1 000	1 050

从表 2-1 来看,对比 2009 年度,ABC 公司在 2010 年度的 WCR 从 200 万元增加到 250 万元。其中:应收账款从 0 增加到 100 万元,存货从 150 万元增加到 200 万元,预付款从 50 万元下降到 0 万元,应付款从 0 增加到 50 万元。因此,2009 年和 2010 年 ABC 公司的 WCR 如下:

2009 年度 WCR = 应收账款 + 预付款 + 存货 − 应付账款 − 预收款
　　　　　　　= 0 + 50 + 150 − 0 − 0 = 200(万元)

2010 年度 WCR = 应收账款 + 预付款 + 存货 − 应付账款 − 预收款
　　　　　　　= 100 + 0 + 200 − 50 − 0 = 250(万元)

2010 年度 WCR 净增额 = 250 − 200 = 50(万元)

上述结果表明:对比 2009 年度,2010 年度 ABC 公司的应收账款和存货增加了 150 万元,但预付款减少了 50 万元,应付款增加了 50 万元,因此 WCR 净增了 50 万元。可见,ABC 公司今后应关注应收账款和存货的变化趋势,防止货卖出去而钱没有收回导致应收账款增加,或者产量增加但货卖不出去导致存货增加。

关于营运资本需求量的计算,公式(2-1)并非是一个唯一解的公式。每个公司可以根据自身营运资本管理的要求进行调整。在管理实践中,常用的计算公式为:

WCR = 应收账款 + 其他应收款 + 预付账款 + 其他预付款 + 存货
　　− 应付账款 − 其他应付款 − 预收账款 − 其他预收款　　　　(2-2)

由公式(2-2)可见:一般而言,一个公司的 WCR 增加,意味着其应收款增加,预付款增加,存货增加,预收款和应付款减少,经营净现金减少,竞争力下降,财务状况转差;反之,一个公司的 WCR 减少,意味着其应收款减少,预付款减少,存货减少,预收款和应付款增加,经营净现金增加,竞争力上升,财务状况转好。

营运资本管理效率高的公司,通常是一些极具竞争力的公司。这些公司通过实施 OPM 战略,不仅做到"无本经营",还做到"无本赚息",同时增强其经营净现金的创造能

力。归纳起来,成功实施 OPM 战略的公司在财务报表中主要存在如下特征:

第一,从利润表来看,财务费用下降,甚至为负数。具体表现为两个方面:一方面,财务费用占比指标(财务费用/营业收入)逐年下降或为负数;另一方面,利息收入对利润的贡献程度(税前利润/EBIT)逐年上升,甚至大于1。

第二,从资产负债表来看,营运资本需求量下降。具体表现为两个方面:一方面,从流动资产看,应收款少,预付款少,存货少;另一方面,从流动负债看,短期借款少,预收款多,应付款多。

第三,从现金流量表看,其实际经营净现金逐年增强,甚至超过应得经营净现金。具体表现为两个方面:一方面,获现率(实际经营净现金/应得经营净现金)逐年上升,甚至等于1或大于1;另一方面,年末结余的现金逐年增加,结余数额越来越多。

那么,哪些公司可以成功地实施 OPM 战略呢?归纳起来,全球有四类公司可成功地实施 OPM 战略:一是具有强大的技术优势和产品优势,例如美国的苹果公司,中国的茅台公司、五粮液公司等;二是把持零售渠道形成竞争优势的连锁零售商业模式,例如欧美的沃尔玛、家乐福、宜家、百安居,中国的苏宁电器、国美电器等;三是"规模+渠道"的制造业经营模式,例如美国的戴尔公司,中国的格力电器、美的电器和青岛海尔等;四是垄断,例如中国的石油公司和电信公司等。

二、资产流动性和"三控政策"

资产流动性是指一个公司使用流动资产保障其流动负债的程度,当流动资产大于流动负债,说明公司流动负债的保障能力强,反之,当流动资产小于流动负债,说明公司流动负债的保障能力弱。由此可见,这是一个基于保护短期债权人利益的思路——流动资产必须超过流动负债。银行作为债权人,在是否批准企业的短期贷款方面,尤其重视流动资产与流动负债的比例关系。银行希望这一比例越高越好,因为当流动资产大大超过流动负债时,银行的短期贷款保障程度就能大大提高。从防范短期债务危机的角度看,这是对的。但是,从企业营运资本管理效率的角度看,这种传统的看法未必正确,正面临现实问题的挑战!沃尔玛和戴尔成功的经验表明:流动资产越高,特别是其中的应收款、预付款和存货越高,营运资本需求量就越大,企业被他人拖欠和被存货占用的资金也越多,营运资本管理效率就越低。因此,必须辩证地、一分为二地看待资产流动性。

值得我们注意的是,在资产负债表的流动资产栏目中,流动资产的各个项目是按照其资产可变现性或流动性从高到低依序排列。首先,可变现性或流动性最高的流动资产是货币资金,其次是交易性金融资产,再次是各种应收款和预付款,最后是存货。因此,高层管理者必须充分地认识到:① 维持公司资产一定的流动性是必要的,但这并不意味着流动资产必须越多越好,关键是流动资产的质量,公司最有价值的流动资产是现金、银行存款和交易性金融资产;② 公司为了提高其流动资产的质量,必须注意实行严格的"三控政策",即在销售环节严格控制应收款,在采购环节严格控制应付款,在生产环节严格控制多余或不必要的存货。

三、负债状况与适度负债政策

资产负债表上的右边栏目反映了公司的资本来源——来源于债务的资本和来源于股权的资本。这两种资本之间的关系反映出公司的负债状况,即股权资本是否大于债务资本。一般来说,在讨论股权资本与债权资本之间关系的时候,有三种主要的比例关系具有重要的现实意义,值得高层管理者密切关注。

第一,股权资本与债务资本的比例关系。通常地,当股权资本大于债务资本,债权人认为公司股东的资本超过自己借给公司的资本,因此债权的安全有一定保障;反之,则担心债权的安全保障不足。

第二,长期债务资本与股权资本的比例关系。在实践中,一般认为,公司的债务可分为短期债务和长期债务。由于股权资本是一种长期资本,因此其与公司长期债务的比例关系更加值得债权人和高层管理者关注。通常地,当"长期债务资本/股权资本"这一比例关系大于1时,说明一旦公司发生财务危机进入清算程序,按照账面价值,债权人的长期债权将无法如数通过转让股权得到补偿,除非股权在转让中产生"溢价"(超过账面价值);若股权在转让中产生"折价"(低于账面价值),则债权人的长期债权更加没有保障。反之,相对来说,债权人的长期债权就能够得到一定的保障。

第三,长期债务与长期资产的比例关系。企业的债务资本来源主要有银行长期借款,发行长期债券,银行短期借款,发行短期债券,应付账款和预收款等。首先,由于应付账款和预收款属于流动负债的一部分,是本公司商业信用形成的拖欠其他公司的短期债务,相应地,可以认为被其他公司拖欠本公司的应收款和预付款所抵消。其次,短期债券和银行短期贷款属于流动负债的一部分,相应地,可以认为由流动资产中的现金、银行存款、有价证券、存货来保障。简言之,假定公司的流动负债由流动资产来保障,那么长期债务只能由长期资产来保障了。

长期以来,企业家和管理者都形成了比较一致的认识——适度负债。许多企业遵循"适度负债"的原则制定并管理其负债政策。所谓的适度负债,也就是告诫公司的高层管理者,不要使公司的负债达到极点,也不要不负债。一方面,公司若负债至极点,一旦公司经营困难,容易发生债务危机;另一方面,公司若零负债,不利于利用成本较低的债务资本来发展企业,容易失去发展机会。因此,公司要适度负债。总结成一句话:不负债是傻瓜,但过度负债是大傻瓜!

为什么呢?在理论上,Durand(1952)的研究发现:首先,当公司的 EBIT 处于稳定状态时,其权益资本成本或股东的收益随着负债比例的提高呈现先下降后上升的趋势,而其债务资本成本或债权人的收益随着负债比例的提高呈现先平稳后上升的趋势,因此,公司的加权平均资本成本(Weighted Average of Capital Costs,简称 WACC)等于公司权益资本的比例(W_s)乘上其权益资本成本(K_s),再加上其债务比例(W_d)乘上税后债务资本成本($K_d(1-T)$),则随着公司负债比例的提高呈现先下降后上升的趋势。根据公司总价值(V)的计算公式：

$$V = \text{EBIT}(1 - T)/\text{WACC} \tag{2-3}$$

由于 WACC 随着负债比例的提高而呈现先下降后上升的趋势，公司的价值将随着负债比例的提高呈现出先上升后下降的趋势，即"倒 U 形"状态。这说明存在一个适度的负债比例，使得公司的 WACC 最小，从而使得企业的价值最大。

在实践中，公司的负债比例受什么因素影响呢？首先，公司的负债比例受到各种财务因素的影响，包括公司的盈利能力、经营性现金流量、销售增长、盈利增长、现金增长等；此外，公司的负债比例实际上还受到公司规模、治理模式、债务的信用级别、税赋、所属行业及其特征、行业的未来发展前景、宏观经济变化等因素的影响。

遗憾的是，至今我们仍然不知道一个公司确切的适度负债区间是多少。作为公司的高层管理者，如何把握适度负债呢？在实践中，我们可以用行业或先进企业的平均负债比例($\bar{X}$)做基准，结合公司的实际情况，将公司主要的负债比例划分为五个区间：一是低度负债区间，二是中度负债区间，三是适度负债区间，四是高度负债区间，五是过度负债区间。上述五个负债区间可以近似地进行统计估计，方法如表 2-2 所示。

表 2-2　公司五个负债区间的估计方法

负债区间	统计估计方法	（长短期债务/总资产）的经验值*	统计分布**
低度负债区间	($\bar{X}-3$ 标准差)—($\bar{X}-2$ 标准差)	45%以下	
中度负债区间	($\bar{X}-2$ 标准差)—($\bar{X}-1$ 标准差)	45%—50%	
适度负债区间	$\bar{X} \pm 1$ 标准差	50%—60%	
高度负债区间	($\bar{X}+1$ 标准差)—($\bar{X}+2$ 标准差)	60%—65%	
过度负债区间	($\bar{X}+2$ 标准差)—($\bar{X}+3$ 标准差)	65%以上	

* 某大型汽车配件制造商的经验数值，长短期债务不包括应付款和预收款。
** 很多行业的负债比例分布呈偏态，而非正态分布。

在适度负债区间的基础上，高层管理者可以根据自己公司的实际情况进行适当调整，最终决定本公司的负债比例。一般来说，处于朝阳产业的企业，其销售和利润呈上升趋势，应收款少，现金充裕，可以实行适度偏高的负债政策；反之，处于夕阳产业的企业，销售和利润呈下降趋势，应收款多，现金不充裕，可以实行适度偏低的负债政策。

第二节　CEO 解读利润表

一、会计利润和经济利润

盈利能力实际上是一个容易引起联想和混淆的概念。当我们问及："贵公司的收益率或利润率是多少？"答案很多且往往令人不解！问题在于：如何衡量一个公司的盈利能力或利润率？从理论上来说，至少有三种类型的盈利能力指标：① 基于销售收入的利润率,例如营业利润占销售收入的比率、净利润占销售收入的比率等。② 基于资产的利润率,例如息税前利润(EBIT)与总资产的比率、净利润与所有者权益的比率等。③ 基于资本的利润率,例如 EBIT 与投入资本的比率、税后 EBIT 与投入资本的比率等。其中,投入资本来自于管理资产负债表的总合计数,是指公司占用或投入的需要支付成本的资本,其有两种计算方法:

第一,从管理资产负债表的右边看,

$$投入资本 = 短期借款 + 交易性金融负债 + 非流动负债 + 所有者权益 \qquad (2-4)$$

第二,从管理资产负债表的左边看,

$$投入资本 = 货币资金 + 交易性金融资产 + WCR + 非流动资产 \qquad (2-5)$$

在诸多盈利能力指标中,如何判断公司的盈利能力是否达到了应有的水平?一般认为,高层管理者首先必须关注四个基本的利润率:① 营业净利润率(净利润/营业收入),反映净利润占营业收入的比重;② 权益资本收益率或净资产收益率(净利润/权益资本),简称 ROE(Return on Equity),反映股东的权益资本收益程度;③ 投入资本收益率(EBIT/投入资本),反映所有需要支付成本的资本(权益资本和有息负债)获得收益的能力;④ 总资产报酬率(EBIT/总资产;净利润/总资产),反映资产的盈利能力。

此外,通过利润表中各个项目的顺序,我们可以知道:利润表通过财务制度和法律制度,规定了股东、债权人和政府的应得收益或收入分配的先后顺序。首先,债权人和股东同是资本的提供者,债权人的收益在财务费用中列支,即利息,在税前就获得了补偿;而股东的收益是剩余收益,即净利润,在税后才获得补偿。事实上,股东所得到的净利润是在销售收入基础上扣除各项成本和费用(包括财务费用),然后再扣除所得税后的剩余收益。有鉴于此,人们常说:股东头上压着"三座大山"——由管理者控制的成本、由债权人控制的利息、由政府控制的税收。可见,股东的风险比债权人的风险大。按照"高风险,高收益;低风险,低收益"的原则,股东的收益(K_s)必须高于债权人的收益(K_d)。

关于股东的收益率应该等于多少是个充满争议的问题,我们可以从两个角度来判断一个公司的 ROE 是否达到应有的水平,一是会计利润(Accounting Profit)的角度,二是经济利润(Economic Profit)的角度。

经济利润与会计利润的差别在于:会计利润仅仅告诉股东公司"赚钱了没有";经济利润则告诉股东公司为股东"赚够了没有"。换言之,若公司使用了股东 500 万元的权益资本,结果每年只给股东赚取 10 万元,会计利润显示公司盈利了,公司为股东赚钱了!但经济利润却显示公司亏损了,公司的盈利低于股东的预期收益或者说机会成本,因此损害了股东的财富!以第一章所提到的 ABC 公司为例,股东 2005 年末投资于公司 500 万元,2006 年末权益资本达到 550 万元,会计的净利润为 100 万元,权益资本的收益率是 19.05% $\left(\text{ROE} = \dfrac{100}{(500+550)/2} \right)$。如果股东预期的收益率超过 19.05%,说明 ABC 公司运用股东的权益资本但实际收益低于股东的预期收益,结果损害了股东的价值;反之,如果股东预期的收益率低于 19.05%,说明 ABC 公司运用股东的权益资本且实际收益高于股东的预期收益,结果增加了股东的价值。那么,如何计算一个公司的经济利润呢？经济利润又称经济增加值(Economic Value Added)，即 EVA。其一般计算公式是：

$$EVA = EBIT(1-T) - WACC \times 投入资本 = (ROIC - WACC) \times 投入资本 \tag{2-6}$$

其中：EBIT(1-T)表示企业经营管理者为债权人和股东创造的收益；WACC 是加权平均资本成本，表示经营管理者每使用一元资本(包括债权人的资本和股东的资本)所必须支付的成本；投入资本是股东和债权人投入到企业且必须得到回报的资本；ROIC 是投入资本回报率，表示每一元投入资本所获得的回报。

关于 WACC 的计算公式，目前常用的有两个：一是基于企业市值为分母计算的 WACC，如公式(2-7)所示；二是基于投入资本为分母计算的 WACC，如公式(2-8)所示。前者主要用于既发行股票又发行债券的上市公司，或可将银行债务账面价值转换为市值的上市公司；后者则主要用于一般的企业，包括上市公司和非上市公司。

$$WACC = \frac{负债价值}{企业总价值} \times K_d(1-T) + \frac{权益价值}{企业总价值} \times K_s \tag{2-7}$$

$$WACC = \frac{有息负债}{投入资本} \times K_d(1-T) + \frac{权益资本}{投入资本} \times K_s \tag{2-8}$$

由此可见：如果 EBIT(1-T) > (WACC × 投入资本)，或 ROIC > WACC，则 EVA > 0，说明经营管理者为企业增加价值；反之，如果 EBIT(1-T) < (WACC × 投入资本)，或 ROIC < WACC，则 EVA < 0，说明经营管理者损害了企业的价值。[①]

基于会计利润，尽管只要企业的利润大于零，就说明公司盈利了。但是，从股东的角度看，股东的收益率至少不应低于银行的长期存款利息率，或者说，企业的权益资本收益率(ROE)必须大于银行的长期存款利息率。因此，当一个公司的 ROE 小于或等于银行长期存款利息率时，可以说这个公司的股东所获得的收益不正常；当一个公司的 ROE 大于银行长期存款利息率时，可以说这个公司的股东所获得的收益基本正常。显然，一个公司的 ROE 超过银行长期存款利息率越多，说明其盈利能力越强。

基于经济利润，企业的 ROE 不应低于权益资本的预期收益率，即银行的长期存款利息率加上股东承受的风险所应得到的风险补偿。当企业 ROE 低于权益资本的预期收益率，表明企业 ROE 没有达到股东预期的收益率，因此损害了股东的价值；当企业 ROE 高于权益资本的预期收益率，表明企业 ROE 超过股东预期的收益率，因此为股东创造了价值。表 2-3 给出了企业 ROE 正常状态的基本判定表。

---

① 关于经济利润(EVA)的问题，将在下一章进一步讨论。

表 2-3 企业 ROE 正常状态判定表

判断	ROE 的水平	盈利能力	基本判断
会计利润方法	0 < ROE < 国债利息率或银行长期存款利息率	收益与风险不匹配:高风险、低收益	盈利能力严重偏低
	国债利息率或银行长期存款利息率 < ROE < 银行长期贷款利息率	若企业风险大于银行风险,收益与风险不匹配:高风险、低收益	盈利能力偏低
		若企业风险小于银行风险,收益与风险基本匹配:高风险、高收益	盈利能力比较正常
	ROE > 银行长期贷款利息率	若企业风险大于银行风险,收益与风险基本匹配:高风险、高收益	盈利能力比较正常
		若企业风险小于银行风险,收益与风险不相匹配:低风险、高收益	盈利能力偏高
经济利润方法	ROE < $K_s = R_f + (R_m - R_f)\beta$	股东的收益低于其承受的风险,股东没有获得相应的收益,价值受到损害。	股东价值损失
	ROE = $K_s = R_f + (R_m - R_f)\beta$	收益与风险相匹配:股东的收益等于国债收益加上其承受风险所应得到的风险补偿	股东价值正常
	ROE > $K_s = R_f + (R_m - R_f)\beta$	股东的收益高于其承受的风险	股东价值增加

根据财务学的基本原理——资本资产定价模型(Capital Asset Pricing Model):权益资本期望的收益率或股东期望的收益率(K_s),对于企业来说,也是权益资本的成本,取决于无风险资产的收益率(国债的利息率)加上其所承受的风险所应得到的风险补偿(Risk Premium),即

$$K_s = R_f + (R_m - R_f)\beta \quad (2-9)$$

其中:R_f 是国债的利息率;R_m 是资本市场上资本的平均收益率;β 是公司的系统性风险系数,简称贝塔系数。显然,当 $\beta > 1$ 时,$K_s > R_f$,表明股东承受的风险大于市场的平均风险,故权益资本收益率 > 国债的利息率;当 $\beta = 1$ 时,$K_s = R_m$,表明股东承受的风险等于市场的平均风险,故权益资本收益率 = 市场的平均收益率;当 $\beta = 0$ 时,$K_s = R_f$,表明股东承受的风险等于零,故权益资本收益率 = 国债的利息率。表 2-4 给出了美国主要公司 2012 年 4 月 12 日的贝塔系数。

表 2-4 美国主要公司 2012 年 4 月 12 日的贝塔系数(β)

低风险			中低风险			高风险		
公司	β	股价	公司	β	股价	公司	β	股价
麦当劳	0.16	98.56	苹果	1.00	626.20	高盛	1.69	115.93
沃尔玛	0.43	59.80	微软	1.00	30.34	美国银行	2.07	8.86
IBM	0.61	202.58	雅虎	1.03	14.88	AIG	2.38	31.87

资料来源:雅虎财经网站(finance.yahoo.com)。

若有些公司没有上市,则无法计算所谓的贝塔系数,但可借鉴同类上市公司的贝塔系数来估算。此外,根据一些主要市场化国家的历史数据,可以估算出股票收益率与国债收益率之间的差,即风险溢价;或股票收益率与公司债收益率之间的差,即风险溢价。这样,就可在国债收益率或公司债收益率基础上,加上风险溢价,近似获得股东要求的回报率或权益资本预期的回报率。表 2-5 是美国 1926—2011 年的大公司股票收益率、小公

司股票收益率、长期公司债券收益率、长期政府债券收益率、短期国债收益率和通货膨胀率。由此可以计算出1926—2011年期间，大公司股票收益率与政府长期债券收益率之差为(11.05% -5.68%)，风险溢价为5.37%；与公司长期债券收益率的差为(11.05% -6.21%)，风险溢价为4.84%。小公司股票收益率与政府长期国债收益率之差为(12.14% -5.68%)，风险溢价为6.46%；与公司长期债券收益率的差为(12.14% -6.21%)，风险溢价为5.93%。

表2-5 1926—2011年美国各类投资收益率和通货膨胀率

收益率	1920年代*	1930年代	1940年代	1950年代	1960年代	1970年代	1980年代	1990年代	2000年代	2010年代**	1926—2011简单平均
大公司股票	19.20%	-0.10%	9.20%	19.40%	7.80%	5.90%	17.60%	18.20%	-0.90%	14.20%	11.05%
小公司股票	-4.50%	1.40%	20.70%	16.90%	15.50%	11.50%	15.80%	15.10%	6.30%	22.70%	12.14%
长期公司债券	5.20%	6.90%	2.70%	1.00%	1.70%	6.20%	13%	8.40%	7.60%	9.40%	6.21%
长期政府债券	5.00%	4.90%	3.20%	-0.10%	1.40%	5.50%	12.60%	8.80%	7.70%	7.80%	5.68%
中期政府债券	4.20%	4.60%	1.80%	1.30%	3.50%	7.00%	11.90%	7.20%	6.20%	6.80%	5.45%
短期国债	3.70%	0.60%	0.40%	1.90%	3.90%	6.30%	8.90%	4.90%	2.80%	0.10%	3.35%
通货膨胀率	-1.10%	-2.00%	5.40%	2.20%	2.50%	7.40%	5.10%	2.90%	2.50%	3.30%	2.82%

资料来源：2011年7月14日研究报告：The Longest Pictures by Michael Hartnett, Sophie Guité, Swathi Putcha，美国银行美林全球权益战略部，以及Bloomberg和Ibbotson。

* 20世纪20年代为1926—1929年；21世纪10年代为2010—2011年。

总之，股东投入的权益资本必须得到回报。作为企业，从股东那里筹资必须支付成本，而不是"免费的午餐"。因此，目前利润表中的净利润或税后利润并非企业的纯利，还必须在税后利润基础上扣除股东投资的机会成本或股东预期的收益之后，剩余的那部分才是纯利，即EVA。有关EVA的思想源于100多年前，20世纪60年代风靡欧美。实际上，EVA就是一种超额利润的概念，即企业管理团队不仅要经营一家会计利润的企业，更重要的是经营一家具有超额利润的企业，即创造的会计利润超过股东预期的回报！中国还有很多企业处于亏损状态，一些企业正在努力扭亏为盈，一些企业仅有微利，可想而知，若我们仍然以会计净利润考核企业的业绩，那说明我们在企业管理理论和实践中，有关盈利的思想和度量方法整整比欧美国家的企业落后了50多年！因此，21世纪中国的企业管理者，面对全球化和激烈的国际市场竞争，不仅要创造会计净利润，更重要的是必须创造超额利润，为股东创造财富和价值。

二、负债的节税效应和盈利效应

前面我们讨论到，一个企业要适度负债。有人认为零负债表示企业资金实力雄厚，也有人认为低负债表明企业财务状况健康或稳健。从财务的保守主义角度看，这些观点无可厚非。实际上，负债是把"双刃剑"，有利也有弊。恰到好处地使用负债，使负债发挥积极的作用，是企业高层管理者面临的挑战。在这里，我们要回答关于负债的三个问题：一是负债为什么可以节税，二是负债为什么可以提高股东的收益，三是负债的风险是如何形成的。

由利润表我们知道,企业的财务费用属于税前成本,这种制度安排形成了一种重要的现象:企业负债数量越大,财务费用就越高,税前成本也越大,税前利润就越少,税收越低。因此,假设两个不同的企业,净利润和总资产都相同,一个负债高,一个负债低,那么,负债高的企业的 ROE 将显著高于负债低的企业。对于同一个企业,在其他因素不变的情况下,其 ROE 也将随负债比例的提高而提高。可见,负债可以节税,并提高企业的净资产收益率。

负债为什么可以节税呢?很多高层管理者说:无论企业负债多少,利息率都是一样,何来节税之说呢?如何理解负债的节税原理?这里需要指出的是:负债之所以能节税,是相对于企业资本结构而言的。我们知道,企业的资本结构总和为 100%,当负债比例下降,企业就需要增加权益资本以提高权益资本的比例;当负债比例上升,企业负债增加了,就可以减少权益资本的投入,从而降低权益资本的比例。因此,企业因增加负债或提高负债比例将产生"节税效应",按照税后来计算,其实际的债务资本成本或银行贷款利息率是:

$$实际的债务资本成本 = 银行贷款利息率 \times (1 - 所得税税率) \quad (2\text{-}10)$$

例如,当银行贷款利息率为 5%,企业所得税税率为 33% 时,实际的或税后的银行贷款利息率等于 3.35%。

负债果真能提高企业的 ROE 吗?我们假设一个企业,其总资本为 1 亿元,全部是所有者权益,没有负债。每年销售收入 1.2 亿元,利润表和资产负债表的主要数据如表 2-6 所示。由表 2-6 可见,当企业的负债比例从 0% 上升到 50% 的时候,虽然净利润从 875 万元下降到 700 万元,但其 ROE 却从 8.75% 上升到 14%。

表 2-6　负债比例与盈利能力(ROE)之间的关系　　　　　　　　单位:万元

项目	权益比例 100%	负债比例 50%
营业收入	12 000	12 000
减:营业成本及税金和附加	10 000	10 000
营业利润	2 000	2 000
减:管理费用、营业费用和财务费用	750	1 000
其中:财务费用 250 万元(利息率 5%)		
税前利润	1 250	1 000
减:所得税(所得税税率为 30%)	375	300
税后利润	875	700
总资本	10 000	10 000
其中:债务	0	5 000
权益	10 000	5 000
ROE	875/10 000 = 8.75%	700/5 000 = 14%

值得指出的是,负债有利有弊。一方面,负债可以节税,并提高公司的盈利能力或 ROE;另一方面,负债也可能给企业带来财务负担,甚至困境或财务危机,特别是当企业过度负债,或负债之后,债务资本闲置不用。我们知道,当企业的负债增加了,若其权益资本不变时,则其负债比例提高了,且其总资本增加了。这样,当资产负债表右边的总资本增加了,若企业没有投资,则其资产负债表右边的总资本的增加将表现为资产负债表

左边的"现金或银行存款"的增加。显然,由于企业的贷款利率超过其存款利率,这是一种"利不抵息"的错误决策,最终将增加企业的财务负担,减少企业的利润,导致其盈利能力下降。因此,当企业的负债增加了,意味着债务资本和总资本增加了。此时,企业的CEO必须将总资本的增加转化为产品或服务的增加,而不是现金和银行存款的增加,并运用增加的产品或服务,带来利润表中销售收入和利润的增加。不仅于此,这种销售收入和利润的增加必须具有相应的现金保障,即现金流量表中的经营净现金必须相应地增加,否则企业就可能陷入盈利下降或现金下降,或二者同时下降的局面。可见,企业的债务增加意味着资产增加,资产增加意味着收入必须增加,收入增加意味着利润必须增加,利润增加意味着现金必须增加。这是一个从资产负债表右边到资产负债表左边,再到利润表,最后到现金流量表环环相扣的资金循环,任何一个环节出了问题,都可能导致企业出现财务困境或财务危机。

三、成本管理和风险控制

作为企业的CEO,很少人了解企业成本的基本构架和内容,比如,企业成本应该包括哪些项目呢?当企业增加某项开支后将对企业成本,乃至财务报表产生什么影响呢?难怪有人说:"成本是个大箩筐,七七八八往里装。"实际上,成本管理和控制具有重要的战略意义。

成本管理和控制是企业克敌制胜、提高企业竞争力的法宝。为什么在同行业中,有些企业盈利,有些企业亏损呢?尽管原因很多,但最重要的原因是成本失控。企业任何决策错误最终都表现为成本的增加。不重视成本管理和控制的企业,其竞争力将丧失殆尽。

通过成本管理和控制提高企业自身竞争力的案例不胜枚举。广东台达电子精打细算的节能政策使企业每年节约37%的水电费,合计275万元。中国最大的制笔集团贝发为应对人民币升值,通过专利申请、降低成本的速度超过人民币升值的幅度、预估人民币升值空间以调整报价这三种策略化解了人民币升值的汇率风险,并赢得快速发展机遇,年销售收入达到10亿元。紫金矿业通过控制投资成本,多年来将"克金综合成本"控制在52—53元左右,大大低于全国平均水平,成为全行业盈利能力最强的企业之一。

低价竞争是近年来商界重要的竞争武器,而低成本是低价竞争战略的基础。但是,低价并不意味着低利润,更不意味着无利可图。一系列"价格屠夫"以"低价保质"的面目出现,打破了商界原有的定价规则。例如沃尔玛,其2000—2002年的销售利润率在3%—3.3%,ROE在20%—23%。但德国的阿尔迪低价超市的规模虽然只有沃尔玛的1/8,却占有德国零售市场的1/4,产品价格虽然比沃尔玛低20%左右,利润率却是沃尔玛的3—4倍。戴尔通过外包、代工、减少研发投入降低其产品成本,保持较长一段时期的成长。面临日本廉价电子手表的竞争,斯沃琪在1980年本着"精确、廉价、可抛弃"的设计理念重新定义手表设计和制造,制表成本折合60元人民币,成为全球最大的物美价廉制表商、第二大制表集团。美国西南航空的票价比长途汽车的票价便宜,却连续34年盈利。在中国,春秋航空自己开发管理软件和自设销售系统,彻底摆脱传统的民航机票销售系统,此项节约9%的成本。莫泰168建立经济型连锁酒店,注重细节管理节约每一分成本,其每间客房复员数是0.4人/天,而同类三星级酒店是1.1人/天。神舟电脑通过削减手提电脑那些不必要、不常用的功能,有效降低成本,赢得低端用户。凡此种种低价战略,无不是在保证基本质量的前提下采取的成本节约措施,如通过省去名牌产品高昂的广告费用,通过削减不实用功能所带来的昂贵费用,通过减少昂贵的研发投入,通过OPM战略节约资金占用成本,通过直销以减少中间环节的流通成本,等等。

那么,CEO如何有效控制成本呢?第一,作为CEO,必须要掌握企业成本的基本构架,了解某项成本的变化对利润表等财务报表短期乃至长期的影响。图2-1是一个典型的企业总成本的基本构成。

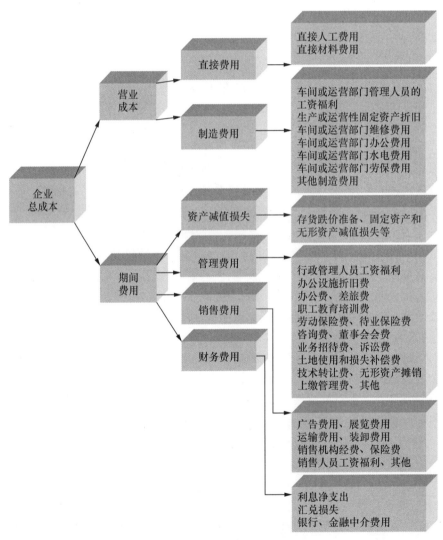

图2-1 企业总成本的结构

由图 2-1 可见：一个企业的总成本由营业成本和期间费用两大部分构成。营业成本包括：① 人工和原材料等直接费用，这些是"看得见的成本"（Visible Costs）；② 一系列发生在生产环节的制造费用，包括车间管理人员的工资福利、生产性固定资产的折旧、车间的维修、办公、水电、劳保等费用，其需要在企业所生产的各个产品中合理分摊。期间费用是发生在经营、管理、销售和财务层面上的费用，其需要在各个分公司或生产部门之间合理分摊，具体包括管理费用、销售费用、财务费用和资产减值损失。因此，企业的成本构成可以看做是一个"一分为二、二分为六"或"2＋4"的系统，即总成本分为营业成本和期间费用，而营业成本可分为人工和原材料等直接费用和制造费用，期间费用可分为管理费用、销售费用、财务费用和资产减值损失。

第二，作为 CEO，必须了解成本的特性。企业的总成本按照其与业务量的关系，可以分为变动成本和固定成本。变动成本与企业的产量或销售收入的变化有关，随着企业产量或销售收入的变化而变化。例如，直接费用以及管理费用、销售费用和财务费用中部分与产量和销售收入相关的成本，随着产量或销售收入的增加而增加或减少而减少。固定成本与企业的业务量无关，在一定的产能范围内，无论企业的产量或销售收入如何变化，其总要发生。例如，固定资产折旧、无形资产摊销、固定工资和固定福利等一些与产量或销售收入变化无关的成本，无论企业的业务量是增加或减少，产能是达到 100% 或 0，这些成本都要发生且不会变化。

为什么要将成本分为固定成本和变动成本呢？进一步分析我们可以发现：企业总的变动成本随着业务量的增加而增加，但将总的变动成本除以业务量所得到的平均变动成本，则与业务量无关。企业总的固定成本随着业务量的增加而不变，但将总的固定成本除以业务量所得到的平均固定成本，则随着业务量的增加而减少。由此可见，了解成本性态有助于企业高层管理者控制和降低成本。

第三，作为 CEO，必须了解关闭亏损分公司、部门或生产线可能给企业利润造成的影响。我们知道，一个企业一般都生产多种产品或提供多种服务。在企业总成本中，一部分成本与某产品或服务直接相关，是看得见或直接的成本；而另一部分成本则与某产品或服务间接相关，是公共成本。在公共成本中，一部分是公共制造或运营成本，与企业生产制造或运营直接相关，必须在各种产品或服务中分摊；另一部分是期间费用，与整个企业的经营和管理相关，必须分摊到各个部门。由此可见，一条生产线、一个部门或分公司的成本高低取决于其自身的直接成本、分摊的公共制造或运营成本和分摊的期间费用的综合水平。

在实践中，有些企业决定关闭一些长期亏损的生产线、部门或分公司，结果整个公司的净利润不但没有增加反而减少，为什么？问题在于：如果关闭某一亏损部门或停止生产某一亏损产品，相关变动成本相应地减少了，但是企业的固定成本并不因此而等比例减少。例如，UF 公司生产 A、B、C 三种产品，根据上年度资料，A 产品处于亏损状态，每年亏损 100 万元，资料如表 2-7 所示。那么，A 产品是否应该停产？由表 2-7 测算表明：A 产品为企业每年分摊或承担固定成本 600 万元和 300 万元固定经营费用，结果亏损 100 万元。但是，如果 A 产品停止生产，企业总的固定成本和费用不会因此而等比例消失，假设只是各减少 100 万元，所以 B 和 C 产品必须多承担 700 万元原来由 A 产品承担的成本和固定费用,结果企业整体的经营利润从 2 400 万元下降到 1 800 万元。由此可见:虽然 A 产品亏损,但它在承担和分摊企业固定成本和固定费用中发挥了重要作用,从而支撑企业整体利润水平。所以,A 产品不宜停产!

第四,收入的分配分为五大部分:一是支付变动成本;二是承担固定成本;三是支付财务费用;四是贡献税收;五是为股东赚取利润。由此可见:① 在变动成本既定的前提下,固定成本占销售收入的比重越高,公司支付财务费用和贡献利税的空间越小,盈利空间越小,经营风险越高;反之越低。② 在变动成本和固定成本既定的前提下,财务费用占销售收入的比重越高,公司贡献利税的空间越小,盈利空间越小,财务风险越高;反之越低。因此,作为公司的高管和董事会成员,在经营管理决策中,既要控制公司的固定成本,又要控制公司的财务费用,才能降低公司的整体风险。

表 2-7　UF 公司停产 A 产品对企业整体利润的影响测算

项目	A	B	C	合计	若 A 停产
营业收入	2 000	4 000	5 000	11 000	9 000
减:营业成本					
变动成本	1 000	1 500	1 500	4 000	3 000
固定成本	600	1 000	1 000	2 600	2 500
营业成本合计	1 600	2 500	2 500	6 600	5 500
毛利	400	1 500	2 500	4 400	3 500
减:经营费用					
变动部分	200	300	400	900	700
固定部分	300	400	400	1 100	1 000
经营费用合计	500	700	800	2 000	1 800
经营利润	-100	800	1 700	2 400	1 800

第三节　CEO 解读现金流量表

一、现金为王

"现金为王"之说至少体现在四个方面:一是经营净现金的充裕程度体现一个企业盈利的质量,即利润是否由经营净现金来保障？二是经营净现金的充裕程度反映了一个企业的竞争力或竞争优势,真正具有竞争力的企业,其经营净现金充裕。三是现金标志着企业是否具有正常的偿债能力。从防范财务危机的角度看,现金比利润更加重要,一个企业失去了现金流入就失去了偿债能力,等于步入死亡陷阱,尽管这个企业有利润。四是总体现金流量的状况体现了企业投融资渠道的畅通程度。当经营净现金显著增加、筹资活动现金充裕、成本低且渠道畅通,投资活动的现金回收速度快或回报高,说明企业现金充裕、投融资渠道畅通;反之,则说明企业现金不足、投融资渠道不畅。

作为CEO,首先要了解企业整体的现金流量状况,即当年企业总的净现金或净增的总现金,包括经营性净现金、筹资性净现金和投资性净现金。相对而言,当企业总的净现金大于零,说明企业整体现金状况较好;当企业总的净现金等于零,说明企业整体的现金状况一般;企业总的净现金小于零,说明企业整体的现金状况不好。为什么呢?当我们把企业本年度总的净现金与预计来年的到期本息相比,问题就一目了然了。因为企业能否按期还本付息取决于其是否具有现金,而不取决于其是否具有利润。正如表2-8所示:① 当企业本年末总的净现金余额低于其明年预计的到期债务本息时,说明其明年到期的债务本息没有相应的现金保障,付息还本能力很低。② 当企业本年末总的净现金余额等于其明年到期债务的本息时,说明其明年到期的债务本息有相应的现金保障,付息还本能力正常。③ 当企业本年末总的净现金余额超过其明年到期债务的本息时,说明其明年到期的债务本息有相应的现金保障,付息还本能力强。

二、经营净现金是王中王

为什么经营净现金如此重要呢?问题在于在三类现金中,经营净现金是唯一由企业自身经营创造的现金流,是企业现金最重要的来源。我们知道,对于成长型的企业,投资项目尚未形成效益之前,现金流出通常大于流入,因此投资净现金为负数。此外,对于成长型的企业,为了新增投资,企业经常需要向银行或股东筹资,但同时需要偿还银行贷款和支付利息和股息。一旦筹资不足,即筹资净现金为负数,就需要依靠企业自身的经营净现金来弥补。

作为CEO,如何衡量和判断企业的经营性现金是否处于正常状态?如何利用经营净现金来衡量和判断企业盈利的质量?如何衡量和判断企业的筹资和投资是否正常且有效益?总而言之,如何度量公司的经营净现金的创造能力?如表2-8所示。

首先,比较和分析税后经营净现金与EBIT(1-T)(息税前利润扣除所得税,又称税后息前利润)之间的关系:① 当企业的税后经营净现金小于EBIT(1-T),表明EBIT(1-T)没有相应的现金保障,说明企业EBIT(1-T)的质量很差,且经营净现金严重不正常;② 当企业的税后经营净现金等于EBIT(1-T),说明其EBIT(1-T)具有相应的现金保障,盈利质量正常,但经营性现金不正常;③ 当企业的税后经营净现金大于EBIT(1-T),说明其EBIT(1-T)具有相应的现金保障,盈利质量良好,但还不能说明其经营性现金是否正常。

其次,比较和分析税前经营净现金与EBITDA(利息+税收+净利润+折旧+摊销)[①]之间的关系:① 当税前经营净现金小于EBIT(利息+税收+净利润),说明EBIT的质量很差,且经营性现金严重不正常;② 当企业的税前经营净现金大于EBIT,但小于EBITDA,说明虽然EBIT的现金有保障,但折旧和摊销的现金没有保障,因此经营净现金

---

① 若有流动资产减值损失,可再加上去。因为若企业计提流动资产减值损失,增加企业的成本,降低其利润,但相应增加其经营净现金。此原理类似折旧和摊销。

仍然不正常,低于应该获得的经营净现金;③ 当企业的税前经营净现金等于EBITDA,说明不但EBIT具有现金保障,而且折旧和摊销也有现金保障,因此经营净现金处于正常状态;④ 当企业的税前经营净现金大于EBITDA,说明经营净现金超过EBITDA,EBIT具有现金保障,折旧和摊销也有现金保障,而且还有"现金保障节余",因此经营净现金处于充裕状态。据此,我们可用"经营净现金正常系数"来初步地判断企业现金的状况。同时,企业还可以把实际经营净现金除以销售收入,或除以总资产,或除以权益资本,或除以投入资本,形成销售创现率、资产创现率、权益资本创现率及投入资本创现率,反映企业销售、资产、资本的现金创造能力。

表2-8 企业利润的质量和经营净现金正常程度分析判断表

指标	系数值	分析和说明	正常等级
1. EBIT的现金保障系数			
税后经营净现金/EBIT$(1-T)$	<1	息前税后利润没有相应的现金保障,利润质量低;经营性现金严重不正常	不正常
税后经营净现金/EBIT$(1-T)$	=1	息前税后利润有相应的现金保障,利润质量正常;经营性现金不正常	正常
税后经营净现金/EBIT$(1-T)$	>1	息前税后利润有充分的现金保障,利润质量较高;尚不能判断经营性现金是否正常	良好
2. 经营净现金正常系数			
税前经营净现金/EBITDA	<1	经营净现金低于应有水平,部分EBITDA没有相应的现金保障	不正常
税前经营净现金/EBITDA	=1	经营净现金等于应有水平,EBITDA具有相应的现金保障	正常
税前经营净现金/EBITDA	>1	经营净现金超过应有水平,EBITDA具有相应的现金保障,总体上现金有保障且有节余	良好
3. 付息还本能力系数			
年末现金和银行存款余额/到期本息	<1	到期的债务本息没有相应的现金保障,付息还本能力很低	不正常
年末现金和银行存款余额/到期本息	=1	到期的债务本息有相应的现金保障,付息还本能力基本正常	正常
年末现金和银行存款余额/到期本息	>1	到期的债务本息有相应的现金保障,付息还本能力较强	良好
4. 债务筹资能力系数			
贷款利率/基准利率	<1	企业的贷款利率低于银行的基准贷款利率,说明其竞争力较强,投资项目效益较高,银行承受的风险也较低	良好
贷款利率/基准利率	=1	企业的贷款利率等于银行的基准贷款利率,说明其竞争力一般,投资项目效益正常,银行承受的风险一般	正常
贷款利率/基准利率	>1	企业的贷款利率高于银行的基准贷款利率,说明其竞争力较弱,投资项目效益较低,银行承受的风险也较高	不正常

再次,比较和分析企业年末现金余额和银行存款余额与到期本息之间的关系。企业的年末现金和银行存款余额之和体现了企业偿还到期债务和利息的能力。因此,企业年末现金和银行存款与到期本息的比值越大,说明企业付息还本能力越强,反之

越弱。

最后,具有竞争力和发展前景的企业其筹资渠道畅通,风险相对较低,无论是股东还是债权人都更愿意提供资金,因此筹资成本较低。在中国,对于具有竞争力的企业和投资效益好的项目,银行风险相对较低,贷款利率在基准利率基础上可下调10%,对于竞争力较弱的企业和投资效益较低的项目,银行风险相对较高,贷款利率则在基准利率基础上可上浮30%。因此,当一个公司的债务筹资成本(贷款利率)低于银行的基准贷款利率,说明其竞争力较强,投资项目效益较高,银行的风险也较低;反之,当一个公司的债务筹资成本(贷款利率)高于银行的基准贷款利率,说明其竞争力较弱,投资项目效益较低,银行的风险也较高。同理,当一个公司的权益筹资成本(股东要求的收益率)低于同行业平均的净资产收益率(ROE),说明其竞争力较强,投资项目效益较高,股东的风险也较低;反之,当一个公司的权益筹资成本高于同行业平均的净资产收益率,说明其竞争力较弱,投资项目效益较低,股东的风险也较高。

第四节　协调发展和可持续增长

一、协调发展

在解读企业资产负债表、利润表和现金流量表的过程中,我们发现了"资产—收入—成本—利润—现金"之间存在内在的联系,环环相扣。一般来说,正常的企业其资产、收入、成本、利润和现金的增长具有一致性和稳定性的特点。

第一,CEO 应该关注资产和销售收入之间的关系:① 当资产增长使得销售收入同步增长,则资产周转速度(销售收入/总资产)处于稳定状态,资产使用效率稳定;② 当资产增长导致销售收入快速增长,则资产周转速度处于上升状态,资产使用效率好转;③ 当资产增长没有导致销售收入同步增长,甚至销售收入下降,则资产周转速度处于下降状态,资产使用效率转差。

第二,CEO 应该关注资产和利润之间的关系:① 当资产增长导致 EBIT 同步增长,则总资产收益率(ROA = EBIT/总资产)处于稳定状态,资产盈利能力未变;② 当资产增长导致 EBIT 快速增长,则总资产收益率处于上升状态,资产盈利能力增强;③ 当资产增长没有导致 EBIT 同步增长,甚至 EBIT 下降,则总资产收益率处于下降状态,资产盈利能力转差。

第三,CEO 应该关注收入、成本和利润之间的关系:① 当企业收入、成本、利润同步增长,说明企业的盈利能力没有变化;② 当企业收入的增长超过成本的增长,且利润的增长超过收入的增长,说明企业的盈利能力增强;③ 当企业收入的增长低于成本的增长,且利润增长低于收入的增长,说明企业的盈利能力转差。

第四,CEO 应该关注利润和现金之间的关系。当企业的经营净现金在销售收入的比重上升,说明企业的经营性现金生成能力增强;反之,说明其经营性现金生成能力下降。关于这一问题,我们在前面已经多次讨论,且反复强调过。总之,企业的经营净现金不应低于 EBITDA。

第五,CEO 应该关注资产负债表中的应收账款、存货和预付款、营运资本需求量等占资产的比重,及其与销售收入之间的比例关系。这些比例关系也是考察企业的经营是否处于正常状态的重要手段之一。若上述比例在销售收入或在总资产中的比例上升,说明企业的经营状况正在转差,反之说明企业的经营状况正在转好。

二、可持续增长

企业如何实现可持续增长呢?如何成长为百年老店,甚至千年老店?具有悠久历史的柯达因为忽略数码技术的发展而亏损严重。诸如此类的现象比比皆是。企业可持续增长,至少有三个层面的含义:

第一,整体可持续增长。从外部因素来看,未来市场的发展是驱动企业可持续增长的外在动力;从内部因素来看,企业的盈利能力和现金生成能力是其可持续增长的内在动力。上述内外部动力共同推动企业投资和销售的增长。可见,企业的可持续增长取决于具有发展潜力的市场需求、具有战略眼光的投资、健康的财务状况和充裕的现金。在其他因素既定的条件下,投资项目的成功与否,是企业能否实现可持续增长的关键。

第二,自我可持续增长。企业通常根据市场需求和未来销售收入的增长来决定是否要进行投资。当未来预计的销售收入增长等于企业现有的销售收入增长,说明企业没有投资需求,处于资金平衡状态,不需要通过增减外部筹资(增减负债或新股)、内部筹资(增减股利)来增减投资,可以实现稳定的增长,并保证自我可持续增长;当未来预计的销售收入增长大于企业现有的销售收入增长,说明企业具有投资需求,处于资金短缺状态,需要通过增加外部筹资(增加负债或新股)和内部筹资(减少股利)来新增投资,以实现进一步的增长,并保证未来的自我可持续增长;当未来预计的销售收入增长小于企业现有的销售收入增长,说明企业没有投资需求,处于资金剩余状态,在没有其他高效益投资机会的条件下,则可以通过减少外部筹资(减少负债或回购股份)和内部筹资(增加股利)来控制投资,以减缓过度的增长,保证未来的自我可持续增长。

第三,资金可持续增长。为防止现金危机或枯竭而失去发展机遇,CEO 应该关注现金收支情况,包括经营性现金流入与流出之间的关系、投资性现金流入与流出之间的关系、筹资性现金流入与流出之间的关系。当投资净现金为负数,意味着企业具有投资需求,需要通过筹资净现金和经营净现金来补充。当企业的负债比例偏高,债权人和股东担心企业陷入债务困境而不愿投资,则筹资性现金可能不足,导致"负筹资",那么企业的新增投资就需要由当年经营净现金和节余的现金来支撑。因此,CEO 更应关注经营净现金、投资净现金和筹资净现金三者之间的平衡关系,保证企业资金循环正常和资金链的安全。

第五节　案例分析
——解读宇通客车和金龙汽车的财务报表

一、客车行业简介

客车行业是汽车行业中一个增长非常迅速的子行业,在公路运输方面扮演旅客运输的主力军。公路客运量在过去20年一直稳步攀升,这为客车行业的产品需求提供了有力的保障。目前,我国已成为世界第一客车生产大国,而且份额有扩大趋势。根据国际机动车制造商组织(OICA)的统计数据,我国2009年客车产量达到全球总产量的41.20%。未来依托技术进步、成本优势以及海外市场的开拓,我国客车生产实力和技术水平将得到进一步提高。

但是,受铁路提速和高铁的持续冲击,以及持续通胀带来的原材料和人工成本上升的压力,客车行业的发展将面临严峻的挑战。从2007年4月份开始,中国铁路客运进入动车组时代。开行动车组的铁路线路开始对相同线路上的公路客运产生了显著的替代效应。动车组客运之所以能对公路客运产生替代效应,根本的原因在于动车组客运相对于公路客运具有明显的竞争优势,具体表现在:动车组运行速度快,票价相对便宜,乘坐舒适安全,发车密度高。

此外,经济危机和人民币升值也对客车行业的海外销售造成负面影响。中国大中型客车产品的海外市场主要是拥有大量资源禀赋的国家,如中东等地区的国家。金融危机以来,世界宏观经济景气程度显著下降,对各种资源的需求显著萎缩,资源禀赋型国家的经济因此遭受重创,加上人民币升值进一步降低了价格优势,来自这些国家的大中型客车产品需求快速下降。客车行业面临国内和国际方面的双重压力。

但是,2011年发生的两起特大交通事故,使人们对客车行业的发展重拾信心。一件是2011年7月23日的甬温线特别重大铁路交通事故,北京南站开往福州站的D301次动车组列车运行至甬温线上海铁路局管内永嘉站至温州南站间双屿路段,与前行的杭州站开往福州南站的D3115次动车组列车发生追尾事故,后车四节车厢从高架桥上坠下。这次事故造成40人(包括3名外籍人士)死亡,约200人受伤。事故发生后,国内开始反思这两年的铁路建设和安全管理,铁道部一些在建项目和拟建项目也纷纷降低开工和建设速度,居民在长短途出行时也开始重新考虑公路客运工具。这也在一定程度上降低了铁路客运对客车企业的压力。另外一起则是校车安全事故。2011年11月16日9时15分许,甘肃省庆阳市正宁县榆林子小博士幼儿园一辆运送幼儿的校车(核载9人、实载64人),由西向东行驶至正宁县正(宁)周(家)公路榆林子镇下沟村一组砖厂门前路段时,与由东向西行驶的重型自卸货车发生正面相撞,造成21人死亡(其中幼儿19人)、43人受伤的惨剧。该事故引起了全社会以及党中央国务院的高度关注,温家宝总理要求制定

《校车安全条例》,而以宇通客车为首的客车行业企业将在未来成为该条例的受益者。由此,校车将成为客车企业未来的一个新的利润增长点。

二、宇通客车和金龙汽车

(一) 宇通客车

郑州宇通客车股份有限公司(以下简称"宇通客车")是根据1993年经河南省体改委豫体改字(1993)第29号文批准,在郑州客车厂的基础上设立的股份有限公司。1997年,宇通客车在上海证券交易所上市,成为国内大客车生产行业首家上市公司,股票代码600066。1998年,宇通客车新厂区启用,成为亚洲最大规模客车生产基地。2000年4月,宇通建成企业博士后科研工作站,为其生产技术的不断进步提供人力支持。

2003年,宇通客车通过与德国曼商用车公司合资,有效地提升了公司技术开发水平。2003年年底公司完成MBO,管理层价值与股东价值取向趋近一致。2006年,宇通客车开始着手提升产能,征土地462.29亩,用于公司型材加工中心、高档线联合厂房、新的成品车停车场以及底盘停放场等设施的建设。2007年2月起,投资2个多亿元新建底盘项目。2010年,宇通客车配股募集资金,投资于节能与新能源客车生产基地项目,项目规模为6 000辆节能型客车(主要为公交客车)和4 000辆新能源客车(混合动力、纯电动客车)。

公司主要产品为客车。目前,宇通客车已形成了6米至25米,覆盖公路客运、旅游、公交、团体、专用客车等各个细分市场,普档、中档、高档等产品档次的完整产品链,成为豪华高档客车的代名词。如今,宇通客车已远销古巴、俄罗斯、伊朗、沙特以及我国香港、澳门地区等境外市场,并且在确保产品品质和服务保障的基础上,经过长期战略布局,宇通已取得欧盟WVTA整车认证,开始正式进军欧洲市场。

(二) 金龙汽车

厦门金龙汽车集团股份有限公司(以下简称"金龙汽车")创立于1988年6月,前身是厦门汽车工业公司。1988年12月,公司投资设立厦门金龙联合汽车工业有限公司(俗称"大金龙")。1992年3月,公司投资设立厦门金龙旅行车有限公司(俗称"小金龙")。1992年5月改制为股份制企业,1993年集团股票在上海证券交易所挂牌上市,证券简称"厦门汽车",证券代码600686。1998年,在大金龙成立10周年之际,设立苏州生产基地,即金龙联合汽车工业(苏州)有限公司(简称"苏州金龙")。2005年4月,公司更名为厦门金龙汽车股份有限公司,证券简称改为"金龙汽车"。2006年5月,公司更名为"厦门金龙汽车集团股份有限公司"。

金龙汽车从事大、中、轻型客车的制造与销售业务,是国内最主要的客车生产企业之一。公司的产品覆盖了全系列的客车车型,旗下拥有厦门金龙联合汽车工业有限公司、厦门金龙旅行车有限公司、金龙联合汽车工业(苏州)有限公司等客车整车制造企业以及金龙汽车车身、空调、橡塑、电器、座椅等汽车零部件生产企业,主要产品金龙客车、金旅客车和海格客车在国内外均有较高的品牌美誉度。

公司自成立以来,坚持以市场为导向不断创新产品,坚持自主设计制造满足客户需求,技术研发实力雄厚,拥有各类技术研发人才400多名,公司研发中心已获"国家认定企业技术中心"称号并获批设立博士后科研工作。经过20多年的沉淀,金龙客车在国内享有"国车"的美誉,首批获得"中国名牌产品"和"中国驰名商标"称号。金龙客车不仅连续十年成为"全国两会"指定用车,还多次服务于世界大学生运动会、亚太经合会、世界华商大会、中国投资贸易洽谈会等国际会议或大型活动。2008年,更有2 000辆金龙客车服务北京奥运会,创出2 000辆客车60天零故障的佳绩。从2000年开始,公司开始实施国际化战略。2005年3月,独家通过英国商用汽车认证,国内首家进入欧洲市场。2009年公司实现外销金额12.33亿元人民币,产品远销全球59个国家和地区,并在海外建立了40多家销售代理商和服务商。

三、案例分析——宇通客车与金龙汽车的财务报表分析

面临国内铁路提速和高铁的持续冲击,持续通胀带来的原材料和人工成本上升的压力,以及人民币持续升值和国际金融危机造成的不利影响,宇通客车和金龙汽车在2006—2010年的表现不尽相同。从表2-9可见,尽管承受了上述的国内外压力,但宇通客车在2006—2010年各年的销售量和营业收入都保持双增长的态势。客车销售数量从2006年的17 212辆增长到2010年的41 169辆,年均增长幅度将近25%;营业收入从2006年的48亿元增长到2010年的129亿元,年均增长幅度更是达到27.85%。反观金龙汽车,尽管在客车销售数量和营业收入方面仍然保持领先优势,但在增长速度方面则落后于宇通客车,2006—2010年客车销售数量和营业收入的年均增长幅度分别只有12.49%和12.92%,远远低于宇通客车。在2008—2009年,金龙汽车的销售数量和营业收入更是出现下降的趋势。在毛利率表现上,宇通客车基本上维持在17%以上,而金龙汽车则仅有不到13%的水平。

表2-9 宇通客车和金龙汽车销售数量、营业收入和毛利率比较

年份	宇通客车			金龙汽车		
	销售数量(辆)	营业收入(亿元)	毛利率(%)	销售数量(辆)	营业收入(亿元)	毛利率(%)
2006年	17 212	48.35	17.37	41 230	99.36	12.77
2007年	24 243	78.81	17.29	54 878	124.42	13.06
2008年	27 556	78.97	16.03	45 755	123.9	10.8
2009年	28 186	84.01	17.64	46 024	117.71	12.69
2010年	41 169	129.17	17.57	66 013	161.56	12.86

(一) OPM 战略与"三控"政策

从两家公司的营运资本管理政策和 OPM 战略的实施来看,金龙汽车由于具有更大的市场份额和销售数量,其在与客户和供应商之间的谈判能力也更强,无偿占有供应商资金的能力也更强,营运资本管理水平和 OPM 战略执行效果也相对更好。根据表 2-10 的数据,金龙汽车 2006 年的应收款项(包括应收票据、应收账款、预付账款和其他应收款)合计为 11.59 亿元,存货为 12.64 亿元,应付款项(包括应付票据、应付账款、预收账款和其他应付款)合计为 34.98 亿元,营运资本需求量(应收款项+存货-应付款项)为 -10.75 亿元。到了 2010 年,金龙汽车的营运资本需求量变为 -24 亿元。这意味着扣除应收款项和存货占用的资金之外,金龙汽车还无偿占用了供应商 24 亿元的资金。反观宇通客车,其 2006 年的应收款项合计为 6.32 亿元,存货占款 9.00 亿元,应付款项 20.81 亿元,营运资本需求量为 -5.49 亿元;但到了 2010 年,宇通客车的营运资本需求量却变为 1.56 亿元。这意味着宇通客车不仅被应收款项和存货占用了大量资金,而且其无偿占用供应商的资金无法抵消被应收款项和存货无偿占用的资金。

表 2-10　宇通客车和金龙汽车的 OPM 战略比较分析　　　单位:亿元

年份	应收款项		存货		应付款项		WCR	
	宇通客车	金龙汽车	宇通客车	金龙汽车	宇通客车	金龙汽车	宇通客车	金龙汽车
2006 年	6.32	11.59	9.00	12.64	20.81	34.98	-5.49	-10.75
2007 年	15.08	18.71	15.04	13.25	34.47	43.47	-4.35	-11.51
2008 年	8.49	22.55	6.36	17.42	27.10	49.12	-12.25	-9.15
2009 年	16.11	28.52	7.58	13.36	27.69	60.27	-3.99	-18.39
2010 年	24.85	42.06	12.25	19.60	35.54	85.66	1.56	-24.00

进一步比较两家公司的"三控"政策,根据表 2-11,金龙汽车的应收款项占总资产比重在 2006—2010 年逐渐上升,从 21.05% 上升到 33.84%。这与客车销售通常采用分期收款方式有关。但存货占总资产比重则有下降的趋势,从 2006 年的 22.96% 下降到 2010 年的 15.77%。在应付款项占总资产比重方面,金龙汽车从 2006 年的 63.53% 提高到 2010 年的 68.92%,表明金龙汽车对供应商的议价能力进一步得到提高。综合金龙汽车的"三控"政策,其整体上保持相对稳定的状态,在扣除应收款和存货占用的资金外,金龙汽车净无偿占用供应商资金占总资产的比重基本上保持在 19% 左右。反观宇通客车,虽然其应收款项和存货占总资产的比重在 2006—2010 年间的表现与金龙汽车类似,也表现出应收款项占比上升但存货占比下降的趋势,但其应付款项占总资产比重不升反降,从 2006 年的 54.68% 下降到 2010 年的 52.29%,这也直接导致了其 2006—2010 年营运资本需求量由负转正的结果。综合上述分析,宇通客车销售数量和营业收入的快速增长可能是以牺牲其营运资本管理效率为代价取得的。宇通客车应该在未来进一步加强对营运资本和"三控"政策的管理。

表2-11 宇通客车和金龙汽车的"三控"政策比较分析

年份	应收款		存货		应付款		WCR	
	宇通客车	金龙汽车	宇通客车	金龙汽车	宇通客车	金龙汽车	宇通客车	金龙汽车
2006年	16.61%	21.05%	23.64%	22.96%	54.68%	63.53%	−14.43%	−19.53%
2007年	19.10%	26.56%	19.05%	18.81%	43.66%	61.71%	−5.51%	−16.34%
2008年	18.12%	27.93%	13.58%	21.57%	57.85%	60.83%	−26.15%	−11.33%
2009年	29.26%	30.20%	13.77%	14.15%	50.28%	63.82%	−7.25%	−19.47%
2010年	36.55%	33.84%	18.03%	15.77%	52.29%	68.92%	2.29%	−19.31%

（二）资产流动性

从资产的流动性来看（见表2-12），金龙汽车2006—2010年的货币资金总额稳步提高，到2010年达到42亿元，占其总资产的比重达到33.83%。由于国内外金融市场整体表现低迷，金龙汽车并没有将资金投资到交易性金融资产或可供出售金融资产。而宇通客车2006—2010年的货币资金总额并没有太大幅度的变动，2006年的货币资金总额为9.04亿元，2010年略微提高到9.18亿元。货币资金占总资产的比重则从2006年的23.74%下降到2010年的13.50%。当然，除了货币资金，宇通客车还将部分资金投资在交易性金融资产上面。尽管如此，宇通客车的货币资金和交易性金融资产合计数仍远远低于金龙汽车。因此，从最具流动性的货币资金和交易性金融资产来看，金龙汽车的资产流动性显然更强。其流动比率（流动资产与流动负债之比）在2010年高达46%，而宇通客车同期的速动比率（或称酸性比率，即扣除存货后的流动资产与流动负债之比）仅有23%，是金龙汽车的一半。

从流动资产来看，金龙汽车的流动资产从2006年的41.57亿元上升到2010年的103.7亿元，增长幅度高达150%左右；流动资产占总资产比重从2006年的75.51%上升到2010年的83.44%。反观宇通客车，其流动资产从2006年的25.35亿元增加到2010年的46.28亿元，增长幅度为83%，略逊金龙汽车一等；其流动资产占总资产比重同样较金龙汽车更低，2010年仅为68.09%。从流动比率来看，两家上市公司在2006—2010年间的流动比率基本保持在110%左右，旗鼓相当，都能较好地保障流动负债的偿付。进一步从速动比率来看，两家上市公司的速动比率都稳步增长，但金龙汽车的总体表现更胜一筹。金龙汽车的速动比率从2006年的77.5%上升到2010年的91.73%；而宇通客车的速动比率仅从2006年的71.02%上升到2010年的84.67%。总体而言，两家上市公司都保持了较好的资产流动性，但相对而言，金龙汽车的资产流动性要优于宇通客车。

表 2-12　宇通客车和金龙汽车的流动性比较分析　　　　　　　　　　　单位:亿元

	年份	货币资金(A)	交易性金融资产(B)	存货(C)	流动资产(D)	流动负债(E)	(A+B)/E	(D−C)/E	D/E
宇通客车	2006	9.04	0.71	9.00	25.35	23.03	42.35%	71.02%	110.10%
	2007	12.63	0.86	15.04	43.62	44.36	30.42%	64.42%	98.33%
	2008	13.60	0.50	6.36	28.95	28.54	49.42%	79.17%	101.45%
	2009	7.17	3.09	7.58	33.95	30.68	33.42%	85.94%	110.65%
	2010	9.18	—	12.25	46.28	40.18	22.84%	84.67%	115.17%
金龙汽车	2006	17.35	—	12.64	41.57	37.33	46.46%	77.50%	111.36%
	2007	21.30	—	13.25	53.26	47.54	44.80%	84.16%	112.03%
	2008	22.08	—	17.42	62.06	53.91	40.96%	82.80%	115.12%
	2009	32.32	—	13.36	74.20	67.91	47.58%	89.57%	109.25%
	2010	42.04	—	19.60	103.70	91.69	45.85%	91.73%	113.11%

(三) 负债政策

从负债政策来看(见表 2-13),金龙汽车的总资产负债率更高,且有进一步增长的趋势。2006—2010 年间,金龙汽车的总资产负债率从 69.56% 上升到 75.93%,其中绝大部分负债为流动负债。从一般情况来看,这样的负债结构应该是比较危险的,应该引起管理层的高度重视。但由于公司资产的流动性和变现能力非常好,其 2010 年的速动比率高达 91.73%,因此这一负债结构对金龙汽车而言不足为惧。此外,公司的有息负债并不高,公司几乎没有任何长期借款和长期债券,2010 年的短期借款也仅有不到 2 亿元,这与其账面高达 42 亿元的货币资金相比,显得微不足道。因此,金龙汽车的总资产负债率虽然比较高,但并不可怕。

反观宇通客车,其总资产负债率相对较低,从 2006 年的 61.67% 上升到 2010 年的 63.43%,基本保持相对稳定的状态。与金龙汽车类似,宇通客车的负债绝大部分也来源于流动负债,其流动资产也同样足以偿还流动负债。相比较金龙汽车,宇通客车的有息负债更少,2010 年仅有 1 000 多万元的长期借款,没有其他短期借款和长期债券。因此,总体上看,两家上市公司在有息债务融资方面还是比较谨慎的,整体的负债状况也比较安全。

表 2-13　宇通客车和金龙汽车的负债状况比较分析　　　　　　　　　　　单位:亿元

公司	年份	总资产	总负债	流动负债	非流动负债	有息负债	总负债/总资产	流动负债/总负债
宇通客车	2006	38.06	23.48	23.03	0.45	0.00	61.67%	60.49%
	2007	78.96	50.67	44.36	6.31	8.86	64.18%	56.18%
	2008	46.85	29.84	28.54	1.30	0.05	63.69%	60.92%
	2009	55.07	33.34	30.68	2.65	0.06	60.53%	55.71%
	2010	67.97	43.11	40.18	2.93	0.15	63.43%	59.12%

(续表)

公司	年份	总资产	总负债	流动负债	非流动负债	有息负债	总负债总资产	流动负债总负债
金龙汽车	2006	55.06	38.30	37.33	0.97	0.88	69.56%	67.81%
	2007	70.45	49.51	47.54	1.97	2.13	70.28%	67.48%
	2008	80.76	57.58	53.91	3.68	5.08	71.30%	66.75%
	2009	94.44	69.45	67.91	1.53	2.26	73.53%	71.91%
	2010	124.29	94.38	91.69	2.69	1.88	75.93%	73.77%

（四）会计盈利与股东价值

从利润表来看（见表2-14），金龙汽车整体的销售规模更大，其销售收入在2006—2010年间也一直保持对宇通客车的优势，但这一优势在不断缩小。2006年金龙汽车的营业收入为99.36亿元，比宇通客车高出46.5亿元；但到了2010年，金龙汽车的营业收入上升到161.56亿元，但仅高出宇通客车26.77亿元。宇通客车不仅缩小了营业收入的差距，更是在利润方面实现了全面反超。无论是营业利润、EBIT还是净利润，宇通客车从2008年开始都全面超过金龙汽车。这主要得益于宇通客车更高的毛利率。宇通客车的毛利率长期稳定在17%以上（2008年除外），而金龙汽车的毛利率则只有13%左右，二者相差4个百分点。除了毛利率外，在EBIT利润率和净利率方面，宇通客车在2006—2010年的表现也全面优于金龙汽车。这表明宇通客车整体的会计盈利能力更胜一筹。

表2-14　宇通客车和金龙汽车的会计盈利比较分析　　单位：亿元

公司	年份	营业收入	营业成本	营业利润	EBIT	净利润	毛利率	EBIT利润率	净利率
宇通客车	2006	52.86	43.15	3.18	3.11	2.27	18.37%	5.88%	4.30%
	2007	78.81	64.23	5.90	6.08	4.36	18.50%	7.72%	5.53%
	2008	83.36	70.24	6.30	6.51	5.24	15.74%	7.81%	6.29%
	2009	87.82	72.59	6.43	6.52	5.67	17.34%	7.42%	6.46%
	2010	134.79	111.42	10.05	10.21	8.57	17.33%	7.58%	6.36%
金龙汽车	2006	99.36	86.67	3.66	3.74	3.24	12.77%	3.76%	3.27%
	2007	124.42	108.17	5.40	5.36	5.13	13.06%	4.31%	4.12%
	2008	123.90	110.51	2.70	2.80	3.38	10.80%	2.26%	2.73%
	2009	117.71	102.78	3.39	3.44	3.06	12.69%	2.92%	2.60%
	2010	161.56	140.78	5.40	5.29	5.00	12.86%	3.27%	3.10%

进一步对两家上市公司的经济利润进行比较分析，由表2-15可见，由于两家公司的有息负债都很少，所以公司的加权平均资本成本WACC与公司的权益资本成本基本相当（宇通客车2007年除外）。因此，如果权益资本成本，即股东要求的回报率超过20%，宇通客车在2008—2010年间的投入资本回报率仍然大于其加权平均资本成本，表明宇通客车能够为股东创造出经济利润；而金龙汽车尽管在会计业绩上是盈利的，但当权益资本成本超过20%时，公司仅在2006—2007年表现出ROIC与WACC相当的水平，在

2008—2010年间的ROIC却远远低于WACC，这意味着公司不仅没有为股东创造价值，反而损害了股东的价值。

表2-15 宇通客车和金龙汽车的经济利润比较分析* 单位：亿元

	年份	有息负债	负债资本成本	所得税税率	权益资本	权益资本成本	投入资本	EBIT	WACC	ROIC
宇通客车	2006	0	5.81%	15%	14.59	20%	14.59	3.11	20.00%	18.10%
	2007	8.86	5.81%	15%	28.29	20%	37.15	6.08	16.41%	13.92%
	2008	0.05	5.81%	15%	17.01	20%	17.06	6.51	19.96%	32.43%
	2009	0.06	5.81%	15%	21.74	20%	21.80	6.52	19.96%	25.42%
	2010	0.15	5.81%	15%	24.86	20%	25.01	10.21	19.91%	34.71%
金龙汽车	2006	0.88	5.81%	15%	16.76	20%	17.64	3.74	19.25%	18.01%
	2007	2.13	5.81%	15%	20.94	20%	23.07	5.36	18.61%	19.75%
	2008	5.08	5.81%	15%	23.18	20%	28.26	2.80	17.29%	8.43%
	2009	2.26	5.81%	15%	25.00	20%	27.26	3.44	18.75%	10.73%
	2010	1.88	5.81%	15%	29.91	20%	31.79	5.29	19.11%	14.14%

* 负债成本统一使用中国人民银行2010年年底的一年期贷款利率；按照企业2010年的财务报告，两家上市公司的所得税税率均为15%；资本成本即股东要求的投资回报率统一假设为20%；投入资本＝有息负债＋权益资本；WACC采用公式(2-8)计算得到；ROIC＝EBIT(1－T)/投入资本。

（五）成本管理和控制

成本管理和控制方面的成效是宇通客车实现净利润反超金龙汽车的一大功臣。从表2-16来看，首先，是营业成本的有效控制，使得宇通客车能够实现高达17%左右的毛利率，该毛利率已经基本上与国际领先的客车企业持平；而金龙汽车的毛利率仅为13%左右。其次，在销售费用和管理费用方面，金龙汽车略微胜出。宇通客车2006—2010年的平均销售费用和管理费用占营业收入比重分别为5.43%和4.58%，而金龙汽车同期平均销售费用和管理费用占营业收入比重则为4.86%和3.23%。再次，由于双方几乎没有有息负债，因此财务费用相对很少，甚至由于大量的银行存款而产生净利息收入。最终，在营业利润率表现方面，宇通客车的营业利润率从2006年的6.01%上升到2010年的7.45%，而金龙汽车的营业利润率则从2006年的3.69%下降到2010年的3.34%。宇通客车的营业利润率是金龙汽车的2倍多。

表2-16 宇通客车和金龙汽车的成本管控比较分析

	年份	营业成本占比	营业税金占比	销售费用占比	管理费用占比	财务费用占比	资产减值占比	所得税占比
宇通客车	2006	81.63%	0.78%	6.35%	5.34%	－0.13%	0.21%	1.77%
	2007	81.50%	1.00%	5.22%	4.69%	0.23%	0.70%	2.06%
	2008	84.26%	0.36%	4.86%	4.92%	0.25%	1.82%	1.27%
	2009	82.66%	0.44%	5.36%	4.08%	0.10%	0.45%	0.98%
	2010	82.67%	0.31%	5.35%	3.88%	0.12%	0.30%	0.87%

(续表)

	年份	营业成本占比	营业税金占比	销售费用占比	管理费用占比	财务费用占比	资产减值占比	所得税占比
金龙汽车	2006	87.23%	0.58%	4.84%	3.43%	0.07%	0.26%	0.49%
	2007	86.94%	0.62%	4.99%	2.90%	-0.03%	0.34%	0.49%
	2008	89.20%	0.42%	4.48%	3.14%	0.08%	0.67%	0.19%
	2009	87.31%	0.56%	4.98%	3.39%	0.04%	0.89%	0.51%
	2010	87.14%	0.58%	4.99%	3.29%	-0.07%	0.83%	0.43%

（六）现金管理

从表2-17来看，在2006—2010年5年内，宇通客车累计产生了38.78亿元的经营净现金，其中用于投资的净现金流出达到22.11亿元，而用于筹资活动（主要是现金股利分配）的净现金流出也达到19.42亿元，因此宇通客车5年累计的净现金流量为-2.74亿元。相比较而言，金龙汽车在2006—2010年间累计产生的经营净现金为40.49亿元，略高于宇通客车，但由于其投资活动的现金投入较少，仅为11.82亿元，是宇通客车的一半左右，融资活动投入的现金更是远远少于宇通客车，仅有3.44亿元，因此金龙汽车在2006—2010年间积累了近25亿元的现金及现金等价物。

表2-17　宇通客车与金龙汽车的各项现金流量比较① 　　　　单位：亿元人民币

年份	经营净现金流		投资净现金		融资净现金		现金及现金等价物增加	
	宇通客车	金龙汽车	宇通客车	金龙汽车	宇通客车	金龙汽车	宇通客车	金龙汽车
2006年	9.34	9.52	-5.48	-3.69	-2.78	-0.51	1.07	5.30
2007年	5.90	4.82	-7.92	-3.84	5.62	0.30	3.60	1.20
2008年	9.64	-0.15	1.15	-2.04	-10.93	1.53	-0.15	-0.78
2009年	0.73	12.32	-3.83	-1.49	-4.89	-1.94	-7.99	8.87
2010年	13.18	13.98	-6.03	-0.75	-6.45	-2.83	0.73	10.26

考虑到金龙汽车的成长性已经开始放缓，具有良好前景的投资项目并不多，公司大量的现金及现金等价物虽然具有良好的流动性和变现能力，但已经无法为其股东带来更大的收益，因此，金龙汽车应该在一定程度上提高其现金股利，让股东将资金投入到回报率更高的项目中去。而宇通客车仍然具有良好的成长性，其净资产收益率在2010年更是达到34.48%，其过高的现金股利发放反而可能降低公司未来的成长性，同样会对股东价值造成不利影响。

---

①　对于金龙汽车而言，2010年现金及现金等价物增加并不等于2010年年末货币资金与2009年年末货币资金的差额。原因在于2010年年末银行存款中存放于建设银行住房部和建设银行房屋维修专户的款项共计7 883 696.40元，2009年年末7 816 578.63元；其他货币资金年末余额中质押借款及用于开具银行承兑汇票、工程款保函的保证金为757 683 708.10元，2009年年末811 334 953.88元。由于上述货币资金在使用时受到限制，在编制现金流量表时不计入年末、年初的"现金及现金等价物"。

(七) 协调发展和可持续增长

从宇通客车和金龙汽车2006—2010年的财务数据看,宇通客车基本上呈现出销售和利润同步增长的态势,但由于投资和融资的现金支出较大,宇通客车的现金及现金等价物在5年中反而略有下降;而金龙汽车则主要呈现"资本—资产—销售—现金"的同步增长,但其利润则在2007—2008年出现了一定的波动性。具体来看,相对于金龙汽车而言,宇通客车在规模增长方面表现较慢,而在盈利增长方面表现较好。从净资产来看,宇通客车的年均增长率为14.25%,略低于金龙汽车的15.59%;从总资产来看,宇通客车的年均增长率为15.60%,远远低于金龙汽车的22.58%;从经营净现金来看,宇通客车的年均增长率为9%,同样略低于金龙汽车的10.08%;但从营业收入来看,宇通客车的年均增长率为26.37%,而金龙汽车只有12.92%;从净利润来看,宇通客车的年均增长率为39.38%,而金龙汽车只有9.82%。以上各个指标的发展趋势表明,对于金龙汽车而言,目前更重要的是寻找到更好的投资项目来提高公司未来的成长性,或将剩余的资金以股利方式发放给股东;而对于宇通客车来说,如何调整好公司的资产结构和各项财务政策,特别是营运资本管理和现金政策,以维持目前快速的增长势头,应该成为管理层目前重点关注的问题。

四、分析结论

我们收集了宇通客车和金龙汽车2006—2010年的资产负债表、利润表和现金流量表(表2-18至2-23),并从OPM战略、资产流动性、负债政策、盈利能力、成本管理和控制、现金管理以及协调发展和可持续增长等角度对两家公司进行分析比较。我们发现,宇通客车尽管在规模和市场份额方面与金龙汽车还存在一定的差距,但其盈利能力和成长性已经远远超过金龙汽车。当然,金龙汽车并非一败涂地,其良好的营运资本管理效率和成功的OPM战略,为其未来的发展提供了大量免费的资金,只要金龙汽车能够抓住良好的投资项目,未来客车行业的两强争霸仍将持续下去。

表2-18 金龙汽车2006—2010年资产负债表[①] 单位:元人民币

项目	2006年	2007年	2008年	2009年	2010年
流动资产					
货币资金	1 734 628 712.43	2 129 518 073.28	2 208 198 826.87	3 231 571 606.31	4 204 141 074.84
交易性金融资产					
应收票据	275 289 478.00	331 037 131.45	460 247 709.63	547 603 191.82	802 734 943.94
应收账款	577 423 909.55	1 212 150 654.62	1 470 742 755.79	2 086 261 411.67	3 147 761 380.08

---

① 由于中国上市公司从2007年起实施新的企业会计准则,2007年及以后财务报表的内容和格式与2006年相比有较大差异,因此我们在比较金龙汽车和宇通客车时,用2007年财务报表的上年数来替代2006年财务报表的数据,以保证报表数据的可比性。

(续表)

项目	2006 年	2007 年	2008 年	2009 年	2010 年
预付款项	166 697 800.46	235 299 732.08	254 059 199.71	114 235 084.78	203 658 199.43
应收利息					
应收股利			87 500.00		
其他应收款	139 366 216.42	92 928 089.36	70 332 709.85	103 582 849.76	51 716 754.82
存货	1 263 945 270.97	1 324 830 792.51	1 742 024 218.80	1 336 414 608.41	1 960 346 972.57
一年内到期的非流动资产					
其他流动资产					
流动资产合计	4 157 351 387.83	5 325 851 973.30	6 205 605 420.65	7 419 668 752.75	10 370 359 325.68
非流动资产					
可供出售金融资产			14 099 221.92		
持有至到期投资	3 000.00	3 000.00			
长期应收款					
长期股权投资	63 567 090.82	80 198 690.81	72 278 456.17	76 204 029.20	82 847 644.89
投资性房地产	35 894 537.27	34 450 268.93	32 204 739.75	47 974 052.18	54 480 049.30
固定资产	754 539 857.61	1 123 042 897.86	1 349 038 803.90	1 419 929 287.65	1 380 098 065.26
在建工程	197 976 304.13	13 808 4120.99	47 601 872.57	105 091 912.54	136 043 039.29
工程物资					
固定资产清理					
生产性生物资产					
油气资产					
无形资产	185 994 415.79	210 238 434.79	212 979 465.83	215 814 837.90	212 082 149.47
开发支出					
商誉	75 826 223.58	75 826 223.58	75 826 223.58	71 305 565.90	71 305 565.90
长期待摊费用	930 751.82	3 006 348.02	17 318 089.13	17 656 704.56	41 779 304.05
递延所得税资产	32 247 475.64	39 896 924.03	63 215 563.05	70 426 342.95	80 039 030.39
其他非流动资产	1 372 387.71				
非流动资产合计	1 348 352 044.37	1 718 846 130.93	1 870 463 213.98	2 024 402 732.88	2 058 674 848.55
资产总计	5 505 703 432.20	7 044 698 104.23	8 076 068 634.63	9 444 071 485.63	12 429 034 174.23
流动负债					
短期借款	88 000 000.00	212 837 103.00	308 000 000.00	226 427 543.61	188 308 500.00
交易性金融负债					
应付票据	1 527 374 317.45	1 905 890 935.50	2 596 319 570.32	2 910 216 340.67	4 517 627 162.55
应付账款	1 399 771 715.15	1 903 290 978.22	1 880 760 587.84	2 581 606 949.85	3 357 808 730.61
预收款项	432 733 473.85	338 590 325.06	270 327 768.84	308 053 766.13	490 929 452.01
应付职工薪酬	86 435 829.08	127 765 697.24	129 411 421.52	192 294 107.23	323 417 961.65
应交税费	45 134 284.32	56 344 228.64	17 669 717.48	92 909 496.49	64 707 435.79
应付利息			500 566.67	388 050.00	157 950.00
应付股利	4 019 857.89	4 040 500.00	4 088 971.44	20 786 488.55	26 002 453.64
其他应付款	137 921 451.31	199 589 743.43	165 008 443.31	226 889 122.46	199 587 433.40
一年内到期的非流动负债				200 000 000.00	
其他流动负债	11 900 000.00	5 550 000.00	18 648 545.94	31 851 000.00	
流动负债合计	3 733 290 929.05	4 753 899 511.09	5 390 735 593.36	6 791 422 864.99	9 168 547 079.65
非流动负债					
长期借款			200 000 000.00		
应付债券					
长期应付款					
专项应付款					

(续表)

项目	2006年	2007年	2008年	2009年	2010年
预计负债	96 716 820.07	194 741 991.30	167 509 520.08	153 101 107.68	162 277 020.25
递延所得税负债		2 190 819.95			
其他非流动负债					106 901 000.00
非流动负债合计	96 716 820.07	196 932 811.25	367 509 520.08	153 101 107.68	269 178 020.25
负债合计	3 830 007 749.12	4 950 832 322.34	5 758 245 113.44	6 944 523 972.67	9 437 725 099.90
股东权益					
股本	226 972 870.00	295 064 731.00	442 597 097.00	442 597 097.00	442 597 097.00
资本公积	305 123 307.30	307 880 034.14	297 932 580.60	299 156 580.60	299 207 913.26
减:库存股					
盈余公积	106 699 211.79	127 612 775.29	173 892 355.97	199 551 383.39	208 069 091.61
未分配利润	354 887 036.45	504 743 867.83	463 079 101.97	565 907 660.71	769 915 579.63
外币报表折算差额					
归属母公司股东权益合计	993 682 425.54	1 235 301 408.26	1 377 501 135.54	1 507 212 721.70	1 719 789 681.50
少数股东权益	682 013 257.54	858 564 373.63	940 322 385.65	992 334 791.26	1 271 519 392.83
股东权益合计	1 675 695 683.08	2 093 865 781.89	2 317 823 521.19	2 499 547 512.96	2 991 309 074.33
负债和所有者权益总计	5 505 703 432.20	7 044 698 104.23	8 076 068 634.63	9 444 071 485.63	12 429 034 174.23

表2-19 金龙汽车2006—2010年利润表　　　　　　单位:元人民币

项目	2006年	2007年	2008年	2009年	2010年
一、营业收入	9 936 045 508.08	12 441 655 068.96	12 389 728 489.76	11 771 074 202.80	16 156 141 758.66
减:营业成本	8 667 320 535.39	10 816 598 285.36	11 051 240 644.46	10 277 577 065.89	14 078 029 808.57
营业税金及附加	57 341 576.56	77 158 795.12	51 462 163.44	66 027 199.41	92 969 072.81
销售费用	481 347 421.30	620 775 613.24	554 879 356.05	586 336 245.88	806 689 882.99
管理费用	340 598 571.86	360 808 861.21	388 540 721.02	399 525 713.19	531 152 192.41
财务费用	7 187 584.71	-4 304 757.95	10 258 099.36	4 745 848.69	-11 301 142.12
资产减值损失	25 503 542.89	42 265 346.12	83 228 520.19	105 343 365.02	134 410 644.71
加:公允价值变动收益					
投资收益	9 722 254.75	12 060 746.92	19 913 714.36	7 908 958.13	16 183 099.10
其中:对联营和合营企业的投资收益	9 118 069.97	7 954 455.58	6 852 844.83	6 212 818.05	14 422 636.33
二、营业利润	366 468 530.12	540 413 672.78	270 032 699.60	339 427 722.85	540 374 398.39
加:营业外收入	14 620 341.86	39 022 513.53	98 329 389.23	37 473 020.05	37 761 236.33
减:营业外支出	8 076 642.62	5 491 042.82	6 723 030.17	11 575 971.43	8 295 868.33
其中:非流动资产处置损失	2 714 386.22	1 628 263.70	2 629 824.20	2 506 007.64	827 806.98
三、利润总额	373 012 229.36	573 945 143.49	361 639 058.66	365 324 771.47	569 839 766.39
减:所得税费用	48 514 113.33	60 783 264.15	23 351 360.51	59 764 042.78	69 345 303.51
四、净利润	324 498 116.03	513 161 879.34	338 287 698.15	305 560 728.69	500 494 462.88
归属于公司普通股股东的净利润	161 354 369.16	272 908 186.38	196 525 004.52	150 617 450.37	234 655 481.99
少数股东损益	163 143 746.87	240 253 692.96	141 762 693.63	154 943 278.32	265 838 980.89
五、每股收益					
(一)基本每股收益	0.81	0.92	0.44	0.34	0.53
(二)稀释每股收益	0.81	0.92	0.44	0.34	0.53

表 2-20　金龙汽车 2006—2010 年现金流量表　　　　　　单位：元人民币

项目	2006 年	2007 年	2008 年	2009 年	2010 年
一、经营活动产生的现金流量：					
销售商品、提供劳务收到的现金	8 206 453 010.21	9 739 614 417.54	9 733 420 448.46	10 627 862 673.55	14 440 356 320.06
收到的税费返还	46 664 171.28	154 918 962.94	251 862 031.74	131 450 863.31	137 437 670.20
收到的其他与经营活动有关的现金	75 468 662.18	102 959 374.26	97 804 276.56	118 167 933.34	203 846 589.74
经营活动现金流入小计	8 328 585 843.67	9 997 492 754.74	10 083 086 756.76	10 877 481 470.20	14 781 640 580.00
购买商品、接受劳务支付的现金	5 887 448 564.42	7 689 243 130.11	8 438 640 588.82	7 949 404 156.63	11 286 854 185.17
支付给职工以及为职工支付的现金	504 819 536.45	61 168 6061.42	682 034 450.18	629 905 828.68	893 597 942.90
支付的各项税费	369 850 923.99	361 114 449.51	289 835 721.86	304 878 492.06	434 097 447.93
支付的其他与经营活动有关的现金	614 431 192.79	853 668 071.90	687 162 053.05	761 442 144.80	768 816 207.84
经营活动现金流出小计	7 376 550 217.65	9 515 711 712.94	10 097 672 813.91	9 645 630 622.17	13 383 365 783.84
经营活动产生的现金流量净额	952 035 626.02	481 781 041.80	-14 586 057.15	1 231 850 848.03	1 398 274 796.16
二、投资活动产生的现金流量：					
收回投资所收到的现金	19 929 113.54		12 514 732.42		
取得投资收益所收到的现金	3 755 782.38	7 301 978.24	9 752 016.58	8 395 297.40	9 097 961.02
处置固定、无形和其他长期资产所收到的现金	835 844.00	4 079 269.50	82 050 885.12	2 689 788.53	1 817 953.65
处置子公司及其他营业单位收到的现金净额					
收到的其他与投资活动有关的现金	21 057 386.57		11 273 099.65		81 830 000.00
投资活动现金流入小计	45 578 126.49	11 381 247.74	115 590 733.77	11 085 085.93	92 745 914.67
购建固定、无形和其他长期资产所支付的现金	362 064 439.68	378 868 853.03	309 303 913.34	158 245 093.09	167 769 574.15
投资所支付的现金	51 615 680.00	16 800 000.00	10 500 000.00	2 027 102.00	
取得子公司及其他营业单位支付的现金净额					
支付的其他与投资活动有关的现金	1 129 127.12				
投资活动现金流出小计	414 809 246.80	395 668 853.03	319 803 913.34	160 272 195.09	167 769 574.15

(续表)

项目	2006年	2007年	2008年	2009年	2010年
投资活动产生的现金流量净额	-369 231 120.31	-384 287 605.29	-204 213 179.57	-149 187 109.16	-75 023 659.48
三、筹资活动产生的现金流量					
吸收投资所收到的现金	349 353 064.70	49 109 857.28	57 064 604.77	24 000 000.00	33 100 057.51
借款所收到的现金	834 000 000.00	313 171 168.58	792 491 143.28	234 427 543.61	109 056 103.57
收到的其他与筹资活动有关的现金					
筹资活动现金流入小计	1 183 353 064.70	362 281 025.86	849 555 748.05	258 427 543.61	142 156 161.08
偿还债务所支付的现金	1 098 876 800.00	188 334 065.58	497 328 246.28	316 000 000.00	347 175 147.18
分配股利、利润或偿付利息所支付的现金	134 993 401.41	116 877 185.41	198 856 102.52	136 095 442.02	77 543 032.63
支付的其他与筹资活动有关的现金		27 459 538.17			
筹资活动现金流出小计	1 233 870 201.41	332 670 789.16	696 184 348.80	452 095 442.02	424 718 179.81
筹资活动产生的现金流量净额	-50 517 136.71	29 610 236.70	153 371 399.25	-193 667 898.41	-282 562 018.73
四、汇率变动对现金的影响	-2 632 919.33	-7 471 226.84	-12 213 116.04	-1 512 170.11	-14 535 521.41
五、现金及现金等价物净增加额	529 654 449.67	119 632 446.37	-77 640 953.51	887 483 670.35	1 026 153 596.54
加:期初现金及现金等价物余额	953 290 460.92	1 482 944 910.59	1 602 577 356.96	1 524 936 403.45	2 412 420 073.80
六、期末现金及现金等价物余额	1 482 944 910.59	1 602 577 356.96	1 524 936 403.45	2 412 420 073.80	3 438 573 670.34

表2-21 宇通客车2006—2010年资产负债表　　　　单位:元人民币

项目	2006年	2007年	2008年	2009年	2010年
流动资产					
货币资金	903 648 321.34	1 263 427 951.10	1 360 474 147.86	716 744 445.38	917 788 361.10
交易性金融资产	71 486 249.67	85 827 244.06	50 020 583.50	308 639 871.41	
应收票据	151 778 319.50	171 083 363.19	190 569 728.44	544 880 275.64	446 104 377.64
应收账款	324 138 194.77	1 034 432 864.07	542 889 738.53	949 028 747.76	1 210 821 028.76
预付款项	93 657 777.39	206 343 250.11	68 079 405.26	85 643 831.77	716 749 639.81
应收利息					
应收股利					
其他应收款	62 694 175.19	96 367 323.18	47 465 999.76	31 821 206.75	11 097 3156.40
存货	899 816 987.56	1 504 114 983.89	635 986 090.30	758 357 442.93	1 225 345 932.39
一年内到期的非流动资产					
其他流动资产	28 000 000.00				
流动资产合计	2 535 220 025.42	4 361 596 979.60	2 895 485 693.65	3 395 115 821.64	4 627 782 496.10
非流动资产					
可供出售金融资产	377 600 000.00	2 546 490 710.00	305 052 689.00	568 991 000.00	539 322 000.00

（续表）

项目	2006年	2007年	2008年	2009年	2010年
持有至到期投资					
长期应收款					
长期股权投资	89 996 286.79	68 628 986.68	132 823 313.10	83 194 500.00	83 094 500.00
投资性房地产					
固定资产	511 107 872.41	507 128 068.42	751 492 270.57	1 053 247 011.39	1 104 114 516.98
在建工程	106 888 290.34	226 723 970.94	267 409 277.63	20 216 673.68	41 610 514.24
工程物资					
固定资产清理					
生产性生物资产					
油气资产					
无形资产	103 976 894.11	86 788 247.44	234 717 847.37	221 061 656.47	220 691 549.89
开发支出					
商誉	492 016.01	5 138 272.19	5 138 272.19	492 016.01	
长期待摊费用	265 500.00	8 339 869.54	4 429 562.63	198 538.93	137 450.05
递延所得税资产	81 440 163.59	89 698 838.73	88 125 889.86	102 989 758.17	133 618 665.83
其他非流动资产				57 217 928.49	46 174 262.87
非流动资产合计	1 271 275 007.24	3 534 290 707.76	1 789 189 122.35	2 112 255 339.32	2 169 255 475.87
资产总计	3 806 495 032.66	7 895 887 687.36	4 684 674 816.00	5 507 371 160.96	6 797 037 971.97
流动负债					
短期借款			726 012 000.00		
交易性金融负债					
应付票据	717 905 328.24	1 236 679 910.13	1 189 371 190.28	1 336 893 193.59	1 793 214 578.49
应付账款	896 365 922.16	1 471 997 335.82	1 241 272 601.56	1 106 198 390.25	1 233 926 830.11
预收款项	206 458 617.53	456 249 251.45	69 660 125.40	132 278 707.41	298 992 567.80
应付职工薪酬	146 321 599.00	120 460 554.53	110 106 179.42	154 942 098.98	306 846 031.05
应交税费	74 901 772.68	141 895 819.30	33 968 435.42	144 107 921.39	152 425 689.28
应付利息					
应付股利					
其他应付款	260 673 105.43	282 557 080.40	209 641 273.05	193 824 886.88	228 135 454.36
一年内到期的非流动负债					4 737 732.28
其他流动负债					
流动负债合计	2 302 626 345.04	4 435 851 951.63	2 854 019 805.13	3 068 245 198.50	4 018 278 883.37
非流动负债					
长期借款		160 000 000.00	5 131 493.02	5 785 681.86	14 673 888.55
应付债券					
长期应付款					
专项应付款					
预计负债				77 172 781.41	100 480 646.84
递延所得税负债	490 462.39	390 910 252.42	3 087.53	33 319 597.97	28 101 714.54
其他非流动负债	44 460 000.00	80 551 928.59	124 491 664.09	148 980 957.56	149 629 882.56
非流动负债合计	44 950 462.39	631 462 181.01	129 626 244.64	265 259 018.80	292 886 132.49
负债合计	2 347 576 807.43	5 067 314 132.64	2 983 646 049.77	3 333 504 217.30	4 311 165 015.86
股东权益					
股本	399 916 710.00	399 916 710.00	519 891 723.00	519 891 723.00	519 891 723.00
资本公积	421 414 499.80	1 571 361 977.30	221 496 821.93	458 504 610.88	433 285 960.88
减:库存股					
盈余公积	172 157 395.99	203 384 337.31	260 974 589.40	317 962 760.53	404 789 768.02

(续表)

项目	2006年	2007年	2008年	2009年	2010年
未分配利润	337 756 352.78	483 535 172.94	676 768 629.24	871 330 568.09	1 124 276 261.53
外币报表折算差额					
归属母公司股东权益合计	1 331 244 958.57	2 658 198 197.55	1 679 131 763.57	2 167 689 662.50	2 482 243 713.43
少数股东权益	127 673 266.66	170 375 357.17	21 897 002.66	6 177 281.16	3 629 242.68
股东权益合计	1 458 918 225.23	2 828 573 554.72	1 701 028 766.23	2 173 866 943.66	2 485 872 956.11
负债和所有者权益总计	3 806 495 032.66	7 895 887 687.36	4 684 674 816.00	5 507 371 160.96	6 797 037 971.97

表2-22　宇通客车2006—2010年利润表　　　　单位:元人民币

项目	2006年	2007年	2008年	2009年	2010年
一、营业收入	5 285 897 740.93	7 880 772 643.74	8 335 671 865.12	8 781 731 234.42	13 478 500 120.48
减:营业成本	4 314 855 883.80	6 422 600 909.86	7 024 011 472.35	7 259 352 892.67	11 142 433 611.04
营业税金及附加	41 126 310.75	79 172 020.24	29 973 907.10	38 916 368.48	42 289 142.39
销售费用	335 908 303.63	410 999 664.69	405 353 055.03	470 415 363.70	720 775 641.64
管理费用	282 187 983.34	369 681 844.36	410 060 735.71	358 150 786.63	523 426 742.54
财务费用	-7 095 925.45	18 018 634.04	20 699 988.66	8 520 977.60	16 698 918.77
资产减值损失	11 006 436.49	54 864 256.97	151 545 293.86	39 616 708.62	40 379 439.05
加:公允价值变动收益	1 281 028.59	15 378 029.99	-16 843 696.16	5 096 306.03	-5 116 889.53
投资收益	8 549 201.90	49 295 649.89	353 001 055.27	31 518 724.79	17 182 324.80
其中:对联营和合营企业的投资收益	237 259.31	-1 330 461.36	-3 638 378.98	-1 328 374.43	
二、营业利润	317 738 978.86	590 108 993.46	630 184 771.52	643 373 167.54	1 004 562 060.32
加:营业外收入	5 665 481.50	15 457 000.98	9 674 116.54	16 683 517.85	25 867 197.06
减:营业外支出	2 504 175.34	7 738 190.35	10 034 293.61	6 281 152.99	56 640 777.69
其中:非流动资产处置损失	813 983.31	4 333 888.81	6 013 378.83	4 477 039.95	1 895 912.10
三、利润总额	320 900 285.02	597 827 804.09	629 824 594.45	653 775 532.40	973 788 479.69
减:所得税费用	93 808 422.28	161 977 130.12	105 726 693.14	86 305 628.01	116 672 094.24
四、净利润	227 091 862.74	435 850 673.97	524 097 901.31	567 469 904.39	857 116 385.45
归属于公司普通股股东的净利润	226 318 479.27	376 964 116.48	531 042 868.23	563 485 143.78	859 664 423.93
少数股东损益	773 383.47	58 886 557.49	-6 944 966.92	3 984 760.61	-2 548 038.48
五、每股收益					
(一)基本每股收益	0.57	0.94	1.02	1.08	1.65
(二)稀释每股收益	0.57	0.94	1.02	1.08	1.65

表2-23　宇通客车2006—2010年现金流量表　　　　单位:元人民币

项目	2006年	2007年	2008年	2009年	2010年
一、经营活动产生的现金流量:					
销售商品、提供劳务收到的现金	6 113 120 728.81	8 589 409 046.00	10 183 090 687.26	9 492 444 180.54	14 211 916 938.90
收到的税费返还			20 974 349.61	14 994 984.95	22 417 313.29
收到的其他与经营活动有关的现金	48 047 296.50	64 138 377.34	77 659 497.13	74 918 445.89	66 606 859.12

(续表)

项目	2006年	2007年	2008年	2009年	2010年
经营活动现金流入小计	6 161 168 025.31	8 653 547 423.34	10 281 724 534.00	9 582 357 611.38	14 300 941 111.31
购买商品、接受劳务支付的现金	4 209 655 002.79	6 837 848 966.73	7 985 865 765.57	8 044 282 244.77	10 909 832 737.54
支付给职工以及为职工支付的现金	288 217 114.14	359 719 149.84	380 088 388.23	557 886 421.37	688 630 939.09
支付的各项税费	328 674 126.90	414 065 607.80	459 898 106.44	380 767 340.80	533 727 485.78
支付的其他与经营活动有关的现金	400 812 466.99	452 409 739.03	491 639 562.77	526 475 547.80	851 048 459.01
经营活动现金流出小计	5 227 358 710.82	8 064 043 463.40	9 317 491 823.01	9 509 411 554.74	12 983 239 621.42
经营活动产生的现金流量净额	933 809 314.49	589 503 959.94	964 232 710.99	72 946 056.64	1 317 701 489.89
二、投资活动产生的现金流量：					
收回投资所收到的现金	41 000 000.00	85 603 723.36	2 167 360 955.00	3 314 744 861.81	3 547 023 740.31
取得投资收益所收到的现金	21 711 942.59	2 339 020.74	75 274 138.67	4 065 273.94	6 879 400.00
处置固定、无形和其他长期资产收到的现金	3 018 057.17	20 298 548.61	6 187 715.72	5 639 441.75	2 196 404.69
处置子公司及其他营业单位收到的现金净额		2 621 875.85	153 753 039.96		
收到的其他与投资活动有关的现金			14 451 832.03	28 436 727.77	
投资活动现金流入小计	65 729 999.76	110 863 168.56	2 417 027 681.38	3 352 886 305.27	3 556 099 545.00
购建固定、无形和其他长期资产支付的现金	195 911 100.67	253 773 913.50	564 568 480.58	250 186 140.29	926 303 642.42
投资所支付的现金	417 900 000.00	628 933 980.00	1 682 351 673.19	3 475 699 670.64	3 232 917 315.00
取得子公司及其他营业单位支付的现金净额		14 278 495.54	-66 663 051.22		
支付的其他与投资活动有关的现金		5 621 504.46	122 064 040.82	10 185 766.09	
投资活动现金流出小计	613 811 100.67	902 607 893.50	2 302 321 143.37	3 736 071 577.02	4 159 220 957.42
投资活动产生的现金流量净额	-548 081 100.91	-791 744 724.94	114 706 538.01	-383 185 271.75	-603 121 412.42
三、筹资活动产生的现金流量					
吸收投资所收到的现金					

(续表)

项目	2006年	2007年	2008年	2009年	2010年
借款所收到的现金		1 433 393 600.00	520 142 000.00	523 026 000.00	19 980 000.00
收到的其他与筹资活动有关的现金					
筹资活动现金流入小计		1 433 393 600.00	520 142 000.00	523 026 000.00	19 980 000.00
偿还债务所支付的现金		642 413 600.00	1 281 022 506.98	522 371 811.16	6 550 344.41
分配股利、利润或偿付利息所支付的现金	276 037 403.05	228 824 766.46	332 273 863.98	333 852 599.18	530 026 267.13
支付的其他与筹资活动有关的现金	1 980 969.62			155 438 889.79	127 920 382.11
筹资活动现金流出小计	278 018 372.67	871 238 366.46	1 613 296 370.96	1 011 663 300.13	664 496 993.65
筹资活动产生的现金流量净额	-278 018 372.67	562 155 233.54	-1 093 154 370.96	-488 637 300.13	-644 516 993.65
四、汇率变动对现金的影响	-556 225.80	-134 838.78	-685 072.87	-292 077.03	3 060 449.79
五、现金及现金等价物净增加额	107 153 615.11	359 779 629.76	-14 900 194.83	-799 168 592.27	73 123 533.61
加:期初现金及现金等价物余额	796 494 706.23	903 648 321.34	1 375 374 342.69	1 360 474 147.86	561 305 555.59
六、期末现金及现金等价物余额	903 648 321.34	1 263 427 951.10	1 360 474 147.86	561 305 555.59	634 429 089.20

本章小结

本章从企业战略的角度解读企业的财务报表,为企业高层管理者提供了进一步了解和认识企业财务状况、财务管理与财务战略的关键方法。

根据资产负债表,第一,企业高层管理者必须关注流动资产与流动负债之间的关系,要注意资产的两面性——流动资产越多,说明企业资产的安全性越强,但同时也可能说明企业的盈利能力偏弱,同时占用公司的现金导致创造现金的能力下降,因此企业要注意流动资产中的应收款、存货和应付款的管理。第二,企业高层管理者要提高资产流动性,实施"三控政策",即控制应收款、控制存货、控制应付款。第三,注意负债管理,了解负债的利弊,实行适度负债的政策;企业管层管理者还要力争构建技术、经营和财务竞争优势,加强营运资本管理,实施OPM战略,增强无息负债能力,提高现金创造能力。

根据利润表,首先,企业高层管理者应注意企业财务管理的目标并非会计利润,而是经济利润或价值创造。经济利润或经济增加值(EVA)是衡量企业是否创造价值的重要指标。此外,企业应该适度负债,因为负债可以节税,进而提高企业的净资产收益率。但负债比例要适度,防止出现财务危机。最后,企业要加强成本管理,特别是固定成本的控制。同时,注意节约管理费用、销售费用等期间费用,也成为当前企业低价战略的重要手段。最后,企业要注意控制固定成本和财务费用,力求降低公司的经营风险、财务风险和总风险。

根据现金流量表,企业高层管理者一定要坚持"现金为王"的财务管理政策,并注意在三类现金中,经营活动的净现金是"王中王",是企业生存与发展的血脉。关注在经营过程中,销售、资产和资本创造经营净现金的能力;关注获现率指标,力求实际经营净现金接近或超过应得经营净现金,尽可能赚取更多经营净现金。

此外,企业高层管理者要注意企业协调发展和可持续增长。协调发展是指企业要关注资产、收入、成本、利润、现金之间的比例关系。可持续增长则是指企业要注意整体的可持续增长、自我可持续增长和资金可持续增长。

总之,作为一个企业的高层管理者或董事会成员,要学会客观、公正和全面地评价一个企业的经营管理和财务绩效,遵循"创利—创现—创值—风险—成长"的五大标准,做到不仅创造利润,而且创造经营净现金,创造超额利润,提高控制风险能力,增强公司的成长性!

专业词汇

1. 无本经营战略(Other People's Money)
2. 资产流动性(Assets Liquidity)
3. 现金为王(Cash is King)
4. 节税效应(Effect of Taxes Saving)
5. 资本资产定价模型(Capital Asset Pricing Model)
6. 贝塔系数(Coefficient of Beta)
7. 风险补偿(Risk Premium)
8. 经济增加值(Economic Value Addeed or EVA)
9. 获现率(Rate of Created NCF from Operation)
9. 销售创现率(Rate of NCF from Operation Created by Sales)
10. 资产创现率(Rate of NCF from Operation Created by Total Assests)
11. 投入资本创现率(Rate of NCF from Operation Created by Invested Capital)
12. 权益创现率(Rate of NCF from Operation Created by Equity)

思考与练习

(一) 单项选择题

1. A公司是制造类企业,近年来的综合平均利息率为6%,净资产收益率不超过5%,而行业的净资产收益率是6.2%。你认为A公司的权益资本收益率(　　)。
   (a) 很高　　　　　　　　(b) 一般
   (c) 很低　　　　　　　　(d) 无法确定

2. 根据第1题,你认为A公司的收益与风险之间的关系(　　)。
   (a) 匹配　　　　　　　　(b) 基本匹配
   (c) 不匹配　　　　　　　(d) 无法判断

3. 以下哪项措施不属于公司的"三控政策"?

(a) 减少应收账款 　　　　　　(b) 减少存货
(c) 增加应付账款 　　　　　　(d) 增加长期贷款

4. A 公司 2005 年的息税前收益(EBIT)为 2 000 万元,财务费用为 500 万元,所得税税率为 30%,加权平均资本成本(WACC)为 15%,投入资本为 10 000 万元。从经济利润的角度看,A 公司(　　)。

(a) 盈利 2 000 万元 　　　　　(b) 盈利 105 万元
(c) 亏损 100 万元 　　　　　　(d) 无法判断

5. 一个财务状况良好的企业,其必须满足(　　)。

(a) 利润 >0
(b) 经营性现金净流入量 >0
(c) 利润 >0 且经营性现金净流入量 >0
(d) EVA >0 且经营性现金净流入量 >0

6. "现金为王"本质上是指企业拥有足够的(　　)。

(a) 投资性现金净流入量 　　　(b) 筹资性现金净流入量
(c) 经营性现金净流入量 　　　(d) 利润

7. 当一个部门亏损的时候,要关闭这一部门必须考虑该部门(　　)。

(a) 发生的投资性现金净流入量 　(b) 发生的筹资性现金净流入量
(c) 发生的总变动成本 　　　　　(d) 承担的固定成本和期间费用

8. 如下是同行业中 A、B、C 三家公司的每股利润(EPS)和每股经营净现金(NCFPS),三家公司均处于稳态阶段,哪一家公司的现金状况比较健康或正常?

(a) A 公司 　　　　　　　　　(b) B 公司
(c) C 公司 　　　　　　　　　(d) 都正常

公司	A	B	C
EPS	2 元/股	1.5 元/股	1.2 元/股
NCFPS	1 元/股	1.5 元/股	1.8 元/股

9. 在其他因素不变的情况下,提高企业的负债比例可以提高企业的盈利能力,即提高(　　)。

(a) 销售利润率 　　　　　　　(b) 毛利率
(c) 总资产收益率 　　　　　　(d) 净资产收益率

10. A 公司 2002 年开业,3 年来的现金情况如下,哪一年 A 公司的现金减少?

年份	EBITDA-税收	经营净现金	投资净现金	筹资净现金	本年增加现金	年末现金余额
2002	1000	1200	-1000	500	?	?
2003	1500	1000	-1200	0	?	?
2004	1600	800	0	-500	?	?

(a) 2002 年 　　　　　　　　　(b) 2003 年
(c) 2004 年 　　　　　　　　　(d) 2002 年和 2003 年

11. 根据第 10 题资料,你认为 A 公司的财务状况(　　)。
(a) 很好　　　　　　　　　　(b) 一般
(c) 不好　　　　　　　　　　(d) 难于判断

12. 根据第 10 题的资料,2004 年年末 A 公司的现金余额是(　　)。
(a) 1 700 万元　　　　　　　(b) 2 000 万元
(c) 2 400 万元　　　　　　　(d) 800 万元

13. A 公司的贝塔系数是 1.2,资本市场的平均年收益率是 12%,3 个月国债的年收益率是 5%,问该公司的权益资本成本是(　　)。
(a) 17%　　　　　　　　　　(b) 6%
(c) 14.4%　　　　　　　　　(d) 13.4%

14. 2005 年比 2004 年,A 公司的总资产增长 10%,销售收入增长 5%,利润增长 3%,经营净现金增长 1%。根据这些资料,你认为 A 公司的成本增长(　　)。
(a) 高于销售收入增长　　　　(b) 高于资产的增长
(c) 低于利润增长　　　　　　(d) 低于经营净现金增长

15. 根据第 14 题的资料,你认为 A 公司的总体财务业绩(　　)。
(a) 提高　　　　　　　　　　(b) 下降
(c) 不变　　　　　　　　　　(d) 不好判断

(二) 简述题

1. 公司应该从哪些方面加强对资产负债表的管理?
2. 为什么说流动资产具有两面性?如何合理判断流动资产的质量?
3. 为什么提高负债比例可以提高净资产收益率?这是否意味着负债比例越高,企业的净资产收益率就越高呢?
4. 为什么说"现金为王","经营净现金是王中王"?
5. 会计利润和经济利润有什么区别?
6. 简述企业协调发展的含义。
7. 简述企业自我可持续增长的假设和含义。

(三) 微型案例分析

一百多年来,可口可乐这一"软饮料"几乎无人不知,且长盛不衰,成为全世界各族民众最喜欢的饮料之一,因此被称为"神奇之水"或"魔水"。可口可乐的诞生充满传奇性。1886 年春天在美国佐治亚州亚特兰大,当地一名药剂师约翰·潘伯顿(Dr. John Pemberton)在家中后院里,研究一种有医药用途且入口美味的水剂。在 40 加仑的大铜锅内,搅拌出只要加碳酸水就能在苏打水饮品店出售的深色糖浆,这就是可口可乐的原型。此后,经由合伙人罗宾逊加以包装,就变成了史上最成功的饮料"可口可乐"(Coca-Cola)。1886 年初创阶段,可口可乐只能在亚特兰大几家饮料店买到,每杯虽然只售 5 分钱,但并不受欢迎,罗宾逊并不因此罢休。1887 年,他通过加强宣传,并说服阿沙·肯德勒(Candler)买下全部股权,自己负责公司运作,几经周折,可口可乐终于沿着正确的方向逐步走上了成功的发展之路。

可口可乐的成功,与之坚持不懈的广告宣传手段和独具匠心的运动饮品这一定位分不开。首先,资助和参与奥运会各项活动,是可口可乐公司最重要的营销手段之一。自1928年至今,可口可乐始终是奥运会的赞助商。通过制作和分发带有可口可乐标志的纪念品、T型衫、夹克衣、太阳帽、音乐唱片、运动会导游手册、纪念章等,以及资助建立奥林匹克纪念馆和圣火传递等各项相关活动,使之赢得充满活力的运动饮品之称。其次,利用美军驻外,向海外市场扩张,使得这种美式饮料成为全球性饮品。1937年可口可乐成为美国境内的大企业,并企图向世界各国进军,可是成绩差强人意。可口可乐的全球大发展源于第二次世界大战。可口可乐几经游说,使之成为"军用物资",随美军至世界各地,并成立生产线,而售价仍不变,5分钱一杯,有时仍会赔本,却赢得了"爱国"的称号,而那些生产线,战后仍继续运作,令可口可乐赢得海外市场。美国海外驻军无形中成了可口可乐最好的国际推销员,是他们把可口可乐带向世界各地!再次,根据市场需求变化及时调整口味。1985年,"新世代"可口可乐推出世面,但受到全美传统消费者的反对,其市场占有率下降,股价暴跌。可口可乐在美国本土的市场占有率一度低于其竞争对手百事可乐。可口可乐意识到问题的严重性,立即推出"经典"可口可乐(Classic Coke),还原经典口味,最终使其销售量重登首位,夺回市场。此外,可口可乐还推出低糖可口可乐,迎合了相应的消费群体。现在,可口可乐在全世界超过198个国家销售,而且仍是最畅销的软饮料之一。

由于可口可乐在全球树立的品牌,占有市场,始终保持着良好的经营和财务业绩。可口可乐的股价从2003年的每股30多美元不断上涨,2012年4月,其股价在每股75美元左右。下面三张表是可口可乐2007—2011年的资产负债表、利润表和现金流量表。请你解读这5年来可口可乐的三张财务报表,并简要讨论、分析和总结其财务特征。

表1　可口可乐公司2007—2011年资产负债表　　　　单位:百万美元

项目	12/2011	12/2010	12/2009	12/2008	12/2007
现金及现金等价物	12 803	8 517	7 021	4 701	4 093
有价证券	1 232	2 820	2 192	278	215
应收账款	4 920	4 430	3 758	3 090	3 317
存货:原材料	1 680	1 425	1 366	1 191	1 199
存货:产成品	1 198	1 029	697	706	789
存货:其他	214	196	291	290	232
存货小计	3 092	2 650	2 354	2 187	2 220
预付款	3 450	3 162	2 226	1 920	2 260
流动资产	**25 497**	**21 579**	**17 551**	**12 176**	**12 105**
土地及其附属设施	1 141	1 122	699	657	731
房屋及其附属设施	5 240	4 883	3 816	3 408	3 539
机器设备	15 504	14 247	11 952	10 335	9 752
在建工程	1 266	1 454	—	—	422
固定资产小计	23 151	21 706	16 467	14 400	14 444
累计折旧	(8 212)	(6 979)	(6 906)	(6 074)	(5 951)
规定资产净值	14 939	14 727	9 561	8 326	8 493
无形资产	15 450	15 244	8 604	8 476	7 963

（续表）

项目	12/2011	12/2010	12/2009	12/2008	12/2007
长期待摊费用	12 219	11 665	4 224	4 029	4 256
其他非流动资产	11 869	9 706	8 731	7 512	10 452
非流动资产	**54 477**	**51 342**	**31 120**	**28 343**	**31 164**
总资产	**79 974**	**72 921**	**48 671**	**40 519**	**43 269**
应付账款	2 172	1 887	1 146	1 370	1 380
短期借款	2 041	1 276	51	465	6 052
应付票据	12 871	8 100	6 749	6 066	—
其他应付费用	—	—	—	—	5 535
递延债务	6 837	6 972	5 247	4 835	258
其他应付款	362	273	528	252	—
流动负债	**24 283**	**18 508**	**13 721**	**12 988**	**13 225**
长期负债	13 656	14 041	5 059	2 781	3 277
长期递延税项	4 694	4 261	1 580	877	1 890
其他长期应付款	5 420	4 794	2 965	3 011	3 133
少数股东权益	286	314	547	390	—
长期负债	**24 056**	**23 410**	**10 151**	**7 059**	**8 300**
总负债	**48 339**	**41 918**	**23 872**	**20 047**	**21 525**
资本金	880	880	880	880	880
资本增加	11 212	10 057	8 537	7 966	7 378
累计交易调整	—	—	—	—	591
留存收益	53 550	49 278	41 537	38 513	36 235
库存股	(31 304)	(27 762)	(25 398)	(24 213)	(23 375)
其他权益调整	(2 703)	(1 450)	(757)	(2 674)	35
股东权益	**31 635**	**31 003**	**24 799**	**20 472**	**21 744**
负债和所有者权益	**79 974**	**72 921**	**48 671**	**40 519**	**43 269**

表2　可口可乐公司2007—2011年利润表　　　　单位：百万美元

项目	12/2011	12/2010	12/2009	12/2008	12/2007
营业总收入	**46 542**	**35 119**	**30 990**	**31 944**	**28 857**
营业成本	(16 262)	(11 250)	(9 852)	(10 146)	(9 243)
注：含折旧的营业成本	18 216	12 693	11 088	11 374	10 406
毛利	30 280	23 869	21 138	21 798	19 614
销售费用、一般费用和管理费用	(18 172)	(13 977)	(11 671)	(12 124)	(11 199)
研发费用	—	—	—	—	—
EBITDA（折旧前的营业收益）	12 108	9 892	9 467	9 674	8 415
折旧和摊销	(1 954)	(1 443)	(1 236)	(1 228)	(1 163)
经营利润	**10 154**	**8 449**	**8 231**	**8 446**	**7 252**
利息收入	483	317	249	333	236
来自权益投资的收益	690	1 025	781	(874)	668
其他净收益	529	5 185	40	39	173
息税前利润（EBIT）	**11 856**	**14 976**	**9 301**	**7 944**	**8 329**

(续表)

项目	12/2011	12/2010	12/2009	12/2008	12/2007
利息支出	(417)	(733)	(355)	(438)	(456)
数千利润	11 439	14 243	8 946	7 506	7 873
所得税	(2 805)	(2 384)	(2 040)	(1 632)	(1 892)
少数股东权益	(62)	(50)	(82)	(67)	—
其他特别支出	11 439	14 243	8 946	7 506	7 873
所有经营的净利润	8 572	11 809	6 824	5 807	5 981
其他净收益	—	—	—	—	—
净利润	**8 572**	**11 809**	**6 824**	**5 807**	**5 981**
归属公众股股东的净利润	8 572	11 809	6 824	5 807	5 981
每股现金分红	**1.88**	**1.76**	**1.64**	**1.52**	**1.36**
每股基本收益	**3.75**	**5.12**	**2.95**	**2.51**	**2.59**
每股摊薄后收益	**3.69**	**5.06**	**2.93**	**2.49**	**2.57**

表3 可口可乐公司2007—2011年现金流量表 单位:百万美元

年份	12/2011	12/2010	12/2009	12/2008	12/2007
净利润	8 634	11 859	6 906	5 874	5 981
折旧	1 954	1 443	1 236	1 228	1 163
无形资产摊销	—	—	—	—	—
递延所得税	1 028	617	353	(360)	109
其他经营收益/损失	(268)	(5 614)	(207)	1 165	(422)
营业外净收支					
应收款减少(−)	(562)	(41)	(404)	148	(406)
存货减少(−)	(447)	182	(50)	(165)	(258)
预付款减少(−)	(350)	(148)	(332)	63	(244)
其他流动资产减少(−)	—	—	—	—	—
应付款增加(+)	63	656	319	(576)	762
其他流动负债增加(+)	(132)	(266)	(97)	(121)	185
营运资本减少(−)	(465)	(13)	—	(104)	(33)
其他现金项目增加(+)	19	857	462	419	313
来自持续经营活动净现金	9 474	9 532	8 186	7 571	7 150
来自非持续经营活动的净现金	—	—	—	—	—
经营净现金	**9 474**	**9 532**	**8 186**	**7 571**	**7 150**
出售资产产房和设备	101	134	104	129	239
出售长期投资项目	—	—	—	—	—
出售短期投资项目	5 647	4 032	—	—	—
购买资产、厂房和设备	(2 920)	(2 215)	(1 993)	(1 968)	(1 648)
并购	562	972	(60)	(280)	(5 205)
购买长期投资项目	(787)	(132)	(70)	(244)	(99)
购买短期投资项目	(4 057)	(4 579)	(2 130)	—	—
其他投项目净支出	(1 070)	(2 617)	—	—	(6)
投资净现金	**(2 524)**	**(4 405)**	**(4 149)**	**(2 363)**	**(6 719)**

（续表）

年份	12/2011	12/2010	12/2009	12/2008	12/2007
发行债券	27 495	15 251	14 689	4 337	9 979
发行股票	1 569	1 666	664	586	1 619
偿还负债	(22 530)	(13 403)	(12 326)	(4 308)	(5 638)
回购股票	**(4 513)**	**(2 961)**	**(1 518)**	**(1 079)**	**(1 838)**
支付现金股利	**(4 300)**	**(4 068)**	**(3 800)**	**(3 521)**	**(3 149)**
其他筹资净支出	45	50	(2)	—	—
筹资净现金	**(2 234)**	**(3 465)**	**(2 293)**	**(3 985)**	973
汇兑损益对现金的影响调整	(430)	(166)	576	(615)	249
当期现金增加	**4 286**	**1 496**	**2 320**	**608**	**1 653**
年初结余现金	8 517	7 021	4 701	4 093	2 440
年末结余现金	**12 803**	**8 517**	**7 021**	**4 701**	**4 093**

第三章　分析企业财务报表

许多成功的企业家或高层管理者虽然并非财务专业人士,却精通经营、理财和投资之道,从而引领企业持续发展,这实际上得益于他们敏锐的战略眼光、卓越的领导才能和深谙企业财务报表。"财务报表犹如名贵香水,只能细细品味,不能生吞活剥。"[①]如何通过系统地分析企业的财务报表,研究企业的财务状况和经营绩效、面临的各种问题和风险以及采取的各项对策是否恰当呢?在这一章,我们将讨论如何设计和建立财务指标体系,系统地反映企业在盈利能力、资产流动性或资产变现能力、债务管理能力、资产运营效率、现金生成能力、财富增值能力、资本市场表现等方面的状况和潜在的问题,探讨影响企业财务绩效和风险的主要因素,为企业高层管理者树立"利润—现金—价值—风险—成长"的财务管理理念,并为其决策提供系统而科学的依据。

第一节 财务指标体系

一、财务报表分析的重要性

作为 CEO,当你拿到公司的财务报表时,你最想知道的无非是这么一些问题:① 公司盈利了吗?② 公司面临哪些风险,包括经营和财务方面的风险?③ 公司应该如何通过调整财务政策来解决面临的问题和风险?④ 公司是否具有充裕的资金实现新增投资项目?盈利、风险、调控、增长,是公司高层管理者在分析财务报表时所要了解的四大问题。盈利是当前的成绩,风险是面临的问题,调控是行动的手段,增长是最终的目的!

一般来说,财务报表分析的目的在于了解企业的财务和经营状况,从中发现存在的问题,为管理决策提供系统而科学的依据。

作为一名 CEO 或企业高层管理者,分析自己所经营或管理的企业的财务报表具有四大作用:一是评价企业的经营业绩,了解企业销售的盈利能力、资产的盈利能力和资本的盈利能力,并分析各种盈利能力的影响因素和成因。二是诊断企业财务和经营的健康状况,了解企业的负债状况,判断企业的偿债能力或财务风险;分析企业的收入—成本—利润状况,判断企业的经营能力或经营风险。三是评价、调整和规划企业的财务政策,包括营运资本管理政策、负债政策、股利政策、筹资和投资政策等。四是通过财务报表分析,全面了解企业的财务经营状况、面临的经营环境和内外部问题、竞争优势和劣势,从而制定和调整企业的发展战略,把握企业的发展机遇。

作为公司的股东或债权人,同公司的 CEO 或高层管理者一样,也必须了解企业总体的财务状况,但是股东更加关注的是企业的盈利能力和自身的利益。公司的高层管理者是否为股东获取最大收益呢?换言之,股东最为关心的是公司的高层管理者是在为股东

---

① Abraham Brilloff 语。引自罗伯特·C. 希金斯著,沈艺峰等译,《财务管理分析》,北京大学出版社,2004 年。

创造价值还是在损害股东的价值?因此,作为权益资本提供者和企业所有者的股东,十分关注权益资本的收益状况、股东的财富和公司的财务风险等。作为公司的债权人,在决定是否批准企业的贷款申请和签订借贷合同时,必须分析企业的财务报表,在分析和把握企业总体的财务状况基础上,重点关注、评价和判断企业未来还本付息的能力及其影响因素,包括公司目前的负债状况、资产的流动性、盈利能力、现金生成能力和未来的发展前景,以保证贷款或债权的安全性和盈利性。

二、财务指标体系的基本框架

作为CEO、股东、债权人和有关政府部门,都需要分析和评价企业整体的财务状况、问题和未来趋势,但是,他们各自关注的重点、分析的角度和分析的深度有所不同。因此,构造一个系统的财务指标体系,使之能够综合考虑各类财务报表使用者的需要,特别是满足企业高层管理者的需要,以便高层管理者能够全面而深入地分析和评价企业的财务绩效,及时发现企业面临的问题及其成因,并为解决这些问题提供科学的决策依据,就显得十分必要。

目前,财务指标体系有三种基本的设计思路,尽管结果大同小异。一是按照财务报表使用者来分类,可以分为高层管理者使用的指标、股东使用的指标和债权人使用的指标。二是按照财务管理的三大功能来分类,可以分为投资类指标、经营类指标和筹资类指标。三是按照财务报表之间的相互关系及其与公司价值的相互关系来分类,可以分为盈利能力指标、资产流动性指标、债务管理能力指标、资产营运效率指标、现金生成能力指标、财富增值能力指标及上市公司的市场表现指标。

作为公司的高层管理者,必须全面把握企业的财务状况,并了解债权人和股东的要求,因此,按照财务报表之间的相互关系及其与公司价值的相互关系来设置企业财务指标体系更加有助于公司高层管理者和董事会成员进行科学的决策,因为这种财务指标体系的设置框架实际上更加深入地反映企业在筹资、投资、经营三个方面的绩效和存在的问题,并有利于高层管理者从股东、债权人、管理者等多个视角分析企业的财务状况,其形成的指标体系正如图3-1所示。详细的财务指标体系及其计算公式可见本书附录中的附表1《战略性财务分析常用公式一览表——财务指标的计算公式和含义》。

第一,盈利能力指标。盈利能力指标用于反映公司的利润与营业收入、资产和资本之间的比例关系,可以分为三类:① 反映利润占营业收入之间比例关系的销售利润率;② 反映利润与资产之间比例关系的资产利润率或资产收益率;③ 反映利润与资本之间比例关系的资本利润率或资本收益率。

第二,资产流动性指标。资产流动性指标用于反映公司的流动资产与流动负债之间的比例关系,可以分为两类:① 表明流动负债偿还能力的短期偿债能力指标;② 表明营运资本管理水平的营运资本管理能力指标。

第三,债务管理指标。债务管理指标用于反映公司的负债管理状况,可以分为两类:① 反映公司负债程度的指标;② 反映公司偿债能力或付息还本能力的指标。

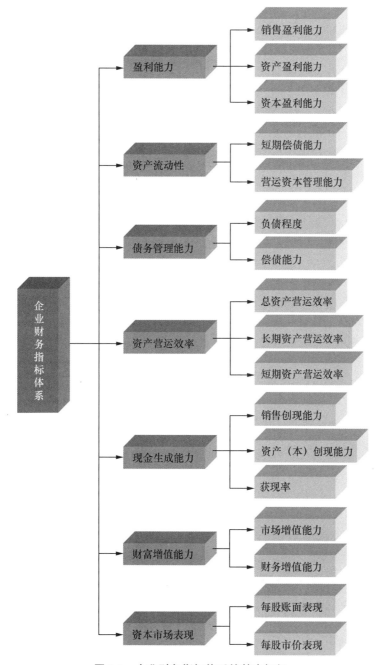

图 3-1　企业财务指标体系的基本框架

第四,资产营运效率指标。资产营运效率指标用于反映公司使用资产的效率或管理水平,可以分为三类:① 反映总资产营运效率的指标;② 反映长期资产营运效率的指标;③ 反映短期资产营运效率的指标。

第五,现金生成能力指标。现金生成能力指标用于反映公司的销售、资产、资本所带来的现金,可以分为三类:① 反映现金与销售之间关系的指标;② 反映现金与资产或资本之间关系的指标;③ 反映实际经营净现金与应得经营净现金之间关系的指标。

第六,财富增值能力指标。财富增值指标用于反映公司是否为股东增加财富,可以分为两类:① 从资本市场投资的角度衡量和反映股东财富是否增值的指标;② 从公司财务管理的角度衡量和反映股东财富是否增值的指标。

第七,资本市场表现指标。资本市场表现指标用于反映股东持有公司股份所获得的收益或拥有的财富,可以分为两类:① 基于账面价值计算的收益或财富类指标(如每股收益、每股净资产、每股经营性净现金、每股分红等);② 基于股票价格计算的收益或财富类指标(如市盈率、股利收益率、资本利得率等)。

第二节 财务比率分析

根据图 3-1 有关企业财务指标体系的设计思路和基本框架,我们接着逐一介绍和讨论企业的财务比率,包括其含义、计算公式和注意问题。为了理论联系实际,学以致用,我们以安踏和李宁为例,应用财务比率分析的方法对其 2004—2010 年的资产负债表、利润表和现金流量表进行比较分析。[①]

一、公司背景简介

(一) 李宁有限公司

1989 年,由 20 世纪最佳运动员之一李宁先生提出"李宁牌"的概念。同年健力宝集团成立了广东李宁,制造并销售李宁牌运动服装,第一个国家级运动品牌诞生。1997 年 8 月上海李宁成立,注册资本为 500 000 元人民币。李宁有限公司为中国领先的体育品牌企业之一,拥有品牌营销、研发、设计、制造、经销及零售能力,产品主要包括自有李宁品牌之运动及休闲鞋类、服装、配件和器材产品。主要采用外包生产和外包经销的模式,并已于中国建立庞大的供应链管理体系以及分销和零售网络。

2004 年李宁公司以国际配售及香港公开发售的方式在香港联合交易所有限公司主板上市。2008 年,在李宁悬空奔跑点燃了奥运火炬之后,李宁品牌的知名度达到了空前的高度。2010 年,李宁公司调整营销策略,对品牌进行重新定位,将口号由"一切皆有可能"改为"make the change",并邀请林志玲担任新品牌代言人。截至 2010 年末,李宁共有门店 7 333 家,居我国运动品牌之首。

---

① 本案例参考并部分引用了《李宁与安踏财务比较分析报告》中的部分内容,作者朱睿、王鼎、罗华、耿艳丽、汤亮和范高燕,指导教师吴世农,2011 年研究报告,特此致谢。

(二) 安踏有限公司

安踏创建于 1994 年,是国内规模较大的集设计、生产、开发、制造与营销导向于一体的综合性体育用品企业。2000 年全国制鞋工业信息中心数据显示,安踏运动鞋在同类产品中市场综合占有率居全国第二,标志安踏已经跻身为中国市场四大运动品牌之一。2001 年开始,安踏开始产品的多元化和品牌的国际化进程,开始运动服、配件等服饰系列产品领域的拓展。公司发展至今,由于品牌形象好,价格适中,安踏品牌已成为大众市场比较受欢迎的品牌。公司鞋类生产设施位于中国福建省晋江市,设有 15 条生产线生产安踏鞋类产品以及长汀的服装生产基地以充分提升产能及效率。安踏 2010 年总年产量分别约为 26.4 百万双鞋和 2.48 百万件服装。

安踏公司于 2007 年 7 月 10 日在香港交易所上市,保荐人为摩根士丹利。安踏成为海外资本市场募集资金规模最大、备受海内外投资者青睐的民族体育品牌,自此跨入新的发展历程。2009 年,安踏成为中国奥委会合作伙伴,并代理 FILA 品牌。2010 年,安踏代理卡宾品牌,净利润位居本土品牌第一。

(三) 李宁和安踏 2007—2010 年的财务报表

由于安踏晚于李宁上市(2007 年),因此安踏在 2007 年以前的财务报表与其上市之后相比,在规模、股本、财务结构上都有着巨大的差异。因此我们选择对安踏与李宁在 2007—2010 年的财务报表进行分析比较(见表 3-1 至表 3-6)。①

表 3-1　李宁有限公司 2007—2010 年资产负债表　　　　单位:千元人民币

	2007 年	2008 年	2009 年	2010 年
流动资产				
货币资金	861 054	893 715	1 266 597	1 472 480
应收款项	798 798	1 273 514	1 263 850	1 915 509
存货	513 947	650 715	631 528	805 598
流动资产合计	2 173 799	2 817 944	3 161 975	4 193 587
非流动资产				
可供出售金融资产	—	—	—	46 930
固定资产	340 036	629 305	638 181	720 578
在建工程				
无形资产	112 842	653 799	1 256 616	1 194 630
长期待摊费用	66 588	—		
递延所得税资产	29 601	69 441	193 109	297 860
其他非流动资产	57 985	166 440	127 989	108 207

---

① 安踏和李宁都是香港上市公司,其财务报表披露格式与中国大陆上市公司的财务报表披露格式不同。为便于更好地理解和比较,我们按照中国大陆的财务报表披露格式对其资产负债表和利润表进行调整。

(续表)

	2007 年	2008 年	2009 年	2010 年
非流动资产合计	607 052	1 518 985	2 215 895	2 368 205
资产合计	2 780 851	4 336 929	5 377 870	6 561 792
流动负债				
短期借款	100 000	607 480	259 970	312 248
应付款项	844 228	1 434 082	1 456 543	1 907 650
应交税费	33 201	45 281	148 415	151 744
流动负债合计	977 429	2 086 843	1 864 928	2 371 642
非流动负债				
长期应付款	57 604	81 997	560 430	545 260
递延所得税负债	1 217	79 141	90 401	85 508
非流动负债合计	58 821	161 138	650 831	630 768
负债合计	1 036 250	2 247 981	2 515 759	3 002 410
所有者权益				
股本	110 023	110 323	110 898	111 364
未分配利润	1 634 578	1 786 090	2 563 610	3 257 938
少数股东权益	—	192 535	187 603	190 080
所有者权益合计	1 744 601	2 088 948	2 862 111	3 559 382
负债和所有者权益合计	2 780 851	4 336 929	5 377 870	6 561 792

表 3-2 李宁有限公司 2007—2010 年利润表　　　　单位：千元人民币

	2007 年	2008 年	2009 年	2010 年
一、营业收入	4 348 747	6 690 073	8 386 910	9 478 527
减：营业成本	2 265 901	3 469 699	4 417 046	4 996 928
销售费用	1 221 619	1 883 206	2 152 150	2 511 175
管理费用	282 357	441 842	602 929	618 280
财务费用	-8 677	30 975	58 766	37 261
二、营业利润	587 547	864 351	1 156 019	1 314 883
加：营业外收入	3 0985	64 887	127 111	194 631
减：营业外支出	—	—	—	—
三、利润总额	618 532	929 238	1 283 130	1 509 514
减：所得税费用	144 535	201 938	313 799	377 378
四、净利润	473 997	727 300	969 331	1 132 136
归属于母公司股东的净利润	473 606	721 267	944 524	1 108 487
少数股东损益	391	6 033	24 807	2 3649
五、每股收益				
基本每股收益	45.83	69.63	90.75	105.84
稀释每股收益	45.09	68.64	89.61	104.39

表 3-3　李宁有限公司 2007—2010 年现金流量表　　　　单位：千元人民币

	2007 年	2008 年	2009 年	2010 年
除所得税前溢利	618 532	929 238	1 283 130	1 509 514
就以下项目调整：				
折旧	52 041	77 482	94 302	114 648
摊销	19 868	32 821	88 713	97 769
计提无形资产减值拨备	—	—	—	3 792
计提/(转回)应收款项减值拨备	2 874	1 477	-2 279	474
撇减存货至可变现净值	24 618	16 447	4 375	42 556
授予董事及雇员之购股权	33 526	51 596	65 901	53 677
出售物业、机器及设备及无形资产之亏损	140	546	—	—
融资成本净额	-8 677	30 975	58 766	37 261
递延收入摊销	-163	—	-1 079	-1 294
未计提营运资金变动之经营溢利	742 759	1 140 582	1 591 829	1 858 397
存货(增加)/减少	-188 021	-107 357	53 263	-216 626
应收贸易款项(增加)/减少	-108 458	-339 863	23 451	-543 760
其他应收款项及预付款项增加	-67 808	-151 579	-12 708	-88 591
应付贸易款项增加/(减少)	65 957	306 863	-45 412	364 527
其他应付款项及应计费用增加	121 483	96 152	39 353	100 641
经营活动产生之现金流入	565 912	944 798	1 649 776	1 474 588
已付所得税	-172 988	-245 831	-343 108	-483 693
经营活动产生之现金净额	392 924	698 967	1 306 668	990 895
投资活动之现金流量				
收购附属公司,扣除购入的现金	—	-175 102	-112 318	—
增购一家附属公司之权益	-17 817	-303	-6 420	-16 273
收购附属公司预付款项	-66 588	—	—	—
购入物业、机器及设备	-223 112	-202 545	-140 058	-188 872
购入土地使用权	—	-17 939	-64 907	-3 250
购入无形资产	-19 946	-39 934	-67 183	-80 224
出售物业、机器设备所得款项	5 423	10 899	9 010	-46 930
已收利息	11 147	11 691	7 422	3 671
就购入土地使用权所得到之政府补助	—	—	64 697	7 507
存放于银行之定期存款减少	-863	11 167	—	—
投资活动之现金净额	-311 756	-402 066	-309 757	-324 371
融资活动之现金流量				
向本公司权益持有人支付股息	-138 410	-576 209	-255 945	-465 463
向一家附属公司之少数股东支付股息	—	-14 932	-18 290	-31 568
发行普通股所得款项	16 267	11 788	23 978	36 380
银行借贷所得款项	100 000	846 180	457 880	382 320
一家附属公司之非控制性权益注资	—	—	—	1 360
偿还银行借贷	—	-420 800	-805 250	-327 082
就限制性股份奖励计划购买股份	-39 878	-56 630	-335	-39 509
已付利息	-5 224	-39 260	-24 954	-10 891

(续表)

	2007 年	2008 年	2009 年	2010 年
受限制之银行存款减少/增加	—	-105 675	103 421	209
融资活动所有之现金净额	-67 245	-355 538	-519 495	-454 244
现金及同现金项目增加/减少净额	13 923	-58 637	477 416	212 280
年初之现金及等同现金项目	838 867	849 887	788 040	1 264 343
现金及等同现金项目汇兑亏损	-2 903	-3 210	-1 113	-6 188
年末之现金及等同现金项目	849 887	788 040	1 264 343	1 470 435

表 3-4　安踏有限公司 2007—2010 年资产负债表　　　单位：千元人民币

	2007 年	2008 年	2009 年	2010 年
流动资产				
货币资金	3 233 105	3 493 498	4 006 729	4 300 791
应收款项	468 057	524 010	528 936	990 441
存货	434 787	332 510	374 090	453 823
流动资产合计	4 135 949	4 350 018	4 909 755	5 745 055
非流动资产				
固定资产	328 440	452 154	506 420	503 474
在建工程	67 832	86 541	123 827	149 628
无形资产	4 213	4 087	486 983	531 349
长期待摊费用	94 304	49 682	64 671	78 642
递延所得税资产	—	—	11 750	46 343
非流动资产合计	494 789	592 464	1 193 651	1 309 436
资产合计	4 630 738	4 942 482	6 103 406	7 054 491
流动负债				
应付款项	457 186	438 702	820 399	1 073 391
应交税费	22 858	22 908	52 061	90 002
流动负债合计	480 044	461 610	872 460	1 163 393
非流动负债				
长期应付款	—	—	44 006	41 582
递延所得税负债	—	—	49 612	118 784
非流动负债合计	—	—	93 618	160 366
负债合计	480 044	461 610	966 078	1 323 759
所有者权益				
股本	241 654	241 654	241 838	241 991
未分配利润	3 909 040	4 239 218	4 838 101	5 436 040
少数股东权益	—	—	57 389	52 701
所有者权益合计	4 150 694	4 480 872	5 137 328	5 730 732
负债和所有者权益合计	4 630 738	4 942 482	6 103 406	7 054 491

表 3-5　安踏有限公司 2007—2010 年利润表　　　　　　　　单位：千元人民币

	2007 年	2008 年	2009 年	2010 年
一、营业收入	2 988 723	4 626 782	5 874 596	7 408 309
减：营业成本	1 988 816	2 778 209	3 401 702	4 237 755
销售费用	425 742	758 415	889 893	1 186 840
管理费用	102 532	179 854	216 905	290 626
财务费用	-125 447	-39 563	-51 226	-106 258
二、营业利润	597 080	949 867	1 417 322	1 799 346
加：营业外收入	9 274	21 139	29 399	44 626
减：营业外支出	1 651	784	718	903
三、利润总额	604 703	970 222	1 446 003	1 843 069
减：所得税费用	61 272	67 573	196 713	296 644
四、净利润	543 431	902 649	1 249 290	1 546 425
归属于母公司股东的净利润	543 431	902 649	1 247 639	1 541 737
少数股东损益	—	—	1 651	4 688
五、每股收益				
基本每股收益	25.26	35.94	50.23	62.21
稀释每股收益	25.21	35.86	50.09	62.04

表 3-6　安踏有限公司 2007—2010 年现金流量表　　　　　　单位：千元人民币

	2007 年	2008 年	2009 年	2010 年
经营活动				
除税前溢利	599 132	962 564	1 446 003	1 843 069
就以下各项调整：				
折旧	28 855	42 282	58 574	66 797
租赁预付款摊销	597	715	588	638
无形资产摊销	344	797	4 481	16 766
利息支出	1 745	—	906	3 487
利息收入	-127 268	-78 549	-51 999	-79 729
出售物业、厂房及设备的损失	2 402	-134	192	703
以股份为基础的薪酬	498	764	507	16 522
营运资金变动前经营盈利	506 305	928 439	1 459 252	1 868 253
存货增加	-280 321	-11 956	-31 787	-79 733
应收贸易账款及其他应收项增加	-248 157	41 865	-14 840	-467 814
应收关联人士款项减少/增加	51 858	317	—	—
已抵押存款减少/增加	3 310	1 406	-9 456	—
应付贸易账款及其他应付项增加	137 833	30 348	369 679	250 474
应付关联人士款项减少	-125	79	-618	1 932
经营业务产生的现款	170 703	990 498	1 772 230	1 573 112
已付所得税	-38 481	-67 917	-130 317	-224 124
已收利息	107 397	93 249	46 831	83 860
经营活动所得现金净额	239 619	1 015 830	1 688 744	1 432 848

(续表)

	2007 年	2008 年	2009 年	2010 年
投资活动				
收购附属公司,扣除所购现金净值	—	-14 653	-399 987	—
购买物业、厂房及设备所付的款项	-87 832	-73 340	-44 826	-50 818
出售物业、厂房及设备所得款项	145	3 384	1 512	774
支付在建工程款项	-102 092	-99 009	-67 813	-38 045
支付租赁预付款项	-50	-2 416	-1 031	—
支付土地使用权款项	-70 520	-1 392	-14 546	-14 609
购买无形资产所付的款项	-4 035	-1 228	-5 227	-61 132
存放存款期超过三个月的银行定期存款	—	-221 640	-3 128 000	-6 599 140
提取存款期超过三个月的银行定期存款	—	—	1 789 640	7 259 140
投资活动所得现金净额	-264 384	-410 294	-1 870 278	496 170
融资活动				
支付长期应付非控股权益款项	—	—	—	-5 413
根据上市前购股权计划发行股份所得款项	—	—	7 102	6 462
偿还银行贷款	-50 000	—	—	—
注资所得款项	152			
一家前身实体撤销注册时分派的资本	3 371 476			
重组时派给控股股东的现金股份	-37 280			
已付股息	-21 286	-400 341	-658 368	-940 103
已付利息	-1 745			
偿还本公司控股股东垫款	-74 333			
融资活动所得现金净额	3 186 984	-400 341	-651 266	-939 054
现金及现金等价物增加净额	3 162 219	205 195	-832 800	989 964
于一月一日的现金及现金等价物	176 335	3 231 515	3 271 674	2 437 089
汇率变动之影响	-107 039	-165 036	-1 785	-35 902
于十二月三十一日的现金及现金等价物	3 231 515	3 271 674	2 437 089	3 391 151

资料来源:李宁公司和安踏公司 2007—2010 年年度报告。

二、盈利能力指标

1. 销售利润率

它是企业一段时期(例如,年度、半年度、季度、月份)的净利润占这一时期营业收入的比重,表明企业每一元营业收入所产生的净利润。该指标越高,说明企业营业收入的盈利能力越高,反之越低。计算公式是:

$$销售利润率 = \frac{净利润}{营业收入} \qquad (3\text{-}1)$$

2010 年李宁公司的销售利润率 = 1 132 136/9 478 527 = 11.94%

2010 年安踏公司的销售利润率 = 1 546 425/7 408 309 = 20.87%

2. EBIT 利润率

它是企业一段时期(例如,年度、半年度、季度、月份)的息税前利润(EBIT)占这一时期营业收入的比重,表明企业每一元营业收入所带来的利息、税收和净利润。该指标越高,说明企业营业收入的盈利能力越强,反之越弱。计算公式是:

$$营业利润率 = \frac{息税前利润}{营业收入} = \frac{EBIT}{营业收入} \quad (3-2)$$

2010 年李宁公司的营业利润率 = 1 546 775/9 478 527 = 16.32%

2010 年安踏公司的营业利润率 = 1 736 811/7 408 309 = 23.44%

3. EBITDA 利润率

它是企业一段时期(例如,年度、半年度、季度、月份)的息税前利润与折旧和摊销之和,即"息税前利润 + 折旧 + 摊销"占这一时期营业收入的比重,表明企业每一元营业收入所带来的利息、税收和净利润,以及收回的折旧和摊销费用。由于从理论上来说,EBITDA 必须不少于税后经营性净现金,因此该指标又俗称"现金利润率"。对于一些基础设施企业,例如,通信、路桥、港口、机场或大型高新技术企业等企业,其折旧费用或摊销费用巨大,计算 EBITDA 利润率,揭示企业应回收的固定资产折旧和无形资产摊销这些非付现成本——经营性净现金的重要来源,具有更加重要的现实意义。该指标越高,说明企业营业收入的盈利能力及折旧和摊销的回收能力越强,反之越弱。计算公式是:

$$EBITDA 利润率 = \frac{息税前利润 + 折旧 + 摊销}{营业收入} = \frac{EBITDA}{营业收入} \quad (3-3)$$

2010 年李宁公司的 EBITDA 利润率 = 1 759 192/9 478 527 = 18.56%

2010 年安踏公司的 EBITDA 利润率 = 1 821 012/7 408 309 = 24.58%

4. 总资产利润率

它是企业一段时期(例如,年度、半年度、季度、月份)的净利润除以企业总资产,反映企业净利润与总资产之间的比例关系[①],表明企业每一元总资产所产生的净利润。该指标越高,说明企业总资产的盈利能力越高,反之越低。计算公式是:

$$总资产利润率 = \frac{净利润}{总资产} \quad (3-4)$$

2010 年李宁公司的总资产利润率 = 1 132 136/6 561 792 = 17.25%

2010 年安踏公司的总资产利润率 = 1 546 425/7 054 491 = 21.92%

5. 总资产盈利能力

有时又称"基础盈利能力"(Basic Earning Power,BEP),它反映企业一段时期(例如,年度、半年度、季度、月份)的息税前利润与总资产之间的比例关系,表明企业每一元总资产所产生的利息、税收和净利润。其中,利息属于债权人,税收属于政府,净利润属于股东。该指标越高,说明企业总资产的基础盈利能力越高,反之越低。计算公式如下:

$$总资产盈利能力 = \frac{息税前利润}{总资产} = \frac{EBIT}{总资产} \quad (3-5)$$

2010 年李宁公司的总资产盈利能力 = 1 546 775/6 561 792 = 23.57%

2010 年安踏公司的总资产盈利能力 = 1 736 811/7 054 491 = 24.62%

---

① 在使用资产负债表数据计算财务比率时,既可以使用资产负债表本期的期末数据,也可以使用资产负债表上期期末和本期期末的平均数据。只要在分析过程中保持一贯性,两种方法对企业财务状况的分析结果不会有太大的出入。本书在计算财务比率时,统一采用资产负债表本期的期末数据。

6. 权益资本利润率

又称"净资产收益率"或"权益收益率"(Return on Equity),即ROE,它反映企业一段时期(例如,年度、半年度、季度、月份)的净利润与期末权益资本(或期末净资产)之间的比例关系,表明股东资本的盈利能力,即企业使用每一元股东资本所带来的净利润,是一种从企业会计利润的角度反映股东回报率的指标。该指标越高,说明企业权益资本的盈利能力越强,股东的收益越高,反之越弱越低。计算公式是:

$$权益资本利润率 = \frac{净利润}{权益资本} = \frac{净利润}{净资产} \tag{3-6}$$

2010年李宁公司的权益资本利润率 = 1 132 136/3 559 382 = 31.81%
2010年安踏公司的权益资本利润率 = 1 546 425/5 730 732 = 26.98%

值得注意的是:在现行会计制度下,ROE比较好地反映了股东资本的报酬率,但也存在一定的局限性。一是ROE是基于会计利润计算的权益资本收益率,并非基于经济利润计算的权益资本收益率,因此ROE实际上并未考虑股东资本的机会成本,并不是股东获得的超过其权益资本机会成本的报酬率。所以,尽管有些企业的ROE大于零,但当ROE低于股东权益资本机会成本的时候,股东实际上并非盈利,而是亏损。二是在权责会计制的条件下,企业的净利润并不一定具有相应的现金为保障,企业的经营性净现金可能小于净利润,因此ROE并不能反映权益资本的现金收益。三是ROE实际上受营业利润率、企业资产周转速度、负债程度、利息高低和所得税税率等的影响,有些企业可以通过提高负债率或享受税收优惠政策来提高其ROE。

7. 投入资本利润率(Return on Invested Capital, ROIC)

它反映企业一段时期(例如,年度、半年度、季度、月份)的息税前利润与这一时期投入资本之间的比例关系,表明企业每投入一元权益资本和债务资本(银行长期和短期借款、企业发行的长期和短期债券),即企业"所有需要支付成本的资本",所带来的利息、税收和净利润。其中,利息归债权人所有,税收归政府所有,净利润归股东所有。该指标越高,说明企业投入资本的盈利能力越强,反之越弱。计算公式如下:

$$投入资本利润率 = \frac{息税前利润}{投入资本} = \frac{EBIT}{投入资本} \tag{3-7}$$

2010年李宁公司的投入资本利润率 = 1 546 775/3 871 630 = 39.95%
2010年安踏公司的投入资本利润率 = 1 736 811/5 730 732 = 30.31%

其中:由于没有长期借款和长期债券,李宁公司的投入资本仅包括短期借款和所有者权益;而安踏公司的财务政策更为保守,不仅没有长期借款和长期债券,连短期借款和短期债券都没有,因此安踏公司的投入资本等于股权资本,即安踏公司的所有者权益。

值得指出的是:首先,ROIC也是一种从会计利润的角度衡量股东和债权人所投入资本的综合回报率的指标。此外,ROIC的意义或应用价值在于其与加权平均资本成本(WACC)的关系。WACC的计算公式是:

$$WACC = \frac{负债价值}{企业总价值} \times K_d(1-T) + \frac{权益价值}{企业总价值} \times K_s \tag{3-8}$$

其中:K_d表示企业须付息的负债资本的平均成本;K_s表示企业的权益资本的成本;企业总价值 = 负债价值 + 权益价值,一般是指其市场价值,但在没有市场价值信息的情况下,可以采用调整的账面价值或重估价值代替。

此外,我们也可以使用投入资本的比例来计算 WACC,即

$$\text{WACC} = \frac{各类需要支付成本的负债}{投入资本} \times K_d(1-T) + \frac{权益资本}{投入资本} \times K_s \quad (3\text{-}9)$$

可见,WACC 实际上代表着股东和债权人的平均预期收益。当 ROIC 大于 WACC,说明企业投入资本的收益超过其投入资本的成本,超过股东和债权人的平均预期收益,因此为股东创造了更多的价值;当 ROIC 小于 WACC,说明企业投入资本的收益不足其投入资本的成本,低于股东和债权人的平均预期收益,因此损害了股东的价值。

三、资产流动性指标

1. 流动比率

它反映流动资产与流动负债之间的比例关系,表明企业以流动资产偿还流动负债的能力,实际上也表明了企业流动资产的变现能力。该指标越高,说明企业短期偿债能力越强,反之越弱。计算公式如下:

$$流动比率 = \frac{流动资产}{流动负债} \quad (3\text{-}10)$$

2010 年李宁公司的流动比率 = 4 193 587/2 371 642 = 1.77
2010 年安踏公司的流动比率 = 5 745 055/1 163 393 = 4.94

2. 速动比率

它反映企业变现能力较强的流动资产与流动负债之间的比例关系,表明企业以具有较强变现能力的流动资产抵偿流动负债的能力。在流动资产中,一般而言,变现能力最差的是存货。在企业陷入财务困境或破产时,存货往往无法变现,因此所谓"变现能力较强的流动资产"通常是指扣除了存货之外的流动资产。所以,速动比率的计算公式是:

$$速动比率 = \frac{流动资产 - 存货}{流动负债} \quad (3\text{-}11)$$

2010 年李宁公司的速动比率 = (4 193 587 - 805 598)/2 371 642 = 1.43
2010 年安踏公司的速动比率 = (5 745 055 - 453 823)/1 163 393 = 4.55

3. 现金比率

它反映企业变现能力最强的流动资产与流动负债之间的比例关系,表明企业以现金或银行存款抵偿流动负债的能力。所以,现金比率的计算公式是:

$$现金比率 = \frac{货币资金}{流动负债} \quad (3\text{-}12)$$

2010 年李宁公司的现金比率 = 1 472 480/2 371 642 = 0.62
2010 年安踏公司的现金比率 = 4 300 791/1 163 393 = 3.70

4. 营运资本需求量比率

它反映企业营运资本需求量与总资产之间的比例关系,即营运资本需求量占总资产的比重,表明企业超过流动负债的流动资产占总资产的比重。该指标越大,说明企业流动资产的超额变现能力越强,反之越弱。

$$营运资本需求量比率 = \frac{营运资本需求量}{总资产} = \frac{流动资产 - 流动负债}{总资产} \quad (3\text{-}13)$$

2010 年李宁公司的营运资本需求量比率 = (4 193 587 − 2 371 642)/6 561 792 = 0.28
2010 年安踏公司的营运资本需求量比率 = (5 745 055 − 1 163 393)/7 054 491 = 0.65

5. 营运资本比率

它反映企业经营性流动资产(非收息的流动资产)与经营性流动负债(非付息的流动负债)之间的比例关系。非收息流动资产表示企业的存货和被他人占用的资本,非付息流动负债表示企业占用他人的资本。因此,当企业充分利用非付息流动负债进行经营,就等于减少使用股东或债权人的资本来购买流动资产,从而降低企业的资本成本。该指标越小,说明企业运用非付息流动负债来经营的能力越强,企业的资本成本越低,营运资本管理水平越高;反之,说明企业运用非付息流动负债来经营的能力越弱,企业的资本成本越高,营运资本管理水平越低。营运资本比率的计算公式是:

$$营运资本比率 = \frac{非收息流动资产}{非付息流动负债} \tag{3-14}$$

其中:非收息流动资产主要包括各类应收款、存货和预付款,非付息流动负债主要包括各类应付款和预收款。

2010 年李宁公司的营运资本比率 = (1 915 509 + 805 598)/1 907 650 = 1.43
2010 年安踏公司的营运资本比率 = (990 441 + 453 823)/1 073 391 = 1.35

6. 营运资本周转天数

它反映企业营运资本的管理水平。该指标越大,说明企业无偿占用供货商的能力越低,或企业被应收账款和存货占用的资金越多,企业营运资本管理水平越低;反之,说明企业无偿占用供货商的能力越高,或企业被应收账款和存货占用的资金越少,企业营运资本管理水平越高。计算公式是:

$$营运资本周转天数 = 应收账款周转天数 + 存货周转天数 \\ − 应付账款周转天数 \tag{3-15}$$

2010 年李宁公司的营运资本周转天数 = 73.76 + 58.84 − 73.46 = 59.14(天)
2010 年安踏公司的营运资本周转天数 = 48.80 + 39.09 − 52.88 = 35.01(天)

四、负债管理能力指标

1. 总资产负债率

它反映企业总负债,包括流动负债和非流动负债,与总资产之间的比例关系,表明企业总资产中负债所占的比重。该指标越大,说明企业的负债比例越高,企业的债务风险越大,债权人的债权资本在企业破产清算时所受到的保护程度越低;反之,企业的负债比例越低,企业的债务风险越小,债权人的债权资本在企业破产清算时所受到的保护程度越高。总资产负债率的计算公式是:

$$总资产负债率 = \frac{总负债}{总资产} \tag{3-16}$$

值得注意的是:首先,企业的总资产负债率并非越低越好,也并非越高越好,企业的负债比例因行业和企业特征而异,负债管理的关键问题是适度负债;其次,总资产负债率的分子包括流动负债,流动负债中包括非付息的流动负债,这部分非付息流动负债越多,说明企业营运资本管理能力越强或管理水平越高,但是企业的总资产负债比率越高。因此,在使用总资产负债率考核企业高层管理者业绩或评价企业负债状况时,应该注意这一问题。再次,总资产包括负债总额和权益资本总额,如何计算总资产的价值是个有争议的问题。一些专家认为应该使用市场价值计算总资产的价值,但是,由于负债的市场价值比较难于计量,而权益的市场价值易于计量,因此,总资产的市场价值 = 负债总额 + 股份数 × 每股价格,即总资产等于负债的账面价值与权益的市场价值之和。

2010年李宁公司的总资产负债率 = 3 002 410/6 561 792 = 0.46

2010年安踏公司的总资产负债率 = 1 323 759/7 054 491 = 0.19

2. 权益资产比

它反映企业权益资本与总资产之间的比例关系,表明企业总资产中权益资本所占的比重。该指标越大,说明企业权益资本所占比例越高,负债所占比例越低,债权人的债权资本越安全,反之越不安全。计算公式是:

$$权益资产比 = \frac{权益资本}{总资产} = 1 - \frac{总负债}{总资产} = 1 - 总资产负债率 \qquad (3\text{-}17)$$

2010年李宁公司的权益资产比 = 3 559 382/6 561 792 = 0.54

2010年安踏公司的权益资产比 = 5 730 732/7 054 491 = 0.81

值得指出的是:权益资产比的倒数称为权益乘数,其反映企业每元权益资本所支持或带来的总资产。权益乘数越高,说明企业的权益资本占总资产的比例越低,负债比例越高;反之,说明企业的权益资本占总资产的比例越高,负债比例越低。

$$权益乘数 = \frac{总资产}{权益资本} = \frac{1}{权益资产比} \qquad (3\text{-}18)$$

2010年李宁公司的权益乘数 = 6 561 792/3 559 382 = 1.84

2010年安踏公司的权益乘数 = 7 054 491/5 730 732 = 1.23

3. 权益负债比

又称"权益长债比",是企业权益资本与长期负债之比,反映作为企业长期资本的权益资本与长期负债之间的比例关系。该指标越大,说明企业的长期资本中,来自股东的权益资本的比例越多,而来自债权人的长期负债越少,企业长期负债相对于权益资本越低,长期债务的保障程度越高,反之,则长期债务的保障程度越低。计算公式是:

$$权益负债比 = \frac{权益资本}{长期负债} \qquad (3\text{-}19)$$

2010年李宁公司的权益负债比 = 3 559 382/630 768 = 5.64

2010年安踏公司的权益负债比 = 5 730 732/160 366 = 35.74

4. 利息保障倍数

它反映企业可用于支付利息的利润(EBIT)或现金(税前经营性净现金—折旧—摊销)与利息支出之间的比例关系,表明企业支付利息能力的高低。该指标越大,说明企业利息支付能力越强;反之越弱。值得指出的是,利润和现金在衡量企业付息能力时有何不同呢?在权责会计制条件下,企业的EBIT并不一定是现金,因此在计算利息保障倍数时,既要考虑企业使用EBIT付息的能力,还要考虑企业使用现金付息的能力。在实践中,分析评价企业现金的付息能力比利润的付息能力更加重要。因此,利息保障倍数的计算公式,根据计算公式的分子是使用利润指标还是现金指标,分为基于EBIT的利息保障倍数和基于现金的利息保障倍数：

$$基于EBIT的利息保障倍数 = \frac{EBIT}{利息支出} \quad (3-20)$$

$$基于现金的利息保障倍数 = \frac{税前经营净现金}{利息支出} \quad (3-21)$$

2010年李宁公司基于EBIT的利息保障倍数 = 1 546 775/37 261 = 41.51(倍)

2010年李宁公司基于现金的利息保障倍数 = 1 474 588/37 261 = 39.57(倍)

2010年安踏公司基于EBIT的利息保障倍数
 = 1 736 811/(- 106 258) = - 16.35(倍)[①]

2010年安踏公司基于现金的利息保障倍数
 = 1 573 112/(- 106 258) = - 14.80(倍)

5. 本息保障倍数

它反映企业以可用于付息还本的利润(EBITDA)或现金(税前经营性净现金)与利息支出和应还本金的比例关系，表明企业付息还本能力的高低。与利息保障倍数的计算原理相似，该指标越大，说明企业的还本付息的能力越强；反之越弱。根据计算公式的分子是使用利润指标还是现金指标，分为基于EBIT的本息保障倍数和基于现金的本息保障倍数：

$$基于EBITDA的本息保障倍数 = \frac{EBITDA}{利息支出 + 年应还本金} \quad (3-22)$$

$$基于现金的本息保障倍数 = \frac{税前经营性净现金}{利息支出 + 年应还本金} \quad (3-23)$$

2010年李宁公司基于EBITDA的本息保障倍数
 = 1 759 192/(37 261 + 312 248) = 5.03(倍)

2010年李宁公司基于现金的本息保障倍数
 = 1 474 588/(37 261 + 312 248) = 4.22(倍)

2010年安踏公司基于EBITDA的本息保障倍数
 = 1 821 012/(- 106 258) = - 17.14(倍)[②]

2010年安踏公司基于现金的本息保障倍数
 = 1 573 112/(- 106 258) = - 14.80(倍)

五、资产运营效率指标

1. 总资产周转率

它反映企业一段时期的营业收入与其所使用的总资产之间的比例关系，表明一段时期内企业使用每一元总资产所创造的营业收入。该指标越大，说明企业总资产的使用效率越高，反之越低。计算公式是：

$$总资产周转率 = \frac{营业收入}{总资产} \quad (3-24)$$

[①] 由于安踏公司没有有息负债，故利息保障倍数这一指标对安踏公司没有实际意义。
[②] 由于安踏公司没有有息负债，故本息保障倍数这一指标对安踏公司同样没有实际意义。

2010 年李宁公司的总资产周转率 = 9 478 527/6 561 792 = 1.44

2010 年安踏公司的总资产周转率 = 7 408 309/7 054 491 = 1.05

与总资产周转率相对应的是总资产周转天数,该指标反映按照目前的情况,企业总资产需要多长时间才能回收一次。该指标越大,表明企业总资产的使用效率越低,反之越高。计算公式是:

$$总资产周转天数 = \frac{365}{总资产周转率} = \frac{365}{营业收入/总资产} \quad (3-25)$$

2010 年李宁公司的总资产周转天数 = 365/(9 478 527/6 561 792) = 252.68(天)

2010 年安踏公司的总资产周转天数 = 365/(7 408 309/7 054 491) = 347.57(天)

2. 固定资产周转率

它反映企业一段时期的营业收入与其所使用的固定资产之间的比例关系,表明一段时期内企业使用每元固定资产所创造的营业收入。该指标越大,说明企业固定资产的使用效率越高,反之越低。计算公式是:

$$固定资产周转率 = \frac{营业收入}{固定资产} \quad (3-26)$$

2010 年李宁公司的固定资产周转率 = 9 478 527/720 578 = 13.15

2010 年安踏公司的固定资产周转率 = 7 408 309/503 474 = 14.71

与固定资产周转率相对应的是固定资产周转天数,该指标反映按照目前的情况,企业固定资产需要多长时间才能回收一次。该指标越大,表明企业固定资产的使用效率越低,反之越高。计算公式是:

$$固定资产周转天数 = \frac{365}{固定资产周转率} = \frac{365}{营业收入/固定资产} \quad (3-27)$$

2010 年李宁公司的固定资产周转天数 = 365/(9 478 527/720 578) = 27.75(天)

2010 年安踏公司的固定资产周转天数 = 365/(7 408 309/503 474) = 24.81(天)

3. 存货周转率

它反映企业营业收入或营业成本与存货之间的比例关系[1],表明一段时期内企业存货转化为营业成本的效率。该指标越大,说明企业存货的使用效率越高,反之越低。计算公式是:

$$存货周转率 = \frac{营业成本}{存货} \quad (3-28)$$

2010 年李宁公司的存货周转率 = 4 996 928/805 598 = 6.20

2010 年安踏公司的存货周转率 = 4 237 755/453 823 = 9.34

与存货周转率相对应的是存货周转天数,该指标表明企业的存货从取得到消耗并最终转化为营业成本所需要的时间(天数)。该指标越大,说明企业存货转化为营业成本的时间越长,存货的周转速度越慢,存货的管理效率越低;反之,说明企业存货转化为营业成本的时间越短,存货的周转速度越快,存货的管理效率越高。计算公式是:

$$存货周转天数 = \frac{365}{存货周转率} = \frac{365}{营业成本/存货} \quad (3-29)$$

---

[1] 在一些教科书中,用营业收入与存货的比值来计算存货周转率。本书在计算存货周转率和存货周转天数时,统一使用营业成本。

2010年李宁公司的存货周转天数 = 365/(4 996 928/805 598) = 58.84(天)
2010年安踏公司的存货周转天数 = 365/(4 237 755/453 823) = 39.09(天)

4. 应收账款周转率

它反映企业营业收入与应收账款之间的比例关系,表明一段时期内企业使用每元应收账款所创造的营业收入,或一段时期内企业应收账款转为现金的次数。该指标越大,说明企业应收账款的使用效率越高,反之越低。计算公式是:

$$应收账款周转率 = \frac{营业收入}{应收账款} \qquad (3-30)$$

2010年李宁公司的应收账款周转率 = 9 478 527/1 915 509 = 4.95
2010年安踏公司的应收账款周转率 = 7 408 309/990 441 = 7.48

与应收账款周转率相对应的是应收账款周转天数。该指标反映企业收回应收账款所需要的时间(天数)。该指标越大,说明企业收回应收账款的时间越长,周转速度越慢,管理效率越低;反之,说明企业收回应收账款的时间越短,周转速度越快,管理效率越高。计算公式是:

$$应收账款周转天数 = \frac{365}{应收账款周转率} = \frac{365}{营业收入/应收账款} \qquad (3-31)$$

2010年李宁公司的应收账款周转天数 = 365/(9 478 527/1 915 509) = 73.76(天)
2010年安踏公司的应收账款周转天数 = 365/(7 408 309/990 441) = 48.80(天)

六、现金生成能力指标

1. 销售创现率

又称"销售的现金含量",它反映企业的经营净现金与营业收入之间的比例关系,表明企业实现每一元营业收入所带来的经营净现金。该指标越高,说明企业营业收入的现金含量越高,反之越低。计算公式是:

$$销售创现率 = \frac{税前或税后经营净现金}{营业收入} \qquad (3-32)$$

在财务管理实践中,将税前经营净现金含量与EBITDA利润率进行对比,具有重要的现实意义。EBITDA利润率表示企业应该得到的税前经营净现金占营业收入的比重;而税前经营净现金含量表示企业实际得到的税前经营净现金占营业收入的比重。当税前经营净现金含量大于EBITDA利润率的时候,说明企业的现金获取能力较强,反之较弱。

2010年李宁公司税前的销售创现率 = 1 474 588/9 478 527 = 0.16
2010年李宁公司税后的销售创现率 = 990 895/9 478 527 = 0.10
2010年安踏公司税前的销售创现率 = (1 573 112 + 83 860)/7 408 309 = 0.22
2010年安踏公司税后的销售创现率 = 1 432 848/7 408 309 = 0.19

2. 利润创现率

又称"利润的现金含量",它反映企业的经营净现金与净利润或息税前利润(EBIT)之间的比例关系,表明每一元净利润或息税前利润所拥有的经营净现金。该指标越高,

说明企业净利润或息税前利润的现金含量越高,反之越低。计算公式是:

$$\text{基于净利润的利润创现率} = \frac{\text{税后经营净现金}}{\text{净利润}} \quad (3\text{-}33)$$

$$\text{基于 EBIT 的利润创现率} = \frac{\text{税前经营净现金}}{\text{EBIT}} \quad (3\text{-}34)$$

2010 年李宁公司基于净利润的利润创现率 = 990 895/1 132 136 = 0.88
2010 年李宁公司基于 EBIT 的利润创现率 = 1 474 588/1 546 775 = 0.95
2010 年安踏公司基于净利润的利润创现率 = 1 432 848/1 546 425 = 0.93
2010 年安踏公司基于 EBIT 的利润创现率
= (1 432 848 + 224 124)/1 736 811 = 0.95

3. 总资产创现率

它反映企业的总资产与经营净现金之间的比例关系,表明企业使用每一元总资产所创造的经营净现金。该指标越高,说明企业每元总资产所创造的经营净现金越多,总资产的获现能力越强,反之越弱。计算公式是:

$$\text{总资产创现率} = \frac{\text{税前经营净现金}}{\text{总资产}} \quad (3\text{-}35)$$

2010 年李宁公司的总资产创现率 = 1 474 588/6 561 792 = 0.22
2010 年安踏公司的总资产创现率 = (1 432 848 + 224 124)/7 054 491 = 0.23

4. 投入资本创现率

它反映企业的投入资本(权益资本、长短期银行借款、长短期企业债券)与经营净现金之间的比例关系,表明企业每投入一元需要支付成本的资本所创造的经营净现金。该指标越高,说明企业每元投入资本所创造的经营净现金越多,投入资本的获现能力越强,反之越弱。计算公式是:

$$\text{投入资本创现率} = \frac{\text{税前经营净现金}}{\text{投入资本}} \quad (3\text{-}36)$$

2010 年李宁公司的投入资本创现率 = 1 474 588/3 871 630 = 0.38
2010 年安踏公司的投入资本创现率 = (1 432 848 + 224 124)/5 730 732 = 0.29

5. 权益资本创现率

它反映企业的权益资本与税后经营性净现金之间的比例关系,表明股东每投入一元资本所创造的税后经营性净现金。该指标越高,说明企业权益资本所创造的税后经营性净现金越多,权益资本的获现能力越强,反之越弱。计算公式是:

$$\text{权益资本创现率} = \frac{\text{税后经营净现金}}{\text{权益资本}} \quad (3\text{-}37)$$

2010 年李宁公司的权益资本创现率 = 990 895/3 559 382 = 0.28
2010 年安踏公司的权益资本创现率 = 1 432 848/5 730 732 = 0.25

6. 获现率

它反映企业实际经营净现金与应得经营净现金之间的比例关系,表明企业获取的经营净现金占应得经营净现金的比例。该指标越高,说明企业获取经营净现金的能力越强,反之越弱。计算公式是:

$$\text{获现率} = \frac{\text{实际经营净现金}}{\text{应得经营净现金}} \quad (3\text{-}38)$$

2010 年李宁公司的获现率
= 990 895/（1 132 136 + 37 261 + 114 648 + 97 769）= 0.72

2010 年安踏公司的获现率
= 1 432 848/（1 546 425 − 106 258 + 66 797 + 638 + 16 766）= 0.94

鉴于我国企业主要使用银行承兑汇票,同时会计政策规定企业对不良资产(如不良应收账款、无法出售的存货等)计提资产减值损失,企业处置固定资产等其他资产可能产生非经营活动的损益。因此,"应收票据 − 应付票据"相当于实际经营净现金。若应收票据 − 应付票据 > 0,则相当于企业实际经营净现金将增加;反之,若应收票据 − 应付票据 < 0,则相当于企业实际经营净现金将减少;而计提的资产减值损失等于增加了企业应得的经营净现金;处置固定资产的净损失不属于经营净现金,应该加回。因此,必须根据上述财务管理的实践调整获现率指标的计算。为了更加精确地计算企业的获现率指标,可以计算"调整获现率",其计算公式是:

$$调整获现率 = \frac{实际经营净现金 + （应收票据 − 应付票据）}{净利润 + 折旧 + 摊销 + 利息 + 资产减值损失 + 处置资产净损失} \tag{3-39}$$

对于李宁公司和安踏公司,由于仅披露应收贸易账款及其他应收款项,没有具体披露应收票据和应付票据的金额,因此我们将应收票据与应付票据的差额视为零。另外,两家公司在 2010 年的现金流量表中均披露了"未计提营运资金变动之经营溢利"(见表 3-3 和表 3-6),将其扣除支付的所得税,就等于公司应得经营净现金,因此,两家公司 2010 年的调整获现率分别为:

2010 年李宁公司的调整获现率 = 990 895/（1 858 397 − 483 693）= 0.72

2010 年安踏公司的调整获现率 = 1 432 848/（1 868 253 − 224 124）= 0.87

七、财富增值能力指标

1. 市值面值比

又称"市场价值与账面价值比率"(Market Value to Book Value Ratio),简称"M/B 比率",即企业股票价格与股票账面价值之比,反映企业股票市价与股票面值之间的比例关系。当股票交易价格超过账面价值,说明投资者愿意支付比股票账面价值更高的价格来买卖股票,股票增值;反之,股票贬值。可见,该指标从资本市场投资的角度反映了企业是否为股东创造或增加价值。计算公式是:

$$市价面值比 = \frac{股票价格}{股票面值} \tag{3-40}$$

值得注意的是:一般来说,企业的市值面值比的高低受到企业财务和经营状况、商誉、通货膨胀和投资者情绪的影响。首先,公司的市值面值比大于 1,可能是因为通货膨胀使得公司资产的市场价值高于账面价值,也可能是因为公司的商誉。其次,若公司的市值面值比高,说明公司的经营状况好;反之,说明公司的经营状况不好。此外,若公司的市值面值比太高,可能预示股票市场"太热",具有投机现象或投机泡沫。

从图 3-2 和图 3-3 可见,李宁公司和安踏公司 2010 年年末的股价分别为 16.50 港元/股和 12.46 港元/股,2010 年年末的权益账面值分别为 3.40 元/股和 2.30 元/股[①],2010 年年末的港币与人民币的汇率中间价为 100 元港币兑换 85.1 元人民币,因此,

2010 年李宁公司的市值面值比 =(16.50 × 0.851)/3.40 = 4.13(倍)

2010 年安踏公司的每股账面值 =(12.46 × 0.851)/2.30 = 4.61(倍)

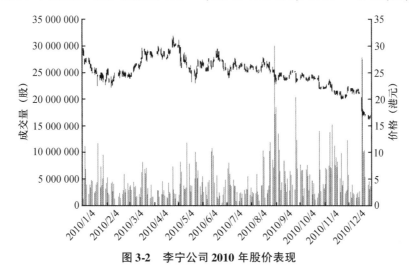

图 3-2 李宁公司 2010 年股价表现

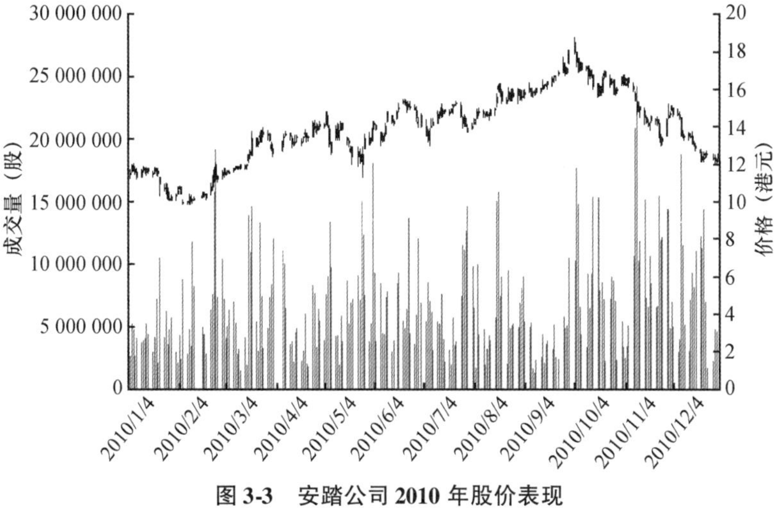

图 3-3 安踏公司 2010 年股价表现

2. 投入资本效率

它反映企业经济利润(Economic Profit)或经济增加值(Economic Value Added,EVA)与投入资本之间的比例关系,表明每一元投入资本所创造的经济利润。该指标越大,说明投入资本的效率越高,反之越低。计算公式是:

$$投入资本效率 = \frac{EVA}{投入资本} = 税后 ROIC - WACC \qquad (3-41)$$

[①] 根据李宁公司和安踏公司 2010 年年报数据,我们计算出李宁公司每股权益账面值 = 3 559 382/1 047 363 = 3.40(元/股);安踏公司每股权益账面值 = 5 730 732/2 493 215 = 2.30(元/股)。

其中，EVA = EBIT(1 - T) - (投入资本 × WACC) = (税后ROIC - WACC) × 投入资本

值得指出的是：投入资本效率从公司财务管理的角度反映企业是否为股东创造或增加价值。其中，EVA是个极其重要的财务经济学概念。分解EVA的计算公式后可知：① 投入资本是股东和债权人共同投入的资本，包括权益资本、长短期的银行贷款和债券，这些资本需要支付给股东回报（净利润）和债权人回报（利息）；WACC是加权平均资本成本，即企业平均使用每一元投入资本（部分权益资本，部分负债资本）所必须支付的成本；二者的乘积（投入资本 × 加权平均资本成本）表示企业使用一定量的投入资本所必须支付给权益所有者和债权人的总成本。② EBIT(1 - T)是税后营业利润，其包含归股东所有的净利润和归债权人所有的利息，因此EBIT(1 - T)表示企业使用一定量的投入资本所带来的总收益。③ EVA就是企业使用投入资本所带来的总收益与企业使用投入资本所必须支付的总成本之间的差，EVA > 0 表明企业在支付权益所有者和债权人应有的收益之后，还存在"超额收益"，这就是企业为权益所有者创造的价值，即为股东增值或创值；EVA < 0 表明企业使用投入资本所创造的收益不足以补偿权益所有者和债权人应有的收益，结果损害了股东的价值，即给股东带来负值或损值。

借鉴中金公司2010年1月15日对李宁公司的研究报告以及2010年6月10日对安踏公司的研究报告，假设两家公司的无风险利率为3.8%，贝塔系数为1，风险溢价为8%，则两家公司的权益资本成本为11.8%，即投资者对两家公司要求的投资回报率为11.8%。此外，假设两家公司的税前债务资本成本均为6.5%，根据两家公司2010年的财务数据，李宁公司和安踏公司的实际所得税税率分别为25%和16.10%，权益资本占投入资本的比重分别为91.93%和100%，因此，

2010年李宁公司的WACC
= 91.93% × 11.8% + (1 - 91.93%) × 6.5% × (1 - 25%) = 11.24%

2010年安踏公司的WACC
= 100% × 11.8% + (1 - 100%) × 6.5% × (1 - 16.10%) = 11.8%

2010年李宁公司的税后ROIC = 39.95% × (1 - 25%) = 29.96%

2010年安踏公司的税后ROIC = 30.83% × (1 - 16.10%) = 25.87%

八、资本市场表现指标

1. 每股收益

又称"每股净利润"或"每股盈利"（Earning Per Share, EPS），它反映企业归属于母公司的净利润与发行在外股份数之间的比例关系，表明投资者每持有企业一份股票所获得的净利润。该指标越大，说明企业每股的盈利能力越高，反之越低。计算公式如下：

$$\text{EPS} = \frac{\text{归属于母公司股东的净利润}}{\text{发行在外的股份数}} \quad (3\text{-}42)$$

2010年李宁公司的每股收益 = 1 108 487/1 047 363 = 1.06(元/股)

2010年安踏公司的每股收益 = 1 551 113/2 493 215 = 0.62(元/股)

2. 每股经营净现金(Net Cash Flow From Operation Per Share)

它反映企业经营净现金与发行在外股份数之间的比例关系,表明投资者每持有企业一份股票所获得的经营净现金。该指标越大,说明企业每股的现金收益能力越高,反之越低。计算公式如下:

$$每股经营净现金 = \frac{经营净现金}{发行在外的股份数} \tag{3-43}$$

2010年李宁公司的每股经营净现金 = 990 895/1 047 363 = 0.95(元/股)

2010年安踏公司的每股经营净现金 = 1 432 848/2 493 215 = 0.57(元/股)

3. 每股分红

即"每股现金红利"(Dividend Per Share, DPS),它反映企业净利润中用于支付给股东的现金股利与发行在外股份数之间的比例关系,表明投资者持有企业一份股票所能获得的现金股利。该指标越大,说明投资者以现金方式从企业分到的净利润越多,反之越少。一般认为,每股分红的高低反映企业的财务经营状况的好坏,因此企业宣布增加每股分红通常使得股票价格上涨。但实际上,每股分红受到多种因素的影响,包括企业的财务经营状况、负债状况、现金充裕程度、投资需求、公司治理模式等,迄今仍然是一个"难解之谜"。计算公式是:

$$DPS = \frac{现金股利}{发行在外的股份数} \tag{3-44}$$

2010年李宁公司的每股分红 = 443 395/1 047 363 = 0.42(元/股)

2010年安踏公司的每股分红 = 963 196/2 493 215 = 0.39(元/股)

4. 市盈率(Price-Earnings Ratio, P/E)

它反映企业股票价格与每股净利润之间的比例关系,即每股价格与每股净利润(EPS)之间的倍数关系,表明了每一元净利润支撑多少元的股票价格,或投资者愿意以多少元的股票价格来购买企业每一元的净利润。一般来说,市盈率的高低取决于企业及其所处行业的发展前景,未来的收益和风险。市盈率越高,说明投资者愿意为企业的每元盈利支付出更高的价格,企业前景较好,增长潜力较强;反之,前景较差,增长潜力较弱。但是,值得注意的是,超过正常的市盈率也有可能是由于投资者非理性预期、市场的投机者炒作股票造成的;而比较低是市盈率则可能是投资者尚未对该公司的发展前景或财务状况进行合理预期。因此,市盈率的分析和解读比较复杂,必须谨慎。市盈率的计算公式如下:

$$市盈率 = \frac{每股价格}{每股收益} \tag{3-45}$$

李宁公司于2011年3月16日公布其2010年的财务报告,其每股收益为1.06元/股,当天其股票收盘价为16.12港元/股,当天港币与人民币的汇率中间价为100元港币兑换84.3元人民币,因此李宁公司的市盈率 P/E = (16.12×0.843)/1.06 = 12.82倍。

同理,安踏公司于2011年2月21日公布其2010年的财务报告,其每股收益为0.62元/股,当天其股票收盘价为12.26港元/股,当天港币与人民币的汇率中间价为100元港币兑换84.47元人民币,因此安踏公司的市盈率 P/E = (12.26×0.8447)/0.62 = 16.70倍。

5. 股价与现金比

又称"股价与现金流比率"(Price-Cash Flow Ratio),它反映股票价格与每股经营净现金之间的比例关系,即股票价格与每股经营净现金的倍数关系,表明每一元经营净现金支撑多少元的股票价格,或投资者愿意以多少元的股票价格来购买企业每一元的经营净现金。实际上,现金对股票价格的影响比利润更加显著,因此该指标比市盈率更加重要。该指标越高,说明投资者愿意以更高的股票价格购买每一元的经营净现金,企业前景较好,反之前景较差。计算公式如下:

$$股价与现金比 = \frac{每股价格}{每股经营净现金} \quad (3\text{-}46)$$

李宁公司的股价与现金比 = (16.12×0.843)/0.95 = 14.30(倍)
安踏公司的股价与现金比 = (12.26×0.8447)/0.57 = 18.17(倍)

6. 股票收益率

投资者在持有股票期间所获得的收益包括来自公司的分红和来自资本市场的股票增值(资本利得),该指标反映投资者所投资的股票价格与投资收益之间的比例关系,表明投资者持有股票期间所获得的收益程度。该指标越大,说明投资者持股期间的收益越高,反之越低。计算公式是:

$$股票收益率 = \frac{股票收益}{股票期初价格} = \frac{股票期末价格 - 股票期初价格}{股票期初价格} + \frac{每股现金分红}{股票期初价格}$$
$$= 资本利得收益率 + 现金股利收益率 \quad (3\text{-}47)$$

李宁公司2010年年初的股价为29.50港元/股,年末的股价为16.50港元/股,2010年分派的现金股利为0.42元/股;安踏公司2010年年初的股价为11.52港元/股,年末的股价为12.46港元/股,2010年分派的现金股利为0.39元/股。2010年1月4日港币与人民币的汇率中间价为100元港币兑换88.05元人民币,因此,

2010年李宁公司的股票收益率
 = (16.50 − 29.50)/29.50 + 0.42/(29.50×0.8805) = − 42.45%

2010年安踏公司的股票收益率
 = (12.46 − 11.52)/11.52 + 0.39/(11.52×0.8805) = 12.00%

第三节　财务报表的三维分析

一、财务比率分析的局限性

基于公司的财务报表,计算各种财务比率,并对公司的财务状况进行系统分析,分别揭示了公司在盈利能力、资产变现能力、负债管理能力、资产营运效率、现金生成能力、财富增值能力、资本市场表现等方面的状况,是财务报表分析的基本方法。这对于公司的高层管理者、股东、债权人等分析和判断公司的财务状况具有重要的作用。但是,财务比

率分析具有一定的局限性,具体包括:

第一,静态性。由于财务比率都是基于财务报表的数据计算而成的,反映企业在某一时点或某一期间企业的经营和财务状况,具有静态性的特征。而事实上,企业的经营和财务状况是随着时间推移而变化的,因此只有根据企业若干年的财务指标构造一个时间序列,才能反映企业财务比率或财务状况的动态变化的过程和趋势,揭示更多关于企业财务状况的变化信息。例如,一个成长中的企业其财务指标呈逐年上升趋势,而一个衰退中的企业其财务指标呈逐年下降趋势。此外,企业的财务指标实际上还受企业的产品生命周期、行业变化趋势、经济周期等变化的影响。

第二,含义双重性。如何判断公司某一财务比率或财务指标的高低或好坏,这是财务分析的一个难题。尽管我们曾经分别讨论每个财务指标高低和方向变化的基本含义,但是很多财务指标的高低和方向变化具有特殊的原因和特定的含义,具有"双重含义"。例如,流动比率越高表示企业资产变现能力越强,或者表示企业短期偿债能力越强,但是流动比率太高还意味着企业流动资产太多,资金占用不合理,或者资金被采购商或供货商占用。又如,固定资产周转速度快表明企业资产使用效率高,但可能隐含着企业缺乏资金,对设备等固定资产投入不足的状况。

第三,孤立性。每一财务指标都仅仅从某一方面或某一角度反映企业的财务状况,而实际上,各个财务指标之间存在某种因果关系、依存关系或相关关系。例如,资产周转速度的提高可以提高企业的 ROE,负债比例的下降将导致 ROE 下降。又如,企业负债比例的提高意味着权益资本比例的下降;企业存货或应收账款周转速度提高将减少企业资金占用,增加经营性净现金。再如,成本控制和下降将有助于销售利润率的提高。

第四,可操纵性。首先,由于各个国家或地区的会计准则不同,而每个国家或地区的会计准则在应用中又具有一定的弹性。例如,选择不同的固定资产折旧方法将影响财务报表中的某些数据,从而影响公司的盈利水平和资产周转速度。又如,选择不同的存货估价方法也会影响公司财务报表中的某些数据,从而影响存货成本、存货周转速度或盈利水平。其次,由于人为的因素,财务报表中的某些数据可能受高层管理者的操纵。例如,企业可以在本期期末偿还债务降低负债比例,而在下期期初重新负债。又如,企业可以通过延期或提前签订销售合同安排各期的营业收入和利润,或通过延期付款增加当期的现金存量。

无论是企业的高层管理者、股东还是债权人,了解财务比率分析的四大局限性具有重要的现实意义。那么,如何克服财务比率分析的局限性呢?一是进行财务指标体系的趋势分析、同业比较分析和结构分析,即"三维分析",把握各种财务指标的变化趋势和相互关系;二是进行某些重要财务指标的因素分解分析,了解影响这些指标的重要因素;三是进行企业会计政策选择的分析,了解企业所选择的会计政策对公司财务状况的潜在影响。

二、结构分析

结构分析就是以总资产为基数,分析资产负债表中的各个项目占总资产的比重,找出主要的资产负债项目;以营业收入为基数,分析利润表中各个项目占营业收入的比重,计算企业的各项盈利指标;以经营净现金为基数,分析现金流量表中的投资净现金、筹资净现金和总净现金与经营净现金的比重,了解企业经营净现金对投资活动、筹资活动和企业总净现金需求的保障程度;如此等等。结构分析的目的在于揭示财务数据之间的结构关系。

首先,以李宁公司和安踏公司的利润表结构分析为例。由表3-7可见:① 两家公司的营业成本占营业收入的比重都比较稳定,其中李宁公司的营业成本占营业收入的比重基本上保持在52%—53%左右,而安踏公司的营业成本占营业收入的比重则相对波动较大,最高为2007年的67%,最低为2010年的57%,平均为60%。这意味着李宁公司2007—2010年的平均毛利率为48%,而安踏公司的平均毛利率仅有40%左右,低于李宁公司8%左右。考虑到两家公司产品的定价策略不同,李宁公司的产品定位于更加时尚和潮流的客户群,而安踏公司的产品则是面对普通大众,因此安踏公司的平均毛利率自然更低。② 安踏公司对期间费用,特别是销售费用的控制更为出色。2007—2010年间,安踏公司销售费用占营业收入的比重平均仅为15%,而李宁公司销售费用占营业收入的比重却高达27%,高出安踏公司12%;安踏公司管理费用占营业收入的比重平均仅为3.73%,而李宁公司管理费用占营业收入的比重却达到6.7%,高出安踏公司3%。③ 对销售费用和管理费用这两项期间费用的良好控制,使得安踏公司不仅扭转了在毛利率方面的劣势,更使得其在营业利润率(营业利润占营业收入的比重)上反超李宁公司,由2007年的20%提高到2010年的24%;而李宁公司的营业利润率则基本上维持不变,从2007年的13.51%略微提升至2010年的13.87%。在EBIT和税后利润占营业收入的比重方面,李宁公司同样被安踏公司远远甩在身后。

表3-7 李宁公司和安踏公司2007—2010年利润表项目结构分析

公司	项目	2007年	2008年	2009年	2010年	平均值
李宁公司	营业收入	100.00%	100.00%	100.00%	100.00%	100.00%
	营业成本	52.10%	51.86%	52.67%	52.72%	52.34%
	销售费用	28.09%	28.15%	25.66%	26.49%	27.10%
	管理费用	6.49%	6.60%	7.19%	6.52%	6.70%
	财务费用	-0.20%	0.46%	0.70%	0.39%	0.34%
	营业利润	13.51%	12.92%	13.78%	13.87%	13.52%
	税前利润	14.22%	13.89%	15.30%	15.93%	14.83%
	EBIT	14.02%	14.35%	16.00%	16.32%	15.17%
	税后利润	10.90%	10.87%	11.56%	11.94%	11.32%
安踏公司	营业收入	100.00%	100.00%	100.00%	100.00%	100.00%
	营业成本	66.54%	60.05%	57.91%	57.20%	60.42%
	销售费用	14.24%	16.39%	15.15%	16.02%	15.45%
	管理费用	3.43%	3.89%	3.69%	3.92%	3.73%
	财务费用	-4.20%	-0.86%	-0.87%	-1.43%	-1.84%
	营业利润	19.98%	20.53%	24.13%	24.29%	22.23%
	税前利润	20.23%	20.97%	24.61%	24.88%	22.67%
	EBIT	16.03%	19.27%	23.74%	23.85%	20.72%
	税后利润	18.18%	19.51%	21.27%	20.87%	19.96%

其次，我们对李宁公司和安踏公司的资产负债表结构进行分析(见表3-8和表3-9)，整体而言，安踏公司的资产具有更好的流动性和变现能力，同时其财务状况也更加稳健。① 从资产结构来看，2007—2010年间，安踏公司流动资产占总资产的比重平均高达84.8%，而非流动资产占总资产的比重仅为15.2%。其中，货币资金占总资产的比重高达66.78%，而应收款项和存货合计占总资产的比重却仅为18%。这表明安踏公司的资产具有极强的变现能力。反观李宁公司，2007—2010年流动资产和非流动资产占总资产的比重平均分别为66.46%和33.54%。流动资产中货币资金占总资产的比重仅为24%，应收款项和存货合计占总资产的比重却高达42%，这意味着李宁公司资产的变现能力远远低于安踏公司。② 从负债的结构来看，2007—2010年安踏公司负债占总资产的比重平均仅为12%，其中绝大部分为流动负债中的应付款项，占比高达11.85%。公司上市以来没有发生任何有息负债。反观李宁公司，2007—2010年负债占总资产的比重高达45%，其中流动负债中的应付款项占总资产的比重为30%左右，有息负债占总资产的比重为6.8%。这意味着安踏公司的财务政策极为保守，这在一定程度上会降低资产的盈利能力，但在全球经济危机的大背景下，保守的财务政策同样是公司保持生存和竞争力的重要先决条件。③ 从流动性指标来看，2007—2010年安踏公司的流动比率、速动比率和现金比率分别高达7.76倍、7.10倍和0.93倍，而李宁公司同期的流动比率、速动比率和现金比率分别仅有1.76倍、1.38倍和0.65倍。安踏公司的流动性指标同样远远高于李宁公司。④ 从营运资本管理水平来看，安踏公司的营运资本管理水平同样高于李宁公司。2007—2010年安踏公司平均的营运资本需求量仅为3.29亿元，而李宁公司平均的营运资本需求量则为5.53亿元，这意味着李宁公司被应收款项和存货占用了更多的资金。

表3-8 李宁公司和安踏公司2007—2010年资产负债表项目结构分析

公司	项目	2007年	2008年	2009年	2010年	平均值
李宁公司	总资产	100.00%	100.00%	100.00%	100.00%	100.00%
	流动资产	78.17%	64.98%	58.80%	63.91%	66.46%
	货币资金	30.96%	20.61%	23.55%	22.44%	24.39%
	应收款项	28.72%	29.36%	23.50%	29.19%	27.70%
	存货	18.48%	15.00%	11.74%	12.28%	14.38%
	非流动资产	21.83%	35.02%	41.20%	36.09%	33.54%
	总负债	37.26%	51.83%	46.78%	45.76%	45.41%
	流动负债	35.15%	48.12%	34.68%	36.14%	38.52%
	应付款项	30.36%	33.07%	27.08%	29.07%	29.90%
	非流动负债	2.12%	3.72%	12.10%	9.61%	6.89%
	有息负债	3.60%	14.01%	4.83%	4.76%	6.80%
	所有者权益	62.74%	48.17%	53.22%	54.24%	54.59%
	投入资本	66.33%	62.17%	58.05%	59.00%	61.39%

(续表)

公司	项目	2007年	2008年	2009年	2010年	平均值
安踏公司	总资产	100.00%	100.00%	100.00%	100.00%	100.00%
	流动资产	89.32%	88.01%	80.44%	81.44%	84.80%
	货币资金	69.82%	70.68%	65.65%	60.97%	66.78%
	应收款项	10.11%	10.60%	8.67%	14.04%	10.85%
	存货	9.39%	6.73%	6.13%	6.43%	7.17%
	非流动资产	10.68%	11.99%	19.56%	18.56%	15.20%
	总负债	10.37%	9.34%	12.17%	16.23%	12.03%
	流动负债	10.37%	9.34%	10.93%	14.43%	11.27%
	应付款项	9.87%	8.88%	13.44%	15.22%	11.85%
	非流动负债	0.00%	0.00%	1.53%	2.27%	0.95%
	有息负债	0.00%	0.00%	0.00%	0.00%	0.00%
	所有者权益	89.63%	90.66%	84.17%	81.24%	86.43%
	投入资本	89.63%	90.66%	84.17%	81.24%	86.43%

表3-9　李宁公司和安踏公司2007—2010年流动性和营运资本管理分析

年份	现金比率		速动比率		流动比率		WCR	
	李宁公司	安踏公司	李宁公司	安踏公司	李宁公司	安踏公司	李宁公司	安踏公司
2007年	0.88	0.95	1.70	7.71	2.22	8.62	4.69	4.46
2008年	0.43	0.89	1.04	8.70	1.35	9.42	4.90	4.18
2009年	0.68	0.87	1.36	6.80	1.70	7.36	4.39	0.83
2010年	0.62	1.00	1.43	5.20	1.77	5.64	8.13	3.71
平均值	0.65	0.93	1.38	7.10	1.76	7.76	5.53	3.29

最后，我们分析李宁公司和安踏公司的现金流量表结构。从表3-10可见：① 从4年的平均值来看，李宁公司将经营活动产生的近一半净现金用于公司的投资活动支出，而安踏公司投资净现金支出占公司经营净现金的比重则达到57%，这与安踏公司2007年在香港IPO上市有密切关系。② 李宁公司的融资活动净现金支出占其经营净现金的比重达到38%左右（主要是股利支付），而安踏公司同样由于2007年的IPO融资，使得其2007年的融资活动现金流入达到经营净现金的13倍。剔除2007年的影响，安踏公司2008—2010年的融资活动净现金支出占经营净现金的比重约为48%。③ 李宁公司的经营净现金在满足投资活动和融资活动所需要的现金支出后，剩余13%左右；而剔除2007年的数据，安踏公司2008—2010年的经营净现金同样可以满足其投资活动和融资活动所需要的现金支出，剩余水平也在13%左右，与李宁公司相当。

表 3-10　李宁公司和安踏公司 2007—2010 年现金流量表项目结构分析

公司	项目	2007 年	2008 年	2009 年	2010 年	平均值
李宁公司	经营净现金	100.00%	100.00%	100.00%	100.00%	100.00%
	投资净现金	-79.34%	-57.52%	-23.71%	-32.74%	-48.33%
	融资净现金	-17.11%	-50.87%	-39.76%	-45.84%	-38.39%
	本年总净现金	3.54%	-8.39%	36.54%	21.42%	13.28%
	年末现金余额	216.30%	112.74%	96.76%	148.39%	143.55%
安踏公司	经营净现金	100.00%	100.00%	100.00%	100.00%	100.00%
	投资净现金	-110.34%	-40.39%	-110.75%	34.63%	-56.71%
	融资净现金	1 330.02%	-39.41%	-38.57%	-65.54%	296.63%
	本年总净现金	1 319.69%	20.20%	-49.31%	69.09%	339.92%
	年末现金余额	1 348.61%	322.07%	144.31%	236.67%	512.92%

三、趋势分析

趋势分析(Trend Analysis)是将财务报表的主要数据和财务比率进行历史比较分析或纵向比较分析,从而揭示企业主要财务数据和财务比率的发展和变化趋势。趋势分析有助于企业高层管理者分析企业的经营和财务发展趋势,并从动态的角度观察企业主要经营和财务数据的变化原因及其影响因素。

趋势分析的主要方法是计算财务报表各财务数据的变动百分比或增长率,通过表格的形式,以数量变化显示企业财务数据的变化趋势。例如,表 3-11、表 3-12 和表 3-13 分别反映了李宁公司和安踏公司 2007—2010 年的利润表、资产负债表和现金流量表主要项目的财务数据及其变动情况。

从表 3-11 可见:① 李宁公司和安踏公司在 2007—2010 年间都保持较快的发展速度,取得较好的经营绩效。李宁公司 2007—2010 年营业收入、EBIT 和税后利润的年均增长率分别达到 30%、36% 和 34%;安踏公司同期营业收入、EBIT 和税后利润的年均增长率更是分别达到 35%、54% 和 42%。② 具体到各年的发展趋势,两家公司的增长速度都呈现逐年递减的变化。安踏公司的营业收入增长率由 2008 年的 55% 下降到 2010 年的 26%,EBIT 增长率由 2008 年的 86% 下降到 2010 年的 27%,税后利润增长率由 2008 年的 66% 下降到 2010 年的 24%;李宁公司增长速度的下降趋势更加明显,其营业收入增长率、EBIT 增长率和税后利润增长率分别由 2008 年的 54%、57% 和 53% 下降到 2010 年的 13%、15% 和 17%。各项经营数据增长速度的快速下降反映出两家上市公司的经营活动可能已经达到一定的瓶颈,需要引起管理层的高度重视。③ 2007—2010 年间,李宁公司每年的营业成本、销售费用和管理费用的增长率与营业收入的增长率基本同步,安踏公司的营业成本增长速度低于营业收入的增长速度,但销售费用和管理费用的增长速度则高于营业收入的增长速度,三者整体上与营业收入的增长速度也比较匹配。这表明两家公司对成本和费用的控制力都比较强。

表 3-11　李宁公司和安踏公司 2007—2010 年利润表趋势分析　　　　单位：亿元

公司	项目	2007年	2008年	2009年	2010年	2008年增长率	2009年增长率	2010年增长率	年均增长率
李宁公司	营业收入	43.49	66.90	83.87	94.79	53.84%	25.36%	13.02%	29.66%
	营业成本	22.66	34.70	44.17	49.97	53.13%	27.30%	13.13%	30.16%
	销售费用	12.22	18.83	21.52	25.11	54.16%	14.28%	16.68%	27.15%
	管理费用	2.82	4.42	6.03	6.18	56.48%	36.46%	2.55%	29.86%
	营业利润	5.88	8.64	11.56	13.15	47.11%	33.74%	13.74%	30.80%
	税前利润	6.19	9.29	12.83	15.10	50.23%	38.08%	17.64%	34.64%
	EBIT	6.10	9.60	13.42	15.47	57.45%	39.75%	15.27%	36.37%
	税后利润	4.74	7.27	9.69	11.32	53.44%	33.28%	16.80%	33.67%
安踏公司	营业收入	29.89	46.27	58.75	74.08	54.81%	26.97%	26.11%	35.34%
	营业成本	19.89	27.78	34.02	42.38	39.69%	22.44%	24.58%	28.68%
	销售费用	4.26	7.58	8.90	11.87	78.14%	17.34%	33.37%	40.74%
	管理费用	1.03	1.80	2.17	2.91	75.41%	20.60%	33.99%	41.52%
	营业利润	5.97	9.50	14.17	17.99	59.09%	49.21%	26.95%	44.44%
	税前利润	6.05	9.70	14.46	18.43	60.45%	49.04%	27.46%	44.99%
	EBIT	4.79	8.92	13.95	17.67	86.08%	56.44%	26.66%	54.49%
	税后利润	5.43	9.03	12.49	15.46	66.10%	38.40%	23.78%	41.71%

对两家公司资产负债表的变化趋势进行分析后可见（见表 3-12）：① 两家公司的总资产、总负债和所有者权益都表现出逐年增加的态势，但李宁公司的总资产增长速度更快。李宁公司 2007—2010 年的年均总资产增长速度高达 33%，而安踏公司只有 15%，这体现出李宁公司追求规模扩张的战略思路。② 李宁公司总资产的快速增长，更多体现在非流动资产的快速增长。2007—2010 年李宁公司非流动资产的年均增长率高达 57%，而流动资产的年均增长率仅为 24%。反观安踏公司，其非流动资产和流动资产的年均增长率分别仅为 38% 和 12%。③ 2007—2010 年李宁公司总负债的年均增长率高达 43%，而所有者权益的年均增长率仅为 27%；而安踏公司总负债和所有者权益的年均增长率分别仅为 34% 和 11%。这说明李宁公司的规模扩张战略更多依靠负债的扩张而非所有者权益的扩张。④ 从各年的变化趋势来看，两家公司资产负债表主要项目各年的增长率波动较大。李宁公司的总资产增长率和非流动资产增长率呈现快速下降的趋势，但流动资产增长率则出现先下降后上升的趋势。安踏公司总资产和非流动资产增长率呈现先上升后下降的趋势，但流动资产增长率则保持持续上升的趋势。两家公司的所有者权益增长率都表现出先上升后下降的变化趋势。

表 3-12　李宁公司和安踏公司 2007—2010 年资产负债表趋势分析　　　　单位：亿元

公司	项目	2007年	2008年	2009年	2010年	2008年增长率	2009年增长率	2010年增长率	年均增长率
李宁公司	总资产	27.81	43.37	53.78	65.62	55.96%	24.00%	22.01%	33.13%
	流动资产	21.74	28.18	31.62	41.94	29.63%	12.21%	32.63%	24.49%
	货币资金	8.61	8.94	12.67	14.72	3.79%	41.72%	16.25%	19.58%
	应收款项	7.99	12.74	12.64	19.16	59.43%	-0.76%	51.56%	33.85%
	存货	5.14	6.51	6.32	8.06	26.61%	-2.95%	27.56%	16.16%
	非流动资产	6.07	15.19	22.16	23.68	150.22%	45.88%	6.87%	57.42%
	总负债	10.36	22.48	25.16	30.02	116.93%	11.91%	19.34%	42.56%
	流动负债	9.77	20.87	18.65	23.72	113.50%	-10.63%	27.17%	34.38%
	应付款项	8.44	14.34	14.57	19.08	69.87%	1.57%	30.97%	31.22%
	所有者权益	17.45	20.89	28.62	35.59	19.74%	37.01%	24.36%	26.83%
	投入资本	18.45	26.96	31.22	38.72	46.18%	15.79%	24.01%	28.04%
安踏公司	总资产	46.31	49.42	61.03	70.54	6.73%	23.49%	15.58%	15.06%
	流动资产	41.36	43.50	49.10	57.45	5.18%	12.87%	17.01%	11.58%
	货币资金	32.33	34.93	40.07	43.01	8.05%	14.69%	7.34%	9.98%
	应收款项	4.68	5.24	5.29	9.90	11.95%	0.94%	87.25%	28.38%
	存货	4.35	3.33	3.74	4.54	-23.52%	12.50%	21.31%	1.44%
	非流动资产	4.95	5.92	11.94	13.09	19.74%	101.47%	9.70%	38.32%
	总负债	4.80	4.62	7.43	11.45	-3.84%	60.86%	54.19%	33.61%
	流动负债	4.80	4.62	6.67	10.18	-3.84%	44.50%	52.60%	28.47%
	应付款项	4.57	4.39	8.20	10.73	-4.04%	87.01%	30.84%	32.91%
	所有者权益	41.51	44.81	51.37	57.31	7.95%	14.65%	11.55%	11.35%
	投入资本	41.51	44.81	51.37	57.31	7.95%	14.65%	11.55%	11.35%

进一步对两家公司的现金流量表变动趋势进行分析，由表 3-13 可见：① 两家公司的经营净现金都表现出先上升后下降的趋势。李宁公司的经营净现金从 2007 年的 3.93 亿元增加到 2009 年的 13.07 亿元，而后下降到 2010 年的 9.91 亿元；安踏公司的经营净现金从 2007 年的 2.40 亿元上升到 2009 年的 16.89 亿元，而后下降到 2010 年的 14.33 亿元。这表明两家公司的经营活动从 2010 年以来开始出现疲软的苗头，需要引起管理层的关注。② 两家公司的现金投资行为表现迥异。李宁公司每年投资的现金支出都保持在 3 亿—4 亿元左右，即便是营业收入和经营活动出现瓶颈，投资的现金支出仍然没有减少。反观安踏公司，2009 年的投资净现金支出达到最高点，为 18.7 亿元，但到 2010 年，其不仅全面控制了投资行为的现金支出，而且从投资活动中收回 5 亿元的现金收入。③ 在融资行为方面，李宁公司在 2008—2010 年的融资净现金支出保持在 3 亿—5 亿元，这主要是对股东的现金股利支付。而安踏公司由于在 2007 年实施 IPO，因此 2007 年有大量的融资净现金流入（高达 31.87 亿元），但安踏公司在 2008—2010 年的现金股利支付政策更加慷慨，从 2008 年的 4 亿元增加到 2010 年的 9.39 亿元。④ 安踏公司在年末保持大量的现金余额，这一方面与其 2007 年的 IPO 融资行为有关；另一方面也反映出公司非常稳健的财务政策；而李宁公司的年末现金余额尽管也逐年增加，但与安踏公司相比，其年末的现金余额仍然较低。

表 3-13　李宁公司和安踏公司 2007—2010 年现金流量表趋势分析　　　　　　单位：亿元

公司	项目	2007年	2008年	2009年	2010年	2008年增长率	2009年增长率	2010年增长率	年均增长率
李宁公司	经营净现金	3.93	6.99	13.07	9.91	77.89%	86.94%	-24.17%	36.12%
	投资净现金	-3.12	-4.02	-3.10	-3.24	28.97%	-22.96%	4.72%	1.33%
	融资净现金	-0.67	-3.56	-5.19	-4.54	428.72%	46.12%	-12.56%	89.04%
	本年总净现金	0.14	-0.59	4.77	2.12	-521.15%	-914.19%	-55.54%	147.97%
	年末现金余额	8.50	7.88	12.64	14.70	-7.28%	60.44%	16.30%	20.05%
安踏公司	经营净现金	2.40	10.16	16.89	14.33	323.94%	66.24%	-15.15%	81.51%
	投资净现金	-2.64	-4.10	-18.70	4.96	55.19%	355.84%	-126.53%	-223.35%
	融资净现金	31.87	-4.00	-6.51	-9.39	-112.56%	62.68%	44.19%	-166.54%
	本年总净现金	31.62	2.05	-8.33	9.90	-93.51%	-505.86%	-218.87%	-32.10%
	年末现金余额	32.32	32.72	24.37	33.91	1.24%	-25.51%	39.15%	1.62%

最后对两家公司经营方面的主要财务比率进行比较分析，由表 3-14 可见：① 2007—2010 年李宁公司的净资产收益率平均高达 32%，但从 2009 年开始，其净资产收益率连续两年出现下降，从 2008 年的 34.82% 下降至 2010 年的 31.81%；反观安踏公司，尽管 4 年的平均净资产收益率仅为 21.13%，但其变化趋势则是在稳步提高，从 2007 年的 13.09% 上升到 2010 年的 26.98%，与李宁公司净资产收益率的差距从 2007 年的 14% 缩小至 2010 年的 5%。考虑到安踏公司极为稳健的财务杠杆，我们有理由相信安踏公司想在净资产收益率实现对李宁公司的超越并非难事。② 从总资产收益率来看，2007—2010 年李宁公司的总资产收益率基本稳定在 17% 左右，而安踏公司的总资产收益率则表现出稳步提高的趋势，从 2007 年的 11.74% 上升到 21.92%，实现了对李宁公司的反超。③ 从投入资本收益率来看，2007—2010 年李宁公司的投入资本收益率表现出先上升后下降的趋势，平均达到 38% 左右；而安踏公司的投入资本收益率则从 2007 年的 11.54% 持续上升至 2010 年的 30.83%。④ 从获现率指标来看，2007—2010 年李宁公司的平均获现率仅为 83.3%，这表明李宁公司实际经营净现金低于应得经营净现金 17% 左右。而安踏公司的平均获现率达到 99.15%，表明其实际经营净现金等于应得经营净现金。安踏公司的盈利质量更高。

表 3-14　李宁公司和安踏公司 2007—2010 年主要财务比率趋势分析

年份	净资产收益率		总资产收益率		投入资本收益率		获现率	
	李宁公司	安踏公司	李宁公司	安踏公司	李宁公司	安踏公司	李宁公司	安踏公司
2007 年	27.17%	13.09%	17.05%	11.74%	33.06%	11.54%	73.14%	53.52%
2008 年	34.82%	20.14%	16.77%	18.26%	35.61%	19.90%	80.47%	117.05%
2009 年	33.87%	24.32%	18.02%	20.47%	42.98%	27.15%	107.89%	133.83%
2010 年	31.81%	26.98%	17.25%	21.92%	39.95%	30.83%	71.71%	92.18%
平均值	31.92%	21.13%	17.27%	18.10%	37.90%	22.36%	83.30%	99.15%

四、同业比较分析

同业比较分析就是将企业的主要财务数据或财务比率与同业的财务数据或财务比率进行横向对比分析,以反映企业的财务状况与同行业之间的差距。

同业比较分析方法之一是将企业的主要财务数据或财务比率与同行业的平均数进行对比分析,反映企业的财务状况与同行业的一般状况之间的差距。同业比较方法之二是将企业的主要财务数据或财务比率与同行业的先进企业或主要竞争对手的财务数据或财务比率进行对比分析,揭示企业的财务状况与同行业先进企业或主要竞争对手的财务状况之间的差距。例如,在过去几年,李宁公司一直是国内运动品牌的领跑者,但安踏公司自2007年上市以来发展迅速,二者之间的竞争日趋白热化。从图3-4可见,尽管2007—2010年间李宁公司的平均营业收入还是超过安踏公司,但二者4年间的平均EBIT已经旗鼓相当。而在总资产、所有者权益和经营净现金方面,安踏公司更是实现了对李宁公司的全面反超。从图3-5可见,在净资产收益率和投入资本收益率指标的表现方面,李宁公司仍然具有一定的优势,但在总资产收益率和获现率指标的表现方面,安踏公司则更胜一筹。其他一些财务数据和财务指标的比较已经隐含在前文的结构分析和趋势分析当中,这里就不再赘述。

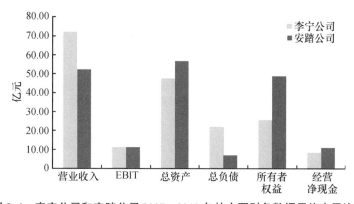

图3-4 李宁公司和安踏公司2007—2010年的主要财务数据平均水平比较

通过同业比较分析,企业高层管理者可以了解本企业在同行业竞争中的地位,把握本企业与竞争对手在经营和财务方面的优势和劣势,揭示企业的财务状况及其发展态势。因此,在财务管理实践中,同业比较分析具有极其重要的现实意义。

财务数据和财务指标的三维分析在一定程度上克服了财务比率分析的某些局限性,比如静态性和孤立性,但是并没有从根本上解决财务比率分析所存在的问题。为此,我们将在第四节继续讨论一些企业重要财务指标的分解分析,包括企业的收益、风险、价值和成长,以进一步全面、深入和系统地揭示企业财务指标之间的相互联系,为企业高层管理者提高收益、控制风险、增加价值、推动增长提供科学的依据。

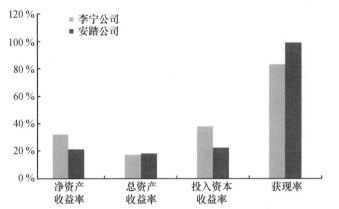

图 3-5　李宁公司和安踏公司 2007—2010 年的主要盈利指标平均水平比较

第四节　主要财务指标的分解分析

一、盈利能力的分解分析——ROE

盈利能力指标包括基于营业收入的盈利能力指标、基于资产的盈利能力指标和基于资本的盈利能力指标。在众多盈利能力指标中，投资者或股东最为关心的是权益资本利润率(ROE)。那么，ROE 受什么因素影响呢？ROE 与其他盈利能力指标和财务指标是否存在某种联系？为什么沃尔玛在 2009—2010 年的销售利润率仅有 3%—4%，但是其 ROE 却高达近 20%？为什么安踏公司 2007 年的 ROE 小于其销售净利润率？为什么戴尔的销售利润率和 ROE 比其他的电脑制造商高？凡此种种，都要求企业的高层管理者必须考虑一个问题——哪些原因导致你所管理的企业的 ROE 比竞争对手低或高？换言之，如何提高你所管理的企业的权益资本利润率或 ROE？

现在，我们通过分解 ROE 来揭开影响 ROE 的主要因素，为企业高层管理者提高 ROE 提供理论依据，同时为投资者正确认识 ROE 的含义提供理论依据。从这一意义上来说，ROE 的分解分析有助于企业高层管理者分析其所管理的企业盈利能力的动因，了解企业 ROE 的形成和可能的变化态势，把握企业盈利能力方面的竞争优势和劣势。

$$\begin{aligned}
\text{ROE} &= \frac{\text{税后利润}}{\text{权益资本}} \\
&= \frac{\text{税后利润}}{\text{税前利润}} \times \frac{\text{税前利润}}{\text{EBIT}} \times \frac{\text{EBIT}}{\text{营业收入}} \times \frac{\text{营业收入}}{\text{总资产}} \times \frac{\text{总资产}}{\text{权益资本}} \\
&= (1 - \text{实际所得税税率}) \times \left(1 - \frac{\text{财务费用}}{\text{EBIT}}\right) \times \text{EBIT 利润率} \\
&\quad \times \text{总资产周转次数} \times \text{权益乘数}
\end{aligned}$$

$$= \frac{税后利润}{EBIT} \times \frac{EBIT}{总资产} \times \frac{总资产}{权益资本}$$

$$= 税后利润占EBIT比重 \times 总资产盈利能力 \times 权益乘数 \quad (3-48)$$

通过以上ROE的分解式,我们发现:一个企业ROE的高低受到五个要素的影响,具体包括:EBIT利润率、总资产周转速度、负债程度、财务费用支付程度和所得税税率。

第一,EBIT利润率:反映基于营业收入的盈利能力,表示每1元营业收入所带来的利息、税收和净利润。当企业的EBIT利润率为15%时,说明企业每1元营业收入中,利息、所得税和净利润占15%;当EBIT利润率为25%时,说明企业每1元营业收入中,利息、所得税和净利润占25%。该指标越高,企业的EBIT利润率越高,ROE越高,反之越低。可见,ROE与EBIT利润率成正比。

第二,总资产周转次数:反映企业资产的使用效率,表明在一段时期内每1元资产所带来的营业收入。当总资产周转次数为1时,说明每1元总资产每年带来1元的营业收入;当总资产周转次数为0.5时,说明每1元总资产每年只带来0.5元的营业收入。该指标越大,企业的总资产周转速度越快,ROE越高;反之越低。可见,ROE与总资产周转速度成正比。提高企业的资产周转速度可以提高ROE。

第三,权益乘数:反映企业的负债程度,表明每1元权益资本支撑的总资产。当总资产负债率为50%时,权益乘数是2;当总资产负债率为66.7%时,权益乘数是3。该指标越大,说明企业的负债程度越高,ROE越高;反之越低。可见,ROE与权益乘数成反比,或者说,与负债比例成正比。提高企业负债比例可以提高ROE。

第四,财务费用负担效应:反映企业财务费用的负担程度,表明企业因负债和融资所必须支付的利息和融资费用占营业利润的比重。当税前利润/EBIT为80%时,表明财务费用占EBIT的比重为20%;当税前利润/EBIT为90%时,表明财务费用占EBIT的比重为10%;对于一些实施OPM战略的企业,其税前利润/EBIT可能大于100%。该指标越大,表明企业财务费用占EBIT的比重越低,或者说,税前利润占EBIT的比重越高,因此ROE越高;反之越低。可见,ROE与财务费用支付程度成反比;或者说,与税前利润占EBIT的比重成正比。

第五,税负效应:反映企业所得税的税负程度,表明企业支付的所得税占税前利润的比重,或者说,反映企业税后利润占税前利润的比重。当所得税税率为25%时,税负效应为75%;当所得税税率为12.5%时,税负效应为87.5%。该指标越大,说明企业的所得税税率越低,税负效应越高,ROE越高;反之越低。例如,为什么一些外商投资企业的ROE比国内同类企业高呢?因为这些外商企业享受"两免三减"的所得税优惠政策,在"两免期间",其所得税税率为0,税负效应为1;在"三减期间",其所得税税率为12.5%,税负效应为87.5%;5年后,其所得税税率为25%,税负效应为75%。随着"两免三减"税惠政策的结束,其ROE逐步下降。可见,ROE与所得税税率成反比,或者说,与税负效应成正比。

现在,我们以李宁公司和安踏公司2007—2010年各年的财务数据,分析其ROE的影响因素,研究为什么安踏公司的销售利润率远远高于李宁公司,但其ROE却低于李宁公司的原因,结果如表3-15、图3-6和图3-7所示。李宁公司之所以ROE更高,主要是因为其总资产周转次数和权益乘数这两个指标远远高于安踏公司(李宁公司2010年总资产周转次数和权益乘数分别为1.44次和1.84,而安踏公司同期为1.05和1.23)。而在其他三个指标方面,如EBIT利润率、所得税税负以及财务费用负担效应,李宁公司的表现都低于安踏公司。

表 3-15 2007—2010 年各年李宁公司和安踏公司 ROE 分解分析

财务指标	计算公式	李宁公司				安踏公司			
		2007年	2008年	2009年	2010年	2007年	2008年	2009年	2010年
EBIT利润率	EBIT/营业收入	14.02%	14.35%	16.00%	16.32%	16.03%	19.27%	23.74%	23.85%
总资产周转次数	营业收入/总资产	156.38%	154.26%	155.95%	144.45%	64.54%	93.61%	96.25%	105.02%
权益乘数	总资产/权益资产	159.40%	207.61%	187.90%	184.35%	111.57%	110.30%	118.81%	123.10%
税前利润占EBIT比重	税前利润/EBIT	101.42%	96.77%	95.62%	97.59%	126.20%	108.81%	103.66%	104.32%
税后利润占税前利润比重	税后利润/税前利润	76.63%	78.27%	75.54%	75.00%	89.87%	93.04%	86.40%	83.90%
ROE	税后利润/权益资产	27.17%	34.82%	33.87%	31.81%	13.09%	20.14%	24.32%	26.98%

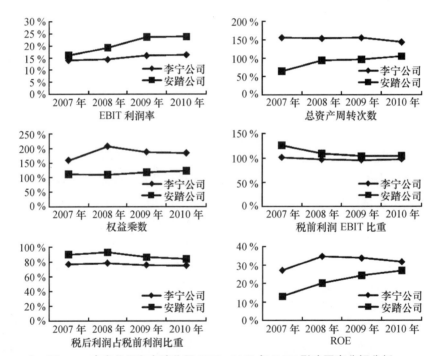

图 3-6 李宁公司和安踏公司 2007—2010 年 ROE 影响因素分解分析

进一步分析,李宁的总资产周转次数更高,并非是由于其存货和应收账款周转次数更高引起的,而是由于其他非流动资产的周转次数更高所致。根据本章第二节的财务比率计算,李宁公司2010年的存货和应收账款周转次数分别只有4.95次和11.77次,均低于安踏公司2010年的7.48次和16.32次。而在固定资产周转次数方面,李宁公司2010年的表现为13.15次,好于安踏公司的11.34次。

在权益乘数方面,由于安踏公司采取了非常保守的财务政策,没有任何有息负债,这

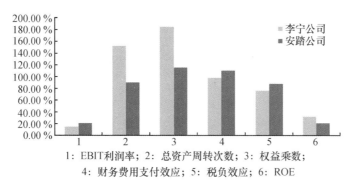

1：EBIT 利润率；2：总资产周转次数；3：权益乘数；
4：财务费用支付效应；5：税负效应；6：ROE

图 3-7 安踏公司和李宁公司 2007—2010 年四年平均 ROE 的影响因素分解分析

导致负债对安踏公司 ROE 的贡献非常有限；相比较而言,李宁公司的负债水平更高,其 2010 年的总资产负债率高达 46%,这也在很大程度上帮助李宁公司提高了 ROE 水平。

同理,为了反映投入资本对 ROE 的影响,我们可以用投入资本替代总资产,因此 ROE 还可以分解为：

$$ROE = \frac{\text{税后利润}}{\text{权益资本}}$$

$$= \frac{EBIT}{\text{营业收入}} \times \frac{\text{营业收入}}{\text{投入资本}} \times \frac{\text{投入资本}}{\text{权益资本}} \times \frac{\text{税前利润}}{EBIT} \times \frac{\text{税后利润}}{\text{税前利润}}$$

$$= EBIT \text{利润率} \times \text{投入资本周转次数} \times \text{权益乘数}$$

$$\times \left(1 - \frac{\text{财务费用}}{EBIT}\right) \times (1 - \text{实际所得税税率})$$

$$= \frac{EBIT}{\text{投入资本}} \times \frac{\text{总投入资本}}{\text{权益资本}} \times \frac{\text{税后利润}}{EBIT}$$

$$= \text{税前投入资本盈利能力} \times \text{权益乘数} \times \text{税后利润占营业利润比重} \quad (3\text{-}49)$$

二、风险的分解分析——经营风险和财务风险

风险是事件发生的不确定性或事物发展变化的波动性或不稳定性。任何企业在经营过程中都面临风险,包括政治风险、政策风险、技术风险、市场风险、管理风险、交易风险、汇率风险等,这些风险,从财务管理的角度看,转化或表现为企业的经营风险和财务风险。例如,为什么我国家电企业的产量和规模日益增加,并曾经辉煌一时,但最近几年来却陷入亏损,甚至面临财务危机呢？在中国早期的汽车制造业中,捷达、夏利、桑塔纳三家公司,何者风险更大？中国汽车制造业是否会重新演绎家电制造业的发展模式？对比全国同行业,紫金矿业为什么能在 2005 年以 56.17 亿元的总资产和 23.95 亿元的权益资本,实现税后利润 7.1 亿元、ROE 29.65%？紫金矿业为何以及如何控制其"吨矿综合成本"和"克金综合成本"？

总之,对于企业高层管理者来说,了解企业内外部环境变化对企业营业收入、利润、付息还本能力等影响,控制企业的经营风险和财务风险,防范企业发生财务危机,具有重

要的现实意义。以下,我们将讨论引发企业经营风险和财务风险的原因,分析企业经营风险、财务风险和总风险之间的关系。

(一) 经营风险和经营杠杆

经营风险是企业经营环境变化引起企业营业收入变化,从而引起企业的息税前利润(EBIT)的变化。当企业的营业收入增加,由于企业总的固定成本相对不变,因此企业的息税前利润随之增加;当企业的营业收入下降,同样由于企业总的固定成本相对不变,因此企业的息税前利润随之下降。作为企业的高层管理者,不妨设想一下,在一个竞争激烈的行业中,一个企业的营业收入迅速上升,而另一个企业的营业收入缓慢上升,或没有增长甚至下降,结局会是什么?

如何度量一个企业的经营风险呢?度量企业经营风险的指标称为"经营杠杆"(Degree of Operational Leverage, DOL),即

$$
\begin{aligned}
\text{经营杠杆} &= \frac{\text{EBIT 变动率}}{\text{销售收入变动率}} \\
&= \frac{\text{销售量(单价} - \text{单位产品变动成本)}}{\text{销售量(单价} - \text{单位产品变动成本)} - \text{总固定成本}} \\
&= \frac{\text{销售收入} - \text{总变动成本}}{\text{销售收入} - \text{总变动成本} - \text{总固定成本}}
\end{aligned}
\tag{3-50}
$$

由经营杠杆(DOL)的计算公式可见:在其他因素不变的情况下,企业的固定成本越大,其 DOL 越大,经营风险越高;反之越低。根据这一原理,企业高层管理者如何判断自己所管理企业的经营风险高低呢?

第一,从趋势变化的角度看,当企业的总固定成本占营业收入的比重,或占总成本的比重呈上升趋势,说明企业的经营风险上升。

第二,从同业对比的角度看,当企业的总固定成本占营业收入的比重,或占总成本的比重比同行业高,或比竞争对手高,说明企业的经营风险比较高。

第三,当企业的销售量上升,但营业收入增长缓慢,没有增长或下降,说明企业的经营风险逐步上升。

可见,影响一个企业经营风险的直接因素是销售价格、销售量和固定成本。因此,对于一个处于衰退型行业的企业来说,例如,家电制造企业,价格和销售量的同步下降意味着企业的经营风险激增;对于一个处于激烈竞争行业中的企业来说,例如,汽车制造企业,价格不变但销售量下降,或价格下降但销售量不变,都意味着企业的经营风险在逐步增大。无论什么情况,企业营业收入的下降都意味着其经营风险上升,因为企业总的固定成本不会因为营业收入的下降而下降,结果营业收入中的固定成本的比重上升,或者说,单位产品价格或单位产品总成本中,单位产品的固定成本的比重增加了。简言之,当企业营业收入下降时,单位产品所承担的固定成本的份额增加了,因此企业的经营风险增加了。

那么,哪些因素可能引发企业营业收入和固定成本的变化,从而增加企业的经营风险呢?分析这些影响因素,有助于企业高层管理者控制经营风险。

第一,企业所提供的产品或服务需求的稳定性及其与宏观经济周期之间的关系。若企业所提供的产品或服务需求稳定,企业的经营风险比较小,反之比较大。例如,快餐连锁、食品制造企业的需求比较稳定,经营风险比较小,而某些电子产品需求不稳定且短暂,经营风险比较大。若企业的营业收入与宏观经济发展态势密切相关,其经营风险比较大。例如,航空运输企业的营业收入与宏观经济周期密切相关,当经济欣欣向荣,航空运输企业营业收入增加,反之减少。

第二,企业所处行业及其周期。因为行业不同,经营风险不同。资本密集型投资和固定资产密集型的企业,例如,汽车制造、冶金、石化等,经营风险比较大;反之,人工密集型和流动资产密集型的企业,例如,餐饮、零售等,经营风险比较小。成长型行业的企业,经营风险比较小,而衰退型行业的企业,经营风险比较大。

第三,企业的生产和销售规模。通过规模经济可以降低单位产品的固定成本,因此,企业规模越大,经营风险越小,反之越大。例如,许多家电企业一方面力图通过促销活动或降价占领市场,另一方面又力图通过扩大生产规模降低固定成本。但是,生产规模扩大所带来的固定成本和采购成本的节约往往不足以弥补由于促销引发的高昂销售费用、管理费用和降价所带来的成本增加,因此导致许多家电企业经营风险倍增。

第四,投资规模。投资中固定资产规模越大,经营风险越大,反之越小。例如,紫金矿业通过改进工艺、控制投资预算,特别是固定资产投资预算,节约投入资本,减少总固定成本以减少折旧费用,达到了降低经营风险的目标。

第五,成本、售价以及成本与售价之间的协调关系。首先,当销售价格下降,企业的经营风险上升,反之下降;其次,当产品的成本上升,企业的经营风险上升,反之下降。再次,当产品或服务的成本发生了变化,销售价格随之变化,则企业的经营风险比较小,反之比较大。例如,石油价格上升后,加油站汽油的价格随之上升,则经营加油站的企业经营风险小。反之,石油化工产品的售价无法与石油价格同步上升或相对稳定,则经营石化的企业经营风险比较大。

(二) 财务风险和财务杠杆

财务风险是企业由于负债政策不合理导致财务费用或利息负担过重引发企业税前利润的变化,从而导致企业税后利润的变化。息税前利润如何分配呢?利息支付给债权人,税收支付给政府,净利润属于股东。因此,当利息或财务费用的负担增加,税前利润(息税前利润 - 财务费用)就减少了,政府的税收和股东的利润也将随之减少,企业的盈利能力就下降,从而削弱企业未来的偿债能力。在财务管理实践中,一方面,有些企业支付高昂的融资费用,导致了企业财务费用占 EBIT 的比重特别高。另一方面,有些企业成功实施 OPM 战略,企业财务费用占 EBIT 的比重很低,甚至等于 0 或负数。

如何度量一个企业的财务风险呢?度量企业财务风险的指标称为"财务杠杆"(Degree of Financial Leverage, DFL),即

$$财务杠杆 = \frac{净利润变动率}{EBIT 变动率}$$

$$= \frac{销售量(单价 - 单位产品变动成本) - 总固定成本}{销售量(单价 - 单位产品变动成本) - 总固定成本 - 利息}$$

$$= \frac{销售收入 - 总变动成本 - 总固定成本}{销售收入 - 总变动成本 - 总固定成本 - 利息}$$

$$= \frac{息税前利润}{税前利润} \qquad (3\text{-}51)$$

由财务杠杆的计算公式可见：在其他因素不变的情况下，企业的利息费用越高，其DFL越大，财务风险越高；反之越低。根据这一原理，企业高层管理者如何判断自己所管理企业的财务风险高低呢？

第一，从趋势变化的角度看，当企业的财务费用占EBIT的比重，或占总成本的比重呈上升趋势，说明企业的财务风险上升。

第二，从同业对比的角度看，当企业的财务费用占EBIT的比重，或占总成本的比重比同行业高，或比竞争对手高，说明企业的财务风险比较高。

第三，企业经营风险的增加可能引发财务风险。特别是当企业的负债比例超出适度水平，或借款利率太高，一旦出现企业的营业收入增长缓慢，没有增长或下降，企业的经营风险凸显，财务风险将急剧增加。

相比之下，如果说经营风险主要是因为企业外部环境变化所引起的，企业高层管理者可控程度较低，受客观或外在因素影响较大，那么，财务风险则主要是由于企业经营管理者制定的负债政策所引起的，其可控性较高，受经营管理者的主观或内在因素影响较大。那么，企业财务风险的主要影响因素是什么？企业高层管理者如何控制和降低财务风险呢？

第一，企业的负债比例。负债比例越高，债务成本就越高，财务费用也越高，反之越小。因此，高层管理者应确定合理的负债比例，将企业的负债比例控制在适度范围之内，防止因负债比例太高导致债权人提高利息率或财务费用率。

第二，企业的负债类型和结构。财务费用的高低与负债的结构以及负债的类型有关。首先，长期负债的利息率比短期负债的利息率高；其次，国家和地区的贷款利息率不同，对于跨国公司来说，应充分考虑利息率的国别或地区差异和汇率变动因素，综合考虑负债的来源可以降低利息率以减少财务费用。

第三，企业选择的融资方式和融资工具。负债具有许多品种或手段，简称"工具"。由于各种债务融资工具的成本不同，因此，当企业需要进行债务融资的时候，应该多考虑和比较一些成本较低的债务融资方式——选择银行贷款还是发行债券？选择什么期限的负债？可否选择发行信托计划或可转债？

第四，企业增加负债的时机。首先，当企业增加负债后能够推动其营业收入、EBIT和经营性现金相应增加，则财务风险较低，反之，财务风险较高；其次，当企业处于衰退期，财务风险较大，而当企业处于成长期，财务风险较小；再次，当企业增加负债后其营业收入的变化不确定性或波动性较大时，财务风险较大，反之较小；最后，当企业的投入资本利润率（ROIC）大于利息率或财务费用率时，增加负债将导致ROE提高，反之将导致ROE下降。

第五，企业所在的国家、地区和行业。根据 Steven Martin 的研究①，以在美国上市的各国公司为样本相比，从总资产负债率看，美国 S&P 100 为 65.9%，日本为 66.4%，亚洲（日本除外）为 47.3%，德国为 66%，英国为 62.7%；从账面价值负债权益比看，美国 S&P 100 为 194%，日本为 197.7%，亚洲（日本除外）为 78.7%，德国为 194.3%，英国为 130.8%；从市场价值负债权益比看，美国 S&P 100 为 52.2%，日本为 72.4%，亚洲（日本除外）为 38.2%，德国为 68.5%，英国为 42.1%。从行业看，负债比例差异非常显著，零售业负债比例较低，而电子计算机制造业负债比例较高。

（三）总风险和总杠杆

总风险是由于企业经营环境变化引发营业收入的下降，以及负债政策不合理引发的财务费用增加，最终导致企业盈利能力或净利润的变化。简单地说，企业的总风险是由经营风险和财务风险共同作用而形成的。那么，如何度量企业的总风险呢？度量企业总风险的指标称为总杠杆（Overall Leverage，OL），即

$$总杠杆 = \frac{净利润变动率}{销售收入变动率} = \frac{EBIT 变动率}{销售收入变动率} \times \frac{净利润变动率}{EBIT 变动率} \tag{3-52}$$

分解上式后，我们可以得到：

$$\begin{aligned}总杠杆 &= 经营杠杆 \times 财务杠杆 \\ &= \frac{销售收入 - 总变动成本}{销售收入 - 总变动成本 - 总固定成本} \\ &\quad \times \frac{销售收入 - 总变动成本 - 总固定成本}{销售收入 - 总变动成本 - 总固定成本 - 利息} \\ &= \frac{销售收入 - 总变动成本}{销售收入 - 总变动成本 - 总固定成本 - 利息}\end{aligned} \tag{3-53}$$

可见，在营业收入和变动成本不变的条件下，固定成本和利息费用越高，企业的总杠杆越大，总风险越高，反之越低。

企业的总风险可以分解为经营风险和财务风险。对于企业的高层管理者来说，控制企业的经营风险和财务风险具有重要意义。从财务管理的角度看，提高营业收入，降低固定成本，降低变动成本，降低利息或财务费用，都可以直接降低企业的总风险。

在我国，企业成本的分类管理环节十分薄弱，多数企业尚未建立成本分类管理系统，这给成本管理、投资管理和风险控制都带来许多困难。此外，作为外部投资者，通常无法获得公司的固定成本和变动成本数据，因此，我们利用变动率的数据来分析企业的经营风险、财务风险和总风险。

根据李宁公司和安踏公司 2007—2010 年的利润表，可以分别计算出两家公司 2008—2010 年各年的营业收入变动率、EBIT 变动率以及税后利润变动率，从而计算并分析两家公司的经营风险、财务风险和总风险，结果见表 3-16。由表 3-16 可见，总体而言，相比李宁公司，安踏公司的经营风险较大，但财务风险相对较小。特别是 2008—2009 年

---

① 引自希金斯著，沈艺峰等译，《财务管理分析》，北京大学出版社，2004 年。

间,安踏公司的经营杠杆分别达到 1.57 和 2.09,均远远高于李宁公司的 1.07 和 1.57,但同期安踏公司的财务杠杆分别只有 0.77 和 0.68,均低于李宁公司的 0.93 和 0.84。从总风险看,安踏公司 2008—2009 年的总风险相对较高,但 2010 年的总风险则相对较低。

表 3-16 李宁公司和安踏公司 2008—2010 年的风险分析

指标	李宁公司				安踏公司			
	2007	2008	2009	2010	2007	2008	2009	2010
营业收入(千元)	4 348 747	6 690 073	8 386 910	9 478 527	2 988 723	4 626 782	5 874 596	7 408 309
EBIT(千元)	609 855	960 213	1 341 896	1 546 775	479 180	891 673	1 394 910	1 766 827
税后利润(千元)	473 997	727 300	969 331	1 132 136	543 431	902 649	1 249 290	1 546 425
营业收入变动率		53.84%	25.36%	13.02%		54.81%	26.97%	26.11%
EBIT 变动率		57.45%	39.75%	15.27%		86.08%	56.44%	26.66%
税后利润变动率		53.44%	33.28%	16.80%		66.10%	38.40%	23.78%
经营杠杆		1.07	1.57	1.17		1.57	2.09	1.02
财务杠杆		0.93	0.84	1.10		0.77	0.68	0.89
总杠杆		0.99	1.31	1.29		1.21	1.42	0.91

(四) 风险传导过程的分解分析

为了进一步说明风险的成因,即企业的外部经营环境因素如何影响企业的营业收入,从而影响企业的息税前利润(EBIT)和净利润,结果加重企业的财务费用负担和削弱企业的盈利能力,我们将对企业的风险传导过程进行分解分析。

表 3-17 是 MPB 公司的利润表。假设在未来一年,MPB 公司的营业收入可能因外部环境因素的变化而上升 10%,但也可能下降 10%。那么,MPB 公司营业收入的变化如何影响企业的 EBIT 和净利润呢? 由表 3-17 可见:当营业收入上升 10% 的时候,由于固定成本是不变的,即不会因为营业收入的上升而增加,因此 MPB 公司的 EBIT 会上升 26%,同时由于利息是不变的,即利息不会因为营业收入的上升而增加,因此 MPB 公司的净利润增长了 31%。反之,当营业收入下降 10% 的时候,由于固定成本是不变的,即不会因为营业收入的下降而减少,因此 MPB 公司的 EBIT 下降 26%,同时由于利息是不变的,即利息不会因为营业收入的下降而减少,因此 MPB 公司的净利润下降了 31%。图 3-8 形象地说明了 MPB 公司营业收入的变化引发 EBIT 和净利润的变化。

表 3-17 MPB 公司的风险传导过程的分解分析

利润表项目	2006 年	2007 年预计数(在 2006 年基础上)			
		销售下降 10%	变化%	销售上升 10%	变化%
营业收入	1 000	900	-10%	1 100	+10%
总变动成本	380	342	-10%	418	+10%
总固定成本	**380**	**380**	**0%**	**380**	**0%**
总成本	760	722	-5%	798	+5%
EBIT	240	178	-26%	302	+26%

(续表)

利润表项目	2006 年	2007 年预计数(在 2006 年基础上)			
		销售下降 10%	变化%	销售上升 10%	变化%
利息	40	40	0%	40	0%
税前利润	200	138	-31%	262	-31%
所得税($T=30\%$)	60	41	-31%	79	+31%
净利润	140	97	-31%	183	+31%

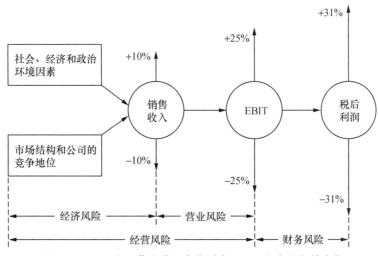

图 3-8　MPB 公司营业收入变化引发 EBIT 和净利润的变化

此外,对于企业高层管理者来说,图 3-8 不仅用于反映一个企业销售波动引起的经营风险和财务风险,还有其他重要的启示。如果我们考虑行业或企业的生命周期,图 3-8 则揭示了处于成长期和处于衰退期的企业不同的命运!一方面,如果企业处于成长期,营业收入上升,企业的盈利能力将逐步增强,实际风险下降;如果企业处于衰退期,营业收入下降,企业盈利能力逐步变弱,实际风险上升。真可谓,"强者趋强,弱者更弱"。

三、经济增加值和市场增加值的分解分析

(一) 经济增加值(EVA)

经济增加值(EVA)是企业在支付债权人的债务资本报酬和股东的权益资本报酬后的剩余收益,EVA>0,表明企业创造价值;反之,EVA<0,表明企业损害价值。EVA 克服了会计利润没有考虑股东的权益资本成本的缺陷,从而更加客观地反映企业的经营和财务业绩,更加科学地反映企业高层管理者的管理是否为股东增加企业的价值或创造价值。

在美国,鉴于 EVA 的作用,基于创值的企业管理应运而生。其中,美国著名咨询公

司 Stern Stewart & Co. 提出的基于企业 EVA 的业绩评价和薪酬激励系统,目的在于使企业高层管理者以股东财富最大化作为行为准则。EVA 的管理理念提出后即迅速风行欧美,引起了企业界和学术界的广泛关注。

大量研究表明:EVA 是投资者决策的重要信息,具有重要的应用价值。许多世界知名大企业,如 AT&T、Coca Cola、Polaroid 等纷纷采用 EVA 财务管理系统;美国一些著名的投资银行,如高盛、第一波斯顿等,均使用 EVA 来衡量企业权益资本的价值。美国一些主要的商业期刊,如《财富》,开始使用 EVA 对世界 500 强企业进行 EVA 排序,Stern Stewart & Co. 也使用 EVA 对美国、欧洲、亚洲等著名企业进行排序,并推出基于 EVA 的财务管理系统。根据该公司 2000 年公布的报告,1999 年美国微软公司的 EVA 为 57.96 亿美元,其中:投入资本为 200.34 亿美元,投入资本的加权平均成本(WACC)为 12.62%,投入资本的报酬率(ROIC)为 51.78%;同期,香港市场的中国移动电信的 EVA 为 -1.43 亿美元,其中:使用资本为 169.47 亿美元,投入资本的加权平均资本成本为 13.30%,投入资本的报酬率为 12.24%。

研究还表明:基于 EVA 管理的企业,可以给股东创造更多的财富。根据 Stern Stewart & Co. 2002 年 10 月提供的研究报告:20 世纪 90 年代实施 EVA 管理的公司在其后 5 年间,其股票报酬率平均每年超过同类企业 8.3%,并为企业的股东增加 1 160 亿美元的财富;自 2000 年 3 月 24 日到 2002 年 6 月 30 日,采用 EVA 管理的企业组合的股票报酬率超过标准普尔 500 指数的企业的股票报酬率 69.8%,即前者的股票收益率为 36.5%,后者为 -33.3%。Robert Kleiman(1999)的研究表明:对实施 EVA 的公司调查后发现,对比这些公司实施 EVA 前后的盈利能力、EBITDA、资产回报和现金流量创造等,实施 EVA 后比实施 EVA 前具有显著地改进。

那么,如何计算一个公司的 EVA? EVA 受哪些因素影响? 作为企业的高层管理者,了解企业 EVA 的影响因素,分析企业的价值创造过程,通过有效管理增加企业的价值或股东的财富,具有重要的现实意义。我们知道,EVA 的计算公式是:

$$EVA = EBIT(1-T) - (投入资本 \times WACC) \tag{3-54}$$

根据 EVA 的计算公式,我们可以对 EVA 进行如下分解分析:

$$EVA = 投入资本 \times \frac{EBIT(1-T)}{投入资本} - (投入资本 \times WACC)$$

$$= 投入资本 \times (税后 ROIC - WACC) \tag{3-55}$$

其中,税后 ROIC 和 WACC 可以分解为:

$$税后 ROIC = \frac{EBIT(1-T)}{投入资本} = \frac{EBIT(1-T)}{营业收入} \times \frac{营业收入}{投入资本}$$

$$= 税后营业利润率 \times 投入资本周转次数 \tag{3-56}$$

$$WACC = \frac{各类需要支付成本的负债}{投入资本} \times K_d(1-T) + \frac{权益资本}{投入资本} \times K_s$$

$$= (投入资本中负债的比例 \times 负债税后利息率)$$
$$+ (投入资本中权益的比例 \times 权益成本) \tag{3-57}$$

由上述公式分解可见:在投入资本既定的情况下,EVA 受到税后营业利润率、投入资本周转速度、负债比例、权益比例、债务利息率、权益预期报酬率、所得税税率等因素的影响。图3-9更加形象地显示了EVA的影响因素。

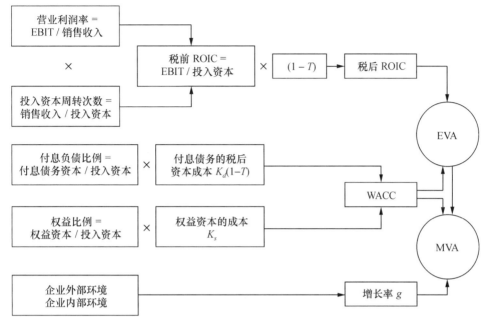

图 3-9　EVA 和 MVA 的关系和影响因素的分解分析

通过 EVA 的分解分析(见表3-18),我们发现在影响 EVA 的因素中,尽管安踏公司的 EBIT 利润率更高,但李宁公司的投入资本周转速度却远远超过安踏公司,这一结果导致李宁公司的税前 ROIC 远远超过安踏公司。在较低所得税税负的帮助下,安踏公司缩小了与李宁公司在税后 ROIC 表现上的差距。李宁公司税后的 ROIC 从 2007 年的 25.34% 提高到 2010 年的 29.96%;而安踏公司税后的 ROIC 则从 2007 年的 10.37% 提升到 2010 年的 25.87%,大有赶超李宁之势。此外,由于极其保守的财务政策,安踏公司没有很好地利用负债的税盾作用,结果使得安踏公司的 WACC 高于李宁公司。最后,两家公司的税后 ROIC 均大于 WACC(安踏公司 2007 年除外),因此都是为股东创造了价值,其中,李宁公司的 EVA 从 2007 年的 2.57 亿元提高到 2010 年的 7.25 亿元,而安踏公司的 EVA 则从 2007 年的 -0.59 亿元提高到 2010 年的 8.06 亿元。

表 3-18　2007—2010 年李宁公司和安踏公司 EVA 分解分析* 　　单位:千元人民币

项目	李宁公司				安踏公司			
	2007 年	2008 年	2009 年	2010 年	2007 年	2008 年	2009 年	2010 年
EBIT 利润率	14.02%	14.35%	16.00%	16.32%	16.03%	19.27%	23.74%	23.85%
投入资本周转次数	2.36	2.48	2.69	2.45	0.72	1.03	1.14	1.29
所得税税率	23.37%	21.73%	24.46%	25.00%	10.13%	6.96%	13.60%	16.10%
税后 ROIC	25.34%	27.87%	32.47%	29.96%	10.37%	18.51%	23.46%	25.87%
负债资本成本	6.50%	6.50%	6.50%	6.50%	6.50%	6.50%	6.50%	6.50%
付息负债占比	5.42%	22.53%	8.33%	8.07%	0.00%	0.00%	0.00%	0.00%

(续表)

项目	李宁公司				安踏公司			
	2007年	2008年	2009年	2010年	2007年	2008年	2009年	2010年
权益资本成本	11.80%	11.80%	11.80%	11.80%	11.80%	11.80%	11.80%	11.80%
权益资本占比	94.58%	77.47%	91.67%	91.93%	100.00%	100.00%	100.00%	100.00%
WACC	11.86%	9.87%	11.60%	11.64%	12.74%	12.97%	13.13%	13.10%
EVA	256 504	474 143	663 231	724 853	-59 155	300 828	598 943	806 228

*假设无风险利率为3.80%,风险溢价为8%,贝塔系数为1,根据CAPM模型,可以得出两家公司的权益资本成本为11.8%;另假设两家公司付息负债的债务成本相同,均为6.5%。

(二) 市场增加值(MVA)

EVA将权益资本的预期收益当做权益资本的机会成本,并将权益资本的机会成本作为资本成本计入总成本中,修正了会计利润忽略权益资本成本的弊端。但是,EVA仅仅从财务的角度反映股东所增加的财富,其仍然体现在财务报表之中,并不是股东实际可以获得的增值。如果企业决定不分红,股东只能"望洋兴叹",对EVA"可望而不可即"!那么,从股东的角度,如何衡量其实际获得的价值增加呢?

投资者,包括股东和债权人,其获得的报酬由两个部分构成:一部分是企业的分红或利息,另一部分是资本利得(Capital Gain),即股票或债券价格的增加。自20世纪80年代以来,以美国为代表的企业,其分红逐年减少,甚至"逐年消失"。因此,投资者主要依靠资本市场,通过股票价格和债券价格的增值获得报酬。所以,当企业整体的市场价值超过投入资本,表明投资者的收益超过投入,其资本获得增值,管理者为投资者创造价值;反之,当企业整体的市场价值低于投入资本,表明投资者的收益低于投入,其资本发生减值,管理者损害了投资者的价值。根据这样一个理念,企业市场增加值(Market Value Added,MVA)的计算公式是:

$$\begin{aligned} MVA &= 企业的市场价值 - 企业的投入资本 \\ &= 企业有息负债的市场价值 + 企业股权资本的市场价值 \\ &\quad - 企业的投入资本 \end{aligned} \tag{3-58}$$

表3-19是美国2002年MVA最大的10家公司和最小的10家公司;表3-20是亚太地区(日本除外)2002年MVA100强的前10家公司和后10家公司;表3-21是美国Stern & Stewart公司2002年公布的中国上市公司中前10家创造价值的公司和前10家损害价值的公司;表3-22是我国证券之星网站2001年公布的中国上市公司中前10家创造价值的公司和前10家损害价值的公司。

表 3-19　2002 年美国创造价值和损害价值的公司排序　　　　　　　　　　单位:百万美元

类型	2002	1999	公司	2002 MVA	3 年 MVA 变化	2002 EVA	3 年 EVA 变化	ROIC
价值创造前十名	1	2	General Electric Co	222 767	-264 549	5 983	+1 112	14.7%
	2	4	Microsoft Corp	212 340	-191 048	2 201	-3 272	22.0%
	3	6	Wal-mart Stores	207 346	-14 052	2 928	+695	13.0%
	4	24	Johnson & Johnson	124 237	+31 368	2 839	+1 142	15.0%
	5	14	Merck & Co	107 076	-39 778	3 872	+85	19.1%
	6	40	Procter & Gamble Co	92 231	+34 557	2 315	+465	13.5%
	7	9	IBM	90 442	-65 741	-8 032	-2 658	3.7%
	8	15	Exxon Mobil Corp	85 108	-50 019	-2 175	+5 837	6.6%
	9	23	Coca-Cola Co	82 413	-22 797	2 496	+1 321	17.3%
	10	3	Intel Corp	77 395	-327 029	-3 736	-7 152	6.2%
价值损害前十名	2708	2717	Kindred Healthcare Inc	-12 093	-232	-713	+390	1.0%
	2709	195	General Motors Corp	-14 081	-23 051	-5 065	-1 019	2.8%
	2710	110	Verisign Inc	-14 805	-33 568	-1 393	-1 335	7.6%
	2711	34	Motorola Inc	-15 904	-81 647	-5 849	-3 972	0.0%
	2712	66	JP Morgan Chase & Co	-25 499	-56 810	-3 646	-5 640	5.2%
	2713	10	AOL Time Warner Inc	-27 148	-179 515	-27 539	-27 591	-8.3%
	2714	8	Lucent Tech. Inc	-34 657	-197 131	-19 959	-16 193	-21.5%
	2715	28	JDS Uniphase Corp	-35 218	-118 263	-7 635	-6 636	-5.1%
	2616	53	SBC Communication Inc	-38 372	-82 224	-8 434	-4 089	5.0%
	2717	94	AT&T Corp	-76 672	-94 882	-27 116	-17 990	-6.9%

资料来源:Stern Stewart & Co. , http://www.sternstewart.com。

表 3-20　2002 年亚太地区(日本除外)创造价值 100 强公司排序　　　　　　单位:千美元

类型	2002	2001	公司	国家/地区	产业	2002 MVA	1 年 MVA 变化	2002 EVA	投入资本
价值创造前十名	1	2	Samsung Electronics Co	韩国	电子	23 073 152	+16 503 998	-851 643	17 223 704
	2	4	Taiwan Semiconductor Manufacturing Co	中国台湾	半导体	15 157 911	-5 997 943	-702 595	9 007 967
	3	6	SK Telecom Co	韩国	移动通信	10 564 917	-2 471 099	182 229	8 540 963
	4	24	Hutchison Whampoa Ltd	中国香港	综合	9 719 787	-31 415 653	-1 295 347	36 053 869
	5	14	HK & China Gas Co	中国香港	煤气输送	6 292 990	+616 021	201 549	1 801 730
	6	40	CLP Holding Ltd	中国香港	电力	5 957 356	-344 566	489 457	4 918 671
	7	9	Singapore Telecommunication Ltd	新加坡	固定通信	5 659 312	-13 368 226	442 502	15 285 308
	8	15	Huaneng Power International Inc	中国内地	公用事业	5 573 829	NR	-592 199	4 049 071
	9	23	United Micro Electronics Corp	中国台湾	电脑硬件	5 432 513	-5 602 948	-1 099 988	7 106 777
	10	3	Hon Hai Precision Industry Co	中国台湾	电子设备	5 366 558	-774 200	128 107	1 851 239

（续表）

类型	2002	2001	公司	国家/地区	产业	2002 MVA	1年MVA变化	2002 EVA	投入资本
价值创造后十名	91	2717	Capitaland Ltd	新加坡	房地产	-2 767 809	-1 675 067	-1 306 213	9 367 686
	92	195	LG Electronics Investment Ltd	韩国	综合	2 998 598	-2 480 248	-70 268	13 223 085
	93	110	Hang Lung Group Ltd	中国香港	房地产	-3 103 310	NR	-543 526	6 019 686
	94	34	Hynix Semiconductor Inc	韩国	半导体	-5 334 682	-1 172 736	-3 148 981	11 880 472
	95	66	New World Development Co	中国香港	综合	-5 362 762	+1 169 338	-801 424	11 898 800
	96	10	Hyundai Motor Co	韩国	汽车制造	-5 653 012	+1 114 257	-216 412	24 370 982
	97	8	Cheung Kong, Holdings Ltd	中国香港	房地产	-5 884 281	-16 961 653	-1 656 672	23 649 059
	98	28	China Mobile, HK Ltd*	中国内地	移动通信	-6 193 585	-60 367 737	-708 513	56 090 269
	99	53	PCCW Ltd	中国香港	固定通信	-16 256 904	-8 966 660	-3 103 965	26 142 462
	100	94	South Korea Electric Power Corp	韩国	电力	-19 643 598	-3 289 067	75 765	50 748 198

资料来源：《亚洲CFO杂志》，http://www.cfoasia.com，转自Stern Stewart & Co.。

*中国移动在1999年和2000年MVA排序第一。

表3-21 2002年中国上市公司价值创造排行前十名和后十名

单位：百万元人民币

类型	2002排名	2001排名	股票代码	股票名称	EVA	EVA率	MVA	FGV*	FGV%**
价值创造前10名	1	40	600019	宝钢股份	2 437	6.70%	23 364	-11 673	-19.00%
	2	1	600011	华能国际	1 533	4.10%	31 701	13 318	18.00%
	3	26	000542	TCL通讯	993	87.30%	403	-12 404	-598.60%
	4	3	000539	粤电力A	868	9.40%	14 868	2 841	11.30%
	5	2	600028	中国石化	852	0.30%	94 982	83 562	22.20%
	6	5	600098	广州控股	742	11.00%	7 075	-3 145	-18.80%
	7	954	000625	长安汽车	696	23.00%	4 257	-3 340	-38.20%
	8	4	600018	上港集箱	692	13.90%	8 894	881	5.80%
	9	1067	600057	ST夏新	597	60.70%	3 946	-4 021	-80.50%
	10	11	600835	上菱电器	561	15.10%	1 708	-5 976	-82.60%
价值损害前10名	1205	659	600776	东方通信	-460	-12.60%	1 486	6 400	111.60%
	1206	1135	600698	济南轻骑	-492	-17.70%	4 878	10 796	268.60%
	1207	1148	000921	科龙电器	-500	-11.00%	1 225	7 519	130.50%
	1208	1083	600808	马钢股份	-500	-4.00%	3 464	9 031	52.40%
	1209	897	600137	长江控股	-522	-573.30%	1 081	8 053	1 081.60%
	1210	104	000418	ST天鹅A	-559	-23.70%	2 454	9 369	224.30%
	1211	1143	600871	仪征化纤	-743	-8.10%	3 365	10 992	80.30%
	1212	1145	600839	四川长虹	-754	-5.80%	1 628	10 829	66.90%
	1213	1112	000927	ST夏利	-830	-16.50%	6 861	17 909	154.50%
	1214	1149	000618	ST吉化	-1 056	-8.50%	10 697	24 751	112.20%

资料来源：http://www.sternstewart.com.cn/。

* FGV是未来增长值(Future Growth Value)，FGV=实际MVA-(EVA/投入资本的加权平均资本成本)。其中：EVA/WACC表明当未来每年的EVA为稳定值时，即$g=0$时，预期的企业市场增加价值等于未来EVA的折现值，即预期MVA=EVA/WACC。因此，FGV=实际MVA-预期MVA=实际MVA-(EVA/WACC)。

** FGV%=FGV/企业的市场价值。

表 3-22　2001 年中国上市公司价值创造排行前十名和后十名　　单位：元人民币

类型	股票名称	EVA (RMB)	2001EVA 排名	MVA (RMB)	2001MVA 排名	FGV (RMB)	FGV/总市值	ROIC	WACC
创造价值前十名	华能国际	1 377 550 505	1	43 056 300 396	2	27 380 325 410	35.75%	12.94%	8.79%
	中国石化	1 085 269 682	2	144 774 310 440	1	131 220 471 010	34.86%	8.49%	8.01%
	粤电力 A	903 338 944	3	17 513 597 412	6	6 743 475 482	26.07%	20.13%	8.39%
	上港集箱	751 944 050	4	13 957 928 655	12	5 034 562 870	28.69%	30.39%	8.43%
	广州控股	729 087 428	5	16 610 961 084	8	10 092 626 415	47.41%	26.33%	11.19%
	五粮液	679 424 951	6	15 675 163 772	9	7 065 492 822	38.44%	44.17%	7.89%
	中兴通讯	593 875 036	7	10 814 222 195	18	5 159 292 958	36.28%	30.01%	10.50%
	上海汽车	573 084 195	8	13 117 413 992	14	4 369 632 055	22.98%	18.04%	6.55%
	武钢股份	503 285 213	9	9 373 459 218	24	2 426 948 209	20.11%	24.72%	7.25%
	申能股份	491 398 270	10	17 361 723 992	7	10 248 067 462	41.14%	13.31%	6.91%
价值损害前十名	凯马 B 股	−472 322 392	1 140	1 408 015 642	935	6 831 493 088	235.89	−30.56%	8.71%
	ST 英达 A	−479 302 464	1 141	3 163 644 989	290	10 574 748 111	303.74%	−73.27	6.47%
	ST 东北电	−493 808 581	1 142	1 553 399 548	852	9 030 578 974	218.75%	−11.4%	6.60%
	仪征化纤	−518 083 387	1 143	8 126 223 120	36	14 496 243 463	85.44%	1.96%	8.13%
	通化金马	−569 290 661	1 144	2 449 885 662	451	11 598 970 564	297.91	−39.55	6.22%
	四川长虹	−705 644 310	1 145	5 801 369 680	83	14 625 714 605	85.77%	1.85%	8.00%
	上海石化	−760 951 725	1 146	10 805 585 580	19	21 124 734 774	78.03%	2.6%	7.37%
	深康佳 A	−848 103 846	1 147	2 700 005 866	384	12 746 608 080	233.32	−17.59	8.44%
	科龙电器	−1 368 948 140	1 148	4 276 635 886	150	23 254 532 179	276.3%	−24.76	7.21%
	吉林化工	−1 674 800 897	1 149	7 711 064 952	41	31 084 472 502	151.47	−4.24%	7.17%

资料来源：http://www.stockstar.com.cn。

（三）MVA 与 EVA 的关系和应用中应注意的问题

EVA 从财务的角度出发，调整企业投入资本的成本度量，将权益资本的预期收益率作为企业使用股东资本所必须支付的成本，重新计算企业的财务收益。因此，EVA 本质上仍然是一种财务上的账面收益。MVA 则从资本市场投资的角度出发，以投资者在资本市场上交易的投入资本（债务资本和权益资本）的市场价值为基础，计算超出企业投入资本账面价值的市场价值。因此，MVA 本质上是一种资本市场的投资收益。那么，MVA 和 EVA 有什么关系呢？

从理论上来看，EVA 是企业每一段时期在财务上创造的账面价值，而 MVA 是投资者对企业未来在财务上创造的账面价值预期的结果。换言之，企业在某一时点的 MVA 是未来各个时期 EVA 的折现值之和，即

$$\mathrm{MVA} = \sum_{t=1}^{\infty} \frac{\mathrm{EVA}_t}{(1+\mathrm{WACC})^t} = \frac{\mathrm{EVA}_1}{(1+\mathrm{WACC})^1} + \frac{\mathrm{EVA}_2}{(1+\mathrm{WACC})^2} + \cdots + \frac{\mathrm{EVA}_n}{(1+\mathrm{WACC})^n} + \cdots \quad (3\text{-}59)$$

设企业 EVA 每年按照一个固定增长率 g 增长，即 $\mathrm{EVA}_n = \mathrm{EVA}_{n-1}(1+g)$，则

$$\mathrm{MVA} = \frac{\mathrm{EVA}_1}{\mathrm{WACC} - g} = \frac{(\mathrm{ROIC} - \mathrm{WACC}) \times \text{投入资本}}{\mathrm{WACC} - g} \quad (3\text{-}60)$$

事实上,我们也可以这样证明:企业资产或资本的市场价值取决于其未来能够获得的净现金 CFA(Cash From Assets)①,且设 CFA 每年按照一个固定增长率 g 增长,则

$$\text{企业资产的市场价值} = \frac{\text{CFA}}{\text{WACC} - g} \quad (3-61)$$

其中:

$$\text{CFA} = \text{EBIT}(1 - T) + (\text{折旧} + \text{摊销} - \text{营运资本需求量的变动额} - \text{资本支出})$$
$$= \text{EBIT}(1 - T) + \text{投入资本的变动额}$$

将 CFA 带入公式(3-55),并在上式两边同时减去投入资本,结果是:

$$\text{企业资产的市场价值} - \text{投入资本} = \frac{\text{EBIT}(1-T) - \text{投入资本变动额}}{\text{WACC} - g} - \text{投入资本}$$

$$\text{MVA} = \frac{\text{EBIT}(1-T) - \text{投入资本变动额} - \text{投入资本}(\text{WACC} - g)}{\text{WACC} - g}$$

$$= \frac{\left[\dfrac{\text{EBIT}(1-T)}{\text{投入资本}} - \dfrac{\text{投入资本变动额}}{\text{投入资本}} - \text{WACC} + g\right] \times \text{投入资本}}{\text{WACC} - g}$$

因为增长率 $g = \dfrac{\text{投入资本变动额}}{\text{投入资本}}$,所以

$$\text{MVA} = \frac{(\text{ROIC} - g - \text{WACC} + g) \times \text{投入资本}}{\text{WACC} - g}$$

$$= \frac{(\text{ROIC} - \text{WACC}) \times \text{投入资本}}{\text{WACC} - g}$$

$$= \frac{\text{EVA}_1}{\text{WACC} - g}$$

由此可见,在企业加权平均资本成本(WACC)既定的情况下,企业的 MVA 主要取决于企业的 EVA,以及未来的成长性,即增长率 g。在其他因素不变的情况下:首先,企业的 ROIC 相对 WACC 越高,EVA 越大,其 MVA 越大,反之越小。其次,企业资产获取净现金的增长率 g 越高,其 MVA 越大,反之越小。最后,企业的 WACC 越高,其 MVA 越小,反之越大。所以,从理论上来说,价值创造型企业具有三个基本的财务特征——较高的投入资本收益率 ROIC、较低的加权平均资本成本 WACC 以及较高的资产净现金(CFA)增长率 g。

在使用 MVA 和 EVA 评价企业是否是创造价值还是损害价值时,需要注意如下几个问题:

一是企业当期的 EVA 是负数,而其 MVA 是正数,是否表明 EVA 与 MVA 有矛盾呢?实际上,这并不矛盾。因为 MVA 是基于资本市场的投资者对企业未来 EVA 的预期结果,即 MVA 是企业未来各期 EVA 的折现值之和,所以企业本期或某期的 EVA 为负数并不意味着企业的 MVA 也是负数。本期 MVA 为正数而 EVA 是负数,表明企业未来的发展前景很好,资本市场的投资者预期企业未来的 EVA 为正数。例如,根据 Stern Stewart & Co. 公司的数据,中国移动 1999—2001 年的 MVA 为正值,排名亚太地区的企业(日本除

---

① 根据管理资产负债表,占用资产或使用资产 = 投入资本。

外)第1位,但是EVA为负值,这是投资者对中国移动的发展前景预期的结果。

二是MVA之所以能够反映企业是否创造价值,是因为资本市场是有效的。换言之,MVA的理论和评价方法是建立在"有效市场假说"(Efficient Market Hypothesis)的基础上,即资本市场是一个公开、公平、公正、无交易障碍、无操纵交易的市场。若资本市场的交易存在信息泄露、操纵股价的行为,MVA就无法准确反映企业投入资本的市场价值,就失去了反映企业价值创造的作用。

三是EVA的计算结果取决于如何计算ROIC和WACC。其中,WACC中K_s的确定充满争议。这是一个财务学的基本理论问题,也是一个悬而未决的问题。例如,中国移动的EVA是否是正值,一直是有争议的问题。争议的焦点在于WACC计算公式中,权益资本成本(K_s)等于多少?即如何确定股东权益资本预期的收益率?在确定负债和权益比例的时候,是使用账面价值还是市场价值?例如,1999年Stern & Stewart公司公布中国移动的ROIC是12.24%,而WACC是13.30%,二者之差仅1.06%。一旦对K_s的估计出现偏差,将直接影响对中国移动是创值公司还是损值公司的判断。

四是EVA的计算是利润表计算的延伸,鉴于利润表是采用权责发生制来编制的财务报表,可能导致有利润而没有经营净现金。同理,一个企业的EVA>0,并不意味着这个企业的经营净现金一定大于零,或其EVA具有现金保障。换言之,某些企业存在没有经营净现金保障的"白条会计净利润",同样可能存在没有经营净现金保障的"白条超额利润"或"白条EVA"。

四、可持续增长和总成长性的分解分析

(一) 可持续增长率

在很多情况下,"增长"被理解为"扩张",而且许多人总是认为,扩张将带来公司利润和市场价值的增长。实际结果并非如此!在很多情况下,公司盲目增长的投资扩张如抛石于汪洋之中,毫无收益甚至亏损,不但不能带来增长,反而造成公司的倒退。如何管理增长,是企业高层管理者面临的难题之一。

可持续增长(Sustainable Growth)是指企业通过加强经营管理能力和改进财务管理能力所能实现的最大的增长速度。为了进一步说明可持续增长的涵义,我们以第一章的ABC公司为例来讨论其可持续增长问题。

ABC是一家初创企业,根据其财务和经营数据,我们知道:2009年末其总资产1 000万元,其中:负债500万元,所有者权益500万元,负债比例50%。2010年公司的营业收入1 000万元,净利润100万元,总资产周转速度为1次/年,销售净利润率为10%。假设其分红50万元,留存利润50万元,则分红支付比例为50%。

通过图3-10(a)和(b)可见:ABC公司经过2010年的生产、经营及利润分配之后,留存利润增加了50万元,因此权益资本从2009年年末的500万元增加到550万元。分红之后,ABC公司的权益资本和负债总和为1 100万元,负债比例仍为50%。2011年,

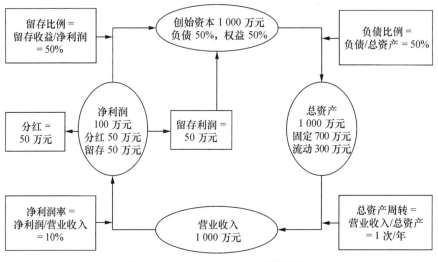

图 3-10(a) 2009 年 ABC 经营状态

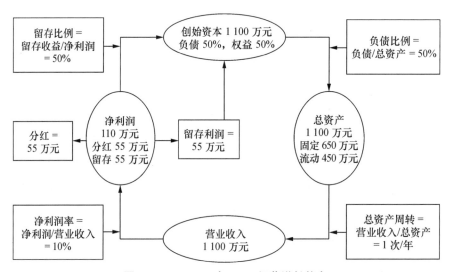

图 3-10(b) 2010 年 ABC 经营增长状态

ABC 公司的营业收入 1 100 万元，净利润 110 万元；分红 55 万元，留存利润 55 万元，分红支付比例 50%；总资产周转速度仍为 1 次/年；销售净利润率仍为 10%。

图 3-10 反映了 ABC 公司 2009 年至 2011 年的增长过程。通过对图 3-10 的分析，我们发现：第一，2010 年年末与 2009 年年末对比，ABC 公司资产负债表的主要财务数据（总资产、负债、所有者权益）都增长了 10%。第二，2011 年与 2010 年对比，ABC 公司的负债比例、分红比例、总资产周转次数、销售净利润率都没有发生变化。因此，可以说，ABC 公司的资产、销售、利润等增长 10%，是在 ABC 公司的负债比例、分红比例、资产周转速度和销售净利润率没有发生任何变化的情况下取得的。此外，我们还发现，在 2010—2011 年期间，ABC 公司没有对外募集新的权益资本（增发新股）。最后，实际上，ABC 公司的所得税税率也没有变化。

换言之,从 2010 年到 2011 年,ABC 公司在财务政策不变(负债比例不变、分红比例不变)和经营政策不变(总资产周转速度不变、销售净利润率不变)的情况下,在所得税税率不变和不对外融资的条件下,依靠内源性融资方式,实现了 10% 的增长。这一增长率称为自我可持续增长率,简称可持续增长率。

那么,如何度量一个公司的可持续增长率呢?可持续增长率受哪些因素影响呢?如何应用可持续增长率调整公司的财务政策以达到管理增长的目标呢?

首先,来看看可持续增长率的度量。我们知道,企业的营业收入和利润的增加依赖于资产的增加,而资产的增加取决于资本的增长,而资本的增加在不改变企业负债比例和分红比例的前提下,又取决于其权益资本的增加或留存利润的增加。因此,可持续增长率 g 的度量公式是:

$$g = \frac{\text{期末权益资本} - \text{期初权益资本}}{\text{期初权益资本}} = \frac{\text{留存利润}}{\text{期初权益资本}} \quad (3\text{-}62)$$

其次,可持续增长率的影响因素。我们可以对 g 的公式进行变形和分解如下:

$$g = \frac{\text{留存利润}}{\text{期初权益资本}}$$

$$= \frac{\text{留存利润}}{\text{净利润}} \times \frac{\text{净利润}}{\text{期初权益资本}}$$

$$= \text{留存利润比例} \times \text{ROE}$$

$$= \text{留存利润比例} \times \left(\frac{\text{EBIT}}{\text{销售收入}} \times \frac{\text{销售收入}}{\text{投入资本}} \times \frac{\text{投入资本}}{\text{权益资本}} \right. \\ \left. \times \frac{\text{税前利润}}{\text{EBIT}} \times \frac{\text{税后利润}}{\text{税前利润}}\right) \quad (3\text{-}63)$$

由上式可见,可持续增长率受到六个因素的影响:留存利润比例、EBIT 利润率、投入资本周转次数、负债与权益之比、财务费用负担程度(税前利润占 EBIT 比重)和税负效应(税后利润占税前利润的比重)。

从表 3-23 可见,李宁公司和安踏公司的可持续增长率都出现先升后降的趋势。李宁公司的可持续增长率从 2008 年的 16.49% 提高到 2009 年的 27.02%,又下降至 2010 年的 19.59%;安踏公司的可持续增长率同样从 2008 年的 7.37% 上升到 2009 年的 12.78%,此后又在 2010 年下降为 10.35%。由于留存利润比例和 ROE 都比较高,因此在可持续增长率的表现上李宁公司的表现好于安踏公司。

表 3-23　2007—2010 年李宁公司和安踏公司的可持续增长率比较分析　　单位:千元

项目	李宁公司				安踏公司			
	2007 年	2008 年	2009 年	2010 年	2007 年	2008 年	2009 年	2010 年
所有者权益	1 744 601	2 088 948	2 862 111	3 559 382	4 150 694	4 480 872	5 137 328	5 730 732
净利润	473 997	727 300	969 331	1 132 136	543 431	902 649	1 249 290	1 546 425
留存利润比例	n.a.	47.35%	79.76%	61.59%	n.a.	36.58%	52.55%	38.37%
ROE	27.17%	34.82%	33.87%	31.81%	13.09%	20.14%	24.32%	26.98%
可持续增长率	n.a.	16.49%	27.02%	19.59%	n.a.	7.37%	12.78%	10.35%

根据公式(3-63)可知:负债比例越高,ROE 越高,可持续增长率越高,反之越低。实

践中的问题是,企业并不能无限制地提高负债比例,同时,负债比例越高,财务费用或利息费用越高,财务负担程度越重,也就是说,提高负债比例带来的 ROE 增加,可能被负债上升导致财务费用上升带来的 ROE 下降抵消。因此,企业高层管理者所关心的问题是:在什么条件下,提高负债比例可以带来 ROE 的上升,而又在什么条件下,提高负债比例不会带来 ROE 的上升,甚至可能下降?因此,围绕这一问题,我们对 ROE 再次进行另一种途径的分解分析。

$$
\begin{aligned}
\text{净利润} &= (\text{EBIT} - \text{利息费用}) \times (1-T) \\
&= \text{EBIT} \times (1-T) - \text{利息率} \times \text{有息负债} \times (1-T) \\
&= \text{ROIC} \times (1-T) \times \text{投入资本} - \text{利息率} \times \text{有息负债} \times (1-T) \\
&= \text{ROIC} \times (1-T) \times (\text{权益资本} + \text{有息负债}) - \text{利息率} \times \text{有息负债} \times (1-T) \\
&= \text{ROIC} \times (1-T) \times \text{权益资本} + \text{ROIC} \times (1-T) \times \text{有息负债} \\
&\quad - \text{利息率} \times \text{有息负债} \times (1-T) \\
&= \text{ROIC} \times (1-T) \times \text{权益资本} + \text{有息负债} \\
&\quad \times [\text{ROIC} \times (1-T) - \text{利息率} \times (1-T)]
\end{aligned}
$$
(3-64)

上式两边同除权益资本,结果得:

$$
\begin{aligned}
\text{ROE} &= \text{ROIC} \times (1-T) + [\text{ROIC} \times (1-T) - \text{利息率} \times (1-T)] \times \frac{\text{有息负债}}{\text{权益资本}} \\
&= \text{ROIC} \times (1-T) + (\text{ROIC} - \text{利息率}) \times (1-T) \times \frac{\text{有息负债}}{\text{权益资本}}
\end{aligned}
$$

因此,企业的可持续增长率 g 的分解式是:

$$
g = \text{留存利润比例} \times \left[\text{ROIC} \times (1-T) + (\text{ROIC} - \text{利息率}) \times (1-T) \times \frac{\text{有息负债}}{\text{权益资本}} \right]
$$
(3-65)

根据上式可见:企业的可持续增长率 g 受到留存利润比例、ROIC、负债与权益之比、ROIC 与利息率之差、所得税税率这五个因素的影响。第一,留存利润比例越高,g 越高,反之越低;第二,ROIC 越高,g 越高,反之越低;第三,负债与权益之比越高,g 越高,反之越低;第四,利息率越低,g 越高,反之越低;第五,所得税税率越低,g 越高,反之越低。

值得注意的是,上述分解式表明:当其他因素不变时,若 ROIC > 利息率,则企业可以通过提高负债比例来提高其可持续增长率;若 ROIC < 利息率,则企业提高负债比例不但不能提高其可持续增长率,反倒将导致可持续增长率下降。

(二) 总成长性

在每年主要的财经新闻媒体上,各式各样的成长性排名屡见不鲜。其中一个主要的指标是总成长性。总成长性反映了企业在现有投入资本盈利能力(ROIC)的基础上,通过在实施现行的股利政策(分红比例)和负债政策(负债比例)的条件下,企业所能实现

的成长。通常来说,总成长性 G 的计算公式是①:

$$G = (1 - 股利支付率) \times \left[税前 \text{ROIC} + \frac{D}{E} \times (税前 \text{ROIC} - 1 年期银行贷款利率) \right]$$
(3-66)

其中:税前 ROIC = EBIT/投入资本;股利支付率 = 近期分配的现金股利/近期可供分配的利润;D = 需要支付利息的长短期负债;E = 权益资本。

由此可见,总成长性受到股利政策(股利支付比例)、负债政策(D/E)和投入资本利润率(ROIC)的影响。在其他因素固定的情况下,首先,当企业提高其股利支付比例时,总成长性 G 下降,反之上升;其次,当企业提高负债比例时,总成长性 G 上升,反之下降;再次,当企业提高其 ROIC 时,总成长性上升,反之下降。

值得注意的是:可持续增长率 g 与总成长性 G 之间存在密切关系。显然,二者分解式的形式基本相同,仅差$(1 - T)$。可见,从理论上看,总成长性是税前的可持续增长率,而可持续增长率是税后的总成长性。

从表 3-24 可见,李宁公司和安踏公司的总成长性同样表现出先升后降的趋势。李宁公司的总成长性由 2008 年的 21% 上升到 2009 年的 37% ,而后下降到 26.46%;安踏公司的总成长性则由 2008 年的 7.28% 上升到 2009 年的 14.27% ,而后下降至 2010 年的 11.83%。总体而言,李宁公司的总成长性高于安踏公司。安踏公司可以通过提升其负债比例来提高总成长性。

表 3-24 2007—2010 年李宁公司和安踏公司的总成长性比较分析   单位:千元

项目	李宁公司				安踏公司			
	2007 年	2008 年	2009 年	2010 年	2007 年	2008 年	2009 年	2010 年
留存利润比例	n. a.	47.35%	79.76%	61.59%	n. a.	36.58%	52.55%	38.37%
税前 ROIC	33.06%	35.61%	42.98%	39.95%	11.54%	19.90%	27.15%	30.83%
有息负债	100 000	607 480	259 970	312 248	—	—	—	—
所有者权益	1 744 601	2 088 948	2 862 111	3 559 382	4 150 694	4 480 872	5 137 328	5 730 732
1 年期银行贷款利率	5.56%	5.56%	5.56%	5.56%	5.56%	5.56%	5.56%	5.56%
总成长性	n. a.	21.00%	36.99%	26.46%	n. a.	7.28%	14.27%	11.83%

由 G 的分解式和上述计算结果可见:当企业的 ROIC 高于利息率,企业提高负债比例可以提高其总成长性;反之,当企业的 ROIC 低于利息率,则企业提高负债比例就不能提高其总成长性,反倒会降低其成长性。由于安踏公司目前不存在有息负债,这也意味着其未来有可能通过提高负债比例来提高其总成长性的空间。

五、财务战略矩阵分析——增长和价值管理

从财务管理的角度,企业高层管理者应该围绕五大财务要素构建企业的财务战略:利润、现金、价值、风险、增长。由于价值包含了利润,因此其中最为重要的是现金、价值、

---

① 其他总成长性的计算公式有:$G = (1 - 股利支付率)[ROA + D/E(ROA - 1 年期利息率)]$,其中:ROA = EBIT/总资产。在计算 ROA 时,有的使用期末总资产,有的使用平均总资产。

风险和增长,即在控制风险的基础上,加强现金、价值和增长的战略性管理。下面,我们将讨论如何应用财务战略矩阵管理企业的价值和增长,即如何基于价值和增长理念来制定和调整公司财务政策,以实现企业未来的价值和增长。

(一) 增长管理

从企业高层管理者的角度看,可持续增长率有什么现实意义呢?如何应用可持续增长率进行财务决策?从营业收入增长来说,可持续增长率是企业在现有经营和财务状态下能够实现的最大的销售增长率。因此,将企业当期的可持续增长率与未来营业收入增长率进行对比,具有重要的应用价值。

我们知道,ABC 公司的可持续增长率是 10%,换言之,在其不改变财务政策(负债比例和分红比例)和经营能力(资产周转次数和销售净利润率)的前提下,其每年能够实现的营业收入增长率为 10%。现在,我们设想后两种情况:

(1) 未来营业收入增长率高于可持续增长率。如果 ABC 公司预计未来的营业收入增长率超过 10%,例如 15%,则将产生"增长缺口"(15% - 10% = 5%)。这种增长缺口,实际上意味着资金短缺。因此,要实现 15% 的增长率,就必须改变现有的经营政策和财务政策,即提高经营效率或增加投入。

从经营政策的角度看,企业可以调整产品结构,淘汰边际利润率低的产品,降低销售等,但值得指出的是,由于企业的经营政策或经营能力受到宏观、行业、企业产品、服务结构及品种的影响,短期内能够改变的可能性很小,而改进空间也有限,因此必须立足调整财务政策。从财务政策的角度看,企业可以调整其负债比例和分红比例,即增加负债和(或)减少分红,增加投入,以解决资金短缺问题。此外,还可以增发新股,解决资金短缺问题。

(2) 未来营业收入增长率低于可持续增长率。如果 ABC 公司预计未来的营业收入增长率低于 10%,例如,5%,则将产生"增长剩余"(5% - 10% = -5%)。这种增长剩余,实际上意味着资金过剩。因此,要按照 5% 的速度增长,同样要改变现有的经营政策和财务政策,即开拓市场增加销售,或回收和分配资金。

从经营政策的角度看,企业可以开拓市场,提高市场占有率,增加销售等。从财务政策的角度看,企业可以调整其负债比例和分红比例,即减少负债和(或)增加分红,减少投入,以解决资金过剩问题。此外,还可以择机回购发行在外的股票,解决资金过剩问题。

需要注意的是,未来营业收入增长率可以有多种预测方法。可以简单用当年的营业收入增长率作为未来 1 年的营业收入增长率,也可以用过去 3—5 年的营业收入增长率平均值作为未来 1 年的营业收入增长率,还可以根据对公司所在行业未来的发展进行预测。未来营业收入增长率的预测结果不同,将直接影响其与可持续增长率的比较。

(二) 价值管理

价值管理就是创值管理。创值管理的目标是把自己所管理的企业经营成为一家价值创造型企业,创值管理的核心是企业的经营管理决策和业绩评价必须考虑到股东所投入的权益资本的成本,创值管理的手段是核算企业的 ROIC 和基于投入资本的 WACC。当企业的 ROIC > WACC,表明企业处于创造价值状态,企业具有存在和继续发展的基础,因为企业给予债权人和股东应有的回报,所以可以通过各种各样的筹资方式筹集资金,或通过调整经营政策继续发展;反之,当企业的 ROIC < WACC,表明企业处于创造损害状态,企业失去存在和继续发展的基础,因为企业不能给予债权人和股东应有的回报,所以企业将失去筹资能力。对于长期发生价值损害的企业,如果不能尽快通过改进经营政策,提高经营能力,摆脱损害价值的状态,则将失去继续生存和发展的机会。

(三) 财务战略矩阵

财务战略矩阵是一种基于价值和增长来制定和调整企业财务政策和经营政策的工具。根据企业是否创造价值,可以将企业一分为二——价值创造型企业和价值损害型企业;根据企业可持续增长是否超过未来营业收入的增长,又可将企业一分为二——资金剩余型企业和资金短缺型企业。综合这两个分类,可将所有的企业一分为四,确认企业属于哪一种类型,并"对症下药",提出财务政策和经营政策的调整或改进方案,结果如图3-11 所示。

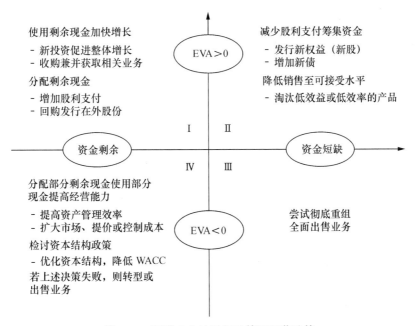

图 3-11 四类企业的财务政策和经营政策

由图 3-11 可见,四个象限分别为:第 I 象限是价值创造和资金剩余的企业,其应使用剩余现金新增投资和并购来加快发展,或者通过增加股利发放和回购股份来分配剩余现金。第 II 象限是价值创造和资金短缺的企业,在财务政策方面,应实行减少股利支付,增加负债和发行新股等策略以解决资金短缺问题,在经营政策方面,应淘汰边际利润率和资金周转效率低的产品或业务。第 III 象限是价值损害和资金短缺的企业,若企业是出现短期的价值损害和资金短缺,则可以通过内部或外部重组提高营业利润率和资产使用效率,较快改变价值损害状态,恢复融资能力以继续发展;若企业出现长期的价值损害和资金短缺,则可能要全面出售业务或关闭企业。第 IV 象限是价值损害和资金剩余的企业,该类企业在财务政策方面,应分配部分现金给股东以稳定股价,并优化资本结构,降低 WACC;在经营政策方面,应使用部分现金改进和提高经营能力,包括资产使用效率和销售利润率,提高企业的整体获利能力。

根据前文对李宁公司和安踏公司的分析,可以发现:① 在 2008—2010 年间,两家公司的税后 ROIC 都高于 WACC,表明两家公司都为股东创造了价值。② 李宁公司在 2008 年表现为未来收入增长率高于可持续增长率,意味着公司处于现金短缺状态;而李宁公司在 2009 和 2010 年的未来收入增长率低于可持续增长率,意味着公司处于现金剩余状态;反观安踏公司,其 2008—2010 年的未来收入增长率均高于可持续增长率,意味着公司处于现金短缺状态(见表 3-25 和图 3-12)。

表 3-25　李宁公司和安踏公司的财务战略矩阵分析

项目	李宁公司				安踏公司			
	2007 年	2008 年	2009 年	2010 年	2007 年	2008 年	2009 年	2010 年
税后 ROIC	25.34%	27.87%	32.47%	29.96%	10.37%	18.51%	23.46%	25.87%
WACC	11.86%	9.87%	11.60%	11.64%	12.74%	12.97%	13.13%	13.10%
税后 ROIC-WACC	13.48%	18.00%	20.87%	18.32%	-2.36%	5.55%	10.33%	12.77%
未来收入增长率*	n.a.	53.84%	25.36%	13.02%	n.a.	54.81%	26.97%	26.11%
可持续增长率	n.a.	16.49%	27.02%	19.59%	n.a.	7.37%	12.78%	10.35%
未来收入增长率 – 可持续增长率	n.a.	37.35%	-1.65%	-6.58%	n.a.	47.44%	14.19%	15.75%

* 以当年的实际收入增长率作为未来一年收入增长率的预测值。

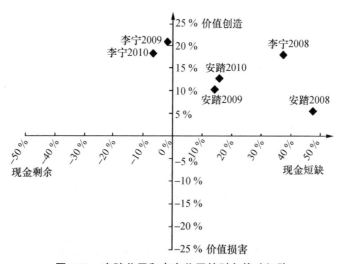

图 3-12　安踏公司和李宁公司的财务战略矩阵

本章小结

本章重点讨论企业的财务报表分析问题,一是如何评判企业的财务状况,即财务指标及财务指标体系的设计和计算;二是如何分析企业的财务报表,即财务报表的分析方法;三是如何应用财务报表分析的结果,分析、调整和制定企业的财务政策,即财务战略矩阵分析与应用。

财务指标体系主要涉及企业盈利能力、资产流动性、负债管理能力、资产运营效率、现金生成能力、财富增值能力和资本市场表现等七个方面,共计34个主要财务指标。

财务报表的分析方法包括:① 财务比率分析,即根据财务报表的数据计算财务指标,并进行分析评判;② "三维"分析,即对财务报表和主要财务指标,进行历史比较分析、同业比较分析和结构比较分析;③ 对主要财务指标的分解分析,即对企业的净资产收益率(ROE)、风险(总杠杆)、经济增加值(EVA)、总成长性和自我可持续增长,进行分解,分析其中的影响因素。上述主要财务指标分解分析的公式包括:

$$ROE = \frac{税后利润}{权益资本} = \frac{EBIT}{销售收入} \times \frac{销售收入}{总资产} \times \frac{总资产}{权益资本} \times \frac{税前利润}{EBIT} \times \frac{税后利润}{税前利润}$$

$$总杠杆 = 经营杠杆 \times 财务杠杆$$

$$= \frac{销售收入 - 总变动成本}{销售收入 - 总变动成本 - 总固定成本}$$

$$\times \frac{销售收入 - 总变动成本 - 总固定成本}{销售收入 - 总变动成本 - 总固定成本 - 利息}$$

$$= \frac{销售收入 - 总变动成本}{销售收入 - 总变动成本 - 总固定成本 - 利息}$$

$$EVA = EBIT(1-T) - (平均投入资本 \times WACC)$$

$$= 平均投入资本 \times \frac{EBIT(1-T)}{平均投入资本} - (平均投入资本 \times WACC)$$

$$= 平均投入资本 \times (税后 ROIC - WACC)$$

$$g = 留存利润比例 \times ROE$$

$$= 留存利润比例 \times \left(\frac{EBIT}{销售收入} \times \frac{销售收入}{投入资本} \times \frac{投入资本}{权益资本} \times \frac{税前利润}{EBIT} \times \frac{税后利润}{税前利润} \right)$$

$$= 留存利润比例 \times \left[ROIC \times (1-T) + (ROIC - 利息率) \times (1-T) \times \frac{有息负债}{权益资本} \right]$$

财务战略矩阵是分析、评价、调整和制定企业财务政策的重要工具,其根据企业的EVA和资金状况(可持续增长率-预计增长率),将企业分属四种类型:① 价值创造—资金剩余型;② 价值创造—资金短缺型;③ 价值损害—资金短缺型;④ 价值损害—资金剩余型,最后根据企业所属类型提出财务战略和具体的财务政策。

综上,这一章贯穿现代财务管理的基本理念——"利润—现金—价值—风险—成长",即企业高层管理者在经营和财务管理中,不仅要注重利润,更要注重现金和价值;不但要注重现金和价值,也要注重控制风险,并推动企业持续成长。

专业词汇

1. 财务指标体系(Financial Index System)
2. 财务指标或财务比率(Fiancial Ratios)
3. 盈利能力(Profitability)
4. 资产运营效率(Assets Operating Efficiency)
5. 现金生成能力(Cash Generation)
6. 财富增值能力(Capacity of Value-added)
7. 资本市场表现(Capital Market Performance)
8. 销售净利润率(Net Income to Total Revenues)
9. 权益资本收益率或净资产收益率(Return on Equity)
10. 基础盈利能力(Basic Earning Power)
11. 总资产报酬率(Return on Assets)
12. 投入资本报酬率(Return on Invested Capitals)
13. 流动比率(Current Ratio)
14. 速动比率(Quick Ratio)
15. 总资产周转率(Turnover Ratio for Total Assets)
16. 存货周转率(Turnover Ratio for Inventories)
17. 应收账款周转率(Turnover Ratio for Receivables)
18. 总资产负债率(Debt Ratio)
19. 长期负债权益比(Long-term Debt To Equity)
20. 利息保障倍数(Coverages for Interests)
21. 利润的现金含量(Net Cash Flows to Profts)
22. 市场增加值(Market Value Added)
23. 每股收益(Earnings Per Share)
24. 每股净现金(Net Cash Flows Per Share)
25. 市盈率(Price Earning Ratio)
26. 每股净资产(Net Assets Per Share)
27. 总杠杆(Degree of Total Leverage)
28. 财务杠杆(Degree of Financial Leverage)
29. 经营杠杆(Degree of Operational Leverage)
30. 总成长性(Growth)
31. 市场增加值(Market Value-Added)
32. 市场增加值(Economic Value-Added)
33. 自我可持续增长率(Self-Sustainable Growth Rate)
34. 财务战略矩阵(Matrix for Financial Strategy)

思考与练习

（一）单项选择题

1. 如下为 A 公司和 B 公司的销售净收入、EBIT、总资产、净资产的数据。A 公司的净利润和净资产收益率（净利润/净资产）比 B 公司更高是因为其（　　）。

公司	销售净收入	EBIT	净利润	总资产	净资产
A	5 000	2 300	1 200	5 000	2 000
B	5 000	2 000	1 000	5 000	3 000

（a）成本较低且负债比例较高　　（b）成本较高且负债比例较低
（c）成本较低且负债比例较低　　（d）成本较高且负债比例较高

2. A 公司的利息率为 10%，所得税税率为 30%，权益资本预期回报率为 20%，负债比例为 50%；平均投入资本为 5 000 万元，息税前利润（EBIT）为 1 000 万元，问该公司的 EVA 为（　　）。

（a）100 万元　　（b）50 万元　　（c）25 万元　　（d）-25 万元

3. 以下哪一种表述是正确的？
（a）综合杠杆系数 = 财务杠杆系数 + 经营杠杆系数
（b）综合杠杆系数 = 财务杠杆系数 × 经营杠杆系数
（c）综合杠杆系数 = 财务杠杆系数 - 经营杠杆系数
（d）综合杠杆系数 = 财务杠杆系数/经营杠杆系数

4. 以下哪项对总资产收益率（ROA）和净资产收益率（ROE）指标的分解有错误？
（a）总资产收益率 = 销售利润率 × 净资产周转率 × 权益比例
　　　　　　　　 =（净利润/营业收入）(营业收入/净资产)(净资产/总资产)
（b）净资产收益率 = 销售利润率 × 总资产周转率 × 权益倍数
　　　　　　　　 =（净利润/营业收入）(营业收入/总资产)(总资产/净资产)
（c）总资产收益率 = 销售利润率 × 总资产周转率 × 权益倍数
　　　　　　　　 =（净利润/营业收入）(营业收入/总资产)(总资产/净资产)
（d）净资产收益率 = 销售利润率 × 总资产周转率 × 利息效应 × 税收效应 × 权益倍数
　　　　　　　　 =（息税前利润/营业收入）(营业收入/总资产)
　　　　　　　　 ×（税前利润/息税前利润）(税后利润/税前利润)(总资产/净资产)

5. 如果 S 公司 2001 年度的销售利润率（净利润/营业收入）是 10%，资产周转次数（营业收入/总资产）是 1.5 次，净资产比例（净资产/总资产）是 50%，则该公司净资产收益率是（　　）。

（a）7.5%　　（b）15%　　（c）30%　　（d）40%

6. 沃尔玛和戴尔等企业在财务管理上取得成功的最主要因素是（　　）。
（a）提高负债比例　　　　　　（b）提高销售的盈利水平
（c）减少营运资本需求量　　　（d）提高营运资本需求量

7. 关于企业的经营风险，以下哪一种表述是正确的？

(a) 单位产品的固定成本越高,经营风险越低
(b) 单位产品的固定成本越高,财务风险越低
(c) 单位产品的固定成本越高,经营风险越高
(d) 单位产品的固定成本越高,财务风险越高

8. 对比会计利润,EVA 由于(　　)而成为更为科学的评价企业经营业绩的指标。
(a) 不考虑权益资本的机会成本,但考虑债务资本的成本
(b) 不考虑债务资本的资本,也不考虑权益资本的机会成本
(c) 考虑权益资本的机会成本,但不考虑债务资本的成本
(d) 既考虑债务资本的成本,又考虑权益资本的机会成本

9. 企业自我可持续增长率是指在"六不"条件下,其能支撑的最大销售增长率。以下哪一个条件不属于自我可持续增长率的条件?
(a) 资产周转速度不变　　　(b) 负债比例不变
(c) 不进行新的权益资本融资　(d) 不进行新的债务资本融资

10. 如果某一企业的 ROE 为 20%,而企业未来的销售增长率为 15%。在企业不对外进行新权益资本筹资、所得税率不变、不改变企业负债比例政策和经营政策的前提下,企业的留存收益比例应等于(　　)。
(a) 33%　　(b) 67%　　(c) 25%　　(d) 75%

11. 某公司的营业收入为 5 000 万元,EBIT 为 2 000 万元,所得税税率为 30%,总资产为 10 000 元,负债比例为 50%,平均利率为 5%。该公司的净利润是(　　)。
(a) 1 750 万元　　　　　　(b) 1 500 万元
(c) 1 225 万元　　　　　　(d) 1 000 万元

12. 在财务战略矩阵的哪一象限,企业应采取"减少股利派发、增加新权益资本和债务资本"的财务政策?
(a) EVA >0 且资金剩余　　(b) EVA >0 且资金不足
(c) EVA <0 且资金剩余　　(d) EVA <0 且资金不足

13. A 公司 2005 年度和 2006 年度的有关财务数据如下。根据这些数据,你认为:该公司的规模增长使得其(　　)。

公司	销售净收入	EBIT	净利润	总资产	净资产	经营净现金
2005 年	5 000	2 000	1 000	5 000	2 000	1 500
2006 年	8 000	3 000	1 500	10 000	3 500	1 200

(a) 效益同步增长　　　　　(b) 效益相对上升
(c) 效益更快上升　　　　　(d) 效益更快下降

14. 根据第 13 题资料,你认为如下哪个证据不支持你的结论?
(a) 资产扩张太快　　　　　(b) 资产周转速度下降
(c) 经营净现金减少　　　　(d) 盈利能力下降

15. 根据第 13 题的资料,你认 A 公司经营净现金下降的主要原因是(　　)。
(a) 总资产增加　　　　　　(b) 净资产减少

（c）应收账款增加　　　　　　（d）应付账款增加

（二）简述题

1. 作为一个公司的 CEO 或高管人员，你认为企业应制定哪些主要财务政策？请从实践的角度阐述这些财务政策管理的核心问题是什么？

2. 如何应用财务报表分析方法，系统地分析和评价一个企业的财务状况？

3. 写出 EVA 的计算公式，并简述其影响因素。

4. 简述 EVA 与 MVA 的区别和联系。

5. 简要阐述 EVA 的利与弊。

6. 如何从战略的角度解读和分析企业的财务报表？

7. 收集贵公司的财务报表和财务数据，并从各类指标中选择三个关键指标计算贵公司的指标值，并根据计算结果进行简要分析，结合工作实践，指出贵公司财务状况的基本特征和面临的问题，并简述你将采取哪些措施加强企业的财务管理？

（三）微型案例分析

A 公司和 B 公司为两大连锁零售商，市场占有率分别为 40% 和 35%。下表是他们 2009—2010 年的主要资产、销售和利润数据（单位：百万元）：

公司 A	营业收入	平均总资产*	平均净资产*	息税前利润	税前利润	税后利润	平均投入资本*
2009 年	45 000	30 000	15 000	6 000	5 500	3 850	20 000
2010 年	50 000	30 000	15 000	6 300	6 600	4 620	21 000
公司 B	营业收入	平均总资产	平均净资产	息税前利润	税前利润	税后利润	平均投入资本
2009 年	30 000	25 000	15 000	4 000	3 800	2 850	18 000
2010 年	35 000	28 000	16 800	5 200	5 000	3 750	20 000

*平均总资产、平均净资产、平均投入资本，都已经作了"平均化处理"。

（1）计算 2009 年和 2010 年公司 A 和公司 B 的净资产收益率（ROE）；

（2）计算 2009 年和 2010 年公司 A 和公司 B 的总资产收益率（ROA）；

（3）计算 2009 年和 2010 年公司 A 和公司 B 的税后投入资本收益率（ROIC）；

（4）计算 2009 年和 2010 年公司 A 和公司 B 的息税前利润率（EBIT/营业收入）；

（5）计算 2009 年和 2010 年公司 A 和公司 B 的销售净利润率（税后利润/营业收入）；

（6）比较分析和综合评价 2009 年和 2010 年公司 A 和公司 B 的盈利能力；

（7）应用 ROE 的因素分解分析方法，分析影响 2009 年和 2010 年 A 公司和 B 公司 ROE 的主要因素，并阐述 A 和 B 公司各自盈利模式的基本特征；

（8）评价 A 公司和 B 公司的负债政策和营运资本政策各自有何特点，你有何建议？

（9）预计未来零售市场的增长率将保持在 15% 左右，如果 A 和 B 公司力图保证 15% 的年增长率，你认为 2009 年和 2010 年 A 和 B 公司的分红比例分别为多少比较合适？

第四章 营运资本管理与决策

在第二章 CEO 解读资产负债表中,我们简要说明了营运资本管理的重要性和基本思路。本章试图通过对营运资本管理进行更为深入的探讨和分析,使得 CEO 和高层管理者能够全面地掌握营运资本管理的核心思想,有效地开展营运资本管理,节约投入资本,从而提升公司的市场竞争力和财务效益,避免公司陷入财务困境。

世界著名的咨询公司 REL 与《CFO 亚洲》杂志联合对 2006 年度亚洲 725 家最大的上市公司(不包括汽车制造商和金融公司)的营运资本管理情况做了一次详细的调查。[①] 调查结果表明,这些公司 2006 年的营运资本管理取得了显著的进步。通过加快应收款的回收和提高存货管理,这些公司的营运资本与上年同期相比降低了 2.8%,为公司节约了 150 亿美元的投入资本。

在这些亚洲国家的公司中,中国公司的表现尤为出色,其平均的营运资本周转天数比上年同期降低了 46.2%[②],减少了 13.6 天。其他在营运资本管理方面取得明显进步的国家和地区有巴基斯坦和中国台湾地区,营运资本周转天数分别降低了 21.9% 和 20.9%。而韩国和马来西亚的公司则在营运资本管理方面出现大幅度的退步,表现为营运资本周转天数分别上升了 85% 和 27.5%。

研究报告指出:虽然亚洲公司 2006 年的营运资本管理整体表现不错,但 2006 年这些公司的营运资本改善幅度比 2005 年有所放缓,2005 年营运资本的降低幅度为 5.3%,而 2006 年只降低了 2.8%。此外,报告认为,这 725 家公司仍有高达 5 350 亿美元的资金被存货和应收款"无效"地占用。可见,充分而有效地运用营运资本,是企业 CEO 面临的重要财务问题。

营运资本管理水平的提高,对公司经营绩效的提升具有重要的作用。著名的会计师事务所普华永道对 2004—2008 年欧洲 11 个国家将近 1 000 家上市公司的一项研究表明,如果营运资本管理水平提高 25%,公司的净资产收益率(ROE)可以提高 6.6%,对于消费品行业而言,ROE 甚至可以提高 15.5%。从现金周转天数来看,现金周转天数每提高 5 天,可以提高公司的税后经营净利润超过 2%。营运资本管理对公司经营绩效的影响可见一斑。[③]

不仅如此,在宏观经济不景气和信贷紧缩时,营运资本管理水平的高低甚至可能决定公司的生死存亡。以 2008 年以来美国爆发的经济危机为例,许多商业银行因资产大幅缩水而不得不收紧信贷政策,与此同时,资本市场上的直接融资渠道也因股市的大幅下挫而受到很大的影响。这导致企业的融资成本急剧上升,有时甚至无法融到资金,最终影响到企业正常的生产经营,甚至一些企业因此陷入财务困境。而那些营运资本管理水平较高的企业则能够安全过冬。

---

① 资料来源于:www.relconsultancy.com.
② REL 公司用营运资本周转天数(Days Working Capital)来衡量公司的营运资本管理水平,其计算公式为(应收款 + 存货 - 应付款)/(全部收入/365)。
③ 现金周转天数与营运资本周转天数是一个概念,本章后面会详细阐述。

第一节　营运资本管理思想的演变

什么是营运资本管理(Working Capital Management)？从传统的意义来讲,营运资本管理就是对公司流动资产与流动负债的管理。它要求公司在资金来源与资金占用上应互相匹配,以保证公司短期的偿债能力。然而,随着管理水平的不断提高,营运资本管理思想也逐渐发生变化。它不再过分强调资金来源与资金占用的匹配性,而是要求管理层尽可能多地利用"免费"或"无息"的资金来源,如应付账款等,来满足公司的日常经营需求;同时,在保证流动性的前提下,尽可能多地降低资金在无盈利能力资产上的占用,如应收账款等。这就将营运资本管理的思想、方法和应用推向了一个新的高度。

一、传统营运资本管理思想

传统的营运资本管理,是对公司流动资产与流动负债的管理。流动资产是指公司在一年或一个营业周期内能够变现或消耗的资产,包括了现金、应收款、存货等,反映在资产负债表的左边,表示公司对资金的占用情况;流动负债是指公司在一年或一个营业周期内要偿还的债务,包括短期借款、应付款、应交税收等,反映在资产负债表的右边,表示公司资金的来源。传统的"营运资本需求量"(Working Capital Requirement, WCR),就是流动资产与流动负债的差额(也称为大口径计算公式),用公式表示如下:

$$WCR = 流动资产 - 流动负债 \qquad (4-1)$$

当前者等于后者,营运资本需求量为零,表明公司的流动资产恰好可以偿还公司的流动负债,公司的短期偿债能力正常,公司的短期财务风险适中。

当前者大于后者,营运资本需求量为正数,表明公司的流动资产足以偿还公司的流动负债,公司的短期偿债能力较强,公司的短期财务风险较低。

当前者小于后者,营运资本需求量为负数,表明公司的流动资产不足以偿还公司即将到期的短期负债,公司的短期偿债能力较差,公司的短期财务风险较高。

前面三种情况也在一定程度上反映了企业对营运资本的三种管理模式:居中型、保守型和激进型。第一,居中型营运资本管理意味着企业用短期资金来源来满足短期资金的需求,用长期资金来源来满足企业长期资金的需求,保证了资产负债表的匹配(如图4-1a 所示)。第二,保守型营运资本管理意味着企业用一部分长期资金来源来满足企业的短期资金需求,对企业而言,能够保证短期资金的周转需求;对债权人来说,由于流动资产大于流动负债,显示出企业的短期偿债能力较强,但同时由于长期负债或股权要求的资金回报率比短期负债要求的资金回报率高,因此企业花费的资金成本也相对较高(如图4-1b 所示)。第三,激进型营运资本管理意味着企业用一部分短期资金来源去满足企业的长期资金需求,如购置固定资产等,对企业而言,资金成本较低,但由于流动资产小于流动负债,对债权人来说,企业的短期偿债能力存在一定的风险。企业必须不断地通过"借新还旧"或日常经营活动产生的现金来保证资金的供应,一旦资金周转出现问题无法及时筹集到新的资金来偿还到期债务,企业将可能陷入财务困境(如图 4-1c 所示)。选择哪一种营运资本管理模式,企业通常需要考虑以下因素:

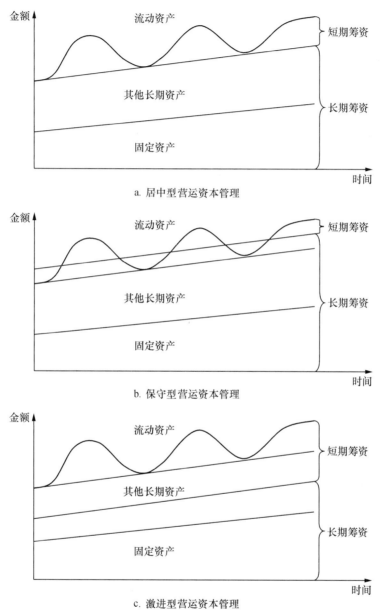

图 4-1 营运资本管理的三种模式

第一,市场利率。当市场利率处于上升阶段时,短期筹资成本将随着利率上升而不断增加,而长期筹资成本则能够在较长一段时间保持原来较低的水平。因此,采取激进型营运资本管理模式将增加公司的筹资成本,降低公司的利润;反之,采取保守型营运资本管理模式将节约公司的筹资成本,提高公司的盈利能力。当市场利率处于下降通道时,短期筹资成本将随着利率的下降而不断降低,而长期筹资成本则保持了原来较高的水平。此时,激进型营运资本管理模式将节约公司的筹资成本,而保守型营运资本管理模式将增加公司的筹资成本。

第二,公司在商业博弈格局中所处的地位。当公司在与其供货商和经销商的商业博弈格局中处于强势地位,拥有较高的议价能力时,公司可以对供货商采取赊购的策略,并尽量延长付款的期限,同时对经销商或购货商采取预收款的策略,尽量提前获取资金。因此,公司应采取激进型营运资本管理模式;反之,如果公司的商业地位低,议价能力较差,则可能不得不采取相对保守型的营运资本管理模式。

第三,公司流动资产的周转能力。当公司流动资产的周转能力较强时,表明其产生现金流量的能力较强,公司可以迅速地通过应收款及存货周转产生的资金来保障短期负债的偿付。因此,公司可以采取相对激进型的营运资本管理模式;反之,如果公司应收款及存货的周转能力较差,公司就应该采取相对保守型的营运资本管理模式。

二、现代营运资本管理思想

随着管理水平的不断提高,营运资本管理思想不再强调对公司整体流动资产和流动负债的匹配性管理,而是侧重对公司无收益流动资产和无成本流动负债的管理。我们知道,当资金被占用在短期投资时,由于短期投资可以带来投资收益,因此短期投资被视为收益类的流动资产,而当资金被占用在应收账款或存货时,应收账款和存货无法给公司带来收益[①],甚至可能出现坏账损失和存货跌价损失,因此这部分资产对企业而言就是无收益流动资产。同理,由于短期借款需要支付给银行利息,所以应被视为有成本的流动负债,而应付账款、应交税金等则无需支付利息,因此属于无成本流动负债。现代营运资本管理思想就是尽量减少资金在无收益流动资产的占用,同时增加无成本流动负债,并延长无成本流动负债的偿债时间。当无成本流动负债能够满足公司无收益流动资产的占用时,就达到了所谓的"零营运资本"。不仅如此,营运资本管理出色的公司在使无成本流动负债满足无收益流动资产的占用之外,还能够利用剩余的无成本资金购买短期融资工具或进行扩大再生产等活动,这就出现了"负营运资本"。零售业巨头沃尔玛公司就是"负营运资本"管理的典范。

简单的现代营运资本需求量的计算公式(也称为中口径计算公式)如下:

$$WCR = 应收账款 + 存货 - 应付账款 \tag{4-2}$$

现在,让我们来讨论公式(4-2)中存货、应收账款和应付账款变化对营运资本需求量变化的影响及其含义。

(1)假定存货为一个常量,当一个公司的应收账款大于应付账款,其营运资本需求量是个正数,说明其应收账款所占用的资金超过了应付账款所占用的资金,即别的企业

---

① 当存货价格持续上涨时,资金被占用在存货上也会给企业带来收益,这一点在后面有解释。

占用了公司的资金,说明这个公司是个"弱势"公司。

(2)假定存货为一个常量,当一个公司的应收账款小于应付账款,其营运资本需求量是个负数,说明其应付账款占用的资金超过了应收账款占用的资金,即占用了别的企业的资金,说明这个公司是个"强势"公司。

(3)当一个公司的营运资本需求量呈上升趋势,说明其存货和应收账款增加,或应付账款减少,即自己的企业以商品存货的形式或别的企业以应收账款的形式占用其资金,导致其所需的经营资金增加,说明这个公司正在"由强转弱"。

(4)当一个公司的营运资本需求量呈下降趋势,说明其存货和应收账款减少,或应付账款增加,即自己的公司通过减少存货减少了资金占用或通过应付账款的形式占用了别的企业的资金,导致其所需的经营资金减少,说明这个公司正在"由弱转强"。

可见,一个公司 WCR 的增加无非表明三种情况:一是采购时无法享受商业信用而不得不以现金付款,导致应付账款减少或者预付账款增加;二是产品生产出来后卖不出去转化为存货,导致存货增加;三是产品卖出去了但货款没有收回,导致应收账款增加。因此,一个公司营运资本需求量的变化,也反映了该公司在与供货商、销售商之间的博弈格局中的竞争态势。

在公司实际的财务报表中,除了应收账款和存货占用资金之外,预付账款和其他应收款等科目也同样"无效"地占用了资金;而除了应付账款可以提供免费的短期资金来源之外,预收账款、应交税金等应计流动负债同样可以提供无成本的资金来源,因此,在计算 WCR 时,还应考虑这些会计科目。现实的 WCR 的计算公式(也称为小口径计算公式)可以表示为:

$$\text{WCR} = 应收票据 + 应收账款 + 预付账款 + 其他应收款 + 存货 \\ - 应付票据 - 应付账款 - 预收账款 - 其他应付款 \tag{4-3}$$

除了计算 WCR 之外,分析营运资本管理水平的另外一类指标是营运资本周转速度,即考察公司应收款、存货以及应付款的周转天数。对于应收款和存货而言,周转天数越长,意味着公司的资金被客户和采购生产部门占用的时间越长,公司的营运资本管理水平越低;对于应付款而言则相反,周转天数越长,意味着公司占用供货商资金的时间越长,公司的营运资本管理水平越高。由于这部分资金无需支付利息,因此对于公司而言相当是从供货商获得了免费的"贷款"。各项营运资本周转天数的计算公式可以表示为:

$$应收款周转天数 = 应收款/(营业收入/365) \tag{4-4}$$
$$存货周转天数 = 存货/(营业成本/365) \tag{4-5}$$
$$应付款周转天数 = 应付款/(营业成本/365)^{①} \tag{4-6}$$

公司对应收款、存货和应付款的管理最终将体现为公司对现金的管理。从现金在公司生产经营过程中的流转就可以说明这个问题。一开始,公司向供货商购买原材料,由于可以享受供货商提供的信用政策,公司只需在应付账款到期日支付货款。取得原材料的同时,公司开始生产经营,也就开始现金的创造过程。当公司把产品生产出来并赊销

---

① 在有些教材和文献中,存货周转天数和应付款周转天数的计算分别是将存货和应付款与营业收入进行比较得出。

出去后,现金直到应收款到期日才能收回(见图4-2)。因此,现金周转天数(Cash Conversion Cycle)可以表示为:

现金周转天数 = 应收款周转天数 + 存货周转天数 − 应付款周转天数　　(4-7)

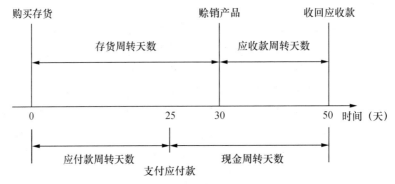

图4-2　现金周转流程图

由于存货周转天数、应收款周转天数和应付款周转天数就是现代营运资本管理中所说的"三控政策"的内容,因此现金周转天数又可以称为营运资本周转天数。它是衡量现金流转速度的重要指标。现金周转天数越短,说明现金周转速度越快,公司就可以利用越少的资金完成公司正常的生产经营活动,或者可以利用同样的资金完成更大规模的生产经营活动。

值得指出的是,在现实的某些特定情况下,库存增加并不一定是"坏事"。当预期产品的价格上升的时候,例如,2005年以来,一些战略性资源产品,包括石油、天然气、黄金、铜、钨、钼等,出现价格的持续上涨,一些地区的房地产价格也在持续上涨。在这种情况下,公司增加存货,虽然会导致营运资本需求量的上升,但由此带来的成本降低或收入增加的幅度远远超过了资金占用的成本,因此,增加存货对公司而言是一种合理的选择。

三、营运资本管理在实践中的应用

近年来,人们一直在谈论"沃尔玛现象"。零售业是个竞争十分激烈的行业,沃尔玛对营运资本的有效管理也许正好可以解释,为什么涉足零售业仅50余年的沃尔玛,其在经营上屡获成功,并成功地荣登《财富》全美500强排行榜首的位置,而涉足零售业超过100年的凯马特(K-mart),却多次申请破产保护,在1999年度《财富》价值损害型企业中名列第四,最后落得被另一零售商西尔斯(Sears)收购的命运。

现在,设想一下你作为沃尔玛的供货商或购买者与其进行交易,即供货或购货,其结果对沃尔玛的营运资本需求量的影响。首先,假设你是沃尔玛的供货商,你与沃尔玛签订了一笔销售合同,由于供货量较大,在产品质量方面,你必须符合其采购标准;在供货价格方面,你必须价格低廉;在供货计划方面,你必须按照其指定的时间和地点交货;在货款方面,则通常需要等待其完成货物销售后一段时间才能收到货款。这样,对于沃尔玛来说,是否有"应付账款"呢?显然,很多应付账款!其次,假设你是沃尔玛的购货者,你在购买你所挑选的货物后,必须先付款才能携货离开商场,你不能先携货离开商场后再付款。这样,对于沃尔玛来说,是否有"应收账款"呢?显然,没有应收账款![1] 正因如此,我们可以打个比方说,沃尔玛商场内的"客流量"实际上也是"现金流量"。从营销的角度看是客流量,而从财务管理的角度看则是现金流量!最后,请问沃尔玛是否有存货?从会计的角度来看,沃尔玛有存货。但是,从财务管理的角度看,沃尔玛的存货所占用的资金不是自己的资金,而是供货商的资金。[2] 因此,从这一意义上讲,沃尔玛没有存货,或者准确地说,沃尔玛具有物质意义上和会计意义上的存货,但没有资金占用意义上和财务管理意义上的存货。由此可见,即使假设存货是个常量,那么,沃尔玛的营运资本需求量是个"负数",而在传统的"先付款后供货"模式下,营运资本需求量是个"正数"。

表4-1和表4-2分别是沃尔玛2004—2006年的综合资产负债表和利润表。我们可以通过资产负债表来准确地计算出该公司的营运资本需求量。

表4-1　沃尔玛2004—2006年综合资产负债表　　　　单位:百万美元

项目	2004年	2005年	2006年
资产			
流动资产			
现金及现金等价物	5 199	5 488	6 414
应收账款	1 254	1 715	2 662
存货	26 612	29 762	32 191
预付费用及其他	1 356	1 889	2 557
流动资产合计	34 421	38 854	43 824
固定资产			
土地	12 699	14 472	16 643
建筑物	40 192	46 574	56 163
设备	17 934	21 461	22 750
交通工具	1 269	1 530	1 746
固定资产总值	72 094	84 037	97 302
减:累计折旧	15 684	18 637	21 427
固定资产净值	56 410	65 400	75 875
融资租赁固定资产			
融资租赁固定资产	4 286	4 556	5 578
减:累计摊销	1 673	1 838	2 163
融资租赁固定资产净值	2 613	2 718	3 415
商誉	9 882	10 803	12 188
其他资产及递延款项	2 079	2 379	2 885
资产合计	105 405	120 154	138 187
负债及所有者权益			
流动负债			
商业票据	3 267	3 812	3 754

---

[1] 沃尔玛报表中的应收款主要是对保险公司、房地产交易及因顾客刷卡消费产生的对银行等的应收款。
[2] 沃尔玛报表中的应付账款和应计负债之和大于存货的价值。

（续表）

项目	2004 年	2005 年	2006 年
应付账款	19 425	21 987	25 373
应计负债	10 671	12 120	13 465
应交税收	1 377	1 281	1 340
一年内到期的长期负债	2 904	3 759	4 595
一年内到期的融资租赁债务	196	223	299
流动负债合计	37 840	43 182	48 826
长期负债	17 102	20 087	26 429
融资租赁下的长期负债	2 997	3 171	3 742
递延税收及其他	2 359	2 978	4 552
少数股东权益	1 484	1 340	1 467
所有者权益			
普通股	431	423	417
资本公积	2 135	2 425	2 596
累计其他收入	851	2 694	1 053
留存收益	40 206	43 854	49 105
所有者权益合计	43 623	49 396	53 171
负债及所有者权益合计	105 405	120 154	138 187

表 4-2　沃尔玛公司 2004—2006 年度利润表　　　　　　　　　单位：百万美元

项目	2004 年	2005 年	2006 年
收入：			
净销售收入	256 329	285 222	312 427
其他收入	2 352	2 910	3 227
收入合计	258 681	288 132	315 654
成本及费用：			
销售成本	198 747	219 793	240 391
期间费用	44 909	51 248	56 733
经营利润	15 025	17 091	18 530
利息：			
债务利息	729	934	1 171
融资租赁利息	267	253	249
利息收入	−164	−201	−248
净利息支出	832	986	1 172
税前营业利润	14 193	16 105	17 358
税项：			
当期税项	4 941	5 326	5 932
递延税项	177	263	−129
税项合计	5 118	5 589	5 803
税后营业利润	9 075	10 516	11 555
少数股东利得	−214	−249	−324
营业外收支	193	—	—
净利润	9 054	10 267	11 231

根据公式(4-3),沃尔玛公司 2004—2006 年的营运资本需求量分别为:
2004 年 WCR = 1 254 + 26 612 + 1 356 − 3 267 − 19 425 − 10 671 = −4 141(百万美元)
2005 年 WCR = 1 715 + 29 762 + 1 889 − 3 812 − 21 987 − 12 120 = −4 553(百万美元)
2006 年 WCR = 2 662 + 32 191 + 2 557 − 3 754 − 25 373 − 13 465 = −5 182(百万美元)

可以看出,从现代营运资本管理的角度看,沃尔玛 2004—2006 年的营运资本需求量均为负数,且金额逐年增加!

沃尔玛的营运资本需求量是负数,这意味着什么?这意味着沃尔玛占用了供货商的资金进行日常经营活动。通俗地说,沃尔玛货架上和仓库里的货物并没有占用自己的资金,而是占用供货商的资金,即无本经营(Other People's Money,简称 OPM 战略)!不仅于此,像沃尔玛和家乐福这样的大型零售企业,不但以货物的形式占用了供货商的资金,而且在货物销售之后,将其收到的货款或投资于国际资本市场上一些安全的短期金融工具,所得的短期投资收益用于抵消其银行贷款利息,或用于开设新店,以进一步扩大其经营规模。①因此,从商业博弈的角度来看,沃尔玛在商业博弈格局中处于强势或有利地位。

从各项营运资本的周转速度我们同样可以发现沃尔玛在这种商业博弈中的强势地位。借助其资产负债表和利润表,我们考察了沃尔玛各项营运资本的周转天数(见表4-3)。可以看出,由于沃尔玛这种大卖场采用的是"一手交钱,一手交货"的售货方式,其应收账款金额极小,应收账款周转天数也很短,只有 3 天左右;其次,其存货的周转速度也相当快速而且稳定,周转天数只有不到 50 天的时间;第三,由于沃尔玛在与供应商的合作中处于强势地位,可以获得超过 1 个月的应付账款周转天数,因此,沃尔玛大可利用这段时间销售产生的现金流量来支付货款。综合以上因素,沃尔玛的现金周转天数基本稳定在半个月左右的时间,换句话说,沃尔玛可以将 1 元钱的现金在 1 年时间内反复使用 24 次,相当于 24 元所产生的经营效益。不仅如此,从 2004—2006 年现金周转天数的变化来看,沃尔玛甚至还有进一步提高现金流转速度、压缩现金周转天数的趋势。

表 4-3　沃尔玛 2004—2006 年度各项营运资本周转天数　　　　　　　　　　单位:天

项目	2004 年	2005 年	2006 年
存货周转天数	48.87	49.42	48.88
应收账款周转天数	1.79	2.19	3.11
应付账款周转天数	35.67	36.51	38.53
现金周转天数	14.99	15.10	13.46

有人认为沃尔玛是"价格屠夫"(Price Killer),沃尔玛占用供货商资金的这种大卖场经营模式极大地伤害了消费品制造商,导致消费品制造商成为"夹心饼干"!也有人认为沃尔玛这种经营模式给消费者带来实惠!当然,也有人担心长期以往,沃尔玛这种经营模式将零售业(下游产业)的风险转嫁给制造业(上游产业),加大消费品制造业的风险,

---

① 实际上,沃尔玛更多选择后面一种做法。

不利于消费品制造业的健康成长！然而,问题是,为什么沃尔玛可实行无本经营呢？为什么沃尔玛能够改变零售业的游戏规则,将"先付款后供货"扭转为"先供货后付款"呢？究其原因,主要有以下几点：

第一,市场控制。沃尔玛捷足先登,在全区、全国、全球选择城市和地点,合理有效地布局商场,大面积覆盖市场。截至 2004 年年底,沃尔玛在全世界拥有超过 5 000 家的商店,销售额达到 2 563 亿美元。

第二,可以复制的经营单位。沃尔玛在全球各地的销售网点及其管理模式具有相似性和可复制性,可连锁经营,管理成本低。

第三,品牌效应。沃尔玛的商品品种齐全、质量保障、物美价廉、服务较好。"一站式"的购物理念使其商品能够满足顾客的各种喜好,"天天平价"策略令其拥有巨大的客户资源,"三米微笑原则"使顾客高兴而来、满意而归。

第四,超强的物流配送体系。沃尔玛建立了自己强大的物流采购系统和配送中心,由供应商将商品集中送到配送中心,再由公司统一接收、检验、配货、送货,这些现代化的管理系统不仅保障了全球各个网点的商品销售,而且节约了大量成本。

早年的沃尔玛,不仅做到"无本经营",还做到"无本赚息",即利息收入抵付利息支出后还有结余,财务净费用为负数。近年来,沃尔玛也有可观的利息收入,但利息支出大于利息收入,财务净费用为正数。类似沃尔玛经营模式的国际家居连锁销售巨头宜家(IKEA)[①],国内家电连锁销售巨头苏宁,近年来其财务费用则一直为负数,可谓"无本经营,无本赚息"。

第二节　现代营运资本管理核心——"三控政策"

既然现代营运资本管理追求"零营运资本",甚至是"负营运资本",那么,公司就必须从应收款、存货和应付款这三个方面着手：在销售环节严格控制应收款,尽量减少应收款的数量,缩减应收款的回收时间；在采购环节严格控制应付款,尽量增加应付款的数量,并合理延长付款时间[②]；在生产环节严格控制多余或不必要的存货,尽量减少存货的库存数量,并加快库存周转速度。这就是所谓的"三控政策"。"三控政策"是现代营运资本管理的核心,"三控政策"执行情况的好坏,将直接影响营运资本的需求量,从而影响公司现金的创造能力。

---

① 见本章《思考与练习》之"微型案例分析"。
② 我们这里说的尽量延长应付款的付款时间,是在供货方没有提供现金折扣的前提下。如果供货方提供合适的现金折扣,则应该提前支付应付款以获得现金折扣。

一、控制应收账款

在商业活动中,产品的买卖可以"一手交钱,一手交货",也可以"先收款后交货",或者"先交货后收款"。第一种交易方式属于现金交易,钱货两清,一般出现在很多小商品交易市场中;第二种交易方式会产生预收预付款,一般发生在销售方比较强势或销售产品供不应求的情况下;最后一种交易方式才是应收账款产生的根源之所在,它允许购货商赊购商品,即在收取货物后的一段时间内付清款项。

在现代经济活动中,赊销赊购已经非常普遍。一般情况下,公司放宽其赊销政策(也就是信用政策),可以在一定程度上提高产品的销售数量,从而提高公司的业绩水平;但同时,赊销政策的放宽,将会造成资金在应收账款的滞留,丧失这部分资金的盈利能力,甚至可能增加公司的坏账损失。因此,公司应权衡二者之间的关系,使得放宽信用政策带来的效益高于其产生的成本,否则,公司应宁愿保持谨慎的信用政策。具体而言,信用政策主要包括信用条件、信用标准和收款政策三项内容。

(一) 信用条件

当销售商准备提供信用政策给购货商时,应首先考虑允许购货商赊购多少商品、赊购多长时间、享受多少现金折扣,这些就是信用条件要研究的问题。

1. 信用期限

信用期限是指客户从收货到付款的时间跨度。信用期限越长,表明购货商可以延迟支付其货款的时间就越长。对于购货商而言,可以将原本需要立即支付的资金先投资于短期融资工具,获得一定的投资收益,然后再支付给供货商;对于供货商而言,原本可以立即收到货款,但由于允许购货商延迟付款,这部分资金就只能被应收账款占用,无法用于其他盈利项目。

尽管信用期限的延长会给供货商造成应收账款的增加及收款期的延长,但其带来的好处是能给供货商带来更多的订单和更大的销售量。因此,是否决定延长信用期限,应在比较供货商因此得到的收益与付出的成本之后,才能做出决定。

举例说明,M公司是一家家具生产商,其最初的销售方式是现金交易,即"一手交钱,一手交货"。现在,A公司提出要求享受"$N/30$"的信用期限,并在得到信用期限的同时,将购货量从原来的500件增加到600件。相关的资料如表4-4所示。

表4-4 M公司对A公司的前后信用期限对比

项目	调整信用期限前	调整信用期限后
销售单价(元)	10 000	10 000
销售数量(件)	500	600
单位成本(元)	6 000	6 000
坏账率(%)	0	5

假设 M 公司的银行贷款利率为 4%,那么 M 公司通过向 A 企业提供 30 天的商业信用来促销的做法是否合理呢?对于这一问题,可以用以下两种方法来比较信用期限调整的结果。

方法一:计算信用期限调整后的净现值,并比较调整前的净现值。

调整后的净现值 = $\dfrac{10\,000 \times 600 \times (1-5\%)}{1+4\% \times 30/365} - 6\,000 \times 600 = 2\,081\,321$(元)

调整前的净现值 = $10\,000 \times 500 - 6\,000 \times 500 = 2\,000\,000$(元)

方法二:计算信用期限调整后的资金收益率,并与公司银行贷款的资金成本进行比较。

调整后的资金收益率要满足:

$$\dfrac{10\,000 \times 600 \times (1-5\%)}{1+k \times 30/365} - 6\,000 \times 600 = 10\,000 \times 500 - 6\,000 \times 500$$

得到年资金收益率 $k = 21.73\% > 4\%$

由于延长信用期限后的净现值高于延长信用期限前的净现值,且延长信用期限后的资金收益率高于公司银行贷款的资金成本,因此,M 公司应满足 A 公司要求的信用期限。

2. 现金折扣

所谓"现金折扣",是指公司为了鼓励客户提前付款而承诺给予客户一定比率的折扣。该现金折扣的比率一般高于客户的银行贷款利率。这样,对客户而言,有动力筹集资金提前偿还货款;对公司而言,虽然支付了一定的利息成本,但提前收到货款,一方面可以加速资金的周转,提高资金的使用效率,另一方面,可以省却了催收债务需要花费的成本及可能出现的坏账损失,可谓是"双赢"的结果。

现金折扣一般会规定折扣率和折扣期限,越快付款,购货商享受的现金折扣率就越高;到一定期限之后再付款,购货商就不能享受现金折扣。

对于供货商而言,设定现金折扣率和折扣期限,要考虑其带来的收益和成本,只有当提供现金折扣给企业带来的收益高于其付出的成本,提供现金折扣才有利可图;对于购货商而言,是否享受供应商提供的现金折扣,同样也要进行成本效益分析。只有当现金折扣率高于购货商的资金成本(通常情况下是购货商的银行贷款利率)时,购货商才会提前付款。

假设 W 公司的年赊销额为 1 000 万元,原来给予其购货商的信用条件为"$N/30$",为了提高其资金周转速度,现 W 公司计划将提供现金折扣,将信用条件改为"$2/10, N/30$",信用条件变更对 W 公司的销售影响不大。W 公司估计有 70% 的客户会选择该现金折扣,W 公司的资金使用回报率为 10%,收账费用与坏账损失占全年赊销额的比重分别从 5% 和 3% 下降至 3% 和 2%。现在,我们来分析信用条件变更后,W 公司的各项成本和效益:

提前收到货款形成资金产生的收益:$1\,000 \times 70\% \times 10\% \times \dfrac{30-10}{365} = 3.84$(万元)

收账费用减少产生的收益:$1\,000 \times 5\% - 1\,000 \times 3\% = 20$(万元)

坏账损失减少产生的收益:$1\,000 \times 3\% - 1\,000 \times 2\% = 10$(万元)

现金折扣支付的成本:1 000×70%×2%=14(万元)
信用条件变更产生的净收益:3.84+20+10-14=19.84(万元)
因此,W公司应该变更其信用条件。

(二) 信用标准

对所有客户提供相同的信用条件是一种粗放式的管理模式,在现代化管理系统发达的今天,应有更加细致的管理,即根据客户的信用标准(Credit Standard),授予不同客户不同的信用条件。对信用标准高的客户,公司可以授予较高的信用额度及较长的信用期限;对信用标准低的客户,则授予较低的信用额度及较短的信用期限。

如何评价客户的信用等级呢？通常按照"5C"原则来进行评价,即品德(Character)、资本(Capital)、能力(Capacity)、担保(Collateral)和状况(Condition),"5C"原则概括了客户资信标准的五个重要方面。

(1) 品德指客户在生产经营活动中的品行与道德,其代表了客户按时、足额偿还债务的意愿。品德是衡量客户信用标准的首要因素,不讲诚信甚至是道德败坏的公司,即便其具有良好的还款能力,也仍然会寻找各种借口拖延其履行还债的义务,甚至欠债不还。在我国,不乏这种公司的存在。随着我国征信体系的不断完善,公司可以通过中国人民银行的征信系统来了解客户的信用记录,分析判断客户的声誉及品德。

(2) 资本指客户的资本实力对其债务的保障程度,通常用客户的净资产来衡量。正常情况下,净资产较大的公司比净资产较小的公司有更为雄厚的资金实力,这为其按时足额偿还债务提供了更为有效的保障。

(3) 能力指客户的盈利能力及其现金流量的状况。一般而言,具有正常的资产流动性、良好的盈利能力及稳定的经营性现金流量的公司,其对应付账款的偿付能力也相对较高;而资产流动性较差、盈利能力较低、现金流量不稳定的公司,其对应付账款的偿付能力也较低。

(4) 担保指客户违约时公司债权资产的受保护程度。当公司对客户的信用记录不了解时,可能要求客户提供一定的资产作为担保或抵押,用于保证债权资产的安全。即便无需客户提供担保或抵押,公司对客户的资产抵押担保情况也应该有一定的了解,一旦发现客户的大量资产已用于抵押或担保,公司就应该立即收缩对其的信用政策,避免在客户违约时公司债权血本无归。

(5) 状况指宏观经济环境对客户偿债能力可能产生的影响。当宏观经济运行平稳,公司经营业绩向好之时,客户的偿债能力一般能够得到较好的保证;而当宏观经济出现波动,如整体行业的不景气,通货膨胀严重,甚至出现金融危机或经济危机的时候,有些客户的偿债能力也会受到一定的影响。美国次级债危机就导致了许多公司出现财务危机,甚至有些公司以破产收场。

在分别对以上五个方面的资信标准进行评判之后,公司应根据一定的方法对客户的信用等级作一个综合的评定,并根据这个综合的评定结果作出最后的决策。

(三) 收款政策

应收账款发生以后,公司不能坐等购货商主动还款,而应采取积极的措施,加速资金的回流。公司应随时关注客户偿债能力的变动,全面分析应收账款的可收回情况,并及时采取相应的法律措施,积极保全公司的债权资产。

首先,应关注客户偿债能力的变动。主要体现在对客户相关的偿债能力指标的分析,如流动比率、速动比率、利息保障倍数、本息保障倍数等指标,通过对这些指标的综合分析判断客户的偿债能力。

其次,要全面分析应收账款的可收回情况,包括应收账款的周转情况、应收账款的账龄分布情况,并根据应收账款的实际可收回情况及时、足额计提坏账准备。

最后,根据分析的结果,对可能出现的坏账,一方面根据会计的谨慎性原则,应及时足额计提坏账准备;另一方面,公司也应采取积极的债权保全措施,如向客户发送催收通知书,委派专人或专门的收款机构上门催收,甚至通过法律诉讼等渠道,尽量将损失减少到最低。

(四) 应收账款控制在实践中的应用

实践中,应收账款控制的好坏能够直接影响公司的绩效,四川长虹公司就是一个非常典型的案例。由于国内家电行业的竞争日益激烈,长虹的净利润从1998年的17亿元急速下降到2000年的不足3亿元,每股收益从0.877元下降至0.127元,净资产收益率从16.34%下降至2.08%(见表4-5)。为了摆脱困境,长虹于2001年开始将注意力转移到海外市场。为迅速打开海外市场,长虹与当时名不见经传的APEX公司开展合作,由长虹为APEX贴牌生产家电产品。从2001年开始,长虹的出口销售有了大幅度的增长,出口收入从2000年的6 500万元猛增到2001年的7.76亿元,再飙升到2002年的55亿元。出口收入的剧增虽然使得长虹的短期盈利能力有所改善,但从报表上看,长虹的每股经营活动产生的现金流量并没有增加,反而急速下降,并于2002年达到每股1.37元的经营活动现金净流出。此外,长虹对APEX的应收账款也几乎随着其出口收入的提高而加速增加。2001年,长虹对APEX的应收账款为3.46亿元人民币,占其出口收入总额的45%;2002年,对APEX的应收账款飙升到38.3亿元人民币,占其出口收入总额的近七成;到2003年,长虹对APEX的应收账款继续增加,达到最高的44.47亿元,其占出口收入总额的比例也提高到88%。对APEX信用额度的放任最终使得长虹吞下了巨额坏账的苦果。2004年,长虹在年报中披露了巨幅亏损,亏损额达到惊人的36.81亿元人民币,这一亏损不仅意味着长虹出口政策的彻底失败,而且使得其过去多年积累的经营成果化为乌有。而导致这一亏损的最主要原因,就是对APEX应收账款的无法收回,直接反映为长虹2004年度的坏账准备高达26亿元人民币(见表4-6)。

表 4-5　长虹公司 1998—2004 年盈利情况表

年份	1998 年	1999 年	2000 年	2001 年	2002 年	2003 年	2004 年
净利润(亿元)	17.44	5.11	2.74	0.89	1.76	2.42	-36.81
每股收益(元)	0.877	0.236	0.127	0.041	0.081	0.112	-1.701
ROE(%)	16.34	3.96	2.08	0.92	1.36	1.85	-32.59
每股经营现金流量(元/股)	1.11	1.41	1.05	0.63	-1.37	-0.34	0.35

表 4-6　长虹公司 2001—2004 年海外销售及应收账款情况表

年份	2001 年	2002 年	2003 年	2004 年
出口收入(亿元)	7.76	55.41	50.38	28.71
应收账款(亿元)	28.83	42.24	50.84	47.85*
其中:应收 APEX 款项(亿元)	3.46	38.30	44.47	38.39
坏账准备(亿元)	0.02	0.33	0.98	26.05

* 该数字为当年计提坏账准备前的应收账款总额。

是长虹对 APEX 的信用等级不了解,还是长虹太相信自己对 APEX 还款能力的判断而忽视评级机构的专业分析报告,我们在此无从辨别。但从事后《财经》杂志的分析来看,APEX 的信用等级并非无法获得。世界著名的商业信息服务机构——邓白氏国际信息咨询公司从 2001 年到 2003 年年底,对 APEX 的信用等级评价一直不高,其给 APEX 的信用评级多为 3A4。3A 指的是该公司的净资产在最高级别为 5A 中的排位,而 4 则是风险评级中最高的一级(1 到 4 级,表示信用风险由低到高)。根据该公司的评估,APEX 的资产净值最高不过 600 万美元左右,这一评级代表着非常高的信用风险。[①] 向如此高风险等级的客户提供如此巨大的信用额度,也反映出长虹内部信用政策的彻底失败。

为了避免长虹公司惨痛教训的再次发生,公司可以从以下几方面加强应收账款的管理:

第一,高度重视信用政策的重要性。管理层应制定合理的信用政策,严格落实到每个客户身上,保证每一笔应收账款的发放都符合相关的审查程序。我国现阶段的社会信用仍然不高,特别是商业领域的信用,更是刚刚起步。邓白氏公司于 2004 年 2 月至 4 月对中国内地企业的调查结果显示,中国内地制造业企业平均应收账款周转天数为 48 天、贸易业为 61 天,服务业为 105 天,不仅高于欧美市场,也高于中国的香港和台湾地区。商务部的一项调查显示,中国出口企业的海外应收账款至少超过 1 000 亿美元,相当于中国 2004 年出口总额的五分之一,而且这个数字还在以年均 250 亿美元的净值增加。如果不加强信用政策的管理,这些应收账款不仅将导致无效的资金占用,甚至很可能转化为公司的坏账损失。

第二,通过各种渠道收集客户的信用情况,掌握其信用资料。一方面可以根据客户在过往交易的还款记录建立信用资料库;另一方面,也可以借助独立的信用等级评价机构等中介机构,获得供货商及客户的信用等级评价指标。在综合考虑客户各方面信用水

---

① 引自"APEX 的信用记录",《财经》2005 年第 1 期。

平的基础上,授予客户合适的信用额度。

第三,做好放宽信用政策的利弊分析。通过前面的分析我们知道,一般而言,适当放宽公司的信用条件(包括信用额度和信用期限等),有利于提高公司产品的销售量,但同时也增加了公司的应收账款。应收账款不仅无偿占用了公司的资金来源,增加了催收的成本,而且还可能导致坏账的产生。因此,只有当放宽信用条件产生的综合收益高于由此引发的综合成本,该政策才有利可图。公司千万不能为了提高短期的盈利能力而放松对信用条件的控制。

第四,合理控制应收账款的集中度,尽量避免对一家或数家公司的授信额度过大。应收账款的集中度过大,表明公司对某一家客户或某几家客户的依赖程度过大,一旦发生坏账,将在很大程度上影响公司的经营业绩。公司应尽量降低或摆脱对某个客户的依赖度,把应收账款这些"鸡蛋"尽可能多地分散在不同的"篮子"里。

二、控制存货

(一) 存货管理的目标

存货是公司一项重要的流动资产,也是营运资本管理的一个重要环节。对于制造商而言,不仅需要准备原材料用于产品的生产,而且通常也需要储备一定的产成品用于销售。由于产品可能随时间的变化或消费者偏好的变化而出现销售量的变化,因此,控制存货的合理数量,加快存货的流动速度,是制造业公司保持竞争力的重要手段。根据Wind 数据库的统计(见表4-7),2010 年中国制造业上市公司的总存货超过1 万亿元人民币,占制造业上市公司流动资产的30%以上,占总资产的17%。存货管理的重要性可见一斑。

表4-7　2006—2010 年中国制造业上市公司存货情况统计表

	2006 年	2007 年	2008 年	2009 年	2010 年
存货(亿元)	5 491.11	7 204.43	8 547.06	9 438.77	12 481.54
流动资产(亿元)	15 765.71	20 905.43	24 069.32	29 341.74	40 034.96
总资产(亿元)	32 457.69	41 237.61	48 389.80	57 746.47	72 793.91
存货占流动资产比重	34.83%	34.46%	35.51%	32.17%	31.18%
存货占总资产比重	16.92%	17.47%	17.66%	16.35%	17.15%

资料来源:根据 Wind 数据库整理。

那么,存货应如何管理呢? 首先,应关注存货管理的主要成本构成。除了存货自身的价值外,与存货相联系的主要成本包括持有成本和短缺成本。前者主要是指持有存货需要支付的直接和间接成本,具体包括:① 仓储及保管成本;② 由于过时、损毁或保管不当等原因导致的存货损失与减值;③ 持有存货产生的机会成本。后者主要是指当存货出现不足时需要支付的成本,具体包括再订货成本、因存货不足引起的销售损失或公司信誉受损。

存货持有越多,需要支付的持有成本就越高,而短缺成本就越低;存货持有越少,则需要支付的短缺成本越高,持有成本就越低。存货管理的目标就是通过有效控制存货数量、加快存货周转速度等手段,在持有成本与短缺成本之间寻找平衡点,最终使得公司持有存货的总成本最小化。

(二) 存货管理的主要模式

既然存货管理的目标是持有存货的总成本最小化,那么,有哪些方法可以降低持有存货的成本呢?下面将介绍四种存货管理模式。

1. ABC 分类管理模式

对于一些中小企业而言,其存货的品种繁多且数量巨大,如果对每一种存货都采用详细的管理,不但浪费人力、物力和财力,还可能抓不住管理的重点,造成"捡了芝麻,丢了西瓜"的结果。在这种情况下,可以采用 ABC 分类法对存货进行简单而有效的管理。将存货分成三组:数量少但价值高的存货归为一组,数量多但价值低的存货归为一组,其他存货归为一组。管理的重点倾向于价值高的存货组。如图 4-3,尽管 A 组存货数量仅占存货总量的 10%,但其价值却占存货总价值的 60%,因此,对 A 组存货应加强管理。一方面加强对其存放地点、存放方式等的管理,尽量减少或避免因管理不善而造成的存货被盗或损毁,同时也应严格控制该组存货的数量,防止因过时等因素造成不必要的减值损失。对于 C 组存货,则可以采用相对简便的方法加以管理和控制。

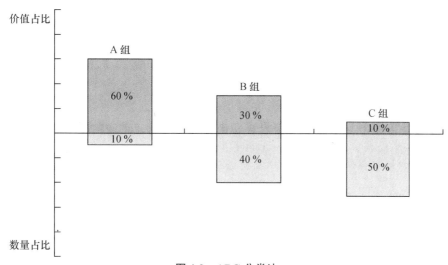

图 4-3　ABC 分类法

ABC 分类法在应用中可以分为以下主要步骤:

(1) 将公司各种存货的年均消耗量乘以其单价,计算出各种存货的年均消耗总量及总金额。

(2) 对各种存货消耗的总金额大小按顺序排列,并分别计算各种存货的消耗量和消耗金额占总存货消耗量和消耗金额的比重。

(3) 对消耗金额适当分段,计算各段中各项存货消耗量占总消耗量的比重,分段累计消耗金额占总金额的比重,并根据一定的标准划分成 ABC 三类。

(4) 对不同类别的存货采取不同强度的管理模式,重点加强对 A 类存货的管理。

2. 经济订货量模型(Economic Order Quantity, EOQ)

经济订货量模型假定持有存货的总成本由持有成本和再订货成本组成。由于持有成本随存货的增加而上升,而再订货成本随存货的增加而下降,因此存在最优的订货量 Q^*,使得持有存货的总成本最低,见图4-4。

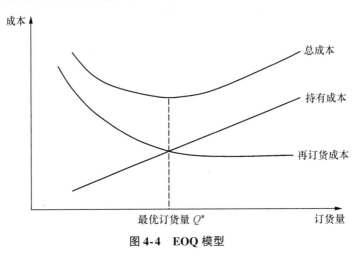

图 4-4 EOQ 模型

假定存货在整个营业周期内被均匀地消耗掉,公司在期初持有存货量为 Q,随着存货的消耗,存货量逐步下降为零;此时,公司再次购入 Q 的存货,反复如此,可以得出公司在整个营业周期的平均存货持有量为 $Q/2$。再假设,公司总的存货需求量为 T,存货的单位持有成本为 C,每次订货需要支付的固定成本为 F,那么,持有存货的总成本如下:

$$总成本 = F\frac{T}{Q} + C\frac{Q}{2} \tag{4-8}$$

就公式(4-8)对 Q 求一阶导数,并令一阶导数为零,可以得到使总成本最低的存货订货量,即每次最优的存货订货量 Q^*,表示为:

$$Q^* = \sqrt{\frac{2FT}{C}} \tag{4-9}$$

从公式(4-9)可见,最优的存货订货量受存货总需求量 T、再订货成本 F 及持有成本 C 的影响。存货总需求量和再订货成本越高,最优存货订货量越高;而存货的持有成本越高,最优存货订货量应越低。

例如,某企业 A 材料的年需求量为 2 000 吨,该材料购入价格为每吨 500 元,单位订货成本为 400 元/吨,单位储存成本为 40 元/吨,那么 A 材料的最优订货量为:

$$Q^* = \sqrt{\frac{2 \times 2\,000 \times 400}{40}} = 200(吨)$$

此时,该企业的存货持有的总成本最低,为:

$$总成本 = 400 \times \frac{2\,000}{200} + 40 \times \frac{200}{2} = 8\,000(元)$$

3. 即时存货管理模式(Just-in-time Inventory, JIT)

即时存货管理模式又称为零存货管理模式,最早产生于日本的丰田汽车公司,并将丰田汽车公司推向了世界汽车业的领先行列中。

JIT模式可以用于原材料的采购环节和产品的生产环节。在采购环节,其核心思想是严格根据生产的需求采购各种原材料及零部件,尽可能减少不必要的存货储备。JIT模式要求公司与供应商保持高度的协作,当公司收到产品订单时,供应商能够立即向公司提供所需的原材料及零部件,公司根据订单生产出合格的产品之后立即发货给客户,尽量缩短存货在公司的存放时间;而当公司没有产品订单时,则不需要储备原材料及零部件。该模式在减少存货持有量的同时,还能赢得供应商的价格折扣,但由于频繁的采购,也会增加一定的订货成本及运输成本。

在生产环节,其核心思想是以接到的实际订单来驱动产品生产,尽量减少产成品及在产品在仓库的滞留。JIT模式将传统生产过程中前道工序向后道工序送货,改为由后道工序向前道工序取货,以拉动式生产来持续降低在产品和产成品的库存水平。

JIT模式可以大幅度降低存货的库存量,但由于其十分复杂,实施起来需要长时间周密的计划和准备,同时要求企业有先进的计算机信息管理系统作为辅助。不仅如此,由于JIT模式将库存的包袱转嫁给供应商,这就要求供应商必须随时保持很高的库存水平和生产能力,以适应公司的采购需求。因此,JIT模式更适用于现代化的大型制造业企业。

戴尔公司是JIT模式的一个非常典型的案例。戴尔电脑公司成立于1984年,其核心战略就是通过在计算机贸易杂志上做广告以及公司发放产品目录来向客户直销。戴尔根据订单实施生产使其保持了很低的存货余额,直接使戴尔公司的存货周转天数相比较其他电脑公司而言更低(见表4-8)。

表4-8 戴尔与其他电脑公司的存货周转天数比较

项目	Acer		Apple		HP		Lenovo		Dell	
	2007	2006	2007	2006	2007	2006	2008	2007	2008	2007
存货(百万美元)	1 043	796	346	270	8 033	7 750	472	358	1 180	660
成本(百万美元)	12 786	10 132	15 852	13 717	78 887	69 427	13 902	12 554	49 462	47 904
存货周转天数(天)	29.77	28.68	7.97	7.18	37.17	40.74	12.39	10.41	8.71	5.03

4. 供应商管理模式(Vendor Managed Inventory, VMI)

供应商管理模式是指将某种存货的管理委托给其供应商负责,并将公司内部该存货的库存、销售、生产等信息与供应商共享,由供货商协助公司更好地降低存货的成本,进而提高公司的利润。VMI模式假定供货商比公司更熟悉该存货的各种特性及管理、营销方式,并且供货商具有良好的商业道德。

沃尔玛就是该模式的创始者和最大的受益者。为了加强对帮宝适婴儿纸尿布的存货管理,沃尔玛与该产品的供货商——宝洁公司合作,由后者对该产品的进货时间、数量等进行分析研究,并提出合适的建议。作为回报,宝洁公司成为沃尔玛的首选供应商,并在其零售店内拥有更多、位置更好的货架。由于沃尔玛将关于该产品的资料与宝洁公司共享,加上宝洁公司拥有对该产品更专业的管理经验,使得沃尔玛能够保持合适的存货水平,提高了该产品的管理效率,降低了该产品的管理成本。

在初尝 VMI 存货管理模式的甜头后,沃尔玛迅速推广了该管理模式的应用,并与多家供应商签订类似的管理协议,大幅度提高了其存货管理的效率。

VMI 管理模式的应用同样受到一定的限制。例如,当交易双方缺乏信任,或不愿意分享产品的各种信息,或供应商缺乏相应的管理能力时,VMI 模式的应用就会受到很大的影响。不仅如此,VMI 模式由于存在采购商和供应商的委托代理关系,还可能产生信息不对称和道德风险,最终导致双方合作的失败。因此,VMI 模式的使用应充分考虑各种可能的风险。

在实践中,VMI 管理模式通常应用于制造商与其上游原材料供应商,或者制造商与其下游产品批发商,或批发商与零售商之间的合作中。

(三) 存货管理模式的比较分析

通过对以上几种存货管理模式的分析比较,可以发现,ABC 法的存货管理模式最为简单,但也最为粗糙。它强调对少数高价值存货的严格管理,但并没有提出具体的管理方式。该方法适合规模小、存货类别多的公司。

EOQ 的存货管理模式相对 ABC 法的管理模式而言,更强调对存货成本及存货持有量的控制。但由于其假设条件比较理想化,如存货匀速消耗,与现实存在一定的冲突,因此,在使用该管理模式的同时,应结合公司的实际情况对其中的假设条件进行适当的修正,以满足实际管理的需要。

而后两种存货管理模式则更加广泛地运用于现代化的大型公司当中,二者的共同点是:要求公司具有现代的管理理念、高度自动化的管理系统以及各部门之间的互相配合,并且能够与符合其管理要求的供应商开展紧密的分工合作。二者的不同点在于:JIT 模式更多地应用于制造业的公司,而 VMI 模式则更多地应用于批发零售业的公司;此外,JIT 模式对供货商的要求倾向于其供货的及时性和可靠性,而 VMI 模式则要求供货商协助公司开展对产品的科学有效管理。

(四) 存货控制在实践中的应用

实践中,存货控制对企业具有十分重要的意义,对于电子类产品的制造商来说更是如此。一方面,电子产品的更新换代速度很快,在两三年或更短的时间内,一款新的产品就很可能被淘汰。以手机为例,从最早的大哥大,到彩屏手机,再到音乐手机、摄像手机,以及现在包括彩屏、音乐、摄像等多功能一体化的智能化手机的推广,前后仅仅用时不到10 年。因此,没有对存货的合理控制,将使公司的存货因过时、贬值等因素而出现亏损,从而降低公司的利润。

夏新电子股份有限公司(以下简称"夏新电子",股票代码:600057)就是一个很好的例子。夏新电子是我国一家主要生产声像电子产品及其他电子产品的公司。2001 年以前,夏新电子的主要产品是激光影碟机,其产品收入占据主营业务收入的六成以上。然而,由于家电行业的激烈竞争,公司在2001年度亏损了7 825万元。从2002年起,公司转变了经营思路,将公司主业转移到移动通信产品领域,凭借在中高端手机市场的成功定位,使公司手机的款式、功能、信号、环保、个性化等方面在众多品牌中脱颖而出,并成为2002年手机市场的热卖产品,2002年手机销售达200万台,净利润达到6亿元(见表4-9)。

表4-9 夏新电子2001—2008年有关财务指标情况　　　　　　　　　单位:亿元

项目	2001年	2002年	2003年	2004年	2005年	2006年	2007年	2008年
存货	8.08	9.72	15.13	18.06	15.87	14.46	12.00	4.99
总资产	15.84	27.62	43.48	42.89	42.67	42.93	30.25	15.88
存货占总资产比重	51%	35%	35%	42%	37%	34%	40%	31%
净利润	-0.78	5.66	6.14	0.11	-6.58	-0.84	-8.79	-7.54

然而,夏新电子仅仅经历了2002和2003两年的辉煌。由于公司没有准确预测到手机行业的激烈竞争以及公司产品竞争力的下降,公司没能有效地控制存货的数量,而是仍然进一步增加存货,从2002年末的不到10亿元快速增加到2003年末的15亿元,由此造成的后果是产品要么销售不出去,要么只能低价促销,导致2004年末公司的存货累计为18亿元,公司的净利润却一泻千里,跌到只有区区1千万左右。而到了2005年,公司更是出现了6.58亿元的巨额亏损。此后,夏新电子再也没能扭转颓势,在2006—2008年连续3年出现亏损,并于2008年因资不抵债和丧失持续经营能力导致公司现金枯竭,无力偿还债权人债务而被迫申请破产保护。

夏新电子的教训告诫我们,公司在通过扩大生产规模降低成本的同时,应考虑到产品的市场需求以及消费者对产品的消费偏好是否发生改变等因素。否则,公司即使降低了产品的单位成本,但由于产品销售不出去,积压在仓库中,不仅将导致存货对营运资本的无效占用,影响资金的周转能力,还将导致存货发生跌价损失,降低公司的盈利能力。

此外,由于存货控制涉及从采购、生产到销售的整个生产经营过程,且数量多、品种杂、出入库频繁,因此,应强化采购环节的管理,建立完善的存货管理制度,定期对存货加以盘点,保证存货的真实完整,具体措施包括:

第一,加强采购环节的控制。公司应根据所需原材料的品种和数量,选择合适的供货商,或建立长期、互惠互利的战略合作伙伴关系,实现供应渠道的畅通和原材料成本的降低;或采取公开招标的方式,在保证原材料质量的前提下,实现成本的最小化。

第二,建立完善的存货管理制度。公司应建立一套有效的存货管理制度,包括制定合理的存货计价方法,明确购货、付款、销售、保管等各种不同岗位的职责,建立严格的产品出入库制度等,通过严格的管理制度来提高存货的日常管理水平。

第三,定期盘点存货。公司应每年定期对库存存货的数量、品种等进行实物盘点,并与账面数核对,保证存货的账实相符。同时,应对存货的品质进行检查,特别是对于长期闲置和陈旧的存货,应根据其质量和市场价值等因素,判断是否应该计提存货减值准备,以保证存货的真实可靠。

三、控制应付款

公司在采购原材料或接受劳务时,需要支付相应的货款。有的供货商可能允许公司以应付款的形式采购原材料,而有的供货商则会要求公司以现金支付货款,还有的供货商则要求公司支付预付款才能购买原材料。对供货商而言,越快收到货款越好,而对购货商而言则相反,应付款金额越大,付款时间越长,对购货商越有利。购货商可以充分利用这些免费的资金来源,或者用于短期融资工具的投资,或者用于公司的经营周转,从而提高营运资本的使用效率。因此,应付款的控制应通过增加应付款的金额、延长付款时间等手段,来延长应付款的周转天数。但是,公司有可能为了满足对应收款和存货的控制,或者为了节约财务费用等目标而不得不在一定程度上牺牲对应付款的控制。

(一) 应付款的成本收益分析

很多人会问,应付款不就是到期付款吗？它只会给公司带来免费的使用资金的收益,怎么会有成本呢？这种说法也对,也不对。当供货商没有提供现金折扣时,应付款没有成本,只需在到期日支付货款即可;但是当供货商提供了现金折扣,如果公司仍然直到到期日才付款,那么公司就损失了获得现金折扣的"收益",这就是应付款的"机会成本"。

考虑这样一个例子,WPP 公司提供的赊销政策是"2/10,N/30"。D 公司向 WPP 公司购买原材料价值 300 万元。如果 D 公司在 10 天内付款,将得到 2% 的现金折扣;如果 D 公司选择在 30 天内付款,则必须全额支付货款。假设 D 公司能获取的银行贷款利率为 8%,那么 D 公司应该选择在什么时间支付货款呢？

公司在选择是否获得现金折扣之前,首先要明确的一点是,无论是否选择现金折扣,公司都应该尽量在规定的最后一天付款,以使公司最大限度地获得免费使用这部分资金的权利。因此,如果公司选择获得现金折扣,则应该在第 10 天付款;如果公司选择放弃现金折扣,则应该在第 30 天付款。

当公司选择了现金折扣,它能够得到的收益就是折扣的金额,即

$$300 \times 2\% = 6(万元)$$

与此同时,公司原本可以使用这笔资金 30 天,而现在只能使用 10 天,因此,公司损失了这笔资金 20 天的免费使用权。为了获得同样金额、同样期限的资金使用权,公司需要支付 300 万元银行贷款 20 天使用权的成本,即

$$300 \times 8\% \times 20/365 = 1.32(万元)$$

比较获得现金折扣的成本和收益之后,公司选择现金折扣能够获得的净收益为:

$$6 - 1.32 = 4.68(万元)$$

因此,公司应该选择在第 10 天支付货款,以获得现金折扣。

还有另外一种方法可以用来决定是否获得现金折扣,即计算放弃现金折扣所支付的成本,计算公式如下:

$$\text{放弃现金折扣的成本} = \frac{\text{折扣率}}{1-\text{折扣率}} \times \frac{365 \text{ 天}}{\text{信贷总期限} - \text{折扣期限}} \quad (4\text{-}10)$$

根据本例的数据,D 公司放弃现金折扣的成本为:

$$\frac{2\%}{1-2\%} \times \frac{365}{30-10} = 37.24\%$$

而 D 公司支付银行贷款的成本仅为 8%,远远小于放弃现金折扣的成本,因此 D 公司不应该放弃现金折扣。

(二) 影响应付款控制的因素分析

影响应付款控制的主要因素有:第一,供货商的商业博弈能力。公司能否增加应付款的金额,延长应付款的付款时间,很大程度上取决于公司与供货商之间的商业博弈能力。当供货商的产品销售主要依靠公司来购买,而公司又有众多可以选择的供货商时,公司就处于强势的地位,可以要求供货商提供宽松的信用政策;反之,当供货商处于强势地位时,公司可以得到的信用政策将大大受到限制,甚至不得不提前较长的时间支付预付款,以获得原材料的购买权利。第二,购货商的信用等级。当公司的信用等级很高,在以往的交易中能够按照合同要求及时付款,那么公司就能够得到供货商更多的信任,因此获得更宽松的信用政策;反之,如果公司的信用等级较低,或在以前的交易中出现违约延迟付款的现象,那么公司就无法取得供货商的信任,供货商在提供信用政策时也会比较谨慎。第三,原材料价格的变动趋势。当原材料价格处于持续上涨阶段,供货商公司为了提前以较低价格购买到原材料,可能需要支付大量预付款给供货商,此时,为了延长付款期限而承受原材料价格上涨所造成的成本上升就显得不够明智;相反,当原材料价格处于持续下跌阶段,公司则可以利用供货商急于出货的心理,争取更为宽松的信用政策。

(三) 应付款控制在实践中的应用

在实践中,应付款控制是"三控政策"中最难把握的一个环节。从理论上讲,应付款周转天数越长,对公司的营运资本管理就越有利。但在现实中可能并不完全如此。一方面,在经济活动中,如果所有的商家都加强对应收款的控制,那么应付款就只剩很小的讨价还价余地了。再加上购货商为享受供货商提供的现金折扣政策,只能在规定的时间内支付货款,因此,应付款的周转天数往往得不到有效的缩减。另一方面,当宏观经济运行平稳,企业各项经营活动正常时,应付款控制使得企业和供应商各得其利。但是,当宏观经济出现问题,例如发生经济危机时,过度苛刻的应付款控制就可能导致供货商发生资金周转困难,甚至破产倒闭,这将反过来导致企业的供货渠道出现问题,供货效率降低,最终损害企业利益。

正如本章曾经介绍过的,REL 与《CFO 亚洲》杂志的联合调查结果实际上也体现了应付款控制的这种趋势。尽管 2006 年度亚洲 725 家最大上市公司(不包括汽车制造商和金融公司)的营运资本周转天数比上年同期降低了2.8%,但应付款周转天数并没有得到延长,反而比上年同期缩短了1.7%。调查分析导致应付款周转天数缩短的主要原因有两点:一是为了获得供货商的现金折扣而提前付款,二是通过加快货款支付,使供货商提供寄售存货服务(Consignment Inventory)。这样一来,顾客可以直接从供货商购买商品而使公司降低了存货的运输保管等成本。换句话说,公司是以缩短应付款周转天数的代价,来换取缩短存货周转天数的结果。

在经济危机中,一些具有更强竞争实力的公司更可能借助其强大的议价能力来提高其应付款的管理水平,即增加应付款的周转天数。安永在对2007年欧洲15家销售额最高的电信运营商进行调查后发现,平均而言,电信行业的净营运资本周期从2006年的-3.1%下降至-3.5%。该营运资本管理业绩的提升主要源自应付账款管理水平的提高,应付账款周转天数增加了4%(见表4-10)。

表4-10　2007年欧洲15家电信运营商的营运资本管理

指标	2007年	2006—2007年变化幅度	2000—2007年变化幅度
应收账款周转天数	55.9	-1%	-25%
存货周转天数	6.0	16%	-16%
应付账款周转天数	58.6	4%	-2%
净营运资本周转天数	3.3	-35%	-85%

资料来源:安永公司《电信企业营运资本管理业绩调查报告》。

与欧洲电信运营商相比,中国3家电信运营商——中国移动、中国联通和中国电信在营运资本管理方面表现得更加优秀(见表4-11)。以2007年中国联通为例,其应收账款周转天数仅为11.77天,远远低于欧洲15家电信运营商平均的55.9天;存货周转天数为10.34天,高于欧洲15家电信运营商平均的6天;应付账款周转天数高达131.05天,远远高于欧洲15家电信运营商平均的58.6天。整体来看,中国联通的净营运资本周转天数达到-108.93天,表现远远好于欧洲15家电信运营商。同样,无论是中国移动还是中国电信,其营运资本管理水平都显著高于同期欧洲电信运营商。

表4-11　2006—2007年中国3家电信运营商的营运资本管理

指标	中国移动			中国联通			中国电信		
	2007年	2006年	变化率	2007年	2006年	变化率	2007年	2006年	变化率
应收账款周转天数	7.14	8.84	-19.20%	11.77	13.23	-11.03%	34.14	33.24	2.71%
存货周转天数	5.16	5.40	-4.38%	10.34	10.02	3.23%	6.86	8.56	-19.79%
应付账款周转天数	103.09	106.78	-3.45%	131.05	112.86	16.12%	73.09	86.15	-15.16%
净营运资本周转天数	-90.79	-92.54	-1.89%	-108.93	-89.60	21.58%	-32.09	-44.36	-27.67%

第三节 现代营运资本管理与现金管理[①]

CEO 在现金管理中实际上面临三个主要问题:一是如何通过"三控政策"加快现金回笼和减少现金占用;二是在收回现金之后,如何选择合适的投资项目提高资金的使用效益;三是如何保持适量的现金以维持企业日常经营活动的需要。第二个问题我们将在本书后面的章节进行深入的探讨,本节主要针对其他两个问题展开讨论。

一、加快现金周转速度

"现金为王"是现代公司最为重要的管理目标之一。公司即使能够赚取再多的利润,如果现金周转出现困难,也可能陷入财务危机,最终破产倒闭;而如果公司保持良好的现金创造能力,即使出现暂时的亏损,也能通过改善经营管理改变局面,扭亏为盈。现代营运资本管理恰恰就是提高公司现金创造能力的重要手段,通过有效的营运资本管理节省下来的资金,相当于公司额外赚取的现金,可以为公司的经营管理甚至战略转型提供资金支持。

以美国道琼斯公司为例,1882 年,三位年轻的记者查尔斯·道(Charles Dow)、爱德华·琼斯(Edward Jones)和查尔斯·博格斯特莱斯(Charles Bergstresser)共同创立了道琼斯公司。经过 100 多年的发展,道琼斯公司旗下拥有著名的《华尔街日报》、《巴伦周刊》、《远东经济评论》等报刊杂志以及道琼斯指数。

当时处于旧经济时代,媒体的收入主要以报纸杂志的订阅为主。当时,道琼斯公司的营运资本管理相当不错。以 1992 年为例,公司的非现金流动资产周转天数平均为 37 天,其中,存货周转天数仅为 4 天,而应收账款周转天数为 33 天;公司的流动负债周转天数平均为 109 天,其中,应付账款周转天数为 70 天,而无效订单周转天数为 39 天。整体而言,道琼斯公司的现金周转天数为 −72 天。

随着数字化的快速推进,媒体公司受到了很大的挑战。为应对这种挑战,道琼斯公司也进行了大力改革。而其高效的营运资本管理模式则为公司提供了充足的资金来开发新产品。公司推出了包括《华尔街日报》网络版、财经新闻网站 MarketWatch、道琼斯路透商业咨询 Factiva 等数字业务,成功实现了数字化的转型。到 2006 年,公司的非现金流动资产周转天数平均为 58 天,其中,存货周转天数仅为 3 天,而应收账款周转天数为 55 天;虽然应收账款周期大大延长了,但公司的流动负债周转天数也随着延长,从原来的平均 109 天延长至 2006 年的 135 天,其中,应付账款周转天数为 88 天,而无效订单周转天数为 47 天。整体而言,道琼斯公司的现金周转天数由 1992 年的 −72 天延长为 2006 年

[①] 本节所说的现金,不仅包括公司的库存现金,还包括银行存款、在途资金及其他货币资金等。

的-77天。营运资本管理水平的提升,使得道琼斯公司在收入保持18亿美元基本不变的同时,净利润从1992年的1.07亿美元提高到2006年的3.86亿美元。

道琼斯公司的案例表明,现代化的营运资本管理同样能够帮助公司迎接重大变革的挑战,特别是能够为公司的数字化革命提供所需的资金。此外,强有力的营运资本管理还可以使公司战略转型的其他部分也顺利实施。

二、保持适当的现金持有量

公司通过实施有效的"三控政策",提高了现金的创造能力,接下来要面临的问题就是如何加强现金的控制,充分发挥现金在生产经营和投资方面的作用。我们知道,现金是公司流动性最强的资产,也是公司收益性最弱的资产。公司持有过多的现金,一方面表明公司具有良好的还本付息能力,但另一方面也表明公司缺乏良好的投资项目。公司持有太少的现金,则可能无法满足公司日常经营活动的基本需要。因此,保持适当的现金持有量,是公司现金管理政策的关键所在。

(一) 持有现金的动机分析

公司在哪些方面需要现金呢?首先,公司需要购买原材料,需要支付员工工资,需要支付经营过程中的相关费用,这些都需要现金。这是公司对现金的交易性需求。其次,公司的生产经营活动具有很大的不确定性,其现金流量也可能由于某些特殊情况的变动而产生异常变化,因此,公司需要准备额外的现金以备不时之需。这是公司对现金的预防性需求。最后,公司还可能需要保持一定数量的现金用于有利可图的投资或购买机会。例如,当资本市场出现良好的投资机会时,公司就可以及时地将这部分资金投资于股票、债券等有价证券的投资;或者当原材料市场出现价格异常波动之时,可以以异常低的价格购入所需的原材料。这就是公司对现金的投机性需求。

现金不足,公司可能因此无法购买原材料保证生产的正常运转,可能因此无法按时支付员工的工资,也可能因此错失良好的投资项目。但是,由于现金的收益性较差,持有过多的现金,也将影响公司的盈利能力,甚至造成管理层滥用资金,投资亏损的项目或进行无效的收购兼并,从而损害投资者的利益。因此,持有合理的现金数量,满足公司对现金的需求,并将多余的资金返还给投资者,是现金控制的主要目的。

(二) 现金管理的理论模型

公司需要持有一定的现金,但持有过多的现金会影响公司的盈利能力。现金管理的原则就是保持合适的现金持有量,满足公司持有现金的成本最小,或者流动性和盈利性的综合效益最大化。理论上的现金管理模型主要有以下几种:

1. 鲍莫尔(William Baumol)模型

该模型假定:公司能够估计未来现金的需求量;持有现金需要承担交易成本与机会成本(前者是指公司将有价证券等资产转变为现金所需要支付的相关税费,后者是指公司因持有现金而损失的原本可以获得的投资收益),并且这两种成本是固定的;以及公司在整个营业周期内平均支付现金。

由于假定公司在整个营业周期内平均支付现金,因此,公司的现金余额呈现锯齿状(见图4-5)。公司于年初将价值为 C 的有价证券变现并持有这部分现金,随着现金的使用,现金余额逐步下降为零;此时,公司再次变现价值为 C 的有价证券,反复如此,可以得出公司在整个营业周期的平均现金持有量为 $C/2$。再根据前面的假设,公司总的现金需求量为 T,有价证券的投资收益率为 i,变现有价证券需要支付固定的成本 b,那么,持有现金的总成本如下:

$$总成本 = b\frac{T}{C} + i\frac{C}{2} \quad (4-11)$$

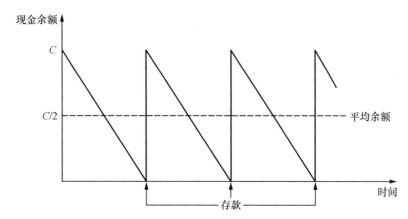

图4-5 鲍莫尔模型下的现金余额

就公式(4-11)对 C 求一阶导数,并令一阶导数为零,可以得到使总成本最低的现金持有量,即每次最优的现金持有量 C^*,表示为:

$$C^* = \sqrt{\frac{2bT}{i}} \quad (4-12)$$

从公式(4-12)可见,最优的现金持有量受现金总需求量 T、固定成本 b 及机会成本 i 的影响。现金总需求量和固定成本越高,最优现金持有量越高;而有价证券的投资收益率越高,最优现金持有量应越低(见图4-6)。

例如,某公司预计全年需要现金500万元,其收支情况相对比较稳定,有价证券转换为现金的成本为每次500元,有价证券的收益率为8%,则该公司的最优现金持有量为:

$$C^* = \sqrt{\frac{2 \times 5\,000\,000 \times 500}{8\%}} = 250\,000 \text{ (元)}$$

2. 米勒—俄尔(Miller-Orr)模型

针对鲍莫尔模型中强调现金平均支付这一过于理想化的假设,莫顿·米勒(Merton Miller)和丹尼尔·俄尔(Daniel Orr)提出米勒—俄尔模型。该模型考虑了公司的现金流

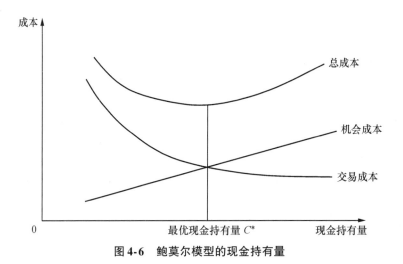

图4-6 鲍莫尔模型的现金持有量

入和现金流出,并且允许每日现金流量根据概率函数而变化,但假设日现金净流量服从正态分布。

该模型对现金管理的方式如下:首先,设定一高一低两个现金余额的控制界限(UCL与LCL)和一个回归点(RP),最高控制界限UCL与最低控制界限LCL的差额为$3Z$个单位(见图4-7)。一旦公司的现金余额下降到LCL,公司自动将有价证券等资产变现Z个单位,使现金余额回到回归点的水平上;一旦公司的现金余额达到UCL,公司则自动用多余的$2Z$单位的现金购买有价证券,使现金余额重新回到RP;当现金余额在UCL和LCL之间波动时,则不对现金余额加以调整。

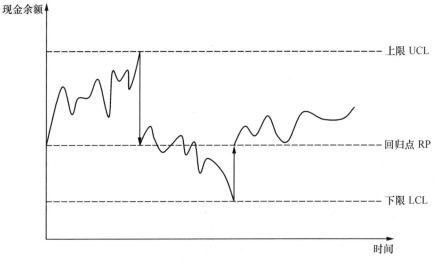

图4-7 米勒—俄尔模型的现金持有量

假设日现金流量的标准差为σ,有价证券的投资收益率为i,变现有价证券需要支付固定的成本b,那么,Z的计算公式如下:

$$Z = \left(\frac{3b\sigma^2}{4i}\right)^{\frac{1}{3}} \qquad (4\text{-}13)$$

回归点的现金余额 RP = LCL + Z (4-14)

平均的现金余额 = LCL + $\frac{4}{3}Z$ (4-15)

例如，某公司的短期有价证券投资的年利率约为3%，每次变现的交易成本为3 000元，公司要求现金余额下限为1 000万元，年内日均现金余额的标准差为20万元。

根据上述条件可得：

$$Z = \left(\frac{3 \times 3\,000 \times 200\,000^2}{4 \times 3\%/365}\right)^{\frac{1}{3}} = 1\,030\,714\,（元）$$

回归点的现金余额 RP = 10 000 000 + 1 030 714 = 11 030 714（元）
现金持有量上限 UCL = 10 000 000 + 3 × 1 030 714 = 13 092 142（元）
平均现金余额 C = 10 000 000 + $\frac{4}{3}$ × 1 030 714 = 11 374 285（元）

因此，该公司的回归点现金余额和现金余额上限分别为1 103万元和1 309万元，平均现金持有量应保持在1 137万元。

三、现金控制在实践中的应用

鲍莫尔模型和米勒—俄尔模型可以从理论上来估计公司现金的最佳持有量，但现实的情况往往与理论的前提假设存在很多不一致的地方，因此，在实践中的现金控制，还应做好以下工作：

第一，做好现金预算(Cash Budget)工作。公司应结合未来的销售收入、固定资产投资、存货需求以及各项人工费用等各方面的预测情况，对公司未来一段时间的经营活动产生的现金流入和现金流出作一个比较全面的预算。当预测现金净流入时，可以保留较少的库存现金，并投资于短期融资工具以获得投资收益；当预测现金净流出时，则应保留较多的库存现金，以备生产经营活动的需要。

第二，保持现金流的同步。在完成未来现金流量的预测之后，公司应采取相应的措施保持现金流入和现金流出的同步进行。这样，可以利用流入的现金去支付现金的流出。如果现金流不同步，公司一方面需要将多余的现金转换成短期融资工具，如债券、股票等，另一方面又需要不时地将短期融资工具转换成现金，或者向银行贷款以支付生产经营活动的需要，这将导致公司手续费、银行利息等费用的增加。

第三，与银行保持良好的关系。与银行保持良好的关系有助于公司保留较低的现金持有量，并在需要资金的时候以较低的成本获得银行贷款。此外，还有利于银行提高其服务水平，加快资金的结算，提高资金的使用效率。

四、中国企业的现金管理实践

2009年,世界著名的咨询公司毕马威对中国大陆180家跨国企业和大型企业高管进行了现金和营运资本管理的调查,考察中国企业对现金的重视程度,以及现金管理策略的执行情况。① 根据此份调查,97%的受访者表示,现金管理在其公司的运营中具有策略重要性。现金流预测的编制频率也会对公司绩效产生影响。该报告指出,每周编制现金流预测的公司中有50%指出,实施营运资本改进方案后其绩效提升了30%以上,而每月编制现金流预测的企业仅提升了14.3%。

进一步对中国非金融行业上市公司过去10年的现金持有量情况进行分析,从表4-12和图4-8可见,2001—2010年中国非金融行业上市公司的现金管理呈现出以下三个主要特征:

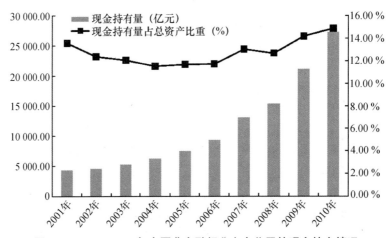

图 4-8　2001—2010年中国非金融行业上市公司的现金持有情况

第一,整体上市公司的现金持有金额快速增加。2001年中国非金融行业上市公司持有的货币资金总量仅为4 327亿元,但到了2010年,所有非金融行业上市公司持有的货币资金总量已经高达27 271亿元,涨幅高达5.3倍,年均增长幅度为22.7%。货币资金持有量的快速增加,一方面体现出上市公司管理层加强了对现金管理的重视程度,另一方面也反映出上市公司现金管理水平在过去10年确实取得了大幅度的进步。

第二,整体上市公司现金持有量占总资产比重呈现出先略微下降后略微上升的趋势,但整体上比较稳定,基本维持在12%—15%的范围内波动。2001年上市公司持有的货币资金占总资产的比重约为14%,此后几年一直保持在12%左右。从2007年开始,上市公司持有的货币资金占总资产的比重稳步提升,从2006年的12%提高到2010年的15%。这一比例不仅高于美国和德国的上市公司(其现金及现金等价物占总资产的比重

---

① 资料来源:毕马威,《现金不容忽视——中国的现金和营运资本管理》,2010年3月17日。

表 4-12　中国非金融行业上市公司 2001—2010 年现金持有情况

单位：亿元

证监会行业分类	2001 年 金额	占比	2002 年 金额	占比	2003 年 金额	占比	2004 年 金额	占比	2005 年 金额	占比	2006 年 金额	占比	2007 年 金额	占比	2008 年 金额	占比	2009 年 金额	占比	2010 年 金额	占比
农、林、牧、渔业	46	18%	57	18%	59	16%	58	14%	52	12%	56	11%	80	14%	78	13%	96	13%	161	17%
采掘业	446	5%	425	5%	470	5%	612	5%	1460	10%	1311	7%	2120	9%	2213	8%	2921	9%	2761	7%
制造业—食品、饮料	161	17%	188	17%	183	15%	199	15%	215	15%	227	14%	288	16%	398	20%	593	24%	844	28%
制造业—纺织、服装、皮毛	89	17%	84	14%	94	13%	132	15%	112	13%	129	12%	182	12%	205	14%	251	14%	353	16%
制造业—木材、家具	10	32%	10	26%	9	21%	13	24%	15	17%	22	16%	48	25%	37	17%	29	13%	62	22%
制造业—造纸、印刷	46	16%	32	10%	42	10%	64	11%	49	7%	68	8%	100	11%	128	12%	161	13%	227	15%
制造业—石油、化学、塑胶、塑料	283	15%	293	14%	327	13%	347	12%	374	12%	411	11%	558	12%	640	12%	737	13%	1070	15%
制造业—电子	163	17%	175	16%	186	14%	229	14%	221	13%	225	14%	338	17%	408	19%	675	26%	1347	33%
制造业—金属、非金属	330	11%	411	11%	553	12%	743	12%	770	10%	1117	11%	1335	10%	1525	10%	1584	9%	1848	9%
制造业—机械、设备、仪表	525	19%	565	19%	648	19%	760	18%	948	18%	1332	18%	1884	19%	2450	19%	3749	23%	5412	25%
制造业—医药、生物制品	208	19%	218	18%	244	17%	242	15%	234	14%	260	14%	293	14%	369	17%	563	22%	971	27%
制造业—其他制造业	17	15%	16	13%	15	11%	15	9%	17	10%	30	13%	36	13%	41	14%	45	13%	69	16%
电力、煤气及水的生产和供应业	264	13%	319	12%	385	11%	387	9%	297	6%	461	7%	526	6%	565	6%	531	4%	730	5%
建筑业	79	21%	199	21%	225	20%	382	16%	602	16%	890	18%	1395	20%	2096	20%	2902	21%	3077	18%
交通运输、仓储业	223	11%	302	11%	456	12%	634	12%	694	11%	895	12%	1278	14%	1196	12%	1381	12%	1878	14%
信息技术业	649	30%	420	17%	397	15%	379	14%	360	13%	473	16%	541	16%	632	11%	899	13%	1384	17%
批发和零售贸易	206	17%	221	16%	274	16%	308	16%	356	16%	439	18%	678	21%	790	22%	1108	24%	1437	24%
房地产业	271	14%	296	14%	331	14%	366	14%	366	12%	555	13%	864	14%	1014	13%	1954	18%	2302	16%
社会服务业	78	18%	88	17%	97	16%	104	15%	111	15%	113	13%	192	18%	226	17%	431	25%	588	27%
传播与文化产业	68	25%	61	21%	66	20%	74	20%	68	18%	84	21%	100	23%	122	25%	151	29%	276	38%
综合类	164	17%	161	15%	188	15%	177	13%	180	13%	189	12%	254	14%	270	14%	358	15%	473	17%
总计	4327	14%	4542	12%	5250	12%	6225	12%	7500	12%	9288	12%	13088	13%	15405	13%	21119	14%	27271	15%

资料来源：根据 Wind 数据库整理。

分别只有7%和9%左右),也略高于英国和法国的上市公司(其现金及现金等价物占总资产的比重分别只有11%和12%左右),只略低于日本的上市公司(其现金及现金等价物占总资产的比重达到17%左右)。①

第三,各行业上市公司的现金持有量差异显著,且各年波动较大。现金持有量最大的行业为制造业当中的机械、设备、仪表行业,该行业上市公司2010年的现金持有量高达5 412亿元,占2010年全部非金融行业上市公司现金持有总量的20%左右。而现金持有量最小的行业为制造业当中的木材、家具行业,该行业上市公司2003年的现金持有量仅为9亿元,占当年全部非金融行业上市公司现金持有总量的不到2‰。从波动性看,信息技术业上市公司2001年的现金持有量占总资产比重达到30%,但到了2008年,该比例一度下降至仅有11%,到2010年,该比例又回升至17%。而制造业当中的电子行业则表现出相反的走势,该行业上市公司2001年现金持有量占总资产的比重仅为17%,但是到了2010年,这一比例则上升到了33%。

第四节 案例分析
——苏宁电器与国美电器的营运资本管理

一、背景简介

(一) 苏宁电器

苏宁电器1990年创立于江苏南京,是中国3C(家电、电脑、通信)家电连锁零售企业的领先者,国家商务部重点培育的"全国15家大型商业企业集团"之一。经过20年的发展,现已成为中国最大的商业企业集团,品牌价值508.31亿元。

2004年7月,苏宁电器股份有限公司在深交所挂牌上市,股票代码002024,发行规模2 500万股,每股发行价格16.33元,募集资金4.08亿元人民币。2009年,苏宁电器收购日本家电连锁企业Laox,成为第一个收购日本上市公司的中国企业,同年底苏宁电器又收购了香港镭射电器,标志着苏宁电器国际化发展进入纵深阶段。2010年,苏宁电器依托强大的信息和物流平台,顺势进入电子商务。苏宁易购上线第一年,年销售规模就已突破20亿元大关,日成交订单已超过5 000笔,日成交金额突破600万元,注册会员超400万人,迅速跻身中国家电3C类电子商务网站前三甲。

截至2010年,苏宁电器的连锁网络覆盖中国大陆300多个城市,拥有近1 500家连锁店,员工15万人,名列中国上规模民营企业前三强,中国企业500强第50位。经过7

---

① 美国、德国、日本、英国和法国的数据来源于 Guey et al., 2007, International evidence on the non-linear impact of leverage on corporate cash holdings, *Journal of Multinational Financial Management*。

年左右的时间,苏宁电器无论在资产规模、盈利能力或公司价值等方面都取得了飞速发展。苏宁电器的总市值已经超过9 000亿元人民币,是全球家电连锁零售业市场价值最高的企业之一,入选《福布斯》亚洲企业50强、《福布斯》全球2 000大企业中国零售企业第一、《环球企业家》最具全球竞争力中国公司20强。2010年10月作为中国唯一一家商业零售企业入选《财富》(中文版)"2010最受赞赏的中国公司"。

(二) 国美电器

国美电器成立于1987年1月1日,是中国最大的以家电及消费电子产品零售为主的全国性连锁企业之一。国美电器在中国大中型城市拥有直营门店1 500多家,年销售能力1 500亿元以上。

2003年,国美电器在香港开业,迈出中国家电连锁零售企业国际化第一步;2004年,国美电器在香港成功上市。作为具有卓越竞争力的民族连锁零售企业,国美电器是中国企业500强之一,被中央电视台授予"CCTV我最喜爱的中国品牌特别贡献奖";睿富全球最有价值品牌中国榜评定国美电器品牌价值为586.26亿元;中国保护消费者协会连续多年授予国美电器"维护消费者权益诚信满意单位"。美国德勤服务公司公布的2010年全球250家零售企业排名,国美电器位列家电零售第一位;在全球顶尖零售行业研究公司Planet Retail发布的2011年全球TOP 30电器/娱乐及办公用品零售商榜单,国美电器位居中国家电零售第一品牌;全球一流的零售洞察力与咨询公司Kantar Retail发布的2010年度全球Top50零售企业榜单,国美电器成为唯一入选的中国零售业品牌。

二、案例研究

两家家电连锁公司在7年间都取得了不错的经营绩效(见表4-13至表4-18)。苏宁电器总资产从2004年年底的20.5亿元人民币增长到2010年年底的439亿元人民币,累计增长幅度高达20倍左右,年均增幅达到65%;净利润从2004年的1.9亿元人民币提高到2010年的41亿元人民币,累计增幅同样在20倍左右,年均增幅约为66%。国美电器各项财务指标的表现虽然不及苏宁电器,但也取得不错的增长:其总资产从2004年年底的51亿元人民币增长到2010年年底的362亿元人民币,累计涨幅6倍左右,年均增长幅度35%左右;净利润从2004年的5.8亿元人民币提高到2010年的19.4亿元人民币,累计涨幅2.34倍,年均增长幅度为15%左右。两家公司的巨大成功,除了高效率的标准化管理和信息化管理,以及强有力的物流供应链方面的支持外,从财务管理的角度来看,两家公司在营运资本管理方面的"大卖场"模式和OPM战略也是其大获成功的一个重要法宝。

表 4-13 2004—2010 年度苏宁电器资产负债表 单位：千元

项目	2004 年	2005 年	2006 年	2007 年	2008 年	2009 年	2010 年
流动资产：							
货币资金	530 597	703 284	3 339 781	7 465 293	10 574 232	21 968 356	19 351 838
应收票据	—	175	1 567	24 447	—	6 874	2 505
应收账款	63 885	205 791	90 521	107 844	110 127	347 024	1 104 611
预付款项	377 132	774 361	1 014 318	1 021 992	1 081 882	947 924	2 741 405
应收利息	—	—	—	25 805	28 463	32 376	31 385
其他应收款	43 475	65 187	89 752	69 076	94 392	110 975	975 737
存货	768 706	2 017 438	3 494 631	4 552 543	4 908 211	6 326 995	9 474 449
其他流动资产	34 459	92 813	148 916	331 194	390 920	455 740	793 656
流动资产合计	1 818 254	3 859 049	8 179 486	13 598 194	17 188 227	30 196 264	34 475 586
非流动资产：							
长期应收款	—	—	—	24 662	69 091	88 450	130 768
长期股权投资	9 184	5 027	3 928	1 004	1 004	597 374	792 896
固定资产	106 868	251 116	420 192	1 869 265	3 316 431	3 235 929	4 301 451
在建工程	38 095	37 161	98 955	82 599	64 009	408 528	2 061 752
无形资产	—	7 296	20 181	374 313	566 354	764 874	1 309 953
开发支出	—	—	—	9 319	19 103	58 513	22 125
长期待摊费用	79 339	167 559	129 079	197 717	233 253	237 942	529 531
递延所得税资产	—	—	—	72 578	161 055	251 958	283 320
非流动资产合计	233 486	468 159	672 335	2 631 457	4 430 300	5 643 568	9 431 796
资产总计	2 051 740	4 327 208	8 851 821	16 229 651	21 618 527	35 839 832	43 907 382
流动负债：							
短期借款	20 000	80 000	276 000	140 000	156 000	—	317 789
应付票据	244 000	996 524	3 182 959	6 582 678	7 096 536	13 999 191	14 277 320
应付账款	668 223	1 770 813	1 905 222	3 146 318	3 633 327	5 003 117	6 839 024
预收款项	91 868	89 733	126 368	281 805	184 822	276 792	393 820
应付职工薪酬	18 326	18 674	32 944	101 470	134 085	139 530	201 295
应交税费	29 364	-41 664	-97 292	293 978	387 961	301 542	525 750
应付股利	—	—	—	287	66	—	9 397
其他应付款	105 756	158 067	190 519	702 946	608 046	666 391	1 539 020
一年内到期非流动负债	—	—	—	106 506	152 870	97 128	112 178
其他流动负债	8 624	14 382	19 495	34 657	124 852	235 148	318 755
流动负债合计	1 186 161	3 086 529	5 636 215	11 390 645	12 478 565	20 718 839	24 534 348
非流动负债：							
专项应付款	—	2 550	3 513	3 513	—	—	—
递延所得税负债	—	—	—	7 613	4 755	6 739	34 395
其他非流动负债	—	—	—	—	22 887	189 271	493 248
非流动负债合计	—	2 550	3 513	11 126	27 642	196 010	527 643
负债合计	1 186 161	3 089 079	5 639 728	11 401 771	12 506 207	20 914 849	25 061 991
股东权益：							
股本	93 160	335 376	720 752	1 441 504	2 991 008	4 664 141	6 996 212
资本公积	372 150	126 747	936 391	215 639	1 086 191	2 975 652	655 288
盈余公积	84 677	183 559	288 006	223 870	364 270	517 465	746 529
未分配利润	280 932	523 365	1 139 218	2 742 549	4 334 488	6 383 317	9 932 866
外币报表折算差额	—	—	—	—	—	-229	7 294
归属母公司股东权益合计	830 919	1 169 047	3 084 367	4 623 562	8 775 957	14 540 346	18 338 189
少数股东权益	34 660	69 082	127 726	204 318	336 363	384 637	507 202
股东权益合计	865 579	1 238 129	3 212 093	4 827 880	9 112 320	14 924 983	18 845 391
负债及股东权益合计	2 051 740	4 327 208	8 851 821	16 229 651	21 618 527	35 839 832	43 907 382

表 4-14　2004—2010 年度苏宁电器利润表　　　　　　　　　　　　　　　　　单位:千元

项目	2004 年	2005 年	2006 年	2007 年	2008 年	2009 年	2010 年
一、营业收入	9 468 981	16 848 425	26 195 490	40 152 371	49 896 709	58 300 149	75 504 739
减:营业成本	8 218 698	14 393 441	22 329 719	34 346 740	41 334 756	48 185 789	62 040 712
营业税金及附加	17 262	23 389	44 923	154 455	203 491	271 516	268 129
销售费用	764 865	1 536 435	2 252 328	2 985 538	4 780 468	5 192 356	6 809 109
管理费用	162 547	314 072	395 044	493 581	784 521	912 093	1 250 311
财务费用	13 337	26 462	50 748	-88 162	-223 290	-172 924	-360 769
资产减值损失	—	—	—	10 159	52 389	32 335	75 924
加:投资收益	-1 175	-771	-1 099	—	—	-3 952	10 625
二、营业利润	291 097	553 855	1 121 629	2 250 060	2 964 374	3 875 032	5 431 948
加:营业外收入	4 661	10 007	13 410	35 495	45 746	111 578	72 465
减:营业外支出	8 761	13 852	13 094	44 197	59 247	60 243	102 369
三、利润总额	286 997	550 010	1 121 945	2 241 358	2 950 873	3 926 367	5 402 044
减:所得税费用	96 522	177 472	366 093	718 190	690 945	937 872	1 296 536
四、净利润	190 475	372 538	755 852	1 523 168	2 259 928	2 988 495	4 105 508
其中:归属于母公司股东的净利润	181 203	350 630	720 300	1 465 426	2 170 189	2 889 956	4 011 820
少数股东损益	9 272	21 908	35 552	57 742	89 739	98 539	93 688

表 4-15　2004—2010 年度苏宁电器现金流量表　　　　　　　　　　　　　　　单位:千元

项目	2004 年	2005 年	2006 年	2007 年	2008 年	2009 年	2010 年
一、经营活动产生的现金流量							
销售商品、提供劳务收到的现金	10 826 240	19 002 085	30 158 515	41 069 865	55 016 517	66 475 716	86 811 064
收到的税费返还	694	1 497	5 320	4 125	17 075	2 152	1 164
收到其他与经营活动有关的现金	366 442	118 508	101 139	371 693	540 445	706 951	1 859 413
经营活动现金流入小计	11 193 376	19 122 090	30 264 974	41 445 683	55 574 037	67 184 819	88 671 641
购买商品、接受劳务支付的现金	9 762 991	16 813 101	26 826 331	33 146 342	44 423 817	52 855 065	72 265 111
支付给职工以及为职工支付的现金	310 828	549 200	729 295	942 532	1 546 296	1 702 300	2 369 111
支付的各项税费	-33 944	419 110	726 599	1 139 068	2 021 435	3 107 429	3 256 178
支付其他与经营活动有关的现金	764 806	1 191 450	1 831 998	2 721 265	3 763 348	3 965 083	6 899 855
经营活动现金流出小计	11 072 569	18 972 861	30 114 223	37 949 207	51 754 896	61 629 877	84 790 255
经营活动产生的现金流量净额	120 807	149 229	150 751	3 496 476	3 819 141	5 554 942	3 881 386
二、投资活动产生的现金流量							
取得投资收益所收到的现金	33	3 386	—	—	—	—	—
处置固定资产收回的现金净额	328	289	1 330	4 032	3 745	2 772	2 695
投资活动现金流入小计	361	3 675	1 330	4 032	3 745	2 772	2 695
购建固定资产、无形资产和其他长期资产支付的现金	155 129	321 847	428 983	1 361 625	2 454 061	1 195 375	4 679 732

(续表)

项目	2004年	2005年	2006年	2007年	2008年	2009年	2010年
处置固定资产支付的现金净额	—	—	5 100	—	—	—	—
投资支付的现金	13 664	17 745	—	—	—	704 475	983 835
投资活动现金流出小计	168 793	339 592	434 083	1 361 625	2 454 061	1 899 850	5 663 567
投资活动产生的现金流量净额	−168 432	−335 917	−432 753	−1 357 593	−2 450 316	−1 897 078	−5 660 872
三、筹资活动产生的现金流量							
吸收投资收到的现金	411 912	13 039	1 225 503	11 050	2 462 362	3 020 951	41 226
取得借款收到的现金	20 000	280 000	576 000	440 000	466 000	—	412 883
收到的其他与筹资活动有关的现金	3 979	9 457	21 879	—	—	—	—
筹资活动现金流入小计	435 891	302 496	1 823 382	451 050	2 928 362	3 020 951	454 109
偿还债务支付的现金	40 000	228 000	380 000	576 000	450 000	156 000	95 094
分配股利、利润或偿付利息支付的现金	3 953	10 912	12 531	15 521	454 669	91 296	235 565
支付其他与筹资活动有关的现金	2 250	1 924	7 841	537	—	—	—
筹资活动现金流出小计	46 203	240 836	400 372	592 058	904 669	247 296	330 659
筹资活动产生的现金流量净额	389 688	61 660	1 423 010	−141 008	2 023 693	2 773 655	123 450
四、汇率变动对现金及现金等价物的影响	—	—	—	—	—	−229	7 523
五、现金及现金等价物净(减少)/增加额	342 063	−125 028	1 141 008	1 997 875	3 392 518	6 431 290	−1 648 513

表4-16　2004—2010年度国美电器资产负债表　　　　　　　　　　　　单位：千元

项目	2004年	2005年	2006年	2007年	2008年	2009年	2010年
流动资产							
货币资金	2 560 413	4 212 471	8 900 592	12 884 721	7 891 525	14 825 403	12 500 580
应收票据及应收账款	71 844	30	75 189	97 719	45 092	54 199	206 102
预付款项及其他应收款	420 256	1 307 093	1 487 695	2 291 022	1 442 198	1 859 030	2 697 341
存货	1 109 114	2 725 375	4 882 754	5 383 039	5 473 497	6 532 453	8 084 971
其他流动资产	13 500	161 861	150 908	1 681 058	3 630 399	1 635	—
流动资产合计	4 175 127	8 406 830	15 497 138	22 337 559	18 482 711	23 272 720	23 488 994
非流动资产							
长期应收款	—	—	61 157	481 044	625 249	3 953 536	4 035 784
长期股权投资	—	—	—	—	108 810	153 360	127 710
固定资产及在建工程	140 800	914 831	2 212 902	3 476 138	4 109 302	4 212 621	4 386 774
无形资产	2 374	33 215	3 369 937	3 486 879	3 497 253	4 140 180	4 131 138
递延所得税资产	—	13 018	35 095	55 873	18 356	30 763	39 513
其他非流动资产	795 467	—	—	—	653 423	—	—
非流动资产合计	938 641	961 064	5 679 091	7 499 934	9 012 393	12 490 460	12 720 919
资产总计	5 113 768	9 367 894	21 176 229	29 837 493	27 495 104	35 763 180	36 209 913
流动负债							
短期借款	—	—	729 330	300 000	170 000	350 000	100 000
应付票据及应付账款	3 193 234	6 805 277	12 614 613	13 556 545	12 917 958	15 815 261	16 899 683

(续表)

项目	2004年	2005年	2006年	2007年	2008年	2009年	2010年
预收款项及其他应付款	329 843	605 744	1 406 995	1 939 695	1 530 141	1 829 514	1 917 825
应交税费	52 735	85 579	204 458	383 851	529 148	507 245	509 374
其他流动负债	167 000	—	—	—	—	2 180 357	122 627
流动负债合计	3 742 812	7 496 600	14 955 396	16 180 091	15 147 247	20 682 377	19 549 509
非流动负债							
递延所得税负债	—	—	46 954	80 431	78 269	103 429	111 148
其他非流动负债	—	—	933 490	3 184 303	3 569 553	3 174 909	1 814 069
非流动负债合计	—	—	980 444	3 264 734	3 647 822	3 278 338	1 925 217
负债合计	3 742 812	7 496 600	15 935 840	19 444 825	18 795 069	23 960 715	21 474 726
股东权益							
股本	174 099	174 099	317 009	343 764	331 791	382 408	417 666
留存收益	963 675	1 336 787	4 834 597	9 959 215	8 228 043	11 420 057	14 317 521
归属于母公司股东权益合计	1 137 774	1 510 886	5 151 606	10 302 979	8 559 834	11 802 465	14 735 187
少数股东权益	233 182	360 408	88 783	89 689	140 201	—	—
股东权益合计	1 370 956	1 871 294	5 240 389	10 392 668	8 700 035	11 802 465	14 735 187
负债及股东权益合计	5 113 768	9 367 894	21 176 229	29 837 493	27 495 104	35 763 180	36 209 913

表4-17 2004—2010年度国美电器利润表　　　　　单位:千元

项目	2004年	2005年	2006年	2007年	2008年	2009年	2010年
一、营业收入	10 101 868	18 699 793	25 980 972	45 025 399	49 155 501	45 799 218	54 351 773
减:营业成本	8 762 730	16 307 478	22 369 445	38 383 276	41 381 223	38 408 042	44 991 355
销售费用	544 464	1 228 433	2 123 158	3 547 907	4 487 131	4 352 350	5 114 303
管理费用	130 658	268 868	418 329	686 740	828 028	845 235	1 165 138
财务费用	−22 201	−70 305	−60 750	−230 872	−228 899	7 760	102 782
资产减值损失	—	—	—	—	449 592	−97 436	21 909
加:投资收益	—	—	93 519	−505 483	−189 220	136 740	−93 340
二、营业利润	686 217	965 319	1 224 309	2 132 865	2 049 206	2 420 007	2 862 946
加:营业外收入	—	—	—	—	—	—	—
减:营业外支出	61 062	96 555	156 087	604 768	515 357	490 062	375 323
三、利润总额	625 155	868 764	1 068 222	1 528 097	1 533 849	1 929 945	2 487 623
减:所得税费用	44 561	91 897	125 598	360 262	435 156	406 310	547 878
四、净利润	580 594	776 867	942 624	1 167 835	1 098 693	1 523 635	1 939 745
其中:归属于母公司股东的净利润	374 089	498 596	819 167	1 127 307	1 048 160	1 506 724	1 939 745
少数股东损益	206 505	278 271	123 457	40 528	50 533	16 911	—

表4-18 2004—2010年度国美电器现金流量表*　　　　　单位:千元

项目	2004年	2005年	2006年	2007年	2008年	2009年	2010年
一、经营活动产生的现金流量							
净利润	601 730	796 693	1 038 450	1 359 926	1 271 239	1 392 486	1 956 451
加:资产减值准备	68 182	−6 083	—	—	489 317	2 000	—
固定资产折旧	28 260	52 381	115 186	256 988	296 256	345 597	332 543
无形资产摊销	18	8	2 591	8 457	9 626	9 042	9 042

(续表)

项目	2004 年	2005 年	2006 年	2007 年	2008 年	2009 年	2010 年
处置固定资产、无形资产及其他长期资产的损失	1 751	7 022	4 925	13 104	13 760	28 798	16 287
公允价值变动损失	−595	90	−1 076	−47 326	41 732	83 980	8 517
财务费用	−22 201	−70 305	−151 538	274 611	−39 679	−106 922	87 347
投资损失	22 201	−195 063	−320 994	26 553	−400 445	507 734	352 953
存货的减少	−277 811	−1 591 261	−1 069 555	−466 578	−90 458	−1 058 956	−1 552 518
经营性应收项目的减少	−323 237	−85 561	−9 353	−1 018 897	1 069 258	−464 355	−1 038 390
经营性应付项目的增加	588 408	3 835 729	2 773 857	1 314 436	−974 515	3 041 778	1 172 733
其他	−95 245	−2 220 858	−2 508 503	839 449	1 924 269	−3 955 888	2 528 214
经营活动产生的现金流量净额	591 461	522 792	−126 010	2 560 723	3 610 360	−174 706	3 873 179
二、投资活动产生的现金流量							
取得投资收益所收到的现金	131	—	—	—	—	31 891	1 606
处置固定资产收回的现金净额	—	2 710	3 807	1 245	15 042	6 555	746
投资活动现金流入小计	131	2 710	3 807	1 245	15 042	38 446	2 352
购建固定资产、无形资产和其他长期资产支付的现金	53 887	549 232	278 035	1 578 294	1 179 635	329 527	507 287
处置固定资产支付的现金净额	—	191 000	—	30 000	653 423	—	—
投资支付的现金	477	354 863	729 635	1 535 242	2 696 552	2 760	48 000
投资活动现金流出小计	54 364	1 095 095	1 007 670	3 143 536	4 529 610	332 287	555 287
投资活动产生的现金流量净额	−54 233	−1 092 385	−1 003 863	−3 142 291	−4 514 568	−293 841	−552 935
三、筹资活动产生的现金流量							
吸收投资收到的现金	1 088 542	—	—	1 433 740	—	1 360 573	6 067
取得借款收到的现金	—	—	1 531 052	5 000 000	100 000	4 807 200	100 000
收到的其他与筹资活动有关的现金							
筹资活动现金流入小计	1 088 542	—	1 531 052	6 433 740	100 000	6 167 773	106 067
偿还债务支付的现金	10 000	—	—	829 330	230 000	2 500 100	3 035 508
分配股利、利润或偿付利息支付的现金	297 848	—	—	40 789	2 083 645	16 064	172 524
支付其他与筹资活动有关的现金	16 352	—	25 186	73 294	—	184 276	—
筹资活动现金流出小计	324 200	—	25 186	943 413	2 313 645	2 700 440	3 208 032
筹资活动产生的现金流量净额	764 342	—	1 505 866	5 490 327	−2 213 645	3 467 333	−3 101 965
四、汇率变动对现金及现金等价物的影响	—	−10 154	−3 503	−90 600	−101 074	−20 796	−14 888
五、现金及现金等价物净(减少)/增加额	1 301 570	−579 747	372 490	4 818 159	−3 218 927	2 977 990	203 391

* 国美电器的现金流量表仅按照间接法编制,而苏宁电器的现金流量表则仅按照直接法编制,故二者在经营活动产生的现金流量列示上存在差异。

(一) 资产负债结构分析

我们将两家公司的总资产作为分母,将资产负债表各主要项目与总资产相比,得到各主要项目占总资产的比重,对两家公司的资产负债结构进行分析(见表4-19)。

表4-19 2004—2010年苏宁电器和国美电器资产负债表结构分析*

公司	项目	2004年	2005年	2006年	2007年	2008年	2009年	2010年
苏宁电器	货币资金	25.86%	16.25%	37.73%	46.00%	48.91%	61.30%	44.07%
	应收及预付款项	23.61%	24.17%	13.51%	7.54%	5.95%	3.94%	10.99%
	存货	37.47%	46.62%	39.48%	28.05%	22.70%	17.65%	21.58%
	流动资产合计	88.62%	89.18%	92.40%	83.79%	79.51%	84.25%	78.52%
	非流动资产合计	11.38%	10.82%	7.60%	16.21%	20.49%	15.75%	21.48%
	资产总计	100.00%	100.00%	100.00%	100.00%	100.00%	100.00%	100.00%
	短期借款	0.97%	1.85%	3.12%	0.86%	0.72%	0.00%	0.72%
	应付及预收款项	54.09%	69.67%	61.06%	66.02%	53.30%	55.65%	52.51%
	流动负债合计	57.81%	71.33%	63.67%	70.18%	57.72%	57.81%	55.88%
	非流动负债合计	0.00%	0.06%	0.04%	0.07%	0.13%	0.55%	1.20%
	负债合计	57.81%	71.39%	63.71%	70.25%	57.85%	58.36%	57.08%
	股东权益合计	42.19%	28.61%	36.29%	29.75%	42.15%	41.64%	42.92%
国美电器	货币资金	50.07%	44.97%	42.03%	43.18%	28.70%	41.45%	34.52%
	应收及预付款项	9.62%	13.95%	7.38%	8.01%	5.41%	5.35%	8.02%
	存货	21.69%	29.09%	23.06%	18.04%	19.91%	18.27%	22.33%
	流动资产合计	81.64%	89.74%	73.18%	74.86%	67.22%	65.07%	64.87%
	非流动资产合计	18.36%	10.26%	26.82%	25.14%	32.78%	34.93%	35.13%
	资产总计	100.00%	100.00%	100.00%	100.00%	100.00%	100.00%	100.00%
	短期借款	0.00%	0.00%	3.44%	1.01%	0.62%	0.98%	0.28%
	应付及预收款项	68.89%	79.11%	66.21%	51.94%	52.55%	49.34%	51.97%
	流动负债合计	73.19%	80.02%	70.62%	54.23%	55.09%	57.83%	53.99%
	非流动负债合计	0.00%	0.00%	4.63%	10.94%	13.27%	9.17%	5.32%
	负债合计	73.19%	80.02%	75.25%	65.17%	68.36%	67.00%	59.31%
	股东权益合计	26.81%	19.98%	24.75%	34.83%	31.64%	33.00%	40.69%

* 苏宁电器的应收及预付款项包括应收票据、应收账款、预付款项和其他应收款;国美电器的应收及预付款项包括应收票据及应收账款、预付款项及其他应收款;苏宁电器的应付及预收款项包括应付票据、应付账款、预收款项和其他应付款;国美电器的应付及预收款项包括应付票据及应付账款、预收款项及其他应付款。

从表4-19可见,两家公司的流动资产占总资产的比重较大,而固定资产、无形资产等非流动资产占总资产的比重较小,表明两家公司的资产流动性和变现能力都比较强。以2010年为例对两家公司进行具体分析可见,苏宁电器的流动资产占总资产的比例高达近80%,而非流动资产仅占20%左右;国美电器的流动资产占总资产比重为65%,而非流动资产占总资产的比重则达到35%。这进一步表明苏宁电器的资产流动性要强于国美电器。

分析两家公司的流动资产结构可以发现,苏宁电器的货币资金持有比重最大,在2010年达到44%,将近其总资产的半壁江山;存货持有的比重次之,在2010年占总资产的21.58%;而包括应收票据、应收账款、预付账款和其他应收款在内的应收款项合计占总资产的11%。反观国美电器,其2010年货币资金持有量占总资产的比重仅为34.5%,低于苏宁电器近10%;持有存货占总资产的比重为22.33%,与苏宁电器不相上下;持有应收款项占总资产的比重为8.02%,略低于苏宁电器。以上分析表明,相比较国美电器,苏宁电器主要流动资产的变现能力更强。

从两家公司的负债结构来看,尽管两家公司的负债比例长期保持在55%—80%的较高水平上,但两家公司的负债绝大部分是来自无需支付利息的应付款项,包括应付账款、应付票据、预收款项和其他应付款。两家公司都仅有极少的短期银行借款,没有长期银行借款,也没有发行各种长短期企业债券。以2010年为例,苏宁电器的短期借款仅有3.18亿元,占总资产的比重不足1%。而包括应付票据、应付账款、预收账款和其他应付款在内的短期应付款项合计则高达230亿元,占总资产的比重高达53%。大量的无息负债,使得两家公司能够充分利用供货商的资金进行日常经营活动,而将自有资金用于扩大经营规模和提高经营效益方面。大量的无息负债也表明两家公司在OPM战略方面的表现非常出色。

(二) 营运资本需求量比较分析

在了解完两家公司的资产负债结构之后,我们进一步分析两家公司的营运资本需求量及其变动趋势。根据前文的分析,营运资本需求量的计算有大、中、小三个口径,我们按照公式(4-1)、(4-2)和(4-3)分别进行计算,计算结果见表4-20。

表4-20 2004—2010年苏宁电器和国美电器的营运资本需求量*　　　　单位:亿元

公司	指标	2004年	2005年	2006年	2007年	2008年	2009年	2010年
苏宁电器	大口径营运资本需求量	6.32	7.73	25.43	22.08	47.10	94.77	99.41
	中口径营运资本需求量	1.64	4.52	16.80	15.14	13.85	16.71	37.40
	小口径营运资本需求量	1.43	0.48	-7.14	-49.38	-53.28	-122.06	-87.50
国美电器	大口径营运资本需求量	4.32	9.10	5.42	61.57	33.35	25.90	39.39
	中口径营运资本需求量	-20.12	-40.80	-76.57	-80.76	-73.99	-92.29	-86.09
	小口径营运资本需求量	-19.22	-33.79	-75.76	-77.24	-74.87	-91.99	-78.29

* 两家公司的中口径营运资本需求量之所以差异巨大,是因为在国美电器的资产负债表中,将应收票据和应收账款合并报告为应收票据及应收账款,将应付票据和应付账款合并报告为应付票据及应付账款;而在苏宁电器的资产负债表中,应收票据和应收账款分别报告,应付票据和应付账款也分别报告。而根据公式(4-2),中口径营运资本需求量=应收账款+存货-应付账款。

从传统营运资本管理角度,即大口径营运资本需求量来看,两家公式的营运资本管理模式均属于"保守型"模式,具体表现为各年的流动资产均高于流动负债,并且呈逐年上升的态势。其中,苏宁电器的大口径营运资本需求量从2004年的6.32亿元增加到2010年的99.41亿元,累计增长了14.7倍,平均年增长率高达57%;国美电器的大口径营运资本需求量从2004年的4.32亿元增加到2010年的39.39亿元,累计增长了8.11

倍,平均年增长幅度为42%。

从现代营运资本管理角度来看,两家公司的营运资本管理水平均得到显著提高,并表现为大量占用供应商资金。其中,苏宁电器的小口径营运资本需求量从2004年的1.43亿元变为2010年的-87.5亿元,意味着苏宁电器的OPM战略逐渐取得实效,其无偿占用供货商的资金金额超过其滞留在应收款和存货上的资金,且该金额逐年增长迅速。反观国美电器,其小口径营运资本需求量在2004年就是-19.22亿元,表明其在2004年就大量占有供应商的资金。但是该指标从2006年开始就没有显著变化,截至2010年,国美电器小口径营运资本需求量仅为-78亿元,低于苏宁电器近10亿元。

(三)营运资本周转速度比较分析

比较分析两家公司2004—2010年的各项营运资本周转速度。由表4-21和图4-9可见,总体而言,两家公司的整体营运资本周转速度表现良好,但各项营运资本的具体表现各不相同:

(1)苏宁电器应收款项周转天数从2004年的19天下降到2009年的9天,虽然2010年应收款周转天数大幅反弹到23天,但这只是苏宁电器为了刺激消费,在"家电下乡"、"以旧换新"等政策的实施过程中代垫财政补贴款,以及为加速扩张而预付土地购置款所致,并非是呆坏账所致;国美电器应收款项周转天数从2004年的18天略微上升到2010年的19天,比苏宁电器少4天。

(2)苏宁电器和国美电器的存货周转天数在2004—2010年间也有了一定程度的增加,苏宁电器从2004年的34天增加到2010年的56天,国美电器从2004年的46天增加到2010年的66天。从表面上看,两家公司的存货管理似乎出现了一定的问题,但考虑到最近几年中国快速的通货膨胀压力,这种担忧则显得不是那么紧要。一方面,增加一定的存货量有利于抵御通货膨胀所带来的成本压力,使两家公司的产品能够保持较低的销售价格,在同业竞争中处于优势地位;另一方面,随着其经营规模的快速增加,年底又临近传统的元旦和春节销售旺季,增加一定的存货量也有利于两家公司应对销售旺季的挑战。当然,公司管理层还是应该保持对存货管理的高度重视和警惕,尽量少保留一些容易过时和淘汰的电子产品库存,避免存货的大幅减值。

(3)苏宁电器的应付款管理水平在2004—2010年间有了大幅提高,其应付款项周转天数从2004年的45天大幅延长至2010年的127天,延长了两个多月的时间;而国美电器应付账款周转天数从2004年的147天仅略微增长到2010年的153天,基本没有变化。应付款周转天数的提高,主要得益于苏宁电器对应付票据的使用。从表4-13和表4-16可见,苏宁电器的应付票据从2004年的2.44亿元人民币,提高到2010年的143亿元人民币,增加了50倍以上,应付票据占总资产的比重也从2004年的12%增加到2010年的33%左右。由于应收账款一般在3个月内支付,而应付票据则往往有6个月的期限,因此应付票据的使用大大延迟了苏宁电器的货款支付时间,使其获得了两个多月的免息资金使用,大大提高了苏宁电器的经营效率。同时,应付款周转天数的增加也表明随着苏宁电器的不断发展,其在与供应商的博弈过程中占据了越来越有利的谈判地位,能够从容不迫地将供应商的资金为我所用。而国美电器则早在2004年就注意对应付款项周转天数的控制,因此这几年应付款项周转天数的变动幅度不大。

（4）综合苏宁电器和国美电器的"三控政策"表现,一方面苏宁电器整体的营运资本管理水平在2004—2010年间有了大幅提高,营运资本周转天数由2004年的4天下降到2010年的-46天,2009年更是达到-79天。这意味着苏宁电器的营运资本管理已经实现了"负营运资本管理"的战略目标,达到"无本经营"的境界。反观国美电器,由于其一开始就十分关注对应付款项周转天数的控制,因此其营运资本周转天数长期保持较好的水平,尽管从趋势上看国美电器的营运资本周转天数从2004年的-83天下降到2010年的-68天,但仍然超过苏宁电器11天。其"无本经营"战略仍然得以实现。

表4-21　2004—2010年苏宁电器和国美电器营运资本周转速度比较　　　单位:天

年份	营运资本周转天数		应收款项周转天数		存货周转天数		应付款项周转天数	
	苏宁电器	国美电器	苏宁电器	国美电器	苏宁电器	国美电器	苏宁电器	国美电器
2004年	4	-83	19	18	34	46	49	147
2005年	-3	-79	23	26	51	61	76	166
2006年	-15	-127	17	22	57	80	88	229
2007年	-54	-77	11	19	48	51	114	147
2008年	-49	-68	9	11	43	48	102	127
2009年	-94	-90	9	15	48	62	151	168
2010年	-57	-68	23	19	56	66	136	153

注:应收款项周转天数=365×应收款项/营业收入;存货周转天数=365×存货/营业成本;应付款项周转天数=365×应付款项/营业成本;营运资本周转天数=应收款项周转天数+存货周转天数-应付款项周转天数。

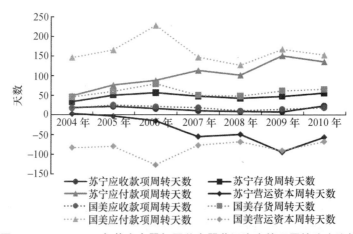

图4-9　2004—2010年苏宁电器与国美电器营运资本管理周转速度比较

（四）财务费用比较分析

根据本书第二章的分析,成功实施OPM战略的公司不仅能做到"无本经营",还能做到"无本赚息",这在利润表中将体现为财务费用下降,甚至财务费用为负数(净利息收

入)。从表4-22和图4-10来看,我们可以发现:

(1) 从财务费用的金额表现来看,两家公司呈现相反的走势,苏宁电器由弱转强,而国美电器则由强转弱。在2004—2006年,苏宁电器的财务费用体现为净利息支出,金额从2004年的1 300万元增加到2006年的5 100万元。但此后苏宁电器的财务费用体现为净利息收入,金额从2007年的8 800万利息净收入迅速增加到2010年的3.61亿元利息净收入。反观国美电器,其2004—2008年的财务费用都体现为净利息收入,且金额从2004年的2 200万元增加到2008年的2.29亿元;但在2009—2010年,国美电器的财务费用却表现为净利息支出,且金额迅速增加,到2010年达到净利息支出1亿元。

(2) 从财务费用占营业收入的比重来看,两家公司同样呈现相反的走势。苏宁电器的财务费用占比从2004年的0.14%变为2010年的-0.48%,表明苏宁电器的财务费用由净利息支出变为净利息收入,且表现越来越好;国美电器的财务费用占比从2004年的-0.22%变为2010年的0.19%,表明国美电器的财务费用由净利息收入变为净利息支出,且表现越来越差。

表4-22　2004—2010年苏宁电器与国美电器的财务费用比较分析

公司	项目	2004年	2005年	2006年	2007年	2008年	2009年	2010年
苏宁电器	财务费用(亿元)	0.13	0.26	0.51	-0.88	-2.23	-1.73	-3.61
	财务费用占收入比重	0.14%	0.16%	0.19%	-0.22%	-0.45%	-0.30%	-0.48%
国美电器	财务费用(亿元)	-0.22	-0.70	-0.61	-2.31	-2.29	0.08	1.03
	财务费用占收入比重	-0.22%	-0.38%	-0.23%	-0.51%	-0.47%	0.02%	0.19%

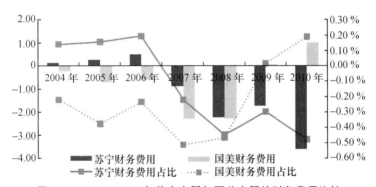

图4-10　2004—2010年苏宁电器与国美电器的财务费用比较

(五) 经营净现金比较分析

同样从第二章的分析可以知道,实施成功OPM战略的公司在现金流量表上将表现出"实际经营净现金"逐年增强,甚至超过"应得经营净现金"。我们对两家公司的经营净现金进行比较分析,由表4-23和图4-11可见,在2007年以前,苏宁电器的实际经营净现金基本上都低于其应得经营净现金,具体表现为获现率小于1;但从2007年开始,苏宁电器的实际经营净现金快速增长,从2006年的8.72亿元一跃增加到2007年的46.31亿元,并持续上升,2009年达到最高的86.60亿元。与此同时其获现率也表现良好,超过

100%，最高达到 2009 年的 203.93%，表明苏宁电器成功实施了 OPM 战略，不仅"无本经营"，甚至"无本赚息"。反观国美电器，其实际经营净现金的波动则相对较大，获现率指标的波动也相对较大。以 2009 年为例，苏宁电器的实际经营净现金和获现率分别高达 86.60 亿元和 203.93%，而国美电器的实际经营净现金和获现率却分别只有 -2.42 亿元和 -11.04%。2010 年，国美电器的实际经营净现金又达到 40 亿元以上，获现率也重新回到 100% 以上，达到 137.90%。

表 4-23　2004—2010 年苏宁电器与国美电器的获现率比较分析　　　单位：亿元

公司	指标	2004 年	2005 年	2006 年	2007 年	2008 年	2009 年	2010 年
苏宁电器	实际经营净现金	3.54	5.67	8.72	46.31	58.24	86.60	71.36
	应得经营净现金	3.55	7.14	13.83	23.81	31.60	42.47	56.39
	获现率	99.84%	79.42%	63.04%	194.49%	184.30%	203.93%	126.55%
国美电器	实际经营净现金	5.93	7.90	2.25	27.02	42.73	-2.42	40.73
	应得经营净现金	6.31	8.51	11.25	15.63	16.11	21.95	29.54
	获现率	93.89%	92.84%	19.97%	172.93%	265.29%	-11.04%	137.90%

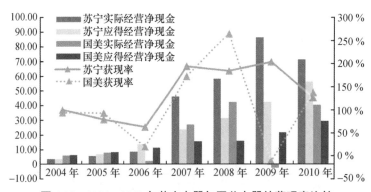

图 4-11　2004—2010 年苏宁电器与国美电器的获现率比较

三、研究结论

通过对苏宁电器和国美电器的营运资本管理水平及变化趋势进行比较研究，可以得出以下几个主要结论：

（1）从资产负债结构来看，苏宁电器和国美电器的资产负债结构都比较合理，现金也比较充裕，但苏宁电器无论在资产的流动性和变现能力，还是偿债能力方面，都表现得更加出色。尤其是在全球经济危机尚未结束之时，苏宁电器保持了非常高的流动性和现金持有量，其 2010 年的流动资产占总资产的比重高达 80% 左右，其中货币资金的持有比重最大，达到 44%，将近总资产的半壁江山。这将为公司平稳渡过经济危机，甚至帮助其迅速把握各种并购和扩张的机会，进一步提升其盈利能力创造条件。此外，两家公司尽管负债比例长期保持在 55%—80% 的较高水平上，但负债绝大部分是来自无需支付利息的短期应付款项，公司仅有极少的短期银行借款，没有长期银行借款，也没有发行各种长短期企业债券,这表明两家公司在面对供应商时拥有强大的话语权,能够充分利用供货商的资金进行日常经营活动,而将自有资金用于扩大经营规模和提高经营效益方面。

（2）在营运资本管理效率方面,两家公司同样均表现不错,基本实现了 OPM 战略。特别是苏宁电器,自 2004 年在深圳证券交易所中小板上市以来,其营运资本管理水平有了质的提高。一方面其营运资本需求量逐年下降,并表现为负营运资本需求量;另一方面其营运资本周转速度逐年加快,到 2009 年苏宁电器的营运资本周转天数甚至达到了 -94 天,超过国美电器的 -90 天。这表明苏宁电器在与供应商的博弈中逐渐占据有利地位,无本经营能力得到大幅提高。对于国美电器,无论营运资本需求量还是营运资本周转速度,基本上在 2004—2010 年间一直保持较高的管理水平,是苏宁电器的追赶目标。到 2010 年,两家公司的营运资本管理效率基本相当。

（3）在营运资本管理的结果表现方面,苏宁电器更胜一筹。具体表现为:① 营运资本管理水平的提升为苏宁电器节约了大量的财务费用,甚至得到了大量无息资本用于"无本赚息";反观国美电器,其早期的营运资本管理为其获得大量的利息收入,但到 2009—2010 年,其财务费用则表现为净利息支出。② 营运资本管理水平的提升帮助苏宁电器实际取得了非常高的经营净现金,这超过了公司应得经营净现金,表现为获现率超过 100%;反观国美电器,尽管 7 年来其平均的获现率也超过 100%,达到 110% 左右,但其实际经营净现金的表现不如苏宁电器稳定,波动率较大,时好时坏。③ 良好的营运资本管理水平帮助苏宁电器扭转了其在与国美电器竞争中所处的不利地位,在营业收入和净利润方面均压倒性地战胜了国美电器,甩开主要竞争对手独自占据了家电业零售市场的领先地位。

本章小结

本章从传统的营运资本管理入手,通过比较传统和现代的营运资本管理模式,强调现代营运资本管理的重要性;然后对现代营运资本管理的核心——"三控政策"进行讨论,强调公司应控制好应收款、存货及应付款;接下来,介绍了现代营运资本管理与现金管理的关系以及现金管理的几种方法;最后,对苏宁电器的营运资本管理案例进行详细分析。本章的最终目的就是促使 CEO 们尽可能地加快资金的周转速度,减少资金在应收款和存货上的无效占用,增加应付款所能提供的免费资金来源,提高资金的使用效率,从而提高公司的盈利能力。

传统的营运资本理念侧重于考虑公司流动资产和流动负债的匹配性,保证公司的短期偿债能力;而现代的营运资本管理理念则更多地关注公司能否利用他人的资金来满足自身生产经营活动的需求,要求公司尽量减少资金在应收账款和存货上的无效占用,并增加应付款的规模,延长应付款的付款时间。

"三控政策"是对公司应收款、存货和应付款的管理。应收账款管理主要体现在信用政策的制定和执行方面,具体包括确定不同客户的信用标准,根据不同的信用标准给予不同的信用条件,以及在应收账款发放之后的跟踪分析及收款政策等。应收账款的有效管理能够保证公司销售收入的质量,避免不必要的坏账损失。存货管理从降低存货的各项成本,进而提高存货的周转速度的角度出发,介绍了 ABC 分类法、经济订货量法、即时存货管理和供应商管理四种存货管理模式,前两种模式适用于规模较小的企业,后两种模式则需要高水平的电脑系统和管理能力与之相匹配,更适用于大型的现代化公司。应付款管理主要是增加应付款的金额,延长应付款的付款时间。但应付款管理受到包括现金折扣、公司与供货商的商业博弈能力、公司的信用等级及原材料价格等因素的影响,在现实中还可能为提高存货管理水平而牺牲应付款的管理。

在实行有效的"三控政策"之后,公司就能够加快现金周转速度,提高资金的使用效率,使资金从应收账款和存货的占用中释放出来,用于其他能够给公司带来收益的地方,如短期投资等。当然,不应把所有闲置的资金都用于短期投资,而应综合考虑现金持有的成本与收益分析,保留最佳的现金持有量,这就是现金管理的主要内容。本章分析了持有现金的主要目的和主要成本,并介绍了鲍莫尔模型和米勒—俄尔模型两种方法用于计算最佳的现金持有量,最后提出现金管理在实践应用中须注意的几个问题。

专业词汇

1. 营运资本管理(Working Capital Management)
2. 营运资本需求量(Working Capital Requirement)
3. 营运资本周转天数(Days Working Capital)
4. 信用政策(Credit Policy)
5. 信用标准(Credit Standard)
6. 5Cs 原则(Character, Capital, Capacity, Collateral and Condition)
7. 现金折扣(Cash Discount)
8. 经济订货量(Economic Order Quantity)
9. 即时存货管理(Just-in-time Inventory)
10. 供应商管理(Vendor Managed Inventory)
11. 鲍莫尔模型(Baumol Model)
12. 米勒-俄尔模型(Miller-Orr Model)
13. 现金周转天数(Cash Conversion Cycle)
14. 存货周转天数(Days Sales of Inventory)
15. 应收账款周转天数(Days Sales Outstanding)
16. 应付账款周转天数(Days Payables Outstanding)

思考与练习

(一) 单项选择题

1. 按照传统的营运资本管理理念,营运资本越多,说明公司(　　)。
   (a) 风险越小　　　　　　　　(b) 风险越大
   (c) 盈利能力越高　　　　　　(d) 流动比率越低
2. 以下哪一种现象,是实施现代营运资本管理企业所表现出的最主要财务特征?
   (a) 存货增加　　　　　　　　(b) 应收账款增加

(c) WCR 减少   (d) WCR 增加

3. A 和 B 两家公司的应收款、存货、应付款、预付款、预收款资料(万元)如下,你认为哪家公司实施了现代营运资本管理?(　　)

公司	应收款	存货	预付款	应付款	预收款
A	100	200	200	50	50
B	50	50	100	100	200

(a) A 实施   (b) B 实施
(c) A 和 B 都实施   (d) A 和 B 都没有实施

4. 当市场利率处于上升周期时,采用哪种营运资本管理可以降低公司的筹资成本?(　　)
(a) 激进型营运资本管理   (b) 理想型营运资本管理
(c) 保守型营运资本管理   (d) 以上都可以

5. 下列哪项不属于公司的信用条件?(　　)
(a) 信用期限   (b) 信用标准
(c) 现金折扣率   (d) 现金折扣期限

6. 当公司给客户的信用条件为"2/10, N/30"时,预计有 60% 的客户选择该现金折扣,那么,公司的平均收账期为(　　)天。
(a) 16 天   (b) 18 天   (c) 20 天   (d) 30 天

7. "5C"系统中,反映客户经济实力,是客户偿付债务的最终保证的是(　　)。
(a) 品德   (b) 资本   (c) 能力   (d) 状况

8. 在其他因素不变的情况下,采取积极的收款政策,可能产生的结果是(　　)。
(a) 坏账损失增加   (b) 平均收账期延长
(c) 收账费用增加   (d) 应收账款投资增加

9. 根据经济订货量模型,下列哪项不是影响最优存货订货量的因素?(　　)
(a) 存货总需求量   (b) 变动性储存成本
(c) 变动性进货费用   (d) 存货的购置成本

10. 存货的 ABC 分类法管理中,最基本的分类标准是什么?(　　)
(a) 金额标准   (b) 质量标准
(c) 重量标准   (d) 品种标准

11. 某企业甲材料的年需求量为 16 000 公斤,每次进货费用为 90 元,单位储存成本为 4.5 元,那么甲材料的最优订货量是(　　)。
(a) 566 公斤   (b) 700 公斤   (c) 800 公斤   (d) 900 公斤

12. 下列哪项成本随公司存货的持有量增加而增长?(　　)
(a) 仓储成本   (b) 短缺成本
(c) 再订货成本   (d) 购置成本

13. 企业利用证券市场价格快速大幅度下跌的机会购入有价证券,以期在价格反弹时卖出证券获得收益的动机是(　　)。

(a) 交易动机 (b) 预防动机
(c) 投机动机 (d) 投资动机

14. 下列有关现金的成本中,属于固定成本性质的是(　　)。
(a) 现金的机会成本 (b) 现金的管理成本
(c) 现金的转换成本 (d) 现金的短缺成本

15. 现金周转天数越长,表明公司用于保持正常生产经营活动的现金需求量就(　　)。
(a) 越多　　　(b) 越少　　　(c) 不变　　　(d) 无法确定

(二) 简述题

1. 简述传统营运资本管理与现代营运资本管理有何区别?
2. "三控政策"对现代营运资本管理有何作用?如何有效实施"三控政策"?
3. 如何对应收账款开展事前及事后管理?
4. 存货管理需要考虑哪些成本?
5. 如何提高企业的现金周转速度?

(三) 微型案例分析

1. A&B 集团的绩效考评

A&B 集团是乳业中的新兴企业,面对相对成熟且竞争激烈的市场,近年来集团通过适当降价和加强广告宣传,销售增长较快,但呆坏账较多。该集团下属两个子公司,A 公司在 A 地区,而 B 公司在 B 地区,同时生产各种乳制品。集团的权益资本成本为 20%,银行贷款平均利率为 10%。子公司的投资和银行贷款由集团统一控制,价格政策由集团统一制定和管理,但销售信用政策由各子公司制定并实施。2009 年,集团分别聘请李胜和王宏担任 A 公司和 B 公司的总经理,2009—2010 年度这两家子公司的财务报表如下:

A 公司和 B 公司的利润表

项目	A 公司		B 公司	
	2009 年	2010 年	2009 年	2010 年
销售收入	3 000	5 000	3 000	4 000
减:经营成本	1 500	2 800	1 500	2 200
折旧	500	500	500	500
EBIT	1 000	1 700	1 000	1 300
减:利息($K_d = 10\%$)	150	500	150	300
税前利润(EBT)	750	1 200	750	1 000
减:税收($T = 30\%$)	225	360	225	300
净利润	525	840	525	700

A 公司和 B 公司的管理资产负债表

投入资本	A 公司		B 公司		占用资本	A 公司		B 公司	
	2009	2010	2009	2010		2009	2010	2009	2010
现金	1 000	500	1 000	2 000	短期负债	500	500	500	800
WCR	1 000	3 000	1 000	800	长期负债	1 000	3 000	1 000	1 200
固定资产	1 000	3 500	1 000	1 200	所有者权益	1 500	3 500	1 500	2 000
合计	3 000	7 000	3 000	4 000	合计	3 000	7 000	3 000	4 000

集团根据上述财务报表进行年度考核。在高层管理会议上,集团的人事部经理认为:A公司的销售收入和净利润大幅度增长,建议按照集团制定的《激励和奖励办法》给A公司的总经理李胜重奖,即以当年净利润增长数额的10%作为奖金,奖金=(840-525)×10%=31.5万元。同样,依照《办法》,由于B公司利润增长幅度较小,也应给B公司的总经理王宏一定的奖励,奖金=(700-525)×5%=8.75万元。

根据以上案例资料,分析如下问题,并通过数据分析支持你的观点。

(1) 你认为A&B集团的奖励计划是否合理?为什么?

(2) 你认为应如何制定或调整奖励办法?是否应该给予A公司或B公司奖励?为什么?

(3) 你认为,A公司和B公司,哪家子公司的财务状况更正常或更健康?为什么?

(4) 从这个案例分析中,你获取哪些体会?

2. 宜家的经营之道和营运资本管理政策

宜家(IKEA)是目前国际上最大且最为著名的大型家居产品销售集团,于1943年由瑞典人英格瓦·坎普拉德(Ingravar Kamprad)创建于瑞典。从一个木工作坊到家具销售店,逐步成长为全球最大的家居产品连锁零售企业,宜家目前在全球26个国家拥有287家商场。2000年宜家的销售收入为95亿欧元,2001年突破百亿欧元达到104亿欧元,2010年突破150亿欧元,2007年突破200亿欧元,2011年高达约252亿欧元。成功的营运资本管理模式,使得宜家一直保持较高的收益和持续稳定的增长。在众人眼中,宜家似乎是一家低价低成本战略的公司。实际不然,从宜家的经营之道和财务数据中,可以看到其成功的营运资本管理政策在成本控制中的作用。宜家的经营具有如下特点:

第一,低价格—高质量策略。目前,宜家提供种类繁多、美观实用、经济实惠、老百姓买得起的家居用品。宜家产品的设计使之不仅实用,而且美观,价格相对便宜。正如宜家所言:"制造高价—高质量的产品容易,制造低价—低质量的产品也容易,但生产低价—高质量的产品并不容易,但宜家实现了。"宜家首先告诉消费者,低价不等于低质量!

第二,产品齐全、现代、简约和实用,以及一站式采购。宜家提供大约9 500种家居用品,从家具到床上用品,所有的家装产品,无所不有,方便购物。2011年,宜家79%的收入来源于欧洲,14%来源于北美,7%来自于澳洲、俄罗斯和亚洲。随着世界经济增长和人民生活水平提高,改善家居环境的需求逐年增长,宜家的产品满足这一消费需求趋势,行销全球。

第三,环保、健康、注重"儿童友好型"的家居设计。宜家的设计理念融入了关注儿童的成长。宜家的产品系列都是在瑞典进行开发与设计。通过对颜色和材料的选择,宜家产品系列虽然不是最流行的,但却是现代的,实用,仍不失美观,体现以人为本和儿童友好型的格调,代表着清新、健康的瑞典生活方式。宜家的产品最适宜新时代的年轻人,适宜喜欢简约、环保的消费者,适宜新生的家庭。

由于宜家不是上市公司,没有提供现金流量表,每年仅简要地公布其利润表和资产负债表。根据宜家2009—2011年的财务报表数据,要求:

(1) 计算宜家的平均资本成本WACC(K_s=10%;K_d=4%),并分析其WACC为何上升或下降?

(2) 计算宜家的盈利能力、流动性、资产周转速度、负债比例、创值能力,并评价其财务绩效及其变化特征。

(3) 计算宜家的资本结构,并评价其负债政策和营运资本管理政策的特征。

(4) 计算宜家的净资产收益率(ROE),分解其影响因素,据此分析其盈利模式的特征。

(5) 根据上述计算和分析,讨论宜家经营之道与财务之道之间的关系。

宜家 2009—2011 年度利润表*

项目	金额(百万欧元)			百分比		
	2009 年	2010 年	2011 年	2009 年	2010 年	2011 年
销售收入	21 846	23 539	25 173	100.00%	100.00%	100.00%
销售成本	11 878	12 454	13 773	54.37%	52.91%	54.71%
毛利	9 968	11 085	11 400	45.63%	47.09%	45.29%
经营成本	7 202	7 888	7 808	32.97%	33.51%	31.02%
经营利润	2 766	3 197	3 592	12.66%	13.58%	14.27%
财务净收支	143	76	165	0.65%	0.32%	0.66%
税前利润	2 909	3 273	3 757	13.32%	13.90%	14.92%
所得税	384	577	781	1.76%	2.45%	3.10%
少数股东权益的收益	9	−8	−10	0.04%	−0.03%	−0.04%
税后利润	2 534	2 688	2 976	11.60%	11.42%	11.82%

宜家 2009—2011 年度资产负债表

项目	金额(百万欧元)			百分比		
	2009 年	2010 年	2011 年	2009 年	2010 年	2011 年
设备厂房和不动产	14 206	15 982	16 173	38.29%	38.72%	38.62%
其他固定资产	2 652	2 683	2 416	7.15%	6.50%	5.77%
固定资产总计	16 858	18 665	18 589	45.43%	45.22%	44.39%
存货	3 116	3 415	4 387	8.40%	8.27%	10.47%
应收款	2 797	2 238	2 077	7.54%	5.42%	4.96%
现金及证券	14 334	16 955	16 828	38.63%	41.08%	40.18%
流动资产总计	20 247	22 608	23 292	54.57%	54.78%	55.61%
总资产	37 105	41 273	41 881	100.00%	100.00%	100.00%
权益	19 775	22 841	25 411	53.29%	55.34%	60.67%
长期负债	4 509	4 296	3 123	12.15%	10.41%	7.46%
其他长期债	1 395	1 325	1 469	3.76%	3.21%	3.51%
长期负债合计	5 904	5 621	4 592	15.91%	13.62%	10.96%
短期负债	7 251	7 724	7 107	19.54%	18.71%	16.97%
其他应付款	4 175	5 087	4 771	11.25%	12.33%	11.39%
短期负债合计	11 426	12 811	11 878	30.79%	31.04%	28.36%
负债和权益合计	37 105	41 273	41 881	100.00%	100.00%	100.00%
投入资本**	25 679	28 462	30 003	69.21%	68.96%	71.64%

*利润表和资产负债表数据和相关资料来源于宜家官方网站和报告;**投入资本=长期负债合计+权益。

第五章 投资分析与决策

投资是企业可持续增长的源泉和动力。但是,只有正确的投资决策才能维护和推动企业的成长,错误的投资决策可能使得企业面临破产的灾难。企业的投资可以划分为"长期投资"和"短期投资"、"固定资产投资"和"流动资产投资"等。在诸多投资项目中,大型固定资产这类长期投资对企业未来的发展具有全局性、战略性和长期性的影响。因此,决定是否投资一个大中型长期项目是企业高层管理者面临的决策难题之一。之所以是"难题",重要的原因不仅在于长期的大中型投资项目本身对企业未来发展的重要性,而且在于投资决策涉及对投资项目未来发展前景的判断和估计,而未来充满着不确定性或风险。作为企业的高层管理者,面对一本厚厚的、洋洋万言的"投资项目可行性研究报告",其中充塞着一行又一行的数据、各式各样的图表和充满诱惑的"效益指标",你将如何判断和决策?你应该如何决策?在这一章,我们将集中讨论投资项目的管理及其效益的分析、评价和决策。

第一节 投资项目的可行性研究、论证和管理

一、投资项目可行性研究和可行性研究报告

企业的持续发展依赖于市场开拓和产品或服务创新所提出的投资项目。无论是为增加销售量而进行的技术改造项目投资,还是为推广新产品而进行的新项目投资,无论是本行业的投资,还是跨行业的多元化投资,无论是战略性项目投资,还是策略性项目投资,都需要进行投资项目的可行性研究(Investment Feasibility Study)。

一般来说,一个投资项目的可行性包括:① 技术可行性,即项目所需的技术、工艺和设备是否可行;② 市场可行性,即项目所提供的产品或服务是否具有稳定的市场需求;③ 宏观经济可行性,即项目是否符合国家的产业发展政策或战略,是否具有宏观经济效益;④ 财务可行性,即项目是否能够盈利,收益和风险之间关系如何;⑤ 环境可行性,即项目的环境安全是否符合国家环境保护要求;⑥ 管理团队的可行性,即项目总负责人的基本情况、经营管理和技术管理的人员组成、经历和学历、信誉和荣誉,以及团队的合理性;⑦ 其他可行性,即项目对社会、政治、宗教、文化等方面的影响。

投资项目的可行性研究报告正是上述"七方面可行性"研究结果的汇总。一份典型的可行性包括以下几个部分:

第一部分,投资项目概述和投资的意义及作用。简要介绍投资项目的名称、地点和提供的产品或服务;投资项目的背景;投资人(单位)的经营财务状况;管理团队的基本情况;投资项目的核准情况;项目主要的经济效益指标一览;项目投资的必要性、意义和作用。

第二部分,行业分析和项目产品市场需求分析。系统地分析行业的发展历史、现状

和存在问题;行业的特征、周期和发展趋势;市场竞争状况;产品或服务的购买者及其消费特征;产品或服务的需求量和价格及其变化趋势;主要材料的市场供给情况和价格变化趋势;投资项目的特点或竞争优势。

第三部分,项目的技术评价。科学地评价项目所采用的技术的可行性,即先进性、可靠性和性价比;项目的工艺方案和工艺流程;项目所需要购置的设备及其先进性、可靠性和性价比。

第四部分,项目的配套条件分析。分析项目所必需的配套条件的满足程度和落实程度,包括土地、水、电、汽、道路、通信、原材料供应和运输条件、环境保护计划和审批情况、当地政府的投资政策和限制等。

第五部分,项目的财务效益评价。估算和确定各种评价参数,并编制有关项目的财务报表,评价项目的财务效益。具体地说,项目财务效益评价的主要内容有:

(1)系统地分析和确认进行项目财务和经济效益评价所需要的主要参数,包括项目所需的投资总额、其中的固定资产投资和所需流动(或营运)资金;预计的产能、产量和销售量、总成本和销售价格;固定资产折旧期限、项目的物理生命周期和经济生命周期、建设进度;税率和利率、项目筹资方案和各类资本成本。

(2)编制项目的各种财务报表,包括投资总额估算表、建设期间利息测算表、流动(或营运)资金测算表、投资计划和资金筹措计划表;主要原材料和动力等成本测算表、折旧和摊销计算表、总成本测算表、销售收入测算表、利润表;资金来源与运用平衡表、资产负债表;总投资的现金流量表、自有资本的现金流量表、借款的还本付息计划表。

(3)评价项目的财务效益,即应用上述确认的参数和财务报表的有关数据,计算投资项目的效益指标,包括保本点和保利点(Break-Even Point,BEP)、投资回收期(Pay-Back Period,PBP)、净现值(Net Present Value,NPV)、内含报酬率(Internal Rate of Return,IRR)和净现值指数(NPV Index,NPVI)等。

第六部分,项目的风险分析和评价。客观地揭示投资项目面临的各种风险,包括技术风险、市场风险、筹资风险、管理风险、政策风险、自然风险等,并分析各种风险形成及其对总投资、销售量、价格、成本等可能产生的影响和影响的程度,然后应用多因素弹性分析方法或矩阵式弹性分析方法重新评价风险因素对项目财务效益指标的影响。

第七部分,贷款的收益和风险评价。由于投资项目所需要的资本来源一般由权益资本(自有资金)和债务资本(银行贷款和债券)构成,因此,为了保证债权人的利益,往往需要对债务资本的安全性、收益性和流动性进行评价。评价指标涉及贷款的抵押物和担保程度、付息还本能力和时间、抵押物的变现能力、担保方的资信和财务状况等。

第八部分,项目的宏观社会和经济效益分析。客观地评价项目对社会和经济发展的贡献,包括项目所需资源的合理开采和利用、项目对推动国家产业或地区经济发展的作用、项目对技术创新和技术进步的作用、项目对环境保护的影响、项目提供的就业机会和税收等。

第九部分,结论和建议。根据上述评价结果,综合判断投资项目的技术可行性、市场需求可行性、财务可行性、宏观经济可行性、环境可行性以及社会、政治和文化等可行性,权衡投资项目的收益和风险,对投资项目是否可行得出比较明确的结论,并指出其存在的问题和应对措施。

二、投资分析与决策过程

投资项目可行性研究是投资分析和决策的重要环节,其提供了一个系统的、可供决策的投资方案。但是,一份投资项目可行性研究报告的形成和定稿,绝不是一个单纯的研究过程,而是一个发现投资机会、分析投资机会、研究投资可行性、评价和论证投资方案、权衡投资利弊和决策的过程,如图5-1所示。

第一阶段:投资机会研究。大中型企业一般都设置投资管理部门,其主要职能就是发现和分析投资机会、参与实施投资项目、负责管理投资项目。因此,在投资机会研究期间,① 投资管理部门应注意分析行业的技术、产品或服务、市场需求等的主要特征和发展变化趋势,通过行业动态变化的事实和过程观察行业的变化方向,可能发生的技术变革、产品或服务创新,并发现这些变化所可能带来的投资机会。② 投资管理部门应结合公司的实际情况,注意与市场营销部门、生产或营运部门、研发部门、财务管理部门等保持密切联系,共同探讨和研究投资机会的可能性和可行性、产业生命周期、技术生命周期、产品消费周期、行业的投资动向等,筛选投资机会。

第二阶段:编制投资项目建议书(Investment Proposals)。投资建议书是投资项目可行性研究的基础,其内容包括项目的名称、投资地点、产品或服务、主要意义和作用、预计投资总额、建设周期、预计效益(年均利润、投资利润率、简单回收期)等。

第三阶段:投资可行性研究。在公司内部组织投资项目可行性研究小组,并聘请外部专门的投资咨询机构,同时但相互独立地进行投资项目可行性研究。主要工作包括:① 参数确定。根据投资项目建议书,收集有关资料,阐述投资项目的必要性,分析和确定投资项目财务效益评价的参数。② 编制项目的有关财务报表。③ 分析可行性。分析投资项目的技术可行性,市场可行性(市场需求),评价投资项目的财务效益(保本点、保利点、回收期、净现值、内含报酬率、净现值指数等)。④ 分析风险。分析投资项目面临的风险,评价风险因素对投资项目财务效益的影响。⑤ 作出初步结论和建议。综合权衡投资项目的利弊、收益和风险,提出投资建议。

第四阶段:编制投资项目可行性研究报告。根据投资可行性分析和评价结果,参照投资项目可行性研究报告的格式和要求,编制第一份投资项目可行性研究报告。

第五阶段:首轮投资项目可行性论证。邀请专家论证投资项目的可行性,这是投资决策极其重要的一步。对于大中型投资项目,企业必须组织投资项目论证会。一般来说,参加可行性论证的专家应熟悉投资项目所处的行业,通常由技术工程专家、建筑师、市场营销专家、财务专家、会计专家、政府官员、具有丰富投资管理经验的CEO等组成。论证会由公司介绍投资项目的基本情况,然后由公司组织的内、外部两个可行性研究小组分别报告他们收集和掌握的资料和数据、有关假设、参数的确定、评价方法的采用、分析和评价的过程、评价的结论和建议。而后由专家质询两个可行性研究小组的分析和评价,提出修改意见和建议,提交论证结论的报告。

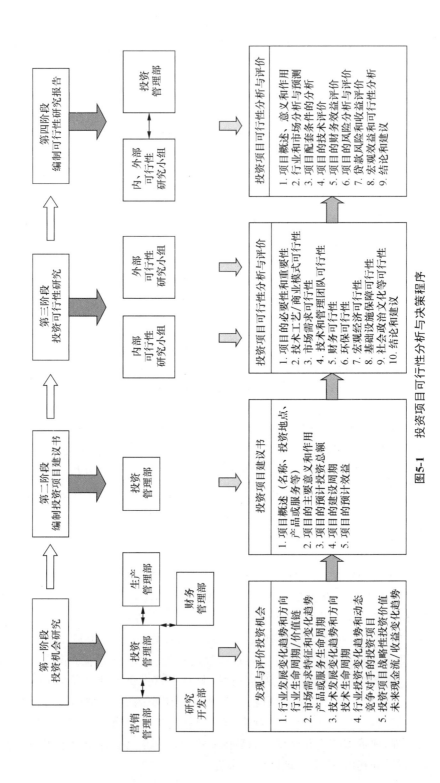

图5-1 投资项目可行性分析与决策程序

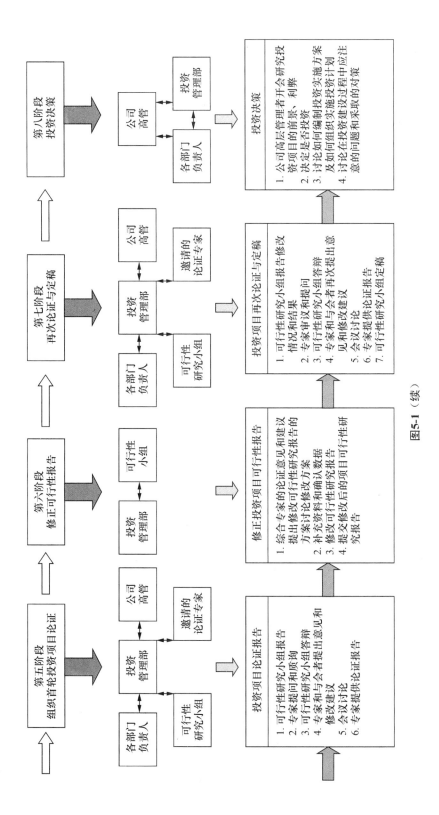

图5-1（续）

第六阶段:修正投资项目可行性研究报告。根据投资项目可行性论证会上专家的意见和建议,以及各方形成的共识,公司内、外部两个可行性研究小组重新修改投资项目可行性研究报告,形成修改后的报告。

第七阶段:再次论证和定稿。组织专家再次对投资项目可行性进行论证,提出意见和建议。可行性研究小组吸收专家的意见和建议,修改并最终确定投资项目可行性研究报告。

第八阶段:投资决策。根据投资项目可行性研究报告,公司高层管理者召开专门会议,研究投资项目的前景、利弊、决定是否投资、如何编制投资实施方案、如何组织实施投资计划以及在投资建设过程中应注意的问题和采取的对策。

三、投资项目分析与决策应注意的问题

投资项目可行性研究是投资管理的第一步,也是最关键的一步。"成功的开始标志着成功了一半"。因此,细致研究、充分论证、披露问题、揭示风险、权衡利弊,是投资项目可行性研究时期的管理原则。

在我国,每年的全社会固定资产投资项目以万计。2003—2004 年,我国全社会固定资产投资分别是 55 566.6 亿元和 70 447.4 亿元,同比增长 26.6% ,占当年 GDP 的比重分别为 47.3% 和 51.5% 。总体上看,我国在投资决策方面存在的问题有:① 投资预算不实造成严重浪费;② 重复投资建设造成供大于求;③ 投资建设手续繁杂,多头管理造成"管理者缺失";④ 投资周期较长,"胡子工程"或"三代工程"虽有减少,但仍存在;⑤ 投资分析和论证不充分,或投资决策失误造成投资失败;⑥ 审计中发现基本建设投资的违法乱纪现象严重。因此,作为企业的高层管理者,针对在投资实践中面临的问题,加强投资项目可行性分析与论证的管理十分重要。高层管理者应注意以下七个问题:

第一,认识和把握投资项目的战略性投资价值。作为企业 CEO,认识和把握企业投资项目的战略性投资价值比技术性评价所得到的效益指标更加重要,这是企业 CEO 与一般中层技术和管理者的区别。在投资决策方面,企业 CEO 同样必须具有战略眼光、国际视野和领导力,"运筹于帷幄之中,决胜于千里之外"。作为一个 CEO,如何判断企业的投资项目具有战略性投资价值呢？以下有两个有趣的图形(图 5-2 和图 5-3)可以帮助企业的高层管理者比较准确地判断投资项目是否具有战略性投资价值。

图 5-2 是众所周知的产品或行业生命周期曲线。在导入期,由于市场需求具有不确定性,销售收入不稳定,因此投资项目每年的经营性净现金具有强烈的波动性,投资效益指标具有明显的不确定性;在成长期,随着市场对投资项目所提供的产品或服务的认知度提高,销售收入随着市场需求的增加而增长,因此投资项目每年的经营性净现金具有明显的单边向上的特征,投资效益显著;在成熟期,市场需求趋于稳定,销售收入增长基本停滞,因此投资项目每年的经营性净现金和投资效益指标相对稳定;在衰退期,市场需求呈现下降趋势,销售收入逐年减少,因此投资项目每年的经营性净现金具有明显的单边向下特征,投资效益日趋下降。

图 5-3 是根据近年研究提出的投资收益的"V 型曲线"。通过这条曲线,我们可以看

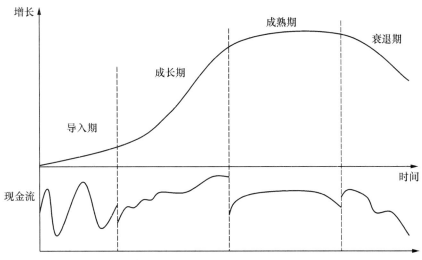

图 5-2 投资项目提供的产品或服务的生命周期与净现金流量的关系

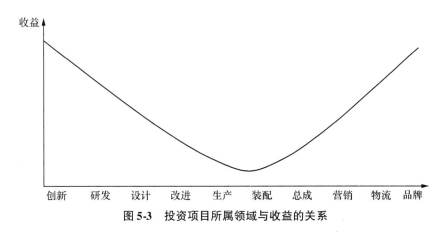

图 5-3 投资项目所属领域与收益的关系

到不同领域的投资项目经营后的收益水平。投资项目所属领域分为创新、研发、设计、改进、生产、装配、总成、营销、物流和品牌,各个投资项目所属领域的收益不同,形成"两头高、中间低"的特征。波音公司的收益主要来自创新、研发、设计、改进、总成、品牌;沃尔玛的收益主要来自营销、物流和品牌;许多著名的化妆品和服装类企业收益主要来源于设计和品牌。而我国许多企业的收益主要来自生产和装配,是众多投资领域中收益最低的。

第二,加强市场研究和行业分析,准确把握市场需求的变化趋势和行业发展方向。事实上,投资项目可行性研究报告的结论取决于"投资参数"的确定,例如,项目的产能、采用的技术与工艺、产品的需求量、价格和成本、资本成本等。特别是在投资项目的财务效益评价中,效益指标(BEP、PBP、NPV、IRR 等)取决于与市场需求相关的参数,利润取决于销售收入和成本,销售收入取决于价格和需求量,如此等等。因此,正确地预计市场发展变化趋势和行业发展方向,准确地估计需求量、价格和成本,是投资项目可行性研究结论正确与否的关键。简言之,错误的市场研究将导致可行性研究结论的错误;选择项目投资于错误的行业,例如日趋衰退的行业,可能导致投资失败。可见,投资决策是建立在市场需求分析的基础上,没有有效的市场需求,就没有投资效益可言,即使技术和工艺"成熟、先进"也是如此。因此,企业高层管理者在投资决策中,必须首先对市场的需求和行业变化趋势,包括价格、需求量、成本、技术和工艺等参数及其可能的变化,作出正确的判断。

第三,加强投资预算管理,防止预算偏差。在投资实践中,超额投资引起的预算不足,进而导致追加投资的案例举不胜举。投资预算主要是指测算投资所需要的资金,简称投资总额(Total Investment Expenditure)或初始投资(Initial Investment)。投资总额包括固定资产投资和营运资本需求量或流动资金。投资总额的测算由简到繁,由估算到精算,逐步精确。一般来说,投资总额的测算分为四个步骤:① 毛估。以同类项目的"投资总额—产能"之间的比例关系为参数,估计投资总额。毛估结果允许的误差一般在 ±20%。② 粗估。对投资项目的固定资产投资进行分类,对各类投资费用,包括土地购置费用、"五通一平"费用、基建费用、设备及安装费用、装修费用、环保设施及建设安装费用、绿化费用等,进行分类估算。此外,对同类项目的流动资金或营运资本需求量,根据流动资金周转速度或营运资本周转速度测算项目所需的流动资金或营运资本。粗估结果允许的误差一般在 ±15%。③ 精估。在粗估的基础上,根据投资项目的设计方案,查询各类投资要素的需求量和价格,包括用地面积、设备数量、土建价格、设备价格、安装价格、绿化价格等固定资产投资额,同时结合本项目的实际情况,修正流动资金或营运资本需求量,进而测算出投资总额。精估结果允许的误差一般在 ±10%。④ 确估。在精估的基础上,确认各种投资要素的需求量和价格,包括技术工艺路线、设备型号以及需求量和价格,土地面积、建设布局、建筑面积和基建价格。同时,进一步修正流动资金或营运资本需求量。确估结果的误差一般应在 ±5% 左右。

第四,注意分析各种筹资方式的利弊,确定合理的筹资方案。首先,投资项目的资本成本——加权平均资本成本(WACC)取决于项目的筹资方案。通常来说,筹资方案根据资本来源可分为全权益筹资、全债务筹资、权益和债务混合筹资。可见,由于债务资本成本和权益资本成本不同,因此筹资方案将影响到投资项目的 WACC,从而影响投资项目的效益。其次,一般的筹资方案都包括债务资本,因此应考虑投资项目未来的现金流状况和还本付息能力,避免未来可能的现金不足或支付危机。最后,随着金融工具的创新和发展,筹资方式及其组合越来越多,各种筹资方式都有利弊,应该相互比较,结合项目实际情况,权衡利弊,合理选择,力求通过合理的设计筹资方案,既降低筹资成本,又规避潜在风险。

第五,在论证中创造矛盾,披露问题,揭示风险。投资项目的可行性研究,特别是大中型投资项目,或涉及企业转型变革的投资项目,应加强论证管理:① 应组织至少两个可行性研究小组,切忌只组织一个可行性研究小组,不论是内部或外部的。② 两个可行性研究小组应该相互独立开展工作。③ 论证专家应包括技术、财务、营销、建筑、高级经理等,并熟悉投资项目所在行业或具有相关经验。④ 论证过程是一个披露问题和揭示风险的过程,因此论证不能一蹴而就,需要反复多次论证,倾听和吸收各方意见。⑤ 充分论证或反复多次论证不等于久议不决。一些由国家组织投资的、涉及国计民生的大型基础设施和战略性投资项目,如"三峡工程",需要长期充分的论证。但是,一些面向市场、受市场需求变动影响的投资项目,应注意辨别论证中存在的原则性问题和一般性问题、关键问题和非关键问题,快速决策,尽可能缩短投资分析和决策期限,赢得时间就可能赢得市场。

第六,注重投资项目可行性研究中的风险分析。许多企业高层管理者在投资项目评价中,往往关注项目的投资效益,忽略项目的投资风险。在投资决策中,不仅要关注项目的投资效益,更要关注项目的投资风险。只有事先了解和把握影响投资项目效益的各种因素,慎重评价投资项目的风险及其形成机制和对投资效益影响的程度,才能防患于未然。

第七,注重投资项目可行性研究中的假设及建议。作为企业的 CEO,投资项目可行性研究报告中的结论固然重要,但是,要深知这些结论都是建立在一系列假设的基础上,而这一系列假设,随时可能因环境变化而发生变化,脱离现实。因此,一份优秀的可行性研究报告,应该具有三个重要标志:一是建立合理和稳妥的假设是投资项目成败的关键;二是告诉决策者投资项目可行研究结论的前提假设及其可能的变化;三是提出结论的同时,也提出建议和对策,有利于企业高层管理者制定控制风险的方案。

第二节 资本成本和货币时间价值

一、资本成本

资本成本(Cost of Capitals),又称资本费用,是企业每使用一元资本所必须支付的成本或费用。在投资项目财务效益评价中,资本成本又称折现率。企业是资本的使用者,因此必须支付使用资本的成本或费用;投资者是资本的提供者,因此可以获得提供资本的报酬或收益。正因如此,在财务管理的概念中,"资本成本"、"资本收益"、"投资者预期收益率"或"投资者期望报酬率",其含义和结果都是一样的。资本成本正如一个硬币的两个面,从资本使用者的角度看,是资本的费用;从资本提供者的角度看,是资本的收益。

企业的投资需要大量的资本,企业高层管理者面临的一个重要问题是如何以最低的成本去筹集所需要的资本。企业的资本来源主要是债务资本和权益资本。企业的资本来源不同,其资本的成本也不同。认识各种筹资工具以及它们的含义和特点,对降低筹资成本、减少筹资风险、提高投资效益,具有重要的现实意义。现在,我们将讨论三种常见筹资工具及其资本成本的估算方法。

(一) 债务资本成本(K_d)

提到债务资本成本,人们容易简单并直观地联想到利息率。实际上,债务资本类型很多,包括银行长期贷款和短期贷款、国家或企业发行的长期债券和短期债券、浮动利率债券和固定利率债券、可转换债券和不可转换债券等。

在投资项目效益评价工作中,我们通常是计算债务资本的税后成本,而不是税前成本。例如,如果 C 公司向银行申请 5 年期的贷款 1 000 万元用于投资一条生产线,利率为 6.25%,所得税税率为 33%,则其税前的债务资本成本为 6.25%,但税后的债务资本成本为 4.1875%,即

$$税后债务资本成本 = 6.25\%(1-33\%) = 4.1875\%$$

一般地,

$$税后债务资本成本 = K_d(1-T)$$
$$= 利率 - 利率 \times 所得税税率$$
$$= 利率 - 税收节约额 \tag{5-1}$$

其中:K_d 是为投资项目举债的银行贷款利息率或发行债券的"实际利率",T 是企业所得税税率。

估算债务的资本成本看似很简单,实际不然。作为企业的高层管理者,在确认投资项目的债务资本成本时需要注意以下几个问题:

第一,企业的债务资本具有不同来源,主要是来自银行贷款或发行债券。当企业直接从银行获得贷款进行投资时,则投资项目的债务资本就是银行贷款利息率;若企业发行债券进行筹资,则债券的实际利率就是投资项目的债务资本,而不是所发行债券的票面利率。这是因为企业债券的发行价格不一定等于其票面价格,有可能采取溢价或折价的方式发行债券。债券实际利率 K_d 的计算公式是:

$$债券价格 = \sum_{t=1}^{n} \frac{票面利息}{(1+K_d)^t} + \frac{票面价格}{(1+K_d)^n} \tag{5-2}$$

例如,BCD 公司计划投资 1 亿元建设一条生产线,为了筹集其中 5 000 万元的债务资本,BCD 公司以 10% 的票面利率发行票面价格 1 000 元的债券,期限 5 年。假设 BCD 公司计划以 1 100 元的价格发行债券,那么,BCD 公司的债务资本成本 K_d 是:

$$1\,100 = \frac{100}{(1+K_d)} + \frac{100}{(1+K_d)^2} + \frac{100}{(1+K_d)^3} + \frac{100}{(1+K_d)^4} + \frac{100+1\,000}{(1+K_d)^5}$$

应用试算法解上式得:当 $K_d = 7\%$ 时,债券价格 = 1 123 元,高于 1 100 元;当 $K_d = 8\%$ 时,债券价格 = 1 080 元,低于 1 100 元。因此,K_d 介于 7% 至 8% 之间。采用插值法进一步计算,BCD 公司该投资项目的债务资本成本 $K_d = 7.535\%$。

此外,若没有合适的银行贷款利率或债券收益率作为投资项目的债务资本成本,可以使用以下公式近似地估算投资项目的债务资本成本。

$$K_d = 政府长期债券的市场平均收益率 + 估计的企业信用风险所必要的补偿 \tag{5-3}$$

第二,在投资项目效益评价中,为什么使用税后债务资本成本,而不使用税前债务资本成本呢?在理论上,多数投资项目的效益指标是建立在"增值概念"或 EVA 的基础上,即扣除债务资本成本和权益资本成本后的效益,而在利润表中,债务资本成本的收益是在税前支出,权益资本的收益是在税后支出,因此,在计算投资项目的加权平均资本成本时,需要统一按照税后来计算。在实践中,企业更多地关注投资项目的税后效益。

第三,在企业举债投资的总额中,部分短期贷款或短期债券用于营运资本,部分长期贷款或长期债券用于固定资产投资。在这种情况下,投资项目的债务资本成本等于多少呢?在实践中有两种做法:一是认为,多数公司通过发行商业票据来解决投资项目的营运资本,发行长期债券或使用长期贷款解决项目所需要的长期投资,因此投资项目所需要的资金是长期的,所以在投资项目效益评价中应使用长期的债务资本成本[①];二是认为,由于企业的债务是由长期(付息)债务和短期(付息)债务构成的,因此应根据长、短期债务比例计算加权债务资本成本。

例如,MM 公司投资 3 000 万元新增一条生产线,其中:1 500 万元来自股东的投资,权益资本的成本 15%;1 500 万元来自银行的贷款,其中 500 万元短期贷款作为营运资本,利率 6%;1 000 万元是长期贷款,利率 10%。所得税税率是 30%。那么,在评价该投资项目的效益时,资本成本是多少? 若 MM 公司使用商业票据来解决投资项目所需的营运资本 500 万元,该项目的资本成本是多少?

(1) 若使用长期和短期贷款的平均利率作为债务资本成本,则:

平均贷款利率 = (500/1 500) × 6% + (1 000/1 500) × 10% = 8.67%

WACC = (1 500/3 000) × 15% + (1 500/3 000) × 8.67% × (1 − 30%) = 10.54%

(2) 若使用 5 年期的贷款利息率作为债务资本的成本,则:

贷款利率 = 10%

WACC = (1 500/2 500) × 15% + (1 000/2 500) × 10% × (1 − 30%) = 11.8%

第四,企业通过 100% 举债投资某一项目,其投资的资本成本是多少呢? 若企业投资项目的资本 100% 为贷款,企业整体的负债比例将因投资项目使用 100% 的债务资本而提高,整体的资本成本也将上升;同时,企业之所以能够进行 100% 的债务筹资,主要是因为企业以权益资本或其他有价值的资产作为担保。因此,使用全额债务资本的投资项目的资本成本并不能简单地等于其银行贷款利率或发行债券的利率,而应等于举债之后企业的加权平均资本成本(WACC)。

(二) 优先股资本成本(K_p)

优先股是一种特殊的权益资本,即一种具有相对明确股利支付率(Specific Rate)的股票。对比普通股,优先股是一种具有优先的利润分配权和清偿权,但没有表决权的股票;对比债券,优先股具有相对稳定的收益,但其收益不是强制性的,分红也不能免税,且在收益支付和清偿支付方面,没有债权人的优先权。

如何计算优先股的资本成本呢? 考虑到优先股的基本特征——股利的收益相对稳定,优先股的资本成本 K_p 是:

[①] 见布里格姆(Eugen F. Brigham)等著,狄瑞鹏等译:《财务管理:理论与实践》,第 10 版,清华大学出版社,2005 年,第 11 章。此外,值得注意的是:在国外,商业票据分无息和有息;在国内,为防止企业间拆借资金,规定商业票据为无息。受票企业若需要资金,可将商业票据拿到银行贴现换取现金,并支付贴现费用。若到时贴现后的商业票据无法兑现,受票企业必须承担损失。

$$K_p = \frac{D_p}{P(1-F)} \quad (5\text{-}4)$$

其中：D_p 是优先股的股利；P 是优先股的发行价格；F 是发行优先股的费用占发行价格的比例，即发行费用率。

例如，DM 公司计划发行 1 000 万元的优先股，每股发行价格 100 元，发行费用率 3%，每股年支付 6 元的股利，则该优先股的资本成本为：

$$K_p = \frac{6}{100 \times (1-3\%)} = 6.186\%$$

（三）普通股的资本成本（K_s）

普通股是一种典型的权益资本。企业可以通过使用留存收益进行内源性权益融资，也可以通过发行新股进行外源性权益融资。那么，如何估算权益资本的成本呢？

关于普通股的资本成本，在理论上极具挑战性，迄今仍然被认为是一个"谜题"。历史上，先后有多种理论力图解决权益资本成本的计量模型。在实践中，企业的财务经理也提出了近似的权益资本成本的估算方法。

1. 股利折现模型（Dividend Discounted Model，DDM）

权益资本表现为权益证券——普通股股票，其所有者拥有对企业支付必要费用之后的剩余现金和收益的索取权，因此企业对股东的投资回报表现为支付现金股利。正如一首英国的谚语所说："养鸡为了鸡蛋，养蜂为了采蜜，养牛为了牛奶，种植果树为了果实，因此，投资股票归根到底还是为了现金股利。"尽管这种说法未必完全正确，或者说有条件地正确，因为股票的一部分收益来自现金股利，另一部分收益则来自股票增值或资本利得。但是，假设企业持续向股东派发现金股利，同时每期的股利均按照固定的增长率（g）增长，而且股东长期持有股票，则权益资本的成本（K_s）是：

$$P_0 = \frac{DC_1}{(1+K_s)} + \frac{DC_2}{(1+K_s)^2} + \frac{DC_3}{(1+K_s)^3} + \cdots + \frac{DC_t}{(1+K_s)^t} + \cdots \quad (5\text{-}5)$$

因为每期股利按照固定增长率 g 增长，即 $DC_{i+1} = DC_i(1+g)$，所以有：

$$P_0 = \frac{DC_1}{K_s - g} \quad (5\text{-}6)$$

$$K_s = \frac{DC_1}{P_0} + g \quad (5\text{-}7)$$

其中：P_0 是企业股票的现行价格；DC_1 是下一期预计的每股现金股利；g 表示预计的股利增长率。

例如，根据股利折现模型，中国移动 2005 年的每股现金股利为 1.02 港元，2005 年的年末交易价格约为 40 港元，若预计 2006 年股利增长率为 20%，则其权益资本成本是：

$$K_s = \frac{1.02 \times (1+20\%)}{40} + 20\% = 23.06\%$$

关于股利折现模型的应用价值以及应用其来估算权益资本成本的准确性，一直存在诸多疑问和批评。主要问题是该模型的假设条件与现实不相符，即 DDM 模型假设企业每期都向股东支付股利,且股利按照恒定的比率逐期增长。实际上,多数企业的股利政策不断变化,很难有长期稳定的股利政策。自20世纪80年代中期以来,支付股利的公司越来越少,股利支付比例越来越低。此外,股利政策的形式更加多样化。因此,要准确地预测企业的股利增长率是十分困难的。在美国,有人认为 DDM 模型比较适合于测算一些稳定支付股利的公用事业类公司的股票价格或权益资本成本,但结果也并不理想。

2. 资本资产定价模型(Capital Asset Pricing Model,CAPM)

CAPM 是著名财务金融学家威廉·夏普(William Sharp)于1964年提出的,由于在资本定价模型方面的创造性贡献,他和哈利·马克维斯(Harry Markowitz)、墨顿·米勒(Merton Miller),共享1990年的诺贝尔经济学奖。① CAPM 开创了资本资产定价的新理论,尽管 CAPM 也存在一些问题,但其是迄今在理论上最严谨、在实践中广为应用的一个定价模型。

CAPM 是一个建立在资产收益和风险关系基础上的资本资产定价模型。根据 CAPM,任何一种风险资产(例如,权益资本或股票)的收益 K_s,等于无风险资产的收益 R_f,加上这种资产承受风险 β 所应该得到的风险补偿或风险溢价 $(R_m - R_f)$,即

$$K_s = R_f + (R_m - R_f) \times \beta \tag{5-8}$$

其中:β 称为权益的贝塔系数,简称贝塔系数。

根据一个期间公司的周、月、季度、半年或年度的股票收益率数据和市场的平均收益率数据(例如,标准普尔500指数收益率、上海股市综合指数收益率等),应用统计回归分析,即可以估算出某一公司的贝塔系数(β)。据此,我们可计算每个公司权益资本成本或股票的预期收益率。

例如,根据第二章表2-3,按照当期或单期的数据,以当期3个月国库券的收益率作为 R_f 的替代,以当期标准普尔500指数公司的收益率和纳斯达克综合指数收益率的简单平均收益率作为 R_m 的替代,微软公司的权益资本成本估计值是:

$$\begin{aligned} K_s &= R_f + (R_m - R_f) \times \beta \\ &= 5.05\% + (11.05\% - 5.05\%) \times 0.90 \\ &= 10.45\% \end{aligned}$$

在使用 CAPM 估算企业权益资本成本时,应注意如下几个问题:

第一,贝塔系数 β 的估计与选择。β 是一个根据上市公司的股票收益数据和股票市场综合收益数据计算的估计值,因此具有一定的统计偏差。同时,许多研究表明,β 的估计值随着时间的推移而变化,具有一定程度的不稳定性,因此研究机构和专家提出了多种修正或调整 β 系数的方法,使之更具应用价值。② 简便起见,通常选择由权威投资机构发布的权益 β 系数来估计企业的权益资本成本。对于非上市公司,可选择"同行业可比

---

① 根据1990年诺贝尔奖的公告:**Harry Markowitz** is awarded the Prize for having developed the theory of portfolio choice;**William Sharpe**, for his contributions to the theory of price formation for financial assets, the so-called, *Capital Asset Pricing Model* (CAPM), and his pioneering achievement in this field was contained in his essay entitled, *Capital Asset Prices: A Theory of Market Equilibrium under Conditions of Risk* (1964). And **Merton Miller**, for his fundamental contributions to the theory of corporate finance.

② 吴世农著:《中国股票市场风险研究》,中国人民大学出版社,2005年。

企业"的 β 系数,或采取其他方法估算权益资本成本。

第二,关于 CAPM 中的其他参数估计与选择。应用 CAPM 估算权益资本成本,除了涉及 β 系数外,还涉及资本市场的平均收益率(R_m)和无风险资产收益率(R_f)。二者之差称为权益风险溢价。理论上,R_m 是社会上所有投资的平均收益率,但在实践中无法得到该数据,因此通常采用股票市场综合指数的收益率来替代。R_f 是无风险收益率,通常使用短期政府债券(如 3 个月国库券)的利率来替代。但是,有些专家则认为:在证券投资时,R_f 可以以短期政府债券利率作为替代,但在长期投资项目的效益评价时,R_f 应采用长期政府债券的利率作为替代。例如,美国著名的 Ibboston Associates 公司就提供了基于政府短期债券和政府长期债券的风险溢价。此外,无论 R_m 或 R_f,都是根据长期的平均数据,而不是短期或当期的数据测算获得的。如果使用短期数据,可能出现权益风险溢价($R_m - R_f$)不稳定或为负数的现象,正如图 5-4 所示。最后,风险溢价存在显著的国别差异,正如图 5-5 所示,甚至存在行业差异。

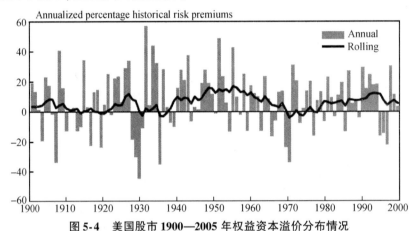

图 5-4 美国股市 1900—2005 年权益资本溢价分布情况

资料来源:E. Dimson, P. Marsh, and M. Staunton, 2006, The worldwide equity premium: A smaller puzzle. Working Paper.

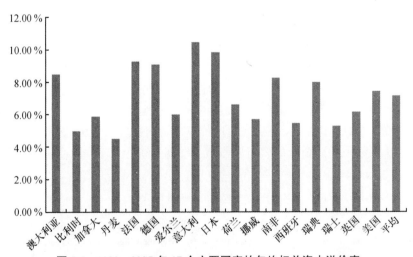

图 5-5 1900—2005 年 17 个主要国家的年均权益资本溢价率

资料来源:同图 5-4。

因此，根据表 5-1，按照 2010 年以来的平均数据估算，微软公司的权益资本成本是：
$$K_s = R_f + (R_m - R_f) \times \beta = 7.8\% + (14.2\% - 7.8\%) \times 0.90 = 13.56\%$$

表 5-1 1920—2010 年美国每 10 年的年均复合收益率

项目	1920s	1930s	1940s	1950s	1960s	1970s	1980s	1990s	2000s	2010s
大公司股票	19.2%	-0.1%	9.2%	19.4%	7.8%	5.9%	17.6%	18.2%	-0.9%	14.2%
小公司股票	-4.5%	1.4%	20.7%	16.9%	15.5%	11.5%	15.8%	15.1%	6.3%	22.7%
长期公司债券	5.2%	6.9%	2.7%	1.0%	1.7%	6.2%	13.0%	8.4%	7.6%	9.4%
长期政府债券	5.0%	4.9%	3.2%	-0.1%	1.4%	5.5%	12.6%	8.8%	7.7%	7.8%
国库券	3.7%	0.6%	0.4%	1.9%	3.9%	6.3%	8.9%	4.9%	2.8%	0.1%
通货膨胀率	-1.1%	-2.0%	5.4%	2.2%	2.5%	7.4%	5.1%	2.9%	2.5%	3.3%

资料来源：*The Longest Pictures*，美林研究报告，2011 年。

第三，负债比例对权益 β 系数的影响：负债比例高低会影响到企业的权益 β 系数，进而影响企业的权益资本成本。根据不同类型的数据估算出来的 β，其含义和应用条件不同。应用股票收益数据估算的 β 称为"权益 β"，用于估算权益资本成本。对于一个既有负债资本，又有权益资本的企业，其整体资产的 β 是"权益 β"和"负债 β"的加权平均数。在实践中，由于负债 β 很小，几乎接近零，同时由于财务杠杆型企业的 [权益/(负债 + 权益)] 小于 1，因此，权益 β > 资产 β，即

$$\beta_{资产} = \frac{负债}{负债 + 权益} \times (1-T) \times \beta_{负债} + \frac{权益}{负债 + 权益} \times \beta_{权益} \quad (5-9)$$

因为设 $\beta_{负债} = 0$，所以，

$$\beta_{资产} = \frac{权益}{负债 + 权益} \times \beta_{权益}$$

$$\beta_{权益} = \left(1 + \frac{负债}{权益}\right) \times \beta_{资产} \quad 或 \quad \beta_{资产} = \frac{\beta_{权益}}{1 + \frac{负债}{权益}} \quad (5-10)$$

可见，在 $\beta_{资产}$ 固定的情况下，(负债/权益) 比例越高，$\beta_{权益}$ 越高，企业的权益资本成本越高；在 $\beta_{权益}$ 固定的情况下，(负债/权益) 比例越高，$\beta_{资产}$ 越低，企业的权益资本成本越高。在投资项目效益评价的实践中，应直接使用权益 β 估计权益资本成本。

（四）加权平均资本成本（WACC）

投资项目的资本成本等于多少呢？企业投资项目的资本来源包括负债和所有者权益，因此企业投资项目的资本成本是其筹资方案的加权平均资本成本（WACC），即

$$WACC = 筹资方案中负债的比例 \times K_d(1-T) + 筹资方案中权益的比例 \times K_s \quad (5-11)$$

在确定投资项目的加权平均资本成本的时候，应该注意以下几个问题：

第一，有人认为，根据 WACC 的计算公式，当企业以权益融资进行投资时，投资项目的资本成本等于权益资本成本；当企业以债务融资进行投资时，投资项目的资本成本等

于负债的资本成本。这种做法可能产生偏差,为什么呢？首先,投资项目之所以能够举债投资,一般是因为债权人将企业原有的资产或权益作为抵押或担保物,因此直接将债务资本成本作为投资项目的资本成本将低估项目实际的资本成本,高估项目的财务效益；其次,投资项目之所以使用100%的权益资本,一般是企业的负债处于偏高状态,因此直接将权益资本作为投资项目的资本成本将高估项目的资本成本,低估项目的财务效益。总之,因为项目的资本成本是项目为满足投资者的预期收益所必须创造的现金收益,所以我们建议,在这种情况下,将项目的资本归入企业整体的资本,重新计算企业的WACC作为项目的资本成本。

第二,当投资项目的筹资结构与企业的资本结构相同,且投资项目的风险等级与企业目前资产的风险等级相同时,投资项目的资本成本可以使用企业的加权平均资本成本,即

$$WACC = \frac{企业负债的市场价值}{企业的市场价值} \times K_d(1-T) + \frac{企业权益的市场价值}{企业的市场价值} \times K_s \quad (5\text{-}12)$$

其中:企业的市场价值 = 企业负债的市场价值 + 企业权益的市场价值。

但是,当投资项目的筹资结构与企业的资本结构差异较大,且投资项目的风险等级与企业目前资产的风险等级不同时,我们建议,投资项目的资本成本可以使用项目和企业二者加权平均的WACC。

第三,无论是项目的WACC,或者是企业的WACC,理论上都必须使用市场价值,而不是账面价值来确定权益—负债比例。

第四,对于多元化经营的企业,其风险比较低,因此企业的WACC比较低。当一个投资项目的WACC高于企业的WACC时,我们建议使用投资项目的WACC来评价投资项目的效益。

二、货币的时间价值

货币的时间价值(Time Value of Money)指的是不同时间的货币不等值。通俗地说,昨天的一元钱不等于今天的一元钱。货币之所以具有时间价值,是因为货币作为资本可以通过投资获取收益,而资本具有机会成本。从立足未来或立足现在看货币的价值,货币的时间价值具有两种类型:一是"终值",二是"现值"。

1. 终值(Future Value, FV)

假设你年初获得1 000元,并将这笔收入投资于一个项目或存入银行,期限5年,年收益率为10%。第1年年末到第5年年末,你都可以获得100元的收益。在这5年期间,历年年末的终值包括本金和利息。由于利息可分为单利和复利,因此终值可分为单利终值和复利终值,结果如表5-2所示。

表 5-2　单利终值和复利终值的计算比较

	单利	复利
第 1 年年末的终值	$1\,000 \times (1 + 1 \times 10\%) = 1\,100$	$1\,000 \times (1 + 10\%)^1 = 1\,100$
第 2 年年末的终值	$1\,000 \times (1 + 2 \times 10\%) = 1\,200$	$1\,000 \times (1 + 10\%)^2 = 1\,210$
第 3 年年末的终值	$1\,000 \times (1 + 3 \times 10\%) = 1\,300$	$1\,000 \times (1 + 10\%)^3 = 1\,331$
第 4 年年末的终值	$1\,000 \times (1 + 4 \times 10\%) = 1\,400$	$1\,000 \times (1 + 10\%)^4 = 1\,464.1$
第 5 年年末的终值	$1\,000 \times (1 + 5 \times 10\%) = 1\,500$	$1\,000 \times (1 + 10\%)^5 = 1\,610.51$
第 t 年年末的终值	**$FV = 1\,000 \times (1 + t \times 10\%)$**	**$FV = 1\,000 \times (1 + 10\%)^t$**

可见,所谓的终值,是指在未来的某一年年末你的投资值多少钱。更一般地,我们可以写出终值 FV 的计算公式:

$$\text{单利终值:} FV = M(1 + t \cdot k) \tag{5-13}$$

$$\text{复利终值:} FV = M(1 + k)^t = M(\text{FVIF}_{k,t}) \tag{5-14}$$

其中:M 表示期初的投资额;k 表示每期的投资收益率;t 表示期数($t = 1,2,3,\cdots,n$);$\text{FVIF}_{k,t}$ 称为终值利率系数(Future Value Interest Factor)。

2. 现值(Present Value,PV)

假设你于第 5 年年末获得 1 000 元,年收益率为 10%。那么,站在第 1 年年初(现在)这个时间点来看,这 1 000 元的价值是多少。其现值可以分为单利现值和复利现值,结果如表 5-3 所示。

表 5-3　单利现值和复利现值的计算比较

	单利	复利
第 1 年年初的现值	$1\,000/(1 + 1 \times 10\%) = 909.10$	$1\,000/(1 + 10\%)^1 = 909.10$
第 2 年年末的现值	$1\,000/(1 + 2 \times 10\%) = 833.33$	$1\,000/(1 + 10\%)^2 = 826.45$
第 3 年年末的现值	$1\,000/(1 + 3 \times 10\%) = 769.23$	$1\,000/(1 + 10\%)^3 = 751.34$
第 4 年年末的现值	$1\,000/(1 + 4 \times 10\%) = 714.28$	$1\,000/(1 + 10\%)^4 = 683.01$
第 5 年年末的现值	$1\,000/(1 + 5 \times 10\%) = 666.67$	$1\,000/(1 + 10\%)^5 = 620.92$
第 t 年年末的现值	**$PV = 1\,000/(1 + t \times 10\%)$**	**$PV = 1\,000/(1 + 10\%)^t$**

同理,我们可以写出现值 FV 的计算公式:

$$\text{单利现值:} PV = \frac{M}{(1 + t \times k)} = M \frac{1}{(1 + t \times k)} \tag{5-15}$$

$$\text{复利现值:} PV = \frac{M}{(1 + k)^t} = M \frac{1}{(1 + k)^t} = M(\text{PVIF}_{k,t}) \tag{5-16}$$

其中:M 是期末的收益;k 是每期的投资收益率;t 表示期数($t = 1,2,3,\cdots,n$);$\text{PVIF}_{k,t}$ 称为现值利率系数(Present Value Interest Factor)。

无论是从财务理论还是实践看,复利终值和复利现值更符合现实和更具有应用价值。图 5-6 是复利终值的示意图,图 5-7 是复利现值的示意图。

3. 复利终值年金(Future Value Interest Factor for an Annuity,FVIFA)

当我们每期的复利终值累计起来,其结果表示每期期初投入一笔资金 M,收益率为 k,则到了第 n 期期末,共计有:

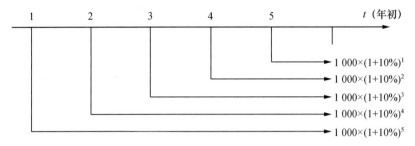

图 5-6　复利终值的示意图

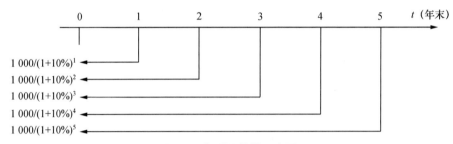

图 5-7　复利现值的示意图

$$S = M(1+k)^1 + M(1+k)^2 + \cdots + M(1+k)^n$$
$$= M\sum_{t=1}^{n}(1+k)^t = M(\text{FVIFA}_{k,n}) \tag{5-17}$$

其中:$\text{FVIFA}_{k,n}$就是复利终值年金;S 称为累计复利终值。

例如,根据表 5-2,如果每年年初都投资 1 000 元,那么 5 年的累计复利终值是:

$$S = 1\,000 \times (1+10\%)^1 + 1\,000 \times (1+10\%)^2 + \cdots + 1\,000 \times (1+10\%)^5$$
$$= 1\,000 \times \sum_{t=1}^{5}(1+10\%)^t = 1\,000 \times 6.71561 = 6\,715.61(元)$$

4. 复利现值年金(Present Value Interest Factor for an Annuity,PVIFA)

当我们每期的复利现值累计起来,其结果表示每期期末收到一笔资金 M,收益率为 k,则到了第 n 期期末,共计有:

$$A = M\frac{1}{(1+k)^1} + M\frac{1}{(1+k)^2} + \cdots + M\frac{1}{(1+k)^n}$$
$$= M\sum_{t=1}^{n}\frac{1}{(1+k)^t} = M(\text{PVIFA}_{k,n}) \tag{5-18}$$

其中:$\text{PVIFA}_{k,n}$就是"复利现值年金";A 称为"累计复利现值"。

例如,根据表 5-3,如果每年年末都投资 1 000 元,那么 5 年的累计复利现值是:

$$A = 1\,000 \times \frac{1}{(1+10\%)^1} + 1\,000 \times \frac{1}{(1+10\%)^2} + \cdots + 1\,000 \times \frac{1}{(1+10\%)^5}$$
$$= 1\,000 \times \sum_{t=1}^{5}\frac{1}{(1+10\%)^t} = 1\,000 \times 3.7908 = 3\,790.80(元)$$

三、资本成本和货币时间价值在投资评价中的作用

资本成本和货币时间价值是投资项目经济效益评价中的两个基础理论问题。我们知道,在决定投资后,企业需要按照筹资计划进行筹资,并按照建设计划进行投资,包括购买土地、基建、购买设备、安装、调试、试产等,从而形成了现金流出。试产成功后,就可按照经营计划,购买原材料、燃料和配件等,支付相关人员工资,支付其他各类相关费用,并正式投产,产品经检验合格后,即可在市场上销售产品。从整个过程来看,先后发生了现金流出和现金流入,并最终形成"经营性净现金"。

根据投资项目现金流的发生和形成过程,现金流的典型模式如图5-8所示。

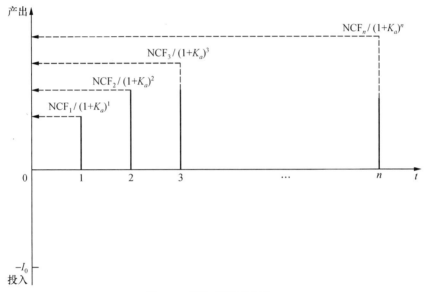

图5-8 投资项目现金流

投资项目的经济效益是投资收益和投资支出之差。由图5-8可见:在投资初期,投资项目发生了一笔"一次性"的投资支出或现金流出①,即投资总额(I_0);在项目正式投产之后,投资项目每年都可以获得一笔经营性净现金(NCF = 现金流入 − 现金流出 = 净利润 + 折旧 + 摊销 − 营运资本需求量)。但是,投资项目在项目周期内所产生的每年的经营性净现金,在时间上不等值,而且投资支出与经营性净现金在时间上也不等值。正因如此,我们不能简单地将各年的经营性净现金加总,与投资总额对比。由此可见,投资项目的资本成本(WACC = K_a)在投资项目效益评价过程中的作用在于它将不同时间获得的经营性净现金转化为同一时间的经营性净现金,即应用复利现值,将未来不同年份的经营性净现金统一转化为目前投资年份(第0年)的货币价值,从而使得不同年份的经营

---

① "一次性"是一种理论假设或相对的提法,是指在投资期间内只发生一次投资。实际上,投资额可能发生在1年中,也可能发生在2—3年间。

性净现金具有可比性和可加性,其累计结果代表投资项目的产出,可以直接与投资支出(投资总额)进行对比。其中:投入 $= I_0$;产出 $= \sum_{t=1}^{n} \frac{\text{NCF}_t}{(1+K_a)^t}$。产出大于投入,说明投资项目具有经济效益;反之,投入大于产出,说明投资项目不具有经济效益。

第三节 投资项目的财务报表编制和财务效益与风险评价

一、投资项目的财务报表编制

投资项目的财务报表主要包括投资总额测算表、利润表、现金流量表、资产负债表、还贷计划表(还本付息计划表)。其中,投资总额测算表、现金流量表和还贷计划表最为重要。这些报表的编制,实际上是基于三方面的参数:① 市场参数,包括销售价格、销售量及其变化趋势,主要原材料价格等;② 财务参数,包括各项费用占销售收入的比例、折旧率等;③ 技术和工艺参数,包括各项设备投资费用、基建价格等。这三类参数主要是依据市场分析、同类投资项目的有关收入和成本数据、筹资方案和工艺技术方案进行估计和测算而得。那么,如何依据市场调研、建设规划、财务方案选择的参数,编制投资项目的投资总额测算表和现金流量表呢?以下,我们以厦门市 IAP 集团 2003 年投资一家五星级酒店为例,说明这两张报表的编制过程。

(一) 投资项目的投资总额测算

厦门 IAP 计划投资建造一个高级酒店,面积 4.5 万平方米,酒店共计 350 个标准房间和若干服务设施,提供住宿、餐饮、酒吧、康乐、会议五大服务项目。

根据建设方案,酒店的总投资包括土地使用费、建筑和安装工程、室内装饰工程、所需要的设施、后勤设施、开办费、建设期利息、不可预见费等固定资产投资和营运资本,预算总投资 4.4 亿元,其中固定资产投资 4.3 亿元,营运资本 1 000 万元。表 5-4 是 IAP 酒店的固定资产投资总额测算表。

表 5-4 IAP 酒店的固定资产投资总额测算表　　　　　　　　　　　单位:万元

项目	投资费用	测算依据
1. 项目前期费用	100	根据前期立项投入、可行性研究等费用率测算
2. 勘察和设计费	400	主体设施建安费用的 2.5% 测算
3. 土地使用费	20 000	招标价格除以占地面积
4. 主体设施建安费用	16 000	根据设计方案和寻价结果测算,包括建筑、装修等设备系统
5. 外部设施建筑费用	3 000	景观、喷泉、草坪、广场、停车场、广告装饰等

(续表)

项目	投资费用	测算依据
6. 建筑各种税费	1 500	招标、报建、验收、消防、监理、防震、环保、项目管理等
7. 不可预见费	1 000	除土地使用费、利息、税费外的各种建筑费用(2亿元)的5%
8. 建设期间借款的利息	1 000	银行借款2亿元,期限1年,利率5%
合计	43 000	
9. 营运资本	1 000	根据同类酒店总投资中营运资本所占比例进行测算
总计	44 000	

为了顺利完成酒店投资建设,初步的筹资方案为:银行贷款2亿元,占45.5%;权益资本2.4亿元,占54.5%。银行贷款利息率为5%,权益资本成本为10%。该酒店地处厦门经济特区,所得税税率为15%。

(二) 投资项目的利润表和现金流量表

根据市场调研,预计房价650元/天。参照厦门市高档酒店的客房入住率65%和日平均其他营业收入(餐饮收入、酒吧收入、会议服务设施收入、康乐设施服务收入),预计第一年该酒店的日营业收入22.75万元(客房14.79万元,其他收入7.96万元),第一年全年营业收入8 303.75万元,其中:客房占65%,中西餐占25%,酒吧占5%,会议等占5%。投资经营期限40年,年销售额的变化趋势是:第1—3年的年增长率5%,第4—10年增长率10%,第11—35年稳定,第36—40年每年下降5%。

同时,根据市场调查和对几个典型五星级酒店的收入和成本资料分析,各种成本和费用的计算依据和变动趋势如表5-5所示。表5-5同时对各种费用的性质进行分析和分类,将其区分为变动成本和固定成本。其中,

年固定成本 = 固定工资福利 + 固定能源动力费 + 固定维修保养费用
+ 折旧和摊销 + 利息

根据表5-5,可以编制投资项目的利润表和现金流量表,结果如表5-6(a)和表5-6(b)所示。值得注意的是,我们应用间接法计算出投资该酒店每年的经营性净现金(NCF_t)时,有两种不同的经营性净现金:一是会计的经营性净现金;二是投资项目的经营性净现金。在假定营运资本需求变动量为0的情况下,其计算公式如下:

$$会计\ NCF = 净利润 + 折旧 + 摊销 + 利息 \quad (5\text{-}19)$$

$$项目\ NCF = EBIT(1-T) + 折旧 + 摊销 \quad (5\text{-}20)^{①}$$

由表5-6(b)的最后一行可见投资该酒店40年期间每年的"项目经营性净现金"(见图5-9)。

表5-6(a)和表5-6(b)显示了评价投资项目财务效益所需的最重要的三类数据:一是投资项目每年净利润,二是投资项目每年的固定成本和变动成本,三是投资项目每年经营性净现金。

---

① 公式(5-19)和(5-20)的主要区别在于公式(5-20)没有考虑IT,即利息的抵税效应。这是因为在进行现金流折现时,利息的抵税效应已经体现在WACC的计算当中了。

表 5-5 五星级酒店收入和成本结构预测表

序号	项目	计算和预测依据	第一年	趋势分析
1	营业收入		8 304 万元	
1-1	客房收入	客房数 350 标准间；住房率 65%；房价 650 元/天；日收入 14.79 万元，占年总收入 65%	5 397 万元	第 1—3 年的年增长率 5%，第 4—10 年增长率 10%，第 11—35 年稳定，第 36—40 年每年下降 5%*
1-2	餐饮收入	占年收入 25%	2 076 万元	
1-3	酒吧收入	占年收入 5%	415 万元	
1-4	其他收入	占年收入 5%	415 万元	
2	营业税及附加	根据税法等规定，占营业收入 5.5%	457 万元	税费率稳定不变
3	营业成本		1 432 万元	占营业收入比例稳定不变
3-1	客房成本	占客房收入 10%	540 万元	
3-2	餐饮成本	占餐饮收入 40%	830 万元	
3-3	酒吧成本	占酒吧收入 10%	42 万元	
3-4	其他成本	占其他收入 5%	21 万元	
4	工资福利	4—5 星级员工人数约 525 人（按 1∶1.5 配置），据调查，厦门 4—5 星酒店员工每月固定的工资福利费约 2 500 元/人/月。因此，每年固定的工资福利费约为 1 575 万元。变动部分随着营业额按照营业额的 3% 提取，即第 1 年为 249 万元。第 1 年工资福利共计 1 824 万元	1 824 万元	占营业收入的比例稳定不变，固定工资福利所占比例稳定不变
5	水电能源动力	包括水电费、燃料费等。根据厦门现有能源价格，经计算，固定水电能源费用为 600 万元/年；变动部分随着营业额的变动而变动，为营业额的 2%，即第 1 年为 166 万元。第 1 年水电能源动力费共计 766 万元	766 万元	固定能源动力费稳定不变，变动能源动力费占营业收入的比例稳定不变
6	维修保养费	包括设备维修保养费等，其中：固定部分为设备基本的维修保养费每年 70 万元/年；变动部分随着营业额的变动，每年为当年销售额的 3%，即第 1 年为 249 万元。第 1 年维修保养费共计 319 万元	319 万元	固定维修保养费每年 70 万元稳定不变；变动维修保养费每年占销售额的比例稳定不变
7	支付管理公司费用	占营业收入 4%，属于使用名牌酒店商号，按年支付给酒店管理公司的费用	332 万元	占营业收入比例稳定不变
8	折旧和摊销	按照会计制度，本项目的固定资产（含建设期间的开办费等）的折旧和摊销按照直线法计提，预留 10% 残值，折旧年限统一为 40 年，每年 968 万元	968 万元	

(续表)

序号	项目	计算和预测依据	第一年	趋势分析
9	综合管理费	包括办公费、邮电通信费、差旅费、应酬金、印刷品、保险费、低值易耗品、属于管理费用范畴的税金等,根据酒店惯例,结合厦门实际情况取定,固定综合管理费为400万元/年,变动综合管理费为营业收入的2%,即第1年为168万元。第1年综合管理费共计566万元	566万元	固定管理费稳定不变,变动管理费占营业收入比例稳定不变
10	营销费用	由于酒店在经营前期投入的广告和营销费用较高,第1—5年为营业收入的3%,在此后每年为营业收入2%	249万元	占营业收入比例稳定不变
11	财务费用	筹资方案为2亿元的资金来自银行贷款,年利率为5%。预计贷款周期10年	1000万元	利率不变
12	总成本	7457万元		
12-1	其中:固定成本	固定工资福利+固定能源动力费+固定维修保养费+固定综合管理费+折旧摊销+利息	4613万元	
12-2	变动成本	总成本-变动成本	2844万元	
13	税前利润	营业收入-营业税及附加-总成本	391万元	
14	所得税(15%)	税前利润×15%	59万元	
15	税后利润	税前利润-所得税	332万元	

* 假设导致每年客房收入发生变化的主要因素为客房房价,而客房数量和客人住率在40年内保持不变。

表 5-6（a） 厦门 IAP 五星酒店第 1—40 年的收入、成本和利润测算表

单位：万元

项目	建设期 -1年	建设期 0年	经营期 1年	2年	3年	4年	5年	6年	7年	8年	9年	10年	11—35年	36年	37年	38年	39年	40年
营业收入			8 304	8 719	9 155	10 070	11 077	12 185	13 404	14 744	16 218	17 840	17 840	16 948	16 101	15 296	14 531	13 804
客房收入			5 397	5 667	5 951	6 546	7 200	7 920	8 712	9 584	10 542	11 596	11 596	11 016	10 466	9 942	9 445	8 973
餐饮收入			2 076	2 180	2 289	2 518	2 769	3 046	3 351	3 686	4 055	4 460	4 460	4 237	4 025	3 824	3 633	3 451
酒吧收入			415	436	458	504	554	609	670	737	811	892	892	847	805	765	727	690
其他收入			415	436	458	504	554	609	670	737	811	892	892	847	805	765	727	690
营业税及附加			457	480	504	554	609	670	737	811	892	981	981	932	886	841	799	759
营业净收入			7 847	8 239	8 651	9 517	10 468	11 515	12 666	13 933	15 326	16 859	16 859	16 016	15 215	14 455	13 732	13 045
营业成本			1 432	1 504	1 579	1 737	1 911	2 102	2 312	2 543	2 798	3 077	3 077	2 924	2 777	2 639	2 507	2 381
客房成本			540	567	595	655	720	792	871	958	1 054	1 160	1 160	1 102	1 047	994	945	897
餐饮成本			830	872	915	1 007	1 108	1 219	1 340	1 474	1 622	1 784	1 784	1 695	1 610	1 530	1 453	1 380
酒吧成本			42	44	46	50	55	61	67	74	81	89	89	85	81	76	73	69
其他成本			21	22	23	25	28	30	34	37	41	45	45	42	40	38	36	35
工资福利			1 824	1 837	1 850	1 877	1 907	1 941	1 977	2 017	2 062	2 110	2 110	2 083	2 058	2 034	2 011	1 989
固定工资福利			1 575	1 575	1 575	1 575	1 575	1 575	1 575	1 575	1 575	1 575	1 575	1 575	1 575	1 575	1 575	1 575
变动工资福利			249	262	275	302	332	366	402	442	487	535	535	508	483	459	436	414
水电能源			766	774	783	801	822	844	868	895	924	957	957	939	922	906	891	876
固定水电能源			600	600	600	600	600	600	600	600	600	600	600	600	600	600	600	600
变动水电能源			166	174	183	201	222	244	268	295	324	357	357	339	322	306	291	276
保养维修费用			319	332	345	372	402	436	472	512	557	605	605	578	553	529	506	484
固定费用			70	70	70	70	70	70	70	70	70	70	70	70	70	70	70	70
变动费用			249	262	275	302	332	366	402	442	487	535	535	508	483	459	436	414

(续表)

项目	建设期		经营期															
	-1 年	0 年	1 年	2 年	3 年	4 年	5 年	6 年	7 年	8 年	9 年	10 年	11—35 年	36 年	37 年	38 年	39 年	40 年
酒店管理费用			332	349	366	403	443	487	536	590	649	714	714	678	644	612	581	552
折旧和摊销			968	968	968	968	968	968	968	968	968	968	968	968	968	968	968	968
综合管理费用			566	574	583	601	622	644	668	695	724	757	757	739	722	706	691	676
固定费用			400	400	400	400	400	400	400	400	400	400	400	400	400	400	400	400
变动费用			166	174	183	201	222	244	268	295	324	357	357	339	322	306	291	276
营销费用			249	262	275	302	332	244	268	295	324	357	357	339	322	306	291	276
利息	1 000	1 000	1 000	1 000	1 000	1 000	1 000	1 000	1 000	1 000	1 000	0	0	0	0	0	0	0
总成本			7 457	7 599	7 748	8 062	8 407	8 664	9 069	9 515	10 005	9 544	9 544	9 248	8 966	8 698	8 444	8 202
其中:固定成本			4 613	4 613	4 613	4 613	4 613	4 613	4 613	4 613	4 613	3 613	3 613	3 613	3 613	3 613	3 613	3 613
变动成本			2 844	2 986	3 136	3 449	3 794	4 052	4 457	4 902	5 393	5 932	5 932	5 635	5 354	5 086	4 832	4 590
税前利润			391	641	903	1 455	2 062	2 851	3 597	4 418	5 321	7 315	7 315	6 768	6 249	5 756	5 288	4 843
所得税（15%）			59	96	135	218	309	428	540	663	798	1 097	1 097	1 015	937	863	793	726
净利润			332	545	768	1 237	1 752	2 423	3 058	3 755	4 523	6 217	6 217	5 753	5 312	4 893	4 495	4 116

表 5-6（b） 厦门 IAP 五星酒店第 1—40 年的经营性净现金测算表

单位：万元

项目	建设期		营业期														
	-1 年	0 年	1 年	2 年	3 年	4 年	5 年	6 年	7 年	8 年	9 年	10 年	11—35 年	36 年	37 年	38 年	39 年	40 年
EBIT			1 391	1 641	1 903	2 455	3 062	3 851	4 597	5 418	6 321	7 315	7 315	6 768	6 249	5 756	5 288	4 843
折旧和摊销			968	968	968	968	968	968	968	968	968	968	968	968	968	968	968	968
EBITDA			2 358	2 608	2 871	3 422	4 029	4 818	5 565	6 386	7 289	8 282	8 282	7 736	7 217	6 724	6 255	5 810
经营性净现金*			2 149	2 362	2 585	3 054	3 570	4 241	4 875	5 573	6 341	7 185	7 185	6 721	6 279	5 860	5 462	5 084
固定资产投资	-25 000	-18 000																4 300
营运资金投入		-1 000																1 000

* 项目经营性净现金 = EBIT(1 - T) + 折旧和摊销。

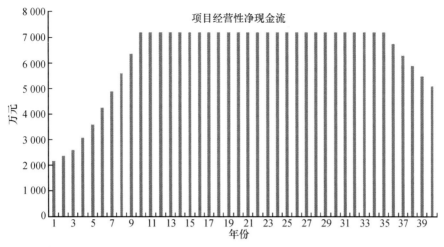

图 5-9 厦门 IAP 五星酒店投资项目 40 年经营性净现金

二、投资项目的财务效益评价

根据投资项目主要财务报表的数据,就可以进行投资项目的财务效益评价。如何评价一个投资项目的财务效益呢？一般来说,评价投资项目财务效益的主要指标有:保本点、保利点、累计折现回收期、脱险回收期、净现值和内含报酬率。

(一) 保本点

我们知道,当投资项目的销售收入等于总成本时,该投资项目既不亏损,也无盈利。因此,所谓的保本点,就是当投资项目销售收入等于总成本时所求出的销售量或业务量,即

$$
\begin{aligned}
销售收入 &= 总成本 \\
销售价格 \times 销售量 &= 总变动成本 + 总固定成本 \\
&= 销售量 \times 单位产品变动成本 + 总固定成本 \quad (5\text{-}21)
\end{aligned}
$$

根据(5-21)式求出来的销售量,就是保本点,即

$$
\begin{aligned}
保本销售量 &= \frac{总固定成本}{销售价格 - 单位产品变动成本} \\
&= \frac{总固定成本}{单位产品贡献毛益} \quad (5\text{-}22)
\end{aligned}
$$

将(5-22)式两边乘上销售价格,就可以得到保本销售收入,即

$$
保本销售量 \times 销售价格 = \frac{总固定成本}{单位产品贡献毛益} \times 销售价格
$$

$$
保本销售收入 = \frac{总固定成本}{单位产品贡献毛益 / 销售价格}
$$

$$= \frac{总固定成本}{单位产品贡献毛益率}$$

$$= \frac{总固定成本}{1-变动成本率} \quad (5\text{-}23)$$

其中:

$$变动成本率 = \frac{单位产品变动成本}{销售价格} = \frac{总变动成本}{销售收入}$$

在投资分析和决策中,当投资项目的保本点低于该项目的设计能力时,表明该项目可行,反之不可行。投资项目的保本点与其设计能力之比越低,说明该项目盈利能力和抗风险能力越强,反之越低。

假设YIB公司投资1 200万元生产两种产品,其中权益投资800万元,预期权益报酬率为15%;贷款400万元,利息率为6%。投资项目的设计生产能力为A产品150万件/年,B产品200万件/年。所得税税率为30%。经过市场调查和成本核算:A、B产品的有关价格和成本资料如表5-7所示。

表 5-7　YIB 公司投资项目的成本和价格测算表

产品	价格	单位产品变动成本(元/件)	总固定成本(万元)	单位产品贡献毛益(元/件)	单位产品贡献毛益率	保本量(万件)	保本额(万元)
A	10	6	300	4	40%	75	750
B	12	6	600	6	50%	100	1 200

根据表5-7可计算A、B产品的保本销售量和保本销售收入,即

A产品的保本销售量 = 300/4 = 75(万件)

B产品的保本销售量 = 600/6 = 100(万件)

A产品的保本销售收入 = 300/40% = 750(万元)

B产品的保本销售收入 = 600/50% = 1 200(万元)

以上仅仅是测算A、B产品分别的保本销售量和保本销售收入,在此基础上,还可以进一步测算整个投资项目的保本销售量和保本销售收入。在测算整个投资项目的保本销售量和保本销售收入时,需要增加一项预测资料——A、B产品的预计销售量。假设市场调查结果表明:A产品的预计销售量为80万件,B产品的预计销售量为90万件,则可以通过A、B产品的销售比重,计算二者的综合贡献毛益率,即

$$综合贡献毛益率 = A的销售收入比重 \times A的贡献毛益率$$
$$+ B的销售收入比重 \times B的贡献毛益率 \quad (5\text{-}24)$$

根据(5-24)式,YIB公司的投资项目的综合贡献毛益率为:

$$\frac{80 \times 10}{80 \times 10 + 90 \times 12} \times 40\% + \frac{90 \times 12}{80 \times 10 + 90 \times 12} \times 50\% = 45.74\%$$

因此,该投资项目综合保本销售收入是:

$$\frac{总固定成本}{综合贡献毛益率} = \frac{300 + 600}{45.74\%} = 1\,967.64(万元)$$

其中:

A 产品的保本销售收入 = 1 967.64 × 42.6% = 838.22(万元)
A 产品的保本销售量 = 838.22/10 = 83.82(万件)
B 产品的保本销售收入 = 1 967.64 × 57.4% = 1 129.42(万元)
B 产品的保本销售量 = 1 129.42/12 = 94.12(万件)

对于 IAP 的酒店投资项目,其业务有住宿、餐饮、酒吧、会议服务等,无法测算其保本量,只能测算其保本销售收入。那么,如何计算多种业务的投资项目的保本销售收入呢?通常有两种方法:一是平均法,即求出所有年份的平均固定成本、平均变动成本和贡献毛益率,计算出平均保本点;二是正常年份法,即取正常年份的固定成本、变动成本和贡献毛益率的数据,计算出正常保本点。根据表 5-6(a),考虑到营业税相当于公司的一部分变动成本,IAP 酒店的保本营业收入为:

$$每年保本营业额 = \frac{固定成本}{(1 - 营业税税率) - 变动成本率} \quad (5\text{-}25)$$

其中:

$$变动成本率 = \frac{总变动成本}{营业收入}$$

$$IAP\ 酒店平均保本营业收入 = \frac{\sum 各年保本营业收入}{40} = 6\ 281(万元)$$

$$IAP\ 酒店平均营业收入 = \frac{\sum 各年营业收入}{40} = 16\ 110(万元)$$

$$IAP\ 酒店平均保本比例 = \frac{6\ 281}{16\ 110} = 38.99\%$$

其中:各年保本营业收入如表 5-8 所示,各年的营业收入来自表 5-6(a)。

表 5-8　厦门 IAP 五星酒店项目保本营业收入测算　　　　　　　　　单位:万元

项目	1 年	2 年	3 年	4 年	5 年	6 年	7 年	8 年
营业收入	8 304	8 719	9 155	10 070	11 077	12 185	13 404	14 744
总固定成本*	4 613	4 613	4 613	4 613	4 613	4 613	4 613	4 613
经营性固定成本	3 613	3 613	3 613	3 613	3 613	3 613	3 613	3 613
变动成本	2 844	2 986	3 136	3 449	3 794	4 052	4 457	4 902
变动成本率	34.25%	34.25%	34.25%	34.25%	34.25%	33.25%	33.25%	33.25%
营业税税率	5.50%	5.50%	5.50%	5.50%	5.50%	5.50%	5.50%	5.50%
保本营业收入	7 656	7 656	7 656	7 656	7 656	7 531	7 531	7 531
项目	9 年	10 年	11—35 年	36 年	37 年	38 年	39 年	40 年
营业收入	16 218	17 840	17 840	16 948	16 101	15 296	14 531	13 804
总固定成本	4 613	3 613	3 613	3 613	3 613	3 613	3 613	3 613
经营性固定成本	3 613	3 613	3 613	3 613	3 613	3 613	3 613	3 613
变动成本	5 393	5 932	5 932	5 635	5 354	5 086	4 832	4 590
变动成本率	33.25%	33.25%	33.25%	33.25%	33.25%	33.25%	33.25%	33.25%
营业税税率	5.50%	5.50%	5.50%	5.50%	5.50%	5.50%	5.50%	5.50%
保本营业收入	7 531	5 898	5 898	5 898	5 898	5 898	5 898	5 898

* 总固定成本含利息 1 000 万元,经营性固定成本不含利息 1 000 万元。

表 5-8 表明:在不考虑还贷计划的情况下,该酒店平均保本营业收入为 6 281 万元。但若剔除利息费用的影响,即只考虑经营性固定成本,则平均保本营业收入为 5 910 万元,保本比例为 36.69%。此外,根据测算结果,该酒店每年的营业收入都超过保本营业收入,即能达到保本要求。

最后,以客房的入住率来衡量保本量,其中隐含一个假设,即客房收入、餐饮收入、酒吧收入及其他收入在总收入中的比重不变。

$$平均入住率 = \frac{年客房收入}{平均房价 \times 客房数 \times 365 \text{ 天}} \tag{5-26}$$

$$平均保本入住率 = \frac{平均保本营业收入 \times 65\%}{平均房价 \times 客房数 \times 365 \text{ 天}} = 25.34\%$$

$$经营性平均保本入住率 = \frac{经营性平均保本营业收入 \times 65\%}{平均房价 \times 客房数 \times 365 \text{ 天}} = 23.84\%$$

计算结果表明,在厦门四至五星级酒店平均入住率为 65% 的条件下,该酒店达到保本要求的平均入住率为 25.34%,而经营性保本入住率为 23.84%,这对于五星级酒店来说比较容易实现。

(二) 保利点

投资项目不仅要保本,更重要的是获取利润。假设董事会将酒店交给管理层经营,董事会就会要求管理层要保证股东获得相应的利润,即保证股东的投资收益。实际上,对于经营管理者而言,股东的投资收益就成为其经营中的"固定成本"——必须支付给股东的投资报酬。所以,保利点的计算公式是:

$$保利销售量 = \frac{总固定成本 + 目标利润 / (1 - T)}{销售价格 - 单位产品变动成本} \tag{5-27}$$

$$保利销售收入 = \frac{总固定成本 + 目标利润 / (1 - T)}{贡献毛益率}$$

$$= \frac{总固定成本 + 目标利润 / (1 - T)}{1 - 变动成本率} \tag{5-28}$$

在投资分析和决策中,当投资项目的保利点低于该项目的设计能力,表明该项目可行,反之不可行。投资项目的保利点与其设计能力之比越低,说明该项目盈利能力和抗风险能力越强,反之越低。

仍以上面 YIB 公司为例,股东要求的投资报酬率为 15%,即管理层每年至少必须为股东赚取 120 万元的目标利润。因此,该投资项目的综合保利销售收入为:

$$(900 + 120/0.7)/45.74\% = 2\ 342(万元)$$

以上结果表明:只有当 YIB 公司投资项目的年销售收入达到 2 342 万元时,该投资项目才能保证为股东赚取 15% 的股东投资利润率,或每年为股东赚取 120 万元的利润。

对于 IAP 酒店投资项目,其股东投资 2.4 亿元,权益资本或预期报酬率 10%,年利润至少应达到 2 400 万元。根据表 5-9,考虑营业税和所得税,则该酒店的保利营业收入为:

$$保利营业收入 = \frac{固定成本 + 目标利润 / (1 - T)}{(1 - 营业税率) - 变动成本率} \tag{5-29}$$

$$\text{基于总固定成本计算的平均保利营业额} = \frac{\sum \text{各年保利营业收入}}{40} = 10\,900(\text{万元})$$

$$\text{基于总固定成本计算的平均保利比例} = 10\,900/16\,110 = 67.66\%$$

$$\text{基于经营性固定成本计算的平均保利营业收入} = 10\,530(\text{万元})$$

$$\text{基于经营性固定成本计算的平均保本比例} = 10\,530/16\,110 = 65.36\%$$

$$\text{基于总固定成本计算的平均保利入住率} = \frac{\text{平均保利营业收入} \times 65\%}{\text{平均房价} \times \text{客房数} \times 365\,\text{天}} = 43.98\%$$

$$\text{基于经营性固定成本计算的平均保利入住率} = \frac{\text{经营性平均保本营业收入} \times 65\%}{\text{平均房价} \times \text{客房数} \times 365\,\text{天}} = 42.49\%$$

表 5-9　厦门 IAP 五星酒店项目保利营业收入测算　　　　　　　　　　单位:万元

年份	第1年	第2年	第3年	第4年	第5年	第6年	第7年	第8年
营业收入	8 304	8 719	9 155	10 070	11 077	12 185	13 404	14 744
总固定成本	4 613	4 613	4 613	4 613	4 613	4 613	4 613	4 613
经营性固定成本	3 613	3 613	3 613	3 613	3 613	3 613	3 613	3 613
目标利润	2 400	2 400	2 400	2 400	2 400	2 400	2 400	2 400
变动成本	2 844	2 986	3 136	3 449	3 794	4 052	4 457	4 902
变动成本率	34.25%	34.25%	34.25%	34.25%	34.25%	33.25%	33.25%	33.25%
营业税税率	5.50%	5.50%	5.50%	5.50%	5.50%	5.50%	5.50%	5.50%
保利营业收入	12 342	12 342	12 342	12 342	12 342	12 140	12 140	12 140

年份	第9年	第10年	第11—35年	第36年	第37年	第38年	第39年	第40年
营业收入	16 218	17 840	17 840	16 948	16 101	15 296	14 531	13 804
总固定成本	4 613	3 613	3 613	3 613	3 613	3 613	3 613	3 613
经营性固定成本	3 613	3 613	3 613	3 613	3 613	3 613	3 613	3 613
目标利润	2 400	2 400	2 400	2 400	2 400	2 400	2 400	2 400
变动成本	5 393	5 932	5 932	5 635	5 354	5 086	4 832	4 590
变动成本率	33.25%	33.25%	33.25%	33.25%	33.25%	33.25%	33.25%	33.25%
营业税税率	5.50%	5.50%	5.50%	5.50%	5.50%	5.50%	5.50%	5.50%
保利营业收入	12 140	10 508	10 508	10 508	10 508	10 508	10 508	10 508

(三) 累计折现回收期

回收期是投资项目开始运营后,回收投资总额所需要的时间。由于货币具有时间价值,或者说,投资者的投资具有机会成本。因此,在计算投资项目的回收期时,不能简单地将每年的经营性净现金流进行累计,而应该将折现后的每年经营性净现金流进行累计,直至其等于投资总额所需要的时间。正因如此,投资项目的回收期实际上不是投资项目的简单累计回收期或静态回收期,而是投资项目的累计折现回收期或动态回收期。

例如,YIB 公司投资项目的投资期限为 5 年,项目的年现金净流入量如表 5-10 所示。根据表 5-10,该投资项目的累计折现回收期介于 2—3 年之间。使用插值法,即可求出累计折现回收期为:

$$2 + (1\,200 - 972.31)/(1\,406.31 - 972.31) = 2.52(年)$$

表 5-10　YIB 公司投资项目的累计折现经营性净现金　　　　单位:万元

项目	第 1 年	第 2 年	第 3 年	第 4 年	第 5 年
经营性净现金	500	600	600	600	500
折现经营性净现金*	488.83	483.48	434.00	389.59	291.44
累计折现经营性净现金	488.83	972.31	1 406.31	1 795.90	2 087.34

*折现率 = WACC = 2/3 × 15% + 1/3 × 6% × (1 − 30%) = 11.4%

根据表 5-6(b),以 WACC = 7.38% 为折现率,IAP 酒店的静态和动态回收期分别是:

静态回收期 = 10.29 年

动态回收期 = 16.33 年

其中:

$$WACC = K_d \times (1 - T) \times \frac{D}{D+E} + K_s \times \frac{E}{D+E}$$
$$= 5\% \times 0.85 \times 45.5\% + 10\% \times 54.5\% = 7.38\%$$

计算结果表明,该项目的回收期相对较长,说明该酒店具有投资大、盈利能力较低、经营风险较大的特点。

(四) 脱险回收期

脱险回收期是假定在随时准备将投资项目出售情况下,回收投资总额所需要的时间。在投资项目面临较大风险时,投资者通常设想随时将投资项目出售,此时,投资获得的现金流包括经营期间获得的经营性净现金、出售投资项目固定资产的现金收入、收回投资项目营运资本或流动资金的现金收入。

例如,MNE 公司在某一开发区投资 1 000 万美元生产芯片,其中固定资产投资 800 万美元,营运资本 200 万美元。投资期限 5 年。经核算,每年经营性净现金(NCF)350 万美元,资本成本或折现率 10%。若将投资项目出售,营运资本作价(S)200 万美元,固定资产作价(F)如表 5-11 所示。

表 5-11　投资项目运营后固定资产每年的作价

	第 1 年	第 2 年	第 3 年	第 4 年	第 5 年
固定资产作价(万美元)	400	200	100	50	0

在计算投资项目的脱险回收期时,需要计算在将投资项目固定资产出售后,投资者每年可以获得的总的现金总收入,包括出售投资项目固定资产的现金收入、收回投资项目营运资本或流动资金的现金收入,再将每年的各类现金收入折现后累计,求出脱险回收期。

根据上述资料,若 MNE 公司将该项目出售,每年能够获得的各类现金收入如表 5-12 所示。由表 5-12 可见,若将该项目出售,该项目要在经营 2—3 年之间才能如数收回 1 000 万美元的总投资。采用插值法,该项目的脱险回收期是:

$$2 + (1\,000 - 938.02)/(1\,095.79 - 938.02) = 2.39(\text{年})$$

表5-12　MNE公司投资项目的各类现金收入和脱险值　　　单位：万美元

年份 t	经营性净现金 NCF	折现经营性净现金 NCF/$(1+10\%)^t$	累计折现经营性净现金 $\sum$ NCF/$(1+10\%)^t$	折现营运资本收入	折现固定资产收入	脱险值
1	350	318.18	318.18	181.82	363.64	863.64
2	350	289.26	607.44	165.29	165.29	938.02
3	350	262.96	870.40	150.26	75.13	1 095.79
4	350	239.05	1 109.45	136.60	34.15	1 280.21
5	350	217.32	1 326.78	124.18	0.00	1 450.96

（五）净现值

净现值是投资项目产出和投入之间的差值，其中：投入就是投资总额；产出就是投资项目在经营期间所获得的现金收入，包括每年的经营性净现金、期末营运资本或流动资金的回收值、期末固定资产的残值收入。因此，准确地说，净现值是投资项目经营期间，累计折现的年经营性净现金、经营期末回收的流动资金的折现值、经营期末固定资产的残值收入的折现值三项之和与投资总额之间的差。NPV大于零，说明投资项目的产出大于投入，投资项目有利可图；NPV等于零，说明投资项目的产出等于投入，投资项目无利可图；NPV小于零，说明投资项目的产出小于投入，投资项目亏损。净现值的计算公式如下：

$$\text{NPV} = \frac{\text{NCF}_1}{(1+K)^1} + \frac{\text{NCF}_2}{(1+K)^2} + \cdots + \frac{\text{NCF}_n}{(1+K)^n} + \frac{S_n + F_n}{(1+K)^n} - I_0$$

$$= \sum_{t=1}^{n} \frac{\text{NCF}_t}{(1+K)^t} + \frac{S_n + F_n}{(1+K)^n} - I_0 \quad (t=1,2,\cdots,n) \tag{5-30}$$

其中：NCF_t是投资项目在第t年获得的经营性净现金；S_n是投资项目在经营最后一年（第n年）回收的营运资本或流动资金；F_n是投资项目在经营最后一年收回的固定资产残值；I_0是投资总额；K是投资项目的资本成本或折现率。

例如，根据表5-10，YIB公司投资项目的净现值为887.34万元，表明该项目有利可图，即

$$\text{NPV} = \sum_{t=1}^{5} \frac{\text{NCF}_t}{(1+K)^t} - I_0 = 2\,087.34 - 1\,200 = 887.34(\text{万元})$$

同理，根据表5-12，MNE公司投资项目的净现值为450.96万美元，表明该项目有利可图，即

$$\text{NPV} = \sum_{t=1}^{n} \frac{\text{NCF}_t}{(1+K)^t} + \frac{S_n + F_n}{(1+K)^n} - I_0$$

$$= \sum_{t=1}^{5} \frac{350}{(1+10\%)^t} + \frac{200}{(1+10\%)^5} - 1\,000 = 450.96(\text{万美元})$$

根据表5-6(b)，以WACC=7.38%作为折现率，IAP酒店的NPV的计算如下：

$$NPV = \sum_{i=1}^{n} \frac{NCF_i}{(1+K)^i} + \frac{(S_n + F_n)}{(1+K)^n} - I_0 = 24697(万元) > 0$$

(六) 内含报酬率

内含报酬率是投资项目能够支付的最大的资本成本,或者说,是投资项目能够给投资者提供的最大的投资报酬率。根据这一定义,内含报酬率实际上就是当净现值等于零的资本成本或折现率,因此,设净现值等于零,求出其中的 K,即当

$$\sum_{t=1}^{n} \frac{NCF_t}{(1+K)^t} + \frac{S_n + F_n}{(1+K)^n} - I_0 = 0 \quad (5-31)$$

求出公式(5-31)中的 K,其使得 NPV = 0,就是内含报酬率(IRR)。

如何计算出 IRR 呢? 根据 NPV 的计算公式,我们知道,NPV 与 K 成反比,即当 K 增大,NPV 下降;当 K 减小,NPV 上升。而且,随着 K 的上升,NPV 下降且由正数变负数。因此,给定一个很小的 K_1,就可能导致 NPV 大于零;给定一个很大的 K_2,就可能导致 NPV 小于零。可见,既然 IRR 是一个使得 NPV = 0 的 K,则 IRR 一定是一个界于 K_1 和 K_2 之间的数值。参见图5-10,显然,

$$IRR = K_1 + X$$

因为,

$$\frac{X - K_1}{NPV_1} = \frac{K_2 - K_1}{NPV_1 - NPV_2}$$

所以,

$$IRR = K_1 + \frac{(K_2 - K_1)NPV_1}{NPV_1 - NPV_2} \quad (5-32)$$

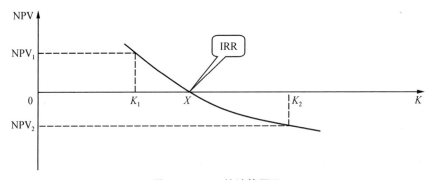

图 5-10 IRR 的计算原理

例如,根据表5-13,对于 MNE 公司的投资项目,当 $K = 10\%$ 时,NPV = 450.96 万美元;当 $K = 24\%$ 时,NPV = 29.11 万美元;当 $K = 25\%$ 时,NPV = 6.78 万美元;当 $K = 26\%$ 时,NPV = −14.75 万美元。由表5-13可见,随着 K 的上升,NPV 下降并经过 NPV = 0,因此,IRR 介于 25% 至 26% 之间。应用插值法可以得到,该投资项目的 IRR = 25.31%,即

$$\text{IRR} = K_1 + \frac{(K_2 - K_1)\text{NPV}_1}{\text{NPV}_1 - \text{NPV}_2} = 25\% + \frac{(26\% - 25\%) \times 6.78}{6.78 + 14.75}$$
$$= 25\% + 0.31\% = 25.31\%$$

表 5-13　MNE 公司投资项目的 IRR 计算表　　　　　　　　单位：万美元

	K			
	10%	24%	25%	26%
第 1—5 年折现的年经营性净现金累计值	1 326.7	960.88	941.25	922.27
第 5 年营运资本回收的折现值	124.2	68.22	65.54	62.98
折现现金流合计	1 450.9	1 029.11	1 006.78	985.25
NPV	450.9	29.11	6.78	-14.75

根据表 5-6(b)，当 $K=11\%$ 时，NPV = 1 120.22 万元；当 $K=12\%$ 时，NPV = -1 575.63 万元。因此，IRR 介于 11% 至 12% 之间。应用插值法可以得到，该 IAP 酒店项目的 IRR = 11.42%，即

$$\text{IRR} = K_1 + \frac{(K_2 - K_1)\text{NPV}_1}{\text{NPV}_1 - \text{NPV}_2} = 11\% + \frac{(12\% - 11\%) \times 1\,120.22}{1\,120.22 + 1\,575.63}$$
$$= 11\% + 0.42\% = 11.42\% > \text{WACC}$$

（七）最佳回收期

对于某些投资项目，投资项目运营后其产品或服务即进入成熟期与衰退期之间，结果其经营性净现金逐年下降。这类投资项目，虽然在投资经营期限内其 NPV 大于零，但投资后的经营时间越长，NPV 越少。因此，需要测算投资项目的最佳回收期，即最佳持有时间或最佳出售时间。具体地说，针对这类投资项目，投资分析和决策需要解决三个问题：

第一，投资项目是否有利可图，即 NPV 是否大于零？
第二，投资项目是否存在中途出售问题或最佳持有时间？
第三，如果存在中途出售问题，何时出售最佳？

首先，对投资项目进行常规评价，即测算和评价其 NPV 是否大于零。其次，观察和分析投资项目各年的经营性净现金的变化趋势，判断其是否存在中途出售问题。事实上，并不是所有的投资项目都存在中途出售问题。那么，如何判断一个投资项目是否存在放弃问题呢？最重要的判断标志是该项目在投资经营期限内各年经营性净现金流的变化趋势。一般来说，当投资项目的各年经营性净现金呈现逐年下降趋势，就可能存在中途出售问题。再次，若投资项目存在中途出售问题，则必须测算和评价这类投资项目的最佳回收期。最佳回收期，顾名思义，就是在 NPV 最大的年份出售投资项目，放弃持有和经营该项目。在短于或长于最佳回收期的时候出售投资项目，就将赚取较少的 NPV。

如何测算和评价投资项目的最佳回收期呢？假设 XYZ 公司投资 10 000 万元开发生产一新型芯片，$K=10\%$，$n=5$ 年。经过收益和成本核算，投资项目各年的经营性净现金

和项目出售的收入见表 5-14。

表 5-14　XYZ 公司投资项目各年经营性净现金和项目出售收入　　单位:万元

	第 1 年	第 2 年	第 3 年	第 4 年	第 5 年
经营性净现金	5 000	4 000	3 000	2 000	1 000
项目出售收入	7 000	5 000	3 000	1 000	0

观察 XYZ 项目发现,其各年的经营性净现金呈现逐年下降趋势,同样项目的出售收入也呈现逐年下降趋势。因此,可以判断,该项目可能存在中途出售问题,持有经营时间越长,NPV 可能越少。

第一,评价持有经营该投资项目 5 年的 NPV。结果表明,该投资项目的 NPV = 2 092 万元,有利可图。见表 5-15 第一栏(持有经营 5 年)。

第二,评价持有经营该投资项目 4 年的 NPV。结果表明,该投资项目的 NPV = 2 154 万元,有利可图,且比持有经营 5 年的 NPV 大。见表 5-15 第二栏(持有经营 4 年)。

第三,评价持有经营该投资项目 3 年的 NPV。结果表明,该投资项目的 NPV = 2 359 万元,有利可图,且比持有经营 4 年的 NPV 大。见表 5-15 第三栏(持有经营 3 年)。

第四,评价持有经营该投资项目 2 年的 NPV。结果表明,该投资项目的 NPV = 1 983 万元,有利可图,但比持有经营 3 年的 NPV 小。见表 5-15 第四栏(持有经营 2 年)。

第五,评价持有经营该投资项目 1 年的 NPV。结果表明,该投资项目的 NPV = 909 万元,有利可图,但比持有经营 2 年的 NPV 小。见表 5-15 第五栏(持有经营 1 年)。

综合评价表明,在 5 年期限内,该投资项目无论持有经营多少年,NPV 都大于零。但是,持有经营 3 年,其 NPV 最大。因此,最佳回收期是 3 年。

表 5-15　XYZ 公司投资项目的最佳回收期计算　　单位:万元

持有经营年数		1 年	2 年	3 年	4 年	5 年	累计折现现金流	I_0	NPV
5 年	经营性净现金	5 000	4 000	3 000	2 000	1 000	12 092	10 000	**2 092**
	项目出售收入	0	0	0	0	0			
	折现系数	0.909	0.826	0.751	0.683	0.621			
4 年	经营性净现金	5 000	4 000	3 000	2 000	—	12 154	10 000	**2 154**
	项目出售收入	0	0	0	1 000	—			
	折现系数	0.909	0.826	0.751	0.683	—			
3 年	经营性净现金	5 000	4 000	3 000	—	—	12 359	10 000	**2 359**
	项目出售收入	0	0	3 000	—	—			
	折现系数	0.909	0.826	0.751	—	—			
2 年	经营性净现金	5 000	4 000	—	—	—	11 983	10 000	**1 983**
	项目出售收入	0	5 000	—	—	—			
	折现系数	0.909	0.826	—	—	—			
1 年	经营性净现金	5 000	—	—	—	—	10 909	10 000	**909**
	项目出售收入	7 000	—	—	—	—			
	折现系数	0.909	—	—	—	—			

三、投资项目的风险评价

实际上,由于投资项目的财务效益受到许多不确定性因素的影响,因此任何投资项目的财务效益的评价结果,保本点、保利点、回收期、NPV 和 IRR 等,都是不确定的。影响投资项目效益的主要因素包括产品或服务的价格及需求量、主要原材料成本、能源成本、产品出口比例、汇率等,这些因素的变化将影响到投资项目的财务效益,因此,通常称之为风险因素。例如,在其他因素不变的情况下,当产品价格下降,则保本点将上升,回收期将延迟,NPV 将减少,IRR 也将降低。又如,在其他因素既定的条件下,需求量的增加将导致回收期提前,NPV 增加,IRR 也将提高。因此,投资实践中显示的情况比想象的要复杂得多。影响投资效益的几个因素将同时发生变化,有的是同向变化,有的是反向变化。因此,投资项目管理与决策面临的另外一个问题是:如何评价投资项目的风险?一旦投资效益的若干因素发生变化,投资项目的财务效益将发生什么变化?

为了解决这一问题,可以使用"矩阵式弹性分析方法"来评价各种风险因素的变化对投资效益的影响。矩阵式弹性分析方法的应用步骤包括:

第一,分析和确定影响投资效益的主要因素,例如,产品或服务的价格及需求量、主要原材料成本、能源成本、产品出口比例、汇率等,也就是风险因素,其变化将影响投资项目的保本点、保利点、回收期、NPV 和 IRR 等。

第二,预测和确定各个风险因素的变化幅度、变化的方向和变化幅度的对称程度。例如,当产品价格的变化幅度为 ±10%,这是对称变化;当产品价格的变化幅度为 +5%～-10%,这是非对称变化;当产品价格的变化幅度为 +10%,这是正向变化;当产品价格的变化幅度为 -10%,这是负向变化。

第三,构建矩阵式弹性分析表,将各个风险因素及其变化幅度进行依序排列,形成一个矩阵式表格,其中的每一个方格代表各个风险因素变化对投资效益的共同影响所形成的状态,即投资项目投资后可能面临的状态。

第四,逐一测算每一个方格或每一种可能状态的财务效益,包括保本点、保利点、回收期、NPV 和 IRR 等。

第五,根据测算结果,分析投资项目各种状态发生的可能性和可能的变化趋势,综合评价投资项目的效益和风险及可能出现的状态或变化趋势。

假设 MNE 公司投资项目的财务效益可能受到四个主要风险因素的影响:产品价格变化、主要原材料成本变化、销售量变化和出口比例变化。经过市场分析与预测,价格变化幅度为 +5%～-10%,原材料成本的变化幅度为 ±5%,销售量变化幅度为 +2%～-5%,出口比例变化为 ±6%。综上,四大因素相互作用,形成 81 种可能状态,即投资项目投资运营后可能面临的各种状态。根据上述四大因素的变化幅度,即可编制 MNE 公司投资项目的收益和风险的矩阵式弹性分析表,见表 5-16。

表 5-16 MNE 公司投资效益和风险的矩阵式弹性分析表

价格	销售量 出口% 成本	销售量 +2%			销售量不变			销售量 −5%		
		出口 +6%	出口 不变	出口 −6%	出口 +6%	出口 不变	出口 −6%	出口 +6%	出口 不变	出口 −6%
价格 +5%	成本 +5%									
	成本 不变									
	成本 −5%	最好 状态								
价格 不变	成本 +5%									
	成本 不变					NPV = 450.96				
	成本 −5%									
价格 −10%	成本 +5%									最差 状态
	成本 不变									
	成本 −5%									

显然,投资效益和风险的矩阵式弹性分析表在评价投资风险中具有重要的作用。

第一,展示投资项目实施后所有可能面临或出现的状态。在进行投资效益评价时,我们并没有考虑到四大风险因素的变化对投资效益的影响。实际上,当投资项目实施后,价格、成本、销售量和出口比例各自的变化和共同的变化,都可能影响投资项目的效益,如 NPV 和 IRR 等。表 5-16 包括了 MNE 公司投资项目在投资运营后所有可能面临的 81 种状态,其投资效益随着四大风险因素的变化而变化。若在 81 种状态中,多数状态的 NPV、IRR 等效益指标均表明投资项目有利可图(NPV > 0,IRR > WACC),则表明该项目的投资风险较低,反之则风险较高。

第二,展示投资项目实施后面临的最好状态和最差状态。原来的投资效益评价结果只是投资项目实施后可能面临的一种状态,若根据这种"初始状态"来进行决策,就可能失误。我们发现,在投资项目的产品价格下降 10%、成本上升 5%、出口比例下降 6%、销售量下降 5% 的情况下,投资项目就出现最差状态;在投资项目的产品价格上升 5%、成本下降 5%、出口比例增加 6%、销售量上升 2% 的情况下,投资项目就出现最好状态;所有的其他状态,都介于这两种状态之间。若在最差状态下,投资项目的效益指标仍然表明投资项目有利可图(NPV > 0,IRR > WACC),则表明该项目基本上没有投资风险。

第三,展示投资项目受风险因素变化影响后,其效益的变化趋势。通过投资效益和风险的矩阵式弹性分析表可见,在投资项目实施后,一旦某些风险因素发生变化,企业高层管理者就可以直接发现出投资项目效益可能的变化趋势。可谓"运筹于帷幄之中,决策于千里之外"。

对于IAP酒店进行矩阵式弹性分析,以7.38%为折现率,假设:

(1)客房单价。考虑到酒店业的客房单价会随着旅游淡旺季的变化而有较大波动,因此在客房单价上我们选定了4档的波动幅度,即±10%、±20%。

(2)入住率。随着厦门市五星级酒店的增加,有限的消费市场必将使得五星级酒店的竞争加剧,另外我们参考了案例中厦门酒店业客房入住率的相关数据,为入住率设定了4档波动幅度,为±5%、±10%。

(3)营业成本。营业成本波动受宏观经济影响较大[①],因此我们为其设定了2档波动幅度,即±10%。

(4)投资费用。项目的初始投资可能因为建设期间价格的变化而有所波动[②],此外,对投资费用的预估偏差也有可能发生。投资费用的改变一方面将影响项目初始投资现金流;另一方面也会影响酒店营运期间的折旧及摊销,从而影响企业的经营性净现金流。由于投资费用巨大,为了考虑投资费用弹性变动的风险,我们为其设定2档波动幅度,即±10%。

对IAP酒店的NPV和IRR进行矩阵式弹性分析,结果如表5-17和表5-18所示,综合后可见表5-19。由表可见:

第一,从敏感性分析中我们可以看出,在最优状况下,酒店的NPV达到62 815万元,IRR达到16.55%;在最差状况下,酒店的NPV降到了-7 996万元,IRR仅为6.17%。由此可见,该酒店的投资收益波动幅度较大。

第二,敏感分析整体情况显示,NPV>0(或IRR>WACC)的状况占全部敏感分析结果的95.11%,如果仅从NPV>0的角度出发,项目在绝大多数状况下是有价值的,进而看出该项目在收入和成本因素变动时有一定的抗风险能力。

第三,在弹性分析的四个因素中,我们可以观察到,当收入因素与成本因素同比例上下变动时会对指标产生更大的影响,使指标产生更大的波动。由此可见,在项目经营期间,在控制成本的同时我们应该更加关注收入的变动,通过提高知名度和服务水平等有效手段来保证酒店的入住率,稳定酒店的价格,从而增强企业抗风险的能力。

[①] 这里假设只有组成营业成本的客房、餐饮、酒吧及其他成本这四项成本发生波动,其他如水电能源、维修保养费等不随之波动。

[②] 这里假设初始投资的营运资本不发生波动,波动的只是初始的固定资产投资。

单位：万元

表 5-17 厦门 IAP 五星酒店 NPV 的矩阵式弹性分析

客房单价	入住率	主营成本	投资 10%			投资 0			投资 -10%		
			10%	0	-10%	10%	0	-10%	10%	0	-10%
20%	10%		47 531	51 620	55 710	51 083	55 173	59 263	54 636	58 725	62 815
	5%		41 978	46 068	50 158	45 369	49 459	53 549	48 760	52 850	56 940
	0%		36 425	40 515	44 605	39 655	43 745	47 834	42 884	46 974	51 064
	-5%		30 872	34 962	39 052	33 941	38 030	42 120	37 009	41 098	45 188
	-10%		25 320	29 410	33 499	28 226	32 316	36 406	31 133	35 223	39 313
10%	10%		37 351	41 440	45 530	40 607	44 697	48 787	43 864	47 953	52 043
	5%		32 261	36 351	40 440	35 369	39 459	43 549	38 477	42 567	46 657
	0%		27 171	31 261	35 350	30 131	34 221	38 311	33 091	37 181	41 271
	-5%		22 081	26 171	30 260	24 893	28 983	33 073	27 705	31 795	35 885
	-10%		16 991	21 081	25 170	19 655	23 745	27 835	22 319	26 409	30 499
0%	10%		27 171	31 261	35 350	30 131	34 221	38 311	33 091	37 181	41 271
	5%		22 543	26 633	30 723	25 369	29 459	33 549	28 195	32 285	36 375
	0%		17 916	22 006	26 096	20 607	24 697	28 787	23 299	27 389	31 478
	-5%		13 289	17 379	21 469	15 846	19 935	24 025	18 402	22 492	26 582
	-10%		8 662	12 752	16 841	11 084	15 174	19 263	13 506	17 596	21 686
-10%	10%		16 991	21 081	25 170	19 655	23 745	27 835	22 319	26 409	30 499
	5%		12 826	16 916	21 006	15 369	19 459	23 549	17 913	22 003	26 092
	0%		8 662	12 752	16 841	11 084	15 174	19 263	13 506	17 596	21 686
	-5%		4 497	8 587	12 677	6 798	10 888	14 978	9 099	13 189	17 279
	-10%		333	4 422	8 512	2 513	6 602	10 692	4 692	8 782	12 872
-20%	10%		6 811	10 901	14 990	9 179	13 269	17 359	11 547	15 637	19 727
	5%		3 109	7 199	11 289	5 370	9 459	13 549	7 630	11 720	15 810
	0%		-593	3 497	7 587	1 560	5 650	9 740	3 713	7 803	11 893
	-5%		-4 295	-205	3 885	-2 249	1 841	5 930	-204	3 886	7 976
	-10%		-7 996	-3 907	183	-6 059	-1 969	2 121	-4 121	-31	4 059

表 5-18 厦门 IAP 五星酒店 IRR 的矩阵式弹性分析

客房单价	入住率	主营成本 10%			主营成本 0			主营成本 -10%		
		投资 10%	投资 0	投资 -10%	投资 10%	投资 0	投资 -10%	投资 10%	投资 0	投资 -10%
20%	10%	13.44%	14.44%	15.61%	13.85%	14.87%	16.08%	14.25%	15.31%	16.55%
	5%	12.79%	13.75%	14.87%	13.19%	14.17%	15.33%	13.58%	14.59%	15.78%
	0%	12.13%	13.05%	14.12%	12.52%	13.46%	14.56%	12.90%	13.86%	15.00%
	-5%	11.46%	12.34%	13.36%	11.84%	12.73%	13.78%	12.20%	13.12%	14.20%
	-10%	10.78%	11.61%	12.58%	11.14%	11.99%	12.99%	11.49%	12.37%	13.39%
10%	10%	12.24%	13.17%	14.25%	12.63%	13.58%	14.69%	13.01%	13.99%	15.13%
	5%	11.63%	12.52%	13.55%	12.01%	12.92%	13.98%	12.38%	13.31%	14.40%
	0%	11.01%	11.85%	12.84%	11.37%	12.24%	13.25%	11.73%	12.62%	13.67%
	-5%	10.37%	11.17%	12.11%	10.72%	11.55%	12.52%	11.07%	11.92%	12.92%
	-10%	9.71%	10.48%	11.37%	10.06%	10.85%	11.76%	10.40%	11.21%	12.15%
0%	10%	11.01%	11.85%	12.84%	11.37%	12.24%	13.25%	11.73%	12.62%	13.67%
	5%	10.43%	11.24%	12.18%	10.78%	11.61%	12.58%	11.13%	11.99%	12.98%
	0%	9.83%	10.61%	11.51%	10.18%	10.98%	11.90%	10.52%	11.34%	12.29%
	-5%	9.23%	9.97%	10.83%	9.56%	10.32%	11.21%	9.90%	10.68%	11.58%
	-10%	8.60%	9.31%	10.12%	8.93%	9.65%	10.49%	9.25%	10.00%	10.86%
-10%	10%	9.71%	10.48%	11.37%	10.06%	10.85%	11.76%	10.40%	11.21%	12.15%
	5%	9.16%	9.90%	10.76%	9.50%	10.26%	11.14%	9.83%	10.61%	11.51%
	0%	8.60%	9.31%	10.12%	8.93%	9.65%	10.49%	9.25%	10.00%	10.86%
	-5%	8.02%	8.70%	9.48%	8.34%	9.04%	9.84%	8.66%	9.37%	10.19%
	-10%	7.43%	8.07%	8.81%	7.74%	8.40%	9.16%	8.05%	8.73%	9.51%
-20%	10%	8.35%	9.04%	9.84%	8.67%	9.38%	10.20%	8.99%	9.72%	10.56%
	5%	7.83%	8.49%	9.26%	8.15%	8.83%	9.61%	8.46%	9.16%	9.97%
	0%	7.29%	7.93%	8.66%	7.61%	8.26%	9.01%	7.91%	8.58%	9.35%
	-5%	6.74%	7.35%	8.05%	7.05%	7.67%	8.39%	7.35%	7.99%	8.72%
	-10%	6.17%	6.75%	7.41%	6.47%	7.06%	7.75%	6.77%	7.38%	8.07%

表 5-19　厦门 IAP 酒店矩阵式弹性分析统计结果

项目	NPV(万元)	项目	IRR
最大值	62 815	最大值	16.55%
最小值	-7 996	最小值	6.17%
平均值	24 697	平均值	10.94%
中位数	24 025	中位数	10.86%
NPV >0	214 个（占总情况的 95.11%）	IRR > WACC	214 个（占总情况的 95.11%）
NPV <0	11 个（占总情况的 4.89%）	IRR < WACC	11 个（占总情况的 4.89%）

第四节　投资项目财务效益评价的若干理论和实践问题

在应用投资效益评价理论和方法解决投资实践问题中,经常出现一些悖论或难题。主要包括投资效益评价指标的冲突与矛盾,投资项目选择与公司财务政策(资本结构和股利政策)之间的关系,投资效益评价中通货膨胀的处理等。

一、NPV 与 IRR 的冲突与矛盾

NPV 和 IRR 是投资项目财务效益评价中最重要的两个指标。在投资项目的财务效益评价中,这两个评价指标的结果可能一致,也可能不一致。研究表明,引起 NPV 与 IRR 之间相互矛盾的原因有三个:一是投资规模差异,二是现金流模式差异,三是现金流符号变化。

(一) 投资规模差异效应

在应用 NPV 和 IRR 评价和比较 A 和 B 两个投资项目的效益时,可能出现相反的结论,即应用 IRR 评价时,应选择 A 项目,而应用 NPV 评价时,应选择 B 项目。究其原因,在于 A 和 B 两个投资项目的投资总额存在明显差异。因此,我们将两个投资项目因投资总额差异而导致 NPV 与 IRR 评价结论相反的现象,称为"投资规模差异效应"。

例如,A 和 B 两个投资项目,投资期限都是 1 年,其有关数据如表 5-20 所示。由表 5-20 可见,若根据 IRR,A 项目优于 B 项目,若根据 NPV,B 项目优于 A 项目。如果只能选择其中的一个项目,究竟应该选择哪一个项目？或者说,哪一个项目好？

表 5-20　A 和 B 投资项目的相关数据　　　　　　　　　　　　单位：万元

项目	投资总额(I_0)	经营性净现金(NCF_1)	NPV($K=10\%$)	IRR	$NPV/I_0 = PVI^*$
A	5 000	8 000	2 273	60%	45.46%
B	50 000	75 000	18 182	50%	36.36%
C = B − A	45 000	67 000	15 909	48.89%	23.75%

* PVI = 净现值指数。

解决这一矛盾的最好办法是差量分析,即将 B 项目减去 A 项目,并称之 C 项目,即 C = B − A。这样,可以求出 C 项目的投资总额 45 000 万元和经营性净现金 67 000 万元。换言之,尽管 B 项目比 A 项目多投资了 45 000 万元,但比 A 项目多获取 67 000 万元的净现金,因此,C 项目的净现值和内含报酬率如下:

$$\mathrm{NPV}_C = \frac{67\,000}{(1+10\%)^1} - 45\,000 = 15\,909\,(万元) > 0$$

$$\frac{67\,000}{(1+\mathrm{IRR}_C)^1} - 45\,000 = 0,\quad \mathrm{IRR}_C = 48.89\% > 10\%$$

差量分析结果表明:当我们将 B 项目看做 10 个 A 项目之和,结果就可发现,B 项目在赚取一个与 A 项目相同的效益之后,剩下部分的 NPV 大于零,IRR 大于 $K=10\%$,所以 B 项目优于 A 项目。

(二) 现金流模式差异效应

应用 NPV 和 IRR 评价和比较 A 和 B 两个投资项目的效益时,虽然投资总额没有差异,且投资期限也相同,但如果 A 项目和 B 项目各年的经营性净现金流量的变化趋势不同,也可能导致相反的结论。这种现象称为现金流量模式差异效应。

例如,D 和 E 两个投资项目,投资总额都是 1 000 万元,期限都是 2 年,其有关数据如表 5-21 所示。由表 5-21 可见,D 项目的现金流逐年下降,E 项目的现金流逐年上升。若根据 IRR,D 项目优于 E 项目;若根据 NPV,E 项目优于 D 项目。同样的问题是:如果只能选择其中的一个项目,该选择哪个项目?

表 5-21　D 和 E 投资项目的相关数据　　　　　　　　　　　　单位：万元

项目	投资总额(I_0)	NCF_1	NCF_2	NPV($K=10\%$)	IRR	$NPV/I_0 = PVI$
D	1 000	1 000	310	165.3	24.8%	16.53%
E	1 000	200	1 200	173.6	20%	17.36%
F = E − D	0	−800	890	9.1	11.23%	1.14%

差量分析同样可以用来解决这一问题。设 F = E − D,因此,E 项目在第 1 年比 A 项目少赚 800 万元的现金流,可以看做是 F 项目的投入,而 E 项目在第 2 年比 D 项目多赚 890 万元的现金流,可以看做是 F 项目的产出——净现金。所以,F 项目的净现值和内含报酬率是:

$$\mathrm{NPV}_F = \frac{890}{(1+10\%)^1} - 800 = 9.1\,(万元) > 0$$

$$\frac{890}{(1+\text{IRR}_F)^1} - 800 = 0, \quad \text{IRR}_F = 11.23\% > 10\%$$

差量分析表明:因为 F 项目的 NPV>0,IRR>10%,说明 E 项目的效益超过了 D 项目的效益,所以 E 项目优于 D 项目。

(三) 现金流符号变化效应

在投资效益评价实践中,并非所有的投资项目其各年的经营性净现金都是正数。一些风险型投资项目,因受某些不确定性因素的影响,其各年的经营性净现金可能出现时正时负的现象,即某些年份的经营性净现金是正数,某些年份则出现负数。这种投资项目,通常称为非常规项目。当使用 IRR 评价这类非常规项目时,可能出现多个 IRR 或多个解。实际上,这类非常规投资项目,不能使用 IRR 来评价其效益。或者说,IRR 不适宜用于评价非常规投资项目的效益。

例如,BB 石油开采公司投资 1 600 万美元开采一口油井,开采 1 期后获得 10 000 万美元,但结束前,政府要求该公司清除污染和恢复地貌,因此该公司又投资 10 000 万美元用于清除污染和恢复地貌。问该项目的 IRR 是多少?归纳这个例子,其数据如表 5-22 所示。

表 5-22　石油开采项目的现金流　　　　　　　单位:万美元

时间	第 0 期	第 1 期	第 2 期
NCF_t	$\text{NCF}_0 = I_0 = -1\,600$	$\text{NCF}_1 = 10\,000$	$\text{NCF}_2 = -10\,000$

根据 IRR 的计算公式:

$$\frac{10\,000}{(1+\text{IRR})^1} + \frac{-10\,000}{(1+\text{IRR})^2} - 1\,600 = 0$$

解上式,结果出现两个所谓的内含报酬率,分别是 $\text{IRR}_1 = 25\%$ 和 $\text{IRR}_2 = 400\%$。见图 5-11。

为什么出现两个 IRR?究竟该项目的 IRR 等于多少?实际上,这个项目属于非常规投资项目,即投资项目在投资后,第 1 期的净现金是正数,而第 2 期的净现金是负数,因此该项目不适宜使用 IRR 评价其投资效益。在资本成本 $K=10\%$ 的情况下,正确的方法是应用 NPV 评价该项目的投资效益,即

$$\text{NPV} = \frac{10\,000}{(1+10\%)^1} + \frac{-10\,000}{(1+10\%)^2} - 1\,600 = -773.5 \text{(万美元)}$$

由于得出的结果是 NPV = -773.3 万美元,所以该项目不可行。[1]

---

[1] 有人认为,从计算结果来看,K 在 25%—400% 之间,NPV>0,因此在此区间,该项目可行。但是,这实际上不符合财务管理的基本准则——资本成本最小化,因此是个悖论。有关问题讨论见:① 吴世农著,《投资项目经济效益的评价与决策方法》,江西人民出版社,1992 年。② Thomas E. Copeland, J. Fred Weston, **Financial Theory and Corporate Policy**, Second Edition, Addisson-Wesley, 1983.

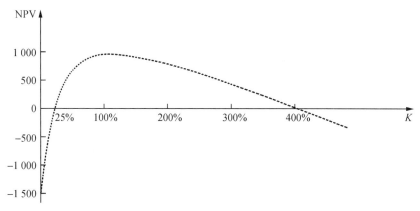

图 5-11 BB 石油开采项目的 IRR

二、投资机会计划——多个投资项目的选择与财务政策的关系

在企业投资实践中,往往面临多个投资项目的选择问题。企业高层管理者如何在多个投资项目中选择一些高效益的投资项目,并保证企业的资本结构稳定和筹资等于投资呢?

所谓的投资机会计划(Investment Opportunity Schedule,IOS),就是一种关于如何在多个投资项目中选择高效益投资项目,并实现企业资本结构稳定和资本供给等于资本需求的投资分析与决策方法。可见,作为一种投资分析和决策方法,IOS 可以同时实现三大目标:保证高效益的投资项目入选,保持公司的资本结构稳定,保证公司筹集的资本等于投入的资本。

例如,XYZ 公司提出 6 个投资项目,其有关数据如表 5-23 所示。XYZ 公司的有关财务数据如表 5-24 所示。

表 5-23 XYZ 公司的投资项目有关数据

年份	A*	B*	C	D	E	F
投资总额(万元)I_0	100	100	500	200	100	100
投资期限(年)n	3	3	6	6	2	3
IRR	28%	36%	30%	15%	12%	11%
回收期(年)	2.2	1.5	3	4	1.6	2

*A 和 B 为互不兼容项目,即不能同时入选。

表 5-24 XYZ 公司本年度的有关财务、经营和投资数据

资本	市场价值	比例	资本成本	其他相关数据
负债	30 000 万元	30%	10%	$R_m=12\%$;$R_f=6\%$;$\beta=1.5$;增发新股的融资费用率为公司现有权益资本成本 $F=10\%$;所得税税率 $T=40\%$;留存收益 420 万元
优先股	10 000 万元	10%	12%	
公众股	60 000 万元	60%	K_s(待确定)	

根据表 5-23 和表 5-24 的资料,如何应用 IOS 从 6 个项目中选择一些高效益的投资项

目,保持 XYZ 公司资本结构稳定,并使得 XYZ 公司筹集的资本等于所需要投入的资本呢?

第一,将表 5-23 的投资项目按照其 IRR 高低(纵坐标)和资金需求量大小(横坐标),依次排序,结果如图 5-12 示。由图 5-12 可见,由于 A 和 B 为互不兼容项目,因此出现两组可供选择的投资方案:实线表示第一组 B、C、D、E、F 五个项目,其中,B 项目的 IRR 最高,达到 36%,需要投资 100 万元,等等;虚线表示第二组 C、A、D、E、F 五个项目,其中,C 项目的 IRR 最高,达到 30%,需要投资 500 万元,等等。

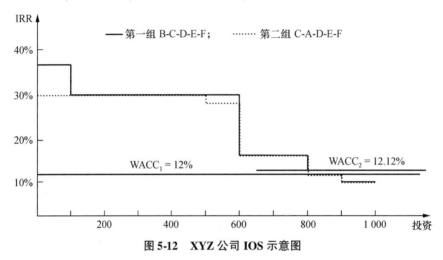

图 5-12 XYZ 公司 IOS 示意图

第二,计算 XYZ 公司目前的加权平均资本成本($WACC_1$),即

$$WACC_1 = 30\% \times 10\% \times (1-40\%) + 10\% \times 12\% + 60\% \times K_{s1}$$
$$= 30\% \times 10\% \times (1-40\%) + 10\% \times 12\% + 60\% \times 15\% = 12\%$$

其中:$K_{s1} = R_f + (R_m - R_f)\beta = 6\% + (12\% - 6\%) \times 1.5 = 15\%$

将 $WACC_1 = 12\%$ 画在图 5-12 上,其结果表明:当 XYZ 公司的 WACC = 12% 时,IRR 超过 12% 的投资项目属于可行项目,低于 12% 的项目属于不可行项目。结果,可行的投资项目有第一组的 B、C、D 三个项目,需要投资 800 万元;或第二组的 A、C、D 三个项目,所需投资也是 800 万元。值得注意的是,E 项目的 IRR = $WACC_1$,考虑到需要新增权益资本将导致 XYZ 公司的加权平均资本成本上升,因此将 E 项目列入不可行项目之类。

第三,首先利用留存收益 420 万元进行筹资。在保持 XYZ 公司资本结构不变的条件下,利用留存收益 420 万元可以筹集 700 万元的资金。换言之,股东的权益资本占 60%,所以有:

$$\frac{留存收益}{筹资总额} = 60\%$$

$$\frac{留存收益}{60\%} = \frac{420}{60\%} = 700(万元)$$

其中:30% 来自新增债务,即 30% × 700 = 210 万元;10% 来自优先股,即 10% × 700 = 70 万元;60% 来自留存收益,即 60% × 700 = 420 万元。

显然,根据分析已知,XYZ 公司三个可行的投资项目需要投资 800 万元,而利用留存收益只能够筹集 700 万元的资金,因此需要继续考虑新的筹资方式——利用债务筹资。

第四,已知 XYZ 公司需要 800 万元的总投资用于可行的投资项目,因此,按照 XYZ 公司的资本结构,债务比例为 30%,即

$$\frac{新增债务}{800} = 30\%$$

因此,新增债务 = 800×30% = 240(万元);新增优先股 = 800×10% = 80 万元;新增股本 = 800×60% = 480 万元。

第五,计算新增股本的资本成本和新增股本后权益资本的成本。由于 XYZ 公司需要 800 万元的资金投资于可行的项目,其中需要权益资本 480 万元。在这 480 万元中,420 万元来自留存收益,此外还需要新增权益资本 60 万元,即增发新股 60 万元。

可见,当 XYZ 公司的筹资额超过 700 万元的时候,就需要增发新股,从而导致其权益资本成本在原来 15% 的基础上提高 10%,即增发新股需要支付融资费用 10%,因此,这 60 万元新增股本的资本成本和增发新股之后的加权平均权益资本成本分别是:

$$K_{增发新股} = K_s \times (1 + 10\%) = 16.5\%$$
$$K_{s2} = (420/480)15\% + (60/480)16.5\% = 15.2\%$$

第六,计算增发新股之后 XYZ 公司的加权平均资本成本($WACC_2$),即

$$WACC_2 = 30\% \times 10\%(1 - 40\%) + 10\% \times 12\% + 60\% \times K_{s2}$$
$$= 30\% \times 10\%(1 - 40\%) + 10\% \times 12\% + 60\% \times 15.2\% = 12.12\%$$

计算结果 $WACC_2 = 12.12\%$,表明当 XYZ 公司所需投资总额超过 700 万元时,加权平均资本成本从 12% 上升到 12.12%。

第七,根据上述 IOS 的分析结果进行决策。XYZ 公司可选的投资项目分别为第一组的 B、C、D 三个项目,或第二组的 C、A、D 三个项目。比较这两组项目,其平均的 IRR 分别是:

$$第一组平均 IRR = (100/800) \times 36\% + (500/800) \times 30\%$$
$$+ (200/800) \times 15\% = 27\%$$
$$第二组平均 IRR = (500/800) \times 30\% + (100/800) \times 28\%$$
$$+ (200/800) \times 15\% = 26\%$$

可见,XYZ 公司应选择第一组的 B、C、D 三个项目进行投资,其平均的 IRR 达到最高,即 27%。这个选择满足三个目标:一是所选择的三个项目其 IRR 均大于公司的 WACC;二是所需投资 800 万元,其中 420 万元来自留存收益,60 万元来自增发新股,80 万元来自新增优先股,新增债务 240 万元,与 XYZ 公司现行的资本结构完全一致;三是所需要的投资为 800 万元,而所筹集的资金也是 800 万元,投资等于筹资。

三、通货膨胀对投资效益的影响

一般认为,通货膨胀对投资效益具有负面影响。这是因为:虽然通货膨胀可能增加投资项目的每年收入,但由于投资项目每年折旧与通货膨胀无关,结果实际税负增加了,因此尽管名义的经营性净现金增加了,但是扣除通货膨胀因素后,实际的经营性净现金却下降了。在投资效益评价的实践中,通货膨胀对投资效益的影响分两种情况:

第一,通货膨胀直接影响资本成本,推动资本成本上升,从而降低了投资项目的

NPV,即

$$\text{NPV} = \sum_{t=1}^{n} \frac{\text{NCF}_t}{(1+K+f)^t} + \frac{S_n + F_n}{(1+K+f)^n} - I_0 \qquad (5\text{-}33)$$

其中:f 是年通货膨胀率。

例如,当年通货膨胀率为 5% 时,根据表 5-12,MNE 公司投资项目的 NPV 等于 273 万美元,即

$$\text{NPV} = \sum_{t=1}^{5} \frac{350}{(1+10\%+5\%)^t} + \frac{200}{(1+10\%+5\%)^5} - 1\,000 = 273 （万美元）$$

可见,在年通货膨胀率为 5% 的情况下,MNE 投资项目的 NPV 是 273 万美元。或者说,MNE 投资项目具有一定的抗通货膨胀风险的能力,在年通货膨胀率为 5% 时,该项目仍然可行。

第二,通货膨胀影响投资项目收入和成本,或影响现金流入量和现金流出量,从而影响投资项目的 NPV。一般来说,现金流入和现金流出可能受不同的通货膨胀率的影响,因此,

$$\text{NPV} = \sum_{t=1}^{n} \frac{[\text{CIF}_t(1+f_1) - \text{COF}_t(1+f_2)](1-T) + 年折旧 \times T}{(1+K)^t} + \frac{S_n + F_n}{(1+K)^n} - I_0$$
(5-34)

其中:CIF 是投资项目每年的现金流入;COF 是投资项目每年的现金流出;f_1 是影响投资项目现金流入的年通货膨胀率;f_2 是影响投资项目现金流出的年通货膨胀率。由此可见,投资项目 NPV 取决于两个通货膨胀率之间的关系。

例如,ET 公司投资 100 000 美元于一条生产线,投资期限 5 年,影响投资项目现金流入和现金流出的年通货膨胀率为 5%,资本成本 13%,税率 50%。该投资项目的其他相关资料如表 5-25 所示。根据表 5-25,该项目的 NPV 为 1 282 美元,即

$$\text{NPV} = \sum_{t=1}^{5} \frac{[\text{CIF}_t(1+5\%) - \text{COF}_t(1+5\%)](1-50\%) + 年折旧 \times 50\%}{(1+13\%)^t}$$
$$+ \frac{16\,807}{(1+13\%)^5} - 100\,000 = 1\,282 (美元)$$

表 5-25　ET 公司生产线投资项目的相关资料　　　　　　　　　　单位:美元

项目	第 1 年	第 2 年	第 3 年	第 4 年	第 5 年
CIF	30 000	40 000	50 000	50 000	50 000
COF	10 000	10 000	10 000	10 000	10 000
税前 NCF = CIF − COF	20 000	30 000	40 000	40 000	40 000
税收 = 50% × 税前 NCF	10 000	15 000	20 000	20 000	20 000
税后 NCF = 税前 NCF − 税收	10 000	15 000	20 000	20 000	20 000
折旧(加速折旧法)	30 000	21 000	14 700	10 290	7 203
折旧产生的税收节约 = 50% × 折旧	15 000	10 500	7 350	5 145	3 602
总的税后 NCF = 税后 NCF + 折旧产生的税收节约	25 000	25 500	27 350	25 145	23 602
固定资产残值 = 100 000 − 5 年累计折旧	—	—	—	—	16 807

资料来源:Van Horne, Dipchand, and Hanrahan, *Financial Management and Policy* (fifth edition), Prentice-Hall, Canada, 1981。

第五节 案例分析
——A 公司投资项目的效益和风险评价

A 公司长期专注于甲产品的生产经营,经过多年的精心规划和努力开拓,公司已经在国内该行业树立了龙头地位。为了进一步扩大公司的生产规模,进一步提高公司的销售服务能力,有利于公司更好地参与国际市场的竞争,促进公司持续稳定的发展,该公司计划于 2011 年在 B 国投资设立一子公司,借助该国快速发展的难得机遇,扩大其产品的生产经营,进一步提高公司在国际市场中的地位。

一、项目的总投资

项目计划分两期投资建设,最终形成 300 万套甲产品的生产规模。其中,每套该产品需要由 1.26 平方米的部件 1、0.93 平方米的部件 2 和 1.98 平方米的部件 3 组成。初步估算项目的总投资为 19 977 万美元。其中:一期工程计划投资 10 012 万美元,于 2013 年 7 月前建成年 100 万套的产能;二期工程计划投资 9 965 万美元,于 2017 年 6 月前建成投产新增 200 万套的产能。具体的项目投资情况见表 5-26。

表 5-26　A 公司 B 国项目投资情况汇总表　　　　　单位:人民币万元

	工程或费用名称	一期	二期	合计	说明
1	固定资产投资项目	58 407	64 274	122 682	
1-1	厂房及基础设施、办公楼	31 195	18 358	49 553	20 年直线折旧,残值率 10%
1-2	土地	4 254	0	4 254	50 年直线摊销
1-3	生产设备	15 050	30 099	45 149	10 年直线折旧,残值率 10%
1-4	辅助设备	6 483	12 966	19 448	10 年直线折旧,残值率 10%
1-5	运输设备	335	670	1 005	5 年直线折旧,残值率 10%
1-6	电子设备	194	387	581	5 年直线折旧,残值率 10%
1-7	实验设备	575	1 150	1 725	5 年直线折旧,残值率 10%
1-8	其他设备	323	645	968	办公用品等,5 年直线折旧,残值率 10%
2	开办费支出	1 935		1 935	300 万美元
3	流动资金	4 236		4 236	
4	项目总投资	64 578	64 274	128 852	

注:1USD = 6.45RMB。

二、项目的资金来源

项目所需资金来源于 A 公司(该 B 国公司的全资母公司)出资及借款。其中,一期工程资金共计 10 000 万美元,来自 A 公司出资为 6 000 万美元,来自 A 公司的长期借款 4 000 万美元;二期工程资金共计 9 965 万美元,其中来自 A 公司的长期借款 8 500 万美元,来自 A 公司的出资 1 465 万美元。

三、项目的销售预测

根据项目规划和上述测算,本项目的建设规模和市场目标是于 2016 年达产销 100 万套甲产品的规模,到 2019 年要达到 300 万套甲产品销售的供应能力。项目征地一步到位,但建设分两期进行,一期项目 100 万套产能计划从 2011 年 7 月起开始动工建设,2013 年 7 月正式投产,逐步实现全部设计生产能力,于 2016 年达到产能 100 万套;二期项目计划从 2016 年 6 月开始动工建设,建设期 1 年,于 2017 年 6 月完成,增添 200 万套产能,逐步实现全部设计生产能力,并于 2019 年达到产能 300 万套。具体的产能和销售预测见表 5-27。

表 5-27　A 公司 2013—2027 年销售数量预测表

年份	2013 年	2014 年	2015 年	2016 年	2017 年	2018 年	2019 年	2020—2027 年
甲产品(万套)	25.00	60.00	80.00	100.00	175.00	240.00	300.00	300.00
其中:部件 1(万 m^2)	31.50	75.60	100.80	126.00	220.50	302.40	378.00	378.00
部件 2(万 m^2)	23.25	55.80	74.40	93.00	162.75	223.20	279.00	279.00
部件 3(万 m^2)	49.50	118.80	158.40	198.00	346.50	475.20	594.00	594.00

四、项目评估的主要假设

(一) 评价期

财务评价计算年限为 17 年,其中建设期 2 年,生产期 15 年。

(二) 管理费用

本项目管理费用按占销售收入的 4% 计算,另加 B 国规定的财产税(按固定资产投资的 2.2% 计算)。

(三) 销售费用

本项目销售费用按占销售收入的 6% 计算。

(四) 财务费用

本项目的长期借款按年息利率 6.65% 计算。

(五) 所得税税率

本项目的所得税按照税率 20% 计算。

(六) 汇率

美元兑人民币的汇率按 1USD = 6.45RMB 计算。

五、项目的经济效益评价

(一) 项目的主要报表

表 5-28 是该项目的收入和成本结构预测表。根据该预测表以及表 5-27 的销售预测,可以编制该项目在生产期内各年的净利润、固定成本和变动成本以及经营净现金(见表 5-29)。

表 5-28　A 公司 B 国项目的收入和成本结构预测表

序号	项目	计算和预测依据	2013 年
1	营业收入		17 988
1-1	部件 1	单价 261 元/平方米,销售数量见表 5-27	8 221
1-2	部件 2	单价 205 元/平方米,销售数量见表 5-27	4 766
1-3	部件 3	单价 101 元/平方米,销售数量见表 5-27	5 000
2	营业成本		10 544
2-1	部件 1	单价 139 元/平方米,销售数量见表 5-27	4 383
2-2	部件 2	单价 106 元/平方米,销售数量见表 5-27	2 469
2-3	部件 3	单价 75 元/平方米,销售数量见表 5-27	3 692
3	管理费用	变动管理费用 + 固定管理费用	2 004
3-1	变动管理费用	本项目管理费用按占销售收入的 4% 计算	720
3-2	固定管理费用	B 国规定的财产税(按固定资产投资的 2.2% 计算)	1 285

(续表)

序号	项目	计算和预测依据	2013 年
4	销售费用	本项目销售费用按占销售收入的 6% 计算	1 079
5	财务费用	一期长期借款期间为 2012—2015 年,金额 4 000 万美元,借款年利率 6.65%；二期长期借款期间为 2016—2018 年,金额 8 500 万美元,借款年利率 6.65%。长期借款每年付息,到期一次偿还本金。	1 716
6	折旧费用	2013 年 7 月投产,2013 年当年折旧提取 6 个月,厂房建筑物折旧年限 20 年;生产及辅助设备折旧年限 10 年;运输及其他电子设备折旧年限 5 年;残值率均为 10%	1 799
7	摊销费用	2013 年 7 月投产,开办费投产期一次性摊完;土地按 50 年摊销,零残值	1 978
8	总成本	营业成本 + 管理费用 + 折旧费用 + 摊销费用 + 销售费用 + 财务费用	19 121
8-1	固定成本	固定管理费用 + 折旧费用 + 摊销费用 + 财务费用	6 777
8-2	变动成本	总成本 – 变动成本	12 343
9	税前利润	营业收入 – 总成本	– 1 132
10	所得税	税前利润 × 20%	—
11	净利润	税前利润 – 所得税	– 1 132

(二) 投资项目的财务效益评价

根据投资项目主要财务报表的数据,我们就可以进行投资项目的财务效益评价。

1. 保本点

(1) 2016 年一期工程完工并实现 100 万套产能时的保本点:

每套甲产品售价 = 部件 1 售价 × 1.26 + 部件 2 售价 × 0.93 + 部件 3 售价 × 1.98
            = 261 × 1.26 + 205 × 0.93 + 101 × 1.98
            = 719.49(元)

$$每套甲产品变动成本 = \frac{全部变动成本}{甲产品套数} = \frac{49\,373}{100} = 493.73(元)$$

$$保本销售量 = \frac{总固定成本}{销售价格 - 单位产品成本} = \frac{8\,614}{719.49 - 493.73} = 38(万套)$$

保本销售额 = 38 × 719.49 = 27 453(万元)

(2) 2019 年二期工程完工并实现 300 万套产能时的保本点:

每套甲产品售价 = 部件 1 售价 × 1.26 + 部件 2 售价 × 0.93 + 部件 3 售价 × 1.98
            = 261 × 1.26 + 205 × 0.93 + 101 × 1.98
            = 719.49(元)

$$每套甲产品变动成本 = \frac{全部变动成本}{甲产品套数} = \frac{148\,119}{300} = 493.73(元)$$

$$保本销售量 = \frac{总固定成本}{销售价格 - 单位产品变动成本} = \frac{11\,341}{719.49 - 493.73} = 50(万套)$$

表 5-29　A 公司 B 国项目的收入、成本、利润和经营净现金测算表

单位：人民币万元

项目	建设期 2011 年	2012 年	2013 年	2014 年	2015 年	2016 年	2017 年	2018 年	2019 年	2020 年	2021 年	2022 年	2023 年	2024 年	2025 年	2026 年	2027 年
营业收入			17 988	43 172	57 562	71 953	125 917	172 686	215 858	215 858	215 858	215 858	215 858	215 858	215 858	215 858	215 858
部件 1			8 221	19 731	26 308	32 885	57 548	78 923	98 654	98 654	98 654	98 654	98 654	98 654	98 654	98 654	98 654
部件 2			4 766	11 440	15 253	19 066	33 365	45 758	57 198	57 198	57 198	57 198	57 198	57 198	57 198	57 198	57 198
部件 3			5 000	12 001	16 002	20 002	35 003	48 005	60 006	60 006	60 006	60 006	60 006	60 006	60 006	60 006	60 006
营业成本			10 544	25 307	33 742	42 178	73 811	101 227	126 533	126 533	126 533	126 533	126 533	126 533	126 533	126 533	126 533
部件 1			4 383	10 520	14 027	17 533	30 684	42 080	52 600	52 600	52 600	52 600	52 600	52 600	52 600	52 600	52 600
部件 2			2 469	5 926	7 901	9 876	17 283	23 703	29 629	29 629	29 629	29 629	29 629	29 629	29 629	29 629	29 629
部件 3			3 692	8 861	11 814	14 768	25 844	35 443	44 304	44 304	44 304	44 304	44 304	44 304	44 304	44 304	44 304
管理费用			2 004	3 012	3 587	4 163	7 736	9 606	11 333	11 333	11 333	11 333	11 333	11 333	11 333	11 333	11 333
变动管理费用			720	1 727	2 302	2 878	5 037	6 907	8 634	8 634	8 634	8 634	8 634	8 634	8 634	8 634	8 634
固定管理费用			1 285	1 285	1 285	1 285	2 699	2 699	2 699	2 699	2 699	2 699	2 699	2 699	2 699	2 699	2 699
销售费用			1 079	2 590	3 454	4 317	7 555	10 361	12 951	12 951	12 951	12 951	12 951	12 951	12 951	12 951	12 951
财务费用			1 716	1 716	1 716	3 646	3 646	3 646	—	—	—	—	—	—	—	—	—
折旧费用			1 799	3 598	3 598	3 598	8 814	8 685	8 557	8 557	8 557	8 044	7 075	6 106	6 106	6 106	2 230
摊销费用			1 978	85	85	85	85	85	85	85	85	85	85	85	85	85	85
总成本			19 121	36 308	46 182	57 987	101 646	133 610	159 460	159 460	159 460	158 947	157 978	157 009	157 009	157 009	153 133
固定成本			6 777	6 684	6 684	8 614	15 243	15 115	11 341	11 341	11 341	10 828	9 859	8 890	8 890	8 890	5 014
变动成本			12 343	29 624	39 498	49 373	86 403	118 495	148 119	148 119	148 119	148 119	148 119	148 119	148 119	148 119	148 119
税前利润			-1 132	6 864	11 380	13 965	24 271	39 076	56 398	56 398	56 398	56 911	57 880	58 849	58 849	58 849	62 725
所得税			—	1 146**	2 276	2 793	4 854	7 815	11 280	11 280	11 280	11 382	11 576	11 770	11 770	11 770	12 545
净利润			-1 132	5 717	9 104	11 172	19 417	31 261	45 118	45 118	45 118	45 529	46 304	47 079	47 079	47 079	50 180
EBIT			583	8 579	13 095	17 611	27 917	42 722	56 398	56 398	56 398	56 911	57 880	58 849	58 849	58 849	62 725
折旧和摊销			3 777	3 683	3 683	3 683	8 899	8 770	8 642	8 642	8 642	8 129	7 160	6 191	6 191	6 191	2 315
EBITDA			4 360	12 263	16 779	21 295	36 815	51 492	65 040	65 040	65 040	65 040	65 040	65 040	65 040	65 040	65 040
经营净现金*			4 243	10 547	14 160	17 772	31 232	42 948	53 760	53 760	53 760	53 658	53 464	53 270	53 270	53 270	52 495

* 项目经营净现金 = EBIT(1 - T) + 折旧和摊销。

** 在弥补完上一年度亏损的基础上按照 20% 计税。

保本销售额 = 50 × 719.49 = 36 143(万元)

2. 回收期

假设该项目的折现率为 10%,各年的经营净现金如表 5-30 所示。

表 5-30 各年经营净现金折现值　　　　单位:人民币万元

项目	2011 年	2012 年	2013 年	2014 年	2015 年	2016 年	2017 年	2018 年	2019 年
项目投资额	-60 342	—	-4 236	—	—	-64 274	—	—	—
经营净现金	—	—	4 243	10 547	14 160	17 772	31 232	42 948	53 760
折现率	1.00	0.91	0.83	0.75	0.68	0.62	0.56	0.51	0.47
折现后净现金	-60 342	—	6	7 924	9 671	-28 874	17 630	22 039	25 080

项目	2020 年	2021 年	2022 年	2023 年	2024 年	2025 年	2026 年	2027 年
项目投资额	—	—	—	—	—	—	—	—
经营净现金	53 760	53 760	53 658	53 464	53 270	53 270	53 270	52 495
折现率	0.42	0.39	0.35	0.32	0.29	0.26	0.24	0.22
折现后净现金	22 800	20 727	18 807	17 035	15 430	14 028	12 752	11 424

(1) 静态回收期

根据表 5-30,该项目自 2011 年开始投资,项目的总投资额为 128 852 万元;根据表 5-30,到 2018 年,项目的累计经营净现金为 120 902 万元;到 2019 年,项目的累计经营净现金为 174 663 万元。因此,

$$静态回收期 = 7 + \frac{128\ 852 - 120\ 902}{174\ 663 - 120\ 902} = 7.15(年)$$

即不到 2019 年结束就可收回全部投资资金。

(2) 动态回收期

为了便于计算,假定 A 公司于 2011 年一次性投入第一期全部固定资产和开办费 60 342 万元,流动资金 4 236 万元则于 2013 年一次性投入;第二期固定资产投资则于 2016 年一次性投入,金额为 64 274 万元。

项目总投资折现额 = 60 342 + 4 236 × 0.83 + 64 274 × 0.62 = 103 734(万元)

到 2019 年,A 公司的累计折现经营净现金为 96 886 万元;到 2010 年,A 公司的累计折现经营净现金为 119 685 万元。因此,

$$动态回收期 = 8 + \frac{103\ 752 - 96\ 886}{119\ 685 - 96\ 886} = 8.30(年)$$

3. 净现值

NPV = 累计经营净现金 - 项目总投资折现额 = 229 889 - 103 752 = 126 137(万元) > 0

4. 内含报酬率

当折现率为 23% 时,NPV = 300 万元;当折现率为 24% 时,NPV = -4 182 万元。因此,IRR 界于 23% 至 24% 之间。应用插值法可以得到,该项目的 IRR = 23.07%,即

$$IRR = 23\% + \frac{(24\% - 23\%) \times 300}{300 + 4\ 182} = 23\% + 0.07\% = 23.07\%$$

5. 敏感性分析

为了更好地评估该投资项目的风险水平,我们对项目的总投资金额、单位成本和单位售价这三个因素进行了矩阵式弹性分析,选择的波动范围为 ±15%,即观察当项目中投资金额增加或减少 15%,单位成本增加或减少 15%,单位售价增加或减少 15% 时,该项目的 NPV 情况。

从表 5-31 可见,在绝大部分情况下,该项目的 NPV 都是大于零的,表明在多数情况下该项目可以为公司带来正的投资收益。只有当单位成本提高 10%—15%,同时销售价格又下跌 10%—15%,该项目才会出现明显的 NPV 小于零。当项目总投资和单位成本分别提高 15%,同时销售价格降低 15% 时,该项目达到最差的情况,此时,该项目的 NPV 为 -55 089 万元人民币;当项目总投资和单位成本分别降低 15%,同时销售价格提高 15% 时,该项目达到最优的情况,此时,该项目的 NPV 高达 307 364 万元人民币,是标准情况的近 2.5 倍。

表 5-31 A 公司 B 国项目的 NPV 矩阵式弹性分析　　　　　　　　单位:万元

单位成本	售价	项目总投资 -15%	-10%	-5%	0%	5%	10%	15%
15%	15%	176 681	171 493	166 305	161 118	155 930	150 743	145 555
	10%	143 240	138 052	132 865	127 677	122 489	117 302	112 114
	5%	109 799	104 612	99 424	94 236	89 049	83 861	78 674
	0%	76 358	71 171	65 983	60 796	55 608	50 420	45 233
	-5%	42 918	37 730	32 542	27 355	22 167	16 980	11 792
	-10%	9 477	4 289	-898	-6 086	-11 273	-16 461	-21 649
	-15%	-23 964	-29 151	-34 339	-39 527	-44 714	-49 902	-55 089
10%	15%	198 461	193 274	188 086	182 898	177 711	172 523	167 336
	10%	165 020	159 833	154 645	149 458	144 270	139 082	133 895
	5%	131 580	126 392	121 205	116 017	110 829	105 642	100 454
	0%	98 139	92 951	87 764	82 576	77 389	72 201	67 013
	-5%	64 698	59 511	54 323	49 135	43 948	38 760	33 573
	-10%	31 258	26 070	20 882	15 695	10 507	5 320	132
	-15%	-2 183	-7 371	-12 558	-17 746	-22 934	-28 121	-33 309
5%	15%	220 242	215 054	209 867	204 679	199 491	194 304	189 116
	10%	186 801	181 613	176 426	171 238	166 051	160 863	155 675
	5%	153 360	148 173	142 985	137 798	132 610	127 422	122 235
	0%	119 920	114 732	109 544	104 357	99 169	93 982	88 794
	-5%	86 479	81 291	76 104	70 916	65 728	60 541	55 353
	-10%	53 038	47 851	42 663	37 475	32 288	27 100	21 913
	-15%	19 597	14 410	9 222	4 035	-1 153	-6 341	-11 528
0%	15%	242 022	236 835	231 647	226 460	221 272	216 084	210 897
	10%	208 582	203 394	198 206	193 019	187 831	182 644	177 456
	5%	175 141	169 953	164 766	159 578	154 391	149 203	144 015
	0%	141 700	136 513	131 325	126 137	120 950	115 762	110 575
	-5%	108 259	103 072	97 884	92 697	87 509	82 321	77 134
	-10%	74 819	69 631	64 444	59 256	54 068	48 881	43 693
	-15%	41 378	36 190	31 003	25 815	20 628	15 440	10 252

(续表)

单位成本	项目总投资 售价	-15%	-10%	-5%	0%	5%	10%	15%
-5%	15%	263 803	258 615	253 428	248 240	243 053	237 865	232 677
	10%	230 362	225 175	219 987	214 799	209 612	204 424	199 237
	5%	196 922	191 734	186 546	181 359	176 171	170 984	165 796
	0%	163 481	158 293	153 106	147 918	142 730	137 543	132 355
	-5%	130 040	124 852	119 665	114 477	109 290	104 102	98 914
	-10%	96 599	91 412	86 224	81 037	75 849	70 661	65 474
	-15%	63 159	57 971	52 783	47 596	42 408	37 221	32 033
-10%	15%	285 584	280 396	275 208	270 021	264 833	259 646	254 458
	10%	252 143	246 955	241 768	236 580	231 392	226 205	221 017
	5%	218 702	213 515	208 327	203 139	197 952	192 764	187 577
	0%	185 261	180 074	174 886	169 699	164 511	159 323	154 136
	-5%	151 821	146 633	141 445	136 258	131 070	125 883	120 695
	-10%	118 380	113 192	108 005	102 817	97 630	92 442	87 254
	-15%	84 939	79 752	74 564	69 376	64 189	59 001	53 814
-15%	15%	307 364	302 177	296 989	291 801	286 614	281 426	276 239
	10%	273 923	268 736	263 548	258 361	253 173	247 985	242 798
	5%	240 483	235 295	230 108	224 920	219 732	214 545	209 357
	0%	207 042	201 854	196 667	191 479	186 292	181 104	175 916
	-5%	173 601	168 414	163 226	158 038	152 851	147 663	142 476
	-10%	140 160	134 973	129 785	124 598	119 410	114 223	109 035
	-15%	106 720	101 532	96 345	91 157	85 969	80 782	75 594

从以上分析可以看出,该项目具有较强的抗风险能力,项目可行;但同时也应注意加强成本管理控制,降低成本,做好商务工作,保持价格稳定,按计划并争取提前收回投资。

六、总结

通过对 A 公司 B 国投资项目的综合经济效益评价,我们发现:① 从盈亏平衡分析看,一期投资保本点营业量只需达到 38 万套甲产品的销售量,二期完成后保本点营业量只需达到 50 万套甲产品的销售量,盈亏平衡点较低,表明项目是比较安全的。② 静态投资和动态投资回收期(含建设期 2 年)分别仅为 7.15 年和 8.30 年,符合一般投资项目的回收期要求。③ 该项目的净现值高达 126 137 万元,表明该项目具有良好的盈利前景。④ 项目的内含报酬率为 23.07%,远高于市场的资金成本和上市公司的最低资金利润率要求。⑤ 从项目投资的敏感性分析看,该项目具有较强的抗风险能力。综合以上分析,我们认为,该项目具有良好的经济效益,值得投资!

本章小结

本章重点讨论投资分析与决策的四个主要问题:一是投资项目的管理,特别是投资项目可行性研究的管理问题;二是投资项目财务效益和风险评价的基础理论问题——货币时间价值和资本成本测算;三是投资项目的效益和风险评价;四是投资项目财务效益评价的一些理论和实践问题。

投资项目的可行性包括:① 技术可行性;② 市场可行性;③ 宏观经济可行性;④ 财务可行性;⑤ 环境可行性;⑥ 管理团队的可行性;⑦ 社会、政治、宗教、文化等方面的可行性。因此,投资项目可行研究报告主要涉及:投资项目的意义和作用;投资项目的技术可行性;投资项目的产品或服务的市场需求;投资项目的财务效益和风险;投资项目的宏观经济效益;投资项目的环境保护可行性等。在实践中,投资项目从策划到实施,通常要经过八个阶段:机会研究、编制投资建议书、资料收集及分析与评价、编制投资可行性研究报告、初步论证、修正可行性研究报告、再度论证、投资决策。都涉及投资项目的可行性分析,特别是财务效益的评价。

投资项目的财务效益和风险评价涉及两个重要基础理论问题:一是如何应用货币时间价值理论和方法将投资项目各年的现金流进行折现,使之具有可加性;二是如何估算各类资本成本,包括债务资本成本、权益资本成本和加权平均资本成本,以确定投资项目所应使用的折现率。

投资项目的财务效益和风险评价方法包括保本点、保利点、静态回收期、动态回收期、脱险回收期、最佳回收期、净现值、内含报酬率等。在应用过程中,净现值和内含报酬率在三种情况下会发生矛盾:投资规模差异、现金流模式差异和现金流符号变化。

在投资分析与决策中,还应注意投资机会的选择问题,在从多个投资项目中选择若干项目时,应尽可能保持企业的资本供给和资本需求,资本结构稳定和投资效益。此外,还应考虑通货膨胀对投资效益的影响。

专业词汇

1. 投资可行性研究(Investment Feasibility Study)
2. 战略性投资价值(Stratigic Investment Value)
3. 资本预算(Capital Budgeting)
4. 投资效益(Investment Efficiency)
5. 投资风险(Investment Risk)
6. 货币时间价值(Time Value of Money)
7. 现值和终值(Present Value and Future Value)
8. 折现率(Discounted Rate)
9. 债务资本成本(Cost of Debt)
10. 权益资本成本(Cost of Equity)
11. 加权平均资本成本(Weighted Averaged Cost of Capitals)
12. 权益贝塔系数(Equity Beta)
13. 保本点(Break-even Point)
14. 保利点(Break-even Piont for Profit)
15. 静态回收期(Static Payback Period)

16. 动态回收期(Dynamic Payback Period)
17. 脱险回收期(Bailout Period)
18. 最佳回收期(Optimal Period)
19. 净现值(Net Present Value)
20. 内含报酬率(Internal Rate of Return)
21. 差值法(Different Value)
22. 敏感性分析(Sensitivity Analysis)
23. 投资机会计划(Investment Opportunity Schedule)

思考与练习

(一) 单项选择题

1. C公司计划投资1 000万元建设一条生产线,测算表明:产品售价500元/件,每年总固定成本为500万元,单位产品变动成本为300元。问该投资项目的保本点是(   )。

(a) 1万件   (b) 2万件   (c) 2.5万件   (d) 5万件

2. 设某一企业负债比例50%,其要求投资项目的负债比例与企业的负债比例保持协调和稳定。如果该企业计划投资500万元于一个项目,其内含报酬率(IRR)是11%,银行长期贷款利率(K)是10%,企业的加权平均资本成本(WACC)是12.25%,则(   )。

(a) 因为 IRR > K,该项目可行   (b) 因为 IRR < WACC,该项目不可行
(c) 因为 IRR > K,该项目不可行   (d) 因为 WACC > K,该项目可行

3. 根据第2题可以知道,如果企业的所得税税率是30%,则企业的权益资本成本是(   )。

(a) 17.5%   (b) 15.5%   (c) 12.5%   (d) 10.5%

4. 如果A公司一个投资项目的投资总额为200万元,经济生命周期是4年,投资后每年的利润和折旧如下表。根据下表可知静态投资回收期是(   )。

(a) 5年   (b) 4年   (c) 3年   (d) 2年

	第一年	第二年	第三年	第四年
年利润	50	50	50	50
年折旧	50	50	50	50

5. 根据第4题的表格,假设A公司的加权平均资本成本为10%,问该项目动态的回收期是多少?

(a) 2—3年   (b) 3—4年   (c) 4—5年   (d) 5年以上

6. 根据第4题和第5题的资料,从项目净现值(NPV)的角度看,该项目是否可行?

(a) NPV > 0,所以该项目不可行   (b) NPV < 0,所以该项目不可行
(c) NPV < 0,所以该项目可行   (d) NPV > 0,所以该项目可行

7. 根据第4题的资料,当资本成本为10%时,该项目的NPV是(   )。

(a) 50   (b) 90   (c) 116   (d) 316

8. E公司投资1 500万元建设一条生产线,目标资本利润率为20%。该生产线的设计能力为1 000万件/年,经济生命周期5年,物理生命周期15年,会计折旧期10年。投产后年固定成本1 000万元,产品价格10元,单位产品变动成本5元。问该项目的保本销售量是(　　)。

(a) 100万件　　　　　　　　(b) 200万件
(c) 300万件　　　　　　　　(d) 500万件

9. 根据第8题,该项目的保利销售量是(　　)。

(a) 100万件　　　　　　　　(b) 200万件
(c) 300万件　　　　　　　　(d) 260万件

10. 根据第8题,若该项目产品的销售利润率为30%,保利销售量是(　　)。

(a) 100万件　　　　　　　　(b) 200万件
(c) 300万件　　　　　　　　(d) 500万件

11. 根据第8题,若评价该项目的NPV,应选择(　　)期限计算每年的经营性净现金比较合理。

(a) 5年　　　　　　　　　　(b) 15年
(c) 10年　　　　　　　　　　(d) 都可以

12. 某公司计划投资A、B或C三个项目之一,其资料如下。根据以下资料,你将选择(　　)。

(a) A　　　　　　　　　　　(b) B
(c) C　　　　　　　　　　　(d) 当$K=20\%$的时候选择A

项目	I_0	NCF_1	NCF_2	NPV				IRR
				$K=10\%$	$K=20\%$	$K=30\%$	$K=40\%$	
A	10 000	10 000	5 000	3 223	1 806	650	-306	36.8%
B	10 000	4 000	12 000	3 557	1 667	176	-1 020	31.5%
C	10 000	4 000	11 000	2 727	972	-414	-1 531	27%

13. 设投资一个项目后,价格可能上升或下降10%;成本可能上升或下降5%。请问在该投资项目的矩阵式弹性分析表中,当出现哪种情况,投资项目的效益最差?

	价格+10%	价格不变	价格-10%
成本+5%	1	2	3
成本不变	4	5	6
成本-5%	7	8	9

(a) 1　　　(b) 3　　　(c) 7　　　(d) 9

14. 在产品生命周期哪一阶段投资,投资项目的经营性净现金流可能出现下滑趋势?

(a) 导入期　　(b) 成长期　　(c) 稳定期　　(d) 衰退期

15. 应用投资机会计划(IOS)从一系列投资项目中选择一些投资项目,能够实现以下哪个目标?

(a) 所选项目的 IRR > WACC (b) 企业的资本结构稳定
(c) 筹资等于投资 (d) 都能实现

(二) 简述题

1. 作为一个企业 CEO 或高管人员,如何评价一个投资项目的财务效益?
2. 如何评价一份《投资项目可行性研究报告——财务效益评价》的质量?
3. 简述评价投资项目效益的主要指标(保本点、保利点、动态回收期、NPV、IRR)的含义。
4. 从理论和实践两个方面,简述如何确定一个投资项目的基准收益或资本成本。
5. 结合自己企业的投资决策和管理经验,简述在投资分析和决策中应注意哪些主要问题。

(三) 微型案例分析

Z 公司是一个电器元件制造商,近年来各种电脑和电器生产商对其产品需求不断增长。Z 公司的投资部门提出 6 个投资项目,其有关数据如下表所示。

年份	A*	B*	C	D	E	F
投资总额(万元)I_0	2 000	1 000	4 000	2 000	1 000	1 000
投资期限(年)n	4	3	6	6	3	3
IRR	25%	32%	28%	15%	12%	11%
回收期(年)	3	1.5	3	4	2	2

*A 和 B 为互不兼容项目,即不能同时入选。

此外,Z 公司的有关财务数据如下表所示。

资本	市场价值	比例	资本成本	其他相关数据
负债	30 000 万元	30%	10%	$R_m=12\%$;$R_f=6\%$;$\beta=1.5$;增发新股的融资费用率为公司现有权益资本成本的 $F=15\%$;所得税税率 $T=40\%$;留存收益 3 000 万元
优先股	10 000 万元	10%	12%	
公众股	60 000 万元	60%	K_s(待确定)	

根据上述资料,如何应用 IOS 从 6 个项目中选择一些高效益的投资项目,并保持 Z 公司资本结构稳定,且使得 Z 公司筹集的资本等于所需要投入的资本呢?

第六章　负债管理理论与实践

有的企业利用高负债而成功地扩张,有的企业却因为负债累累而最终破产倒闭。可见,负债的利弊并存。如何正确地进行负债决策呢?在财务管理实践中,所谓的负债政策或资本结构政策,包括企业的负债程度和偿债能力。从负债程度来看,包括总负债(短期负债和长期负债)与权益资本的关系,长期负债与权益资本的关系,以及短期负债与长期负债的关系等;从偿债能力看,包括盈利与应付利息和到期债务的关系,经营性净现金与应付利息和到期债务的关系,以及总现金与应付利息和到期债务的关系等。在这一章,我们将讨论负债的利弊,财务困境与财务危机的分析与防范,负债对企业价值的影响,以及负债决策应考虑的现实因素。

第一节 负债管理的理论问题

在实践中,有些企业实施高负债的政策,导致企业陷入财务危机;有些企业实施高负债政策,却安然无恙;有些企业实施低负债政策,财务安全并发展迅速;而有些企业实施低负债政策,但财务状况并不理想。涉及负债问题的资本结构理论存在许多争议,涉及企业负债政策的两个关键问题:一是负债比例与企业价值之间的关系,即到底负债比例是否以及如何影响企业的价值;二是企业的负债比例受到哪些主要因素的影响,即如何确定企业的负债比例。在实践中,这两个理论问题具有重要的现实意义,其涉及企业是否要或为什么要控制负债比例,如何制定相关的负债政策,以及如何合理控制负债比例等实际问题。

一、早期的资本结构理论

关于负债比例是否能够提高公司的价值,是早期资本结构理论争议的主要问题。围绕这一问题,有几种不同的流派,他们对负债比例是否能够提高公司的价值进行分析和论证。由于前提假设不同,因此得到不同的结论。为了解各种不同资本结构理论的争议、结论及其政策含义,我们需要首先了解如下的定义和符号(见表6-1)。应用这些定义和符号,我们将讨论负债比例(D/V)将如何影响企业的价值(V)。

表6-1 有关资本结构的有关符号和定义

名称	符号	名称	符号	名称	符号
企业权益的市值	S	股利总额	DIV	加权平均资本成本	WACC = K_a
企业债务的市值	D	每股分红	DPS	债务资本成本	K_d
企业的总市值	$V = S + D$	每股净利润	EPS	权益资本成本	K_s
权益比例	S/V	负债比例	D/V	息税前利润	EBIT

假设企业处于"零增长状态",即息税前利润(EBIT)是一个常量;同时,假设企业的

所有净利润都用于分红,即 DPS/EPS = 100%;企业所得税税率为 T;则根据永续年金的计算公式有:

$$S = \frac{\text{DIV}}{K_s} = \frac{(\text{EBIT} - K_d D)(1 - T)}{K_s} \tag{6-1}$$

$$K_s = \frac{\text{DIV}}{S} = \frac{(\text{EBIT} - K_d D)(1 - T)}{S} \tag{6-2}$$

根据 WACC 的定义有:

$$\text{WACC} = K_a = \frac{D}{V} K_d (1 - T) + \frac{S}{V} K_s \tag{6-3}$$

将(6-1)式代入(6-3)式得:

$$K_a = \frac{D K_d (1 - T) + [(\text{EBIT} - K_d D)(1 - T)/K_s] K_s}{V} \tag{6-4}$$

$$V = \frac{D K_d (1 - T) + [(\text{EBIT} - K_d D)(1 - T)/K_s] K_s}{K_a} = \frac{\text{EBIT}(1 - T)}{K_a} \tag{6-5}$$

$$K_a = \frac{\text{EBIT}(1 - T)}{V} \tag{6-6}$$

由(6-6)式可见:由于 $\text{EBIT}(1 - T)$ 是一个常量,因此,企业的总市值受到 K_a 的影响。而实际上 K_a 的大小和变化方向又受到 K_s、K_d、S/V 和 D/V 的影响。那么,当企业 D/V 发生变化时,K_s 和 K_d 是否发生变化,以及如何发生变化呢?对这一问题的解释,成为回答资本结构是否和如何影响企业价值的关键。美国著名财务学家 Durand(1952)[①]总结了三种不同的资本结构理论。

(一) 净收入理论(Net Income Theory)

净收入理论认为:由于股东承受的风险大于债权人承受的风险,因此权益资本成本(K_s)高于债务资本成本(K_d)。同时,当假定债权人和股东对企业负债比例的高低持无偏好态度时,即无论负债比例高低,债权人的 K_d 和股东的 K_s 都是不变的,则企业的加权平均资本成本(WACC 或 K_a)就将随着负债比例的上升而下降。根据(6-6)式,即可以推出:由于 EBIT 是个常量,因此企业的价值(V)将随着负债比例(D/V)的提高而上升(见图6-1)。

图 6-1 形象地表明了净收入理论的推理过程,即由于负债比例(D/V)与权益资本成本(K_s)和债务资本成本(K_d)无关,因此加权平均资本成本(K_a)随着负债比例的提高而下降,从而导致企业价值(V)随着负债比例的提高而上升。按照净收入理论,企业为了提高其价值,应该实行高负债的政策。

显然,净收入理论的假设在一定程度上脱离了实际。首先,无论是股东或债权人,都不可能对企业负债比例的提高熟视无睹或听之任之,因为企业负债比例的提高对债权人和股东都是一种风险。其次,企业负债比例的变化受多种因素的影响,因此企业价值最

[①] David Durand, "Cost of Debt and Equity Funds for Business: Trends and Problems of Measurement," Conference on Research in Business Finance, NBER, 1952.

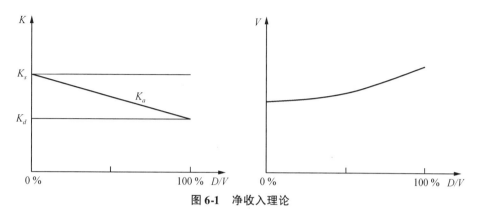

图 6-1 净收入理论

大化只是负债管理的理论目标,而非现实目标。也许,只有在中国改革开放早期实施的国有企业承包制下,权益资本所要求的回报固定,银行的贷款利率也是固定的,净收入理论才具有一定的现实意义。

(二) 净营运收入理论(Net Operating Income Theory)

与净收入理论相同,净营运收入理论也认为:由于股东承受的风险大于债权人承受的风险,因此权益资本成本(K_s)高于债务资本成本(K_d);并且债权人对企业负债比例的高低持无偏好态度,即无论负债比例高低,债权人的 K_d 都是不变的,但净营运收入理论假设当负债比例提高时,股东认为自己的风险上升了,因此其权益资本成本(K_s)随着负债比例的提高而上升,而企业的加权平均资本成本(K_a)保持不变。根据(6-6)式,即可以推出:由于 EBIT 是个常量,且既然企业的加权平均资本成本(K_a)与负债比例无关,则企业的价值(V)将随着负债比例提高而保持不变。换言之,无论负债比例如何,企业的价值都是相同的(见图6-2)。

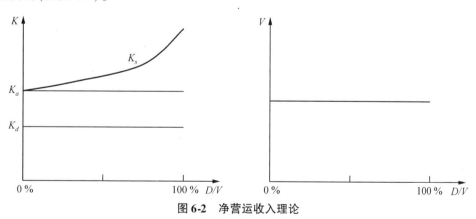

图 6-2 净营运收入理论

图6-2 形象地表明了净营运收入理论的推理过程,即由于负债比例(D/V)与加权平均资本成本(K_a)无关,因此加权平均资本成本(K_a)不因负债比例的变化而变化,结果企业价值(V)也不会随着负债比例的变化而变化。按照净营运收入理论,由于负债比例对

企业价值没有影响,一个企业实行100%的负债比例与实行零负债,其价值是相等的,因此企业没有必要制定负债政策。

净营运收入理论最大的问题在于其假设企业加权平均资本成本(K_a)是不变的,实际上,根据(6-6)式,这个假设已经决定了结论——负债比例的变化不影响企业价值。

(三) 传统理论(Traditional Theory)

与净收入理论相同,传统理论也认为:由于股东承受的风险大于债权人承受的风险,因此权益资本成本(K_s)高于债务资本成本(K_d)。不同点在于,传统理论假定,负债比例的变化将导致债权人和股东风险同时发生变化,即当企业的负债比例上升时,债权人和股东的风险都增加了。但是,考虑到负债可以产生一定节税效应,并增加股东的盈利,因此在可接受的负债比例范围内,债权人和股东并不会因为企业负债比例上升而提高其资本成本,只有当负债比例超过一定限度,债务资本成本(K_d)和权益资本成本(K_s)才会随着负债比例的上升而上升。结果,企业的加权平均资本成本(K_a)与负债比例之间的关系呈现出一条浅碟型曲线的形状——在股东和债权人可以接受的负债比例之内,企业的加权平均资本成本(K_a)随着负债比例的上升而下降;而当负债比例超过可以接受的范围后,企业的加权平均资本成本(K_a)则随着负债比例的上升而上升。概言之,K_a随着负债比例的上升而呈现先降后升的态势。因此,根据(6-6)式,企业的价值必然随着负债比例的提高而呈现"先升后降"的态势。其中,使得企业价值最大化的负债比例称为"最佳负债比例"或"最优资本结构"(见图6-3)。

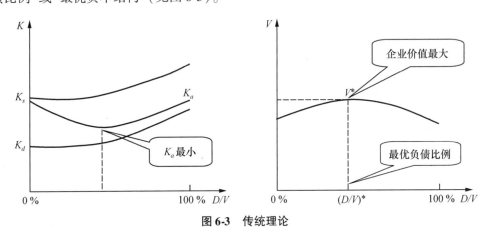

图6-3 传统理论

图6-3形象地表明了传统理论的推理过程,即由于负债比例(D/V)与权益资本成本(K_s)和债务资本成本(K_d)有关,即K_d和K_s随负债比例提高呈现先稳而后升的态势,因此加权平均资本成本(K_a)随着负债比例的提高先降而后升,结果企业价值(V)随着负债比例的提高先升而后降,其中,使得企业价值达到最大的负债比例就是最优负债比例。按照传统理论,企业为了提高其价值,应该加强负债管理,实行最优负债的政策。

传统理论比较客观地描述了债权人和股东对负债比例变化的态度,因此比较客观地反映债务资本成本和权益资本成本与负债比例的关系,从而发现了最优资本结构,并倡导加强负债管理,平衡负债所产生的节税和盈利效应与负债所产生的财务风险效应之间的关系,因此更加具有现实意义和应用价值。

表 6-2 早期三种资本结构理论的比较

理论	净收入理论	净营运收入理论	传统理论
K_s	与负债比例无关	随负债比例上升而上升	随负债比例上升先稳而后上升
K_d	与负债比例无关	与负债比例无关	随负债比例上升先稳而后上升
K_a	随负债比例上升而下降	与负债比例无关	随负债比例上升先降而后升
V	与负债比例成正相关	与负债比例无关	随负债比例上升先升而后降
政策含义	高负债	不需要制定负债政策	必须制定最优负债政策

二、MM 资本结构理论

1958—1963 年,美国著名财务学家 Modigliani 和 Miller 应用经济模型分析方法,从理论上证明了企业负债与企业价值之间的关系,即 MM 资本结构理论(简称"MM 定理"或"MM 命题")。MM 资本结构理论分为无税条件和有税条件两大类,共六个命题或定理,分别是无税条件下的三个命题和有税条件下的三个命题。此后,针对 MM 资本结构理论所存在的问题,许多学者提出了修正,形成了修正后的 MM 资本结构理论,即"权衡模型",使得修正后的 MM 资本结构理论更加贴近现实和具有应用价值。1977 年,Miller 又在 MM 资本结构理论的基础上,探讨企业所得税(T_c)、股票收入所得税(T_s)和利息收入所得税(T_d)三种所得税税率差异对企业价值的影响,即著名的"Miller 税差模型"或"Miller 模型"。[①]

值得指出的是,MM 资本结构理论是在严格假设条件下所得到的结论。MM 在证明其资本结构理论前,首先提出如下几个假设:

第一,企业风险同一性(Homogeneous Business Risk Class),即公司的商业风险可用 EBIT 的标准差来衡量,而且同类企业风险相同。

第二,企业预期盈利共同性(Homogeneous Expectations for Future Earning and Risk of Earning),即现有和未来的投资者对公司的盈利和盈利风险的预期是相同的。

第三,资本市场完备性(Perfect Capital Market),即没有阻碍资本自由流动的交易费用等,而且无论机构投资者或个人投资者,其借贷的利率与企业的借贷利率相等。

第四,债务无风险性($K_d = R_f$),即无论个人投资者和机构投资者的借贷数量多少,其借贷利率(K_d)与无风险资产的利率(R_f)相等。

第五,历年现金流或盈利恒等性(Perpetuity of Cash Flows),即公司处于零增长状态,历年的 EBIT 是个常量,而且公司债券属于永续年金类型的债券。

此外,在 MM 命题的证明过程中,将企业分为负债型企业(Leveraged)和无负债型企

[①] MM 资本结构理论可详见 Modigliani and Miller(1958,1963);Miller 模型可详见 Miller(1977);权衡模型可详见 Altman(1984);M. J. White(1983);J. B. Warner(1977);Michael C. Jensen(1983)。

业(Un-leveraged),相关符号如表6-3所示。

表 6-3 MM 资本结构理论的相关符号

名称	符号	名称	符号
负债企业的权益市值	S_L	无负债企业的权益市值	S_U
负债企业的债务市值	D_L	无负债企业的债务市值	D_U
负债企业的权益资本成本	K_{sL}	无负债企业的权益资本成本	K_{sU}
负债企业的债务资本成本	K_{dL}	无负债企业的债务资本成本	K_{dU}
负债企业的总市值	$V_L = S_L + D_L$	无负债企业的总市值	$V_U = S_U + D_U$

(一) 无税条件下的 MM 资本结构理论的三个命题

命题 I:负债企业的价值等于无负债企业的价值,因此企业是否负债或负债多少并不影响企业价值。简言之,任何企业的价值与其资本结构无关,即

$$V_L = \frac{\text{EBIT}}{K_{sL}} = \frac{\text{EBIT}}{K_a} = \frac{\text{EBIT}}{K_{sU}} = V_U \tag{6-7}$$

MM 命题 I 的含义是:既然资本结构高低不影响企业的价值,则企业就没有必要制定资本结构政策或负债政策。这就是著名的"MM 资本结构无关论"。

但值得指出的是:MM 资本结构无关论是在严格的假设条件下,而且是无税条件下的结论,因此招致很多批评。正因如此,促使 MM 进一步完善其资本结构理论。

命题 II:负债企业的权益资本成本(K_{sL})高于无负债企业的权益资本成本(K_{sU}),其等于无负债企业的权益资本成本再加上一定的风险补偿,其中,风险补偿取决于负债企业的负债程度,即

$$K_{sL} = K_{sU} + 风险补偿$$
$$= K_{sU} + (K_{sU} - K_d) \times (D/S) \tag{6-8}$$

MM 命题 II 的含义是:由于负债企业的财务风险比无负债企业的财务风险大,因此负债企业的权益资本成本比无负债企业的权益资本成本高,而且负债企业的权益资本成本随其负债程度的提高而上升。综合 MM 命题 I 和命题 II 发现:MM 的资本结构无关论与净营运收入理论的结论完全相同。因此,可以说,MM 从理论上证明了净营运收入理论。

命题 III:为了保护股东的利益,在投资决策中,企业只能接受内含报酬率(IRR)超过加权平均资本成本(K_a)或无负债企业的权益资本成本(K_{sU})的投资项目,即

$$\text{IRR} \geq K_a = K_{sU} \tag{6-9}$$

MM 命题 III 对于企业投资决策不仅具有重要的理论意义,而且具有重要的应用价值。该定理已经被广泛地应用于投资决策,成为企业投资决策的基本准则。

(二) 有税条件下的 MM 资本结构理论的三个命题

命题 I:设企业所得税税率为 T,则负债企业的价值大于无负债企业的价值,因为负债

使得企业产生节税收益($T \times D$),导致负债企业的价值随着企业负债比例的提高而上升。简言之,企业的价值与其负债比例正相关,企业负债比例越大,其价值越大,即

$$V_L = V_U + T \times D \tag{6-10}$$

在有税条件下,MM 命题 I 表明:负债比例越大,企业价值越大,可见资本结构高低直接影响企业价值的大小。所以,企业应该实行高负债比例的政策,甚至是 100% 的负债比例,以实现企业价值最大化。这就是著名的"MM 资本结构有关论"。

由于考虑了所得税的因素,MM 资本结构有关论朝着现实世界前进了一步。负债的增加可以提高股东的收益,这一事实也在理论和现实中被广泛接受。但问题是,当负债比例超过一定程度后,企业价值是否还会随负债比例的提高而继续增加呢?此后,许多研究从不同的角度对此提出质疑,从而进一步完善 MM 的资本结构理论。

命题 II:负债企业的权益资本成本(K_{sL})高于无负债企业的权益资本成本(K_{sU}),其等于无负债企业的权益资本成本再加上一定的风险补偿,其中,风险补偿取决于负债企业的负债程度。即

$$\begin{aligned} K_{sL} &= K_{sU} + 风险补偿 \\ &= K_{sU} + (K_{sU} - K_d) \times (1 - T) \times (D/S) \end{aligned} \tag{6-11}$$

有税条件下 MM 的命题 II 的含义与无税条件下 MM 命题 II 是一致的,即由于负债企业的财务风险比无负债企业的财务风险大,因此负债企业的权益资本成本比无负债企业的权益资本成本高,而且负债企业的权益资本成本随其负债程度的提高而上升。但是,由于存在所得税,因此,对于负债企业的权益资本来说,在有税条件下的权益资本成本小于无税条件下的权益资本成本,即

$$K_{sU} + (K_{sU} - K_d) \times (D/S) > K_{sU} + (K_{sU} - K_d) \times (1 - T) \times (D/S)$$

图 6-4 是有税条件下的 MM 命题 I 和 MM 命题 II 的图示。为何在无税条件下,加权平均资本成本(K_a)随着负债比例(D/V)的变化而稳定不变,而在有税条件下,加权平均资本成本(K_a)随着负债比例(D/V)的变化而稳定下降呢?这是因为当负债(D)增加的时候,在有税的条件下($T > 0$),企业价值(V_L)上升,但负债比例(D_L/V_L)上升而权益比例(S_L/V_L)下降很快,因此,尽管权益资本成本(K_{sL})上升,但加权平均资本成本(K_a)却随着负债的增加而下降。

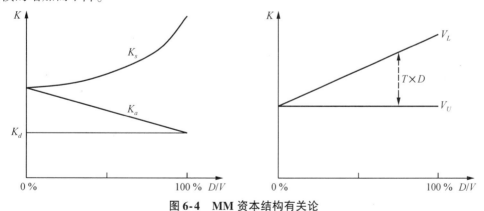

图 6-4 MM 资本结构有关论

MM 命题 III:为了保护股东的利益,在投资决策中,企业只能接受内含报酬率(IRR)超过加权平均资本成本(K_a)的投资项目,即

$$\text{IRR} \geq K_a \tag{6-12}$$

有税条件下的 MM 命题 III 与无税条件的 MM 命题 III 具有同样的重要意义,即投资项目是否有利可图取决于该项目的内含报酬率(IRR)是否大于加权平均资本成本(K_a)。可以证明在有税的条件下,

$$K_a = K_{sU}\left(1 - T \times \frac{D}{V}\right)$$

因此,(6-12)式可以写作:

$$\text{IRR} \geq K_a = K_{sU}\left(1 - T \times \frac{D}{V}\right) \tag{6-13}$$

(三) 无税条件和有税条件 MM 资本结构理论的应用比较分析

为了比较无税条件下 MM 命题和有税条件下 MM 命题之间的关系和区别,进一步了解 MM 命题的原理,我们用一个例子来说明。

X 公司是一个全权益企业,在无税条件下,处于零增长状态,即每年预期的 EBIT 为 300 万元,且稳定不变;在有税条件下($T = 30\%$),其每年的 EBIT($1 - T$)为 300 万元,且稳定不变。该公司目前不需要新增投资,全部利润用于支付股利。如果 X 公司向银行贷款,无论负债多少,利率固定为 10%。该公司将所有负债的资金用于回购该公司的股票,因此 X 公司的资产价值保持不变。在无负债的情况下,X 公司的权益资本成本(K_{sU})为 15%。现在,我们来分别讨论:在无税条件下和有税条件下,负债的增加如何影响 X 公司的价值?结果如表 6-4 所示。

表 6-4 X 公司负债增加与其价值的关系   单位:万元

无税 MM 理论(EBIT = 300 万元)							有税 MM 理论(EBIT($1-T$) = 300 万元)						
D	V	S	D/V	K_d	K_s	K_a	D	V	S	D/V	K_d	K_s	K_a
0	2 000	2 000	0%	10%	15%	15%	0	2 000	2 000	0%	10%	15%	15%
500	2 000	1 500	25%	10%	16%	15%	500	2 150	1 650	23%	10%	16%	14%
1 000	2 000	1 000	50%	10%	20%	15%	1 000	2 300	1 300	43%	10%	18%	13%
1 500	2 000	500	75%	10%	30%	15%	1 500	2 450	950	61%	10%	21%	12%
2 000	2 000	0	100%	12%	—	15%	2 000	2 600	600	77%	10%	27%	12%
—	—	—	—	—	—	—	2 857	2 857	0	100%	15%	—	15%

1. 无税条件下的 MM 理论:EBIT = 300 万元

$$V_L = V_U = \frac{\text{EBIT}}{K_a} = \frac{\text{EBIT}}{K_{sU}} = \frac{300}{15\%} = 2\,000(\text{万元})$$

(1) 当负债 $D = 500$ 万元,$D/V = 500/2\,000 = 25\%$ 时

$$S = V - D = 2\,000 - 500 = 1\,500(\text{万元})$$

$$K_{sL} = K_{sU} + (K_{sU} - K_d) \times (D/S) = 15\% + (15\% - 10\%)(500/1\,500) = 16.67\%$$

$$K_a = K_{sL}(S/V) + K_d(D/V) = 16.67\%(1\,500/2\,000) + 10\%(500/2\,000) = 15\%$$

（2）当负债 $D=1\,000$ 万元，$D/V=1\,000/2\,000=50\%$ 时

$$S = V - D = 2\,000 - 1\,000 = 1\,000(万元)$$

$K_{sL} = K_{sU} + (K_{sU} - K_d) \times (D/S) = 15\% + (15\% - 10\%)(1\,000/1\,000) = 20\%$

$K_a = K_{sL}(S/V) + K_d(D/V) = 20\%(1\,000/2\,000) + 10\%(1\,000/2\,000) = 15\%$

（3）当负债 $D=1\,500$ 万元，$D/V=1\,500/2\,000=75\%$ 时

$$S = V - D = 2\,000 - 1\,500 = 500(万元)$$

$K_{sL} = K_{sU} + (K_{sU} - K_d) \times (D/S) = 15\% + (15\% - 10\%)(1\,500/500) = 30\%$

$K_a = K_{sL}(S/V) + K_d(D/V) = 30\%(500/2\,000) + 10\%(1\,500/2\,000) = 15\%$

（4）当负债 $D=2\,000$ 万元，$D/V=2\,000/2\,000=100\%$ 时

$$S = V - D = 2\,000 - 2\,000 = 0(万元)$$

$$K_d = K_{sL} = 15\%$$

$K_a = K_{sL}(S/V) + K_d(D/V) = 15\%(0/2\,000) + 15\%(2\,000/2\,000) = 15\%$

2. 有税条件下的 MM 理论：EBIT$(1-T)=300$ 万元

$$V_L = V_U + T \times D = \frac{\text{EBIT}(1-T)}{K_{sU}} + T \times D = \frac{300}{15\%} + 30\% \times D = 2\,000 + 30\% \times D$$

（1）当负债 $D=500$ 万元时

$$V_L = V_U + T \times D = 2\,000 + 30\% \times 500 = 2\,150(万元);\ D/V = 500/2\,150 = 23.3\%$$

$$S = V - D = 2\,150 - 500 = 1\,650(万元)$$

$$K_{sL} = K_{sU} + (K_{sU} - K_d)(1-T) \times (D/S)$$
$$= 15\% + (15\% - 10\%)(1 - 30\%)(500/1\,650) = 16.06\%$$

$$K_a = K_{sL}(S/V) + K_d(1-T)(D/V)$$
$$= 16.06\%(1\,650/2\,150) + 10\%(1 - 30\%)(500/2\,150) = 13.95\%$$

（2）当负债 $D=1\,000$ 万元时

$$V_L = V_U + T \times D = 2\,000 + 30\% \times 1\,000 = 2\,300(万元);\ D/V = 1\,000/2\,300 = 43.48\%$$

$$S = V - D = 2\,300 - 1\,000 = 1\,300(万元)$$

$$K_{sL} = K_{sU} + (K_{sU} - K_d)(1-T) \times (D/S)$$
$$= 15\% + (15\% - 10\%)(1 - 30\%)(1\,000/1\,300) = 17.69\%$$

$$K_a = K_{sL}(S/V) + K_d(1-T)(D/V)$$
$$= 17.69\%(1\,300/2\,300) + 10\%(1 - 30\%)(1\,000/2\,300) = 13.05\%$$

（3）当负债 $D=1\,500$ 万元时

$$V_L = V_U + T \times D = 2\,000 + 30\% \times 1\,500 = 2\,450(万元);\ D/V = 1\,500/2\,450 = 61.22\%$$

$$S = V - D = 2\,450 - 1\,500 = 950(万元)$$

$$K_{sL} = K_{sU} + (K_{sU} - K_d)(1-T) \times (D/S)$$
$$= 15\% + (15\% - 10\%)(1 - 30\%)(1\,500/950) = 20.53\%$$

$$K_a = K_{sL}(S/V) + K_d(1-T)(D/V)$$
$$= 20.53\%(950/2\,450) + 10\%(1 - 30\%)(1\,500/2\,450) = 12.25\%$$

（4）当负债 $D=2\,000$ 万元时

$$V_L = V_U + T \times D = 2\,000 + 30\% \times 2\,000 = 2\,600(万元); D/V = 2\,000/2\,600 = 77\%$$
$$S = V - D = 2\,600 - 200 = 600(万元)$$
$$K_{sL} = K_{sU} + (K_{sU} - K_d)(1 - T) \times (D/S)$$
$$= 15\% + (15\% - 10\%)(1 - 30\%)(2\,000/600) = 26.67\%$$
$$K_a = K_{sL}(S/V) + K_d(1 - T)(D/V)$$
$$= 26.67\%(600/2\,600) + 10\%(1 - 30\%)(2\,000/2\,600) = 11.54\%$$

(5) 当负债比例 $D/V = 100\%$ 时，X 公司的 EBIT 将全部用于支付利息，即利息支付是
$$EBIT = 300/(1 - 30\%) = 428.6(万元)$$

实际上，100%负债的企业意味着债权人承担企业经营的所有风险，相当于就是100%权益的企业，因此此时的债务成本就等于无负债时的权益资本成本，即
$$K_d = K_{sU} = K_a = 15\%$$
$$V_U = EBIT/K_{sU} = (428.6/15\%) = 2\,857(万元) = D$$

三、对 MM 资本结构理论的批评和修正

MM 资本结构理论是在严格的假设条件下逻辑分析的结果，其首次用严谨的分析方法，证明了企业为实现价值最大化所应选择的资本结构，为企业制定负债政策提供了更加科学的理论依据。为此，Modigliani 和 Miller 先后在 1985 年和 1990 年获得诺贝尔经济学奖。①

(一) MM 资本结构理论的问题

MM 资本结构理论在实践中是否成立呢？在实践中，企业不可能将负债比例提高到 100% 或接近 100%。可见，MM 资本结构理论肯定存在某些缺陷，为此许多研究集中探讨 MM 资本结构理论存在的问题。对 MM 资本结构理论的批评主要集中在：

第一，MM 资本结构理论假设债务资本成本与债务使用量无关，其不会因企业债务使用量的增加而提高。事实上，一旦企业负债超过一定程度，债务资本成本将随着债务使用量或负债比例的提高而提高。

第二，MM 资本结构理论仅仅考虑到企业所得税，没有考虑个人所得税，诸如利息所得税、分红所得税、资本利得税等对负债比例与企业价值之间关系的影响。

第三，MM 资本结构理论假设没有交易费用，因此个人或企业可以在负债与无负债之间自由套利。事实上，资本市场存在各种交易费用阻碍这种自由的套利活动。

第四，MM 资本结构理论假设个人的杠杆和公司的杠杆是完全可替代的。事实上，由于公司是有限责任公司，因此个人投资于"杠杆企业"（有负债企业）比投资于"个人自制

---

① Modigliani 于 1986 年独立获得诺贝尔经济学奖；Miller 与 Markowitz 和 Sharpe 三人于 1990 年共获诺贝尔经济学奖。

杠杆"的风险小。换言之,个人杠杆比企业杠杆的风险大,二者不可替代。更高的风险还阻碍了个人投资者应用个人自制杠杆进行套利交易,从而导致 MM 资本结构理论中的相关均衡点 V_L、V_U、K_{sL} 和 K_{sU} 发生变化,结论也随之发生变化。

第五,MM 资本结构理论假设企业处于零增长状态,其息税前利润(EBIT)是个常量,与企业的债务使用量无关。事实上,EBIT 与企业债务使用量相关。

第六,MM 资本结构理论假设个人投资者和公司都可以按照无风险利率借贷,尽管后来将债务风险引入分析之中,但仍然假设投资者和公司可以按照同样的利率借贷。实际上,虽然机构投资者可能可以按照公司的利率借贷,但一般不允许借贷购买证券。此外,个人投资者的借贷利率一般要高出公司的借贷利率。这些差异可能引发 MM 资本结构理论相关结论的变化。

(二)米勒模型(Miller Model)

米勒模型是有税条件下 MM 命题 I 的一个重要理论拓展。1976 年,Merton H. Miller 出任美国财务协会主席,在他的主席致辞中,首次将个人所得税引入 MM 资本结构理论。1977 年,米勒的论文"债务与税收"发表在美国《财务学刊》,提出了著名的"米勒模型",即

$$V_L = V_U + \left[1 - \frac{(1-T_C)(1-T_S)}{(1-T_d)}\right]D \tag{6-14}$$

其中:V_L 是负债企业的价值;V_U 是无负债企业的价值;T_C 是公司所得税税率;T_S 是个人资本利得税税率;T_d 是个人利息收入税税率;D 是公司负债。

根据米勒模型,我们可以讨论三种税率之间的关系是如何影响公司的价值。具体地说:

第一,当三种税率都等于零时,即 $T_C = T_S = T_d = 0$ 或 $(1-T_C)(1-T_S) = (1-T_d)$ 时,米勒模型等于无税条件下的 MM 命题 I。

第二,当三种税率相等时,即 $T_C = T_S = T_d$ 时,或无个人资本利得税和个人利息收入税,即 $T_S = T_d = 0$,或个人资本利得税等于个人利息收入税,即 $T_S = T_d$ 时,米勒模型等于有税条件下的 MM 命题 I。

第三,在公司所得税税率(T_C)不变的情况下,如果 $T_S < T_d$,负债所产生的节税效益下降,负债企业价值将减少;如果 $T_S > T_d$,负债所产生的节税效益上升,负债企业价值将增加。可见,根据米勒模型,美国等鼓励投资而采取资本利得税税率低于利息收入税税率的国家,负债所产生的节税效益比较低。

(三)权衡理论(Trade-off Theory)

无论是在公司财务或在资本市场研究领域,MM 资本结构理论都是一项革命性的贡献。但是,实践表明,公司不可能无限度负债。因此,到底是哪些因素制约公司实行高负债政策呢?

第一,财务困境成本。当企业的负债超过一定限度后,可能发生财务危机,甚至破产。正因如此,企业应将负债比例控制在可接受的范围之内。

第二,代理成本。企业的股东和债权人之间存在着一种代理关系,如果没有对股东的债务关系有所限制,管理层将通过提高负债来提高股东的利益,但同时却增加了债权人的风险。换言之,当管理层决定增加负债扩大经营,随着负债比例的上升,若企业经营成功了,则股东受益了;若企业经营失败了,则债权人受损。因此,企业提高负债,对于债权人来说,是一种"赢了归股东,输了归债权人"的博弈。在这种情况下,债权人将评价企业提高负债扩大经营的可行性和债务的安全性,防止企业无限度地提高负债比例。

第三,债务和权益资本成本的变化。一旦负债比例超过限度,债权人和股东都将认为自己的风险增加了,因此要求提高相应的报酬率,导致债务资本成本和权益资本成本随着负债比例的提高而上升。

第四,息税前利润(EBIT)的变化。MM资本结构理论假设EBIT是个常量。实际上,EBIT是个变量,一旦EBIT下降,企业的价值将随之下降。

以上四大因素的共同作用,导致企业避免实行100%的负债比例,并将负债比例控制在一个合理的范围内。因此,企业的负债比例是在企业价值最大化与上述四大因素之间权衡的结果。这就是权衡理论(见图6-5)。

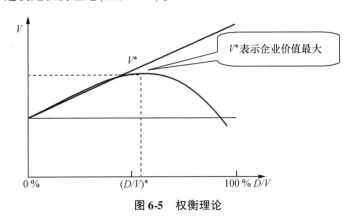

图6-5 权衡理论

(四)资本结构的信号理论(Signalling on Capital Structure)

美国哈佛大学教授 Gordon Donaldson(1961)提出了"优序融资理论"(Pecking Order),即在实践中,公司的融资顺序是:① 使用留存收益和折旧及摊销的现金流;② 使用负债;③ 发行可转债;④ 增发新股。公司将筹集的资金用于:① 维持和扩大经营所需的资本支出;② 投资资本市场的证券;③ 偿还债务;④ 增加股利发放;⑤ 回购公司自己股票;⑥ 收购兼并其他公司。

对于新增投资项目,公司将首先使用内部融资——留存收益和折旧及摊销的现金流;如果内部融资还不能满足新增投资项目对资金的需求,公司就会转向外部融资——增加负债、发行可转债和增发新股。

在优序融资理论的基础上,美国著名财务学家 Steward Myers(1984)发现,当公司按照优序融资理论进行融资后,公司的负债比例将偏离一个明确的资本结构。因为增发新股是公司最后的选择,因此,一方面,当公司的留存收益或内部融资能够满足新增投资项目对资金的需求时,公司的权益比例将提高,而负债比例将下降;另一方面,当公司的留存收益或内部融资无法满足新增投资项目对资金的需求,公司将增加债务,从而提高负债比例,降低权益比例。

此后,Ross(1977),Leland 和 Pyle(1977),Meyers 和 Majluf(1984)等先后将信息不对称问题引入资本结构的研究中。Meyers 指出,权衡模型假设所有的市场参与者具有相同的预期——信息对称,而事实上市场参与者所获得的信息是不相同的。他的研究实际上将信息不对称问题引入资本结构研究,并将公司的资本结构变化视为公司在信息不对称条件下,内部人向市场或外部人传递某种信号。

根据信息不对称条件下的资本结构理论,如果投资者(未来的新股东)掌握的关于企业资产价值的信息比企业内部人(高层管理者和董事会)掌握的少,权益就可能被市场错误定价。具体地说,如果企业需要通过发行新股为新项目融资,当企业的价值被低估时,可能使新投资者的收益超出新项目的净现值,但导致老股东发生净损失。结果是尽管该项目的净现值为正,仍被企业内部人拒绝。所以一般来说,对于前景看好或价值被低估的公司,为了保护老股东的利益,公司管理层将避免增发新股,而采取其他的融资方式,如增加负债,从而使得公司的负债比例超过正常或最优范围,可谓"肥水不流他人田";对于前景看淡或价值被高估的公司,为了照顾老股东的利益,公司管理层将尽量增发新股,从而使得公司的负债比例低于正常或最优范围,让新股东"分担风险、共享损失"。

当公司负债比例发生变化,这一信号究竟蕴含着什么意义呢?围绕这一问题,存在不同的看法。但是,比较一致的观点有:

第一,在充分运用留存收益融资的基础上,若公司的发展前景好、投资效益高,其将偏向债务筹资;若公司的发展前景不好、投资效益低,其将偏向股票筹资。

第二,对于一个成熟的公司来说,其增发新股,实际上是向市场传递其未来投资效益并不好的信号;其增加负债,实际上是向市场传递公司具有高效投资项目的信号。

第三,一般来说,当公司宣布通过增发新股解决新增投资项目的资金需求时,公司的股票价格就会下降;反之,当公司宣布通过增加负债解决新增投资的资金需求时,股票价格将上升。

(五)代理成本理论(Agency Cost Theory)

所谓代理成本,按照 Jensen and Meckling(1976)的定义,就是指委托人与代理人之间的利益冲突,具体包括委托人的监督成本、代理人受限费用和剩余价值的损失之和。Jensen 和 Meckling(1976)认为,代理成本是公司资本结构的重要影响因素,资本结构的选择使得公司代理成本最小化。

代理成本理论对资本结构变化的解释,主要可以分为权益融资代理成本与债权融资代理成本两个方面。权益融资代理成本认为,当管理层拥有的剩余索取权小于100%时,管理层增加努力的全部成本都由自己承担,而管理层只能按其所持股份比例享受其努力所带来的好处;同样的,如果管理层将公司资源用于在职消费,则可以在只牺牲自身所持股份比例利益的情况下,享受全部的消费好处(Jensen和Meckling,1976)。因此,管理层的行为就可能偏离企业价值最大化的目标。随着管理层持股比例的下降,管理层偷懒或谋取私利的动机就会随之上升。Jensen(1986)进一步提出,为了约束管理层的这种代理成本,公司可以将自由现金流以股利形式发放给股东,而在需要融资时选择债权融资,借助债权人来监督管理层的行为,从而限制管理层对公司自由现金的挥霍。债权融资代理成本则是指债权人与股东之间存在利益冲突,在采用债权融资的情况下,股东可能会做出损害债权人的利己投资策略。例如,Jensen和Meckling(1976)指出,债务契约通常会促使股东作出次优投资决策。在债务契约的规定下,如果某一投资产生大大高于负债的回报,这些回报大部分由股东获得;但如果该投资失败,由于股东的有限责任,后果将由债权人承担,因此股东在进行债务融资时,就可能投资于非常冒险的项目或过度投资,从而导致负债价值减少。而Myers(1977)则认为,当公司处于濒临破产的情况下,由于投资给债权人带来利益,而股东却要承担其全部的成本,因此即使有新的可以增加公司价值的项目,股东也不愿意投资。由于负债融资比例高的公司更容易破产,这些公司将更加可能放弃净现值为正的项目,从而带来投资不足的问题。

(六)动态资本结构理论(Dynamic Capital Structure Theory)

在权衡理论的基础上,Fisher等(1989)在其论文《动态资本结构选择:理论与检验》中提出了动态资本结构理论,证实了调整成本在公司资本结构决策中的重要作用。通过构建理论模型,Fisher等人重点关注并研究了存在交易成本时公司如何进行资本结构调整。该模型的模拟结果表明,即使很小的再融资成本也会导致公司资本结构的大范围变化。作者进一步以美国上市公司的季报数据为样本,研究公司税、公司规模(代理交易成本)、经营风险和行业因素(代理破产成本)对公司资本结构范围的作用,实证结果支持了其理论模型。Strebulaev(2007)通过构建理论模型同样发现,公司一直处于趋近最优资本结构的路线,但由于调整成本的存在,公司只是偶尔进行资本结构调整,公司的实际资本结构经常偏离其目标值,只有在平衡点才处于最优状态。

与权衡理论相比,动态资本结构理论同样认为公司存在目标资本结构。两个理论的最大区别在于对资本结构调整成本的认识。权衡理论认为公司在调整资本结构时不会遭受调整成本,或者调整成本微不足道,而动态资本结构理论却认为,虽然公司重视目标资本结构,但当某些因素导致公司实际资本结构偏离目标资本结构时,由于调整成本的存在,公司仅仅进行局部调整,从而现实中公司的实际资本结构经常偏离目标资本结构。目标资本结构与调整成本共同决定了公司资本结构的动态特征。

以上理论观点,可能因公司或行业属性不同而有所不同,也可能因为公司成长性高低而有所差异。例如,由于有些行业或公司的信息不对称程度较高,如医药高新技术企业;而有些行业或公司的信息不对称程度较低,如零售业或公用事业公司。此外,有些公司正处于成长阶段,需要更多外部资金,而有些成熟型企业,仅依靠内部融资即可解决资金需要。因此,这些观点仍然有待于进一步的研究。

第二节 负债管理的实践问题

尽管在资本结构理论的研究方面还存在许多争议或悬而未决的问题,但上述不同的研究结果告诉了企业高层管理者两个不争的事实:第一,负债是把"双刃剑",有利有弊,企业需要适度负债。第二,最小的加权平均资本成本将使得企业价值最大化。为了提高企业价值,企业要注意控制或降低资本成本,包括债务资本成本和权益资本成本。

一、负债政策的影响因素

在财务管理实践中,调整或制定负债政策,往往并非仅仅考虑企业的价值,而是需要综合多方面的因素。美国著名财务学家 Ross 和 Higgins 都先后从实践的角度,提出企业在调整或制定负债政策时应注意的若干问题。

第一,企业的长期发展活力(Long Run Viability)与资本结构:为保持企业长期的发展活力,防止企业发生财务困境,管理者通常避免负债至"极点"。

第二,管理者的保守性(Managerial Conservatism)与资本结构:多数管理者注重财务稳定性,规避财务困境,以免影响其收入和奖励。

第三,债权人和评级机构的态度(Lender & Rating Agency's Attitudes)与资本结构:债权人和评级机构通常反对过度负债。

第四,借债能力和融资弹性(Financial Flexibility)与资本结构:为表明企业财务健康和为企业未来融资做准备,管理者通常保持稳健的财务政策和足够的还本付息能力。

第五,控制权(Control)与资本结构:对于可能失去控股权的企业,管理层和董事会通常避免增发新股。

第六,资产构成(Asset Structure)与资本结构:行业不同,企业的资产构成不同,负债比例也会有所差异。不动产行业负债较高,而高科技行业负债较低;零售业的短期负债比例较高,而资本和技术密集型行业,例如汽车制造业和重型机械工业,长期负债比例较高。

第七,企业成长性(Growth Rate)与资本结构:高成长企业需要更多的外部资金支持,因此负债比例较高;低成长企业较多依赖内部融资,因此负债比例较低。

第八,企业盈利能力(Profitability)与资本结构:盈利能力强的企业主要依赖内部融资,很少增加负债,例如3M、微软、Merck,因此负债比例较低;反之,盈利能力较低的企业则偏向外部融资,例如增加负债或增发新股,若采取增加负债,则负债比例可能偏高。

第九,企业的风险(Business Risk)与资本结构:企业的销售收入、成本、利润和现金流的波动性越大,负债的风险越高,企业应注意控制负债比例;反之,企业的销售收入、成本、利润和现金流的波动性越小,负债的风险越低,企业可适当提高负债比例。

第十,税制(Taxes)与资本结构:根据利润表,利息在税前开支,利润是税后的剩余收入,因此,利息可以抵税,红利不能抵税。所以,企业所得税税率越高,负债越有利。

二、中国上市公司负债政策的主要特征

随着中国上市公司数量的增加,上市公司的财务报表越来越能够直观地反映中国企业的资本结构和负债状况。表6-5是2001—2010年中国非金融行业上市公司的平均资产负债表的结构分析。在2001—2010年间,中国非金融行业上市公司的几个主要负债指标的变动趋势不尽相同。短期借款占总资产比例呈逐渐下降趋势,从2001年的12.43%下降到2010年的9.44%;长期借款占总资产比例保持相对稳定,基本在10%—11%左右;流动负债占总资产比例则出现较大幅度的上升,从2001年的33.78%上升到2010年的41.21%;总负债占总资产比例同样出现较大幅度的上升,从2001年的47.01%上升到2010年的58.03%。

表6-6是2001—2010年中国上市公司的负债状况变化趋势。首先,中国上市公司最高的资产负债率为58.03%(2010年),最低的总资产负债率为47.01%(2001年);最高的流动负债率(流动负债/总资产)为41.53%(2008年),最低的流动负债率为33.78%(2001年);最高的非流动负债率(非流动负债/总资产)为17.07%(2009年),而最低的长期负债率为13.22%(2001年)。其次,中国上市公司从2001—2010年,各项负债比率基本上呈现逐渐上升的态势,10年间上市公司的整体负债率上升了11个百分点。最后,流动负债是中国上市公司债务的主要来源。在全部负债中,流动负债的比例一直保持在70%以上,最高为75.50%(2007年),最低为70.49%(2009年)。

表6-7是G-7国家上市公司1994—2005年的总资产负债率情况。在G-7国家中,加拿大和美国上市公司总资产负债率最低(基于面值的总资产负债率分别为45.51%和45.82%,基于市值的总资产负债率分别为37.84%和33.57%),而法国上市公司的基于面值的总资产负债率最高,为62.04%,日本上市公司的基于市值的总资产负债率最高,为60.22%。将中国上市公司2002—2005年基于面值的资产负债率与G-7国家上市公司同期的资产负债率相比较,中国上市公司2002—2005年的平均资产负债率为51.27%,处于G-7国家的中间水平,高于加拿大、美国和英国上市公司的资产负债率,但低于其他国家上市公司的资产负债率。

总体上看,中国上市公司的负债状况具有四个主要特征:一是总体的负债水平呈逐渐上升趋势;二是流动负债比例高,非流动负债比例低;三是应付款和预收款比重逐渐上升,短期借款比重逐渐下降;四是所有者权益比重仍然较高。

表 6-5 2001—2010 年中国非金融行业上市公司资产负债表的百分比分析

	2001 年	2002 年	2003 年	2004 年	2005 年	2006 年	2007 年	2008 年	2009 年	2010 年
货币资金	13.46%	12.35%	12.04%	11.60%	11.77%	11.74%	13.09%	12.71%	14.23%	14.91%
交易性金融资产	1.16%	0.94%	1.06%	1.02%	0.30%	0.24%	0.18%	0.11%	0.08%	0.09%
应收票据	1.41%	1.75%	2.16%	2.00%	1.75%	1.88%	2.27%	1.78%	2.03%	2.51%
应收账款	6.70%	6.43%	6.20%	6.25%	6.40%	6.38%	6.28%	5.81%	6.03%	6.26%
预付款项	2.50%	2.48%	2.84%	3.01%	2.94%	3.08%	3.81%	3.62%	3.53%	3.60%
其他应收款	4.90%	4.23%	3.68%	3.40%	3.00%	2.46%	2.21%	1.97%	1.64%	1.66%
存货	11.72%	11.52%	12.15%	12.89%	13.84%	14.40%	15.35%	15.80%	15.60%	17.34%
其他流动资产	0.42%	0.51%	0.55%	0.47%	0.91%	1.00%	1.12%	1.29%	1.33%	1.35%
流动资产合计	**42.27%**	**40.20%**	**40.67%**	**40.65%**	**40.90%**	**41.18%**	**44.31%**	**43.09%**	**44.46%**	**47.73%**
可供出售金融资产	0.00%	0.00%	0.00%	0.00%	0.01%	0.05%	1.76%	0.55%	1.03%	0.83%
持有至到期投资	0.00%	0.00%	0.00%	0.01%	0.01%	0.01%	0.06%	0.05%	0.05%	0.03%
长期应收款	0.00%	0.00%	0.00%	0.02%	0.07%	0.07%	0.19%	0.29%	0.35%	0.53%
长期股权投资	4.87%	5.04%	5.12%	4.81%	4.56%	4.57%	3.90%	3.69%	3.50%	3.68%
投资性房地产	0.00%	0.00%	0.00%	0.00%	0.06%	0.06%	0.82%	0.88%	0.94%	0.96%
固定资产	43.56%	45.01%	44.14%	43.11%	42.45%	38.66%	33.10%	32.38%	31.77%	29.84%
在建工程	5.53%	5.53%	5.95%	6.56%	6.93%	6.86%	7.28%	8.36%	7.80%	6.85%
工程物资	0.34%	0.52%	0.56%	0.80%	0.85%	0.72%	0.39%	0.61%	0.48%	0.38%
无形资产	2.46%	2.59%	2.46%	2.62%	2.58%	2.72%	3.31%	4.34%	4.36%	4.20%
开发支出	0.00%	0.00%	0.00%	0.00%	0.00%	0.00%	0.03%	0.07%	0.08%	0.06%
商誉	0.00%	0.00%	0.00%	0.00%	0.01%	0.01%	0.34%	0.47%	0.44%	0.42%
其他非流动资产	0.97%	1.10%	1.10%	1.41%	1.59%	5.09%	4.51%	5.23%	4.76%	4.49%
非流动资产合计	**57.73%**	**59.80%**	**59.33%**	**59.35%**	**59.10%**	**58.82%**	**55.69%**	**56.91%**	**55.54%**	**52.27%**
资产合计	**100.00%**	**100.00%**	**100.00%**	**100.00%**	**100.00%**	**100.00%**	**100.00%**	**100.00%**	**100.00%**	**100.00%**
短期借款	12.43%	12.18%	12.65%	12.57%	11.97%	11.32%	11.13%	11.88%	9.76%	9.44%
交易性金融负债	0.00%	0.00%	0.00%	0.00%	0.00%	0.01%	0.04%	0.17%	0.05%	0.02%
应付票据	2.38%	2.83%	3.22%	3.06%	3.22%	3.13%	2.59%	2.80%	3.01%	2.80%

(续表)

	2001 年	2002 年	2003 年	2004 年	2005 年	2006 年	2007 年	2008 年	2009 年	2010 年
应付账款	5.76%	6.95%	7.47%	8.24%	9.41%	10.18%	10.63%	10.29%	11.11%	11.63%
预收款项	2.11%	2.79%	3.44%	4.15%	4.87%	5.22%	6.08%	6.19%	6.76%	6.94%
应付职工薪酬	0.77%	0.90%	0.92%	1.00%	1.02%	1.03%	0.99%	0.82%	0.80%	0.80%
应交税费	1.33%	1.26%	1.49%	1.50%	1.40%	1.53%	1.42%	0.92%	0.94%	1.26%
其他应付款	4.38%	3.95%	4.03%	4.07%	4.29%	4.24%	4.51%	4.13%	3.87%	3.83%
其他流动负债	4.63%	4.76%	3.30%	3.39%	3.98%	4.61%	4.09%	4.32%	4.48%	4.49%
流动负债合计	**33.78%**	**35.62%**	**36.51%**	**37.97%**	**40.17%**	**41.27%**	**41.48%**	**41.53%**	**40.78%**	**41.21%**
长期借款	10.83%	10.80%	10.41%	11.09%	10.79%	10.62%	9.50%	10.34%	11.37%	10.81%
应付债券	0.13%	0.23%	0.53%	0.74%	0.65%	0.79%	1.22%	1.86%	3.01%	3.32%
长期应付款	0.84%	1.14%	0.75%	1.04%	1.15%	1.04%	0.85%	0.86%	0.84%	0.64%
其他非流动负债	1.42%	1.29%	1.51%	1.43%	1.28%	1.64%	1.89%	1.93%	1.85%	2.04%
非流动负债合计	**13.22%**	**13.46%**	**13.20%**	**14.29%**	**13.87%**	**14.10%**	**13.46%**	**14.99%**	**17.07%**	**16.82%**
负债合计	**47.01%**	**49.08%**	**49.71%**	**52.27%**	**54.03%**	**55.37%**	**54.94%**	**56.52%**	**57.85%**	**58.03%**
实收资本（或股本）	22.39%	20.96%	19.29%	17.28%	15.77%	14.66%	12.93%	12.22%	10.86%	9.71%
资本公积	20.23%	19.02%	17.34%	14.86%	13.26%	12.44%	14.35%	12.63%	12.76%	12.87%
盈余公积	4.58%	5.05%	5.34%	5.53%	5.67%	5.34%	4.48%	4.45%	4.00%	3.75%
未分配利润	1.68%	2.02%	4.25%	5.61%	6.61%	7.68%	9.00%	9.43%	9.85%	11.11%
外币报表折算差额	0.00%	0.00%	0.00%	0.01%	-0.01%	-0.03%	-0.06%	-0.11%	-0.08%	-0.06%
未确认投资损失	-0.05%	-0.06%	-0.07%	-0.09%	-0.11%	-0.14%	-0.01%	0.00%	0.00%	0.00%
归属母公司股东权益合计	48.84%	46.98%	46.20%	43.37%	41.36%	40.25%	40.87%	38.70%	37.62%	37.53%
少数股东权益	4.09%	3.92%	4.13%	4.45%	4.69%	4.31%	4.30%	4.79%	4.52%	4.38%
所有者权益合计	**52.93%**	**50.91%**	**50.29%**	**47.73%**	**45.96%**	**44.57%**	**45.06%**	**43.48%**	**42.14%**	**41.97%**
负债及所有者权益合计	**100.00%**	**100.00%**	**100.00%**	**100.00%**	**100.00%**	**100.00%**	**100.00%**	**100.00%**	**100.00%**	**100.00%**

资料来源：RESSET 金融研究数据库中 2001—2010 年所有非金融行业上市公司合并资产负债表的数据。

表 6-6　2001—2010 年中国非金融行业上市公司负债状况变化趋势①

年份	总负债/总资产	流动负债/总资产	非流动负债/总资产	流动负债/总负债	非流动负债/总负债
2001 年	47.01%	33.78%	13.22%	71.87%	28.13%
2002 年	49.08%	35.62%	13.46%	72.58%	27.42%
2003 年	49.71%	36.51%	13.20%	73.45%	26.55%
2004 年	52.27%	37.97%	14.29%	72.65%	27.35%
2005 年	54.03%	40.17%	13.87%	74.34%	25.66%
2006 年	55.37%	41.27%	14.10%	74.53%	25.47%
2007 年	54.94%	41.48%	13.46%	75.50%	24.50%
2008 年	56.52%	41.53%	14.99%	73.48%	26.52%
2009 年	57.85%	40.78%	17.07%	70.49%	29.51%
2010 年	58.03%	41.21%	16.82%	71.02%	28.98%

资料来源：RESSET 金融研究数据库中 2001—2010 年所有非金融行业上市公司合并资产负债表的数据。

表 6-7　G-7 国家 1994—2005 年的平均总资产负债率(%)

国家	年份	数量	基于面值的总资产负债率		基于市值的总资产负债率	
			均值	标准差	均值	标准差
加拿大	1994—1997	1 131	45.87	18.78	36.96	21.51
	1998—2001	1 095	45.69	19.22	39.95	22.7
	2002—2005	924	43.89	19.48	34.9	22.22
	全部年份	3 150	45.51	19.14	37.84	22.4
法国	1994—1997	788	62.48	16.43	52.89	22.22
	1998—2001	1 371	61.67	16.49	49.7	22.61
	2002—2005	1 035	61.81	16.92	52.02	21.29
	全部年份	3 194	62.04	16.26	51.5	21.76
德国	1994—1997	514	70.1	14.64	56.3	19.02
	1998—2001	876	62.62	19.38	52.3	24.51
	2002—2005	969	56.53	20.35	51.25	24.43
	全部年份	2 359	61.65	19.4	53.88	23.7
意大利	1994—1997	971	64.34	19.62	61.77	23.83
	1998—2001	372	62.39	18.86	50.93	23.51
	2002—2005	357	60.77	20.45	51.94	23.41
	全部年份	900	62.38	19.45	52.82	23.81
英国	1994—1997	2 310	53.59	17.15	36.42	17.66
	1998—2001	2 778	50.84	18.77	39.88	20.89
	2002—2005	1 983	50.38	19.07	40.76	20.08
	全部年份	7 071	51.48	18.46	39.97	20.03

---

① 由于行业的特殊性，金融行业上市公司的负债率普遍非常高，如果将其纳入样本中，可能造成数据出现偏误，因此我们只考虑非金融行业上市公司的负债状况变化趋势。

(续表)

国家	年份	数量	基于面值的总资产负债率		基于市值的总资产负债率	
			均值	标准差	均值	标准差
美国	1994—1997	6 594	46.57	20.19	33.14	21.59
	1998—2001	6 406	46.5	20.67	35.28	24.19
	2002—2005	5 463	44.39	20.35	32.06	21.44
	全部年份	18 463	45.82	20.32	33.57	21.72
日本	1994—1997	1 013	64.89	18.08	59.69	18.83
	1998—2001	3 300	61.13	20.01	62.9	21.85
	2002—2005	3 289	56.53	20.32	57.21	21.6
	全部年份	7 602	59.66	20.15	60.22	21.47

资料来源:Mahajan, A., and S. Tartaroglu, 2008, Equity market timing and capital structure: International evidence, *Journal of Banking and Finance*, 32, 754—766.

第一,为什么中国上市公司的所有者权益比重较高呢?这主要是由中国上市公司的权益融资偏好引起,而权益融资的主要方式并非留存收益融资,而是 IPO 以及不断增发新股和配股,使得权益增加,负债相对下降。这种高权益比例背后的原因,则是中国上市公司一股独大这种特殊的公司治理模式引起的。此外,早期中国上市公司基本上是从原来国有企业改制而来,由于管理当局将股份制企业作为国有企业改革的试验田,较严格地设置了发行新股的比例,以保持国有股份的份额,这也是导致中国上市公司权益比例较高的原因。

第二,中国上市公司对营运资本管理的重视程度日益加强,帮助公司得到更多免费的商业信用融资,体现在资产负债表上就是公司应付账款和预收款项的比重不断提高。此外,随着中国债券市场的改革不断深化,企业直接债务融资的渠道得以拓宽,企业可以选择发行短期融资券、中期票据、公司债券或企业债券进行直接融资,这就降低了企业对银行贷款的依赖性,因此,上市公司的短期借款占比呈现出逐年下降的趋势,而应付债券则呈现逐年上升的趋势。

第三,中国上市公司的盈利能力和经营性净现金的生成能力并不强。表6-8 是中国上市公司 1992—2009 年的 ROE 水平。从表6-8 可知,中国上市公司的 ROE 呈现先下降后上升的趋势。因此,中国上市公司内源性融资能力有限,加上需要支付一定的现金股利,通过留存收益增加权益资本的能力很小,只能依靠外源性权益融资,即增发新股和配股来满足资金需求。

表6-8 中国上市公司 1992—2009 年各年平均 ROE(%)

年份	1992	1993	1994	1995	1996	1997	1998	1999	2000
ROE	14.28	14.68	13.15	10.78	9.59	9.69	7.45	8.23	7.63
上市公司数量	53	183	291	323	530	745	851	949	1 088
年份	2001	2002	2003	2004	2005	2006	2007	2008	2009
ROE	5.35	5.65	7.37	9.12	8.19	10.18	14.70	11.35	12.97
上市公司数量	1 160	1 224	1 287	1 377	1 381	1 434	1 550	1 625	1 718

资料来源:《2010 年中国上市公司年鉴》。

三、中国企业债券市场的发展与现状①

中国资本市场走过了一条先股市后债市的发展道路。早在1983年,我国就已经开始了企业债券的发行,当时的发债主体主要是大型国有企业,行业主要集中在交通、国家级能源的项目及通信方面。企业债券一开始实行审批制,中国人民银行为发行额度的审批主管部门。到20世纪90年代末期,由于部分企业债券出现偿还困难,自2000年开始,国务院决定上收企业债审批权,由国务院实行额度审批制度,即企业申请发债每年由国家发改委汇总后形成发债额度并上报国务院审批,国务院批准额度后,由国家发改委负责企业具体发行的审核工作。该审批制度由于过于繁杂且效率较低,饱受市场批评,也在很大程度上延缓了企业债券的发展。从图6-6可见,从1986年到2002年,企业债券筹资额远远小于国债、金融债和A股的筹资额。

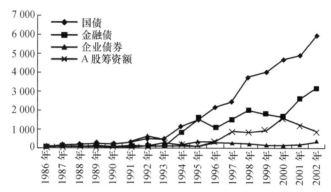

图6-6　1986—2002年中国国债、金融债券、A股和企业债券融资规模比较

从2005年起,中国企业债券市场改革开始提速。2005年中国人民银行在银行间市场推出了短期融资券,以普通企业为主体发行的债券数量开始急剧上升,极大地推动了中国债券市场的市场化进程。此后,中国证监会在2007年推出了公司债券,并在可转债基础上推出了可分离交易的可转债及可交换债券;国家发改委也开始放松企业债券的发行监管;2008年中国人民银行再次推出运作模式更为市场化的中期票据。另外,以信贷资产和企业资产为支持发行的资产支持债券(资产支持工具)也自2005年开始发展起来。由此,企业直接债务融资工具从单一的企业债券扩展到了短期融资券、中期票据、公司债券、企业债券、可转债以及资产支持债券等多元化并存的格局,国内企业通过债券市场进行融资的总规模快速增长。

从表6-9可见,自2005年短期融资券推出之日起,发行短期融资券的企业数量和发行规模呈现逐年上升的趋势。2005年短期融资券的发行期数和发行总额分别只有84期和1 453亿元,到2011年,短期融资券的发行期数已经达到640期,发行总额更是突破1

---

① 本部分内容参考了中央结算公司债券信息部《2011年度银行间债券市场年度统计分析报告》。

万亿元大关,达到 10 162 亿元,分别是 2005 年的 7.6 倍和 6.99 倍。中期票据的发展趋势与短期融资券类似,从 2008 年的 41 期 1 737 亿元,迅速发展到 2011 年的 458 期 8 200 亿元。相比较而言,企业债券和公司债券虽然也得到了较快的发展,但增长速度远远不如短期融资券和中期票据。

表 6-9 2004—2011 年中国企业债券市场主要债券品种的发行情况

年份	短期融资券		中期票据		企业债券		公司债券*	
	发行期数(只)	发行总额(亿元)	发行期数(只)	发行总额(亿元)	发行期数(只)	发行总额(亿元)	发行期数(只)	发行总额(亿元)
2004 年	—	—	—	—	17	272.00	12	209.03
2005 年	84	1 453.00	—	—	36	604.00	8	77.74
2006 年	242	2 919.50	—	—	43	615.00	34	306.71
2007 年	263	3 349.10	—	—	83	1 109.35	37	585.36
2008 年	269	4 338.50	41	1 737.00	64	1 566.90	57	1 300.06
2009 年	263	4 612.05	178	6 912.65	180	3 252.33	54	811.51
2010 年	444	6 892.35	242	4 970.57	174	2 827.03	31	1 228.80
2011 年	640	10 162.30	458	8 199.93	196	2 515.48	98	1 717.19
合计	2 205	33 726.80	919	21 820.15	793	12 762.09	331	6 236.40

资料来源:Wind 数据库。

* 公司债券包括公司债、资产支持证券、可转债和可分离转债存债。

目前,债券市场已经能够对社会融资规模产生较大的影响力。根据中央结算公司《2011 年度银行间债券市场年度统计分析报告》,近几年,企业通过债券净融资规模已经超过股票市场,在直接融资中的占比维持较高水平,2011 年该比例约为 67%。这意味着企业通过股票市场进行融资占直接融资的比例下降为 33%。而从社会融资规模的角度看,央行数据显示 2011 年前三季度社会融资规模为 9.80 万亿元。根据中央结算公司的测算,2011 年前三季度企业债券净融资 8 397 亿元;商业银行和政策性银行在债券市场上新发债券融入放贷资金额度近 1.38 万亿元;商业银行和政策性银行发行次级债 1 596 亿元,如按 12% 的资本充足率计算,增加了银行放贷空间约 1.33 万亿元。综合来看,债券市场对社会融资规模的直接影响和间接影响合计达到 3.55 万亿元,占社会融资规模总额的 36%。

第三节 财务困境的分析与预测

负债有利又有弊。负债的好处表现在:首先,由于负债所产生的利息是税前费用,即财务费用的主要项目,因此企业可以利用负债降低资本成本,产生节税效益;其次,企业可以利用负债所产生的债务杠杆,扩大资产规模,选择规模扩张;再次,负债可以提高企业的净资产收益率(ROE),因此股东的收益率因负债比例的提高而上升。然而,负债的弊端也显而易见:一是负债可能增加企业的财务风险,导致债务资本成本和权益资本成本上升,从而冲减负债所产生的节税效益;二是过度负债导致企业缺乏财务扩张能力或财务弹性(Financial Flexibility),失去增长潜力;三是在企业经营状况不太稳定或效益下降时,过度负债可能导致企业发生财务危机,甚至破产。

2001年1月22日,成立于1918年的世界著名零售业巨头凯马特公司申请破产保护。这家曾是世界最大的连锁折扣零售商在20世纪80年代虽然营业收入超过后起之秀沃尔玛,但销售利润率却不及沃尔玛。2012年1月,成立于1880年的世界著名摄影器材生产商柯达申请破产保护。这家曾占据全球2/3的摄影产业市场份额、拥有超过14.5万名员工的企业,由于未能迎接数码时代来临对传统摄影器材的挑战,忽略了战略转型而最终失败。纵观2000—2010年,柯达的营业收入从139.94亿美元下降到71.87亿美元;净利润从14.07亿美元下降到-6.87亿美元,呈现逐步下跌、由盈利变成亏损的态势;2000年柯达的总资产142.12亿美元,总负债107.84亿美元,负债率为75.9%;2010年柯达的总资产下降至62.39亿美元,负债仍高达73.14亿美元,陷入资不抵债的境地;在柯达申请破产保护前30个交易日,股价低于1美元,其市值也在15年间从300亿美元蒸发至1.75亿。2009年5月7日,我国著名的手机生产商夏新电子,因连续3年亏损且资不抵债而退市,并申请破产保护。另一家手机制造商波导,2003年营业收入高达108亿元,净利润却仅为2.07亿元;2008年因严重亏损而一直面临重组问题;2011年中期,波导的营业收入仅为2.15亿元,主要靠委托贷款的利息收益维持企业。

一个著名企业家曾忠告:作为企业的CEO,你必须谨防当你一夜醒来,企业已经债台高筑。

一、财务困境及其特征

由于负债利弊兼有,因此企业高层管理者应该谨慎进行负债决策,其中最为重要的是,防范因过度负债导致财务困境。所谓的财务困境,是指企业负债之后,由于经营财务状况恶化而无法履行其还本付息的义务,从而产生"债务违约";或无力支付供货商的货款,从而产生"货款违约";或无力支付股东的股息,从而产生"权益违约"的现象。总之,财务困境就是企业没有足够的现金流来履行合同所要求支付款项的现象。

美国著名财务学家Ross(2004)指出企业陷入财务困境的四种典型特征:一是企业失败,即企业破产清算后仍然无力支付债权人的债务;二是企业申请破产保护,即企业向法庭申请企业破产法庭保护,并在破产法庭的监督下进行重组;三是企业技术破产,即企业无力履行债务合约,按期还本付息,或经营性现金流不足以抵偿现有到期债务;四是企业会计破产,即企业的账面净资产出现负数,资不抵债。

同样,美国另一著名财务学家Carmichael(1972)也指出了企业陷入财务困境的四个典型特征:一是资产流动性不足,即流动负债大于流动资产,企业无力履行短期债务的还本付息义务;二是拖欠长期债务,即无力偿还长期的债务或违背贷款协议;三是权益不足,即总负债大于总资产,出现负权益或资不抵债;四是资金不足,即企业和债权人向法庭申请破产保护。

无论如何定义企业的财务困境,在实践中,我们可以看出企业陷入财务困境有两种类型:一是突发型,二是渐进型。

突发型的财务困境是指企业突然发生财务危机,甚至破产的现象。例如,1995年12月23日,具有232年悠久历史的世界著名银行——巴林银行宣告破产,而在破产之前,巴林银行的财务状况良好。又如,2004年12月1日,在新加坡交易所上市的中国航油(新加坡)股份有限公司(China Aviation Oil)突然向新加坡交易所申请停牌,并发布公告称其在石油期货交易中亏损5.5亿美元。此前,该公司曾于2002年被评为"新加坡上市公司最透明的企业",被美国应用贸易系统(ATS)机构评为"亚太地区最具独特性、成长性和效率"的石油公司,其总裁陈久霖还被"世界经济论坛"评选为"亚太经济新领袖"。防范此类突发型财务困境的主要措施是建立企业内部审计制度,包括常规审计制度和专项审计制度,及时发现企业在经营和财务管理中存在的问题,抵御经营风险和财务风险。

渐进型的财务困境是指企业的财务状况从正常到逐步恶化,最后出现财务危机,甚至破产的现象。例如,1970年,拥有超过1 000家零售商场、闻名美国的连锁店W. T.格兰特公司的财务状况开始逐渐恶化,最终于1975年10月正式宣告破产。在破产的前几年,该公司的ROE和ROA逐年下降,总资产周转速度、存货周转速度和应收账款周转速度逐年下降,其中应收账款的周转速度下降尤其明显,总负债与权益之比、长期负债与权益之比显著上升,现金流入量锐减,债券和股票价格下降,显示出明显的财务困境或财务危机征兆。防范渐进型财务困境最重要的措施是构建能够有效揭示企业财务困境征兆的财务指标体系,防患于未然。

二、财务状况和财务困境的分析与评价——企业信用分析与评价

大多数企业陷入财务困境或破产并非一朝一夕之事,而是经历了一个"财务状况良好—财务状况转差—财务状况恶化—财务困境—财务危机—破产"的渐进发展过程。因此,企业是否将发生财务困境或财务危机,具有明显的征兆。如何分析和评价企业的财务状况呢?

历史上,企业财务状况的传统分析与评价方法源于银行,称为"4Cs方法"。4Cs方法是一种传统的描述性分析与评价方法,主要从债务人的以下四个方面进行分析与评价:一是企业的品质(Characteristic),即企业的历史和有无债务违约的记录;二是企业的资本(Capital),即企业的财务杠杆高低或其权益资本与债务之间的比例关系;三是企业的抵押物(Collateral),即企业抵押物的价值,债权人对抵押品的索取权和优先程度;四是企业的周期(Cycle),即企业借款的时间,或财务困境与经济周期的关系。

随着资本市场的发展,企业信用评级机构应运而生。目前,国际著名的企业债务和权益评级机构主要是标准普尔(Standard & Poor)、穆迪(Moody)和惠誉(Fitch)等。这些评级机构根据企业的财务状况,将企业的债券和股票分为各种不同的等级。表6-10是标准普尔和穆迪对企业债券等级的分类标准。由表6-10可见,企业债券等级的高低反映了

企业还本付息能力的高低。

表 6-10　标准普尔和穆迪对企业债券等级的分类标准*

还本付息能力	等级说明	标准普尔	穆迪
极强	最高质量等级	AAA	Aaa
非常强	高质量等级	AA	Aa
强	中上质量等级	A	A
足够强	中等质量等级	BBB	Baa
低等级投机	投机质量等级	BB	Ba
中等级投机	低质量等级	B	B
高等级投机	差—违约等级	CCC	Caa
最高等级投机	高投机—违约等级	CC	Ca
无力支付利息	最低质量等级	C	C
无力还本付息	违约等级	D	D

* 对于 AA 到 B 等级的债券,可以通过"+"或"-"这种符号进一步细分等级。

在分析和评价企业财务状况时,标准普尔和穆迪等这些国际著名的信用评级机构主要使用企业的财务指标来确定企业的债券等级。常用的指标包括税前的固定费用保障倍数、现金流与长期负债之比、权益资本盈利率、长期负债与权益资本之比等。表 6-11 是标准普尔 1991—1993 年财务指标与债券等级之间的关系。可见,企业的财务状况,特别是还本付息能力越强,其债券等级越高,表明债券的质量越高。值得注意的是:债券评级所使用的财务指标因债券类别的不同而异,但是所使用的指标都与评价债券的还本付息能力以及债权人权益所受的保障程度有关。此外,由于时间的差异,每个等级的财务指标平均值或中位数会因为债券类别或时间不同而有所差异,但每个等级的财务指标值之间存在明显的差异。

表 6-11　标准普尔 1991—1993 年财务指标中位数与债券等级

债券等级	固定费用保障倍数	现金流/总负债	资本收益率	长期负债/总资本
AAA	6.34	0.49	24.2	11.7
AA	4.48	0.32	18.4	19.1
A	2.93	0.17	13.5	29.4
BBB	1.82	0.04	9.7	39.6
BB	1.33	0.01	9.1	51.1
B	0.78	-0.02	6.3	61.8

资料来源:Jack Clark Francis, *Investments*, 4th edition, McGraw-Hill Book Co.

一般来说,标准普尔和穆迪等这些国际著名的信用评级机构能够比较准确地反映被评级公司的还本付息能力和债权人的权益保障程度。表 6-12 表明,1983—2010 年间,穆迪对公司债券等级的评价结果显示:高等级债券的违约率很低,Aaa 级的公司债券 20 年的累计违约率仅有 0.186%;低等级的债券违约率很高,Caa 级的公司债券 20 年的累计违约率高达 84.472%。这些数据基本上反映出穆迪能准确地报告公司债券的还本付息能力。

表 6-12 穆迪 1983—2010 年不同信用级别公司债券的平均累计违约率　　单位:%

信用等级	第1年	第2年	第3年	第4年	第5年	第6年	第7年	第8年	第9年	第10年
Aaa	0.000	0.016	0.016	0.048	0.086	0.132	0.182	0.186	0.186	0.186
Aa	0.023	0.066	0.116	0.202	0.291	0.351	0.388	0.419	0.447	0.501
A	0.062	0.200	0.414	0.623	0.853	1.099	1.371	1.677	1.969	2.216
Baa	0.202	0.561	0.998	1.501	2.060	2.636	3.175	3.710	4.260	4.890
Ba	1.197	3.437	6.183	9.067	11.510	13.757	15.760	17.679	19.526	21.337
B	4.466	10.524	16.526	21.774	26.524	31.034	35.301	39.032	42.312	45.194
Caa	15.529	27.592	37.251	45.146	51.803	56.260	59.232	62.759	67.199	73.035
Ca-C	38.739	50.580	59.678	66.353	71.652	73.385	75.920	78.884	78.884	78.884
投资级	0.095	0.274	0.508	0.769	1.054	1.343	1.622	1.907	2.185	2.467
垃圾级	4.944	10.195	15.233	19.671	23.477	26.820	29.790	32.433	34.804	39.967
全部级别	1.819	3.717	5.485	6.988	8.241	9.303	10.212	11.006	11.706	12.344

信用等级	第11年	第12年	第13年	第14年	第15年	第16年	第17年	第18年	第19年	第20年
Aaa	0.186	0.186	0.186	0.186	0.186	0.186	0.186	0.186	0.186	0.186
Aa	0.586	0.722	0.869	0.993	1.126	1.262	1.445	1.763	2.268	2.754
A	2.449	2.673	2.934	3.241	3.633	4.125	4.762	5.519	6.104	6.641
Baa	5.541	6.225	7.079	8.004	8.881	9.845	10.738	11.492	12.165	12.720
Ba	23.033	24.843	26.653	28.663	30.722	32.449	33.992	35.325	37.036	38.372
B	47.760	50.361	52.884	55.420	57.456	58.903	60.602	62.768	64.315	65.936
Caa	77.147	77.369	77.369	77.369	79.539	83.436	84.472	84.472	84.472	84.472
Ca-C	78.884	78.884	78.884	78.884	78.884	n.a.	n.a.	n.a.	n.a.	n.a.
投资级	2.750	3.045	3.394	3.768	4.167	4.627	5.140	5.703	6.222	6.688
垃圾级	38.877	40.781	42.631	44.574	46.411	47.908	49.294	50.636	52.066	53.292
全部级别	12.918	13.480	14.056	14.653	15.245	15.829	16.435	17.074	17.688	18.235

资料来源:Moody, 2011, Corporate Default and Recovery Rates, 1920—2010.

由于评级机构的准确性,公司债券和股票的价格随时会受到这些信用评级的影响。表 6-13 显示了美国 Washington Mutual 破产前公司债券的价格、到期收益率以及股票价格受到信用评级影响而产生的变化。Washington Mutual 是美国最大的商业银行之一,2007 年 1 月底美国次贷危机前,公司担保债券和高级无担保债券价格分别为 98.46 美元和 95.92 美元,到期收益率分别仅为 4.24% 和 5.69%;公司股价也处于 44.59 美元的高位。然而随着美国次贷危机的爆发,Washington Mutual 的信用评级一路下跌,公司债券和股票价格也一路下跌。2008 年 9 月 15 日,标准普尔将 Washington Mutual 的信用等级下调为垃圾级(BB-),次日,公司的担保债券和高级无担保债券的价格分别跌至 75 美元和 30 美元,到期收益率分别上升至 14.7% 和 23.85%,公司的股票价格也跌至 2.32 美元,与 2007 年 1 月底相比,股价跌幅高达 95%。

表 6-13　美国 Washington Mutual 2007—2008 年债券和股票价格　　　　　单位：美元

时间	担保债券		高级无担保债券		股票价格
	价格（$）	到期收益率（%）	价格（$）	到期收益率（%）	
2008 年 09 月 16 日	75.00	14.70	30.00	23.85	2.32
2008 年 09 月 15 日	83.05	10.73	32.50	22.38	2.00
2008 年 09 月 12 日	83.80	10.38	48.00	15.74	2.73
2008 年 09 月 09 日	81.08	11.61	53.50	14.73	3.30
2008 年 09 月 08 日	83.71	10.39	55.30	14.18	4.12
2008 年 09 月 05 日	81.47	11.41	55.50	14.11	4.27
2008 年 09 月 04 日	86.83	9.00	n/a	n/a	4.04
2008 年 09 月 03 日	81.23	11.51	60.20	12.80	4.40
2008 年 09 月 02 日	86.71	9.03	54.75	14.30	4.24
2008 年 08 月 29 日	86.59	9.08	55.50	14.07	4.05
2008 年 08 月 22 日	84.53	9.94	58.88	13.08	3.83
2008 年 08 月 15 日	86.81	8.92	62.50	12.11	4.55
2008 年 08 月 08 日	86.61	8.97	61.00	12.45	4.58
2008 年 08 月 01 日	86.23	9.10	57.58	13.32	5.32
2008 年 07 月 25 日	88.98	7.95	59.25	12.84	3.84
2008 年 07 月 18 日	90.68	7.25	61.75	12.16	5.92
2008 年 07 月 11 日	90.98	7.12	65.36	11.26	4.95
2008 年 07 月 04 日	90.70	7.21	70.50	10.10	5.38
2008 年 06 月 30 日	90.77	7.17	70.00	10.18	4.93
2008 年 05 月 30 日	92.44	6.47	85.88	7.14	9.02
2008 年 04 月 30 日	95.44	5.37	86.25	7.01	12.29
2008 年 03 月 31 日	96.15	5.10	75.50	8.76	10.30
2008 年 02 月 29 日	97.37	4.69	85.48	7.38	14.80
2008 年 01 月 31 日	97.08	4.76	85.93	7.22	19.87
2007 年 12 月 31 日	95.33	5.28	84.75	7.33	13.61
2007 年 11 月 30 日	96.29	4.96	80.50	7.95	19.50
2007 年 10 月 31 日	97.07	4.71	93.16	5.93	27.88
2007 年 09 月 28 日	96.79	4.78	92.46	5.96	35.31
2007 年 08 月 31 日	96.96	4.71	94.39	5.99	36.72
2007 年 07 月 31 日	96.81	4.74	91.17	6.37	37.53
2007 年 06 月 29 日	96.50	4.80	92.71	6.09	42.64
2007 年 05 月 31 日	96.98	4.66	94.32	5.81	43.72
2007 年 04 月 30 日	98.08	4.36	95.75	5.55	41.98
2007 年 03 月 30 日	98.46	4.26	97.48	5.28	40.38
2007 年 02 月 28 日	99.00	4.12	97.54	5.54	43.08
2007 年 01 月 31 日	98.46	4.24	95.92	5.69	44.59

资料来源：Bergstresser et al.（2009）。

此外，这些信用评级机构还提供股票等级的评价服务。不同于债券的等级评价，股票的等级评价所关注的问题主要是公司的产品和业务的成长性、公司在行业中的地位、公司的资源、公司的财务政策等，其中：盈利和公司股票分红的成长性和稳定性成为标准普尔股票等级评价的最重要依据。标准普尔根据上市公司最近十年的有关财务数据,输入其股票等级评价系统,在此基础上评出基本分,然后再根据其他因素计算调整分,最终计算出某一公司股票的综合分,并得出评级结果。表6-14是标准普尔的股票评级表。

表6-14 标准普尔的股票评级表

股票等级	综合分值	股票等级	综合分值
A+	最高分值	B	低于平均分值
A	高分值	B-	较低分值
A-	高出平均分值	C	最低分值
B+	平均分值	D	重组状态

值得指出的是,标准普尔股票等级评价结果并不是对上市公司股票价格的评价和预测,而只是对上市公司过去盈利和股利表现的评价。因此,股票的等级评价结果实际上与股价无关。高等级股票的股价可能已经被高估而正在下调之中,而低等级股票的股价也可能被低估而正在上调之中。

三、财务状况和财务困境的分析指标

为了有效预测公司是否将发生债务违约或将倒闭,必须首先研究哪些财务指标能够揭示或预示公司财务状况的变化。

1966年,美国著名财务和会计专家Beaver发现具有揭示公司在未来一段时间内是否即将发生财务危机或企业破产的丰富且有效信息的六个财务指标,对这些财务指标的选择和分析如下:

第一,Beaver选择79家"已经发生企业破产"的公司和79家"经营财务状况正常"的公司,这些公司在行业、规模和时间三方面一一匹配。例如,如果入选一家在1962年发生破产的电子制造企业,必然选择一家规模与其相当、经营和财务正常状况的电子制造企业与其"配对",并收录这两家公司1962年及其前4年的有关财务指标(含发生破产年份,共计5年),如此等等。

第二,Beaver将所有发生破产的年份确定为"破产前5年",并计算出"已经发生破产"的公司在发生破产当年以及破产前4年中各年财务指标的平均值,同时计算出经营和财务正常的公司相应年份的财务指标的平均值。

第三,建立纵轴为财务指标、横轴为破产前年份的坐标系,将两组公司(已经发生破产的公司组与经营和财务状况正常的公司组)各年的财务指标平均值标示在该坐标系上,结果如图6-7所示。

第四,图6-7表明,破产组的六个财务指标的平均值与正常组的六个财务指标的平均值之间存在显著的差异。这六个指标大体可以分为两类:一是经营性净现金与总资产之比、总资产净利润率、总资产负债率、营运资本与总资产之比这四个指标,在企业破产发生的前5年,两组指标的平均值差距比较小,此后,随着时间的推移,两组指标的平均值

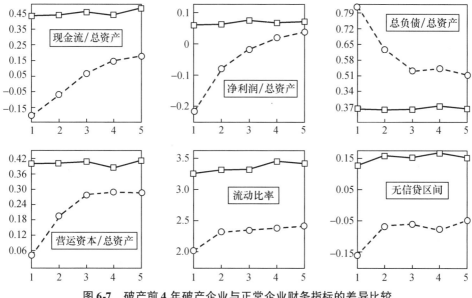

图 6-7 破产前 4 年破产企业与正常企业财务指标的差异比较

差异越来越大,这意味着四个财务指标隐含着能够有效揭示公司在未来 5 年内是否将发生破产的丰富且有效信息。二是流动比率和信用区间这两个指标,在企业破产发生的前 5 年至发生当年,两组指标的平均值始终存在着显著差距,而且这种差距一直比较稳定,这也表明这两个财务指标具有揭示公司在未来是否即将发生破产的信息。

Beaver 的研究表明:当某一公司上述六个财务指标值对比同行业指标的平均值逐年下降,或者与同行业指标的平均值存在明显差异时,就必须引起注意,该公司的财务状况可能正趋于恶化,若不及时采取有效措施,可能在未来 5 年内将发生财务危机,甚至破产。因此,对于企业高层管理者来说,重点关注和掌握几个能够有效揭示公司财务状况变化趋势的指标,对于防范企业财务危机具有重要的现实意义和作用。

2001 年,吴世农和卢贤义收集我国上市公司 21 个财务指标,研究这些财务指标能否揭示公司在未来 5 年内是否将发生财务危机——ST。他们收集了 70 家发生 ST 和突发巨额亏损的上市公司,并同时按照配对原则收集了 70 家在行业、规模和时间三方面可比的经营和财务正常的上市公司,比较和分析发生 ST 和巨额亏损当年以及前 4 年(共计 5 年)各年的 21 个财务指标平均值之间的差异,即

$$Z_t = \frac{M_1 - M_2}{\left[\left(\frac{S_1^2}{N_1}\right) + \left(\frac{S_2^2}{N_2}\right)\right]^{1/2}} \tag{6-15}$$

其中:M_1 是第 t 年 70 家发生 ST 和突发巨额亏损的上市公司财务指标的平均值;M_2 是第 t 年 70 家经营和财务正常的上市公司财务指标的平均值;S_1^2 是第 t 年 70 家发生 ST 和突发巨额亏损的上市公司财务指标的方差;S_2^2 是第 t 年 70 家经营财务正常的上市公司财务指标的方差;$N_1 = N_2 = 70$,表示样本数。

由表 6-15 可见:在我国,上市公司发生财务困境(即被 ST 或巨额亏损)之前,21 个财

务指标中的许多财务指标与正常值之间存在显著差异。图 6-8 列示了四个主要财务指标的差异状况,即负债比率、ROE、资产周转速度、营运资本与总资产之比。

表 6-15 70 家经营财务正常公司与 70 家 ST 和巨亏公司的 21 个财务指标差异值(Z)

符号	财务指标差异	年份				
		1	2	3	4	5
$X1$	盈利增长指数	-5.0280	-7.2766	-3.1924	-3.8717	
$X2$	净资产报酬率	-9.3982	-8.2934	-5.5795	-3.1934	-1.8626
$X3$	资产报酬率	-13.5737	-9.8513	-6.1743	-4.3872	-2.2965
$X4$	主营业务利润贡献率	-6.9579	-3.3882	-3.0586	-0.8849	0.1834
$X5$	主营业务利润率	-2.3800	-1.6914	-0.3793	0.3502	0.3453
$X6$	利息保障倍数	-1.0006	-2.4786	-0.4571	0.8026	0.1001
$X7$	流动比率	-4.1852	-2.5590	0.9769	-0.0697	1.0364
$X8$	速动比率	-4.7813	-2.6838	0.7578	-0.1671	1.1468
$X9$	超速动比率	-4.7661	-3.8911	0.1647	-0.7619	1.1203
$X10$	负债比率	7.0696	4.7093	1.3631	2.1813	1.0157
$X11$	长期负债比率	2.6776	1.6499	1.2005	1.1411	0.4992
$X12$	营运资本总资产比	-7.4854	-4.6706	-1.0730	-0.9676	0.2183
$X13$	留存收益总资产比	-5.8641	-7.3031	-3.0512	-3.2282	-1.0225
$X14$	资产增长率	-5.4513	-5.8694	-2.9188	1.0314	
$X15$	股东权益增长率	-2.1795	-6.1698	-3.7053	0.3564	
$X16$	主营业务收入增长率	-2.2281	-2.8213	-3.2024	0.9437	
$X17$	应收账周转率	-3.1059	-3.5530	-0.8731	-1.9470	-2.7598
$X18$	存货周转率	0.7669	0.2691	-0.6391	-0.8438	-0.8613
$X19$	资产周转率	-5.3393	-3.9292	-3.4246	-1.4264	-1.9508
$X20$	log(总资产)	-2.0638	-0.1028	1.0443	2.3525	1.0837
$X21$	log(总净资产)	-1.1767	0.3904	0.9129	2.1635	1.3584

资料来源:吴世农、卢贤义:"我国上市公司财务困境预测模型研究",《经济研究》,2001 年第 6 期。

对于经营和财务正常的公司和即将陷入财务危机的公司,哪些财务指标最具有预测能力,可能因时间和行业不同而不同。但是,作为公司的高层管理者,通常必须重点观察如下财务指标的变化趋势:

(1) 三大增长指标:销售收入增长率、利润增长率和经营净现金增长率。重点观察 3—5 年来三大增长指标的同步性、稳定性、相关性及其与同行业平均增长率的差异性。一般来说,如果销售增长指标增长,但利润增长和现金增长相对滞后,或三大增长率指标显著低于同行业平均水平,可能预示着公司未来的财务状况存在潜在危机。

(2) 三大资产使用效率指标:总资产周转速度、存货周转速度和应收账款周转速度。重点观察 3—5 年来三大资产周转速度指标的变动趋势及其与同行业平均水平的差异程

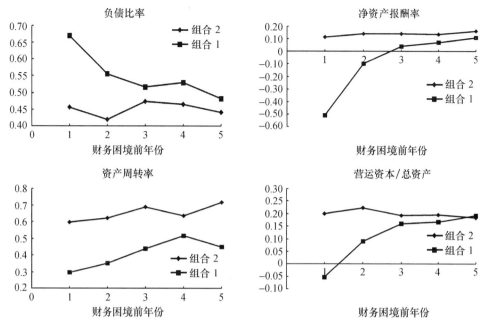

图6-8 70家经营财务正常公司与70家ST和巨亏公司的四个财务指标的差异值(Z)图形

度。一般来说,如果三大资产周转速度指标出现下降趋势,或者显著低于同行业的平均水平时,可能预示着公司的财务状况趋于恶化。

(3) 三大利润率指标:销售利润率、ROE 和 ROA。重点观察 3—5 年来三大利润率指标的变动趋势及其与同行业平均指标的差异程度。一般来说,当三大利润率指标呈现下降趋势,或者显著低于同行业的平均水平时,可能隐含着公司财务状况恶化的可能。

(4) 三大负债程度指标:总资产负债率、长期负债与总资产之比、长期负债与权益之比。重点观察 3—5 年来三大负债程度指标的变动趋势及其与同行业平均水平的差异程度。一般来说,当三大负债程度指标呈现上升趋势,或者显著高于同行业的平均水平时,可能预示着公司未来的财务风险加剧。

(5) 四大偿债能力指标:基于 EBIT 的利息保障倍数、基于 EBITDA 的本息保障倍数、基于现金的利息保障倍数和基于现金的本息保障倍数。重点观察 3—5 年来四大偿债能力指标的变动趋势及其与同行业平均水平的差异程度。一般来说,当四大偿债能力指标呈现下降趋势,或者明显低于同行业平均水平时,可能预示着公司未来的偿债能力下降。

(6) 两大资产流动性指标:流动比率和速动比率或现金比率。重点观察 3—5 年来两大资产流动性指标的变动趋势及其与同行业平均水平的差异程度。一般来说,当两大资产流动性指标呈现下降趋势,或者明显低于同行业平均水平时,可能预示着公司的财务状况正在出现恶化的苗头。

(7) 三大现金创造能力指标:经营性净现金与总资产之比、经营性净现金与销售之比、经营性净现金与 EBITDA 之比。重点观察 3—5 年来三大现金创造能力指标的变动趋势及其与同行业平均水平的差异程度。一般来说,当三大现金创造能力指标呈现下降趋势,或者明显低于同行业平均水平时,可能标志着公司的财务状况开始恶化。

例如,夏新电子曾是我国电子产业的名牌企业,一度因为生产、制造和销售夏新 A-8 手机名扬全国。2002 年,夏新被评为中国最创值(根据 EVA 排名)的十大上市公司。然而,就是这样一家企业,于 2009 年 4 月份申请破产保护。纵观夏新 2002—2008 年的主要财务数据(见表 6-16),可以发现夏新的销售收入急剧下降,净利润下降最终亏损,经营净现金下降且数次出现负数,资产规模下降但负债增加且最终资不抵债,期末结余现金下降且期末结余现金来自于举债的筹资净现金和拍卖资产的投资净现金,以上财务特征正如图 6-9 所示。最终,夏新申请破产保护,并通过破产重组退出资本市场,取而代之的是"象屿股份","夏新电子"这一名噪一时的明星公司从此消失了!

表 6-16 夏新电子 2002—2008 年的主要财务数据　　　　　　单位:亿元

财务数据	2008 年	2007 年	2006 年	2005 年	2004 年	2003 年	2002 年
营业总收入	16.84	34.50	54.27	48.09	50.55	68.17	44.87
营业成本	15.95	31.44	54.88	42.37	39.97	44.69	27.90
营业费用	2.61	7.04	6.00	7.16	7.29	9.74	6.21
管理费用	3.56	3.01	4.17	5.16	3.36	5.24	3.47
财务费用	0.83	1.08	0.67	0.31	0.12	0.08	0.21
营业利润	-8.29	-9.09	-0.54	-6.99	-0.01	8.21	6.74
所得税	0.03	0.06	0.44	0.03	0.04	1.49	0.88
净利润	-7.54	-8.79	-0.84	-6.58	0.11	6.14	5.66
总资产	15.88	30.25	42.93	42.67	42.89	43.48	27.62
流动资产	9.09	21.54	34.07	33.28	33.28	36.91	23.82
货币资金	0.49	2.13	4.97	5.39	3.91	9.80	5.28
存货	4.99	12.00	14.46	15.87	18.06	15.13	9.72
应收款	1.92	6.44	6.67	4.96	2.84	1.97	2.54
预付款	0.63	0.20	0.37	0.43	0.43	0.47	0.50
总负债	26.43	33.29	36.76	35.59	29.21	27.85	17.78
流动负债	26.39	33.24	36.66	35.54	28.83	25.72	16.32
长期负债	0.04	0.05	0.11	0.05	0.37	2.13	1.46
长短期贷款	12.33	12.69	14.61	11.39	10.63	5.31	1.58
权益	-10.54	-3.04	6.17	6.14	12.79	14.63	9.84
投入资本	—	—	20.78	17.54	23.42	19.94	11.42
经营净现金	-3.99	-1.46	1.63	1.55	-6.60	5.01	9.72
筹资净现金	1.23	-1.33	-1.74	0.67	3.64	2.54	-5.37
投资净现金	1.33	0.04	0.21	-1.55	-2.91	-3.00	-0.87
每股收益(元)	-1.64	-2.05	-0.25	-1.53	0.04	1.37	1.69
每股经营净现金(元)	-0.93	-0.34	0.38	0.36	-1.54	1.17	2.71

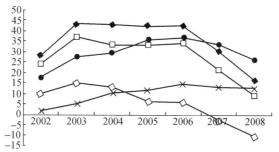

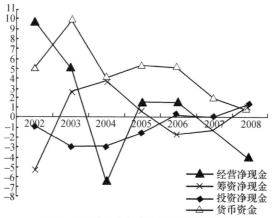

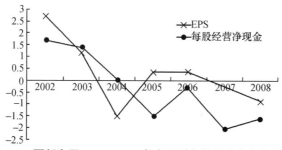

图 6-9 夏新电子 2002—2008 年主要财务数据的变化趋势图

四、财务状况和财务困境的预测

在研究财务指标能否预测企业在未来陷入财务困境时,财务危机组和财务正常组之间的各个财务指标可能存在显著差异,也可能不存在显著的差异;两组财务指标之间的差距可能很大,也可能很小。在这种情况下,究竟选择哪一个或哪一些财务指标作为判定公司即将陷入财务困境或财务危机的主要依据呢?1966 年,美国著名财务学家 Altman 教授提出了应用统计判定分析方法(Statistical Discrimination Analysis)来预测公司是否处于财务困境或财务危机状态,即著名的"财务 Z 值分析"(Financial Z-score Analysis)。

财务 Z 值分析的基本思想是将一系列能够预测企业未来是否将发生财务危机的财务指标转化成一个标准值 Z,其实际上是这一系列具有预测能力的财务指标的线性组合值。图 6-10 就是这种思想的示意图。正如图 6-10 所示,假设 X 是公司的净资产收益率(ROE),Y 是公司经营净现金与总资产之比(CFOTA,即资产获现率)。一般来说,陷入财务危机的公司盈利能力弱,现金创造能力低,因此 ROE 和 CFOTA 这两个指标较低;反之,财务健康的公司盈利能力强,现金创造能力高,因此 ROE 和 CFOTA 这两个指标较高。因此,所谓的财务 Z 值,就是 ROE 和 CFOTA 的线性组合值。

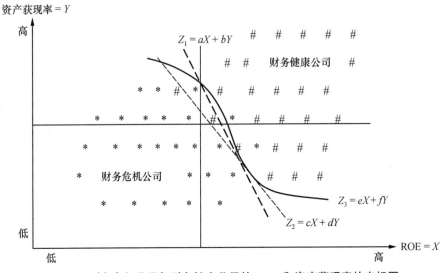

图 6-10 财务危机公司与财务健康公司的 ROE 和资产获现率的坐标图

在图 6-10 中,我们可以画出无数条关于 ROE 和 CFOTA 的线性组合,从中选择一条最准确判断公司财务状况的线性组合线,使得将财务健康公司误划为财务危机公司以及将财务危机公司误划为财务健康公司的数量,即误判总数,尽可能地小。例如,Z_1 这条 ROE 和 CFOTA 的线性组合线,将 2 家财务危机的公司误判为财务健康公司,并将 2 家财务健康公司误判为财务危机公司,误判总数是 4 家。又如,Z_2 也是一条 ROE 和 CFOTA 的线性组合线,其将 3 家财务危机的公司误判为财务健康公司,而将 1 家财务健康公司误判为财务危机公司,误判总数也是 4 家。再如,Z_3 是一条 ROE 和 CFOTA 的非线性组合线,其也是将 2 家财务危机的公司误判为财务健康公司,而将 2 家财务健康公司误判为财务危机公司,误判总数也是 4 家。

应用财务 Z 值分析预测企业是否将陷入财务危机或破产的基本程序是:

第一,选择判定变量。选择具有预测能力的财务指标,这些指标称为"判定变量"或"判定指标"。

第二,抽样。选择一组已经陷入财务危机或破产的企业,另一组财务正常或健康的企业。每组的企业数一般不少于 40 家,其中每组中的 30 家作为"估计样本",10 家作为"回判样本"。在选样中,必须采取"配对选样",即一组中的一家企业必须与另一组中的企业在行业和规模方面具有可比性。

第三,指标数据整理。以财务危机组的企业陷入危机或破产的年份为"零年",然后收集两组企业陷入危机或破产年份至财务危机或破产发生前若干年(一般是 5 年)的判定指标值,并按照统计判定分析的要求,将这些指标值输入计算机。

第四,选择判定或预测模型。根据数据特征,选择使用线性判定模型或非线性判定模型。

第五,估计模型参数。启动统计判定分析程序,估计和检验模型的有关参数。

第六,确定最佳判定点。将估计样本的财务指标值代入估计所得的判定模型,计算出每家公司的 Z 值,然后根据这些 Z 值,选择误判总数最少的判定公式确定最佳的 Z 值。

第七,回判和确定判定模型的效率。将回判样本的财务指标值代入估计所得的判定模型,检验所估计模型的判定准确度。

第八,判定和预测应用。将某家需要判定财务状况的公司的有关财务指标值代入估计所得的判定模型,计算出其 Z 值,并根据最佳判定点,判定该家公司属于财务危机公司还是财务健康公司。

下例将说明如何应用财务 Z 值分析来判定或预测地区政府发行债券是否具有违约风险,即是否可能出现无力还本付息的结果。

第一,衡量地区政府所发债券是否发生违约的主要判定指标是:该地区人均财产价值,用 X 表示;该地区人均债务价值,用 Y 表示。

第二,表 6-17 是 10 个地区政府发行的债券是否违约和人均财产及人均债务的样本数据。由表 6-18 可见,对比有违约风险组,无违约风险组的平均人均财产价值比较高,而平均人均债务价值比较低。

表 6-17 10 个地区政府发行的债券的违约状况和人均财产及人均债务

编号	违约状况	人均财产(X)*	人均债务(Y)*	评价等级	Z_i	判定结果
1		6 685	116	Aa	1.632	
2		6 360	87	Aa	1.677	
3	无违约风险	11 806	272	Aa	2.553	
4		2 957	53	A	0.713	
5		3 183	47	A	0.817	
6		2 408	188	A	-0.126	

(续表)

编号	违约状况	人均财产(X)*	人均债务(Y)*	评价等级	Z_i	判定结果
7		2 703	613	Baa	−2.106	
8	有违约风险	1 212	43	Baa	0.188	
9		1 054	366	Baa	−1.441	
10		2 684	149	Baa	0.154	

资料来源:摘自 George Foster, *Financial Statement Analysis*, 4th edition, Prentice-Hall.
* 人均财产和人均债务的单位为百美元。

表 6-18 两组判定指标平均数和标准差的比较

组别	平均人均财产(X)*	平均人均债务(Y)*	人均财产方差	人均债务方差
无违约风险组	5 566.50	127.16	12 655 746	7 668.6
有违约风险组	1 913.25	292.75	815 941	63 655.0
两组平均值相减	$D_X = 3 653.25$	$D_Y = −165.6$	—	—
X 和 Y 的协方差	—	—	$S_{XY} = −16 187$	
合计	4 105.2	193.4	$S_X^2 = 10 861 900$	$S_Y^2 = 32 790$

资料来源:摘自 George Foster, *Financial Statement Analysis*, 4th edition, Prentice-Hall.
* 平均人均财产和平均人均债务的单位为百美元。

第三,将表 6-17 的人均财产和人均债务数据输入计算机中的统计判定分析程序,即可以估计判定模型如下:

$$Z_i = 0.000329 X_i - 0.004887 Y_i \tag{6-16}$$

其中: $a = \dfrac{S_Y^2 D_X - S_{XY} D_Y}{S_X^2 S_Y^2 - S_{XY} S_{XY}} = 0.000329$, $b = \dfrac{S_X^2 D_Y - S_{XY} D_X}{S_X^2 S_Y^2 - S_{XY} S_{XY}} = 0.004887$。

由上式可见:Z 与人均财产成正比,与人均债务成反比。换言之,当人均财产价值较高,而人均债务价值较低时,债券的 Z 值较高,因此违约风险较低;反之,当人均财产价值较低,而人均债务价值较高时,债券的 Z 值较低,因此违约风险较高。

第四,重新将表 6-17 中的人均财产和人均债务数据代入上式,即可以得到各债券的 Z 值,即 Z_i,结果如表 6-18 所示。

第五,确定最佳判定点的方法有两种:"对称法"和"逐一选点法"。

(1) 对称法:

$$\text{最佳判定点} = \dfrac{\text{第一组的平均 } Z \text{ 值} \times N_1 + \text{第二组的平均 } Z \text{ 值} \times N_2}{N_1 + N_2} \tag{6-17}$$

其中:N_1 和 N_2 分别是第一组(无违约风险)和第二组(有违约风险)的样本数。

(2) 逐一选点法:

将所有估计样本的 Z 值从高到低依次排列,然后将相邻的两个 Z 值相加除以 2,作为备选判定点,将各个备选判定点用于回判估计样本中的债券,其中使得误判总数最小的备选判定点,就是最佳判定点。

采用逐一选点法,设备选判定点为 Z^*,则当 $Z^* = (0.713 + 0.817)/2 = 0.765$ 时,误判总数为 2,即将 2 个无违约风险债券误判为有违约风险债券;当 $Z^* = (0.713 + 0.188)/2 = 0.4505$ 时,误判总数为 1,即将 1 个无违约风险债券误判为有违约风险债券;当 $Z^* =$

(0.188+0.154)/2=0.1710 时,误判总数为 2,即将 1 个无违约风险债券误判为有违约风险债券,同时将 1 个有违约风险债券误判为无违约风险债券。

由此可见,最佳判定点为 0.4505。若某个地区的 Z 值高于 0.4505,则可以判定该地区政府债券属于无违约风险债券;反之,若某个地区的 Z 值低于 0.4505,则可以判定该地区政府债券属于有违约风险债券。

第六,目前,A 地区计划发行政府债券,该地区的人均财产价值是 6 144 百美元,人均债务价值是 110 百美元。代入上式得:

$$Z_A = 0.000329 \times 6\,144 - 0.004887 \times 110 = 1.474 > 0.4505$$

因此,A 地区发行的政府债券属于无违约风险债券。

1968 年,美国著名财务学家 Altman 教授应用实证研究方法,收集制造业财务健康的公司和破产的公司,开发出第一个财务 Z 值模型:

$$Z_i = 3.3 \frac{EBIT}{总资产} + 0.999 \frac{销售收入}{总资产} + 0.6 \frac{权益市值}{债务账面值} + 1.4 \frac{累计留存收益}{总资产} + 1.2 \frac{净营运资本}{总资产} \tag{6-18}$$

Altman 指出,最佳判定点为 2.675。若一家公司的 Z 值小于 2.675,则有 95% 的可能性该公司将在一年之内破产。同时,在应用过程中,Altman 发现 $1.81 \leq Z \leq 2.99$ 是一个"模糊区间"。但是,若 $Z > 2.99$,则公司不会破产;若 $Z < 1.81$,则公司即将破产。

2001 年,吴世农和卢贤义收集了 70 家发生财务危机(被 ST 和突发巨额亏损)的上市公司的财务数据,与 70 家在行业、规模和时间三方面可比的财务健康(经营财务状况正常)的上市公司进行比较,并应用线性概率模型(Linear Probability Model,LPM)、Fisher 线性判定分析和 Logit 非线性判定分析三种方法,分别估计线性判定模型和非线性判定模型,判定结果的准确度如表 6-19 所示。

表 6-19 多变量判定分析模型的比较

年份	一类错误(%)			二类错误(%)			总误判率(%)		
	LPM	Fisher 模型	Logit 模型	LPM	Fisher 模型	Logit 模型	LPM	Fisher 模型	Logit 模型
1	14.49	14.49	7.25	5.71	5.71	5.71	10.07	10.07	6.47
2	22.86	22.86	17.14	11.43	11.43	14.29	17.14	17.14	15.71
3	23.19	23.19	26.09	24.29	24.29	21.43	23.74	23.74	23.74
4	29.51	29.51	27.87	25.81	25.81	25.81	27.64	27.64	26.83
5	31.25	31.25	34.38	61.29	61.29	54.84	46.03	46.03	44.44

资料来源:吴世农、卢贤义:"我国上市公司财务困境预测模型研究",《经济研究》,2001 年第 7 期。

由表 6-19 可见:首先,应用当年度的财务指标数据预测和判定未来第一年是否发生财务危机,总误判率仅为 6.47%—10.07%;应用当年度的财务指标数据预测和判定未来第二年是否发生财务危机,总误判率仅为 15.71%—17.14%;如此等等。其次,LPM 和 Fisher 判定模型的判定结果完全相同,因为这两个模型在数学上是等价的。最后,Logit 这种非线性判定模型的准确度高于线性判定模型。

第四节 案例分析
——山东海龙的短期融资券事件

一、背景介绍

山东海龙股份有限公司(以下简称"山东海龙")成立于1988年,是由寒亭区央子镇盐场发起,采取社会募集方式成立的山东省首批股份制企业。1996年12月,经中国证券监督管理委员会批准,公司社会公众股在深圳证券交易所挂牌交易(股票简称"山东海龙",股票代码000677)。历经多次增资扩股,截至2010年9月底,公司注册资本86 397.79万元,其中潍坊市投资公司持有16.24%的股权,为山东海龙的第一大股东,潍坊市投资公司是潍坊市政府投资设立的全资子公司。山东海龙其余三家持股比例超过5%的股东分别为潍坊康源投资有限公司(公司员工集资设立的投资公司)持有12.04%的股权;上海东银投资有限公司(外部战略投资者)持有6.26%的股权;潍坊广澜投资有限公司(公司管理层投资设立的投资公司)持有6.93%的股权。山东海龙主要从事粘胶短纤、粘胶长纤、棉浆粕、帘帆布的生产与销售,是中国大型粘胶长短纤、涤纶帘帆布的生产企业之一。

作为中国化纤行业的龙头企业之一,山东海龙的技术力量雄厚,拥有国家级技术中心,具有完善的科研开发体系,已成功开发科技含量和附加值较高的安芙赛阻燃纤维、纽代尔高强纤维、康特丝保健纤维、高白度纤维和高聚合度浆粕等系列新产品,其中多项填补国内空白,两项处于世界领先水平。公司承担完成的"九五"国家重点科技攻关项目"年产2万吨粘胶短纤维工艺与设备研究"荣获山东省科技进步一等奖,其升级项目"年产45 000吨粘胶短纤维工程系统集成化研究"更是荣获2006年度国家科技进步一等奖。公司被科技部认定为国家火炬计划重点高新技术企业,被山东省科技厅认定为高新技术企业,被中国纺织工业协会认定为"纺织科技型企业"。山东海龙还荣获2005—2006年度中国纺织服装业"最优创新企业奖",在2004—2008年的中国化纤行业竞争力综合测评中,连续四次荣获"中国化纤行业竞争力前十强"。

然而,就是这样一个科技型企业,却在取得如此辉煌成绩之后的短短几年时间内迅速陷入财务困境:公司业绩大幅下滑;包括董事长、副总经理、财务总监、董事会秘书、监事等在内的一系列高管辞职;公司爆出巨额违规担保和会计信息披露重大瑕疵问题,并被交易所实行其他特别处理(ST);公司主体的长期信用等级和短期融资券信用等级被评级机构迅速从"A+"和"A-1"下调至"BB+"和"B";截至2012年2月7日,公司预期贷款累计超过5亿元,占最近一期经审计净资产的333.56%;公司因金融借款纠纷被光大银行青岛分行起诉,面临退市甚至破产的风险。

二、案例分析

为什么山东海龙会在如此短的时间内陷入财务困境呢？投资者又能否从山东海龙之前披露的财务报告预测出这一悲剧的发生呢？为什么在2011年上半年公司还可以在银行间债券市场上发行4亿元的短期融资券？该短期融资券的偿付风险又有多大呢？带着这些问题，我们收集了山东海龙2007—2011年上半年的财务报表，对公司的经营业绩和财务风险进行分析。

从山东海龙的融资历史来看，公司曾经于2008年和2009年分别在银行间债券市场发行过两期短期融资券，发行面额都为5亿元，发行利率分别为6.70%和4.20%，期限都是1年，且都按时还本付息。因此，公司在债券市场上还是具有良好的信誉。2011年4月，山东海龙第三次发行短期融资券，发行面额4亿元，主承销商为恒丰银行，评级机构为联合资信评估有限公司。此次短期融资券发行前，联合资信评估有限公司将山东海龙长期信用等级评为"A＋"，同时将其短期融资券"11海龙CP01"的债项信用等级评为"A-1"（最高级）。根据山东海龙的募集说明书，公司拟将2.3亿元偿还现有银行贷款，而剩余的1.7亿元则补充生产经营过程中的营运资金。

但是，通过对山东海龙财务报表的分析可以发现，在山东海龙第三次发行短期融资券之时，公司的财务状况和经营业绩已经不容乐观。具体来看：

第一，山东海龙的利润表显示（见表6-21），山东海龙近年来的经营状况并不稳定，经营业绩波动很大。2007年山东海龙的净利润为2.77亿元，但2008年却突然变为亏损1.79亿元，2009年尽管净利润为1.05亿元，但营业利润仅有6 200万元。发行短期融资券之前披露的2010年前三季度报表显示，公司净利润只有4 667万元。经营业绩的大幅波动，显然对公司长期的信用产生非常不利的影响。此外，从表6-23来看，公司主要产品的毛利率呈现逐年递减的趋势，粘胶短纤的毛利率从2007年的29.30%大幅下降至2010年1—9月的11.46%，粘胶长纤的毛利率从2007年的7.43%下降到2010年1—9月的-12.82%，棉浆粕更是从2007年的9.58%下降到2010年1—9月的-46%，只有帘帆布的毛利率基本维持在13%左右。毛利率的大幅下降，同样预示着公司未来的持续盈利前景不容乐观。

第二，从公司的资产负债表来看（见表6-20和表6-24），山东海龙2007—2010年的资产负债率急剧攀升，从2007年的63.98%上升到2008年的76.29%，2009年继续小幅上升到77.54%。截止到2010年9月底，公司的资产负债率仍然维持在高位徘徊，达到76.83%。比资产负债率更为重要、体现公司短期偿债能力的重要指标——流动比率、速动比率和现金比率则表现得更加糟糕。2007年，公司的流动比率、速动比率和现金比率分别为0.67、0.45和0.21，2008年分别下降至0.64、0.36和0.20，2009年更是下降到0.57、0.35和0.18。在短期融资券发行之前，山东海龙2010年9月底的流动比率、速动比率和现金比率分别只有0.64、0.34和0.12。这意味着公司的流动资产仅为流动负债的三分之二，扣除存货外能够用于偿还债务的流动资产只有流动负债的三分之一，而公司手中持有的现金和银行存款更是只有流动负债的十分之一左右，公司的资金压力已经极度紧张。此外，公司基于 EBIT 的利息保障倍数也从 2007 年的 3.50 倍下降到 2010 年 9 月份的 1.32 倍，这意味着公司经营活动的资金来源几乎只能满足对利息的支付，根本无力偿付即将到期的各项负债。

第三，进一步对公司流动资产和流动负债的结构进行分析，可以发现，公司的流动性问题已经非常严重了。从表 6-24 和表 6-25 可见，公司 2007 年年底货币资金占流动资产的比重还有 31%，到 2010 年 9 月底，该比例已经下降至不足 20%。而存货占公司流动资产的比重大幅上升，从 2007 年的 32% 上升到 2010 年 9 月底的 47%，更意味着公司的产品销售存在严重问题，产品积压将进一步加剧公司的资金周转困难。反观公司的流动负债结构，尽管短期借款占流动负债的比重看似从 2007 年的 65% 下降至 2010 年 9 月底的 43%，但如果将 1 年内到期的非流动负债（通常是长期借款）加进去，公司 2010 年 9 月底面临的短期借款占流动负债的比重仍然高达 60% 左右。公司现有的可周转资金远远不能满足其短期内的债务偿还和货款支付。从 2010 年 9 月底公司的资产负债表来看（见表 6-20），公司剔除存货后的流动资产仅有 11.67 亿元，就已经无法偿还公司 14.41 亿元的短期借款，更不用提另外高达近 20 亿的其他流动负债。

第四，公司现金流量表中的"购建固定资产、无形资产和其他长期资产支付的现金"一项显示，尽管已经出现资金周转不畅的苗头，但公司依然加大对固定资产的投资力度，2007—2009 年公司为购建固定资产、无形资产和其他长期资产支付的现金总额分别高达 4.95 亿元、12.29 亿元和 6.47 亿元，而披露的以金融机构贷款为资金来源进行投资的项目至少有 3 个，分别为 2 万吨高模低收缩涤纶帘子布、1 万吨帆布项目和海阳港扩建工程。截至 2009 年年底，这 3 个项目的累计投资总额已经超过 5 亿元。而根据相关资料，截至 2010 年 9 月底，公司共获得各银行授信额度共计人民币 35.47 亿元，但公司已经使用额度 33.03 亿元，仅剩下 2.44 亿元的银行授信额度尚未使用，表明公司通过银行进行融资的可能性已经不大了。可见，不考虑公司的财务状况而利用银行贷款进行过度扩张，是导致山东海龙陷入财务困境的重要原因之一。

第五，从山东海龙每年的财务费用支出可见，公司 2007 年总共的财务费用支出为 1.45 亿元，到 2009 年进一步上升为 1.84 亿元，在 2010 年前三季度，财务费用支出仍然高达 1.62 亿元。而公司 2007—2009 年的经营活动产生的现金流量分别只有 3.34 亿元、1.46 亿元和 2.17 亿元，2010 年前三季度的经营净现金更是下跌至不足 6 000 万元，连利息费用支出都无法满足，更不用说偿还银行借款了。可见，巨额债务负担不仅吞噬了公司大量的营业利润，而且迫使公司不得不想方设法通过进一步的融资来获得资金，以缓解公司资金运转的困难。事实上，这已经意味着公司资金链潜伏着断裂的危机。

基于这样的财务状况，山东海龙已经无力进一步获得银行贷款，只能寻求资本市场上的直接融资来维持资金链的稳定，而联合资信评估有限公司在对山东海龙 2007—2010 年前三季度的财务报表进行分析之后竟然还能够将山东海龙的主体长期信用等级评为 A+，将其发行的短期融资券信用等级评为 A-1（最高级），这不得不令人质疑评级机构的水平。

表 6-20　山东海龙 2007—2011 年上半年资产负债表　　　　　　　　单位：万元

项目	2007 年	2008 年	2009 年	2010 年 9 月	2010 年	2011 年 上半年
流动资产：						
货币资金	43 335.70	65 341.20	71 911.00	42 242.51	120 955.41	147 389.64
交易性金融资产	10.00	5.00	0.00	80.00	80.00	100.00
应收票据	5 395.91	4 914.71	7 367.90	8 770.62	5 576.80	8 307.72
应收账款	13 525.71	17 795.26	18 970.27	20 668.68	30 127.76	34 420.01
预付款项	24 818.24	22 383.61	35 573.57	31 653.70	23 435.76	28 618.16
其他应收款	6 897.56	9 119.02	8 353.23	13 259.88	9 730.88	7 925.98
存货	44 579.08	93 124.91	85 926.03	101 483.62	109 972.45	138 380.23
流动资产合计	138 562.21	212 683.70	228 102.00	218 159.03	299 879.06	365 141.74
非流动资产：						
长期股权投资	5 955.64	4 149.56	6 787.07	8 460.10	9 646.46	9 677.18
固定资产	203 066.99	295 454.28	370 761.32	355 826.44	380 341.86	389 730.82
在建工程	44 126.66	37 150.73	21 810.16	43 968.79	35 870.57	28 497.45
工程物资	192.80	133.51	1 521.44	417.86	2 971.60	148.26
无形资产	22 779.14	34 332.91	34 577.84	39 715.07	56 256.59	55 568.03
开发支出	0.00	2 708.03	3 585.21	0.00	0.00	0.00
商誉	23.63	23.63	23.63	23.63	23.63	23.63
长期待摊费用	11.23	8.39	5.56	3.43	2.72	1.31
递延所得税资产	498.15	4 410.16	3 699.83	3 818.61	11 955.03	11 854.07
非流动资产合计	276 654.25	378 371.21	442 772.05	452 233.93	497 068.46	495 500.75
资产总计	415 216.46	591 054.91	670 874.06	670 392.96	796 947.52	860 642.49
流动负债：						
短期借款	134 268.91	161 693.20	169 164.71	144 098.73	292 265.50	225 621.05
应付票据	17 710.00	48 848.50	67 977.50	34 610.00	101 810.00	183 725.92
应付账款	26 994.72	47 030.95	42 852.36	58 769.80	107 172.63	161 779.40
预收账款	8 543.16	6 845.34	13 033.30	16 740.17	18 655.14	18 079.98
应付职工薪酬	4 458.84	4 575.85	4 950.66	6 241.36	6 579.54	8 969.12
应交税费	8 923.95	-501.34	1 985.72	89.83	-1 647.89	-9 579.41
应付利息	0.00	3.63	0.00	0.00	127.20	0.00
应付股利	856.82	809.60	809.60	809.60	809.60	809.60
其他应付款	6 379.77	11 908.42	8 647.71	17 331.62	24 971.57	19 082.47
一年内到期的非流动负债		52 961.30	93 293.33	60 155.83	24 170.00	13 135.00
流动负债合计	208 136.18	334 175.45	402 714.91	338 846.95	574 913.29	621 623.13
非流动负债：						
长期借款	53 161.10	105 174.46	107 848.74	165 620.02	95 520.30	113 748.18
应付债券	0.00	0.00	0.00	0.00	0.00	40 325.00
专项应付款	2 762.08	7 301.27	4 478.09	4 931.81	1 141.71	1 163.03
其他非流动负债	1 594.45	4 287.84	5 185.96	5 680.63	9 772.75	10 324.64
非流动负债合计	57 517.63	116 763.56	117 512.79	176 232.47	106 434.76	165 560.85
负债合计	265 653.81	450 939.02	520 227.69	515 079.42	681 348.05	787 183.98
所有者权益：						
实收资本(或股本)	43 198.90	86 397.79	86 397.79	86 397.79	86 397.79	86 397.79
资本公积	37 886.10	7 646.87	7 646.87	7 646.87	7 646.87	4 946.87

（续表）

项目	2007年	2008年	2009年	2010年9月	2010年	2011年上半年
盈余公积	11 630.54	11 630.54	12 411.49	12 411.49	12 411.49	12 411.49
未分配利润	50 477.20	17 880.69	26 931.67	31 708.21	-10 230.91	-42 452.34
归属于母公司所有者权益合计	143 192.73	123 555.89	133 387.82	138 164.36	96 225.24	61 303.81
少数股东权益	6 369.92	16 560.00	17 258.54	17 149.18	19 374.23	12 154.70
所有者权益合计	149 562.65	140 115.89	150 646.36	155 313.53	115 599.47	73 458.51
负债和所有者权益总计	415 216.46	591 054.91	670 874.06	670 392.96	796 947.52	860 642.49

表6-21　山东海龙2007—2011年上半年利润表　　　　单位：万元

项目	2007年	2008年	2009年	2010年9月	2010年	2011年上半年
一、营业收入	311 974.54	279 362.66	351 449.48	360 615.91	472 040.68	224 256.20
减：营业成本	244 699.12	255 562.96	304 251.88	319 710.30	466 963.90	220 688.71
营业税金及附加	2 175.18	1 463.40	1 179.45	905.60	1 285.48	268.00
销售费用	4 084.03	3 964.45	8 366.09	7 768.45	12 225.06	3 954.74
管理费用	13 524.73	13 743.03	15 209.67	12 980.46	21 090.98	10 233.81
财务费用	14 455.08	19 883.07	18 438.37	16 163.76	25 773.46	17 021.46
资产减值损失	1 150.34	3 013.86	346.96	493.84	1 400.06	12 667.58
加：公允价值变动收益	0.00	0.00	0.00	0.00	0.00	0.00
投资收益	972.71	-3 559.55	2 639.22	1 683.90	1 970.27	0.00
其中：对联营/合营企业投资收益	-3 559.55	2 637.51	1 673.03	0.00	1 959.40	0.00
汇兑收益	0.00	0.00	0.00	0.00	0.00	0.00
二、营业利润	32 858.77	-21 827.64	6 296.29	4 277.42	-54 727.99	-40 578.10
加：营业外收入	3 506.25	2 481.03	7 753.18	987.59	8 004.70	1 454.92
减：营业外支出	293.10	536.83	366.29	78.40	127.97	112.73
其中：非流动资产处置损失		156.33	155.78	5.11	11.06	0.00
三、利润总额	36 071.92	-19 883.45	13 683.18	5 186.60	-46 851.26	-39 235.91
减：所得税费用	8 394.09	-2 001.18	3 152.71	519.43	-7 304.36	205.04
四、净利润	27 677.83	-17 882.27	10 530.47	4 667.17	-39 546.90	-39 440.95
其中：归属于母公司所有者的净利润	27 635.36	-17 908.89	9 831.93	4 776.54	-37 162.58	-32 221.42
少数股东损益	42.47	26.62	698.54	-109.37	-2 384.32	-7 219.53

表6-22　山东海龙2007—2011年上半年现金流量表　　　　单位：万元

项目	2007年	2008年	2009年	2010年9月	2010年	2011年上半年
一、经营活动产生的现金流量：						
销售商品、提供劳务收到的现金	387 606.32	314 312.58	434 809.21	451 537.83	535 030.61	253 747.74
收到的税费返还	1 924.19	1 983.12	3 885.22	2 674.51	6 721.71	1 441.82
收到其他与经营活动有关的现金	6 177.13	14 285.03	8 359.72	2 350.13	16 269.45	5 076.25
经营活动现金流入小计	395 707.64	330 580.73	447 054.15	456 562.47	558 021.77	260 265.81
购买商品、接受劳务支付的现金	310 032.21	268 174.50	370 859.88	424 206.78	487 907.66	231 742.94

(续表)

项目	2007年	2008年	2009年	2010年9月	2010年	2011年上半年
支付给职工以及为职工支付的现金	17 762.10	20 686.65	24 969.78	13 832.23	24 641.14	11 436.71
支付的各项税费	24 095.36	17 090.31	10 284.03	10 624.16	13 759.09	3 968.42
支付其他与经营活动有关的现金	10 376.67	10 056.28	19 225.99	2 015.32	24 865.30	10 875.66
经营活动现金流出小计	362 266.34	316 007.74	425 339.68	450 678.48	551 173.19	258 023.73
经营活动产生的现金流量净额	33 441.30	14 572.99	21 714.47	5 883.99	6 848.58	2 242.08
二、投资活动产生的现金流量：						
收回投资收到的现金	0.00	5.00	5.00	0.00	0.00	0.00
取得投资收益收到的现金	0.00	46.54	1.72	0.00	10.88	0.00
处置固定资产、无形资产和其他长期资产收回的现金净额	217.13	11 319.97	1 961.42	5.72	284.73	0.00
收到其他与投资活动有关的现金	2 762.08	0.00	923.09	0.00	0.00	0.00
投资活动现金流入小计	2 979.21	11 371.50	2 891.22	5.72	295.61	0.00
购建固定资产、无形资产和其他长期资产支付的现金	49 469.25	122 866.75	64 711.87	9 635.09	56 120.37	6 172.19
投资支付的现金	3 599.01	2 152.80	0.00	0.00	980.00	0.00
取得子公司及其他营业单位支付的现金净额	2 300.00	0.00	0.00	0.00	0.00	0.00
支付其他与投资活动有关的现金	0.00	0.00	0.00	0.00	0.00	0.00
投资活动现金流出小计	55 368.26	125 019.55	64 711.87	9 635.09	57 100.37	6 172.19
投资活动产生的现金流量净额	−52 389.05	−113 648.05	−61 820.64	−9 629.37	−56 804.76	−6 172.19
三、筹资活动产生的现金流量：						
吸收投资收到的现金	36 912.27	10 560.00	0.00	0.00	4 500.00	0.00
取得借款收到的现金	223 587.04	264 788.88	303 024.71	188 977.61	440 123.11	213 452.27
发行债券收到的现金	0.00	49 750.00	49 750.00	0.00	0.00	39 800.00
收到其他与筹资活动有关的现金	0.00	0.00	0.00	0.00	10 257.00	26 000.00
筹资活动现金流入小计	260 499.31	325 098.88	352 774.71	188 977.61	454 880.11	279 252.27
偿还债务支付的现金	216 232.07	183 251.23	301 733.92	198 928.71	331 930.76	232 103.84
分配股利、利润或偿付利息支付的现金	16 125.25	20 759.60	23 512.31	15 972.00	30 041.28	16 784.09
支付其他与筹资活动有关的现金	363.54	7.50	0.00	0.00	0.00	0.00
筹资活动现金流出小计	232 720.86	204 018.33	325 246.23	214 900.72	361 972.04	248 887.93
筹资活动产生的现金流量净额	27 778.45	121 080.55	27 528.48	−25 923.11	92 908.07	30 364.34
四、汇率变动对现金及现金等价物的影响	0.00	0.00	0.00	0.00	0.00	0.00
五、现金及现金等价物净增加额	8 830.70	22 005.50	−12 577.69	−29 668.49	42 951.89	26 434.23
加：期初现金及现金等价物余额	34 505.00	43 335.70	65 341.20	71 911.00	52 763.50	120 955.41
六、期末现金及现金等价物余额	43 335.70	65 341.20	52 763.50	42 242.51	95 715.39	147 389.64

表 6-23 山东海龙 2007—2010 年前三季度经营情况　　　　　单位：亿元，%

产品	2007 年			2008 年			2009 年			2010 年前三季度		
	营业收入	营业成本	毛利率	营业收入	营业成本	毛利率	营业收入	营业成本	毛利率	营业收入	营业成本	毛利率
粘胶短纤	18.1	12.8	29.3	16.13	14.63	9.3	26.41	22.43	15.1	27.65	24.48	11.46
粘胶长纤	2.3	2.13	7.43	2.23	2.39	-7.29	2.09	2.11	-0.68	1.56	1.76	-12.82
棉浆粕	1.85	1.67	9.58	1.32	1.24	5.82	0.21	0.22	-3.07	0.13	0.19	-46
帘帆布	5.69	4.93	13.29	5.81	5.11	12.03	4.39	4.02	8.46	4.42	3.85	12.9
其他产品	2.83	2.67	5.46	2.12	1.96	7.56	1.79	1.57	12.62	n.a.	n.a.	n.a.
合计	30.77	24.21	21.33	27.6	25.32	8.23	34.9	30.34	13.08	33.76	30.28	n.a.

表 6-24 山东海龙 2007—2010 年前三季度各项主要负债和偿债指标

财务指标	2007 年	2008 年	2009 年	2010 年 9 月
资产负债率	0.64	0.76	0.78	0.77
流动比率	0.67	0.64	0.57	0.64
速动比率	0.45	0.36	0.35	0.34
现金比率	0.21	0.20	0.18	0.12
基于 EBIT 的利息保障倍数	3.50	-0.00	1.74	1.32

表 6-25 山东海龙 2007—2010 年 9 月流动资产和流动负债结构分析

项目	2007 年	2008 年	2009 年	2010 年 9 月
流动资产：				
货币资金	31.28%	30.72%	31.53%	19.36%
交易性金融资产	0.01%	0.00%	0.00%	0.04%
应收票据	3.89%	2.31%	3.23%	4.02%
应收账款	9.76%	8.37%	8.32%	9.47%
预付款项	17.91%	10.52%	15.60%	14.51%
其他应收款	4.98%	4.29%	3.66%	6.08%
存货	32.17%	43.79%	37.67%	46.52%
流动资产合计	100.00%	100.00%	100.00%	100.00%
流动负债：				
短期借款	64.51%	48.39%	42.01%	42.53%
应付票据	8.51%	14.62%	16.88%	10.21%
应付账款	12.97%	14.07%	10.64%	17.34%
预收账款	4.10%	2.05%	3.24%	4.94%
应付职工薪酬	2.14%	1.37%	1.23%	1.84%
应交税费	4.29%	-0.15%	0.49%	0.03%
应付利息	0.00%	0.00%	0.00%	0.00%
应付股利	0.41%	0.24%	0.20%	0.24%
其他应付款	3.07%	3.56%	2.15%	5.11%
一年内到期的非流动负债	0.00%	15.85%	23.17%	17.75%
流动负债合计	100.00%	100.00%	100.00%	100.00%

三、研究结论

果不其然,山东海龙的短期融资券发行不到1个月时间,公司就披露了急剧恶化的经营业绩。2010年全年亏损额高达3.95亿元。此后,公司又爆出高达4.23亿元的违规担保和会计信息披露存在重大瑕疵。公司股票被深交所实行其他特别处理,股票简称由"山东海龙"变更为"ST海龙"。2011年上半年,公司再度亏损3.94亿元,资产负债率进一步上升至91%,经营活动产生的现金流量只剩2 200多万元。2011年9月15日,联合资信评估有限公司将山东海龙长期信用等级由"A+"调整为"A-",评级展望由"稳定"调整为"负面",并将其短期融资券"11海龙CP01"的债项信用等级由"A-1"调整为"A-2"。山东海龙也因此成为中国债券市场2011年来首例主体信用评级遭调降的公司。随后,中国银行间市场交易商协会注销山东海龙短期融资券剩余2亿元注册额度。2011年12月19日,联合资信评估有限公司再次下调山东海龙的信用等级,由"A-"调整为"BB+",评级展望维持为"负面",同时,将其短期融资券"11海龙CP01"的债项信用等级由"A-2"直接调整为"B"。2011年12月,山东海龙发布会计差错更正事项,截至2011年9月30日,归属母公司的所有者权益变为负数,为-3.156亿元,这说明其已步入资不抵债的窘迫境地。2012年1月6日,山东海龙发布银行贷款逾期公告,称由于资金紧张,部分在金融机构申请的贷款逾期,逾期金额总计达到3.97亿元,占公司最近一期经审计净资产的118.68%。2月7日,公司又出现新增逾期贷款1.29亿元,占最近一期经审计净资产的81.98%。公司累计逾期贷款总额达到5.27亿元,占最近一期经审计净资产的333.56%。公司主体长期信用等级被进一步下调至CCC级,其短期融资券信用等级被下调至C级。

在此期间,山东海龙多次试图通过资产重组来摆脱财务困境,然而2011年8月,接管山东海龙仅仅3个多月时间的寿光晨鸣控股有限公司宣布退出。此后,山东海龙又曾与恒天集团达成初步意向展开合作。但是2012年年初,山东海龙发布公告称,因"种种原因",公司暂未能与恒天集团签署合作协议。2012年1月底,公司发布预亏公告,称其2011年度归属于上市公司股东的净利润将亏损约10.02亿元,每股收益约为-1.16元。不仅如此,公司发行的4亿短期融资券也将于2012年4月到期,如果公司届时的资产重组仍然不成功,无力偿还到期的短期融资券,公司将成为中国债券市场上第一家违约的公司。

然而,山东海龙最终还是避免成为债券违约的"第一单"。4月9日下午,山东海龙发布了11海龙CP01的兑付公告,意味着逾4亿元的本息将于4月15日如期兑付。尽管山东海龙并未披露兑付资金来源,但从其国有控股的背景来看,资金筹集少不了政府的显性或隐性支持。山东海龙短期融资券如期兑付,对债券持有人而言当然是好事,但对中国债市而言,则又一次丧失了经历信用债真正市场化违约的机会。①

---

① 上一次机会是2006年的福禧短期融资券事件。

从山东海龙的案例我们可以发现,企业负债并非多多益善。在外部经营环境恶化且公司资金已经出现周转不畅的苗头时,公司不仅没有加强营运资本管理,储备现金"过冬",反而利用银行贷款大规模地进行扩张,导致公司的资金压力进一步加剧。而后,随着公司经营绩效的快速下降,巨额的负债不仅不能起到税盾的作用,反而增加了企业的财务费用开支,使企业陷入财务困境的泥潭不能自拔。而作为信用评级机构的联合资信评估有限公司,在山东海龙财务状况已经严重恶化之时,依然给予山东海龙短期融资券如此高的信用评级;作为银行间债券市场上专业的机构投资者,盲目相信信用评级机构给出的信用评级而购买其短期融资券,这些现象难道不值得反思吗?

本章小结

本章重点讨论三个关于负债管理的问题:一是企业负债政策的理论问题;二是企业负债管理的实践问题;三是企业财务困境的分析与预测。

围绕负债能否提高企业的价值这一基本命题,企业负债政策的理论分歧较大,但主流理论认为:企业必须适度负债。负债的主要理论包括净收入理论、净营运收入理论、传统理论、MM资本结构理论、权衡理论或MM资本结构的修正理论、资本结构的信号传递理论和代理成本理论等。其中,在理论上,最有影响力的是MM资本结构理论。该理论奠定了资本结构理论的研究基础,其创始人曾经荣获诺贝尔经济学奖。在实践中,最有影响力的是传统理论和权衡理论,这两个理论均强调企业必须适度负债。

在实践中,企业制定和调整其资本结构必须考虑众多影响因素,主要包括企业的长期发展活力、管理者的保守性、债权人和评级机构的态度、借债能力和融资弹性、控制权、资产构成、企业成长性、企业盈利能力、企业的风险和税制等。

负债利弊兼有。过度负债可能导致企业发生财务危机或财务困境,甚至破产。财务困境分析和预测包括企业债务的信用分析、企业财务指标的信息含量分析和判定模型或Z值分析。企业的高层管理者必须掌握若干能够揭示企业将发生财务危机或财务困境的先兆指标,防范财务危机或财务困境。这些指标包括:① 三大增长指标:销售收入增长率、利润增长率和经营净现金增长率。② 三大资产使用效率指标:总资产周转速度、存货周转速度和应收账款周转速度。③ 三大利润率指标:销售利润率、ROE和ROA。④ 三大负债程度指标:总资产负债率、长期负债与总资产之比、长期负债与权益之比。⑤ 四大偿债能力指标:基于EBIT的利息保障倍数、基于EBITDA的本息保障倍数、基于现金的利息保障倍数和基于现金的本息保障倍数。⑥ 两大资产流动性指标:流动比率和速动比率。⑦ 三大现金创造能力指标:经营性净现金与总资产之比、经营性净现金与销售之比、经营性净现金与EBITDA之比。通过分析这些指标的历史变动趋势和与同行业平均水平的比较,管理者可以及时采取措施防范企业的财务危机或财务困境。

专业词汇

1. 财务困境(Financial Distress)
2. 信用评级(Credit Rating)

3. Z值分析(Z-score Analysis)
4. 判定变量(Discrimination Variables)
5. 最佳判定点(Optimal Discrimination Point)
6. 净收入理论(Net Income Theory)
7. 净营运收入理论(Net Operating Income Theory)
8. 传统理论(Traditional Theory)
9. MM资本结构理论(MM Theory on Capital Structure)
10. MM无税的命题(MM Propositions Without Taxes)
11. MM有税的命题(MM Propositions With Taxes)
12. 米勒模型(Miller Model)
13. 权衡模型(Trade-off Model)
14. 资本结构的信号理论(Signalling on Capital Structure)
15. 代理成本理论(Agency Cost Theory)
16. 动态资本结构理论(Dynamic Capital Structure Theory)
17. 最优资本结构(Optimal Capital Structure)

思考与练习

(一) 单项选择题

1. 在其他因素不变的情况下,为了扩大规模,当企业增加负债并提高其负债比例,但却不能带来销售收入和利润的同步提高时:
(a) 企业盈利能力提高,财务风险也提高
(b) 企业盈利能力下降,财务风险也下降
(c) 企业盈利能力下降,但财务风险不变
(d) 企业盈利能力下降而财务风险上升

2. 以下哪一种现象最有可能不是即将发生财务困境的企业的表现:
(a) 利润下降,经营性现金减少
(b) 销售持续减少,资产周转速度不断下降
(c) 负债适当、利润和经营性现金同步增加
(d) 应收账款和存货持续增加

3. 根据MM的资本结构理论,对于同类企业,在所得税＞0时,有负债企业的价值(　　)无负债企业的价值。
(a) 大于　　　　　　　　　(b) 等于
(c) 小于　　　　　　　　　(d) 都有可能

4. 根据杜兰特(Durand)的资本结构理论,假设企业的权益资本成本和债务资本成本随着企业负债比例的提高而提高,则企业的WACC将随着负债比例的提高而(　　),结果企业的价值将随着负债比例的提高而(　　)。
(a) 下降,上升　　　　　　(b) 上升,下降
(c) 先降后升,先升后降　　(d) 先升后降,先降后升

5. A公司总资产50亿元,近年来负债比例在60%至62%之间,平均年利息率6%,流动比率较低。但是,公司近年来销售收入、利润和经营性现金同步增长,财务状况良好。为了进一步扩大产销规模,企业计划投资10亿元。你认为,以下哪种方案是"最佳"的筹资方案?

(a) 增加负债10亿元

(b) 增加负债5—6.2亿元,增发新股4—3.8亿元

(c) 增发新股10亿元

(d) a、b、c三种方案都可以采用

6. A和B两家公司主要财务数据如下,年平均利息率均为10%,所得税税率30%。你认为哪家公司的偿债能力强?

公司	总资产	长期负债	有息短债	净资产	销售收入	EBIT	经营净现金	折旧
A	20 000	11 000	2 000	7 000	24 000	5 000	10 000	2 000
B	22 000	12 000	2 000	8 000	28 000	8 000	8 000	2 500

(a) A公司强

(b) B公司强

(c) 不一定

(d) 不可比

7. A公司处于长期稳定时期,成长率为零,今后每年都可获取EBIT = 13 500万元。该公司的总资本为20亿元,其中:权益资本占50%,权益资本成本20%,债务资本占50%,利率为10%。所得税税率 T 为30%,分红比例为100%。理论上,随着A公司负债比例的提高,其价值将( )。

(a) 下降

(b) 上升

(c) 不变

(d) 都有可能

8. A和B两家公司的所得税税率均为30%,相关财务数据如下表。当A和B将负债比例从30%提高到50%时,A和B的ROE分别是多少?

(a) 6%和12%

(b) 5.6%和13.4%

(c) 6%和5.6%

(d) 12%和13.4%

公司	负债比例	总资产	负债	权益	EBIT	利率	利息	税前利润	净利润	ROE	ROA
A	30%	2 000	600	1 400	180	10%	60	120	84	?	?
	50%	2 000	1 000	1 000	180	10%	100	80	56	?	?
B	30%	2 200	660	1 540	330	10%	66	264	185	?	?
	50%	2 200	1 100	1 100	330	10%	110	220	147	?	?

9. 根据第8题,当A和B将负债比例从30%提高到50%时,A和B的ROA分别是多少?

(a) 6%和12%

(b) 5.6%和14%

(c) 6%和5.6%

(d) 9%和15%

10. 根据第8题,当A和B将负债比例从30%提高到50%时,将导致( )。

(a) A公司ROE上升,B公司ROE也上升

(b) A 公司 ROE 下降,B 公司 ROE 也下降

(c) A 公司 ROE 下降,B 公司 ROE 上升

(d) A 公司 ROE 上升,B 公司 ROE 下降

11. 根据第 10 题,你认为出现上述结果是因为( )。

(a) A 公司的 ROA > 利率,B 公司的 ROA > 利率

(b) A 公司的 ROA < 利率,B 公司的 ROA < 利率

(c) A 公司的 ROA < 利率,B 公司的 ROA > 利率

(d) A 公司的 ROA > 利率,B 公司的 ROA < 利率

12. A 和 B 两家公司的销售收入、成本和利润资料如下表,我们发现( )。

公司	销售收入	经营成本	固定成本	变动成本	利息	所得税 ($T=30\%$)	净利润
A	2 000	1 500	600	900	200	90	210
B	2 500	1 800	900	900	300	120	280

(a) A 公司销售净利润率高,EBIT 利润率也高

(b) B 公司销售净利润率高,EBIT 利润率也高

(c) A 公司销售净利润率高,但 EBIT 利润率低

(d) B 公司销售净利润率高,但 EBIT 利润率低

13. 根据第 12 题,A 公司和 B 公司的经营杠杆分别是( )。

(a) 1.67 和 1.75   (b) 2.2 和 2.3

(c) 1.67 和 2.2   (d) 1.75 和 2.3

14. 根据第 12 题,A 公司和 B 公司的财务杠杆分别是( )。

(a) 1.67 和 1.75   (b) 2.2 和 2.3

(c) 1.67 和 2.2   (d) 1.75 和 2.3

15. ( )理论和( )理论,最后都证明了:随着负债比例的提高,公司的价值呈倒 U 型状态。

(a) 杜兰特和 MM 无税   (b) 杜兰特和 MM 有税

(c) 杜兰特和 MM 有税修正   (d) 杜兰特和米勒税差模型

(二) 简述题

1. 如何判断一个企业即将发生财务危机?

2. 如何度量一个企业的负债程度和偿债能力?

3. 简述几种资本结构理论的区别,并从理论和实践两个方面,简述为什么企业应加强负债管理以及负债管理应注意哪些问题。

4. 你认为你所在行业,企业发生财务困境的主要原因有哪些?结合自己企业管理的经验,简述如何加强企业管理,防范财务危机或财务困境。

5. 结合你自己企业管理的经验,简述哪些财务指标有助于揭示企业在未来可能发生财务危机或财务困境。

6. 根据夏新电子 2002—2008 年度财务数据(见表 6-16),计算夏新电子的增长指

标、盈利能力指标、资产使用效率指标、负债程度指标、流动性指标、偿债能力指标和现金创造能力指标,并指出、分析和阐述其中最能反映夏新电子发生财务困境的有关指标。

(三) 微型案例分析

1. 柯达的没落、衰退和退市

2011年10月1日凌晨美国当地时间周五,众多新闻媒体报道了具有131年历史的相机制造商伊斯曼柯达公司(EK)可能提交破产保护申请这一事件。受此消息影响,柯达股票一度暴跌68%,创下该公司自1974年以来最大的单日跌幅。2012年1月3日,柯达公司宣布已收到来自纽交所的警告,因为其平均收盘价已连续30日跌破1美元。如果股价在未来6个月内仍无起色,柯达将面临停牌。

诞生于1880年的伊斯曼柯达公司,曾占全球2/3的摄影产业市场份额,是拥有超过14.5万名员工的"摄影产业大王",最终在2012年1月19日向法院递交自愿破产业务重组申请。柯达董事长兼CEO彭安东(Antonio M. Perez)将此次的申请定位为柯达在转型上迈出的"极具意义的一步"。

柯达早在1976年就研发出了数字相机技术,并将数字影像技术用于航天领域。1991年,柯达已经拥有130万像素的数字照相机,但其却在这场数码时代的转型中留恋曾经辉煌的胶片产业,使其市值在15年间从300亿美元蒸发至1.75亿美元,股价从2003年的约40美元/股跌至申请破产保护前的约0.5美元/股。实际上,自1999年以来,柯达的财务业绩逐年下滑,2004年出现经营利润负数,2005年亏损12.61亿美元,此后一蹶不振;2009年经营净现金出现负数,且资不抵债。2007年,柯达虽然税后6.76亿美元,但认真研究其财务报表,发现其盈利来自于出售资产而非主营业务的盈利,其经营利润实际亏损2.30亿美元。

俗话说,"醒得早,起得迟"。虽然柯达意识到数码必将取代胶片,但柯达的转型行动始终缓慢,态度保守。2003年,在更换了四位CEO后,彭安东进入柯达,并在2005年成为公司的CEO。进入柯达之前,他曾为惠普效力25年,其率领的惠普打印机部门每年的盈利高达100亿美元。人们对这位前惠普高管带领柯达进入新的时代充满了期待。其后,他不仅明确提出公司的未来业务重点必须转到数码业务,还规划出柯达转型的路线。紧接着,柯达关闭了全球超过40个大规模的照片洗印厂,大规模裁员,并将股息大幅降低,以筹集数码化所需的资金。2004年,柯达终于推出了6款姗姗来迟的数码相机,但其数码相机业务利润率仅1%,其82亿美元的传统业务收入萎缩了17%。时至2005年,柯达斩获美国数码相机市场销量第一,但这只是短暂的快乐,接下来的年份,美国数码相机市场老大位置持续为日本企业所占据。总之,迟了。

2007年12月,柯达决定实施第二次战略重组,这是一个时间长达4年、耗资34亿美元的庞大计划。重组的目标很明确,把公司的业务重点从传统的胶片业务转向数码产品,却可惜"生不逢时"。2008年金融危机,终结了柯达短暂的复苏势头。刚刚过去的2010年中,全球数码成像市场翻了差不多两倍,但柯达的数码业务收入却基本与1999年度持平,只占营业额的21%。2010年,柯达收入近71.87亿美元,税后利润为负数,亏损6.87亿美元。其中,数码产品业务销售收入27.39亿美元,占销售总收入37%,毛利

10.10亿美元,息税前利润3.31亿美元。这一财务信息也许就是柯达破产重组的希望。正如彭安东所说:"考虑到此次破产保护法第11章的益处,柯达董事会和整个高级管理层团队一致相信,申请破产保护是非常必要的一步,是为柯达未来做出的合适决定。"他所重点描述的,仍旧是柯达的专利技术,"破产保护法第11章为柯达将两大重要技术组合部分价值最大化提供了最好机会:一个是数字捕捉专利,该专利是广大移动和其他消费电子品所必需的技术,提供数字图像捕捉,自2003年以来已经为柯达带来了30亿美元的授权费用;另一个是我们的突破性打印和处理技术,为柯达的数字业务增长提供了竞争优势。"目前,柯达已经获得花旗银行9.5亿美元的贷款额度,以保持公司的正常经营,期限为18个月。柯达的前路在何方?彭安东说,"柯达将变为一家依赖于单一盈利业务模式的'小'公司,专注于消费数码影像和商业图文影像两个领域"。李意欣以更为直白的话说,"这家公司会越来越小,在很专业的市场领域,成为摄影发烧友们喜爱的小众公司。"

在柯达的申请破产重组案中,存在一个有趣的现象。从1999—2010年12年的财务数据看(见表1),柯达一直保持稳定,甚至是"良好的"资产流动性。尽管柯达的其他财务指标呈现下滑,但其流动性稳定且上升,即流动比率、速动比率和现金比率非但没有下降,反而呈现上升趋势。人们通常认为,流动比率、速动比率和现金比率稳定且上升,表明公司的资产流动性较强,且短期偿债能力良好。然而,柯达最终还是"留不住那美丽的瞬间"而陨落。为什么这种具有"稳定上升的流动性"公司最终却破产呢?根据表1的财务数据,要求:

(1) 简要阐述1999—2010年柯达的资产负债表、利润表和现金流量表主要财务数据的变化趋势和特征。

(2) 计算并简要分析1999—2010年柯达的盈利能力、负债比例、流动性和偿债能力、资产使用效率和现金创造能力。

(3) 通过对柯达财务数据的分析,探讨柯达为什么会步入财务困境和破产危机。

(4) 通过柯达的案例,指出哪些财务指标具有预测该公司发生财务困境的先兆信息。

(5) 结合自己的工作和管理经验,简要阐述柯达申请破产对企业董事会和高管团队具有哪些重要启示。

(6) 作为公司的高管成员和董事会成员,你认为应该关注哪些重要的财务信息以防范公司发生财务危机?

案例分析提示:根据表1的数据,计算如下附注的各类财务指标,并进行简要分析。计算表见附注。计算后,在计算结果的基础上开展小组讨论,而后进行简要文字分析。

表1 柯达1999—2010年财务报表的主要数据

单位:百万美元

项目	1999年	2000年	2001年	2002年	2003年	2004年	2005年	2006年	2007年	2008年	2009年	2010年
营业收入	14 089	13 994	13 229	12 835	12 909	13 517	14 268	13 274	10 301	9 416	7 606	7 187
销售成本	7 987	8 089	8 661	8 225	8 734	9 548	10 650	9 906	7 757	7 347	5 838	5 236
毛利	6 102	5 905	4 568	4 610	4 175	3 969	3 618	3 368	2 544	2 069	1 768	1 951
销售、管理等费用	3 295	2 977	2 625	2 530	2 618	2 507	2 668	2 389	1 778	1 583	1 302	1 277
研发费用	817	714	779	764	776	854	892	710	549	501	356	321
重组费用	0	0	659	98	479	695	690	471	543	140	226	70
经营利润	1 990	2 214	352	1 220	302	−87	−632	−202	−230	−821	−28	−336
利息支出	142	178	219	179	147	168	221	262	113	108	119	149
营业外净收支	261	96	−18	−101	−51	161	44	118	87	55	30	26
税前利润	2 109	2 132	115	946	104	−94	−779	−346	−256	−874	−117	−561
所得税	717	725	34	153	−85	−175	555	254	−51	−147	115	114
税后利润	1 392	1 407	76	770	253	556	−1 261	−601	676	−442	−209	−687
总资产	14 370	14 212	13 362	13 369	14 846	14 737	15 236	14 320	13 659	9 179	7 691	6 239
流动资产	5 444	5 491	4 617	4 534	5 452	5 648	6 096	5 557	6 053	5 044	4 303	3 799
现金	373	246	448	569	1 250	1 255	1 665	1 496	2 947	2 145	2 024	1 624
有价证券	20	5	0	0	0	0	0	0	0	0	0	0
应收款	2 537	2 653	2 337	2 234	2 327	2 544	2 760	2 669	1 939	1 716	1 395	1 259
预付和递延税款	995	869	761	669	797	691	226	190	224	235	205	220
存货	1 519	1 718	1 071	1 062	1 078	1 158	1 445	1 202	943	948	679	696
长期固定资产	5 947	5 919	5 659	5 420	5 051	4 512	3 778	2 842	1 811	1 551	1 254	1 037
长期无形资产	2 979	2 802	3 086	3 415	4 343	4 577	5 362	5 921	5 795	2 584	2 134	1 403
长期资产	8 926	8 721	8 745	8 835	9 394	9 089	9 140	8 763	7 606	4 135	3 388	2 440
总负债	10 458	10 784	10 468	10 592	11 601	11 926	12 954	12 932	10 630	8 218	7 727	7 314
流动负债	5 769	6 215	5 354	5 377	5 255	4 990	5 489	4 971	4 446	3 462	2 896	2 833
应付款	1 163	2 206	3 276	3 357	3 630	3 896	4 187	4 143	3 794	3 267	919	959
短期借/贷款	1 163	2 206	1 534	1 442	946	469	819	64	308	51	62	50

(续表)

项目	1999年	2000年	2001年	2002年	2003年	2004年	2005年	2006年	2007年	2008年	2009年	2010年
长期负债	4 689	4 569	5 114	5 215	6 346	6 936	7 465	7 961	6 184	4 756	4 831	4 481
长期借/贷款	936	1 166	1 164	1 666	2 302	1 852	2 764	2 714	1 289	1 252	1 129	1 159
其他长期负债	3 753	3 403	3 950	3 549	4 044	5 084	4 701	5 247	4 895	3 504	3 702	3 322
有息负债	5 852	6 775	6 648	6 657	7 292	7 405	8 284	8 025	6 492	4 807	4 893	4 531
权益	3 912	3 428	2 894	2 777	3 245	3 811	2 282	1 388	3 029	961	-33	-1 075
投入资本	8 601	7 997	8 008	7 992	9 591	10 747	9 747	9 349	9 213	5 717	4 798	3 406
经营净现金	1 933	982	2 206	2 204	1 645	1 168	1 208	956	314	153	-136	-219
投资净现金	-685	-783	-1 188	-758	-1 267	-120	-1 304	-255	2 408	-188	-22	-122
筹资净现金	-1 327	-314	-808	-1 131	270	-1 066	533	-947	-1 280	-131	33	-74
年末节余现金	373	246	448	569	1 250	1 255	1 665	1 469	2 947	2 145	2 024	1 624
EPS($/股)	4.32	4.62	0.26	2.64	0.88	1.94	-4.38	-2.09	2.35	-1.57	-0.78	-1.56
DPS($/股)	1.76	1.76	2.21	1.8	1.15	0.5	0.5	0.5	0.5	0.5	0	0

附注：财务指标计算表

1. 盈利能力计算和分析

盈利能力	1999 年	2000 年	2001 年	2002 年	2003 年	2004 年	2005 年	2006 年	2007 年	2008 年	2009 年	2010 年
毛利率												
经营利润率												
净利润率												
ROE												
投入资本收益率												
ROA（经营利润）												
ROA（净利润）												

2. 负债比例计算和分析

负债比例	1999 年	2000 年	2001 年	2002 年	2003 年	2004 年	2005 年	2006 年	2007 年	2008 年	2009 年	2010 年
总资产负债率												
有息负债率（TA）												
有息负债率（IC）												
短债/总资产												
长债/总资产												
长债/权益												
短借贷/有息债												
长借贷/有息债												

3. 流动性和偿债能力的计算和分析

流动性	1999年	2000年	2001年	2002年	2003年	2004年	2005年	2006年	2007年	2008年	2009年	2010年
流动比率												
速动比率												
现金比率												
经营净现金/短期借贷												
经营净现金/长短借贷												

4. 资产使用效率计算和分析

资产周转速度	1999年	2000年	2001年	2002年	2003年	2004年	2005年	2006年	2007年	2008年	2009年	2010年
总资产周转次数												
长期资产周转次数												
流动资产周转次数												
应收款周转次数												
存货周转次数（Sale）												
存货周转次数（CG）												

5. 现金创造能力计算和分析

现金创造能力	1999年	2000年	2001年	2002年	2003年	2004年	2005年	2006年	2007年	2008年	2009年	2010年
销售创现率												
资产创现率												
资本创现率												
权益创现率												

2. BBQ 小家电的财务状况和未来前景分析

BBQ 公司是一家小家电制造商,主要生产和销售电动剃须刀、电饭煲、电吹风、果汁机等。1995—2005 年销售收入、利润和现金增长快速,财务状况良好,但 2006—2007 年由于竞争加剧,成本上升导致业绩增长减缓。2008—2010 年出现产品滞销,公司投入巨资加强营销渠道建设和广告宣传,取得一定成效,一定程度扭转了销售下滑趋势,但由于市场竞争激烈,公司不得不大幅度降低价格以维持市场份额。此外,由于销售周期拉长,公司资金被占用。2010 年之后,一场更大规模、竞争更加激烈的价格战再度爆发。2008—2010 年 BBQ 公司的主要财务数据如表 2 和表 3。此外,公司的债务资本成本为 10%,权益资本成本为 15%。3 年来公司没有分红。根据如下资产负债表和利润表:

(1) BBQ 公司近三年的财务状况是好转、稳定或恶化?为什么?请从盈利能力、现金生成能力、价值创造(EVA)、负债程度和偿债能力四个方面入手分别进行分析,并选择和计算一些主要财务指标来支持你的看法。

(2) BBQ 近年来是否进行固定资产投资?请计算出 BBQ 公司 2009 年和 2010 年用于固定资产投资的现金支出。投资效益是显著、不显著或很差?为什么?

(3) 根据市场调查,2011 年预计 BBQ 公司的销售收入下降 10%。若真的发生,BBQ 公司的 EBIT 和净利润将发生什么变化?结果将如何?

表 2　BBQ 公司 2008—2010 年资产负债表　　　　　　　　　　单位:万元

项目	2008 年	2009 年	2010 年	项目	2008 年	2009 年	2010 年
流动资产	**5 000**	**8 000**	**10 000**	**流动负债**	**4 000**	**6 100**	**8 000**
现金和存款	2 000	1 000	500	短期借款	2 000	3 000	3 000
存货	2 000	5 000	7 000	1 年内到期长期借款	1 000	2 000	3 000
应收款	800	1 000	2 000	应付款	100	600	1 500
预付款	200	1 000	500	预收款	900	500	500
长期资产	**5 000**	**6 000**	**7 000**	**长期借款**	**2 000**	**3 000**	**4 000**
固定资产净值	5 000	6 000	7 000	权益资本	4 000	4 900	5 000
总资产	**10 000**	**14 000**	**17 000**	**负债和权益**	**10 000**	**14 000**	**17 000**

表 3　BBQ 公司 2008—2010 年利润表　　　　　　　　　　单位:万元

项目	2008	2009	2010	2011E
销售收入	**15 000**	**16 000**	**18 000**	
减:销售折扣	1 500	2 500	3 000	
销售净收入	**13 500**	**13 500**	**15 000**	
减:各种销售税费	600	700	800	
经营成本	10 400	11 000	13 000	11 850*
其中:折旧	800	1 000	1 500	1 500*
息税前利润	**2 500**	**1 800**	**1 200**	
利息	500	800	1 000	
税前利润	**2 000**	**1 000**	**200**	
所得税($T=30\%$)	600	300	60	
税后利润	**1 400**	**700**	**140**	

*2011 年折旧不变,仍为 1 500 万元;2011 年预计经营成本 = (13 000 - 1 500) × 90% + 1 500 = 11 850(万元)。

第七章 股利政策理论与实践

股利政策就是关于如何分配企业利润的政策。企业用于发展的留存收益多了,可供分配给股东的利润就少了;反之,企业用于发展的留存收益少了,可供分配给股东的利润就多了。可见,股利政策涉及股东收益和企业发展的关系问题,涉及股东目前利益和未来利益的关系问题,是个两难选择。每年度或每季度①,企业的董事会都要根据其利润表、现金流量表、资产负债表和投资计划,讨论和制定相应的股利政策,具体包括三个基本问题:第一,是否分配利润给各位股东?第二,如何分配利润给股东?第三,是否改变原来的股利分配政策——分配比例和分配办法?本章将首先讨论企业股利政策的有关理论,从中了解企业股利政策的多面性和复杂性,而后将介绍各种股利政策的具体表现形式,分析企业选择不同股利政策的利弊,最后将探讨企业在制定股利政策时需要考虑的影响因素。

第一节 股利政策的主要理论

美国的微软公司曾经在长达 26 年的时间里没有给股东发放过现金股利,而美国的 AT&T 公司则曾经连续 25 年给股东派发每股 9 美元(季度股利每股 2.25 美元)的现金股利。历来反对现金分红,认为现金应该用于采购原材料和投资的苹果公司,自 1995 年来 17 年间未曾分红派息,但预计在 2012 年 7 月财季的某个时候向股东发放季度每股现金分红 2.65 美元。与此同时,苹果公司董事会还批准了一项为期 3 年的回购股票计划,即动用 100 亿美元从 2013 财年开始回购公司的股票。2011 年年末,苹果公司现金、现金等价物和短期及长期可变现证券总额约为 976 亿美元,比 2010 年年末的 597 亿美元,一年增加 397 亿美元。苹果 CEO 蒂姆·库克(Tim Cook)表示:"通过增加研发、收购、新开零售商店、增加供应链中的战略性预付及资本支出,我们已经利用部分现金对公司业务进行了重要投入,并且提升了公司的基础设施水平。"此外,他还说:"尽管进行了这些投资,我们仍然能够维持把握战略机遇的竞争费用并且拥有充足的业务运营现金。因此,我们将开始派息并且实施股票回购计划。"IBM 公司的每股股利从 1984 年的 4.10 美元逐年上升到 1992 年的 4.84 美元,但 1993 年宣布降低股利至每股 1.84 美元,并决定回购 IBM 公司的股票。据统计,在截至 2010 年的 5 年中,IBM 通过经营产生的现金流在资本开支和实施收购以后为 480 亿美元,公司以分红派息和股份回购的方式,向股东返还了 560 亿美元。同期,IBM 每年投入研发 60 亿美元,广告和促销超过 10 亿美元。

2003 年和 2004 年中国移动的每股收益分别是 1.81 元和 2.14 元,其股利支付率分别为 21% 和 32.7%。但是,2006 年 8 月 17 日中国移动宣布中期的股利政策是:在原有中期每股派发 0.62 港元股息的基础上,建议 2006 年派发每股 9 分的一次性"特别股

---

① 一般来说,美国企业在每个季度都要确定其分红政策,公布其"季度股利";中国企业每年确定其股利政策,公布其"年度股利"。

利",并宣布预计 2006 年全年的利润派息率(现金股利支付率)为 42%;2009 年中国移动每股收益 5.76 元,每股现金分红 2.47 元,分红比例 43%;2010 年每股收益 5.96 元,每股现金分红 3.014 港元(1 港元 = 0.8791 人民币),分红比例 44.5%;2011 年营业收入 528 亿元,净利润 125.87 亿元,当年经营净现金 2 267.56 亿元,现金余额 3 331 亿元,每股收益 6.22 元,全年分红派息 3.327 港元(1 港元 = 0.8113 人民币),分红比例 43.4%;同时,中国移动宣布回购股份 10%。外界投资者认为这种股利政策表明中国移动的发展趋势和财务状况良好,现金充裕,结果推动其股票价格持续上升。根据英国《金融时报》发布的全球五百强企业排名,按照截至 2010 年 3 月 31 日的市值,中国移动以 1 930 亿美元的市值名列全球第十,其总市值早已超过原世界最大的电信运营商沃达丰。纵观近 5 年来,中国移动的现金分红比例基本稳定在 40%—48% 左右,近 3 年在 43%—44%。2006 年万科宣布其 2005 年的分红政策是"坚持实行稳定的股利政策",每股收益 0.363 元,每股现金分红 0.15 元,分红比例 41.3%;但 2011 年万科每股收益 0.88 元,每股分红仅 0.13 元,分红比例 14.8%。可见,随着前几年地产业的急剧增长,资金需求量巨大,加上近年来地产调控,资金紧缺,万科的分红比例呈现下降趋势。截至 2012 年 3 月,万科自上市以来共分红 19 次,总计向股东派现 54.81 亿元;募资共 148.41 亿元,派现金额占募资金额的 36.93%,在中国 A 股企业中名列第 563 位,低于市场平均水平。早年中国用友软件的高现金派发股利的政策引起众多非议,2002—2003 年,用友派发每 10 股 6 元的现金股利,而同期公司的每股收益分别是 0.92 元和 0.62 元,每股现金含量为 0.838 元和 0.87 元。2011 年度,用友软件实现营业收入 41.22 亿元,净利润 5.37 亿元,每股收益 0.66 元,每股经营净现金 0.58 元,2011 年期末分配预案:以期末总股本 81 590.3367 万股为基数,每 10 股转增 2 股并派发现金股利 4 元(含税)。用友软件上市以来总计向公司股东派现 14.05 亿元;募资共 9.17 亿元,派现金额占募资金额的 153.27%,在全部 A 股中名列第 111 位,高于市场平均水平。

　　股利政策在实践中千差万别,在理论上迄今仍然是个充满争议的论题,各种关于是否分配股利的理论流派互争并存,结论各异。争议的焦点在于:第一,分红比例或现金股利支付率的变化是否影响公司的价值?第二,分红比例或现金股利支付率的变化如何影响公司的价值?换言之,现金股利支付率与企业价值是正相关还是负相关?第三,企业宣布改变分红比例或分红政策是否引起股票价格的变化以及如何变化?第四,在信息不对称条件下,企业宣布改变分红比例或分红政策的信息含义是什么?投资者或资本市场对此做出什么反应?第五,公司治理对企业的分红政策是否具有影响以及如何影响?

　　股利政策理论主要包括:手中鸟(Theory of Bird-In-Hand)理论、MM 股利政策无关论(MM's Dividend Irrelevancy)、税差理论(Tax Differential Theory)、客户效应论(Theory of Clientele Effect)、代理成本理论(Agent Cost Theory)、股利信号理论(Dividend Signalling Theory)和股利迎合理论(Catering Theory)等。不同的股利政策理论,对企业是否应该分红或在什么条件下分红,存在严重分歧,并分别提出了不同的政策建议。鉴于股利政策理论上的争议异常激烈,其成为财务管理的"谜题"之一。

一、手中鸟理论

我们知道,股东的收益来自两方面,一是现金分红(Cash Dividend),其取决于企业的现金分红政策;二是资本利得(Capital Gain),其来自股票买卖价差。因此,股东的收益率(R)是:

$$R = \frac{资本利得 + 每股现金股利}{股票购买价格} = \frac{P_1 - P_0}{P_0} + \frac{DPS}{P_0}$$

$$= 资本利得收益率 + 现金股利收益率 \tag{7-1}$$

根据(7-1)式可见:在利润分配时,如果企业留存收益比例高了,则股东的现金分红比例就低了,但企业用于发展的资金就多了,股票价格可能增长,股东可能在未来获得较高的资本利得;如果企业留存收益比例低了,则股东的现金分红比例就高了,而企业用于发展的资金就少了,虽然股东获得较高的现金股利,但未来的资本利得可能降低。

按照这一逻辑,以稳定成长股票的估值模型为例(见公式7-2),当企业增加股利支付率时,就会导致D_1增加;与此同时,由于股利的增加,企业用于再投资的资金就相应减少,导致预期成长性下降,即g下降。美国财务学家 Myron Gordon(1963)和 John Linter (1962)指出:股东对于现金股利和资本利得的偏好不同。由于现金股利具有确定性和现时性的特点,而资本利得具有不确定性和未来性的特点,股东更偏好现金股利而不是资本利得。因此,当企业分红比例越高时,股东承受的风险越小,权益资本成本(K_s)也越低;反之,当企业分红比例越低时,股东承受的风险越大,权益资本成本(K_s)也越高。

$$V = \frac{D_1}{K_s - g} \tag{7-2}$$

简单归纳,对股东而言,明天可能获得的两元资本利得不如今天可以到手的一元现金股利,就好比一元的现金股利是股东手中的一只鸟,而明天两元的资本利得是树上的两只鸟。股东宁可要手中的一只鸟,也不要树上的两只鸟。理由很简单:假如股东同意企业董事会和高层管理者用树上的两只鸟(未来的资本利得)换取股东手中的一只鸟(现时的现金股利),当股东跑去抓那树上的两只鸟时,可能只抓到一只鸟,也可能一无所获。这就是脍炙人口的"手中鸟"理论。

可见,根据手中鸟理论,为了实现股东价值最大化的目标,企业应该实行高比例现金分红或多分少留的股利政策。

二、MM股利政策无关论

Modigliani 和 Miller(1961)发现:如果假设资本市场是完备的,投资者对公司未来的投资、利润和股利具有相同的期望,且公司的投资政策不受股利政策影响,那么,即使公司从第一期到第二期的股利政策发生变化,股东也可以通过"自制股利"调整他们所需要的现金流量,因此股东的价值并没有发生变化。具体地说,当企业发放的现金股利超过股东所需要的现金时,股东可以将超出的现金股利用于再投资,从而在未来获得更多的收益;反之,当企业发放的现金股利少于股东所需要的现金时,股东可以出售部分股票,从而获得其所需要的现金。尽管上述两种情况的股利政策不同,但股东的价值完全相同。

图 7-1 表明①:企业董事会和高层管理者可以以斜线上的任意一点确定其股利政策,例如,本期发放 11 元现金股利,而下期发放 8.9 元现金股利(A 点);或本期发放 10 元现金股利,而下期发放 10 元现金股利(B 点);或本期发放 9 元现金股利,而下期发放 11.1 元现金股利(C 点)。股东可以在本期将多余股利用于再投资,或在本期出售部分股票获取资本利得,二者都能获得图 7-1 中斜线上任意一点的股利,其价值是相等的。

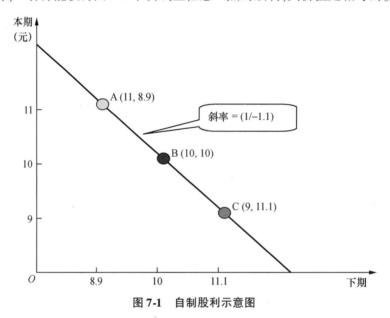

图 7-1　自制股利示意图

第一,当股东所需要的本期现金为 10 元,下期现金为 10 元,但公司却决定本期发放 11 元股利,下期发放 8.9 元股利时,股东可以将多余的 1 元现金股利用于再投资,若投资报酬率为 10%,则下期的投资总收入为 1.1 元,加上下期的股利 8.9 元,总收入为 10 元,达到了股东要求的现金。据此,

股东的总价值 = 本期股利 + 下期股利/(1 + 10%) = 10 + (10/1.1) = 19.09(元)

第二,当股东所需要的本期现金为 11 元,下期现金为 8.9 元,但公司却决定本期发放 10 元股利,下期发放 10 元股利时,股东可以在本期出售价值正好为 1 元的股票,这样在本期可以获得的现金总收入为 11 元(现金股利 10 元 + 出售股票 1 元),而由于在本期出售 1 元价值的股票,股东在下期的股利也将减少 1.1 元,使得其现金总收入为 8.9 元(没有出售 1 元价值股票时应得的现金股利 10 元 − 出售股票减少的现金股利 1.1 元),达到

---

① 罗斯等著,吴世农、沈艺峰、王志强等译:《公司财务》,第 6 版,机械工业出版社,2005 年。

了股东要求的现金。据此,

股东的总价值 = 本期股利 + 下期股利 /(1 + 10%) = 11 + (8.9/1.1) = 19.09(元)

MM认为,由于股东可以自制股利实现自己所需要的现金,且其价值不变,所以根据(7-2)式同样可以推定:如果股东对现金股利和资本利得持无偏好的态度,那么无论企业制定的现金分红比例是多少,股东的风险是不变的,权益资本成本是固定的,由于股利总额(DIV)是个常量,所以权益的价值也不会随着现金分红比例的变化而变化。可见,公司的分红政策与权益价值无关。对股东来说,一个股利支付率为100%的现金分红政策与一个不分红股利政策的结果是一样的。

三、税差理论

许多国家为了保护和促进资本市场投资,采取了对现金股利征收高额税率,但对资本利得征收低额税率的税率差异制度。在美国,尽管各时期现金股利税率与资本利得税率不同,但总体而言,现金股利的税率大于资本利得的税率。表7-1是美国1960—1995年两种税率的比较,其中显示,除了1989—1990年外,美国的现金股利税率均大于资本利得税率。

表7-1 美国1960—1995年资本利得税率和现金股利税率的比较

年份	现金股利税税率	资本利得税税率	年份	现金股利税税率	资本利得税税率
1960—1964	90%	25%	1979—1981	70%	28%
1965	80%	25%	1982—1987	50%	20%
1966—1970	70%	29.5%	1988	40%	28%
1971	70%	32.5%	1989—1990	33%	33%
1972	70%	35%	1991—1993	33%	28%
1973—1978	70%	28%	1994—1995	39.6%	28%

2005年起,美国对资本利得和现金股利的征税税率又趋相同,具体表现为:第一,将短期资本利得(12个月内买卖股票的收益)纳入个人总收入,并按照个人所得税税率的标准纳税;第二,将长期资本利得(持有12个月以上买卖股票的收益)按照收入水平分成两类,对高收入阶层(个人所得税税率在15%以上)征收15%的资本利得税,对低收入阶层(个人所得税税率在15%以下)征收5%的资本利得税;第三,对现金股利的征税办法和标准,与对长期资本利得的征税办法和标准相同。

在中国,目前的规定是要求个人买卖股票的资本利得必须纳税,但采取逐年豁免的办法暂不纳税;规定现金股利收入的税率统一为20%,但2005年起又调整为减半征收,即实际税率为10%;规定利息收入的税率统一为20%。[①] 因此,总体而言,中国目前的税制也属于保护和鼓励资本市场投资的类型。

---

① 财政部于2007年8月15日起将利息收入的税率从20%调减为5%。

如果一个国家对现金股利的征税超过对资本利得的征税,这种税差是否以及如何影响公司的股利政策呢?Litzenberger 等(1979)指出:当现金股利的税率高于资本利得的税率时,股东将偏好资本利得而非现金股利。为什么呢?假设存在两类股票:一类是收入型股票(A),一类是增长型股票(B)。现金股利税率为 40%,资本利得税率为 28%。由表 7-2 可见,B 类股票的税后收益率(10.2%)超过 A 类股票的税后收益率(9.6%)。如果考虑到股东可通过延迟实现资本利得而延迟交纳资本利得税,则增长型股票的税后收益率将更高。

表 7-2　收入型股票(A)和增长型股票(B)的税后收益比较

股票	指标	股利收益率 $DY = \dfrac{DPS}{P_0}$	资本利得收益率 $g = \dfrac{P_1 - P_0}{P_0}$	总收益率 $R = \dfrac{DPS}{P_0} + \dfrac{P_1 - P_0}{P_0}$
A	税前收益	10%	5%	15%
	税(40%:28%)	-4%	-1.4%	-5.4%
	税后收益	6%	3.6%	9.6%
B	税前收益	5%	10%	15%
	税(40%:28%)	-2%	-2.8%	-4.8%
	税后收益	3%	7.2%	10.2%

正因如此,税差理论认为:当公司现金分红比例越高时,股东的税负越重,权益资本成本就越高;反之,当公司现金分红比例越低时,股东的税负越轻,权益资本成本就越低。所以,股东偏好资本利得。根据(7-2)式,由于股利总额(DIV)是个常量,所以,当公司提高现金分红比例时,权益的价值将下降;反之,当公司降低现金分红比例时,权益的价值将上升。概言之,权益资本成本与现金分红比例成正相关关系,而权益价值与现金分红比例成负相关关系。可见,根据税差理论,企业为了实现股东价值最大化,应该实行低现金分红比例或多留少分的股利政策。

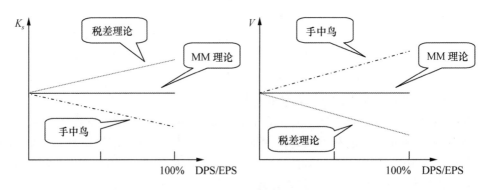

图 7-2　三种股利政策的比较

四、客户效应理论

考虑到税收政策的负面影响,应该赞成低现金分红的股利政策;但考虑到股东对现金的偏好,应该赞成高现金分红的股利政策;MM 的理论却又忽视了很多现实因素,包括税收和发行新股的成本等。因此,上述三种理论都存在缺陷。在实际中,可以观察到:偏好现金的投资者大量持有美国电力行业的股票,该行业 1996—2000 年平均股利支付率为 73%;而偏好资本成长的投资者却大量持有美国半导体行业的股票,该行业同期的平均股利支付率仅为 7%。① 可见,不同特征的投资者持有不同类型公司的股票。一般来说,高收入阶层或代表高收入阶层和风险偏好投资者的基金,持有较多高成长、低分红公司的股票;而低收入阶层或代表低收入阶层和风险厌恶投资者的基金,持有较多稳定型、高分红公司的股票。

客户效应理论认为:公司制定或调整股利政策时,不应该忽略股东对股利政策的需求。股利政策应该是股东需求的反映,公司应该根据股东的需求制定和派发股利。客户效应理论建议,根据投资者的不同需求,将投资者分门别类,分别制定股利政策。

第一,低收入阶层:其特点是税负低,且需要现金,偏好现金股利,他们希望公司多发放现金股利。因此,公司应该实施高现金分红比例的股利政策。

第二,高收入阶层:其特点是税负高,但不需要现金,偏好资本增长,他们希望公司少派发现金股利,并希望通过获得资本利得适当避税。因此,公司应实施低现金分红比例,甚至不分红的股利政策。

第三,投资基金:代表高收入阶层和风险偏好投资者的基金,例如风险投资基金,持有较多高成长、低分红公司的股票,偏好资本利得,因此公司应该实行低现金分红比例的股利政策;代表低收入阶层和风险厌恶投资者的基金,例如养老基金,持有较多稳定型、高分红公司的股票,偏好现金股利,因此公司应该实行高现金分红比例的股利政策。

此外,在美国,一些免税机构持有股票,其现金股利可以减税或免税,因此被免税机构大量持有股票的公司通常实行高比例分红的股利政策。最后,公司持有其他公司股票所获得的现金股利收入的 70% 可以免税,而所获得的资本利得则必须 100% 纳税。因此,被其他公司大量持有股票的公司也通常实行高比例分红的股利政策。

总之,根据客户效应理论,公司应该根据股东或投资者的需求来制定股利政策。若公司制定的股利政策与股东或投资者的需求不符,股东或投资者将抛售公司的股票去追逐其他适合其股利需求的公司的股票,从而导致公司股票价格的变化。

---

① 布里格姆、埃尔哈特著,狄瑞鹏等译:《财务管理:理论与实践》,第 10 版,清华大学出版社,2005 年。

五、代理成本理论

企业是一个由利益相关者构成的集团,包括股东、债权人和经营管理者等。此外,股东还可以分为控股股东和非控股股东。企业的利益相关者之间存在各种代理关系,其中某一方可能牺牲另一方的利益而获利,这就是一种代理成本。

由于企业的各方利益冲突十分普遍,因此企业的代理成本时常发生,广泛存在。在股利政策方面,至少存在三类不同的代理关系,从而引发不同的代理成本,导致企业制定的股利政策对债权人、控股股东、非控股股东的利益产生不同的影响。

第一,从股东和债权人之间的代理关系看,面对股东和债权人之间的利益冲突时,企业的董事会通常会制定对股东有利,而对债权人不利的股利政策。债权人希望企业制定多留少分的股利政策,尽可能将现金留在企业以防发生财务困境,保障债权人的利益。因此,债权人在与企业签订借款合同时,经常制定条款约束企业发放股利的权利。例如,有些企业向银行贷款,银行在贷款协议中规定:只有当企业的利润、现金流量和运营资本超过预定水平,企业才能实施分红。有些贷款协议则规定:企业是否分红,应该事先征得银行或债权人的同意。

第二,从股东与经营管理者之间的代理关系看,股东希望企业将现金发放给股东,实行多分少留的股利政策,防止经营管理者滥用企业的现金。Jensen(1986)和其他研究表明,经营管理者的代理成本表现为在职消费、投资失误(投资于 NPV < 0 的项目)和消极工作等。此外,当企业拥有充足的自由现金流时①,经营管理者更加容易追求个人私利。为此,代理成本理论认为:增发股利是降低这类代理成本的有效手段。随着分红比例的上升,企业的这类代理成本越来越低。因此,股东偏好现金分红,而企业的董事会也应该制定多分少留的股利政策。可见,增加分红是降低由于股东和经营管理者之间利益冲突引发的代理成本的有效手段。

第三,从控股股东和非控股股东之间的代理关系看,由于控股股东或大股东是董事会的成员,或者是企业的主要控制者,因此有些企业经常制定一些有利于控股股东,但不利于小股东的股利政策,个别控股股东甚至通过企业之间的关联交易来转移上市公司的现金,或直接长期占用上市公司的资金。这些行为都导致企业没有现金用于分红。因此,中小股东偏好多分少留的股利政策。同理,增加分红是降低由于非控股股东和控股股东之间利益冲突引发的代理成本的有效方法。

---

① 自由现金流(Free Cash Flow)是企业在支付了所有维持持续性经营所必需的固定资产和营运资本投资之后,剩下的可以发放给投资者的现金流,其计算方法将在下一章作更加详细的介绍。

六、股利信号理论

很多研究发现:企业的股票价格伴随着企业宣布增发股利而上升,伴随着企业宣布减少股利而下降。如何解释这种现象呢?信号理论认为:企业内部人占有更多的信息,而外部人占有较少的信息,他们之间存在明显的信息不对称。在信息不对称条件下,股票价格的变化并不是由股东或投资者的偏好(现金股利或资本利得)导致的,而是投资者通过企业股利政策的变化对企业作出前景分析和判断的结果。

研究表明:由于企业经营管理者对企业的经营财务状况更加了解,其经常通过调整股利政策向外部投资者传递公司的财务状况和未来前景的信息,因此投资者和中小股东通常将企业的股利政策看作企业现有财务状况、未来盈利水平和未来股利政策的信号。关于股利政策的变化传递什么关键信息,仍然存在不同的看法。

第一,一般认为,增发股利是传递利好信息,减发股利是传递利空信息。企业宣布增发股利,是向外部投资者传递企业财务状况良好、盈利能力强、现金充裕的信号;反之,企业宣布减发股利,是向外部投资者传递企业财务状况不好、盈利能力差、现金拮据的信号。Ross(1977)指出:失败的企业由于未来没有足够的现金支付能力去支付公布的利息或股利,因此不可能以利息或现金股利的变化为信号。所以,投资者更加相信那些含有增加股利或债务融资计划的企业的财务报表。

如果企业宣布增发股利被外部投资者认为是传递企业财务状况良好、盈利能力强、现金充裕的信号,那么,企业的股票价格将伴随着企业宣布增发股利而上升,伴随着企业宣布减发股利而下降。可见,由于信息不对称,股利政策的变化成为一种传递并引发外部投资者不同反应的信号。增发股利被外部投资者解读为利好信息,股票价格上涨;而降低股利被外部投资者解读为利空信息,股票价格下降。

第二,也有学者认为,增发股利是传递利空信息,减发股利是传递利好信息。对于一些处于成熟期的企业,其盈利能力相对稳定,当企业宣布增发股利,意味着该企业没有新的高效投资项目,未来前景不好;当企业宣布减发股利,则意味着该企业拥有新的高效投资项目,未来前景看好。因此,对于这类企业,其股票价格伴随着企业宣布增发股利而下降,伴随着企业宣布降低股利而上升。

第三,一般认为,公司宣布股票回购计划,是向外部投资者传递利好信息;公司宣布增发新股,是向外部投资者宣布利空信息。公司宣布回购在外流通股票的行为通常被投资者解读为:公司的高层管理者或内部人认为公司的股票价格被低估了,因此回购股票通常引起股票价格上升。此外,回购的股票不再参与利润分配,因此回购后,公司流通在外的股数减少了,每股收益随之上升,在分红比例不变的情况下增加公司的每股股利。可见,股票回购具有"一箭双雕"的作用。

关于公司宣布股票回购对股利政策变化所传递的信息,众说纷纭,至今还有许多悬而未决的问题。例如,有些公司在亏损情况下宣布增加股利,而有些公司则在盈利增加的情况下宣布减少股利。又如,有些公司在亏损情况下宣布回购股票,而有些公司则在盈利增加情况下宣布回购股票。再如,有些公司在每股经营性净现金低于每股利润的情况下宣布增加股利,而有些公司则在每股经营性净现金高于每股利润的情况下宣布减少股利。总之,由于股利政策具有混合性的特征,即企业宣布股利政策的变化往往不是一个单纯的事件,而是夹杂着其他经营财务信息的变化,同时各种股利方式交织在一起,例如,公司可能既增加股利又回购股票,或公司可能既派发现金股利又发放股票股利等。因此,股票价格变化作为一种外部投资者对公司股利政策变化的反应,不仅可能受到股利政策变化的影响,也可能受到其他因素变化的影响。此外,股利政策的变化,作为一种信息的传递方式,可能被管理者利用。例如,既然外部投资者认为增发股利是利好消息,那么公司可能在财务状况很差的情况下增发股利,以推动股票价格的上升。股利政策相关信息的含义和信号传递,迄今仍然没有一致的结论。①

七、股利迎合理论

随着研究的不断深入,公司的股利政策发生了很多有趣的变化,其中,Fama 和 French(2001)发现的"不断消失的股利"现象,更是引起了许多财务学家的高度关注。

Fama 和 French(2001)通过对美国纽约证券交易所、美国证券交易所和纳斯达克证券交易所的上市公司进行研究,发现这些公司的股利政策随着时间的推移发生了显著的变化:支付股利的公司数量从1978年的67%急速下降到1999年的21%!这一变化表明上市公司的现金股利支付意愿随着时间的推移而出现明显减弱的趋势,股利逐渐"消失"了。

针对这种"不断消失的股利"现象,Baker 和 Wurgler(2004)以"管理者理性而投资者非理性"为前提,通过理论推导和实证分析发现,管理者支付股利的行为是由投资者对股利支付公司表现出来的需求所驱动的。这种需求导致支付股利和不支付股利的股票之间形成所谓的"股利溢价"(Dividend Premium)。作者通过构建理论模型证明:如果投资者愿意为支付股利的公司付出股利溢价,管理者就愿意支付股利;反之,如果投资者不愿意为支付股利的公司付出股利溢价,甚至付出的股利溢价为负数,管理者就会放弃支付股利。Baker 和 Wurgler 将管理者这种迎合投资者对现金股利需求不断变化心理的行为称为"股利迎合",这就是著名的"股利迎合理论"。与传统的股利理论更多是从股利的

---

① 关于股利政策信号理论研究的英文文献:H. De Angelo and L. De Angelo, "Dividend policy and financial distress: An empirical investigation of troubled NYSE firms," *Journal of Finance* 45, 1990. Michael Rozeff, "How companies set their dividend payout ratios" in *The Revolution in Corporate Finance*, edited by Stern and Chew, 1986. P. M. Healy and K. G. Palepu, "Earning information conveyed by dividend initiation and omission," *Journal of Financial Economics* 21, 1988. R. Michaely, R. H. Thaler, and K. Womack, "Price reaction to dividend initiations and omissions: Overractions or drift," *Journal of Finance* 50, 1995. S. Bhattacharya, "Imperfect Information, Dividend Policy, and the Bird-in-hand Fallacy," *Bell Journal of Economics* 10, 1979. S. Ross, "The Determination of Capital Structure: The Incentive Signalling Approach," *Bell Journal of Economics* 8, 1977. 中文文献:李常青:《当代股利政策理论发展综述和股利信号理论的实证研究》,中国人民大学出版社,2003年。陈晓、陈晓悦(1998)、张水泉等(1997)、魏钢(1998)、吕长江、王克敏(1999)、刘星(1997)。

需求方面来解释股利溢价不同,股利迎合理论则更多从股利的供给方面来解释这种股利溢价。

第二节 股利政策的主要形式

如何确定股利支付率呢?或者说,以什么方式实施企业的股利政策呢?在实践中,企业使用多种形式来确定其股利支付率。在选择股利政策的形式和确定股利的支付率时,除了考虑到投资者的偏好外,还需要考虑三个主要因素:① 企业是否具有高效的投资机会,即是否具有 NPV > 0 的投资项目;② 企业的资本结构,即企业的负债比例是否处于适度区间;③ 现金状况,即企业是否具有足够的现金。

股利政策的实现形式有不同的分类方法。按照企业派发股票或现金给股东,可分为股票股利和现金股利。按照如何计算现金股利,可分为比例股利(股利支付率 = 每股现金股利/每股利润)和水平股利(每股现金股利)。按照股利的派发形式,可分为剩余股利、稳定增长股利、固定股利支付率股利、股利再投资计划、股票回购等。

一、股票股利和现金股利

股票股利是将企业的留存收益转换为股票,派发给各位股东。例如,每10股送1股,或宣布10%的股票股利,即持有每10股该公司的股票,可以获得1股的新股。股票股利是企业将当期利润或累计留存收益转换为股权,减留存收益,增股本。换言之,企业的净资产总额不变,但总股数增加,结果降低了每股的净资产或每股价值。

现金股利是将企业的当期利润或累计留存收益的一部分,以现金的形式派发给股东。例如,每10股送2元,表示持有10股该公司的股票,可以获得2元的现金股利。现金股利将同时减少企业的留存收益和现金。因此,虽然总股本数不变,但企业的净资产总额减少了,每股净资产或每股价值也随之下降。

表 7-3 股票股利和现金股利的特征比较

特征比较	股票股利	现金股利
会计记账	减留存收益,增股本	减留存收益,减现金
留存收益或当期利润	减少	减少
总股本	增加	不变
净资产	不变	减少
每股净资产	减少	减少
现金总额	不变	减少
预计股票价格	下降	下降

二、剩余股利模式

剩余股利模式是企业根据净现值大于零的投资项目所需要的资金,按照企业的最优资本结构,测算出这些投资项目所需要的权益资本,然后从留存收益中扣除。若有剩余的留存收益,即可以支付现金股利;若无剩余,则不支付现金股利。因此,剩余股利模式所确定的现金股利支付总额(DIV)是:

$$\text{DIV} = \text{当期净利润} - \text{用于新增投资的权益资本}$$
$$= \text{当期净利润} - \text{目标权益比例} \times \text{投资总额} \qquad (7\text{-}3)$$

因此,企业的股利支付率(Payout Ratio)是:

$$\text{股利支付率} = \frac{\text{现金股利支付总额}}{\text{净利润}} = \frac{\text{DIV}}{\text{NI}} \qquad (7\text{-}4)$$

例如,T公司是一家零售企业,目标资本结构为负债比例60%。2005年T公司的净利润是8 000万元,至2005年年末累计留存收益是9 600万元。根据其投资计划,具有两个净现值大于零的投资项目,所需投资总额(含营运资本需求)是15 000万元。目前该公司在外流通的股数为10 000万股,根据上述资料,按照剩余股利模式,可以测算出T公司的股利支付率是:

$$\text{股利总额(DIV)} = 8\,000 - 15\,000 \times 40\% = 8\,000 - 6\,000 = 2\,000(\text{万元})$$
$$\text{股利支付率} = 2\,000/8\,000 = 25\%$$
$$\text{每股现金股利} = 2\,000/10\,000 = 0.2(\text{元}/\text{股})$$
$$\text{股利分配后的累积留存收益} = 9\,600 - 6\,000 - 2\,000 = 1\,600(\text{万元})$$

剩余股利模式有利有弊。按照剩余股利模式确定股利支付率,利在于:一是可以保持企业的最优资本结构,即股利政策不影响资本结构;二是有利于投资供需平衡,即投资等于筹资,资本需求等于资本供给;三是使用留存收益和债务可以保持稳定的资本结构,进而保持企业较低的资本成本。同样,弊在于:一是股利支付率受企业投资机会的影响,将随着投资机会及其资金需求的变化而变化,出现股利政策不稳定的现象;二是股利支付率受企业盈利能力的影响,盈利能力波动大的企业,其按照剩余股利模式确定股利支付率将出现波动现象。

三、稳定增长的股利模式

稳定增长的股利模式是将企业的股利确定在一定的水平上,并维持基本稳定,然后根据企业每年的盈利增长情况,在确信企业未来的盈利能力足以满足股利支付要求的情况下,按照目标增长率再逐步提高企业的股利支付水平。

例如,假设T公司2006年将剩余股利模式改为稳定增长的股利模式,其2006年的净利润比2005年增长了5%,所需投资总额(含营运资本需求)是25 000万元。T公司计划

每股股利的目标年增长率是20%。按照稳定增长的股利模式,其2006年股利支付率是:

$$股利总额(DIV) = 10\,000 \times 0.2 \times (1 + 20\%) = 2\,400(万元)$$

$$股利支付率 = 2\,400/(8\,000 \times 105\%) = 28.6\%$$

按照剩余股利模式,T公司的股利支付率是:

$$股利总额(DIV) = 8\,400 - 25\,000 \times 40\% = 8\,400 - 10\,000 = -1\,600(万元)$$

$$股利支付率 = 0\%$$

比较两种股利政策形式可见:第一,按照剩余股利模式,T公司首先考虑资本结构和投资需求;而按照稳定增长的股利模式,T公司则会首先考虑股利支付。第二,按照剩余股利模式,T公司的股利支付率是零,而且还需要动用2005年的累积留存收益1600万元才能满足投资需求;而按照稳定增长的股利模式,T公司的股利支付率是28.6%,每股股利为0.24元。第三,按照剩余股利模式,T公司可以满足其新增投资25000万元中对权益资本的需求——10000万元,不必增发新股或增加负债;而按照稳定增长的股利模式,T公司无法满足投资需求中的权益资本部分10000万元,只能满足其中的7600万元,还差2400万元,即

$$\begin{aligned}权益资本缺口 &= 2006年净利润 + 2005年之前的累积留存收益\\&\quad - 2006年股利支付 - 2006年权益投资\\&= 8\,400 + 1\,600 - 2\,400 - 10\,000 = -2\,400(万元)\end{aligned}$$

因此,若按照稳定增长的股利模式,为了解决所需权益资本的缺口,T公司有两个选择:一是增发新股,其成本较高;二是增加负债,这将使得其负债比例超过60%,增加财务风险。

稳定增长的股利模式利弊兼有。利在于:一是股利稳定增长有利于向市场传递公司财务状况正常、前景良好的信息,有利于增加投资者信心,稳定股票价格;二是有利于吸引对股利具有较高依赖性的投资者。弊在于:一是稳定增长的股利政策形式实际上存在一部分固定的股利,其成为企业的固定支出,增加企业的风险;二是若股利增长脱离盈利增长,或盈利不稳定甚至下降,则可能导致资金短缺,甚至财务状况恶化,结果稳定增长的股利政策形式将难以为继。

四、固定股利支付率模式

固定股利支付率模式是企业将股利支付率(现金股利总额/净利润)设为固定的比例,股利与盈利挂钩,多盈多分,少盈少分,不盈不分。例如,万科股份公司每年将净利润的40%用于股利支付,就是按照固定股利支付率模式确定其股利。

若T公司确定其固定股利支付率为30%,则其2005年和2006年的股利总额(DIV)和每股现金股利(DPS)分别是:

$$2005年 DIV = 8\,000 \times 30\% = 2\,400(万元)$$

$$2005年 DPS = 2\,400/10\,000 = 0.240(元/股)$$

$$2006年 DIV = 8\,400 \times 30\% = 2\,520(万元)$$

2006 年 DPS = 2 520/10 000 = 0.252(元／股)

显然,固定股利支付率模式的优点是股东的现金股利收益与企业的盈利能力密切联系,股东与企业共担风险,共享收益。这一模式的缺点是每股分红(DPS)随着盈利的变化而波动,可能导致股价不稳定。此外,由于固定股利支付率首先考虑股东分红所需要的利润和现金,不考虑企业的投资需求,因此可能导致企业因分红而不得不放弃高效的投资项目,或只能通过增发新股或增加负债来重新筹集投资项目所需的资金。

五、低正常股利加额外股利模式

低正常股利加额外股利模式,是企业在正常年份派发略低的股利,然后根据企业的盈利情况或战略需要,在必要的时候,宣布派发额外股利,给投资者一个惊喜。

一般而言,额外股利能够向投资者传递公司财务经营状况和发展前景良好的信号。如前所述,2006 年中国移动宣布在上半年每股现金分红 0.62 港元的基础上派发 0.09 港元额外股利。这一股利政策宣布后,其股票价格迅速上升。可见,投资者确实对中国移动 2006 年的低正常股利加额外股利模式表示满意。

低正常股利加额外股利模式具有较高的灵活性。一方面,稳定的低正常股利有利于稳定投资者心理,特别是能够吸引一批以股利收益为主要目标的投资基金和偏好股利的投资者;另一方面,企业盈利增加时多派发股利,有利于增强投资者信心,稳定企业的股价。而这种股利模式的缺陷在于:一是股利缺乏稳定性,企业盈利的变化使得额外股利随之变化,时有时无,给人飘浮不定的感觉。二是投资者对额外股利很快形成一种预期,当企业今年派发额外股利后,投资者预期明年企业也将派发额外股利。若企业连续几年派发额外股利,投资者就将其视为正常股利。一旦企业没有宣布派发额外股利,投资者容易误以为企业的经营和财务状况恶化,从而导致股价下降。

六、股利再投资计划

股利再投资计划是股东将股票的现金分红直接用于投资或购买企业的股票。根据股票的来源,股利再投资计划可分为两类:一是购买市场上流通的股票,即企业使用股利再投资计划的资金,通过投资中介购买证券市场上流通的股票,而后按照比例派发到股东账户;二是购买企业新发行的股票,即用股利再投资计划的资金购买企业的新股,而后按照比例派发到股东账户。

购买市场上流通的股票派发给股东,企业的净资产和股本都没有发生变化;购买企业新股派发给股东,等于是对老股东定向发行新股,净资产和股本增加。可见,购买企业新股派发给股东这种股利再投资计划,等于是筹集新的权益资本。

对于股东来说,股利再投资计划的好处是不需要支付手续费或交易费。同时,企业为吸引老股东参与股利再投资计划,通常给予这些股东 3%—5% 的价格折扣。此外,企业的股东可以选择参加股利再投资计划,也可以选择放弃。20 世纪 70 年代,股利再投资计划开始盛行于美国。如今,许多美国企业都推行股利再投资计划,股东的参与比例约为 25% 左右。

七、股票回购计划

20 世纪 80 年代,一种新的股利形式开始流行,即股票回购计划。据统计,在美国,越来越多的企业采取减少现金股利和回购股票并举的混合股利政策,使得回购股票的金额与支付现金股利的金额基本等同。IBM 公司在 1993 年连续 3 年亏损后,于 1994 年扭亏为盈,每股收益达到 4.92 美元。1995 年 IBM 公司的每股收益 11 美元,达到历史新高。之后,IBM 公司宣布回购 50 亿美元的股票,使得股东的每股股利达到了 1.4 美元。

股票回购计划与每股股利和股票价格有何关系呢?根据会计准则,公司回购自己公司的股票后,将其作为"库存股"或者直接注销。该类股票不会参与公司的利润分配。因此,公司回购股票后,在外流通的总股数减少,净利润不变,因此每股收益(EPS)增加,每股股利(DPS)也随之增加。同时,在市盈率不变的情况下,公司实施股票回购计划后,其股票价格将上升。可见,股票回购计划实际上提高了 EPS 和 DPS,也推动了股票价格上升。

此外,公司宣布股票回购计划,通常被外部投资者视为是一个利好的信号,意味着公司的高层管理者认为公司股票价值被低估,或对公司未来的发展前景充满信心。因此,在公司宣布回购股票后,公司的股票价格一般都上涨。

最后,公司宣布股票回购计划,为投资者提供了一个继续持有公司股票或出售公司股票的选择权。股东可以根据他们对现金股利或资本利得的偏好,选择出售或持有。值得注意的是,在美国,由于资本利得税率低于现金股利税率,这种股票回购计划有利于高收入阶层的合理避税。

当然,股票回购计划也可能存在一些缺陷:一是实施股票回购计划后,股东只能通过资本利得获利,但现金股利实际上比资本利得更为确定和可靠。二是公司宣布股票回购计划的信息含义有时不能被投资者完全理解。1996 年中期锐步公司宣布回购其 1/3 的流通股后,当天股价上涨 10%;但 1996 年 4 月迪士尼公司宣布其回购股票,随后 6 个月其股价下降超过 10%。三是一旦公司宣布股票回购计划,其股价往往先上升,但在回购后却下降,这增加了公司回购股票的成本。

我国 2006 年出台新的《公司法》,允许公司在符合以下情形的前提下实施股票回购:① 减少公司注册资本;② 与持有本公司股份的其他公司合并;③ 将股份奖励给本公司职工;④ 股东因对股东大会作出的公司合并、分立决议持异议,要求公司收购其股份。此后,丽珠集团于 2008 年 6 月宣告回购丽珠 B 股,成为我国资本市场上首家实施 B 股股票回购的上市公司。

丽珠集团原名珠海经济特区丽珠医药集团股份有限公司,成立于 1985 年,是一家主营西药制剂、化学原料药和中药的制造、销售的大型制药企业。公司于 1993 年 6 月以公开发行方式向境外投资者发行每股面值为1.00元人民币的境内上市外资股(B股)2 828万股,并于同年7月在深圳证券交易所挂牌上市。1993年7月,公司增发1 300万股A股,并于同年10月在深圳证券交易所挂牌交易。公司A股证券简称"丽珠集团",证券代码000513;B股证券简称"丽珠B",证券代码200513。

公司控股股东是健康元,持有公司A股77 510 167股,占总股本的25.33%;健康元控股子公司天诚实业有限公司持有公司B股44 537 733股,占总股本的14.55%。2007年度,公司实现营业收入174 811万元,较2006年度增长9.91%;实现营业利润61 376万元,较2006年度增长206.01%;实现净利润52 338万元,较2006年度增长220.01%。

然而,与公司良好的经营业绩相反,伴随着我国资本市场进入2008年以来的深幅调整,公司股票价格持续下跌。按照2008年4月2日收盘价计算,公司A股价格为每股人民币21.02元,B股价格为每股港币12.36元(按照该日汇率折算价100港元折合90.26元人民币),折合每股价格为11.16元,B股股价较A股相差达到45%以上。2008年6月5日,丽珠集团公告称拟通过深圳证券交易所以集中竞价交易方式回购丽珠B股,在回购资金总额不超过1.6亿港元,回购价格不超过16港元/股的条件下,拟回购B股1 000万股,占公司已发行B股股份和总股份的8.18%和3.27%。回购股份将依法注销。

2008年12月5日,丽珠集团正式实施股票回购方案。首次回购的1.8万股B股占公司总股本的比例为0.005 9%,购买的最高价为港币8.98元/股,最低价为港币8.90元/股,支付总金额为港币16.13万元。2009年9月30日,累计回购B股数量为1 031.36万股,占总股本比例为3.37%,购买最高价为15.85港元/股,最低价为每股8.38港元/股。截至2009年12月5日回购计划的最后期限,丽珠集团累计以1.16亿港元的代价从二级市场回购1 031.36万股B股,占总股本3.37%。每股回购价格居于8.38港元至15.85港元之间,平均价位11.25港元。

回购行为对丽珠集团的主要财务指标产生了较大的影响。从表7-4可见,公司每股收益从回购前的1.66元/股上升到回购后的1.72元/股,增长幅度为3.61%;净资产收益率从回购前的26.17%上升到回购后的28.22%,增加了2.05个百分点。由于公司对回购的股票进行注销,导致公司每股净资产和股东权益均出现不同程度的下降。此外,使用现金进行股票回购也在一定程度上减少了公司的流动资产,从而降低了公司的流动性,提高了公司的资产负债率。整体而言,公司的偿债能力还保持在合理的范围之内。

表7-4 丽珠集团回购前后主要财务指标对比

主要财务指标	回购前	回购后	增减幅度
每股收益(元)	1.66	1.72	3.61%
每股净资产(元)	6.35	6.09	-4.09%
净资产收益率	26.17%	28.22%	增加2.05个百分点
股东权益(万元)	194 266.41	180 199.69	-7.24%
资产负债率	32.41%	34.04%	增加1.63个百分点
长期负债率	4.02%	4.22%	增加0.20个百分点
流动比率(倍)	1.9	1.73	-8.95%
速动比率(倍)	1.51	1.34	-11.26%

正如前文的分析,股票回购对丽珠集团 B 股的股价刺激效果非常明显。从 2008 年 10 月 27 日开始,公司 B 股股价从最低价 5.44 港元一路上涨至 2009 年 12 月 8 日的 21.28 港元,股价累计涨幅高达 291%。此外,股票回购提振了公司 B 股的交易活跃程度,增加了股票的流动性,有助于引导投资者的理性投资,维护了公司股东的长期利益。

第三节 股利政策管理的实践问题

在实践中,企业制定和调整股利政策除了要考虑各类股东的利益,还需要考虑方方面面的问题,诸如公司的资本结构、投资需求、现金状况、股票价格变化等。了解和综合考虑这些因素对股利政策的影响,并加以灵活应用,对于企业制定更加合理的股利政策具有重要作用。

一、股利政策的影响因素

1. 投资机会

企业是否具有投资机会,是否具有高效的投资项目,是企业在制定股利政策时必须注意的关键问题。所谓高效的投资项目,就是那些净现值大于零的投资项目,由于这些项目将给企业创造价值,因此企业在任何情况下,都应该优先满足高效投资项目对资金的需求。下面我们用威廉高登估价模型进一步证实。根据威廉高登股利折现模型:

$$P_0 = \sum_{t=1}^{\infty} \frac{D_t}{(1+K)^t} \tag{7-5}$$

假设每期股利 D_t 的增长率为 g;留存收益比例为 F;股利支付比例为 $(1-F)$;投资报酬率为 R,则有:

$$P_0 = \frac{D_1}{K-g} = \frac{E_1(1-F)}{K-F \times R} \tag{7-6}$$

其中: $g = \dfrac{\mathrm{EPS}_t - \mathrm{EPS}_{t-1}}{\mathrm{EPS}_{t-1}} = \dfrac{\mathrm{EPS}_{t-1}(1+F \times R) - \mathrm{EPS}_{t-1}}{\mathrm{EPS}_{t-1}} = F \times R$

假设 T 公司有三个投资项目,其相关资料如表 7-5 所示。将表 7-5 有关投资报酬率、资本成本和每股收益的数据代入(7-6)式,即可以发现:

第一,当投资报酬率高于资本成本时,留存收益比例越高,股价越高;反之,留存收益比例越低,股价越低。可见,投资项目属于增长型,项目实施后股东价值将增加。因此,T公司应该实行多留少分的股利政策。

第二,当投资报酬率低于资本成本时,留存收益比例越高,股价越低;反之,留存收益比例越低,股价越高。可见,投资项目属于衰退型,项目实施后股东价值将减少。因此,T公司应该实行多分少留的股利政策。

第三,当投资报酬率等于资本成本时,无论留存收益比例高低,股价相同。可见,投资项目属于中性型,无论项目是否实施,股东价值相等。因此,无论 T 公司实行哪种股利政策,对股东都不影响。

表 7-5　投资机会对股利政策和股东价值的影响

项目类型	投资报酬率(R)	资本成本(K)	EPS	留存收益比例($F=60\%$)	留存收益比例($F=20\%$)
增长型	15%	10%	5元	$P_0=200$ 元/股	$P_0=57.14$ 元/股
衰退型	5%	10%	5元	$P_0=28.57$ 元/股	$P_0=44.44$ 元/股
中性型	10%	10%	5元	$P_0=50$ 元/股	$P_0=50$ 元/股

2. 负债状况和债务合约限制

企业是否处于适度负债状态,将影响到公司的股利政策。当企业处于高负债状态时,其举债空间和举债能力将受到限制,并可能存在一定的财务风险。因此,在其他因素不变时,为了保持企业处于最佳负债状态,高负债企业应尽可能减少现金分红,而低负债企业可适当提高分红比例。

债权人为了保护自身利益,在与企业签订债务合约的时候,通常对企业的现金分红政策进行限定。例如,债权人要求企业只能在贷款的本息得到有效保障的前提下才能派发现金股利,这些限制条件通常包括对流动比率、本息保障倍数、现金流充裕程度的要求以及要求年度现金分红不得超过年度净利润等。

3. 盈利和现金状况

企业的现金分红比例是现金分红与净利润之比,但实际上企业的现金分红不仅受到净利润多少的影响,更受到经营性净现金多少的影响。一般来说,企业每年每股现金分红要少于每股净利润,即 DPS < EPS,而且要少于每股经营性净现金,即 DPS < NCFOPS。长期来看,在权责会计制度下,这是确定现金分红比例一个非常重要的原则。以现实的公司为例,从 1984—1993 年,除了 1992 年外,IBM 公司的每股现金分红均小于每股经营性净现金。从 1981—2000 年,Chevron 公司的每股现金分红始终低于其每股经营性净现金。

4. 法律限制和资产保全

为了保护债权人的利益,许多国家规定企业的股利支付不能超过资产负债表中的留存收益,以防止出现资本亏损。否则,当公司出现财务危机时,可能通过股利分配将大部分资产分配给股东,使得债权人蒙受损失。

此外,如前所述,税收制度对分红政策也存在影响。在美国,当企业累积太多利润而又不分红,留存收益增加,现金储备增加,若股票价格上升,就可能被视为不合理避税行为或因可能滥用股东现金的嫌疑而遭受税务部门的税务调查。

二、股利政策的决策模型

根据股利政策的影响因素,作为公司的高层管理者或董事会成员,在实践中如何制定或调整股利政策呢?一般来说,公司的董事会成员和高层管理者应该根据大部分投资者的偏好,同时根据公司的财务状况和未来发展前景及计划进行利润分配决策。

第一,投资者偏好。作为公司的高层管理者,首先应该了解和掌握购买本公司股票的投资者类型、特征及其偏好。对于偏好现金股利的投资者,例如养老基金等,公司应该坚持较高比例的现金分红,并保持分红政策的稳定性。对于那些偏好资本利得的投资者,例如风险投资基金,公司应该坚持较高比例的留存收益,并通过高效投资推动股票增值。

值得注意的是,投资者的偏好可能与资本市场的走势有关,其偏好可能随着资本市场的走势而变化。中国的研究表明:在牛市期间,投资者偏好资本利得,而在熊市期间,投资者偏好现金股利。

第二,现金充裕程度。公司的现金流量,特别是经营性现金流量状况是否正常,是否具有充裕的现金流足以支付现金股利,是公司高层管理者在制定或调整股利政策需要考虑的最重要因素。尽管现金分红比例是现金分红除以净利润,但实际上公司一旦分红比例确定并实施,其现金流量就将减少。因此,如前所述,公司在决定现金分红时,一定要坚持每股现金分红小于每股经营性净现金的原则。

第三,盈利能力及其持续性。公司的盈利能力及其持续性是公司高层管理者在制定股利政策时需要考虑的重要现实因素。对于盈利能力强且盈利持续性长的公司,可适当提高分红比例;反之,应降低分红比例。

第四,投资机会。公司要持续经营和可持续发展,一定要注意拓展市场,增加投资,扩大生产规模。为了维护股东的权益,增加企业价值,理论上,公司不应放弃任何净现值大于零的投资项目。因此,当公司具有高效投资项目时,应该降低分红比例,甚至不分红;当公司没有高效投资项目时,应该提高分红比例。由于企业的投资机会在时间分布上并不均匀,因此应注意防止分红政策大起大落,变化无常。历史悠久的成功企业大多注重处理股利政策和投资机会的关系,既保持股利政策的稳定性,又满足高效投资项目对资金的需求。可见,股利政策的制定与调整并非一朝一夕之事,而是长久之计。

第五,负债比例。负债比例对股利政策具有重要的影响。公司在制定股利政策时必须考虑公司的负债状况。为了防止公司发生财务危机,高层管理者应避免"超能力派现",综合考虑三方面因素:一是要防止超出公司的现金生成能力制定现金股利支付比例;二是要防止放弃公司高效投资项目去迎合股东对现金的需求;三是要防止忽视公司偿债需求——还本付息需求去确定损害债权人利益的现金分红方案。

将上述五大现实影响因素综合成一个决策树,如图7-3所示,有利于公司的董事会成员和高层管理者进行股利问题的决策。

根据《新财富》的统计,2001年中国上市公司的现金股利政策与公司的财务状况有一定关系。一方面,从盈利能力来看,总资产收益率(ROA)与股利支付率成正比,ROA越高的公司,分红派现的比例越高;反之,越低。ROA最高的100家公司,平均股利支付率高于20%,而ROA最低的100家公司,平均股利支付率低于10%。ROA最高的10个行业,平均股利支付率高于18%,而最低的10个行业,平均股利支付率低于15%。另一方面,毛利率高、净利润现金含量高、负债率低的公司,分红派现的比例比较高;反之,则比较低。例如,从表7-6可见,股利支付率最高的行业是"运输和基础设施",其股利支付率为28.33%(行业第一);主营业务利润率达到55.70%(行业第一);净利润现金含量131.70%(行业第三);有息负债比例为21.7%(行业第三低)。

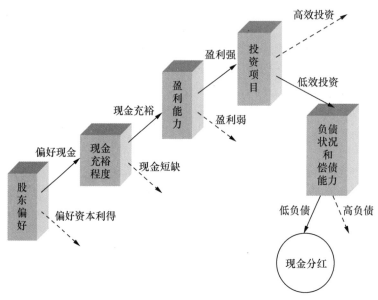

图 7-3　股利政策决策模型

表 7-6　2001 年中国上市公司行业分红比例与主要财务指标

行业	股利支付率	行业	主营业务利润率	行业	ROA	行业	负债率	行业	净利润现金含量
运输和基础设施	28.33%	运输和基础设施	55.70%	软件	7.29%	石油天然气	13.76%	电力	151.30%
生物技术	26.41%	旅游休闲	49.10%	通信设备	6.93%	酒业饮料	19.17%	综合零售	151.00%
建筑产品	25.01%	生物技术	43.04%	金属矿业	6.27%	运输和基础设施	21.70%	运输和基础设施	131.70%
电力	23.34%	医药	37.70%	石油天然气	6.15%	旅游休闲	27.83%	化工制品	130.90%
金属矿业	21.51%	酒业饮料	33.72%	电力	6.10%	建筑工程	33.54%	旅游休闲	129.20%
计算机	9.20%	汽车制造	15.91%	机械制造	4.29%	林业造纸	85.16%	电力设备	48.33%
房地产	8.92%	零售综合	15.48%	计算机	4.13%	通信设备	68.56%	通信设备	40.66%
通信设备	8.54%	石油天然气	11.50%	综合工业	4.12%	综合零售	68.52%	贸易	26.56%
综合工业	7.59%	分销商	9.55%	家用消费	3.92%	房地产	66.56%	建筑工程	26.48%
分销商	4.68%	贸易	9.21%	汽车制造	3.81%	电力设备	61.87%	房地产	-16.11%

三、中国上市公司股利政策的特征分析

中国股票市场始建于 20 世纪 90 年代初期，至 2010 年年底已经走过了 20 年的历程。回顾这 20 年间中国上市公司的股利政策实施情况，可以看出以下一些基本特征：

第一，两种股利形式并存，上市公司股本扩张动机明显。除了派发现金股利这一现金分红模式之外，许多上市公司还青睐"送股"这一股票股利模式。发放股票股利对于上市公司而言最大的好处在于无需拿出真金白银，而且有利于上市公司股本的扩张；对于投资者而言则不用缴纳现金股利所得税。但是，投资者本质上并未通过股票股利获得真正的回报。以"10 送 10"的股票股利政策为例，尽管投资者的股票数量增加了一倍，但每股股票价格在除权日会下跌一半,投资者的股票市值依然保持不变。此外,由于会计制度等原因,许多上市公司有大量的资本公积和盈余公积,在符合相关规定的前提下,上市公司可以将资本公积和盈余公积"转增股本"。①

在分析上市公司股利政策时,会涉及两种不同的统计口径。一是以所有上市公司为统计对象,不论是否分红,都包括其中,以此分析上市公司股利政策的实施情况;二是以实行分红的上市公司为统计对象,只有实行分红的公司才能包括其中,以此分析上市公司股利政策的实施情况。显然,这两种统计口径计算出来的结果是不同的,因此结论也会不同。从表7-7、图7-4和图7-5可见,如果按照第一种统计口径,上市公司的现金股利发放呈现两头高中间低的形态,但总体而言每年派发的现金股利是非常低的。以1996—1999年为例,各年全部上市公司派发的现金股利平均每10股派发不到1元。股票股利的发放则呈现出前高后低的形态,早期的股票股利较高,1993年达到每10股送2.62股,此后股票股利的发放逐渐下降,2004年最低,平均每10股仅送0.07股。随着上市公司积累的所有者权益逐步增加,越来越多的上市公司实施转增股本,并在2010年达到最高水平,平均每10股转增股本1.49股。

表7-7 上市公司各年度股利政策实施情况

年份	全部上市公司			实施股利政策的上市公司		
	每股现金股利(元)	每股股票股利(股)	每股转增股本(股)	每股现金股利(元)	每股股票股利(股)	每股转增股本(股)
1992年	0.239	0.225	0.013	0.469	0.298	0.332
1993年	0.148	0.262	0.025	0.263	0.349	0.245
1994年	0.205	0.103	0.005	0.279	0.202	0.339
1995年	0.159	0.102	0.014	0.285	0.223	0.368
1996年	0.088	0.115	0.089	0.285	0.282	0.333
1997年	0.070	0.058	0.061	0.251	0.254	0.343
1998年	0.075	0.043	0.052	0.263	0.252	0.327
1999年	0.080	0.025	0.041	0.262	0.272	0.406
2000年	0.174	0.021	0.049	0.281	0.226	0.422
2001年	0.173	0.015	0.031	0.294	0.217	0.381
2002年	0.144	0.010	0.038	0.281	0.217	0.425
2003年	0.134	0.014	0.065	0.284	0.208	0.481
2004年	0.149	0.007	0.045	0.279	0.200	0.437
2005年	0.136	0.010	0.043	0.301	0.291	0.454
2006年	0.144	0.017	0.039	0.297	0.286	0.434
2007年	0.153	0.028	0.108	0.302	0.295	0.524
2008年	0.160	0.014	0.054	0.307	0.302	0.475
2009年	0.169	0.022	0.082	0.309	0.331	0.528
2010年	0.191	0.021	0.149	0.313	0.352	0.636

资料来源:Wind数据库整理。

注:各年平均每股现金股利=当年全部上市公司(或实施股利政策的上市公司)每股现金股利之和/全部上市公司数量(或实施股利政策的上市公司数量)。

---

① 从会计处理的角度来看,股票股利和转增资本类似。上市公司发放股票股利时,借:未分配利润,贷:股本;转增股本时,借:资本公积,贷:股本。二者都保持了所有者权益总额不变,只是将所有者权益中的非股本部分转为股本。

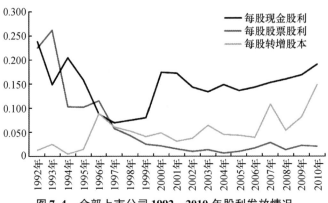

图 7-4　全部上市公司 1992—2010 年股利发放情况

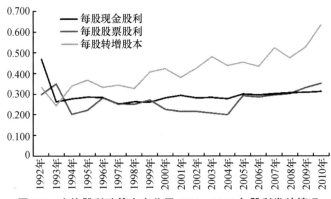

图 7-5　实施股利政策上市公司 1992—2010 年股利发放情况

按照第二种统计口径,结果却发生了显著变化。无论现金股利、股票股利或者转增股本,都比第一种统计口径的结果高出许多。以每股现金股利为例,最低时为 1997 年,平均每 10 股派现 2.51 元;最高时为 1992 年,平均每 10 股派现达到 4.69 元。反观股票股利,同样出现大幅增长。最低为 2004 年,平均每 10 股送 2 股;最高为 2010 年,平均每 10 股送 3.52 股。转增资本方面,最低为 1993 年,平均每 10 股转增 2.45 股;最高为 2010 年,平均每 10 股转增 6.36 股。

第二,上市公司发放现金股利的意愿逐年增强。从表 7-8、图 7-6 和图 7-7 来看,无论是发放现金股利的上市公司数量,还是发放现金股利的总金额,都呈现快速增长的趋势。从发放现金股利的上市公司数量来看,1992 年仅有 31 家上市公司派发现金股利,到了 2010 年,这一数量上升到 1 244 家。将派现公司数量与当年所有上市公司数量进行比较,派现公司占比呈现出两头高中间低的形态。早期派现公司占比较高,1994 年达到最高的 73.87%。但到 1996—1999 年间,派现公司占比降至低谷,仅为 30% 左右。此后这一比例逐渐上升,到 2010 年,派现公司占上市公司总数的比例重新回升到 60% 左右。从发放现金股利的金额来看,1992 年上市公司累计派现总额仅有 4.18 亿元,占全部上市公司净利润总额的 5%;此后随着上市公司净利润的增加,上市公司的派现总额也大幅提高。特别是 2000 年以后,上市公司派现总额更是增长迅速,从 2000 年的 344 亿元迅速上升到

2010 年的近 5 000 亿元,增幅超过 10 倍。派现金额占公司净利润的比例也从 2000 年的 20% 左右上升到 2008 年的最高点 34%,2010 年回落至 28.06%。

表 7-8 中国上市公司 1992—2010 年派现公司数量和派现金额情况

年份	派现上市公司数量	全部上市公司数量	派现上市公司占比	派现金额(亿元)	净利润金额(亿元)	派现金额占比
1992 年	31	53	58.49%	4.18	83.61	5.00%
1993 年	126	177	71.19%	44.74	277.31	16.13%
1994 年	212	287	73.87%	101.08	440.78	22.93%
1995 年	190	311	61.09%	80.00	469.85	17.03%
1996 年	172	514	33.46%	76.86	587.03	13.09%
1997 年	212	720	29.44%	112.15	746.39	15.03%
1998 年	246	826	29.78%	149.91	729.67	20.54%
1999 年	287	923	31.09%	203.02	929.26	21.85%
2000 年	681	1 060	64.25%	344.30	1 741.31	19.77%
2001 年	676	1 136	59.51%	442.64	1 398.66	31.65%
2002 年	619	1 200	51.58%	483.14	1 582.45	30.53%
2003 年	606	1 262	48.02%	583.58	2 932.11	19.90%
2004 年	729	1 353	53.88%	792.98	4 553.80	17.41%
2005 年	615	1 358	45.29%	810.68	5 313.93	15.26%
2006 年	707	1 411	50.11%	1 332.15	7 098.38	18.77%
2007 年	793	1 527	51.93%	2 851.62	11 366.79	25.09%
2008 年	835	1 602	52.12%	3 419.75	9 827.45	34.80%
2009 年	988	1 696	58.25%	3 888.95	12 493.53	31.13%
2010 年	1 244	2 041	60.95%	4 994.30	17 426.03	28.66%

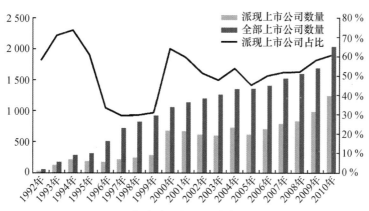

图 7-6 1992—2010 年发放现金股利的中国上市公司数量统计

当然,上市公司发放现金股利意愿的增强,与监管机构的规范和引导密不可分(见表 7-9)。在 2000 年以前,上市公司对发放现金股利的意愿并不强。2001 年起,证监会开始将上市公司的现金股利发放与其融资行为挂钩。2001 年的《上市公司新股发行管理办法》规定,公司最近三年未有分红派息,董事会对于不分配的理由未作出合理解释的,担

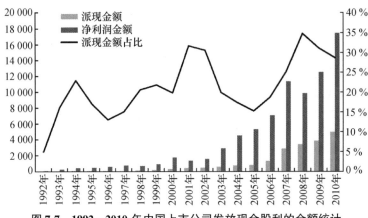

图 7-7 1992—2010 年中国上市公司发放现金股利的金额统计

任主承销商的证券公司应当重点关注并在尽职调查报告中予以说明。2004 年 12 月,证监会进一步将现金分红作为保护股东权益的一项重要措施,在《关于加强社会公众股股东权益保护的若干规定》中明确规定,上市公司最近三年未进行现金利润分配的,不得向社会公众增发新股、发行可转换公司债券或向原有股东配售股份。在 2006 年出台的《上市公司证券发行管理办法》中,证监会明确规定:"上市公司公开发行证券应符合最近三年以现金或股票方式累计分配的利润不少于最近三年实现的年均可分配利润的百分之二十。"2008 年 10 月,在《关于修改上市公司现金分红若干规定的决定》中,证监会进一步提高了现金分红的要求,要求"上市公司公开发行证券应符合最近三年以现金方式累计分配的利润不少于最近三年实现的年均可分配利润的百分之三十;对于报告期内盈利但未提出现金利润分配预案的公司,应详细说明未分红的原因、未用于分红的资金留存公司的用途;上市公司应披露现金分红政策在报告期的执行情况,应以列表方式明确披露公司前三年现金分红的数额、与净利润的比率"。2011 年年底,郭树清就任证监会主席,证监会拟进一步提高上市公司的现金分红水平,要求上市公司从首次公开发行股票开始,在公司招股说明书中细化回报规则、分红政策和分红计划,并作为重大事项加以提示。

表 7-9 证监会规范上市公司现金股利发放的相关法规

颁布时间	文件名称	涉及分红政策的主要内容
2008.10.9	《关于修改上市公司现金分红若干规定的决定》	上市公司公开发行证券应符合最近三年以现金方式累计分配的利润不少于最近三年实现的年均可分配利润的百分之三十;对于报告期内盈利但未提出现金利润分配预案的公司,应详细说明未分红的原因、未用于分红的资金留存公司的用途;应披露现金分红政策在报告期的执行情况;应以列表方式明确披露公司前三年现金分红的数额、与净利润的比率。
2006.5.6	《上市公司证券发行管理办法》	上市公司公开发行证券应符合最近三年以现金或股票方式累计分配的利润不少于最近三年实现的年均可分配利润的百分之二十。
2004.12.7	《关于加强社会公众股股东权益保护的若干规定》	上市公司董事会未做出现金利润分配预案的,应当在定期报告中披露原因,独立董事应当对此发表独立意见;上市公司最近三年未进行现金利润分配的,不得向社会公众增发新股、发行可转换公司债券或向原有股东配售股份。

(续表)

颁布时间	文件名称	涉及分红政策的主要内容
2001.3.28	《上市公司新股发行管理办法》	对于公司最近三年未有分红派息,董事会对于不分配的理由未作出合理解释的,担任主承销商的证券公司应当重点关注并在尽职调查报告中予以说明。

资料来源:李常青、魏志华和吴世农(2010)。

第三,上市公司的平均股利收益率偏低。从表7-10来看,无论按照第一种口径或者第二种口径,上市公司的股利收益率都非常低。按全部上市公司的统计口径来看,2005年全部上市公司的平均股利收益率最高,但也仅有2.64%。这意味着投资者如果仅仅依赖现金股利获得投资回报,需要将近38年才能收回投资本金;1997年全部上市公司的平均股利收益率最低,只有0.54%,这意味着投资者需要185年才能收回投资。按照实施股利政策的上市公司的统计口径来看,情况稍微好一些,但整体水平仍然偏低。2005年的平均股利收益率最高,为4.63%;1992年的平均股利收益率最低,仅有0.86%。

表7-10 上市公司各年度股利收益率情况*

年份	全部上市公司			实施股利政策的上市公司		
	每股现金股利(元)	股票年均价格(元)	股利收益率(%)	每股现金股利(元)	股票年均价格(元)	股利收益率(%)
1992年	0.239	42.127	0.57	0.469	54.456	0.86
1993年	0.148	18.031	0.82	0.263	19.138	1.37
1994年	0.205	9.101	2.25	0.279	9.196	3.03
1995年	0.159	7.808	2.03	0.285	8.286	3.45
1996年	0.088	10.799	0.82	0.285	10.816	2.63
1997年	0.070	12.969	0.54	0.251	14.070	1.78
1998年	0.075	12.222	0.61	0.263	13.067	2.01
1999年	0.080	12.189	0.66	0.262	12.496	2.10
2000年	0.174	15.854	1.10	0.281	16.980	1.65
2001年	0.173	15.519	1.11	0.294	16.432	1.79
2002年	0.144	11.517	1.25	0.281	12.391	2.27
2003年	0.134	9.116	1.47	0.284	10.054	2.82
2004年	0.149	7.980	1.87	0.279	9.340	2.98
2005年	0.136	5.163	2.64	0.301	6.499	4.63
2006年	0.144	6.459	2.23	0.297	8.157	3.64
2007年	0.153	16.367	0.94	0.302	20.471	1.48
2008年	0.160	11.909	1.37	0.307	14.835	2.07
2009年	0.169	13.635	1.25	0.309	16.993	1.82
2010年	0.191	20.066	0.96	0.313	23.989	1.30

资料来源:Wind数据库整理。

*各年平均每股现金股利=当年全部上市公司(或实施股利政策的上市公司)每股现金股利之和/全部上市公司数量(或实施股利政策的上市公司数量);各年股票年均价格=当年全部上市公司(或实施股利政策的上市公司)股票年均价格之和/全部上市公司数量(或实施股利政策的上市公司数量);股利收益率=每股现金股利/股票年均价格。

第四,不同行业现金股利支付率存在较大差异,且各年波动较大。正如表7-11和图7-8

表 7-11 中国上市公司 1992—2010 年各行业现金股利支付率情况*

行业	1992 年	1993 年	1994 年	1995 年	1996 年	1997 年	1998 年	1999 年	2000 年	2001 年
采掘业	n.a.	0.00%	3.15%	0.00%	0.00%	4.12%	11.72%	3.01%	0.79%	14.03%
传播与文化产业	0.00%	28.65%	7.73%	11.29%	-9.79%	19.74%	0.00%	22.75%	41.25%	54.32%
电力、煤气及水的生产和供应业	0.00%	31.41%	45.93%	31.51%	25.11%	23.39%	21.26%	23.45%	26.18%	39.47%
房地产业	21.75%	11.05%	24.83%	27.14%	11.02%	13.85%	17.57%	24.12%	40.92%	35.72%
建筑业	0.00%	1.58%	3.64%	2.86%	3.32%	2.72%	14.64%	12.66%	31.84%	35.47%
交通运输、仓储业	0.00%	9.82%	10.21%	4.31%	3.94%	16.93%	15.94%	16.20%	34.66%	35.57%
金融、保险业	14.16%	39.47%	28.99%	6.03%	14.13%	3.06%	4.31%	56.62%	4.61%	10.41%
农、林、牧、渔业	0.00%	18.05%	0.00%	0.00%	0.00%	0.00%	11.69%	13.16%	28.24%	20.02%
批发和零售贸易	1.09%	12.99%	27.96%	20.38%	16.73%	18.65%	29.05%	48.26%	56.84%	112.70%
社会服务业	1.08%	16.07%	19.63%	16.08%	4.08%	14.76%	40.43%	41.25%	44.05%	63.83%
信息技术业	0.00%	7.28%	15.08%	8.96%	13.61%	25.47%	22.88%	8.96%	15.73%	15.52%
制造业	4.44%	16.82%	22.34%	17.85%	14.28%	14.62%	19.50%	24.47%	38.03%	63.47%
综合类	8.62%	19.49%	22.65%	23.04%	7.15%	25.59%	35.84%	14.14%	43.07%	50.72%

(续表)

行业	2002年	2003年	2004年	2005年	2006年	2007年	2008年	2009年	2010年	平均值
采掘业	13.96%	10.31%	8.06%	6.95%	7.36%	21.42%	36.67%	34.33%	34.24%	20.91%
传播与文化产业	−301.92%	−71.33%	44.44%	236.02%	90.92%	5.24%	29.71%	14.83%	14.48%	26.68%
电力、煤气及水的生产和供应业	39.40%	37.37%	39.03%	49.82%	40.99%	35.11%	−499.06%	38.36%	38.58%	39.86%
房地产业	59.05%	45.05%	107.01%	90.80%	31.74%	14.28%	16.47%	11.85%	13.51%	18.83%
建筑业	21.19%	27.81%	32.47%	10.12%	5.01%	3.13%	14.63%	15.05%	16.48%	12.88%
交通运输、仓储业	36.62%	28.36%	19.59%	22.57%	42.94%	26.22%	69.51%	47.77%	22.02%	30.33%
金融、保险业	13.48%	2.98%	1.67%	1.67%	12.70%	29.36%	36.75%	33.75%	30.81%	26.89%
农、林、牧、渔业	78.26%	99.16%	110.62%	4 022.74%	77.42%	28.64%	33.17%	32.52%	28.42%	34.07%
批发和零售贸易	65.67%	46.16%	51.03%	46.53%	28.33%	18.02%	19.87%	21.72%	19.44%	26.08%
社会服务业	65.14%	66.17%	45.79%	65.78%	28.10%	18.22%	26.83%	23.75%	17.38%	27.49%
信息技术业	23.73%	35.81%	64.83%	88.66%	48.34%	15.72%	7.29%	20.37%	24.99%	19.18%
制造业	50.35%	35.67%	42.32%	42.47%	34.54%	24.42%	31.20%	25.69%	24.97%	29.46%
综合类	178.32%	58.20%	87.31%	−412.54%	72.68%	13.40%	36.69%	24.83%	16.60%	29.23%

资料来源：Wind 数据库整理。

*各行业每年的现金股利支付率＝该行业当年现金股利总额/该行业当年净利润总额。部分数据为负值（或者大于100%），是由于该行业个别上市公司出现较大幅度亏损，致使行业整体的净利润为负（或者净利润很小），而其他上市公司发放正的（或较多的）现金股利。

所示：1992—2010年各行业平均的现金股利支付率在12%—40%，其中电力、煤气及水的生产和供应业的现金股利支付率最高，为39.86%，而建筑业的现金股利支付率最低，仅为12.88%，二者相差超过20%。此外，各行业的现金股利支付率变化趋势不同。少数行业的现金股利支付率相对稳定，大多数行业的现金股利支付率随着时间的推移而变化。

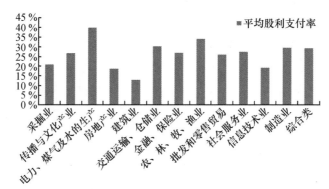

图7-8　中国上市公司1992—2010年各行业平均现金股利支付率

第四节　案例分析
——福耀玻璃的现金股利政策

一、背景介绍

福耀玻璃工业集团股份有限公司（以下简称"福耀玻璃"），1987年在中国福州注册成立，是一家专业生产汽车安全玻璃和工业技术玻璃的中外合资企业，也是一家大型跨国工业集团。1993年，福耀玻璃股票在上海证券交易所挂牌，成为中国同行业首家上市公司，股票简称"福耀玻璃"，股票代码600660。

福耀玻璃长期专注于汽车玻璃业务的发展，2010年公司汽车玻璃销售额达到约75.68亿元，在中国市场占有率达到60%左右，稳居第一位；同时，福耀玻璃也是目前国内技术水平最高、管理最先进的汽车玻璃生产供应商，在中国同行业中率先通过ISO9002、QS9000、VDA6.1、ISO14001、TS16949体系认证，所有产品均获得美国DOT标准、欧共体ECE标准、澳大利亚SAA标准、中国3C标准的认证。公司按照国际制造业先进的管理模式和业务流程，建立了ORACLE ERP系统信息化管理平台；重视人力资源的开发与培养；实施质量成本控制体系。2006年，福耀玻璃研究院被国家发改委、科技部、财政部、海关总署、国家税务总局等联合认定为"国家认定企业技术中心"。2009年7月福耀玻璃被国家科技部、国务院国资委、中华全国总工会确认为"全国第三批创新型试点企业"。2010年7月福耀玻璃入选第二批全国企事业知识产权示范创建单位，示范创建期 2 年。

高品质的产品、领先的研发中心、完善的产品线加上巨大产能,决定了福耀玻璃产品强劲的市场开拓力,印着"FY"商标的汽车玻璃在主导国内汽车玻璃配套、配件市场的同时,还成功挺进国际汽车玻璃配套、配件市场,在竞争激烈的国际市场占据了一席之地。目前,福耀玻璃已经取得了世界八大汽车整车生产厂商的认证,为 Audi、Bentley、BMW、VW、GM、Ford、Daimler、NISSAN、VOLVO、HYUNDAI、Fiat、LANDROVER、Chrysler、HONDA 等提供全球 OEM 配套服务。每年从中国海关出口的国内玻璃中,60% 以上出自福耀玻璃。从 2005 年到 2008 年,福耀玻璃的出口年均复合增长率为 27.17%,福耀玻璃已经成为中国出口量最大的汽车玻璃制造企业。2011 年,以销售量计算,福耀的汽车玻璃全球市场占有率约 20%,成为全球第二大汽车玻璃制造商。

在成长过程中,福耀玻璃获得荣誉无数。福耀玻璃产品"FY"商标是中国汽车玻璃行业第一个"中国驰名商标",自 2004 年起连续两届被授予"中国名牌产品"称号,2009 年荣获"中国品牌百强榜——自主创新品牌 20 强"称号;福耀玻璃股票为上证 50 指数样本股,于 2009 年被上海证券交易所授予"年度董事会奖",并于 2011 年获颁"央视财经 50 指数"2010 年最佳成长性上市公司。福耀玻璃同时还是有评选以来连续三届的"中国最佳企业公民"、"2007CCTV 年度最佳雇主"。在国际上,福耀玻璃还是国内乃至亚洲唯一一家于 2000 年度获得全球三大汽车制造商之一的美国福特汽车公司颁发的全球优秀供应商金奖的汽车玻璃制造企业,是 2007 年度国际上唯一获得美国 PACCAR "2006 年度零部件最佳供应商"称号的汽车玻璃制造企业。公司还于 2008 年度分别获得德国 VOLVO 集团授予的"VOLVO A 级供应商"奖和美国通用汽车公司颁发的"通用 2007 最佳供应商"奖。2009 年,公司再次获得美国通用公司颁发的"通用 2008 最佳供应商"奖,并于同年 6 月获得德国大众集团"2009 年度最佳供应商"奖。2011 年获得美国克莱斯勒汽车"2011 年优秀产品质量奖"。2009 年,董事长曹德旺作为首位华人企业家,登顶具有世界企业界奥斯卡之誉的"安永全球企业家大奖"。

二、案例研究

福耀玻璃 1993 年在上海证券交易所挂牌上市,每股发行价 1.5 元,发行规模 1 159.64 万股,募集资金 1 739.46 万元。从表 7-12 和图 7-9 可见,1993 年年底,公司的总资产仅 3.78 亿元,总负债 1.49 亿元,所有者权益 2.29 亿元。上市当年营业收入 1.69 亿元,净利润 6 400 万元。经过 18 年的快速发展,截至 2010 年年底,福耀玻璃的总资产已经达到 105.67 亿元,是 1993 年的 28 倍,年均增长幅度为 21.64%;所有者权益达到 58.42 亿元,比 1993 年增长 24.5 倍,年均增长幅度为 20.99%;2010 年公司实现营业收入 85.08 亿元,更是 1993 年的 50 倍,年均增长幅度高达 25.93%;2010 年公司实现净利润 17.88 亿元,比 1993 年增长 27 倍,年均增长幅度 21.69%。

表 7-12　福耀玻璃 1993—2010 年主要财务数据　　　　　单位：亿元人民币

年份	总资产	总负债	所有者权益	营业收入	营业利润	净利润	经营净现金*	现金股利
1993 年	3.78	1.49	2.29	1.69	0.67	0.64	n.a.	0.00
1994 年	4.93	1.94	2.99	2.28	0.21	0.83	n.a.	0.00
1995 年	7.68	4.19	3.49	2.67	0.51	0.48	n.a.	0.53
1996 年	10.30	5.54	4.76	2.99	0.05	0.00	n.a.	0.00
1997 年	10.98	6.21	4.77	4.40	0.14	0.12	n.a.	0.09
1998 年	11.27	6.75	4.51	4.98	−0.24	−0.18	1.02	0.00
1999 年	11.19	7.17	4.02	6.09	0.77	0.71	1.41	0.00
2000 年	13.82	8.99	4.84	7.54	1.53	1.50	2.26	0.69
2001 年	16.89	11.19	5.70	9.38	1.65	1.52	2.04	0.55
2002 年	20.46	13.73	6.74	11.24	2.05	1.84	3.85	0.68
2003 年	35.07	19.51	15.55	17.33	3.45	3.21	3.34	1.50
2004 年	52.22	34.13	18.09	23.45	4.12	3.95	6.03	0.00
2005 年	65.51	43.41	22.10	29.11	3.96	3.92	7.17	0.00
2006 年	75.94	46.80	29.15	39.35	6.70	6.07	11.74	3.10
2007 年	94.62	59.36	35.26	51.66	9.62	9.17	13.72	5.01
2008 年	93.33	60.64	32.70	57.17	2.81	2.46	15.92	0.00
2009 年	90.51	46.65	43.86	60.79	14.73	11.18	19.51	3.41
2010 年	105.67	47.25	58.42	85.08	19.92	17.88	21.15	11.42

资料来源：Wind 数据库。

* 根据企业会计准则的要求，上市公司从 1998 年开始编制现金流量表，因此经营净现金的数据从 1998 年开始。

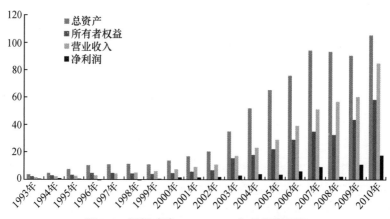

图 7-9　福耀玻璃 1993—2010 年的发展历程

在公司取得快速发展的同时，福耀玻璃并没有忽视对股东的定期回报。自 1993 年 6 月上市至 2011 年的 18 年间，公司累计向投资者派发现金股利 26.98 亿元，合计占公司同期累计净利润的 41%；而在此期间，公司在资本市场只通过两次配股、一次增发募集资金不足 7 亿元。两相比较，公司累计向股东派发的现金股利远远超过了其累计向股东募集的资金总额。这一现象在中国资本市场上并不多见。

与同行业上市公司进行比较后，福耀玻璃的现金股利政策更凸显其对股东的慷慨大方。根据 Wind 数据库的资料,与福耀玻璃同属于"汽车零配件与设备"这一子行业的上市公司数量总共有 56 家(含福耀玻璃),无论是以上市以来的累计现金分红总额作为统计口径,还是以过去 3 年或过去 5 年的累计现金分红总额作为统计口径,福耀玻璃派发的现金股利都是最多的,不仅远远超过行业的平均值或中位值,也显著高于行业第二名的现金分红水平(见表 7-13)。以上市以来累计现金股利发放总额为例,福耀玻璃上市以来累计派发了近 27 亿元的现金股利,而行业第二名的华域汽车累计仅派发不到 18 亿元现金股利,二者相差近 10 亿元;该期间行业现金股利的中位值和平均值更是分别只有 0.44 亿元和 2.34 亿元。仅福耀玻璃一家上市公司,其现金股利就占据整个行业现金股利总额的 20% 以上。

表 7-13 福耀玻璃与同行业上市公司现金股利政策比较 单位:亿元人民币

	上市以来累计现金股利	过去 5 年累计现金股利	过去 3 年累计现金股利
福耀玻璃	26.98	22.93	14.82
行业第二名	17.72	13.51	13.51
行业中位值	0.44	0.27	0.25
行业平均值	2.34	1.45	1.13
行业累计值	131.01	81.35	63.37
占行业比重	20.59%	28.19%	23.39%

资料来源:Wind 数据库整理。

从福耀玻璃各年的现金股利派发情况分析,公司在过去 18 年采取的现金股利政策基本上属于剩余股利模式,即在满足净现值大于零的投资项目资金需求的前提下进行股利分配,当公司具有较好的投资机会时,公司倾向于派发较少的现金股利;而当公司认为外部投资环境较差,需要控制投资项目时,公司则倾向于将自由现金流以股利形式派发给股东。2000 年以前,公司处于快速扩张期,经营净现金主要用于新厂房的建设和新设备的投入,公司仅在 1995 年和 1997 年派发过两次现金股利,累计总额仅为 6 000 多万元。到 2006 年,当许多企业都开始疯狂地对外进行投资和扩张时,福耀玻璃却预见到了危机的临近,并从 2007 年初开始,停止一切扩张性的再投资;利用资本市场火热的机会,以较高价格出售了一批非经营性资产;强化以自我完善为目的的企业流程改造,聘请国际化的咨询机构为企业做测评和培训,提高企业运营质量,降低企业运营和管理成本;关闭了与汽车玻璃无关的建筑级浮法玻璃生产线,保证企业现金流。一系列举措不仅使得福耀玻璃平稳渡过了全球经济危机,还保证了福耀玻璃有足够的现金流在降低公司财务风险的同时回报股东。在 2006—2010 年 5 年间,福耀玻璃累计派发的现金股利高达 23 亿元,占其累计派发现金股利总额的 85%。

要保证对股东有较好的现金股利分配,除了要求公司具有稳定的盈利能力之外,还要求公司能够科学合理地进行现金流量管理和财务风险控制。没有盈利何来分红?有了盈利但没有现金同样无法进行分红;对财务风险的合理控制则是避免公司"一夜醒来债台高筑"的有效工具。福耀玻璃在这些方面都具有良好的表现。首先,公司从一开始就专注于汽车玻璃的发展,从不"朝三暮四"。福耀玻璃董事长曹德旺说过,"从我决定做汽车玻璃开始到现在,我其他什么事情都没做过"。专一的态度使得福耀玻璃能够集中力量充分发挥自身的技术优势,最终将企业做大做强。从表 7-12 和表 7-14 可见,福耀玻璃上市 18 年来,除了 1998 年出现少量亏损之外,其余年份均保持盈利,且其中 11 年的净资产收益率保持在 20% 以上,2010 年公司的净资产收益率更是达到 30.60% 的高位(仅略低于 2000 年的 31%)。其次,福耀玻璃一直注意加强公司营运资本和现金流的管理水平,应收账款周转天数和存款周转天数有了明显的下降。尤其是存货周转天数,从 1993 年的 186 天下降到 2010 年的 72 天,下降幅度高达 60% 以上。营运资本管理水平的显著提升,直接促使公司经营净现金的增加。从表 7-12 可见,自 1998 年开始编制现金流量表以来,公司每年的经营净现金都是正数且大于净利润,而且逐年快速增长,并于 2010 年达到最高水平,实现经营净现金 21.15 亿元。最后,公司还非常注意财务风险的控制。公司的资产负债率长期控制在 40%—70% 的较为合理区间,既享受财务杠杆为公司带来的节税效应,又保证公司的财务压力不会太大。2008 年以来,随着全球经济危机的蔓延,公司进一步收缩投资规模,降低财务杠杆,将资产负债率从 2008 年的 65% 下降到 2010 年的 45%,并保持净资产收益率上升,反映了企业根据企业内外部环境变化动态地调整自身的负债比例。综上可见:福耀在制定分红政策时,重点考虑的是现金创造能力、盈利能力、投资机会和负债程度,在拥有充足现金和稳定的盈利能力前提下,优先保证高效的投资机会以及合理的负债程度所需要的现金,进而考虑给予股东一个合适的现金分红收益。

表 7-14 福耀玻璃 1993—2010 年主要财务比率

年份	净资产收益率	应收账款周转天数	存货周转天数	资产负债率	流动比率	速动比率
1993 年	27.74%	85.80	186.45	39.42%	1.24	0.47
1994 年	27.70%	39.88	93.16	39.35%	1.17	0.70
1995 年	13.77%	116.43	124.20	54.56%	1.04	0.65
1996 年	0.09%	122.30	217.59	53.79%	0.80	0.44
1997 年	2.50%	124.60	128.25	56.56%	0.64	0.38
1998 年	-3.97%	133.02	116.28	59.89%	0.70	0.46
1999 年	17.56%	114.18	114.67	64.08%	0.73	0.44
2000 年	31.00%	98.97	112.18	65.05%	0.87	0.50
2001 年	26.69%	80.73	112.46	66.25%	0.86	0.44
2002 年	27.34%	79.71	98.35	67.11%	0.95	0.53
2003 年	20.64%	63.28	103.23	55.63%	1.15	0.64
2004 年	21.81%	51.69	97.18	65.36%	0.84	0.43
2005 年	17.72%	54.27	110.14	66.26%	0.92	0.43
2006 年	20.83%	56.58	95.54	61.63%	0.94	0.45
2007 年	26.01%	55.17	95.51	62.74%	0.88	0.40
2008 年	7.52%	48.85	74.50	64.97%	0.78	0.38
2009 年	25.49%	70.23	76.40	51.54%	0.99	0.55
2010 年	30.60%	67.36	71.98	44.71%	1.00	0.56

资料来源:Wind 数据库整理。

注:净资产收益率 = 当年净利润/年末所有者权益;资产负债率 = 年末总负债/年末总资产;流动比率 = 流动资产/流动负债;速动比率 = (流动资产 - 存货)/流动负债;应收账款周转天数 = 365 × 应收账款/营业收入;存货周转天数 = 365 × 存货/营业收入。

三、研究结论

对福耀玻璃上市18年来的现金股利政策进行分析之后可以得到以下主要结论：① 当盈利好、现金流量多时，公司倾向于发放较多的现金股利；当盈利差、现金流量少时，公司倾向于发放较少的现金股利，甚至不发放现金股利。② 当具有较好投资项目时，公司倾向于发放较少的现金股利，而将现金用于投资；当投资前景不佳时，公司则倾向于将自由现金流以现金股利形式发放给股东。③ 长期以来，福耀玻璃通过现金股利方式给予股东较好的投资回报，不仅累计发放的现金股利超过其累计净收益的40%以上，而且发放给股东的现金股利远远高于其从股东手中筹集的资金，表明公司非常注重投资者的回报。④ 福耀玻璃之所以能够给予股东较好的现金股利回报，除了其长期良好的盈利能力之外，与公司注重营运资本和现金流管理，强调财务风险控制的管理理念密不可分。当然，公司所处行业的长期健康快速发展，以及一直以来与银行保持良好的银企关系，也是影响公司现金股利政策的重要因素。

福耀玻璃良好的经营业绩和慷慨的现金股利政策，不仅使股东获得了不错的现金股利回报，也刺激了公司股价的表现。根据《中国经济周刊》2010年的统计，在1991—2010年20年间，沪深两市回报率最高的20只股票中，福耀玻璃排名第四位，发行价格1.50元/股，复权后的价格为489.51元/股，累计回报率达到325倍，年均回报率高达39.24%。即便不考虑发行价格，而以福耀玻璃股票上市首日的收盘价计算，公司上市以来的累计收益率也远远高于同期市场的表现（见图7-10）。

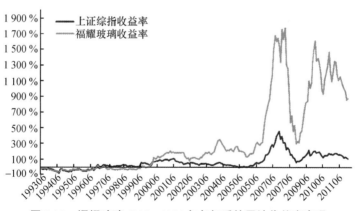

图7-10　福耀玻璃1993—2011年复权后的累计收益率表现

当然，与国外成熟的上市公司相比，福耀玻璃的股利发放水平还不算高，也不够稳定，但这与公司所处的发展阶段和公司所处行业的周期性密切相关。一方面，由于公司正处于高速成长阶段，需要投入大量资金用于扩大生产规模，如果过多派发现金股利，可能会减缓公司的发展速度或增加公司的融资压力；另一方面，由于公司专注于汽车玻璃的发展，因此公司的业绩水平受到汽车行业景气指数的影响较大，这也在一定程度上影响了福耀玻璃现金股利的稳定性。随着公司进一步走向成熟，我们有理由相信福耀玻璃将给投资者带来更多和更稳定的现金股利回报。

本章小结

本章讨论了股利政策的三个问题：一是股利政策的基本理论，分析和探讨各种股利政策在理论上的争议焦点、分歧和各种理论对制定和调整公司股利政策的现实意义。二是股利政策的模式，分析和讨论了各种股利政策实施方式的利弊。三是股利政策的实践问题，重点讨论如何根据影响股利政策的关键因素，制定和调整公司的股利政策。

股利政策的主要理论包括：① 手中鸟理论支持了多分少留的股利政策。② MM 无关论认为股利政策不影响股东的价值。③ 税差理论则认为公司应采取少分多留的股利政策。④ 客户效应理论建议应根据客户的需求制定和调整股利政策。⑤ 代理理论从两种代理关系，推出不同的结论：一是基于股东和债权人的关系，认为要保护债权人利益，应采取多留少分的股利政策；二是从股东和管理层的关系，认为为了防止管理层滥用股东财富，应实行多分少留的股利政策。⑥ 股利信号理论存在不同的看法：主流观点有认为公司增加股利是个利好消息，但也有认为公司增加股利未必是利好消息。⑦ 股利迎合理论认为，管理者将根据投资者对现金股利的需求而采取相应的股利支付行为。

股利政策的主要形式包括：① 考虑资本结构和高效投资项目资金需求的剩余股利模式；② 在一定股利水平基础上逐年增长的稳定增长股利模式；③ 按照一个固定支付比例计算股利的固定股利支付率模式；④ 在派发低股利的基础上，根据盈利状况派发惊喜股利的低正常股利加额外股利的模式；⑤ 将要派发给股东的现金股利用于购买公司股票的股东股利再投资计划；⑥ 公司通过回购其在外流通的股票，提高每股现金分红和股价的股票回购计划。这些不同的股利政策模式，利弊兼有，其稳定性不同，对公司的现金状况、投资机会、资本结构、股票价格、股东需求等的影响也不同。

在理论上，股利政策的目标是股东价值最大化。在实践中，股利政策的制定和调整受许多因素的制约。这些因素包括股东偏好、现金充裕程度、投资机会、负债状况、偿债能力、债务合约、法律法规等。

专业词汇

1. 手中鸟理论(Bird-in-Hand Theory)
2. 税差理论(Tax Differential Theory)
3. MM 无关论(M&M's Dividend Irrelevance Theory)
4. 客户效应理论(Clientele Effect Theory)
5. 代理理论(Agent Theory)
6. 股利信号理论(Dividend Signalling Theory)
7. 股利迎合理论(Catering Theory)
7. 现金股利(Cash Dividend)
8. 股票股利(Stock Dividend)
9. 每股现金股利(Cash Dividend Per Share)

10. 现金股利收益率(股息率)(Dividend Yield)
11. 股东收益率(Return for Shareholders)
12. 剩余股利模式(Residual Dividend Model)
13. 稳定增长股利模式(Steadily Growing Dividend Model)
14. 固定股利支付率模式(Fixed Payout Ratio Model)
15. 额外股利(惊喜股利)(Extra Dividend)
16. 股票回购计划(Stock Repurchase Plan)
17. 股利再投资计划(Dividend Reinvestment Plan)

思考与练习

(一) 单项选择题

1. IK 公司今年盈利 1.5 亿元,其未来投资项目的收益率 = 15%,目前其权益资本的成本 = 18%,假定其他因素固定不变,你认为应采取什么股利政策?
(a) 提高分红比例 　　　　　　(b) 降低分红比例
(c) 提高留存收益比例 　　　　(d) 没有答案

2. 根据(　　),股利支付比率越低,权益资本成本越低,企业的权益价值越高。
(a) 手中鸟理论 　　　　　　　(b) 税差理论
(c) MM 股利无关论 　　　　　(d) 信号理论

3. 当一个企业未来投资项目的收益率超过其加权平均资本成本时,企业分红政策的基本思路是(　　)。
(a) 多分少留 　　　　　　　　(b) 多留少分
(c) 现金分红 　　　　　　　　(d) 不能确定

4. 根据客户效应理论,公司应该根据公司的(　　)制定分红政策,以稳定公司的股票价格。
(a) 管理者需求 　　　　　　　(b) 债权人需求
(c) 股东需求 　　　　　　　　(b) 盈利状况

5. 根据代理成本理论,公司应实行(　　)分红政策,以(　　)。
(a) 多留少分,稳定股票价格 　　(b) 多分少留,稳定股票价格
(c) 多留少分,降低代理成本 　　(d) 多分少留,降低代理成本

6. 有关分红政策的税差理论发现:如果对红利的征税率(　　)对资本利得的征税率,那么分红越多,缴税(　　)。
(a) 小于,越多 　　　　　　　　(b) 等于,越少
(c) 大于,越多 　　　　　　　　(d) 大于,越少

7. 根据威廉高登股利折现模型,对于(　　)公司,应该实行(　　)的股利政策。
(a) 衰退型,多留少分 　　　　　(b) 增长型,多分少留
(c) 稳定型,多留少分 　　　　　(d) 增长型,多留少分

8. 手中鸟理论认为:(　　),因此公司应该实行(　　)的分红政策。
(a) 股利的不确定性比较高,多留少分

(b) 资本利得的不确定性比较高,多留少分
(c) 股利的不确定性比较高,多分少留
(d) 资本利得的不确定性比较高,多分少留

9. AL 公司每年根据这个公式决定其分红政策:股利总额 = 净利润 − (1 − 目标负债率) × 所需投资,这种股利政策的制定方法说明该公司实行的是(   )的股利政策。
(a) 稳定增长   (b) 固定股利支付率
(c) 股票股利   (d) 剩余股利

10. A 公司今年的净利润 4 亿元,股票价格 20 元/股,目前在外流通股票 1 亿股。经研究决定,仍然实行分红比例 50% 的稳定股利政策,且决定以 22 元/股的价格要约回购在外流通股票数量的 10%。回购后公司的 EPS 从 4 元/股(   )。
(a) 下降到 3.6 元/股   (b) 上升到 4.44 元/股
(c) 上升到 6 元/股   (d) 不变

11. 根据第 10 题,如果市盈率不变,预计公司的股票价格将从 20 元/股(   )。
(a) 下降到 18 元/股   (b) 上升到 22.2 元/股
(c) 上升到 24.2 元/股   (d) 不变

12. B 公司连续几年其净利润大于经营性净现金,今年每股净利润 1 元,每股经营性净现金 0.2 元,由于前几年没有分红,股票价格低迷,因此今年公司董事会决定分红 50%。这个决定是(   )。
(a) 正确的,因为每股利润多于每股经营净现金
(b) 错误的,因为每股经营净现金少于每股利润
(c) 正确的,因为每股分红小于每股利润
(d) 错误的,因为每股分红小于每股利润

13. 根据第 12 题,若 B 公司坚持实行上述分红政策,其分红所需现金可能来自(   )。
(a) 净利润   (b) 新增借款
(c) 销售收入   (d) 都可能

14. C 公司今年的负债比例 50%,处于适度状态,ROE 高达 15%,销售净利润率 22%,每股利润 1 元,每股经营性净现金 2 元,目前和未来一段时期公司没有新的投资机会。你认为该公司今年应采取(   )的股利政策比较合理。
(a) 不分红   (b) 低比例   (c) 高比例   (d) 发放股票股利

15. Q 公司今年净利润 2 亿元,到今年底为止拥有留存收益共计 4 亿元,公司的股票价格 10 元/股。公司在外流通的股票数量是 1 亿股。若该公司决定采用股票股利,最多每 1 股可以送出(   )。
(a) 1 股   (b) 2 股   (c) 3 股   (d) 4 股

(二) 简述题

1. 从理论的角度,简述各种股利政策理论的争议焦点。
2. 中国民营企业和 MBO 企业常常实行高分红的股利政策,如何解释这种现象?
3. 在实践中,制定股利政策必须考虑哪些主要因素?
4. 简述实践中所制定的各种股利政策(剩余股利政策、稳定增长的股利政策、固定股

利支付率政策、低正常股利加特别股利政策、再投资计划股利政策、股票股利政策）的利弊。

5. 为什么股票回购会影响公司的股票价格？简述股票回购的利与弊。

（三）微型案例分析

1. V 化妆品公司的股利政策问题

V 公司是一家在中国深圳中小企业板上市的公司，生产各种洗涤用品和中档化妆品。公司一直将目标资本结构定在"60% 负债 +40% 权益"。该公司今年总资产 100 000 万元，销售收入 20 000 万元，净利润为 5 000 万元，EBIT 是 6 000 万元，经营性净现金为 7 150 万元。该公司的加权平均资本成本（WACC）为 15%，如果增发新股，由于发行费用的缘故，WACC 将提高到 16%。

近年来，V 公司处于快速成长时期，年销售收入平均增长在 15%，产品具有一定的知名度，并逐步向内地市场延伸。投资部门提出一系列投资项目如下表。销售部门认为：由于市场竞争十分激烈，境外品牌公司增扩产品线，进入中低档产品市场；境内新增中小企业开始进入该市场。因此，公司将可能从快速增长期进入相对稳定期，投资机会具有不确定性。如果市场 2 年内进入衰退期，销售部门建议只投资 A 项目，其可以使得公司每年销售收入继续增长 5%；如果市场 2 年内仍处于成熟期，销售部门建议投资 A 和 B 项目，其可以使得公司每年销售收入继续增长 10%；如果市场 2 年内还是增长期，销售部门建议投资 A、B、C 三个项目，其可以使得公司每年销售收入继续增长 12%。

V 公司的投资机会 单位：万元

项目	A	B	C	D	E
所需投资	5 000	5 000	6 000	5 000	6 500
IRR	25%	22%	20%	18%	15%

（1）根据上述资料，为 V 公司制定可能的股利政策，并计算可能的股利支付率。

（2）在什么情况下，V 公司应该增发新股？增发新股的数量（万元）是多少？

（3）你建议 V 公司今年是否应分红？若你建议分红，采取哪一种股利分配方案，为什么？

2. 可口可乐 2007—2011 年的财务绩效和股利政策分析

根据第二章《思考与练习——微型案例分析》中可口可乐 2007—2011 年来的主要财务数据：

（1）计算和分析可口可乐盈利能力。

（2）计算和分析可口可乐的现金创造能力。

（3）计算和分析可口可乐的创值能力（$K_s = 20\%$；$K_d =$ 利息支出/有息负债）。

（4）计算和分析可口可乐的自我可持续增长率，并判断其资金短缺或资金剩余（预测未来增长率为 10%）。

（5）计算和分析可口可乐的风险。

假设：变动成本 = [（销售成本 + 营销管理费用）− 折旧摊销] × 70%

固定成本 = 折旧摊销 + [（销售成本 + 营销管理费用）− 折旧摊销] × 30%

(6) 根据 P-C-V-R-G 的业绩评价标准,综合评价可口可乐公司的经营财务绩效。
(7) 通过 ROE 的分解分析,研究可口可乐的盈利模式是否发生变化?
(8) 分析可口可乐的现金管理具有哪些主要特点?
(9) 分析可口可乐的负债政策具有哪些主要特征?
(10) 分析可口可乐的分红政策具有哪些特征?

第八章 投资价值分析与决策

我国自1990年创立证券市场以来,已历经20余年。将剩余资金投资于股票和债券等证券资产,也已经成为很多企业投资理财的重要手段。特别是近年来,随着我国经济的持续快速增长,企业之间的资本运作、业务往来、技术交流等方面的合作日趋密切。尤其是在有价证券投资方面,企业的参与热情空前高涨。有些企业从战略性投资的角度出发,为了做大做强,以便在行业中占据有利优势,或者为了提高在国际市场上的竞争实力,积极地通过资本市场投资、收购和兼并一些企业,迅速壮大自身实力;有些企业则从财务性投资的角度出发,为了提高资金的运转效率,将闲置的资金投资于债券、股票等有价证券,以获得一定的投资回报;甚至还有些企业为了弥补其在主营业务方面的不足,试图通过证券投资来实现"一夜暴富",迅速扭亏为盈或大幅度提高盈利能力。在这些投资活动中,不管是财务性投资还是战略性投资,是股权投资还是债权投资,是为了取得企业的股份、控制权、控股权,还是最终的收购兼并,都涉及一个核心的问题,即投资的估值问题。对投资企业而言,决定是否进行股权投资或债权投资,最根本所在就是该投资是否能为企业带来效益? 如果能,就投资;如果不能,就放弃。既然这样,那么如何对投资进行估值呢? 本章从对债券及股票的估值方法入手,详细介绍几种常见的估值模型,并分析其优缺点及在实践过程中的应用,为公司进行投资决策提供有效的评价工具。

本章所讲的投资与第五章所讲的投资项目有区别又有联系,主要区别在于:① 本章的投资主要指有价证券投资,即对债券、股票等有价证券的投资;而第五章的投资项目主要是对大中型固定资产等项目的投资。② 本章主要探讨对其他主体发行的股票、债券等的投资,侧重于外部投资;而第五章主要讨论对企业内部的建筑物、设备、生产线等的投资,侧重于内部投资。③ 本章主要探讨对企业整体股权及债权的评估方法;而第五章主要讨论对单个投资项目的评估方法。两章的主要联系在于:① 投资的根本目标是一致的,即获得投资收益;② 二者都需要考虑资金的机会成本,或者说是投资者要求的最低回报率,只有当项目的回报率高于资金的机会成本时,才能进行投资;③ 二者的某些估值方法从原理上说是一致的,如现金折现方法。

第一节 债券投资的估值方法与实践应用

2007年10月12日,我国第一家公司债券——"07长电债"在上海证券交易所成功挂牌上市。长电公司债的顺利发行和上市,标志着公司债正式走进我国资本市场。

"07长电债"由中国长江电力股份有限公司发行,发行规模为40亿元,每张公司债券的票面金额为100元,按面值发行,债券期限为10年。票面利率为5.35%,票面利率在债券存续期内固定不变,采用单利按年计息,不计复利,到期一次偿还本金(见表8-1)。

表8-1　中国长江电力股份有限公司2007年第一期公司债券发行概要

债券名称	中国长江电力股份有限公司2007年第一期公司债券
债券总额	人民币肆拾亿元整（RMB 4 000 000 000元）
票面金额	100元
债券期限	10年
发行价格	按债券面值发行
票面利率	5.35%（由发行人和保荐人通过市场询价协商确定）
还本付息方式	按年付息、到期一次还本
回售条款	公司债券持有人有权在债券存续期间第7年付息日将其持有的债券全部或部分按面值回售给公司
担保方式	中国建设银行为本期公司债券提供了全额、不可撤销的连带责任保证担保
信用级别	经中诚信评估综合评定，公司主体信用等级为AAA，本期公司债券信用等级为AAA
债券受托管理人	华泰证券有限责任公司
发行对象	持有登记机构开立的首位为A、B、D、F证券账户的社会公众投资者和在登记机构开立合格证券账户的机构投资者
发行方式	网上面向社会公众投资者公开发行和网下面向机构投资者协议发行相结合
承销方式	由保荐人（主承销商）华泰证券有限责任公司组织承销团，采取余额包销的方式承销
发行费用	本期公司债券发行费用预计为5 600万元

此次长电债的发行实现了许多历史性的创新。首先，从发行程序上看，实行的是核准制，发行程序相比企业债而言得到很大的简化；其次，募集资金用途得到扩大，可用于偿还借款、补充流动资金或股权（资产）收购；再次，发行利率市场化，发行价格由发行人与保荐人通过市场询价后确定；最后，引进了债券受托管理制度和债券持有人会议制度，加强对债券持有人的权益保护。

公司债的推出，不仅进一步丰富了我国的债券品种，增加了投资者的投资选择，而且为公司的融资提供了新的渠道，促进了我国债券市场的发展。

一、债券的基本要素及分类

什么是债券呢？债券是公司或政府为筹集资金而发行的一种有价证券。它要求发行主体按照承诺的票面利率定期向投资者支付利息，并在到期日足额偿还本金。要投资债券，首先要了解债券的基本要素、种类等信息，然后才能对债券进行估值。

（一）债券的基本要素

投资一种债券，投资者要知道什么时候获得利息，获得多少利息，什么时候收回本金，能收回多少本金等最基本的问题。债券的基本要素就是对这些问题的回答。债券的基本要素包括债券面值、债券期限、票面利率及付息方式。这些基本要素可以在任何一种债券上得到体现。

1. 债券面值

债券面值是债券的票面价值，也就是债券的本金。它是债券投资者计算利息收入的基础,也是债券到期时投资者能收回的金额。在我国,债券面值一般为 100 元。

与债券面值这个概念容易混淆的是发行价格,后者指债券发行时投资者的购买价格。发行价格可能与债券面值相同,也可能与债券面值不同。按照发行价格与债券面值的关系,债券发行可以分为溢价发行、折价发行和平价发行。当发行价格高于债券面值时,表明该债券为溢价发行;当发行价格低于债券面值时,表明该债券为折价发行;当发行价格等于债券面值时,表明该债券为平价发行。

2. 债券期限

债券期限是指从债券发行之日起至到期偿还本金之日止的时间跨度。一般从 3 个月到 30 年不等,有些国家甚至有永久性债券,如英国的金边债券。从我国已发行的各种债券的期限来看,最高期限为 30 年,如 2003 年中国长江三峡工程开发总公司发行的 30 亿元企业债券;最低期限为 3 个月,如 2005 年海通证券股份有限公司发行的 6 亿元短期融资券。

3. 票面利率

票面利率是债券发行主体向投资者承诺的利息支付率。票面利率乘以债券面值,就可以得出发行主体每期应支付的利息。票面利率可以固定不变,也可以浮动。当发债主体预期未来的市场利率将上升时,为了避免以后由于市场利率上升而导致多支付利息,就会倾向于发行固定票面利率的债券;当发债主体预期未来的市场利率将下降时,为了享受市场利率下降而带来的成本降低,则更倾向于发行浮动票面利率的债券。

4. 付息方式

付息方式是指发行债券主体支付债券利息的方式。它可以是定期支付,如每年支付一次或每半年支付一次;也可以在平时不支付利息,而在债券到期时随本金一次性支付全部利息;甚至可以是零付息的方式,即发行主体无需对债券支付任何利息,但这种债券通常要折价发行(或称贴现发行)。

(二) 债券种类

根据不同的分类标准,债券可以有不同的种类。

1. 根据发债主体的不同分类

根据发债主体的不同,债券可以分为政府债券、金融债券和公司债券。政府债券是由国家政府或者地方政府发行的债券,筹集的资金一般用于弥补财政赤字、投资公共设施建设等项目。金融债券是由金融机构发行的债券,主要用于补充资本金等,这些金融机构包括政策性银行、商业银行及非银行金融机构。公司债券则是由非金融性质的企业发行的债券,其发行目的主要是筹集资金以满足生产经营活动的需要。

2. 根据债券期限的不同分类

根据债券期限的长短,债券可以分为短期债券、中期债券和长期债券。短期债券是指到期日在 1 年以内的债券;中期债券是指到期日在 1 年以上,但不超过 10 年的债券;长期债券是指到期日在 10 年以上的债券。

3. 根据票面利率变动的不同分类

根据票面利率的不同,债券可以分为固定利率债券和浮动利率债券。固定利率债券是指债券在整个债券期限内的付息率是不变的,它不随市场利率的波动而变动。浮动利率债券是指债券在整个债券期限内的付息率会随着市场利率的波动而变动。

对于固定利率债券,由于其支付的票面利息不受市场利率的影响,因此发行主体每期支付的成本是固定的,投资者每期获得的收益也是固定的。然而,当市场利率发生变动,比如说利率上升,那么对发行主体来说,其未来的融资成本将随着市场利率的上升而提高,因此目前的利率对它来说就是较低的成本;而对投资者而言,当市场利率上升,其原来的投资收益对比新发行的债券而言,就显得降低了,因此债券的价格也会随之降低。

对于浮动利率债券,其支付的票面利息将随市场利率的波动而变动。那么,浮动利率按照什么规则来浮动?其浮动的范围又有多大呢?浮动利率通常根据市场上的基准利率加上一定的利差来确定。不同国家对市场基准利率的选择各不相同。如美国的浮动利率主要参照3个月期限的国债利率来确定,欧洲国家主要参照伦敦银行间同业拆借利率(LIBOR)来确定,我国在2007年以前,浮动利率主要参照1年期银行储蓄存款利率来确定,自从中国人民银行2007年1月4日正式推出上海银行间同业拆放利率(SHIBOR)后,浮动利率的确定主要参照后者。例如,华夏银行2007年发行的5年期浮动利率债券,其票面利率为基准利率加上基本利差。其中,基准利率就是SHIBOR的10日均值。

既然是浮动利率债券,对发行主体和投资者而言,每期支付和收到的利息将随着市场利率的变动而变动。这在市场利率处于连续上升阶段或连续下降阶段的情况下,能够保证发行主体和投资者的成本和收益不会由于市场利率的大幅变动而出现大幅的亏损或盈利。

4. 根据担保情况的不同分类

债券根据有无抵押担保,可以分为无担保债券和担保债券。无担保债券亦称信用债券,顾名思义,就是发债主体凭自身信用发行的债券,无需任何物品的抵押或第三者保证。政府债券是典型的无担保债券,一些信用等级高的大公司也可以发行无担保债券。

担保债券是指以抵押财产或者由第三者作为担保而发行的债券。当信用等级较低时,为顺利通过发债筹集资金,公司倾向于发行担保债券,否则,公司将承受相当高的利息成本。公司可以以土地、房屋及建筑物、机器设备等固定资产作为抵押品,也可以以公司持有的有价证券作为抵押品,还可以请信用等级较高的公司作为保证人。一旦公司到期无力还本付息,债权人将有权出售相关的抵押品来偿债或要求保证人承担连带的偿债义务。

5. 根据能否转换分类

按照是否可以转换成其他金融工具来分类,债券可以分为可转换债券和不可转换债券。前者是指在满足一定条件的情况下,投资者可以将持有的债券转换成其他的金融工具;后者则没有这个权利。可转换债券一般都是将债券转换成公司股票。这种债券赋予投资者在债券到期之前,按事先约定的比例将债券转换成公司股票的权利。当投资者认为公司股票存在升值潜力时,可以将债券转换成股票,以获得股票升值所带来的收益;当投资者觉得公司股票被高估时,可以放弃换股的权利而持有债券,以获得债券利息。当然,由于可转换债券比不可转换债券拥有更多的选择权,因此,在其他条件不变的前提下,其票面利率一般低于不可转换债券的票面利率。

二、债券的估值方法

对于债券这种有价证券而言,由于有明确的债券期限及稳定的现金流量,因此最常用的估值模型就是折现现金流量模型,即

债券价值 = 以后各期现金流量的折现值之和

用公式表示为:

$$V_0^D = \frac{CF_1}{1+r} + \frac{CF_2}{(1+r)^2} + \cdots + \frac{CF_n}{(1+r)^n} \tag{8-1}$$

其中: V_0^D 表示债券在 0 期的价值, CF_i 表示第 i 期的现金流量, r 表示市场利率, n 表示债券期限。

根据公式(8-1),就可以对各种债券进行估值。

(一) 固定利率债券

固定利率债券要求发债主体定期按照规定的票面利率支付给投资者利息,并于债券到期时偿还债券本金。对这种类型的债券估值时,公式(8-1)可改写成:

$$V_0^D = \frac{INT}{1+r} + \frac{INT}{(1+r)^2} + \cdots + \frac{INT}{(1+r)^n} + \frac{M}{(1+r)^n} \tag{8-2}$$

其中: V_0^D 表示债券在 0 期的价值, INT 表示每年支付的利息, M 表示到期偿还的本金, r 表示市场利率, n 表示债券期限。

假设 S 公司于 2007 年 1 月 1 日发行 10 亿元 10 年期固定利率的企业债券,票面年利率为 6%,债券面值 100 元,每年期末付息一次,到期一次还本,最后一期利息随本金的兑付一起支付。投资者投资该债券后的各年现金流量如图 8-1 所示。

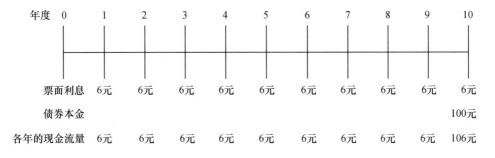

图 8-1 投资债券的各年现金流量

根据以上资料,如何对 S 公司的债券进行估值呢?

按照公式(8-2),投资者从 2007 年起,每年年末定期收到债券的票面利息 6 元,10 年后一次性收回本金 100 元。假设市场利率为 6%,则债券的发行价格为:

$$V_0^D = \frac{6}{1+6\%} + \frac{6}{(1+6\%)^2} + \cdots + \frac{6}{(1+6\%)^{10}} + \frac{100}{(1+6\%)^{10}} = 100 \text{ (元)}$$

如果市场利率不是6%,而是5%,则债券的发行价格为:

$$V_0^D = \frac{6}{1+5\%} + \frac{6}{(1+5\%)^2} + \cdots + \frac{6}{(1+5\%)^{10}} + \frac{100}{(1+5\%)^{10}} = 107.72 \text{ (元)}$$

如果市场利率不是6%,而是7%,则债券的发行价格为:

$$V_0^D = \frac{6}{1+7\%} + \frac{6}{(1+7\%)^2} + \cdots + \frac{6}{(1+7\%)^{10}} + \frac{100}{(1+7\%)^{10}} = 92.97 \text{ (元)}$$

根据以上的计算,可以知道,债券票面利率与市场利率的关系直接影响债券的发行价格。当票面利率等于市场利率时,发行价格就等于票面价值,即债券平价发行;当票面利率高于市场利率时,表明投资者在投资以后的各期得到的现金流量高于市场水平,因此发行价格就应该高于票面价值,即债券溢价发行;当票面利率低于市场利率时,表明投资者在投资以后的各期得到的现金流量低于市场水平,因此发行价格就应该低于票面价值,即债券折价发行。

(二) 零息债券

零息债券,顾名思义,就是无需支付利息,只需到期按照票面价值偿还本金的债券。既然不支付利息给投资者,那么为什么投资者愿意购买这种债券呢?因为发行人以低于票面价值的价格将债券出售给投资者,并承诺在债券到期时按照票面价值赎回债券。当投资者享受的折价收益等于或者高于其无法获得债券利息所造成的损失时,他们就愿意购买这种零息债券。

由于无需支付利息,因此根据公式(8-1),零息债券的价值就等于其到期收到的本金的折现值,即

$$V_0^D = \frac{CF_n}{(1+r)^n} \tag{8-3}$$

其中:V_0^D 为零息债券的现值,CF_n 为零息债券第 n 期偿还的本金,r 为市场利率,n 为债券期限。

例如,G公司于2006年4月1日发行20亿元3年期的零息债券,债券面值100元,市场利率为10%,则债券的发行价格应该是多少?

按照公式(8-3),

$$V_0^D = \frac{100}{(1+10\%)^3} = 75.13 \text{ (元)}$$

即该零息债券的发行价格应为75.13元。

(三) 永久性债券

永久性债券,是指没有到期日的债券。发行主体发行这种债券后,无需偿还本金,但

必须按照票面利率定期支付利息给投资者,而且这样的付息将永远持续下去,不能停止。为防止发行主体无力持续支付利息,这种债券对发行主体的信用等级要求极高,一般只有政府才能发行永久性债券。我国目前没有这种债券,但有些国家则存在这样的债券。典型的例子就是英国的金边债券。它由英格兰银行于18世纪发行,按照债券的规定,英格兰银行将无限期地向债券投资者支付固定的利息。

由于没有到期日,也无需偿还本金,因此根据公式(8-1),永久性债券的价值就等于其未来各期利息的现值之和,即

$$V_0^D = \sum_{i=1}^{\infty} \frac{CF}{(1+r)^i} = \frac{CF}{r} \tag{8-4}$$

其中:V_0^D 为永久公债的现值,CF 为永久公债每期支付的利息,r 为市场利率。

例如,某金边债券的面值为100英镑,票面利率12%。假设目前的市场利率为10%,那么,该金边债券的价值应该是多少呢?

根据公式(8-4),该金边债券的价值:

$$V_0^D = \frac{100 \times 12\%}{10\%} = 120(英镑)$$

三、债券价格与市场利率

在实际的债券交易中,债券价格并非一成不变,它受到很多风险因素的影响。从宏观上看,市场利率、汇率、通货膨胀率、市场流动性,甚至政治因素都会影响债券价格;从微观上看,发债主体的偿债能力、债券合约上的赎回条款、转换条款等因素也会影响债券的价格。在这些影响因素中,市场利率与债券价格的关系最为密切。

市场利率是影响债券价格最重要的因素。市场利率一发生变动,债券价格就随之发生变动。市场利率与债券价格的关系主要有以下几种:

(1) 债券价格与市场利率成反向变动关系:当市场利率上升时,债券价格下跌;当市场利率下降时,债券价格上升(见图8-2)。

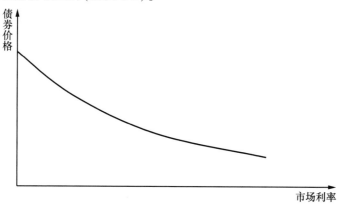

图8-2 债券价格与市场利率关系

例如,当市场利率从 10% 下降到 9% 时,5 年期票面利率为 10% 的债券价格将从 1 000 元上涨到 1 038.90 元;当市场利率从 10% 上升到 11% 时,5 年期票面利率为 10% 的债券价格将从 1 000 元下跌到 963.04 元(见表 8-2)。

表 8-2 市场利率与债券价格关系表

市场利率	票面利率	到期期限	发行价($)	现行价($)	涨跌($)	涨跌幅度
10%	10%	5 年	1 000.00	1 000.00	—	0.00%
10%	10%	10 年	1 000.00	1 000.00	—	0.00%
10%	10%	15 年	1 000.00	1 000.00	—	0.00%
9%	10%	5 年	1 000.00	1 038.90	38.90	3.89%
9%	10%	10 年	1 000.00	1 064.18	64.18	6.42%
9%	10%	15 年	1 000.00	1 080.61	80.61	8.06%
11%	10%	5 年	1 000.00	963.04	-36.96	-3.70%
11%	10%	10 年	1 000.00	941.11	-58.89	-5.89%
11%	10%	15 年	1 000.00	928.09	-71.91	-7.19%
11%	12%	15 年	1 000.00	1 071.91	71.91	7.19%
10%	12%	15 年	1 000.00	1 152.12	152.12	15.21%

(2)市场利率变动时,期限越长的债券,其价格的波动幅度也越大。当市场利率上升时,长期债券价格下跌的幅度比短期债券价格下跌的幅度大;当市场利率下降时,长期债券价格上涨的幅度比短期债券价格上涨的幅度大(见图 8-3)。

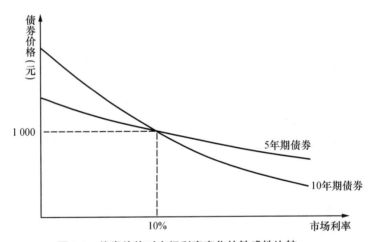

图 8-3 债券价格对市场利率变化的敏感性比较

例如,当市场利率从 10% 上升到 11% 时,10 年期票面利率为 10% 的债券价格下跌幅度为 5.89%,而 5 年期票面利率为 10% 的债券价格下跌幅度为 3.70%;当市场利率从 10% 下降到 9% 时,10 年期票面利率为 10% 的债券价格上涨幅度为 6.42%,而 5 年期票面利率为 10% 的债券价格上涨幅度为 3.89%(见表 8-2)。

(3)一般地说,当市场利率变动时,债券价格的变动率会随着其到期期限的长短而呈现递减或递增的变动趋势。当利率上升时,债券的到期期限越长,其价格的下跌速度越慢,反之越快;当利率下降时,债券的到期期限越长,其价格的上涨速度越慢,反之越快。

例如,当市场利率从10%上升到11%时,5年期票面利率为10%的债券价格下跌幅度为3.70%;10年期票面利率为10%的债券价格下跌幅度为5.89%;15年期票面利率为10%的债券价格下跌幅度为7.19%,跌幅的增长速度越来越慢(见表8-2)。

(4)对于同样一种债券,当市场利率下降或上升相同幅度时,由于市场利率的下降引起债券价格上升所形成的"资本盈利"大于由于市场利率上升引起债券价格下降所形成的"资本损失"。

例如,当市场利率从10%下降到9%时,5年期票面利率为10%的债券价格从1 000元上涨到1 038.90元,上涨38.90元;当市场利率从10%上升到11%时,5年期票面利率为10%的债券价格从1 000元下跌到963.04元,下跌36.96元,上涨形成的资本盈利比下跌形成的资本亏损高出1.94元(见表8-2)。

(5)当市场利率变动时,较高票面利率的债券,其价格的变动率低于较低票面利率的债券。当市场利率下降时,较高票面利率的债券,其价格上升的幅度要低于较低票面利率的债券;当市场利率上升时,较高票面利率的债券,其价格下跌的幅度要低于较低票面利率的债券。

例如,当市场利率从10%上升到11%时,票面利率为12%的15年期债券的价格从1 152.12元下降到1 071.91元,下跌了6.96%;而票面利率为10%的15年期债券的价格从1 000元下降到928.09元,下跌了7.19%(见表8-2)。

既然债券价格受市场利率的影响巨大,那么有没有方法来管理利率风险呢?一般而言,对债券利率风险的管理主要可以分为消极型管理和积极型管理两种。前者是以市场有效性为前提,假定债券价格已经充分反映了所有公开信息,频繁交易不仅无法赚取超额利润,反而会增加交易成本,因此,可以通过指数策略和免疫策略等方法来管理债券,有效控制债券的利率风险;而后者则假定市场并非完全有效,因此投资者可以通过低买高卖的操作来获取超额利润。积极型管理的方法包括债券互换、应急免疫、驾驭收益率曲线等。这里我们简要地介绍如何通过免疫策略来管理利率风险。

对于一般债券而言,假设每年支付一次利息。如果投资者将利息再用于购买该债券,那么,当市场利率上升时,债券价格下跌,投资者的原始投资会出现资本亏损,而投资者用利息购买的债券则会因市场利率上升而得到更多收益,部分冲减其原始投资的资本亏损,随着时间的推移,投资者得到的利息越来越多,再投资收益也越来越大,这样,投资者就有可能在某一时点使得其再投资收益等于其原始投资的资本亏损。同理,当市场利率下降时,债券价格上升,投资者的原始投资会出现资本盈利,而再投资则会发生亏损,同样会在某一时点二者达到均衡。这就是债券的免疫策略(Immunization Strategy)。

下面我们通过一个例子来说明免疫策略的应用。假设K债券面值为1 000元,期限10年,票面利率9%,每年年末付息1次。未来市场利率可能发生以下变动:下降至7%或上升至11%,若利用利息再投资,问投资者应持有该债券多长时间才能避免利率变动的影响?

首先,当利率保持9%不变时,债券在持有各年的资本利得、再投资利息收益及总收益分别如表8-3所示。

表 8-3 当利率为 9% 时债券的各期收益表 单位:元

项目	第1年	第2年	第3年	第4年	第5年	第6年	第7年	第8年	第9年	第10年
票面利息	90.00	180.00	270.00	360.00	450.00	540.00	630.00	720.00	810.00	900.00
资本利得	0.00	0.00	0.00	0.00	0.00	0.00	0.00	0.00	0.00	0.00
利息再投资产生的利息	—	8.10	25.03	51.58	88.62	137.10	198.04	272.56	361.89	467.36
全部收益	90.00	188.10	295.03	411.58	538.62	677.10	828.04	992.56	1 171.89	1 367.36
收益率	9.00%	9.00%	9.00%	9.00%	9.00%	9.00%	9.00%	9.00%	9.00%	9.00%

当利率下降至 7% 时,

第 1 年年末的票面利息 $= 1\,000 \times 9\% = 90(元)$

第 1 年年末的资本利得 $= \dfrac{1\,000 \times 9\%}{1+7\%} + \dfrac{1\,000 \times 9\%}{(1+7\%)^2}$

$+ \cdots + \dfrac{1\,000 \times 9\% + 1\,000}{(1+7\%)^9} - 1\,000 = 130.30(元)$

第 1 年年末的再投资利息收益 $= 0$

第 1 年年末的全部收益 $= 90 + 130.30 = 220.30(元)$

第 1 年年末的收益率 $= 220.30/1\,000 = 22.03\%$

第 2 年年末的票面利息 $= 1\,000 \times 9\% \times 2 = 180(元)$

第 2 年年末的资本利得 $= \dfrac{1\,000 \times 9\%}{1+7\%} + \dfrac{1\,000 \times 9\%}{(1+7\%)^2}$

$+ \cdots + \dfrac{1\,000 \times 9\% + 1\,000}{(1+7\%)^8} - 1\,000 = 119.43(元)$

第 2 年年末的再投资利息收益 $= 90 \times 7\% = 6.30(元)$

第 2 年年末的全部收益 $= 180 + 119.43 + 6.30 = 305.73(元)$

第 2 年年末的收益率 $= \sqrt{\dfrac{1\,000 + 305.73}{1\,000}} - 1 = 14.27\%$

以此类推,可以计算出当利率下降为 7% 时,债券在各年的资本利得、再投资利息收益、总收益及收益率(详见表 8-4 所示)。

表 8-4 当利率为 7% 时债券的各期收益表 单位:元

项目	第1年	第2年	第3年	第4年	第5年	第6年	第7年	第8年	第9年	第10年
票面利息	90.00	180.00	270.00	360.00	450.00	540.00	630.00	720.00	810.00	900.00
资本利得	130.30	119.43	107.79	95.33	82.00	67.74	52.49	36.16	18.69	0.00
利息再投资产生的利息	—	6.30	19.34	39.59	67.57	103.80	148.86	203.38	268.02	343.48
全部收益	220.30	305.73	397.13	494.93	599.57	711.54	831.35	959.54	1 096.71	1 243.48
收益率	22.03%	14.27%	11.79%	10.57%	9.85%	9.37%	9.03%	8.77%	8.57%	8.42%

同理,当利率上升至 11% 时,我们同样可以得到债券在各年的资本利得、再投资利息收益、总收益及收益率(详见表 8-5 所示)。

表 8-5　当利率为 11% 时债券的各期收益表　　　　　　　　单位:元

项目	第1年	第2年	第3年	第4年	第5年	第6年	第7年	第8年	第9年	第10年
票面利息	90.00	180.00	270.00	360.00	450.00	540.00	630.00	720.00	810.00	900.00
资本利得	-110.74	-102.92	-94.24	-84.61	-73.92	-62.05	-48.87	-34.25	-18.02	0.00
利息再投资产生的利息	—	9.90	30.79	63.88	110.50	172.16	250.49	347.35	464.76	604.98
全部收益	-20.74	86.98	206.55	339.27	486.58	650.11	831.62	1 033.10	1 256.74	1 504.98
收益率	-2.07%	4.26%	6.46%	7.58%	8.25%	8.71%	9.03%	9.27%	9.47%	9.62%

比较表 8-3、表 8-4 和表 8-5,我们发现,当投资者持有债券少于 7 年时,一旦利率下降至 7%,投资者的收益率将超过 9%,而一旦利率上升至 11%,投资者的收益率将跌至 9% 以下。相反地,当投资者持有债券超过 7 年时,一旦利率下降至 7%,投资者的收益率将低于 9%,而一旦利率上升至 11%,投资者的收益率将超过 9%。恰好至第 7 年年末时,无论利率如何变动,投资者获得的总收益都为 830 元左右,投资收益率也基本等于 9%,因此,投资者应持有该债券 7 年才能避免利率变动的影响(见图 8-4)。

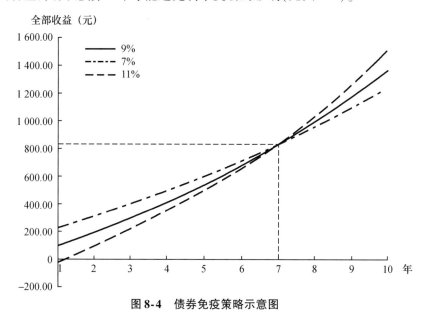

图 8-4　债券免疫策略示意图

四、债券价格与信用风险

除了利率风险之外,信用风险也是影响债券价格的重要因素。信用风险是指在金融活动中,交易者因违约而造成的风险。当发行主体发生违约行为时,投资者不仅无法得到发行者原先承诺的收益,甚至可能连本金都无法收回。因此,投资者在决定是否购买某个债券时,必须对发行主体的信用等级作出判断。发行主体的信用等级一般由独立的信用评级机构来评定,目前世界上最大的几家评级机构是标准普尔、穆迪和惠誉。债券评级主要是对发行债券主体能否及时、足额还本付息进行评价。发债主体的偿债能力越强,其信用风险就越低,得到的信用等级就越高,发债的成本也就越低;反之,如果发债主体的偿债能力较弱,其信用风险就越高,得到的信用等级就较低,发债的成本也会相应提高。在其他因素相同的情况下,信用风险越低的债券,其在市场上的交易价格就越高;反之,则越低。

本书第六章曾详细介绍了几大评级机构的企业信用等级标准及评价方法,那么,不同信用等级的债券,其实际的违约率分别是多少呢?表8-6给出了2007年1—8月份穆迪公司信用等级与实际违约情况的统计表。从该表可以看出,无论从全球范围来看,或者仅仅对美国或欧洲而言,Ba级以上(含Ba级)债券的违约率都为0。从B级债券开始,债券出现了违约现象。美国B级债券的违约率为0.4%,欧洲B级债券的违约率为1.4%,全球B级债券的违约率为0.5%。从Caa级债券开始,违约率快速上升,美国Caa级至C级债券的总违约率为7.3%,全球的Caa级至C级债券的总违约率为8.3%,而欧洲Caa级至C级债券的总违约率则高达16.0%。

表8-6 2007年1—8月债券信用等级与实际违约率情况统计表

等级	全球	美国	欧洲
Aaa	0.0%	0.0%	0.0%
Aa	0.0%	0.0%	0.0%
A	0.0%	0.0%	0.0%
Baa	0.0%	0.0%	0.0%
Ba	0.0%	0.0%	0.0%
B	0.5%	0.4%	1.4%
Caa-C	8.3%	7.3%	16.0%

资料来源:Moody's investors service.

2006年,我国的企业短期融资券市场经历了一次短暂的信用危机。2006年3月,身为民营企业的福禧投资控股有限公司发行了10亿元1年期的短期融资券(以下简称"福禧短债")。然而,同年7月份,该公司就爆出了违规拆借32亿元上海社保基金用于购买沪杭高速上海段30年收费经营权的丑闻,其主要资产遭到法院冻结,公司董事长协助有关部门调查,公司面临严重的信用风险。紧接着,远东资信评估公司迅速将福禧短债的信用等级从原来的A-1调整为最低级别的C级,在随后的几天内,福禧短债的价格大幅下跌,但成交甚少,成交的最低价跌到60元(账面价格为100元)。与此同时,其他民营企业的短期融资券也遭到投资者的抛售,而当时新发行的民营企业短期融资券与同期限的国有企业短期融资券相比,其平均收益率的差距则扩大到60个基点。尽管福禧短债最终仍然按期偿付本息,没有发生违约行为,但其对我国债券市场的影响仍然是重大的。

2007年美国的次级抵押信贷(Subprime Mortgage)危机则进一步揭示了信用风险的集中爆发可能引发的后果。次级抵押信贷是由美国房贷发放机构对信用等级较差的借款人提供的贷款。自2001年以来,由于联邦基金利率极低,加上美国房价的飞速上涨,次级抵押信贷市场迅速成长壮大,从2001年的1 600亿美元猛涨到2006年的6 000亿美元。但是,随着美联储的连续17次加息,联邦基金利率从1%上升到2006年的5.25%;与此同时,美国房地产泡沫也开始破裂,房价的年度增长率从2005年年末的最高端跌落到2006年中期的不到1%。还款金额的增加与房价的下跌引发了大量次级抵押借款人无法偿还按揭贷款,最终导致了次级抵押信贷证券成为不良资产。

由于许多对冲基金、巨型的退休基金,甚至外国的金融机构都购买了大量的次级抵押信贷证券,因此,随着次级抵押信贷市场危机的爆发,风险被迅速扩散到整个美国金融市场,甚至连世界各地的金融市场也受到牵连。美国第二大次级房贷放款机构新世纪金融公司(New Century Financial)被迫申请破产保护,贝尔斯登旗下的两只基金和法国最大银行巴黎银行旗下的三只基金都被迫关闭,高盛、花旗等公司也纷纷在此次危机中遭受巨额亏损。为防止此次危机将美国经济拖入泥潭,美联储不但向金融市场注资超过1 000亿美元,而且将再贴现率调低0.5%至5.75%,并最终于2007年9月18日将联邦基金利率下调0.5%至4.75%,以应对这场信贷危机及可能产生的经济衰退后果。[①]

五、债券收益与收益率曲线

与债券价格相对应的衡量债券投资收益的另外一个重要指标是债券收益率。债券收益率与债券价格成反向变动关系。债券价格越高,债券收益率就越低,反之则越高。随着债券价格的波动,债券收益率也会随之不断变化。这里我们介绍两种最常用的债券收益率。

(一) 当期收益率(Current Yield)

债券的当期收益率,是指债券的年利息与现行价格的比值,它反映债券在特定年度给投资者带来的现金收益。用公式表示为:

$$R = \frac{C}{P} \tag{8-5}$$

其中:C为债券的当年利息,P为债券的现行价格。

例如,某公司债券的面值为100元,票面利率为10%,债券的当前价格为97元,则该债券的当期收益率为$100 \times 10\%/97 = 10.31\%$。

当期收益率仅仅能够反映投资者在特定年度的现金收益,并不能反映投资者持有该债券至到期所能获得的总收益。

(二) 到期收益率(Yield to Maturity)

到期收益率则能够弥补当期收益率的不足,它是指使得债券持有至到期日的收益现值等于债券价格的市场利率。

例如,某公司债券目前的价格为113元,该债券面值为100元,距离到期日还剩15

---

① 资料来源:和讯网站。

年,票面利率为12%,每年支付一次利息,该公司债券的到期收益率为多少?

根据公式(8-2),有

$$113 = \frac{12}{1+r} + \frac{12}{(1+r)^2} + \cdots + \frac{12}{(1+r)^{15}} + \frac{100}{(1+r)^{15}}$$

接下来,可以用差值法来估算到期收益率 r:

首先,令 $r = 10\%$,则

$$\frac{12}{1+10\%} + \frac{12}{(1+10\%)^2} + \cdots + \frac{12}{(1+10\%)^{15}} + \frac{100}{(1+10\%)^{15}} = 115.21 > 113$$

令 $r = 11\%$,则

$$\frac{12}{1+11\%} + \frac{12}{(1+11\%)^2} + \cdots + \frac{12}{(1+11\%)^{15}} + \frac{100}{(1+11\%)^{15}} = 107.19 < 113$$

所以有

$$\frac{11\% - 10\%}{107.19 - 115.21} = \frac{10\% - r}{115.21 - 113}$$

得出到期收益率

$$r = 10.3\%$$

到期收益率与债券价格成反向变动关系,当债券价格上升时,到期收益率就下降;反之,当债券价格下降时,到期收益率就上升。

(三)收益率曲线

收益率曲线是描述某一时点上一组可交易债券的收益率与其剩余到期期限之间数量关系的一条趋势曲线,具体地说,它是以该组债券的剩余到期期限为横轴,以该组债券的收益率为纵轴,将债券的剩余到期期限与其所对应的收益率组成的坐标点拟合而成的曲线。它反映了债券市场中利率的期限结构,是债券估值的重要参考资料。

债券的收益率曲线可以表现为四种形态[①],如图8-5所示:一是正向收益率曲线,即收益率曲线向上倾斜(见图8-5a),表明在某一时点上债券的到期期限越长,其收益率越高;二是反向收益率曲线,即收益率曲线向下倾斜(见图8-5b),表明在某一时点上债券的到期期限越长,收益率越低;三是水平收益率曲线,即收益率曲线保持水平不变(见图8-5c),表明收益率的高低与到期期限的长短无关;四是波动收益率曲线,即收益率曲线先向上后向下倾斜,或先向下后向上倾斜(见图8-5d),表明债券收益率随着到期期限的延长而呈现波浪变动。

影响债券收益率曲线的因素主要包括市场利率、通货膨胀率和社会经济运行状况等。首先,当市场利率上升时,债券价格将下跌,债券的收益率将上升,因此,债券收益率曲线将上移;反之,当市场利率下跌时,债券收益率曲线将下移。其次,当通货膨胀率上升时,债券价格下跌,收益率将上升,因此收益率曲线将上移;反之,当通货膨胀率下降

---

① 由于债券的收益率有不同的概念(如当期收益率、到期收益率等),因此收益率曲线也会随着收益率概念的不同分为当期收益率曲线和到期收益率曲线等,如果没有特别说明,本文介绍的收益率曲线指的是到期收益率曲线。

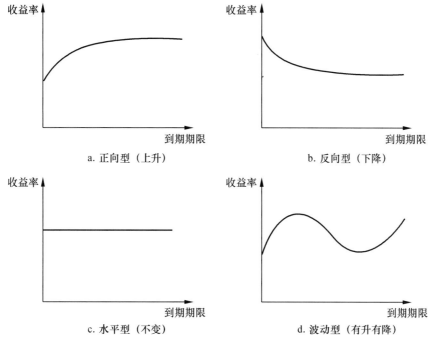

图 8-5 债券收益率曲线类

时,债券价格上升,收益率下降,收益率曲线将下移。最后,当社会经济繁荣时,资金从债券市场转移到股票市场和其他投资方面,导致债券价格下跌,收益率上升,因此,收益率曲线将上移;反之,当社会经济衰退时,投资者将减少其他投资而转向债券投资,因此,债券价格上升,收益率曲线将下移。

研究和掌握债券收益率曲线的变动趋势具有重要的现实意义。投资者可以通过研究债券收益率曲线的波动,来预测债券的发行投标利率,在二级市场上选择债券投资品种,或预测债券的价格。图 8-6 是 2006 年 12 月 31 日我国银行间固定利率国债收益率曲

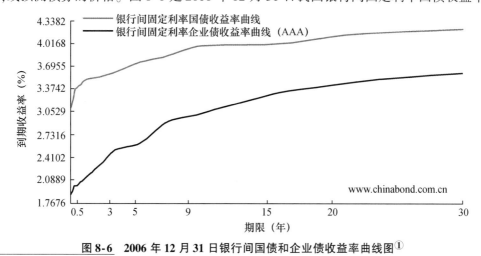

图 8-6　2006 年 12 月 31 日银行间国债和企业债收益率曲线图[①]

① 银行间国债和企业债收益率曲线来源于 www.chinabond.com.cn。

线及银行间固定利率企业债收益率曲线(AAA)。从图8-6可以看出:第一,我国银行间国债和企业债的收益率曲线主要属于正向收益率曲线;第二,我国国债的到期收益率高于同期限企业债的到期收益率;第三,企业债收益率曲线的陡峭程度高于国债收益率曲线,表明不同期限企业债的收益率波动幅度高于国债收益率的波动幅度。

那么,如何驾驭债券收益率曲线,并利用其控制投资风险,赚取投资收益呢?下面我们以一个例子来进行详细的说明。

假设当前有3、4、5年期的三种国债,票面金额均为100万元,息票率分别为3%、4%、5%,半年付息一次,到期还本付息。目前3、4、5年期的到期收益率分别为3%、4%、5%。甲投资者于初始时期持有1000万元3年期国债和500万元4年期国债的空头。根据对宏观经济的分析,甲投资者预期近期中央银行将调低市场利率,调低后的到期收益率预测分别为1.5%、2.4%和3.2%(如表8-7所示),调整后的预期收益率曲线见图8-7所示。此时,如果甲投资者不作任何操作,那么其卖空的国债将出现价格上涨,发生投资亏损。为弥补亏损,甲作出决策:买入1500万元的5年期国债,为之前的投资补上了抛空差额。

表 8-7 预期收益率变动后决策的盈亏情况　　　　　　　　　单位:万元

项目		3 年期	4 年期	5 年期
到期收益率	初始	3.00%	4.00%	5.00%
	预期	1.50%	2.40%	3.20%
债券价格	卖出价	100.00	100.00	108.26
	买入价	104.38	106.07	100.00
盈亏	预期	-4.38	-6.07	8.26

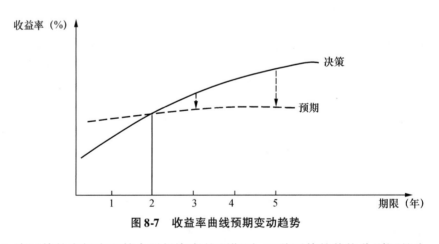

图 8-7 收益率曲线预期变动趋势

(1) 当国债的市场表现符合甲投资者的预期时,三种国债的价格分别调整为:

$$3 年期国债的价格 P_{3年期} = 100 \times \frac{3\%}{2} \times \left(P/A, \frac{1.5\%}{2}, 6\right) + 100 \times \left(P/F, \frac{1.5\%}{2}, 6\right)$$
$$= 104.38(万元)$$

4 年期国债的价格 $P_{4年期} = 100 \times \dfrac{4\%}{2} \times \left(P/A, \dfrac{2.4\%}{2}, 8\right) + 100 \times \left(P/F, \dfrac{2.4\%}{2}, 8\right)$
= 106.07(万元)

5 年期国债的价格 $P_{5年期} = 100 \times \dfrac{5\%}{2} \times \left(P/A, \dfrac{3.2\%}{2}, 10\right) + 100 \times \left(P/F, \dfrac{3.2\%}{2}, 10\right)$
= 108.26(万元)

因此,根据甲投资者的交易策略,初始时期持有的空头将发生亏损,但之后持有的多头将获得收益,他最终将获得的总收益为:

总收益 = 10 × (100 − 104.38) + 5 × (100 − 106.07) + 15 × (108.26 − 100)
= 49.75(万元)

(2) 假设市场利率调整后,3 年期、4 年期国债的收益率分别小幅上涨为 3.5%、4.3%,而 5 年期国债的收益率则下跌至 4.5%,在这种情况下,实际收益率曲线如图 8-8 所示,实际盈亏如表 8-8 所示。此时,三种债券的价格分别为:

3 年期国债的价格 $P_{3年期} = 100 \times \dfrac{3\%}{2} \times \left(P/A, \dfrac{3.5\%}{2}, 6\right) + 100 \times \left(P/F, \dfrac{3.5\%}{2}, 6\right)$
= 98.59(万元)

4 年期国债的价格 $P_{4年期} = 100 \times \dfrac{4\%}{2} \times \left(P/A, \dfrac{4.3\%}{2}, 8\right) + 100 \times \left(P/F, \dfrac{4.3\%}{2}, 8\right)$
= 98.91(万元)

5 年期国债的价格 $P_{5年期} = 100 \times \dfrac{5\%}{2} \times \left(P/A, \dfrac{4.5\%}{2}, 10\right) + 100 \times \left(P/F, \dfrac{4.5\%}{2}, 10\right)$
= 102.22(万元)

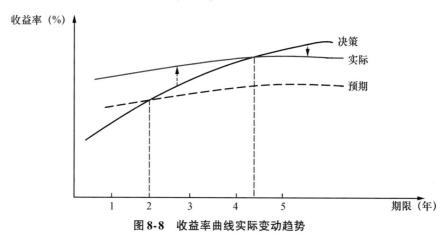

图 8-8　收益率曲线实际变动趋势

因此,根据甲投资者的交易策略,初始时期持有的空头将发生收益,之后持有的多头也将获得收益,他最终将获得的总收益为:

总收益 = 10 × (100 − 98.59) + 5 × (100 − 98.91) + 15 × (102.22 − 100)
= 52.85(万元)

表 8-8　收益率变动后实际的盈亏情况　　　　　　　　　　　　单位:万元

项目		3 年期	4 年期	5 年期
到期收益率	初始	3.00%	4.00%	5.00%
	收盘	3.50%	4.30%	4.50%
债券价格	卖出价	100.00	100.00	102.22
	买入价	98.59	98.91	100.00
盈亏	收盘	1.41	1.09	2.22

第二节　股票投资的估值方法与实践应用

公司投资其他公司的股票,可能是出于财务性投资的目的,如厦门建发股份有限公司在 2007 年 8 月份的董事会上同意授权公司经营班子根据市场实际情况,申购证券市场发行的各类新股,申购资金在人民币 5 亿元以内;也可能是出于战略性投资的目的,如近年来许多外资银行对我国商业银行的战略性投资;甚至是为了收购兼并被投资公司,如宝钢股份收购八一钢铁。无论出于何种目的,投资决策的关键步骤都涉及对公司股票的估值问题。而关于股票的估值,无论在理论或实践,在国内或国外,都是一个颇有争议的问题。例如,从 2011 年 4 月—2012 年 4 月,苹果的股价上升了 79%。2012 年 4 月 2 日,苹果的股价突破 617 美元/股,超过了原来诸多证券分析师预期的 500—550 美元/股。同期,美国托皮卡资本市场公司的分析师布莱恩·怀特则预测,苹果公司目前的股价既没有反映苹果过去几年的迅猛发展,也未能体现苹果未来的发展前景。因此,他首先预测苹果未来的每股收益,在此基础上,他认为 2006 年苹果的市盈率在 25 倍左右,2012 年在 17 倍左右,则苹果股票合理的价格应在 1 001 美元/股左右。这是迄今为止对苹果股价最高的预测值。如何合理地评估一个公司的股票价格,寻找其内在的合理价值呢? 本节通过介绍几种常见的股票估值方法,并分析各种方法的优缺点及实践应用,为公司管理层的股票投资决策提供有效的分析工具。

一、股票的种类及主要特征

股票是股份公司为了筹集资金,向股东发行的一种有价证券。股东可以凭借持有的股票享受股利和资本利得。按股东权利和义务,股票分为普通股股票和优先股股票。

(一) 普通股股票(Common Stock)

普通股股票是最基本的股票。普通股股东是公司的所有者,享受以下主要权利:
(1) 经营管理权。在公司中,最高的权力机构是股东大会。普通股股东可以通过参与股东大会来行使管理公司的权利。当董事会提出不利于公司股东利益的建议时,普通股股东可以提出反对意见;当管理层经营不善的时候,普通股股东可以提出更换CEO;普通股股东还可以直接在股东大会上提出自己的意见和建议供董事会参考。

(2)股利分配权。当公司决定发放股利时,普通股股东享有股利的分配权。普通股股东的股利分配权与优先股股东不同,后者享受的股利分配是稳定的,一般不随公司业绩的变化而变化;而普通股股东在公司业绩好的时候可能获得额外的股利分配,在公司业绩差的时候可能得不到任何股利分配。

(3)剩余所有权。当公司解散清算时,应优先偿还债权人的投资,然后是优先股股东的投资,剩余的财产则全部归普通股股东所有。如果公司过去积累的未分配利润较多,普通股股东则不仅能够收回全部投资,还可能得到额外的收益分配;如果公司过去积累的未分配利润较少,普通股股东则可能无法收回投资。

(4)优先认购权。当公司增发新股时,普通股股东具有优先认购权。这一方面是为了防止新的股东通过购买大量新股取得公司的控制权,从而截取原有股东的利益;另一方面,增发新股的发行价有可能低于原来股票的市场价格,这就会将财富由老股东手中转移至新股东手中。赋予老股东优先认购权可以保障老股东财富免受损失。

(二)优先股股票(Preferred Stock)

优先股股票是一种混合型证券。它一方面具有某些普通股股票的特征,另一方面,也和债券有类似之处。优先股股票的主要特征是:

(1)优先获得股利。优先股股东享有优先分配股利的权利,但股利一般是固定的,这个特征与普通债券类似。无论公司业绩的好坏,优先股股东都能按照固定比例获得股利。当然,如果公司出现严重的经营困境或财务困境,可能暂时无力支付优先股股利,但当公司经营发生好转的时候,公司应当先支付以前所欠的优先股股利,然后才能对普通股股东发放股利。

(2)优先分配剩余财产。当公司解散清算时,优先股股东对公司剩余财产的分配权优先于普通股股东,但应排在一般债权人之后。如果公司剩余的财产无法使优先股股东全额收回投资,普通股股东将血本无归。

(3)不享有表决权。除了对涉及优先股股东权利的问题有表决权外,优先股股东通常不能在股东大会上投票。

二、股票投资估值的主要方法

由于优先股股票与普通股股票在权利、义务及特征等方面均存在不同,因此其估值方法也存在一定的差异。

(一) 优先股股票估值方法

前面我们提到,优先股股东与普通股股东相比,能够优先获得股利和优先分配剩余财产,但在参与公司经营管理方面则要受到一定的限制,无法像普通股股东那样在股东大会上投票。此外,除非公司出现非常严重的经营问题或财务问题,否则公司通常能够支付给优先股股东稳定的现金股利,且一直持续下去。因此,优先股股票的价值可以借鉴债券中永久性公债的估值模型来衡量,即优先股股票的价值等于其未来各期股利的现值之和,用公式表示为:

$$V_0^P = \sum_{i=1}^{\infty} \frac{D}{(1+k)^i} = \frac{D}{k} \tag{8-6}$$

其中:V_0^P 为优先股股票的现值;D 为优先股股票每期支付的股利;k 为优先股股东要求的收益率。

假设 MT 公司发行有优先股股票,每年支付 3 元的股利,优先股股东要求的收益率为 12%,那么,该优先股股票的价值:

$$V_0^P = \frac{3}{0.12} = 25 \text{ (元)}$$

(二) 普通股股票估值方法

由于普通股股票的特点与优先股股票相比,存在较大的不同,因此其估值方法也有很大的区别。这里介绍四种主要的普通股股票估值方法:相对估值模型(Relative Valuation Model)、股利折现模型(Dividend Discounted Model)、股权自由现金流量折现模型(Free Cash Flow to Equity Model)和剩余收益模型(Residual Earnings Model)。

1. 相对估值模型

相对估值模型是一种相对简单的股票估值方法。这种方法选取了与被估值对象具有类似经营情况的同行业上市公司作为估值参照物,假定这些上市公司的股票价格是其内在价值的真实反映,并以某些衡量公司盈利能力、资产质量和发展前景的指标(如每股收益、每股净资产等)为中介,从而计算出被估值对象的内在价值。根据所选择中介指标的不同,相对估值模型还可以有多种不同的表现形式,例如市盈率模型、市净率模型、市销率模型、比较市盈率模型(PEG)等,这里主要介绍资本市场上最常用的市盈率模型和市净率模型。

市盈率反映的是企业股票价格与每股收益之间的比例关系。其高低取决于企业及其所处行业的发展前景、未来的收益和风险。市盈率越高,说明投资者愿意为企业的每元盈利支付出更高的价格,企业前景较好,增长潜力较强;反之,则说明企业前景较差,增长潜力较弱。市盈率的计算公式如下:

$$\text{市盈率} = \frac{\text{每股价格}}{\text{每股收益}} \tag{8-7}$$

其中:每股价格是相应时期的股票平均价格或当期的股票价格。

市盈率模型就是先计算出可比较上市公司的平均市盈率,并以此作为被估值对象的预测市盈率,然后乘以被估值对象的每股收益,得出其股票的内在价值。

需要说明的是,该方法中涉及的每股收益指标指的是公司全年的每股收益。由于当年的每股收益一般在下一年的年初披露,而季度的每股收益则会在季度结束后的一个月内披露,而估值发生的时间可能在年初、年中或年底,因此可以直接用上年度的每股收益,也可以用过去4个季度的每股收益来计算。

用过去4个季度的每股收益计算得出的市盈率称为追踪市盈率或者滚动市盈率,即

$$追踪市盈率或滚动市盈率 = \frac{每股价格}{最近4个季度的每股收益总和} \tag{8-8}$$

市净率模型的原理与市盈率模型基本类似,就是先计算出可比较上市公司的平均市净率,并以此作为被估值对象的参考市净率,然后乘以被估值对象的每股净资产,得出其股票的内在价值。市净率模型的计算公式如下:

$$市净率 = \frac{每股价格}{每股净资产} \tag{8-9}$$

市盈率模型和市净率模型的主要估值步骤如下:

第一,寻找出与被估值对象具有相同行业背景和类似经营情况的上市公司。

第二,取得这些上市公司的股票价格及每股收益或每股净资产等指标,并计算出每个上市公司的市盈率或市净率。

第三,计算出可比较上市公司的平均市盈率或市净率。

第四,以可比较上市公司的平均市盈率或市净率作为被估值对象的市盈率或市净率,乘以被估值对象的每股收益或每股净资产,推算出被估值对象的股票内在价值。

第五,将计算出来的内在价值与股票的市场价格相比较,如果内在价值高于市场价格,说明股票具有升值潜力,可以投资;如果内在价值低于市场价格,说明股票价格被高估,应放弃投资。

现在,我们以西山煤电(000983)为例,采用市盈率模型估算其2007年5月份的股票内在价值。首先,根据西山煤电2006年度的每股收益,选取煤炭行业中与该公司规模和盈利能力相近的公司作为估值参照物,具体包括大同煤业(601001)、金牛能源(000937)、上海能源(600508)、平煤天安(601666)、神火股份(000933)、开滦股份(600997)和恒源煤电(600971)七家上市公司[①],有关资料见表8-9。

表8-9 煤炭行业可比较上市公司资料　　　　　　　　　　　　　　　单位:元

证券简称	每股收益	月均价	市盈率
大同煤业	0.57	22.20	38.95
金牛能源	0.61	16.99	27.85
上海能源	0.62	17.51	28.23

---

① 在所列的七家上市公司中,金牛能源已于2010年更名为"冀中能源";平煤天安已于2008年更名为"平煤股份"。

(续表)

证券简称	每股收益	月均价	市盈率
平煤天安	0.80	18.55	23.19
神火股份	0.81	26.23	32.38
开滦股份	0.81	24.08	29.73
恒源煤电	1.04	23.22	22.33
平均值	0.75	21.25	28.33

资料来源：Wind 资讯数据库。

根据表 8-9，可以计算出七家煤炭行业可比较上市公司的平均市盈率为 28.33 倍，将其作为西山煤电合理的市盈率，乘以西山煤电 2006 年的每股收益 0.80 元，可以得出西山煤电的内在价值为 23.16 元。与西山煤电 2007 年 5 月份的股票平均价 21.67 元相比，用市盈率法得出的内在价值超过其股票价格（23.16 元＞21.67 元），表明该公司股票值得投资。

通过应用相对估值模型对西山煤电进行估价分析，我们可以发现该模型的优缺点。

相对估值模型的最大优点就是简单方便。一方面表现为数据来源简单方便，即估值模型需要的数据全部可以通过公司的财务报表以及股票市场行情中得到，而且不需要做其他任何的预测和估计；另一方面表现为方法简单方便，即计算公式只需要简单的比值方法，不涉及货币时间价值的折现等。

相对估值模型也有很多缺点：第一，没有两家公司的经营范围、经营业绩是完全相同的，因此参照物与被估值公司的差异大小就将直接影响估值的准确性；第二，选取不同的指标作为中介，将得出不同的估值结果，可能因此做出完全相反的投资决策；第三，相对估值模型的前提假设是市场对可比较公司的估值是合理的，即可比较公司的市场价格等于其内在价值，但实际上二者往往是不相同的，因此得出的被估值公司的内在价值也会存在一定的失真；第四，当公司发生亏损时，估值指标（如市盈率）就会变成负值，这会使估值结果出现问题。

尽管存在不少缺点，但由于简单方便、容易理解，相对估值模型在实践中还是得到了广泛应用。例如，在首次公开发行（IPO）中对发行价格的确定，就经常采用相对估值模型对拟上市公司进行估价，然后在该价格的基础上给予投资者一定的折扣（IPO 折价）。[1]

以兴业银行的 IPO 为例，兴业银行拟于 2007 年 1 月 23 日在上海证券交易所发行 50 亿股 A 股，那么其发行价格如何确定呢？

首先，我们选取已经上市的与兴业银行同为股份制商业银行的 5 家上市公司作为参照物，它们分别是深发展、浦发银行、华夏银行、民生银行和招商银行。这 5 家银行在兴

---

[1] 关于 IPO 折价现象的研究文献可参照：Ibbotson, Roger G., 1975, Price performance of common stock new issues, *Journal of Financial Economics* 4, 235—272；Rock, Kevin, 1986, Why new issues are underpriced, *Journal of Financial Economics* 15, 187—212；Ruud, Judith S., 1993, Underwriter price support and the IPO underpricing puzzle, *Journal of Financial Economics* 34, 135—151。

业银行上市之日之前的 20 个交易日的股票平均价格和每股收益如表 8-10。①

表 8-10 可比较国内上市股份制商业银行资料　　　　　　　　单位:元

证券简称	平均价	每股收益	市盈率
深发展	14.74	0.45	32.76
浦发银行	22.88	0.81	28.18
华夏银行	7.34	0.35	21.16
民生银行	9.99	0.30	33.30
招商银行	16.34	0.38	43.00
平均值	14.26	0.46	31.00

用这 5 家银行的平均股价除以平均每股收益,就得出平均市盈率。5 家银行的平均市盈率为 31 倍,将其作为兴业银行的合理市盈率,并乘以兴业银行 2005 年度的每股收益 0.62 元,就得出其股票的合理发行价格为 19.22 元。而实际上,兴业银行的发行价格为 15.98 元。IPO 折价率为 17% 左右。

2. 股利折现模型

投资者购买股票,可以通过两种途径获得收益——股利和资本利得,因此股票的内在价值应该等于这二者产生的现金流的折现值。为方便介绍,首先假设投资者持有 A 股票 1 年,则 A 股票的内在价值应该表示为:

$$V_0^E = \frac{D_1 + P_1}{1 + r} \tag{8-10}$$

其中:V_0^E 为股票的内在价值,D_1 为投资者 1 年后收到的股利,P_1 为 1 年后的股票价格,r 为股权资本成本(或投资者要求的收益率)。

同理,当投资者持有 A 股票的时间为 2 年,此时 A 股票的内在价值应表示为:

$$V_0^E = \frac{D_1}{1 + r} + \frac{D_2}{(1 + r)^2} + \frac{P_2}{(1 + r)^2} \tag{8-11}$$

以此类推,当投资者持有 A 股票的时间为 n 年,此时 A 股票的内在价值应表示为:

$$V_0^E = \sum_{i=1}^{n} \frac{D_i}{(1 + r)^i} + \frac{P_n}{(1 + r)^n} \tag{8-12}$$

其中:V_0^E 为股票的内在价值,D_i 为投资者第 i 年收到的股利,P_n 为第 n 年末的股票价格,r 为股权资本成本,n 为投资者持有股票的年数。

公式(8-12)就是股利折现模型。根据股利发放的不同情况,股利增长模型可以有多种形式。

(1) 零增长模型

假设公司未来的股利保持不变,且永久地支付下去,即 $D_1 = D_2 = \cdots = D_n = D$。在此前提假设下,股利折现模型可以简化为以下公式:

---

① 由于兴业银行发行上市时上述 5 家银行只披露 2006 年前三季度的每股收益,因此,用其加上 2005 年第四季度的每股收益作为全年的每股收益。

$$V_0^E = \frac{D}{1+r} + \frac{D}{(1+r)^2} + \frac{D}{(1+r)^3} + \cdots = \frac{D}{r} \tag{8-13}$$

其中:V_0^E 为股票的内在价值,D 为固定股利,r 为股权资本成本。

零增长模型在实践中多用于对优先股内在价值的定价上。当然,也可以用于持续稳定地大比例发放现金股利的公司。例如,佛山照明(000541)2003—2006 年的股利发放分别为 0.48 元/股、0.49 元/股和 0.50 元/股,现假定该公司未来将股利发放维持在 0.50 元/股,并且一直持续下去。如果投资者要求的回报率为 10%,该公司股票的内在价值是多少呢?

$$V_0^E = \frac{D}{r} = \frac{0.5}{0.1} = 5 \ (元)$$

(2) 固定比率增长模型

假设公司未来股利以固定的比率 g 增长,且永久地支付下去,即

$$D_1 = D_0(1+g), D_2 = D_1(1+g), \cdots, D_n = D_{n-1}(1+g)$$

这样股利贴现模型就转化为以下公式:

$$\begin{aligned} V_0^E &= \frac{D_1}{1+r} + \frac{D_2}{(1+r)^2} + \frac{D_3}{(1+r)^3} \cdots \\ &= \frac{D_1}{1+r} + \frac{D_1(1+g)}{(1+r)^2} + \frac{D_1(1+g)^2}{(1+r)^3} + \cdots \end{aligned} \tag{8-14}$$

当 $r > g$ 时,固定比率增长模型可写为:

$$V_0^E = \frac{D_1}{r-g} = \frac{D_0(1+g)}{r-g} \tag{8-15}$$

其中:V_0^E 为股票的内在价值,g 为股利的固定增长率,D_1 为下一期预期发放的股利,r 为股权资本成本。

零增长模型本质上是固定比率增长模型的特殊形式。当 $g = 0$ 时,固定比率增长模型就等于零增长模型。

例如,深高速(600548)2004—2006 年支付的现金股利分别为 0.11 元/股、0.12 元/股和 0.13 元/股,预期未来的股利将以每年 8% 的幅度增长,投资者要求的回报率为 12%,该公司股票的内在价值是多少呢?

$$V_0^E = \frac{D_0(1+g)}{r-g} = \frac{0.13 \times (1+0.08)}{0.12 - 0.08} = 3.51 \ (元)$$

(3) 多阶段增长模型

在现实当中,一个公司很难永远保持不变的股利支付或者固定增长的股利支付,其中一个主要原因就是公司的成长大多会经历高速增长的时期,然后才进入相对稳定的发展阶段。当公司高速增长时,其股利的支付可能会随着其盈利的增长而增加;当公司处于稳定发展阶段时,其股利的支付则可能保持相对的稳定。当然,公司也可能遭遇困境,但除非出现严重的经营危机,否则公司一般不愿意降低股利的支付,因为这将向投资者传递公司在短期内经营无法得到改善的信号。

多阶段增长模型就是假设公司在不同时期的增长速度不同,其股利支付的增长率也

不同。当公司处于快速增长时期,其股利支付也会保持较高的增长率;当公司处于平稳增长时期,其股利支付率也会保持较低的增长率,甚至保持零增长。为方便表达,以两阶段增长模型为例,假设在前 m 期公司股利的增长率为 g_1,从 $m+1$ 期起公司股利的增长率为 g_2:

$$\begin{aligned}V_0^E &= \frac{D_1}{1+r} + \frac{D_2}{(1+r)^2} + \frac{D_3}{(1+r)^3}\cdots \\ &= \frac{D_1}{1+r} + \frac{D_1(1+g_1)}{(1+r)^2} + \frac{D_1(1+g_1)^2}{(1+r)^3} + \cdots + \frac{D_1(1+g_1)^{m-1}}{(1+r)^m} \\ &\quad + \frac{D_1(1+g_1)^{m-1}(1+g_2)}{(1+r)^{m+1}} + \frac{D_1(1+g_1)^{m-1}(1+g_2)^2}{(1+r)^{m+2}} + \cdots \\ &= D_1 \frac{1-\left(\frac{1+g_1}{1+r}\right)^m}{r-g_1} + \frac{D_1(1+g_1)^{m-1}(1+g_2)}{(1+r)^m(r-g_2)} \end{aligned} \qquad (8\text{-}16)$$

其中: V_0^E 为股票的内在价值, g_1 为第一阶段的股利增长率, g_2 为第二阶段的股利增长率, D_1 为下一期预期发放的股利, r 为股权资本成本, m 为第一阶段持续的时间。

例如,鞍钢股份(000898)2004—2006 年发放的现金股利分别为 0.30 元/股、0.36 元/股和 0.58 元/股,现假定该公司未来 3 年的现金股利保持 10% 的增长速度,3 年后维持现金股利不变,假设投资者要求的回报率为 12%,那么鞍钢股份的内在价值是多少?

根据公式(8-16),鞍钢股份的内在价值可表示为:

$$V_0^E = 0.58 \times (1+0.10) \times \frac{1-\left(\frac{1+0.10}{1+0.12}\right)^3}{0.12-0.10} + \frac{0.58 \times (1+0.10)^3}{(1+0.12)^3 \times 0.12} = 6.26(元)$$

以上讨论了股利折现模型及其三种主要的形式,那么,股利折现模型究竟有哪些优缺点呢? 在实践当中又该如何应用呢?

第一,股利折现模型以投资者未来获得的现金流量作为估值的基础,从概念上比较直观,容易理解。第二,该模型中对股利支付的假设与部分公司,例如基础设施类公司的现实情况比较相似,因此用该模型对这部分公司进行估值能取得较为可靠的结果;第三,需要估计的变量不多,只需要预测第一期的股利支付情况和以后的股利增长率即可。

股利折现模型也有缺点,主要表现为:第一,从理论上讲,股利政策与公司价值是否相关仍然存在很大的争论(详见本书第七章)。MM 理论坚持股利支付与公司价值无关,而其他理论,如手中鸟理论、税差理论、代理成本理论等则认为股利政策与公司价值相关。如果股利支付与公司价值无关,那么用股利折现模型来预测股权的内在价值也就失去了理论基础。第二,该模型只能对支付股利的公司进行估值,而无法应用在那些不发放现金股利的公司身上。第三,该模型在使用时只考虑现金股利对股票内在价值的作用,忽略了资本利得对股票内在价值的影响,而后者是投资者收益的重要组成部分。第四,该模型的可靠性取决于对公司长期的股利政策预测的准确性,而要准确预测公司未来数十年的股利政策具有很大的难度。

考虑到股利折现政策的优缺点,在实践应用中,该模型主要应用于对优先股股票的估值以及对股利支付稳定的基础设施类公司的普通股股票的估值。此外,在对商业银行等金融公司进行估值时,由于很难确定其股权自由现金流量的大小,因此在实务中也可以运用股利折现模型对其进行估值。

3. 股权自由现金流量模型①

要使用股权自由现金流量模型估计公司价值,首先要搞清楚什么是股权自由现金流量。所谓股权自由现金流量(Free Cash Flow to Equity,简称 FCFE),是指公司通过生产经营活动创造的现金,在满足了所有维持持续性生产经营所需的固定资产投资和营运资本投资,以及履行包括偿还债务在内的所有财务义务之后,剩下来的可以分发给投资者的那部分现金。股权自由现金流量越多,说明公司可以分配给投资者的现金就越多,公司股权的价值就越高。

股权自由现金流量如何计算呢?根据股权自由现金流量的定义,可以通过将公司的净利润加上折旧和摊销,扣除所需的资本性投资、营运资本投资以及债务净偿还额得到,即

$$FCFE = 净利润 + 折旧和摊销 - 资本性支出 - 营运资本净增加额 - 债务净偿还额 \quad (8-17)$$

以美国家得宝公司(Home Depot)为例,可以看出计算股权自由现金流量的过程(见表8-11)。2006年,家得宝公司的股权自由现金流量计算如下:

$$FCFE = 5\,761 + 1\,645 + 117 - 936 - 7\,006 + 5 + 122 - 1\,395 + 8\,971 = 7\,284(百万美元)$$

表8-11 美国家得宝公司2006—2011年股权自由现金流量　　　　单位:百万美元

	历史数据			预测数据		
	2006 年	2007 年	2008 年	2009 年	2010 年	2011 年
净利润	5 761	4 395	2 260	2 183	2 477	2 947
加:折旧	1 645	1 693	1 785	1 639	1 685	1 778
摊销	117	9	0	0	0	0
毛现金流量	7 523	6 097	4 045	3 822	4 162	4 725
加:营运资本减少	-936	1 066	0	292	-73	-163
净长期经营资产减少	-7 006	4 152	-740	329	-2 300	-3 040
非经营资产减少	5	-324	306	0	0	0
净递延所得税负债减少	122	-715	-284	226	3	6
短期负债增加	-1 395	2 029	-280	75	107	107
长期负债增加	8 971	-260	-1 716	411	588	583
FCFE	7 284	12 045	1 331	5 155	2 486	2 218

资料来源:Koller et al. (2010), *Valuation: Measuring and Managing the Value of Companies* (Fifth edition), John Wiley & Sons, Inc., p.126.

---

① 关于自由现金流量,有两个不同的定义:一是公司自由现金流量(Free Cash Flow to the Firm,简称 FCFF),是指公司满足固定资产和营运资本投资需求之后的净现金流量;二是股权自由现金流量(Free Cash Flow to Equity,简称 FCFE),是在公司自由现金流量的基础上进一步扣除偿还债权人所需的现金流量。前者可以直接用于对公司价值进行估计,而后者则直接用于对公司股权进行估值。

明确股权自由现金流量的计算方法之后，公司股权价值的估计就是对未来股权自由现金流量的折现，即

$$V_0^E = \sum_{i=1}^{\infty} \frac{\text{FCFE}_i}{(1+r)^i} \tag{8-18}$$

其中：V_0^E 为公司股权的内在价值，FCFE_i 为公司第 i 年的股权自由现金流量，r 为公司的股权资本成本。

与股利折现模型一样，股权自由现金流量模型对股权价值的估计也有三种形式。

（1）零增长模型

假设公司未来的股权自由现金流量保持不变，且永久地持续下去，即
$$\text{FCFE}_1 = \text{FCFE}_2 = \cdots = \text{FCFE}_n = \text{FCFE}$$
在此前提假设下，股权自由现金流量折现模型可以简化为以下公式：

$$V_0^E = \frac{\text{FCFE}}{1+r} + \frac{\text{FCFE}}{(1+r)^2} + \frac{\text{FCFE}}{(1+r)^3} + \cdots = \frac{\text{FCFE}}{r} \tag{8-19}$$

其中：V_0^E 为公司股权的内在价值，FCFE 为固定的自由现金流量，r 为公司的股权资本成本。

（2）固定比率增长模型

假设公司未来的股权自由现金流量以固定的比率 g 增长，且永久地支付下去，即
$\text{FCFE}_1 = \text{FCFE}_0(1+g)$，$\text{FCFE}_2 = \text{FCFE}_1(1+g)$，$\cdots$，$\text{FCFE}_n = \text{FCFE}_{n-1}(1+g)$
这样股利贴现模型就转化为以下公式：

$$\begin{aligned} V_0^E &= \frac{\text{FCFE}_1}{1+r} + \frac{\text{FCFE}_2}{(1+r)^2} + \frac{\text{FCFE}_3}{(1+r)^3} \cdots \\ &= \frac{\text{FCFE}_1}{1+r} + \frac{\text{FCFE}_1(1+g)}{(1+r)^2} + \frac{\text{FCFE}_1(1+g)^2}{(1+r)^3} + \cdots \end{aligned} \tag{8-20}$$

当 $r > g$ 时，永续增长模型可写为：

$$V_0^E = \frac{\text{FCFE}_1}{r-g} \tag{8-21}$$

其中：V_0^E 为公司股权的内在价值，FCFE_1 为公司下一年预期的股权自由现金流量，g 为股权自由现金流量的固定增长率，r 为公司的股权资本成本。

（3）多阶段增长模型

多阶段增长模型就是假设公司在不同时期的增长速度不同，其股权自由现金流量的增长率也不同。以两阶段增长模型为例，假设两阶段的股权自由现金流量的增长率分别为 g_1 和 g_2，则：

$$\begin{aligned} V_0^E &= \frac{\text{FCFE}_1}{1+r} + \frac{\text{FCFE}_2}{(1+r)^2} + \frac{\text{FCFE}_3}{(1+r)^3} \cdots \\ &= \frac{\text{FCFE}_1}{1+r} + \frac{\text{FCFE}_1(1+g_1)}{(1+r)^2} + \frac{\text{FCFE}_1(1+g_1)^2}{(1+r)^3} + \cdots + \frac{\text{FCFE}_1(1+g_1)^{m-1}}{(1+r)^m} \\ &\quad + \frac{\text{FCFE}_1(1+g_1)^{m-1}(1+g_2)}{(1+r)^{m+1}} + \frac{\text{FCFE}_1(1+g_1)^{m-1}(1+g_2)^2}{(1+r)^{m+2}} + \cdots \end{aligned}$$

$$= \text{FCFE}_1 \frac{1 - \left(\frac{1+g_1}{1+r}\right)^m}{r - g_1} + \frac{\text{FCFE}_1 (1+g_1)^{m-1}(1+g_2)}{(1+r)^m (r - g_2)} \qquad (8\text{-}22)$$

其中:V_0^E 为公司股权的内在价值,g_1 为第一阶段的股权自由现金流量增长率,g_2 为第二阶段的股权自由现金流量增长率,FCFE_1 为下一期预期的股权自由现金流量,r 为公司的股权资本成本,m 为第一阶段持续的时间。

继续以美国家得宝公司为例,假设对公司2009—2018年各年的股权自由现金流量以及2018年以后公司连续价值的估计结果如表8-12所示,股权资本成本为10.4%,则家得宝公司的股权内在价值如下所示:

$$V_0^E = 4\,569 + 2\,040 + \cdots + 1\,478 + 23\,646 + 2\,597 = 46\,033(\text{百万美元})$$

表8-12 美国家得宝公司股权自由现金流量估值

预测年份	FCFE(百万美元)	折现率(10.4%)	FCFE 现值(百万美元)
2009 年	5 044*	0.906	4 569
2010 年	2 486	0.821	2 040
2011 年	2 218	0.743	1 649
2012 年	2 498	0.673	1 682
2013 年	2 952	0.61	1 800
2014 年	3 145	0.552	1 738
2015 年	3 349	0.5	1 676
2016 年	3 556	0.453	1 612
2017 年	3 764	0.411	1 546
2018 年	3 974	0.372	1 478
连续价值	63 569	0.372	23 646
累计 FCFE 现值			43 436
调整年中因素**			2 597
股权价值			46 033

资料来源:Koller et al. (2010), *Valuation*: *Measuring and Managing the Value of Companies* (Fifth edition), John Wiley & Sons, Inc., pp 126.

* 表8-12中2009年股权自由现金流量与表8-11的数据不同,是因为表8-12扣除了111百万美元非经营性递延所得税负债的变动(该变动产生的价值变动已经在其他地方得到反映)。

** 调整年中因素是因为估值时间是在年度中间而非年初的1月1日。

股权自由现金流量模型最大的好处在于弥补了股利折现模型的不足,可以应用该模型对长期不派发现金股利或现金股利不稳定的公司股票进行估值。以美国微软公司为例,该公司曾经在长达26年的时间里没有给股东派发现金股利,因此我们无法利用股利折现模型对微软的股票价值进行估计,但可以通过估算其股权自由现金流量,进而对其股票价值进行估计。但是,股权自由现金流量模型同样存在一些不足之处:首先,对于不断投资扩张的公司,特别是那些因投资而导致股权自由现金流量为负数的公司而言,该模型仍然很难准确估算出公司股权的内在价值。其次,股权自由现金流量模型的一个重要的隐含假设是公司的财务风险保持不变或公司的财务杠杆保持不变。而事实上,一旦公司的财务风险发生变化,股权投资者要求的投资回报率(股权资本成本)就会相应出现变化。特别是公司财务风险加大时,公司的股权资本成本通常也会随之提高。而股权自由现金流量模型并未考虑公司股权资本成本可能发生的变化。最后,当公司按照商务单元(Business Unit)进行运作时,利用股权自由现金流量直接对公司股权的内在价值进行估计就要求将公司的负债和利息支出分配到各个商务单元去,这也将进一步增加该模型实际应用的难度。

此外,股权自由现金流量模型没有考虑到公司的代理成本问题。公司的管理层可能滥用股权自由现金流量,进而影响到公司股权的价值。例如,对于两个股权自由现金流量相同的公司,如果一个公司将股权自由现金流量以股利形式发放给投资者,而另外一个公司则将股权自由现金流量投资于 NPV < 0 的项目中,那么前者的股权价值必然大于后者的股权价值。

根据股权自由现金流量模型的优缺点,该方法主要适用于股权自由现金流量稳定或平稳增长、公司资本结构稳定且代理成本较低的公司。

4. 剩余收益模型

剩余收益模型是通过对未来剩余收益的预测,来估计股票内在价值的模型。所谓剩余收益(Residual Earnings),是指在满足投资者要求的投资回报之后,所剩的那部分盈余,用公式表示为:

$$剩余收益 = 盈余 - (初始投资 \times 投资回报率) \qquad (8\text{-}23)$$

对于公司而言,盈余可以用其净利润来表示,而初始投资则可以用期初股东所有者权益的账面值来替代,投资回报率就是权益资本成本。因此,公式(8-23)可以写成:

$$剩余收益 = 净利润 - (期初所有者权益的账面价值 \times 股权资本成本) \qquad (8\text{-}24)$$

根据净资产收益率 ROE 的计算公式:

$$ROE = 净利润 / 期初所有者权益$$

所以有:

$$净利润 = ROE \times 期初所有者权益$$

因此,公式(8-24)还可以变形为:

$$剩余收益 = 期初所有者权益的账面价值 \times (ROE - 股权资本成本) \qquad (8\text{-}25)$$

假设投资者购买 100 元的股票,其要求的投资回报率为 10%。1 年后,投资者获得现金股利 5 元,股票价格上涨到 105 元,此时投资者获得的剩余收益是多少?

按照公式(8-23),投资者投资该股票获得的盈余为 105 + 5 - 100 = 10 元,而其要求的投资回报 = 100 × 10% = 10 元,二者刚好相等,因此,投资者获得的剩余收益为零。

还是上面的例子,如果 1 年后股票价格上涨到 110 元,则投资者获得的盈余为 15 元,此时投资者获得的剩余收益为 15 - 10 = 5 元。

了解了剩余收益这个概念之后,我们就可以用它来对公司股票的内在价值进行估值了。投资者购买了公司股票,成为公司的股东,就享有股东的权利,即享有对公司的剩余所有权与未来收益的分配权。公司的剩余所有权可以用公司的账面净资产来表示,未来的收益就是公司在未来取得的净利润。由于投资者对投资有最低的回报率要求,因此,只有当未来的净利润超过投资者要求的最低回报时投资者才有盈余。将这些未来的盈余折现到投资初期,加上公司净资产的账面价值,就构成了公司股票的内在价值。由于

公司在未来是持续经营的,因此公司股票的内在价值用公式表示如下:

$$V_0^E = B_0 + \frac{RE_1}{1+r} + \frac{RE_2}{(1+r)^2} + \frac{RE_3}{(1+r)^3} + \cdots \quad (8\text{-}26)$$

其中:V_0^E 为股票的内在价值,B_0 为投资初期的净资产账面价值,RE_i 为第 i 期的剩余收益,r 为股权资本成本。

公式(8-26)就是剩余收益模型。根据这个模型,股票的内在价值等于公司净资产的账面价值与公司未来预期剩余收益的现值之和。

根据未来剩余收益的变化,剩余收益模型可以分成三种主要形式:

(1) 剩余收益在未来某一时点降为零

当公司股票的剩余收益逐年下降,并在 $t+1$ 年后降为零,则 $RE_{t+1}=0$,股票的内在价值表示为:

$$V_0^E = B_0 + \frac{RE_1}{1+r} + \frac{RE_2}{(1+r)^2} + \cdots + \frac{RE_t}{(1+r)^t} \quad (8\text{-}27)$$

例如,国电电力(600795)在 2006 年年末的每股净资产账面价值为 3.84 元,对其 2007—2010 年每年的每股收益和每股股利的预测情况如表 8-13 所示。

表 8-13　国电电力 2007—2010 年每股收益和每股股利预测表　　　　　　单位:元

项目	2006 年	2007 年	2008 年	2009 年	2010 年
每股收益	0.41	0.60	0.65	0.70	0.76
每股股利*	0.10	0.10	0.10	0.10	0.10
每股净资产	3.84	4.34	4.89	5.49	6.15
RE(回报率为 13.82%**)		0.07	0.05	0.02	0.00
折现因子(1.1382)		1.13	1.28	1.45	1.65
RE 折现值		0.06	0.04	0.02	0.00
内在价值	3.96				

* 假定每股股利保持不变。

** 投资回报率即权益资本成本,具体计算方法已经在前面章节中详细介绍过,本章直接通过 Wind 资讯网站计算得出。

根据利润分配表的勾稽关系,有以下关系式:

$$\text{期初每股净资产} + \text{每股收益} - \text{每股股利} = \text{期末每股净资产} \quad (8\text{-}28)$$

可以估算出 2007 年每股净资产的账面值,即

2007 年年末每股净资产的账面值 = 3.84 + 0.60 - 0.10 = 4.34(元)

根据 Wind 资讯数据库可以计算出国电电力的权益资本成本为 13.82%,根据公式(8-23),2007 年的剩余收益为:

$$RE = 0.60 - (13.82\% \times 3.84) = 0.07(\text{元})$$

将 2007 年的剩余收益折现到 2006 年年底,得到 RE 的折现值为:

$$\frac{0.07}{1+0.1382} = 0.06 \text{ (元)}$$

按照同样的方式,可以计算出国电电力 2008—2010 年度的 RE 折现值,见表 8-13。

由于剩余价值从2007年起逐年下降,并于2010年的RE接近于零,因此可以假设国电电力于2010年以后的剩余价值为零,因此,按照公式(8-27),国电电力股票2006年年底的内在价值为:

$$V_0^E = 3.84 + 0.06 + 0.04 + 0.02 = 3.96（元）$$

（2）剩余收益在未来某一时点之后保持不变

当公司股票的剩余收益在 $t+1$ 年后保持不变,则 $RE_{t+1} = RE_{t+2} = \cdots RE_n = RE$,股票的内在价值表示为:

$$V_0^E = B_0 + \frac{RE_1}{1+r} + \frac{RE_2}{(1+r)^2} + \cdots + \frac{RE_t}{(1+r)^t} + \frac{RE}{r(1+r)^t} \tag{8-29}$$

以中国石化(600028)为例,现假设中国石化2007—2010年的每股收益和每股股利如表8-14所示,且自2010年起其剩余收益保持不变,那么,中国石化在2010年以后的剩余收益的折现值为:

$$\frac{0.22}{0.1425 \times (1+0.1425)^4} = 0.90（元）$$

中国石化股票的内在价值为:

$$V_0^E = 2.94 + 0.37 + 0.38 + 0.25 + 0.13 + 0.90 = 4.97（元）$$

表8-14 中国石化2007—2010年每股收益和每股股利预测表　　　　　单位:元

项目	2006年	2007年	2008年	2009年	2010年
每股收益*	0.58	0.84	1.02	1.02	0.98
每股股利**	0.11	0.13	0.16	0.19	0.23
每股净资产	2.94	3.65	4.51	5.34	6.09
RE(回报率为14.25%***)		0.42	0.50	0.37	0.22
折现因子(1.1425)		1.14	1.31	1.49	1.70
RE折现值		0.37	0.38	0.25	0.13
内在价值	4.85				

* 每股收益＝预测净利润/总股本,预测净利润来源于招商证券2007年5月份对中国石化的估值报告。

** 假定每股股利的年增长幅度为20%。

*** 中国石化的权益资本成本通过Wind资讯网站计算得出。

（3）剩余收益在未来某一时点之后保持稳定增长

当公司股票的剩余收益在 $t+1$ 年后保持稳定的增长率 k,则 $RE_{t+1} = k \cdot RE_t$,$RE_{t+2} = k \cdot RE_{t+1}$,$\cdots$,股票的内在价值表示为:

$$V_0^E = B_0 + \frac{RE_1}{1+r} + \frac{RE_2}{(1+r)^2} + \cdots + \frac{RE_t}{(1+r)^t} + \frac{RE_{t+1}}{(r-k)(1+r)^t} \tag{8-30}$$

以中兴通讯(000063)为例,现在假设该公司在2007—2009年保持快速增长(见表8-15),并从2010年起剩余收益保持7%的稳定增长。

表 8-15　中兴通讯 2007—2009 年每股收益和每股股利预测表　　　单位:元

项目	2006 年	2007 年	2008 年	2009 年
每股收益*	0.84	1.38	2.21	2.95
每股股利**	0.15	0.15	0.15	0.15
每股净资产	11.13	12.36	14.42	17.22
RE(回报率为 10.03%***)		0.26	0.97	1.50
折现因子(1.1003)		1.10	1.21	1.33
RE 折现值		0.24	0.80	1.13
内在价值		49.53		

* 预测每股收益来源于中信证券 2007 年 6 月份对中兴通讯的估值报告。
** 假定每股股利保持不变。
*** 中兴通讯的股权资本成本通过 Wind 资讯网站计算得出。

根据公式(8-30),中兴通讯在 2009 年以后的剩余收益的折现值为:

$$\frac{1.5 \times (1 + 0.07)}{(0.1003 - 0.07) \times (1 + 0.1003)^3} = 39.76 （元）$$

因此,中兴通讯股票的内在价值为:

$$V_0^E = 11.13 + 0.24 + 0.80 + 1.13 + 39.76 = 53.06 （元）$$

与前面两种模型相比,剩余收益模型的优势主要体现为:

第一,剩余收益模型的最大优点就是适用范围较广。相对估值模型对缺少参照对象的被估值公司进行估值时存在一定的困难,股利折现模型不能适用于不发放股利的公司,而剩余收益模型则适用于大部分情况下的公司股票估值。

第二,剩余收益模型更接近现实情况。模型中的净资产的账面价值反映了股东对公司的所有权;模型中的未来收益反映了股东对公司盈利的分配权;模型还考虑了股东的机会成本,即要求的最低投资回报。因此,得出的估值结果也较为可信。

第三,剩余收益模型在估值的时候需要利用预计的资产负债表和利润表,而这两张报表是预测公司未来发展情况必须编制的报表,可以从公司内部或外部的研究人员处获取,因此对使用者来说比较方便。

第四,对预测变量准确性的依赖程度较低。剩余收益模型尽管也需要对未来的收益进行预测,但由于投资初期的净资产账面价值是确定的,且占预测结果的比重较大[①],因此对预测变量,如预测的剩余收益的准确性的依赖性相对较小。

第五,剩余收益模型的准确性可以通过随后的财务报表来验证。剩余收益模型需要预测的最关键变量就是剩余收益,该变量预测结果是否准确,可以在以后通过经会计师事务所审计的财务报表来进行检验,并根据检验结果及时作出调整。

当然,剩余收益模型也不是完美无缺的。这种方法的主要缺陷在于:

第一,该模型依赖的主要估值参数来源于预测的资产负债表和利润表,而选择不同

---

① 从剩余收益模型的三个例子来看,初始投资的净资产账面价值占预测内在价值的比例分别为 97%、60% 和 21%。

的会计政策和方法来编制这两张报表,可能会产生不同的预计净资产账面价值和股利。换句话说,当预测的会计报表受到人为操纵的时候,该模型预测结果的准确性也会受到影响。

第二,该模型在使用时对会计水平的要求较高。该模型在使用过程中不仅要求估值人员熟悉包括资产负债表、利润表、利润分配表等财务报表的内容和对应关系,而且要求其能够熟练编制未来的预计财务报表,这些都需要比较扎实的会计知识。

第三,该模型要求准确地判断未来剩余收益的变动趋势。具体包括:剩余收益何时开始保持稳定的变动趋势?这种趋势是下降为零、保持不变,还是稳定增长?如果剩余收益在短期内保持稳定增长,能否在长期也保持这种稳定增长速度?在现实当中,对这些问题得出准确的预测结果并不容易。

三、股票估值分析步骤

以上部分介绍了四种常用的股票估值模型,并比较分析了各种模型的优缺点。在实践应用中,除了应根据被估值对象的特点来选择合适的估值模型之外,还应合理地预测股票未来的盈利或现金流。如果对股票未来的盈利和现金流的预测不准确,那么无论应用何种估值模型,都可能产生错误的估值结果。

为了方便起见,我们在前面部分的例子中直接借鉴了国内一些券商对上市公司未来盈利能力和现金流的估值报告,那么,当你自己独立进行股票估值分析时,应如何合理地预测股票未来的盈利和现金流呢?你可以通过"经济—行业—公司"的步骤来预测公司未来的盈利和现金流,并在此基础上运用合适的估值模型,得出较为合理的估值结果。

(一) 经济分析(Economy Analysis)

公司的生产经营活动与其所处的宏观经济环境密不可分,因此,对公司未来盈利和现金流的估计也应该首先考虑宏观经济环境对公司运行的影响。宏观经济环境包括了国家的经济运行情况、对外贸易状况,以及财政、货币、税收、产业等各方面的政策。

经济运行情况包括国内生产总值(GDP)的增长速度、增长方式及可持续性、国家的财政收入情况、物价水平、居民的就业率和可支配收入水平等各方面的综合情况。经济平稳快速增长,为公司营造稳定发展的外部条件,对所有公司来说都是一个利好的消息;反之,经济运行一旦出现问题,造成经济过热或经济萧条,对所有公司来说都是一个利空的消息。

对外贸易情况是指一国与其他国家的产品与服务的进出口交易情况。当本国的进口大于出口,表现为贸易逆差;当本国的出口大于进口,则表现为贸易顺差。适度的贸易顺差或逆差不会对经济运行产生影响,但如果出现过度的贸易逆差,则表明消费者更喜欢外国产品而不愿意购买本国产品,本国企业的效益就会受到影响;反之,过度的贸易顺差尽管能带来巨大的外汇收入,但同时也可能引起其他国家对本国外贸政策的不满,导致这些国家采取贸易保护等措施,从而影响本国企业的产品出口。

财政政策主要分为扩张的财政政策和紧缩的财政政策。在扩张的财政政策下,国家通过增发国债、加大对基础设施等固定资产的投资力度,同时通过提高居民收入水平、鼓励居民消费等措施刺激经济增长;在紧缩的财政政策下,国家通过减少财政赤字、优化投资结构等措施抑制经济过快增长。

货币政策也可以分为扩张的货币政策和紧缩的货币政策。在经济增长乏力之时,通过扩张的货币政策、降低基准利率、增加货币供应量、适度货币贬值等措施,可以刺激经济增长;反之,在经济增长过热之时,则可以通过紧缩的货币政策、提高基准利率、减少货币供应量及适度货币升值等措施来抑制经济的过快增长。

税收政策是财政政策的一个重要组成部分。对经济影响较大的税收政策包括公司的所得税政策、个人所得税政策和行业的出口退税政策等。降低公司的所得税税率,将使得公司减少税收的交纳,增加税后利润,直接提高公司的效益;降低个人所得税税率,将使得居民的可支配收入增加,能够促进居民的消费;提高出口退税率,有利于鼓励企业增加产品出口,从而提高国家的贸易顺差或降低国家的贸易逆差,保证国际贸易平衡。

产业政策也是国家重要的宏观调控政策之一。国家根据整体经济发展的需要,在不同的发展阶段采取不同的产业政策。例如,为转变粗放型经济增长方式,保证经济的可持续发展,国家提出了节能减排的产业政策,对能耗大、污染严重的产业进行重点整治和改造,鼓励节能型、无污染型产业的发展。

(二) 行业分析(Industry Analysis)

在分析完宏观经济环境对公司经营产生的影响之后,就应该将视线集中到公司所处的行业中来。首先要关注的是行业所处的商业周期(Business Cycle)。根据行业的商业周期性,可以将其分为成长性行业、周期性行业和保险性行业。像生物制药、环保产品等行业就属于成长性行业,钢铁、汽车等行业则属于周期性行业,保险性行业的典型代表则是食品饮料行业。当公司所在行业属于周期性行业时,还应进一步分析该行业处于周期性当中的哪一部分,是波峰还是波谷,是处于上升趋势还是处于下降趋势。最后根据行业所处的商业周期的位置判断该行业未来的发展趋势。

其次,对与该行业关系密切的上下游行业的发展趋势进行分析和预测。上游行业的发展直接影响到该行业的原材料供应量和供应价格;而下游行业的发展则直接影响到该行业产品的销售量和销售价格。合理预测上下游行业在未来几年的发展趋势,有助于较为准确地判断出该行业未来几年的产品销售情况和主要的成本构成。

再次,比较该行业在国际市场的发展趋势。随着国际化交易的日益频繁,一个行业,特别是生产制造业,不可能关起门来在封闭的国内市场上发展,必然要参与到国际市场的竞争与合作中去。不仅如此,行业的产品价格与原材料价格也会受到国际市场价格波动的影响。因此,关注该行业的国际市场动态,对分析预测该行业的发展趋势也将起到非常重要的作用。

最后,分析行业内各企业之间的竞争程度,即属于自由竞争、垄断竞争、寡头垄断,还是垄断行业?行业内有哪些龙头企业,他们在哪些产品上具有优势?哪些产品竞争力较弱?是否掌握对产品的定价权?行业的集中度有多大?未来的发展趋势如何?所有这些问题,都需要通过调查和研究来得出结论,最终为公司的股票估值提供参考。

(三) 公司分析(Company Analysis)

在进行宏观经济分析和行业分析之后,接下来要做的就是从公司的战略着手,研究公司的市场竞争力、产品的市场占有率、产品的定价策略、经营策略、投资策略等各种因素,合理估计公司未来的营业收入、净利润、现金流量、股利支付、资本成本等指标。

第一,通过对公司过去几年的财务报表,包括资产负债表、利润表、现金流量表等财务数据进行分析和重组,了解公司主要产品的竞争优劣势,每种产品的市场占有率、销售情况、毛利率等各项指标,公司的投资融资政策,以及公司未来的发展规划等。

第二,在综合上述分析的基础上,预测公司未来几年的营业收入和营业成本,并根据掌握的资料,对其他一些指标,如营业费用、管理费用、财务费用等作出合理的估计。

第三,编制预测的资产负债表、利润表和现金流量表,并根据相关报表预测股东未来可以得到的现金流量等数据。

第四,根据CAPM模型或其他模型估计出股权资本成本,用于计算股东未来现金流量的贴现值。

最后,在合理预测出公司的收入、成本、费用、利润等指标的基础上,选择合适的估值模型,估计出该公司股票的内在价值,与股票的市场价格相比较,得出投资结论。

第三节 案例分析
——中国建设银行的投资价值方法[①]

一、背景介绍

中国建设银行股份有限公司(以下简称"建设银行")是一家在中国市场处于领先地位的国有控股商业银行,总部设在北京。建设银行主要经营领域包括公司银行业务、个人银行业务和资金业务,其多种产品和服务(如基本建设贷款、住房按揭贷款和银行卡业务等)在中国银行业居于市场领先地位。截至2010年12月31日,建设银行市值约2 200亿美元,居全球上市银行第二位。建设银行在中国拥有较长的经营历史,其前身中国人

---

① 本节的部分内容参考并引用了查璐的硕士学位论文"中国建设银行投资价值分析",厦门大学,2011年4月,指导教师吴世农教授,特此致谢。

民建设银行于1954年成立,1996年更名为中国建设银行。中国建设银行股份有限公司由原中国建设银行于2004年9月分立而成,继承了原中国建设银行的商业银行业务及相关的资产和负债;2005年10月建设银行在香港联合交易所挂牌上市(股票代码:939),2007年9月在上海证券交易所挂牌上市(股票代码:601939)。

截至2010年12月31日,建设银行在中国内地设有分支机构13 415家,在香港、新加坡、法兰克福、约翰内斯堡、东京、首尔、纽约、胡志明市及悉尼设有分行,在莫斯科设有代表处,拥有建设银行亚洲、建信租赁、建银国际、建信信托、中德住房储蓄银行、建设银行伦敦、建信基金等多家子公司,与世界上600多家银行建立了代理行关系,其业务往来遍及五大洲近80个国家,拥有员工31万人,为客户提供全面的金融服务。

从股本结构来看(见表8-16),截至2010年年底,建设银行累计发行在外的总股本达到2 500亿股,其中绝大部分为无限售条件股份,占总股本比重的近90%;有限售条件的股份为256亿股,占总股本比重的10%左右。全部股本中,境外上市的外资股为651亿股,占总股本的四分之一左右。汇金公司、国家电网、宝钢集团和长江电力合计持有建设银行59.9%的股份。

表8-16　2010年年末建设银行的股本结构

股本类别	股本数量(亿股)	占总股本比重
总股本	2 500	100%
有限售条件股份	256	10.23%
无限售条件股份	2 244	89.77%
其中:人民币普通股	95	3.84%
境外上市的外资股	651	26.03%
其他	1 498	59.90%

资料来源:中国建设银行股份有限公司2010年报,2011年3月。

二、案例分析

(一) 宏观因素分析

在宏观经济层面,一方面,从国际宏观经济走势来看,世界经济还没有进入稳定增长的良性循环,全球经济的复苏道路日益呈现复杂多变的格局。根据联合国经济与社会事务部发布的《2011年世界经济形势与展望》,从2010年下半年开始,全球经济增长出现明显减速,2011年的增长很可能将更加缓慢。主要国际机构预测,2011年美国的经济增长率将从2.6%下降至2.3%,欧元区的经济增长率将从1.7%下降到1.5%,而日本的经济增长率也会从2.8%下降到1.5%。高失业率、紧缩财政政策及货币战争的风险对世界经济复苏构成了主要威胁。世界经济复苏放缓将对中国外需、物价和汇率等产生一系列不利影响。

表 8-17　国际组织对世界经济增长率预测

	2010 年	2011 年	2012 年
IMF	4.8%	4.2%	4.5%
世界银行	3.9%	3.3%	3.6%
联合国	3.6%	3.1%	3.5%

资料来源:国家统计局《2010 年国民经济和社会发展统计公报》。

另一方面,从国内宏观经济走势来看,尽管面对复杂多变的国内外经济环境,中国经济发展仍然在 2010 年取得了令人可喜的成绩,国民经济整体运行态势总体良好,实现了经济增长较快、结构逐步优化、就业持续增长、价格基本稳定的良好局面,实现了由"回升向好"转变为"稳定增长"。2010 年中国经济总量超过 39 万亿元,超越 40 多年保持全球第二位的日本而成为全球第二大经济体。

国内外复杂多变的宏观经济,将影响我国货币政策的制定和实施,进而影响整个银行业的经营管理。2010 年,中国货币政策从适度宽松转向稳健。中国人民银行综合运用多种货币政策工具,加强流动性管理,发挥利率杠杆调节作用,引导金融机构合理把握信贷投放总量、节奏和结构。2010 年 10 月至 2011 年 2 月,中国人民银行先后 3 次上调存贷款基准利率,每次存款利率平均提高 10%,而贷款利率只提高 4%(详见表 8-18)。利率的不对称上调一方面压缩了商业银行可用于发放信贷的资金,抑制了银行的信贷冲动;另一方面缩小了银行的利差,降低了商业银行的利息净收入。

表 8-18　2010 年以来存贷款基准利率调整表

A:存款利率调整表

调整时间	活期存款利率	定期存款利率					
		三个月	半年	一年	二年	三年	五年
2011 年 2 月 9 日	0.40%	2.60%	2.80%	3.00%	3.90%	4.50%	5.00%
2010 年 12 月 26 日	0.36%	2.25%	2.50%	2.75%	3.55%	4.15%	4.55%
2010 年 10 月 20 日	0.36%	1.91%	2.20%	2.50%	3.25%	3.85%	4.20%

B:贷款利率调整表

调整时间	六个月(含)以内	六个月至一年(含)	一至三年(含)	三至五年(含)	五年以上
2011 年 2 月 9 日	5.60%	6.06%	6.10%	6.45%	6.60%
2010 年 12 月 26 日	5.35%	5.81%	5.85%	6.22%	6.40%
2010 年 10 月 20 日	5.10%	5.56%	5.60%	5.96%	6.14%

资料来源:根据中国人民银行公开数据整理。

此外,存款准备金率更是成为中国人民银行进行信贷指导和控制的重要手段。2010 年 1 月至 2011 年 4 月,中国人民银行累计 10 次上调存款准备金率,调整策略针对金融机构规模差异化对待。其中,前面 3 次只调整了大型金融机构的存款准备金率,每次上调 0.5 个百分点;后面 7 次调整则针对所有金融机构,每次上调 0.5 个百分点。经过 2011 年 4 月 21 日调整之后,大型金融机构的存款准备金率为 20.50%,中小金融机构的存款准备金率为 17.00%,均达到历史最高点(见表 8-19)。存款准备金率的提高,使得货币乘数变小,从而降低了整个商业银行体系创造信用、扩大信用规模的能力,其结果是减少货币供应量,控制银行信贷规模。而商业银行由于贷款指标减小和存款不足,被迫到资本市场上融资。2010年年底,各大商业银行都宣布规模巨大的配股融资,以应对存款准备金率持续提高的政策。

表8-19 2010—2011年4月存款准备金率调整历史表

调整时间	调整前	调整后	调整幅度
2011年4月21日	(大型金融机构)20.00%	20.50%	0.5%
	(中小金融机构)16.50%	17.00%	0.5%
2011年3月25日	(大型金融机构)19.50%	20.00%	0.5%
	(中小金融机构)16.00%	16.50%	0.5%
2011年2月24日	(大型金融机构)19.00%	19.50%	0.5%
	(中小金融机构)15.50%	16.00%	0.5%
2011年1月20日	(大型金融机构)18.50%	19.00%	0.5%
	(中小金融机构)15.00%	15.50%	0.5%
2010年12月20日	(大型金融机构)18.00%	18.50%	0.5%
	(中小金融机构)14.50%	15.00%	0.5%
2010年11月29日	(大型金融机构)17.50%	18.00%	0.5%
	(中小金融机构)14.00%	14.50%	0.5%
2010年11月16日	(大型金融机构)17.00%	17.50%	0.5%
	(中小金融机构)13.50%	14.00%	0.5%
2010年5月10日	(大型金融机构)16.50%	17.00%	0.5%
	(中小金融机构)13.50%	不调整	—
2010年2月25日	(大型金融机构)16.00%	16.50%	0.5%
	(中小金融机构)13.50%	不调整	—
2010年1月18日	(大型金融机构)15.50%	16.00%	0.5%
	(中小金融机构)13.50%	不调整	—

资料来源:根据中国人民银行公开数据整理。

(二) 行业因素分析

在行业层面,根据中国银监会《2010年度银行业报告》的统计,截至2010年年底,中国银行业金融机构包括政策性银行及国家开发银行3家,大型商业银行5家,股份制商业银行12家,城市商业银行147家,农村商业银行85家,农村合作银行223家,农村信用社2646家,邮政储蓄银行1家,金融资产管理公司4家,外资法人金融机构40家,信托公司63家,企业集团财务公司107家,金融租赁公司17家,货币经纪公司4家,汽车金融公司13家,消费金融公司4家,村镇银行349家,贷款公司9家以及农村资金互助社37家。中国银行业金融机构共有法人机构3769家,营业网点19.6万个,从业人员299.1万人。

截至2010年年底,银行业金融机构资产总额95.3万亿元,比2009年增加15.8万亿元,增长19.9%;负债总额89.5万亿元,比2009年增加14.4万亿元,增长19.2%;所有者权益5.8万亿元,比2009年增加1.4万亿元,增长31.8%。银行业金融机构各项存款余额 73.3 万亿元,比年初增加 12.1 万亿元,同比增长 19.8%。商业银行整体加权平均资本充足率 12.2%,比年初上升 0.80 个百分点;加权平均核心资本充足率 10.1%,比年初上升 0.90 个百分点。281 家商业银行的资本充足率水平全部超过 8%。银行业金融机构不良贷款余额 1.24 万亿元,比年初减少 1 696 亿元,不良贷款率 2.4%,比年初下降 0.89 个百分点。商业银行各项资产减值准备金余额 1.03 万亿元,比年初增加 1 557 亿元;商业银行整体拨备覆盖率水平首次超过 200%,达到 217.7%,比年初上升 64.50 个百分点,风险抵补能力进一步提高。2010 年,银行业金融机构实现税后利润 8 991 亿元,同比增长 34.5%;资本利润率 17.5%,比年初上升 1.26 个百分点;资产利润率 1.03%,比年初上升 0.09 个百分点。从结构看,净利息收入、投资收益和手续费及佣金净收入是商业银行收入构成的三个主要部分。

未来五年,银行业贫富差距将进一步扩大。在利率市场化的推动下,一些政策性银行、国有大型银行,将逐步转变经营性质,如国家开发银行;国有大型银行的增长速度仍然低于股份制商业银行,市场份额将被进一步挤压,但利润贡献占比不会有太大变化;城市商业银行,将大规模地通过股份制改造并重组上市,从而跻身股份制商业银行的行列,再逐步布局全国形成规模,盈利能力逐步赶上国有大型银行,竞争性较差的城市商业银行将被兼并;受国家政策照顾,农村中小金融机构和邮政储蓄银行将有所发展,但因客户对象限制,管理包袱较大,增速或低于行业平均水平;需要关注的是外资银行,一旦利率市场化,其国外先进的盈利模式将被快速复制,增长速度将高于行业平均水平。

除此之外,银行业同时面临着银监会资本新政的压力。"十二五"期间,银监会将继续推行新资本协议,并不再区分巴塞尔协议第二版和第三版。预计到 2013 年年底,在新监管框架下的最低资本要求,即经全部八项资产减值扣除后,系统重要性银行必须达 11.5% 以上,甚至是 12% 以上。截至 2010 年年末,商业银行整体加权平均资本充足率为 12.2%,加权平均核心资本充足率为 10.1%,这还是八项当中有两项没有进行严格扣除的计算结果。因此,受合规监管影响,2013 年之后,银行业的扩张速度将进一步降低。

(三) 公司因素分析

2010 年,在国内外经济金融形势复杂多变的情况下,建设银行结合自身发展战略,加大对经济社会发展和民生领域的金融支持力度,资产规模持续增长。截至 2010 年 12 月 31 日,建设银行资产总额为 108 103.17 亿元,较上年末增长 12.33%,其中客户贷款和垫款净额为 55 260.26 亿元,较上年末增长 17.75%;负债总额为 101 094.12 亿元,较上年末增长 11.53%,其中客户存款增长 13.42% 至 90 753.69 亿元(见表 8-20)。

表 8-20 2006—2010 年建设银行资产负债表

单位:亿元

项目	2010 年	2009 年	2008 年	2007 年	2006 年
资产:					
现金及存放中央银行款项	18 480.29	14 586.48	12 474.5	8 437.24	5 396.73
存放同业和其他金融机构款项	783.18	1 011.63	330.96	241.08	181.46

(续表)

项目	2010年	2009年	2008年	2007年	2006年
贵金属	144.95	92.29	51.6	10.13	5.37
拆出资金	639.62	222.17	168.36	646.90	307.61
交易性金融资产	173.44	188.71	503.09	298.19	56.16
衍生金融资产	112.24	94.56	212.99	146.32	145.14
买入返售金融资产	1 810.75	5 896.06	2 085.48	1 372.45	333.71
应收利息	440.88	403.45	383.17	339.00	212.92
发放贷款及垫款	55 260.26	46 929.47	36 835.75	31 832.29	27 958.83
可供出售金融资产	6 968.48	6 514.8	5 508.38	4 296.20	3 184.63
持有至到期投资	18 840.57	14 088.73	10 417.83	11 910.35	10 387.13
应收款项债券投资	3 067.48	4 995.75	5 518.18	5 513.36	5 463.57
对联营和合营企业的投资	17.77	17.91	17.28	10.99	—
固定资产	834.34	746.93	639.57	564.21	515.91
土地使用权	169.22	171.22	172.95	176.50	191.95
无形资产	13.10	12.70	12.53	11.34	—
商誉	15.34	15.90	15.27	16.24	17.43
递延所得税资产	178.25	107.90	78.55	0.35	27.01
其他资产	153.01	136.89	128.08	158.63	99.55
资产总计	108 103.17	96 233.55	75 554.52	65 981.77	54 485.11
负债:					
向中央银行借款	17.81	0.06	0.06	0.06	0.21
同业和其他金融机构存放款项	6 835.37	7 747.85	4 474.64	5 165.63	2 145.15
拆入资金	662.72	381.20	431.08	309.24	255.48
交易性金融负债	152.87	79.92	39.75	108.09	—
衍生金融负债	93.58	85.75	185.65	79.52	27.15
卖出回购金融资产款	49.22	—	8.64	1 095.41	51.40
吸收存款	90 753.69	80 013.23	63 759.15	53 295.07	47 212.56
应付职工薪酬	313.69	274.25	251.53	227.47	162.62
应交税费	342.41	258.40	355.38	335.14	220.71
应付利息	656.59	594.87	596.95	389.02	343.05
应付债券	—	—	—	—	399.17
递延所得税负债	2.43	2.16	0.05	7.71	0.25
预计负债	33.99	13.44	18.06	16.56	16.37
其他负债	1 179.75	1 192.22	757.96	730.04	348.95
负债合计	101 094.12	90 643.35	70 878.90	61 758.96	51 183.07
所有者权益:					
股本	2 500.11	2 336.89	2 336.89	2 336.89	2 246.89
资本公积	1 351.36	902.66	902.41	902.41	408.52
投资重估储备	67.06	131.61	111.56	164.08	—
盈余公积	506.81	374.21	269.22	178.45	111.33
一般风险准备	613.47	468.06	466.28	315.48	103.43
未分配利润	1 959.50	1 361.12	595.93	321.64	430.92

(续表)

项目	2010年	2009年	2008年	2007年	2006年
外币报表折算差额	-30.39	-19.82	-22.63	-9.18	-0.13
少数股东权益	41.13	35.45	15.96	13.04	0.95
归属于母公司股东的权益	6 967.92	5 554.75	4 659.66	4 209.77	3 301.09
股东权益合计	7 009.05	5 590.2	4 675.62	4 222.81	3 302.04
负债及股东权益总计	108 103.17	96 233.55	75 554.52	65 981.77	54 485.11

资料来源：根据中国建设银行股份有限公司 2006—2010 年报整理。

2010年，建设银行实现利润总额 1 751.56 亿元，较上年增长 26.26%；净利润 1 350.31 亿元，较上年增长 26.39%（见表 8-21）。利润总额和净利润同比实现快速增长主要得益于以下因素：一是净利息收益率稳步回升，生息资产规模适度增长，推动利息净收入较上年增加 396.15 亿元，增幅 18.70%；二是积极开展服务与产品创新，手续费及佣金净收入保持良好增长态势，较上年增加 180.73 亿元，增幅 37.61%；三是随着外币债券市场价格平稳回升，债券投资减值净回拨 2.18 亿元，相应减值支出较上年减少 13.25 亿元。

表 8-21 2006—2010 年建设银行利润表　　　　　　　　　　单位：亿元

项目	2010年	2009年	2008年	2007年	2006年
一、营业收入	3 234.89	2 671.84	2 675.07	2 194.59	1 502.12
利息净收入	2 515.00	2 118.85	2 249.20	1 927.75	1 403.68
利息收入	3 777.83	3 394.63	3 565.00	2 848.23	2 151.89
利息支出	-1 262.83	-1 275.78	-1 315.80	-920.48	-748.21
手续费及佣金净收入	661.32	480.59	384.46	313.13	135.71
手续费及佣金收入	681.56	498.39	400.56	327.31	146.27
手续费及佣金支出	-20.24	-17.80	-16.10	-14.18	-10.56
投资收益	40.15	58.97	-8.50	22.00	17.06
公允价值变动收益	16.59	9.24	19.77	6.59	3.49
汇兑损失	-6.11	-2.50	26.42	-78.20	-60.68
其他业务收入	7.94	6.69	3.72	3.32	2.86
二、营业支出	-1 497.85	-1 295.82	-1 489.00	-1 189.24	-854.08
营业税金及附加	-183.64	-159.72	-157.93	-123.37	-89.77
业务及管理费	-1 017.93	-879.00	-821.62	-788.25	-570.76
减值损失准备	-292.92	-254.60	-508.29	-275.95	-192.14
其他业务成本	-3.36	-2.50	-1.16	-1.67	-1.41
三、营业利润	1 737.04	1 376.02	1 186.07	1 005.35	648.04
营业外收入	24.25	23.71	24.21	14.32	13.82
营业外支出	-9.73	-12.48	-12.87	-11.51	-4.69
四、利润总额	1 751.56	1 387.25	1 197.41	1 008.16	657.17
减：所得税	-401.25	-318.89	-270.99	-316.74	-193.98
五、净利润	1 350.31	1 068.36	926.42	691.42	463.19
少数股东损益	1.87	0.80	0.43	0.89	-0.03
归属于母公司股东的净利润	1 348.44	1 067.56	925.99	690.53	463.22
六、基本每股收益	0.56	0.45	0.40	0.30	0.21

资料来源：根据中国建设银行股份有限公司 2006—2010 年报整理。

(四) 各项指标预测及估值假设

基于前面的分析,可以预计在未来 5 年内中国 GDP 的年增长速度仍将保持在 8% 左右的水平,此后增速平稳趋缓,因此,假设建设银行未来 5 年的各项财务数据如下:

(1) 未来 5 年的信贷增速分别为 20%、15%、10%、5% 和 5%,而利息收入的发展趋势与此相当。

(2) 由于个人理财业务以及资本市场活跃,将分流部分存款,同时大部分存款以活期形式存在,因此,假设未来 5 年内其存款余额增速为 10%,利息支出增速为 5%。

(3) 鉴于过去 5 年建设银行手续费及佣金收入的高速发展,结合国外银行的发展经验,预计建设银行手续费及佣金收入未来 5 年的发展增速为 30%、30%、30%、20% 和 20%。

(4) 鉴于宏观投资环境不确定性因素大,故预计建设银行的主要业务收入来源于利息收入和手续费收入,不考虑投资收益。

(5) 虽然面临员工工资增长压力,且建行正在进行新一代 IT 系统建设工作,但鉴于建设银行从 2010 年开始的全行全面成本管理专项工作逐步发挥作用,因此,假设未来 5 年内成本收入比为 34%、33%、32%、31% 和 31%。

(6) 假设未来 5 年平均税率为 25%。

(7) 假设未来 5 年股本不变,当年按上年利润的 50% 进行现金分红。

(8) 假设股东要求的回报率(股权资本成本)为 15%。

按照上述假设,对建设银行 2010—2015 年的利润情况进行预测,如表 8-22 所示。

表 8-22 建设银行 2010—2015 年利润情况预测　　　　　单位:亿元

项目	2010A	2011E	2012E	2013E	2014E	2015E
一、营业收入	3 234.89	4 071.19	4 948.48	5 743.31	6 253.74	6 834.47
利息净收入	2 515.0	3 207.42	3 821.14	4 272.86	4 486.51	4 710.83
利息收入	3 777.83	4 533.40	5 213.41	5 734.75	6 021.48	6 322.56
利息支出	-1 262.83	-1 325.97	-1 392.27	-1 461.88	-1 534.98	-1 611.73
手续费及佣金净收入	661.32	863.76	1 127.35	1 470.45	1 767.23	2 123.64
手续费及佣金收入	681.56	886.03	1 151.84	1 497.39	1 796.86	2 156.24
手续费及佣金支出	-20.24	-22.26	-24.49	-26.94	-29.63	-32.60
二、营业支出	-1 497.85	-1 842.60	-2 100.53	-2 314.28	-2 423.69	-2 628.43
三、营业利润	1 737.04	2 228.58	2 847.95	3 429.03	3 830.05	4 206.05
加:营业外收入	24.25	24.98	25.73	26.50	27.29	28.11
减:营业外支出	-9.73	-10.02	-10.32	-10.63	-10.95	-11.28
四、利润总额	1 751.56	2 243.54	2 863.36	3 444.89	3 846.39	4 222.88
减:所得税费用	-401.25	-560.88	-715.84	-861.22	-961.60	-1 055.72
五、净利润	1 350.31	1 682.65	2 147.52	2 583.67	2 884.79	3 167.16
六、每股收益	0.56	0.70	0.89	1.07	1.20	1.31
七、股利分红	0.212	0.28	0.35	0.45	0.54	0.60
八、每股净资产	2.79	3.21	3.75	4.38	5.04	5.75

(五) 估值模型的选取

1. 股利折现模型

建设银行从上市到现在,保持着稳定股利发放政策,因此,在分段预测建设银行股利的基础上,可以采用两阶段的股利折现模型对建设银行股权价值进行估值。第一阶段为2011—2015年,第二阶段为2016年及以后。

预期建设银行2011—2015年各年的股利分红如表8-23所示,自2016年起,现金股利以8%的速度增长,则建设银行2016年及以后的股权连续价值为:

$$连续价值 = \frac{0.60 \times (1 + 8\%)}{15\% - 8\%} = 9.26(元/股)$$

将2016年及以后的股权连续价值以15%的折现率进行折现,并加上建设银行2011—2015年预期的现金股利(见表8-23),就得到建设银行的股权价值为:

$$股权价值 = \frac{0.28}{1+15\%} + \frac{0.35}{(1+15\%)^2} + \frac{0.45}{(1+15\%)^3} + \frac{0.54}{(1+15\%)^4}$$
$$+ \frac{0.60}{(1+15\%)^5} + \frac{9.26}{(1+15\%)^6} = 5.41(元/股)$$

表8-23 利用股利折现模型估计建设银行的股权价值

年份	股息(元)	折现因子(15%)	现值(元)
2011年	0.28	0.8696	0.243
2012年	0.35	0.7561	0.265
2013年	0.45	0.6575	0.296
2014年	0.54	0.5718	0.309
2015年	0.60	0.4972	0.298
2016年及以后的连续价值	9.26	0.4323	4.003
现值合计			5.41

2. 市盈率模型

市盈率模型将支付的价格与目前的收益联系在一起,是中国资本市场中最普遍应用的一种相对估值模型,这种模型容易理解,也方便计算,使得股票之间的比较变得容易,特别是同行业之间的比较显得更有意义。截至2011年4月份,中国共有除建设银行之外的15家上市商业银行。从表8-24来看,这些上市商业银行在2011年4月8日的平均收盘价为10.77元/股,2010年平均的每股收益为1.02元/股,平均的市盈率为10.53。将建设银行2010年每股收益0.56元乘以该平均市盈率,就可以得到建设银行的股权内在价值应该为5.90元/股。

3. 市净率模型

市净率作为相对价值的度量,在银行业也被广泛使用,一个非常重要的原因就是银行的账面价值能够公允地反映其经济价值,因为大多数银行资产都是非常容易变现的现金资产或其他流动资产,如债券和商业贷款。此外,与市盈率模型相比,账面价值提供了一种相对稳定的价值计量方法,即使收益率为负,也可以使用市净率模型进行价值评估。

从表 8-24 来看,15 家上市商业银行在 2011 年 4 月 8 日的平均收盘价为 10.77 元/股,2010 年平均的每股净资产为 5.66 元/股,平均的市净率为 1.90 倍。将建设银行 2010 年年末的每股净资产 2.79 元乘以该平均市净率,就可以得到建设银行的股权内在价值应该为 5.30 元/股。

表 8-24 中国上市商业银行的市盈率和市净率

股票代码	股票名称	2011.4.8 收盘价(元)	2010 年 EPS	市盈率	2010 年每股净资产(元)	市净率
000001	深发展 A	17.17	1.91	8.99	9.62	1.78
002142	宁波银行	13.72	0.80	17.15	5.51	3.55
600000	浦发银行	14.52	1.60	9.08	8.57	1.69
600015	华夏银行	13.64	1.20	11.37	7.22	1.91
600016	民生银行	5.93	0.66	8.98	3.9	1.52
600036	招商银行	14.92	1.23	12.13	6.21	2.40
601009	南京银行	11.54	0.80	14.43	6.34	2.49
601166	兴业银行	30.97	3.28	9.44	15.35	2.01
601169	北京银行	12.62	1.09	11.58	6.83	1.84
601288	农业银行	2.86	0.33	8.67	1.67	1.71
601328	交通银行	5.99	0.73	8.21	3.96	1.51
601398	工商银行	4.55	0.45	10.11	2.35	1.93
601818	光大银行	3.99	0.36	11.08	2.01	2.02
601988	中国银行	3.40	0.39	8.72	2.31	1.47
601998	中信银行	5.75	0.52	11.06	3.08	1.86
	平均值	10.77	1.02	10.53	5.66	1.90

资料来源:巨灵财经数据系统。

三、案例分析的主要结论

我们采用了股利折现模型、市盈率模型和市净率模型对建设银行的股票价值进行估计,估值结果表明,建设银行的股票价值应该在 5.30—5.90 元附近(见表 8-25),其中市盈率模型估计的结果最高,达到 5.90 元/股;而市净率模型的估值结果最低,仅为 5.30 元/股。将这一估值结果与 2010 年 4 月 21 日建设银行在 A 股市场的收盘价 5.10 元进行比较可以发现,市场价格均低于其内在价值,表明建设银行的股票价值被低估了。以当前的市场价格买入建设银行股票,预计将获得 4%—16% 的投资回报。

表 8-25 不同估值模型对应的建设银行股票价值及预期收益率

估值模型	估计价值(元)	预期收益率	股权资本成本	投资建议
股利折现模型	5.41	6.08%	15%	谨慎买入
市盈率模型	5.90	15.69%	15%	买入
市净率模型	5.30	3.92%	15%	谨慎买入

本章小结

本章讨论了债券与股票的估值方法及实践应用。首先，介绍债券的基本要素、估值方法及影响估值的主要因素；其次，介绍几种典型的股票估值方法，并进一步探讨了不同估值方法所存在的优缺点及在实践当中的运用；最后，以建设银行为例，运用所介绍的股票估值方法确定建设银行的内在价值。

对于债券，本章主要介绍用现金流量折现模型来估计其内在价值，并将该方法应用于固定利率债券、零息债券和永久性债券这三种不同类型债券的估值上。接下来，介绍债券价格与利率风险的关系，并通过免疫策略演示了投资者如何降低或避免利率风险对债券价格的影响。随后，介绍债券价格与信用风险的关系，最后演示了投资者如何通过驾驭债券收益率曲线获得债券投资收益。

对于股票，本章讨论了相对估值模型、股利折现模型、股权自由现金流量模型和剩余收益模型四种估值方法，并分别介绍了四种方法的优缺点以及在实践中的应用。其中，相对估值模型相对简单，但其准确性依赖于市场价格对股票价值的真实反映，比较适用于对未上市或准备上市的公司进行估值；股利折现模型以股东未来获得的现金流量作为估值基础，直观明了，但对于不发放股利或股利发放不稳定的公司会产生很大的误差，比较适用于股利发放稳定，或平稳增长的基础设施类公司；股权自由现金流量模型通过估计公司在生产经营中创造的股权自由现金流量来直接估计公司股票的价值，适用于股权自由现金流量和资本结构稳定的公司，但不适用于对那些投资扩张活动频繁的公司进行估值；剩余收益模型可以对几乎所有类型的公司进行估值，且可以直接利用财务报表的数据进行估值，但估值结果可能受到会计操纵的影响。

除了估值模型之外，影响股票估值准确性的最重要因素是对未来利润或现金流量的估计。投资者可以通过"经济—行业—公司"的分析步骤来估计公司未来可能产生的利润或现金流量。

专业词汇

1. 票面利率（Coupon Interest Rate）
2. 当期收益率（Current Yield）
3. 到期收益率（Yield to Maturity）
4. 债券评级（Bond Rating）
5. 浮动利率债券（Floating-Rate Bonds）
6. 固定利率债券（Fixed-Rate Bonds）
7. 零息债券（Zero Coupon Bonds）
8. 永久性债券（Perpetual Bonds）
9. 可转换债券（Convertible Bonds）
10. 到期期限（Term to Maturity）
11. 免疫策略（Immunization Strategy）

12. 优先股股票(Preferred Stock)
13. 普通股股票(Common Stock)
14. 自由现金流量(Free Cash Flow)
15. 股权自由现金流量(Free Cash Flow to Equity)
16. 剩余收益(Residual Earnings)

思考与练习

(一) 单项选择题

1. 当市场利率上升时,在其他因素不变的情况下,债券价格将(   ),到期收益率将(   )。
   (a) 下降,上升   (b) 下降,下降
   (c) 上升,下降   (d) 上升,上升

2. 当债券的票面利率高于市场利率时,债券应选择何种发行方式?
   (a) 平价发行   (b) 溢价发行
   (c) 折价发行   (d) 不能确定

3. WYH公司发行10亿元2年期的零息债券,债券面值100元,市场利率为8%,债券的发行价格是(   )。
   (a) 100元   (b) 85.73元   (c) 84元   (d) 108元

4. 某公司预期其股利将以每年5%的增长率固定增长,当年支付的股利为每股1元,假设投资者的期望报酬率为10%,那么该公司股票的内在价值是(   )。
   (a) 19元   (b) 20元   (c) 21元   (d) 22元

5. 甲投资者购买35元的股票,其要求的投资回报率为20%。1年后,投资者获得现金股利5元,股票价格上涨到55元,该投资者获得(   )剩余收益。
   (a) 13元   (b) 18元   (c) 20元   (d) 25元

6. 普通股股东不具有以下哪项权利?
   (a) 投票表决权   (b) 优先认购权
   (c) 收益分配权   (d) 优先偿付权

7. M公司是一种新兴行业的领军者,正处于高速扩张的发展阶段,经营活动产生的现金流量主要用于扩大再生产,股利政策采取不分红的政策,对该公司应采用哪种估值方法?
   (a) 相对估值模型   (b) 股利折现模型
   (c) 剩余收益模型   (d) 自由现金流折现模型

8. 市场利率变动时,期限越长的债券,其价格的波动幅度(   )。
   (a) 越小   (b) 越大   (c) 不变   (d) 无法确定

9. VVA公司当年发放2元/股的现金股利,并预计在未来的2年内以15%的增长率增长,2年后股利将保持不变。假设投资者的预期报酬率为10%,该公司股票的内在价值应该为(   )。
   (a) 18元   (b) 20元   (c) 26元   (d) 30元

10. 丙公司2001年度的经营活动产生的现金流量为20亿元,投资活动产生的现金流量为-15亿元,其中,投资有价证券所支付的现金流量为-3亿元,融资活动产生的现金流量为8亿元,那么,该公司2001年度的自由现金流量是(　　)。

(a) 5亿元　　(b) 8亿元　　(c) 16亿元　　(d) 20亿元

11. 自由现金流折现模型适用于下列哪种类型企业的估值?

(a) 处于困境中的企业　　　　(b) 快速扩张的企业

(c) 稳步发展的成熟企业　　　(d) 周期性企业

12. 折价发行的债券,随着时间的推移,其债券价值将(　　)。

(a) 增加　　(b) 减少　　(c) 不变　　(d) 无法确定

13. 某公司以面值投资一笔国债,其票面利率为12.22%,单利计息,到期一次还本付息,其到期收益率为(　　)。

(a) 9%　　(b) 10%　　(c) 11%　　(d) 12%

14. 标准普尔公司对A公司和B公司进行信用评级后给出的信用等级标准分别为AA和BBB,则下列表述正确的是(　　)。

(a) A公司的筹资成本比B公司高

(b) A公司的筹资能力比B公司高

(c) A公司的筹资风险比B公司高

(d) A公司的债务负担比B公司高

15. 估算公司价值时使用的折现率,应使用(　　)。

(a) 国债的利息率　　　　　　(b) 投资者要求的必要回报率

(c) 银行贷款利率　　　　　　(d) 公司的加权平均资本成本

(二) 简述题

1. 在实践中,市场利率变动如何影响债券价格及债券收益率?
2. 阐述债券价格与信用风险的关系。
3. 比较股利折现模型与自由现金流折现模型的区别与联系。
4. 如何利用"经济—行业—公司"分析法估计公司未来的利润和现金流量?
5. 比较各种股票估值方法的优缺点以及在实践运用中应注意的问题。

(三) 微型案例分析

CTH股份有限公司是一家生产销售合成氨、氮肥、磷肥、复合肥、精细化工产品等的上市公司,预计2004—2009年公司的各项每股指标表现如下表所示。

CTH股份有限公司2004—2009年相关指标预测

单位:元

指标	2004年	2005年	2006年	2007年	2008年	2009年
每股收益	0.62	1.03	1.00	1.10	0.94	0.97
每股股利	0.20	0.20	0.20	0.20	0.20	0.20
每股经营净现金	0.91	2.00	1.32	1.54	1.98	2.13
每股投资净现金	0.76	0.42	1.78	3.10	2.43	2.85

已知：$K_d = 5.81\%$，$\beta = 0.84$，$R_f = 3.87\%$，$R_m = 14.68\%$，$P_0 = 10$ 元/股，总股本 = 17 000 万股，总负债 = 37 550 万元，2003 年年末每股账面净资产为 4.62 元，所得税税率 = 15%。

其他相关资料如下：

（1）假定公司从 2009 年以后每股收益保持不变；

（2）假定公司的股利支付维持稳定水平；

（3）假定股票市场中缺少与该公司相似的可比较公司。

根据以上案例资料，分析如下问题：

1. 哪种估值模型更适合对该公司的股权估值？为什么？

2. 选择合适的估值模型对该公司股票进行估值，并根据分析，判断是否应该投资该公司的股票。

附 录

附表一 战略性财务分析指标体系一览表
——财务指标的计算公式和含义

类型	序号	财务指标	公式	指标含义
盈利能力	1	销售净利润率	$\dfrac{净利润}{销售收入}$	净利润占销售收入的比重,表示每元销售收入所带来的净利润。指标越高,销售收入的盈利能力越强。
	2	营业利润率	$\dfrac{EBIT}{销售收入}$	息税前利润占销售收入的比重,表示每元销售收入所带来的利息、所得税和净利润。指标越高,销售收入的盈利能力越强。
	3	EBITDA利润率	$\dfrac{EBITDA}{销售收入}$	息税前利润和折旧及摊销占销售收入的比重,净利润的非付现成本,表示每元销售收入所带来的利息、所得税、净利润和折旧及摊销回的非付现成本。指标越高,盈利能力越强,且经营性净现金的创造能力越强。
	4	总资产净利润率	$\dfrac{净利润}{平均总资产}$	净利润与总资产的比例关系,表示每元总资产所带来的净利润。指标越高,总资产的盈利能力越强。
	5	税前总资产盈利力(ROA)	$\dfrac{EBIT}{平均总资产}$	息税前利润与总资产的比例关系,表示每元总资产所带来的利息、所得税和净利润。指标越高,总资产的盈利能力越强。
	6	税后总资产盈利力(ROA)	$\dfrac{EBIT(1-T)}{平均总资产}$	息前税后利润与总资产的比例关系,表示每元总资产所带来的利息和净利润。指标越高,总资产的盈利能力越强。
	7	权益资本利润率(ROE)	$\dfrac{净利润}{平均权益资本}$	净利润与权益资本的比例关系,表示每元股东投入每元权益资本所带来的净利润。指标越高,股东权益资本的盈利能力越强。
	8	税前投入资本利润率(ROIC)	$\dfrac{EBIT}{平均投入资本}$	息税前利润与投入资本的比例关系,表示每元投入资本(包括股东的权益资本和付息债务资本)所带来的利息、所得税和净利润。指标越高,投入资本的盈利能力越强。
	9	税后投入资本利润率(ROIC)	$\dfrac{EBIT(1-T)}{平均投入资本}$	息前税后利润与投入资本的比例关系,表示每元投入资本(包括股东的权益资本和付息债务资本)所带来的利息和净利润。指标越高,投入资本的盈利能力越强。

（续表）

类型	序号	财务指标	公式	指标含义
流动性	10	流动比率	$\dfrac{\text{平均流动资产}}{\text{平均流动负债}}$	流动资产与流动负债的比例关系。表示每元流动负债有多少元流动资产做"抵押"。一方面反映企业的清偿能力，另一方面反映企业流动资产的流动性或变现能力。
	11	速动比率	$\dfrac{\text{平均流动资产}-\text{平均存货}}{\text{平均流动负债}}$	除了存货之外的流动资产与流动负债的比例关系。表示每元流动负债有多少元更具变现性的流动资产做"抵押"。一方面反映企业的清偿能力，另一方面反映企业存货外流动资产的变现能力。
	12	现金比率	$\dfrac{\text{货币资金}}{\text{流动负债或短期有息负债}}$	反映货币资金（现金和银行存款）用于支付短期债务的能力。说明公司支付能力的强弱。
	13	营运资本需求量比率	$\dfrac{\text{平均流动资产}-\text{平均流动负债}}{\text{平均总资产}}$	营运资本需求量占总资产的比重，具有双重含义：一方面反映企业多出的流动资产的情况，指标越大，变现能力越强；另一方面是当流动资产中变现能力差的存货、应收款、预付款占用越多，特别是当流动资产中变现能力差的存货、应收款、预付款增加。
负债和偿债能力	14	总资产负债率	$\dfrac{\text{平均总负债}}{\text{平均总资产}}$	所有负债占总资产的比重。指标越大，说明负债程度越高；反之，越低。
	15	有息负债率	$\dfrac{\text{有息负债}}{\text{总资产或投入资本}}$	有息负债占总资产或投入资本的比重。指标越大，说明公司需要支付利息的债务占比越高，财务负担越重；反之，越低。
	16	权益资产比	$\dfrac{\text{平均权益资本}}{\text{平均总资产}}$	股东权益资本与总资产的比例关系。指标越大，说明权益资本所占比重越高，负债比例越低。
	17	权益乘数	$\dfrac{\text{平均总资产}}{\text{平均权益资本}}$	权益资本与总资产的比例关系。表示每元权益资本所支撑的总资产。指标越大，说明权益资本所支撑的总资产越大。
	18	权益负债比	$\dfrac{\text{平均权益资本}}{\text{平均长期负债}}$	权益资本与长期负债的比例关系。表示每元长期负债所对应的权益资本。指标越大，说明长期负债的程度越低；反之，越高。
	19	基于EBIT的利息保障倍数	$\dfrac{\text{EBIT}}{\text{年应付利息}}$	使用当年可用于支付利息的比例关系。指标越大，说明付息能力越强；反之，越弱。
	20	基于现金的利息保障倍数	$\dfrac{\text{税前经营性净现金}-\text{折旧}}{\text{年应付利息}}$	使用当年可用于支付利息的"现金项目"（税前经营净现金－折旧和摊销）与当年应付利息的比例关系。指标越大，说明付息能力越强；反之，越弱。
	21	基于EBITDA的本息保障倍数	$\dfrac{\text{EBITDA}}{\text{年应付利息}+\text{年应还本金}}$	使用当年可用于支付利息的"收入项目"（利息、所得税、净利润、折旧、摊销等）与当年应付利息和本金的比例关系。指标越大，说明还付息能力越强；反之，越弱。
	22	基于现金的本息保障倍数	$\dfrac{\text{税前经营性净现金}}{\text{年应付利息}+\text{年应还本金}}$	使用当年可用于支付利息的"现金项目"（税前经营净现金）与当年应付利息和本金的比例关系。指标越大，说明还本付息能力越强；反之，越弱。

（续表）

类型	序号	财务指标	公式	指标含义
资产运营能力	22	总资产周转次数	$\dfrac{销售收入}{平均总资产}$	销售收入与资产的比例关系。表明总资产的使用效率，即每元资产所能带来的销售收入。指标越大，资产使用效率越高；反之，越低。
	23	固定资产周转次数	$\dfrac{销售收入}{平均固定资产}$	销售收入与固定资产的比例关系。表明固定资产的使用效率，即每元固定资产所能带来的销售收入。指标越大，固定资产使用效率越高；反之，越低。
	24	存货周转天数	$365 \div \dfrac{销售收入或销售成本}{平均存货}$	销售收入与存货的周转效率，即每元存货的周转效率越高；反之，存货周转效率越低。指标越大，存货周转效率越高。
	25	应收账款周转天数	$365 \div \dfrac{销售收入}{平均应收账款}$	销售收入与应收账款的比例关系。表明应收账款的周转效率，即应收账款所需要的天数。指标越小，应收账款的周转效率越高。
现金创造能力	26	获现率	实际获得的经营净现金/应得经营净现金 其中：应得经营净现金=净利润+折旧+摊销+利息+(资产减值)	实际获得的经营净现金与理论应得的经营净现金之比。表明在经营过程中，实际获得的经营净现金的能力。说明创造现金能力越强，反之越低。此外，考虑到应收票据和应付票据具有银行或商业承兑的特征，且国内主要使用银行承兑应付票据，其增减影响实际经营净现金，因此计算调整获现率。
	27	调整获现率	实际经营净现金+(应收票据−应付票据)/应得经营净现金	经营性净现金与应付票据兑现后的获现率。
	28	现金销售比	$\dfrac{税前或税后经营净现金}{销售收入}$	经营性净现金与销售收入的比例关系。表明每元销售收入所含的经营性净现金或销售收入的经营性净现金含量。指标越大，净现金含量越高；反之，越低。
	29	净利润的现金含量	$\dfrac{税后经营性净现金}{净利润}$	经营性净现金与净利润的比例关系。表明每元净利润所含的经营性净现金含量。指标越大，净现金含量越高；反之，越低。
	30	总资产获现率	$\dfrac{税前经营性净现金}{平均总资产}$	经营性净现金与总资产的比例关系。表明每元总资产的经营性净现金。指标越大，总资产的获现能力越高；反之，越低。
	31	投入资本获现率	$\dfrac{税前经营性净现金}{平均投入资本}$	经营性净现金与投入资本（权益资本和付息债务资本）获取的经营性净现金。指标越大，投入资本的获现能力越高；反之，越低。
	32	权益资本获现率	$\dfrac{税后经营性净现金}{平均权益资本}$	经营性净现金与权益资本的比例关系。表明每元权益资本获取的经营性净现金。指标越高，权益资本的获现能力越高；反之，越低。

（续表）

类型	序号	财务指标	公式	指标含义
增长能力	32	销售收入增长率	（本期收入 − 前期收入）/ 前期收入	反映公司收入的增长速度。该指标越高，说明公司前期收入增长能力高；反之低。同时，一定程度上反映公司的业务收入处于快的成长期。
	33	营业利润增长率	（本期营业利润 − 前期营业利润）/ 前期营业利润	反映公司营业利润的增长速度。该指标越高，说明公司前期营业利润增长能力高；反之低。同时，一定程度上反映公司的销售盈利能力（营业利润率）处于相对快的成长期。
	34	净利润增长率	（本期净利润 − 前期净利润）/ 前期净利润	反映公司净利润的增长速度。该指标越高，说明公司前期净利润增长能力高；反之低。同时，一定程度上反映公司的销售盈利能力（销售净利润率）处于相对快的成长期。
	35	总资产增长率	（本期总资产 − 前期总资产）/ 前期总资产	反映公司总资产的增长速度。该指标越高，说明公司的资产的增长速度越快；反之则慢。同时，一定程度上反映公司的总资产处于较快的成长期。但注意，总资产增长会受负债和权益增长的影响。
	36	净资产增长率	（本期净资产 − 前期净资产）/ 前期净资产	反映公司净资产的增长速度。该指标越高，说明公司的净资产增长速度越快；反之则慢。同时，一定程度上反映公司的净资产处于较快的成长期。但注意，净资产（权益）增长会受公司扩增资和分红比例的影响。
	37	经营净现金增长率	（本期经营NCF − 前期经营NCF）/ 前期经营NCF	反映公司经营现金的增长速度。该指标越高，说明公司经营能力高，销售增长；反之则低。同时，一定程度上反映公司的经营净现金处于较快快长状态。
	39	自我可持续增长率	ROE × 留存收益比例	反映公司当期留下的净利润（或财务资源），在负债比例、分红比例、资产周转速度、销售净利润率等财务经营条件不变的前提下，所能实现的前期的股东财富增值或权益投入资本的增长速度。
财富增值能力	40	经济增加值（EVA）	EBIT(1 − T) − WACC × 平均投入资本 或（税后ROIC − WACC）× 平均投入资本	在支付利息和股东合适报酬之后的超额收益或剩余收益。当指标为正，表示股东财富增值；反之贬值。指标越大，表示企业价值越多，反之越少。
	41	市场增加值（MVA）	实际公式：企业的市场价值 − 企业的投入资本，或企业负债资本的市场价值 + 企业股权资本的市场价值 − 企业的投入资本 理论公式：$\dfrac{EVA_1}{WACC - g} = \dfrac{(ROIC - WACC) \times 投入资本}{WACC - g}$	企业（资产）的市场价值与投入资本之间的差，表示企业创造价值。当企业（资产）的市场价值大，指标越大，表示企业从资本市场角度看，企业价值越多，反之越少。

（续表）

类型	序号	财务指标	公式	指标含义
财富增值能力	42	市值面值比	$\dfrac{股票价格}{股票面值}$	企业股票价格与股票面值之比，反映企业股票市价与股票面值之间的比例关系。当股票价格超过账面价值，说明投资者愿意支付比股票面值面价值更高的价格来买卖股票，股票增值；反之，股票贬值。可见，该指标从资本市场投资的角度反映是否为股东创造增加价值。
	43	投入资本效率（创值率）	$\dfrac{EVA}{平均投入资本}$	经济增加值与投入资本的比例关系。表示每元投入资本所产生的经济增加值。指标越高，说明每元投入资本的创造价值的能力越强，反之越弱。
	44	权益资本创值率	$\dfrac{EVA}{平均权益资本}$	经济增加值与权益资本的比例关系。表示每元权益资本所产生的经济增加值。指标越高，说明每元权益资本创造价值的能力越强，反之越弱。
	45	每股利润（EPS）	$\dfrac{净利润}{发行在外的股份数}$	净利润与股份数之比。表示一股所拥有的净利润。指标越高，说明每股盈利能力越强，反之越低。
	46	每股净资产	$\dfrac{期末净资产}{期末股份数}$	净资产与股份数之比。表示一股所拥有的净资产账面价值越高，反之越低。
	47	每股现金流	$\dfrac{税后经营性净现金}{发行在外的股份数}$	经营性净现金与每股份数之比。表示一股所分配到的经营性净现金。指标越高，说明每股的获现能力越强。
	48	每股分红（DPS）	$\dfrac{净利润（1-留存收益比例）}{发行在外的股份数}$	现金分红与每股份数之比。表示一股所分配到的净利润。指标越高，说明每股的盈利能力越强，反之越低。此外，DPS/EPS反映企业分配利润与留存利润的比例。
资本市场表现	49	市盈率	$\dfrac{每股价格}{EPS}$	股价与每股利润（EPS）之间的倍数关系，表明了每一元的股票价格，或投资者愿意以多少元的股票来购买企业每一元的净利润。指标高低具有正负面含义，比较复杂，需谨慎解读。一般而言，指标高可能说明企业前景看好，低可能说明前景不好，高可能股价被高估，低可能股价被低估。
	50	股价资产比	$\dfrac{每股价格}{每股净资产}$	股价与每股净资产之间的倍数关系，表明了每一元净资产支撑多少元的股票价格，或投资者愿意以多少元的股票来购买企业每一元的净资产。一般而言，指标高可能说明企业前景看好，低可能说明前景不好。但指标高也可能说明股价被高估，低可能说明股价被低估。

（续表）

类型	序号	财务指标	公式	指标含义
资本市场表现	51	股价与现金比	$\dfrac{每股价格}{每股经营性净现金}$	股价与每股经营性净现金之间的倍数关系，表明了每一元经营性净现金支撑多少元的股价，或投资者愿意以多少元的股票价格来购买企业每一元的经营性净现金。一般而言，指标高可能说明股价被高估，低可能说明股价被低估；但指标高可能说明企业前景好，低可能说明前景不好。
	52	股票收益率	$\dfrac{股票期末价格-股票期初价格+每股现金分红}{股票期初价格}$	股东持有股票的收益（资本利得和现金股利）与其收购价格之间的比。指标越高，说明其收益率越高，反之越低。
资本成本	53	权益资本成本 K_S	$K_S = R_t + (R_m - R_t)\beta$ $K_S = $ 银行长期贷款利率 + 风险补偿 $K_S = \dfrac{D_1}{P_0} + g$	股东预测其权益资本的收益率，或企业使用股权资本的成本。一般有三个公式（见左栏）。
	54	债务资本成本 K_D	$K_D = $ 贷款利率 × $(1-T)$ $P_0 = \sum_{T=1}^{N} \dfrac{每期利息}{(1+K_D)^T} + \dfrac{P_N}{(1+K_D)^N}$	债权人预期其债务资本的收益率，或企业使用股东的债务资本所必需支付的成本。
	55	优先股资本成本 K_P	$K_P = \dfrac{D_P}{P_0} = \dfrac{优先股股利}{优先股股价}$	优先股股东预期其优先股的收益率，或企业使用优先股东的债务资本所必须支付的成本。
	56	加权平均资本成本（WACC）	$\dfrac{负债价值}{企业总价值} \times K_D(1-T) + \dfrac{权益价值}{企业总价值} \times K_S$ $\dfrac{各类需要支付成本的负债 \times K_D(1-T) + 权益资本 \times K_S}{投入资本}$	企业使用每一元资本（部分债务资本，部分股权资本）所必须支付的平均成本。指标越低，企业资本成本越高，反之越低。 企业使用每一元资本（部分债务资本，部分股权资本）所必须支付的平均成本。指标越大，企业资本成本越高，反之越低。

附表二 商业银行主要监管指标的计算公式和释义

类型	序号	财务指标	公式	指标释义
信用风险水平	1	不良资产率	$\dfrac{\text{不良信用风险资产}}{\text{信用风险资产}} \times 100\%$	信用风险资产是指银行资产负债表内及表外承担信用风险的资产，主要包括各项贷款、拆放同业及买入返售资产、银行账户的债券投资、应收利息、其他应收款、承诺及或有负债等。不良信用风险资产是指信用风险资产中分类为不良资产类别的部分。该指标不应高于4%。
信用风险水平	2	不良贷款率	$\dfrac{\text{次级类贷款}+\text{可疑类贷款}+\text{损失类贷款}}{\text{各项贷款}} \times 100\%$	次级类贷款定义为借款人的还款能力出现明显问题，完全依靠其正常营业收入无法足额偿还贷款本息，即使执行担保，也可能会造成一定损失。可疑类贷款的定义为借款人无法足额偿还贷款本息，即使执行担保，也肯定要造成较大损失。损失类贷款定义为在采取所有可能的措施或一切必要的法律程序之后，本息仍然无法收回，或只能收回极少部分。这三类贷款合计为不良贷款。各项贷款是指银行业金融机构对借款人融出货币资金形成的资产。主要包括贷款、贸易融资、票据融资、融资租赁、从非金融机构买入返售资产、透支、各项垫款等。该指标不应高于5%。
信用风险水平	3	单一集团客户授信集中度	$\dfrac{\text{最大一家集团客户授信总额}}{\text{资本净额}} \times 100\%$	最大一家集团客户授信总额是指报告期末授信余额最高的一家集团客户的授信总额。授信是指商业银行向非金融机构客户直接提供的资金，或者对客户在有关经济活动中可能产生的赔偿、支付责任作出的保证，包括贷款、贸易融资、票据融资、融资租赁、透支、各项垫款等表内业务，以及票据承兑、开出信用证、保函、备用信用证、信用证保兑、债券发行担保、借款担保、有追索权的资产销售、未使用的不可撤销的贷款承诺等表外业务。该指标不应高于15%。
信用风险水平	4	单一客户贷款集中度	$\dfrac{\text{最大一家客户贷款总额}}{\text{资本净额}} \times 100\%$	最大一家客户贷款总额是指报告期末各项贷款余额最高的一家客户的各项贷款的总额。客户是指取得贷款的法人、其他经济组织、个体工商户和自然人。该指标不应高于10%。
信用风险水平	5	全部关联度	$\dfrac{\text{全部关联方授信总额}}{\text{资本净额}} \times 100\%$	全部关联方授信总额是指商业银行对全部关联方的授信余额，扣除授信时关联方提供的保证金存款以及质押的银行存单和国债金额。该指标不应高于50%。

（续表）

类型	序号	财务指标	公式	指标释义
市场风险	6	累计外汇敞口头寸比例	$\dfrac{累计外汇敞口头寸}{资本净额} \times 100\%$	累计外汇敞口头寸为银行汇率敏感性外汇资产减去汇率敏感性外汇负债的余额。该指标不应高于20%。
市场风险	7	利率风险敏感度	$\dfrac{利率上升200个基点对银行净值影响}{资本净额} \times 100\%$	本指标在假定利率平行上升200个基点的情况下，计量利率久期分析，将银行所有的生息资产和付息负债价的影响。指标按照利率重新定价的期限划分到不同的时间段，在每一个时间段内，将利率敏感性资产减去利率敏感性负债，再加上表外业务头寸，得到该时间段的利率重新定价"缺口"。对各时段的加权缺口进行汇总，以此估算一定的利率变加权缺口后，对所有时段的加权缺口进行汇总，以此估算一定的利率变动可能会对银行经济价值产生的影响。
流动性水平风险	8	流动性比率	$\dfrac{流动性资产}{流动性负债} \times 100\%$	流动性资产包括现金、黄金、超额准备金存款、1个月内到期的同业往来款项扣差后净额、1个月内到期的应收利息及其他应收款、1个月内到期的合格债券投资、在国内外二级市场上可随时变现的债券投资、其他1个月内到期的可变现的资产（剔除其中的不良资产）。流动性负债包括活期存款（不含财政性存款）、1个月内到期的定期存款（不含财政性存款）、1个月内到期的同业存款、1个月内到期的已发行的债券、1个月内到期的应付利息及各项应付款、1个月内到期的中央银行借款、其他1个月内到期的负债。该指标不应低于25%。
流动性水平风险	9	核心负债比例	$\dfrac{核心负债}{总负债} \times 100\%$	核心负债包括距到期日3个月以上（含）定期存款和发行债券以及活期存款的50%。该指标不应低于60%。
流动性水平风险	10	流动性缺口率	$\dfrac{流动性缺口}{90天内期表内外资产} \times 100\%$	流动性缺口为90天内到期的表内外资产减去90天内到期的表内外负债的差额。该指标不应低于-10%。
正常贷款迁徙率	11	正常贷款迁徙率	$\dfrac{期初正常类贷款中转为不良贷款的金额 + 期初关注类贷款中转为不良贷款的金额}{期初正常类贷款 - 期初正常类贷款期间减少金额 + 期初关注类贷款 - 期初关注类贷款期间减少金额} \times 100\%$	期初正常类贷款中转为不良贷款的金额，是指期初正常类贷款中，在报告期末分类为次级类、可疑类或损失类贷款的余额之和。期初关注类贷款中转为不良贷款的金额，是指期初关注类贷款中，在报告期末分类为次级类、可疑类或损失类贷款的余额之和。期初正常类贷款或关注类贷款期间减少金额，是指期初正常类贷款或关注类贷款，在报告期内，由于贷款收回、不良贷款处置或贷款核销等原因而减少的贷款。
迁徙	12	关注类贷款迁徙率	$\dfrac{期初关注类贷款向下迁徙金额}{期初正常类贷款余额 - 期初正常类贷款期间减少金额} \times 100\%$	期初关注类贷款向下迁徙金额，是指期初关注类贷款中，在报告期末分类为次级类/可疑类/损失类贷款的贷款余额之和。

（续表）

类型	序号	财务指标	公式	指标释义
风险迁徙	13	次级类贷款迁徙率	$\dfrac{\text{期初次级类贷款向下迁徙金额}}{\text{期初次级类贷款余额}-\text{期初次级类贷款期间减少金额}} \times 100\%$	期初次级类贷款向下迁徙金额，是指期初次级类贷款之中，在报告期末分类为可疑类/损失类的贷款金额。期初次级类贷款期间减少金额，是指期初次级类贷款之中，在报告期内，由于贷款正常收回、不良贷款处置或贷款核销等原因而减少的贷款。
不良贷款迁徙率	14	可疑类贷款迁徙率	$\dfrac{\text{期初可疑类贷款向下迁徙金额}}{\text{期初可疑类贷款余额}-\text{期初可疑类贷款期间减少金额}} \times 100\%$	期初可疑类贷款向下迁徙金额，是指期初可疑类贷款之中，在报告期末分类为损失类的贷款余额。期初可疑类贷款期间减少金额，是指期初可疑类贷款之中，在报告期内，由于贷款正常收回、不良贷款处置或贷款核销等原因而减少的贷款。
盈利水平	15	资产利润率	$\dfrac{\text{净利润}}{\text{资产平均余额}} \times 100\%$	净利润是指按照金融企业会计制度编制损益表中净利润。资产是指按照金融企业会计制度编制的资产负债表中资产总计余额。该指标不应低于0.6%。
	16	资本利润率	$\dfrac{\text{净利润}}{\text{所有者权益平均余额}} \times 100\%$	所有者权益是指按金融企业会计制度编制的资产负债表中所有者权益余额。该指标不应低于11%。
	17	成本收入比率	$\dfrac{\text{营业费用}}{\text{营业收入}} \times 100\%$	营业费用是指按金融企业会计制度要求编制的损益表中营业费用。营业收入是指按金融企业会计制度要求编制的损益表中利息净收入与其他各项营业收入之和。该指标不应高于45%。
风险准备金充足程度	18	资产损失准备充足率	$\dfrac{\text{信用风险资产实际计提准备}}{\text{信用风险资产应提准备}} \times 100\%$	信用风险资产实际计提准备是指银行根据信用风险资产预计损失而实际计提的准备。信用风险资产应提准备是指根据贷款风险分类情况应提取准备的金额。该指标不应低于100%。
抵御	19	贷款损失准备充足率	$\dfrac{\text{贷款实际计提准备}}{\text{贷款应提准备}} \times 100\%$	贷款实际计提准备是指银行根据贷款预计损失而实际计提的准备。该指标不应低于100%。
资本充足情况	20	资本充足率	$\dfrac{\text{资本净额}}{\text{风险加权资产}+12.5\text{倍的市场风险资本}} \times 100\%$	资本净额等于商业银行的核心资本加附属资本之后再减去扣减项的值。核心资本、附属资本、扣减项、风险加权资产和市场风险资本的定义和计算方法按照《商业银行资本充足率管理办法》（中国银行业监督管理委员会2004年第2号令）及相关法规要求执行。该指标不应低于8%。
	21	核心资本充足率	$\dfrac{\text{核心资本净额}}{\text{风险加权资产}+12.5\text{倍的市场风险资本}} \times 100\%$	核心资本净额等于商业银行的核心资本扣减项的值。核心资本、核心资本扣减项、风险加权资产和市场风险资本的定义和计算方法按照《商业银行资本充足率管理办法》（中国银行业监督管理委员会2004年第2号令）及相关法规要求执行。该指标不应低于4%。

备注：1. 附表二主要参照《商业银行风险监管核心指标（试行）》。
2. 附表二适用于分析企业的财务报表，也可以应用于商业银行的财务报表分析，但在分析商业银行的财务报表的同时，通常需根据附表二的各项监管指标，分析和评价商业银行的风险。

附表三 总风险、经营风险、财务风险的分解公式

经营风险	财务风险	总风险
$\dfrac{\text{EBIT 变动率}}{\text{销售量变动率}}$	$\dfrac{\text{净利润变动率}}{\text{EBIT 变动率}}$	$\dfrac{\text{净利润变动率}}{\text{销售量变动率}}$
$\dfrac{\text{销售量(单价}-\text{单位产品变动成本)}}{\text{销售量(单价}-\text{单位产品变动成本)}-\text{总固定成本}}$	$\dfrac{\text{销售量(单价}-\text{单位产品变动成本)}-\text{总固定成本}}{\text{销售量(单价}-\text{单位产品变动成本)}-\text{总固定成本}-\text{利息}}$	$\dfrac{\text{销售量(单价}-\text{单位产品变动成本)}}{\text{销售量(单价}-\text{单位产品变动成本)}-\text{总固定成本}-\text{利息}}$
$\dfrac{\text{销售收入}-\text{总变动成本}}{\text{销售收入}-\text{总变动成本}-\text{总固定成本}}$	$\dfrac{\text{销售收入}-\text{总变动成本}-\text{总固定成本}}{\text{销售收入}-\text{总变动成本}-\text{总固定成本}-\text{利息}}$	$\dfrac{\text{销售收入}-\text{总变动成本}}{\text{销售收入}-\text{总变动成本}-\text{总固定成本}-\text{利息}}$

附表四 权益资本收益率（ROE）和自我可持续增长率（g）的影响因素分解公式

方法	ROE分解分析							方法	自我可持续增长率（g）分解分析		
	ROE	经营性竞争优势		财务性竞争优势		税赋优势			自我可持续增长率	ROE	留存收益比例
		营业利润率	总资产周转次数	权益乘数	$1-\dfrac{\text{财务费用}}{\text{EBIT}}$	$1-$实际所得税率					
一	ROE $\dfrac{\text{税后利润}}{\text{权益资本}}$	$\dfrac{\text{EBIT}}{\text{销售收入}}$	$\dfrac{\text{销售收入}}{\text{总资产}}$	$\dfrac{\text{总资产}}{\text{权益资本}}$	$\dfrac{\text{税前利润}}{\text{EBIT}}$	$\dfrac{\text{税后利润}}{\text{税前利润}}$	一	自我可持续增长率 g	ROE	$\dfrac{\text{税后利润}}{\text{权益资本}}$	留存收益比例 $1-\dfrac{\text{分红}}{\text{净利润}}$
二	ROE $\dfrac{\text{税后利润}}{\text{权益资本}}$	税后投入资本收益率 ROIC$(1-T)$	(ROIC $-$ 利息率)	$(1-T)$	有息负债与权益之比	—	二	自我可持续增长率 g	ROE	$\dfrac{\text{税后利润}}{\text{权益资本}}$	留存收益比例 $1-\dfrac{\text{分红}}{\text{净利润}}$
三	ROE $\dfrac{\text{税后利润}}{\text{权益资本}}$	总资产盈利能力 $\dfrac{\text{EBIT}}{\text{总资产}}$	权益乘数 $\dfrac{\text{总资产}}{\text{权益资本}}$	净利润占EBIT比重 $\dfrac{\text{税后利润}}{\text{EBIT}}$	—	—	三	自我可持续增长率 g	ROE	$\dfrac{\text{税后利润}}{\text{权益资本}}$	留存收益比例 $1-\dfrac{\text{分红}}{\text{净利润}}$

附表五　经济增加值(EVA)的分解公式

税后投入资本收益率(ROIC)	加权平均资本成本(WACC)
营业利润率 = EBIT/销售收入	付息债务的资本成本 K_D
投入资本周转次数 = 销售收入/投入资本	付息负债比例 = 付息债务资本/投入资本
税前 ROIC	权益资本的成本 K_S
(1 - 所得税税率)	权益比例 = 权益资本/投入资本
税后 ROIC	WACC
税后 ROIC - WACC	
平均投入资本	
EVA = (税后 ROIC - WACC) × 平均投入资本	

1. Altman, E., 1984, A further empirical investigation of bankruptcy costs, *Journal of Finance* 39, 1067—1089.
2. Atrill, P. 著,赵银德、张华译,《财务管理基础》(第三版),机械工业出版社,2004 年。
3. Baker, M., Wurgler, J., 2004, A catering theory of dividends, *Journal of Finance* 59, 1125—1165.
4. Bhattacharya, S., 1979, Imperfect information, dividend policy, and the bird-in-hand fallacy, *Bell Journal of Economics* 10, 259—270.
5. Bodie, Z., Kane, A., and Macrus, A., 2008, *Investment*, 7th edition, McGraw-Hill Irwin.
6. Brealey, R., Myers, S., and Marcus, A., 2004, *Fundamentals of Corporate Finance*, 4th international edition, McGraw Hill.
7. Brigham, E. F., Gapensiki, L. C., 1985, *Intermediate Financial Management*, Dryden Press.
8. Copeland, T. E., Weston, J. F., 1983, *Financial Theory and Corporate Policy*, 2nd edition, Addision-Wesley.
9. DeAngelo, H., DeAngelo, L., 1990, Dividend policy and financial distress: An empirical investigation of troubled NYSE firms, *Journal of Finance* 45, 1415—1431.
10. Dimson, E., Marsh, P., and Staunton, M., 2006, The worldwide equity premium: A smaller puzzle. Working Paper.
11. Donaldson, G., 1961, Corporate debt capacity: A study of corporate debt policy and the determination of corporate debt capacity, Division of Research, Harvard Graduate School of Business Administration.
12. Downes, J., Goodman, J. E., 1987, *Dictionary of Finance and Investment Terms*, 3rd edition, New York: Barron's.
13. Durand, D., 1952, Cost of debt and equity funds for business: Trends and problems of measurement, Conference on Research in Business Finance, NBER.
14. Fama, E., French, K., 2001, Disappearing dividends: Changing firm characteristics or lower propensity to pay? *Journal of Financial Economics* 60, 3—43.
15. Fischer, E. O., Heinkel, R., Zechner, J., 1989, Dynamic capital structure choice: Theory and tests, *Journal of Finance* 44, 19—40.
16. Foster, G., 1986, *Financial Statement Analysis*, 2nd edition, Prentice-Hall.
17. Francis, J. C., 1986, *Investments: Analysis and Management*, 4th edition, McGraw Hill.
18. Francis, J. C., Archer, S. H., 1979, *Portfolio Analysis*, 2nd edition, Prentice Hall.
19. Fraser, L. M., Ormiston, A., 1998, *Understanding Financial Statements*, Prentice Hall.
20. Gordon, M. J., 1963, Optimal investment and financing policy, *Journal of Finance* 18, 264—272.
21. Guey, Y., Ozkan, A., and Ozkan, N., 2007, International evidence on the non-linear impact of leverage on corporate cash holdings, *Journal of Multinational Financial Management*, 45—60.
22. Hartnett, M., Guité, S., and Putcha, S., 2011, *The Longest Pictures*, Bank of America, Merrill Lynch.
23. Healy, P. M., Palepu, K. G., 1988, Earning information conveyed by dividend initiation and omission, *Journal of Financial Economics* 21, 149—175.
24. Ibbotson, R. G., 1975, Price performance of common stock new issues, *Journal of Financial Economics* 4, 235—272.
25. Jensen, M. C., 1986, Agency costs of free cash flow, corporate finance, and takeovers, *American Economic Review* 76, 323—330.
26. Jensen, M. C., Meckling, W. H., 1976, Theory of the firm: Managerial behavior, agency costs and ownership structure, *Journal of Financial Economics* 3, 305—360.

27. Koller, T., Goedhart, M., and Wessels, D., 2010, *Valuation: Measuring and Managing the Value of Companies*, 5th edition, John Wiley & Sons.
28. Leland, H. E., Pyle, D. H., 1977, Informational asymmetries, financial structure, and financial intermediation, *Journal of Finance* 32, 371—387.
29. Litzenberger, R. H., Ramaswamy, K., 1979, The effect of personal taxes and dividends on capital asset prices: Theory and empirical evidence, *Journal of Financial Economics* 7, 163—195.
30. Mahajan, A., Tartaroglu S., 2008, Equity market timing and capital structure: International evidence, *Journal of Banking and Finance* 32, 754—766.
31. Michaely, R., Thaler, R. H., and Womack, K., 1995, Price reaction to dividend initiations and omissions: Overraction or Drift, *Journal of Finance* 50, 573—608.
32. Miller, M. H., 1977, Debt and taxes, *Journal of Finance* 32, 261—275.
33. Miller, M. H., Modigliani, F., 1961, Dividend policy, growth and the valuation of shares, *Journal of Business* 34, 411—433.
34. Modigliani, F., Miller, M. H., 1958, The cost of capital, corporation finance and the theory of investment, *American Economic Review* 48, 261—297.
35. Modigliani, F., Miller, M. H., 1963, Corporate income taxes and the cost of capital: A correction, *American Economic Review* 53, 433—443.
36. Moody, 2011, Corporate default and recovery rates, 1920—2010.
37. Myers, S., Majluf, N., 1984, Corporate financing and investment decisions when firms have information that investors do not have, *Journal of Financial Economics* 13, 187—221.
38. Myers, S. C., 1977, Determinants of corporate borrowing, *Journal of Financial Ecomomics* 5, 147—175.
39. Myers, S. C., 1984, The capital structure puzzle, *Journal of Finance* 39, 28—30.
40. Rock, K., 1986, Why new issues are underpriced, *Journal of Financial Economics* 15, 187—212.
41. Ross, S. A., 1977, The determination of capital structure: The incentive signalling approach, *Bell Journal of Economics* 8, 23—40.
42. Rozeff, M., 1986, How companies set their dividend payout ratios, in *The Revolution in Corporate Finance*, edited by Stern and Chew.
43. Ruud, J. S, 1993, Underwriter price support and the IPO underpricing puzzle, *Journal of Financial Economics* 34, 135—151.
44. Sharpe, W. F., Alexander, G. J., and Bailey, J. V., 1995, *Investment*, 5th edition, Prentice Hall.
45. Strebulaev, I. A., 2007, Do tests of capital structure theory mean what they say? *Journal of Finance* 62, 1747—1787.
46. Van Horne, J. C., Dipchand, C. R., and Hanrahan, J. R., 1981, *Financial Management and Policy*, Canadian 5th edition, Prentice-Hall.
47. Warner, J. B., 1977, Bankruptcy costs: Some evidence, *Journal of Finance* 32, 337—347.
48. 布里格姆等著,狄瑞鹏等译:《财务管理:理论与实践》(第10版),清华大学出版社,2005年。
49. 法雷尔、雷哈特著,齐寅峰等译:《投资组合管理:理论与应用》(第2版),机械工业出版社,2000年。
50. 哈瓦维尼、维埃里著,王全喜等译:《经理人员财务管理——创造价值的过程》,机械工业出版社,2000年。
51. 海尔菲特著,张建军等译:《财务分析技术》,中国财政经济出版社,2002年。
52. 希金斯著,沈艺峰等译:《财务管理分析》(第6版),北京大学出版社,2004年。
53. 佩因曼著,陆正飞、刘力译:《财务报表分析与证券定价》,中国财政经济出版社,2002年。

54. 罗斯等著,吴世农、沈艺峰、王志强译:《公司理财》(第 8 版),机械工业出版社,2009 年。
55. 安永:《电信企业营运资本管理业绩调查报告》,研究报告,2008 年。
56. 毕马威:《现金不容忽视——中国的现金和营运资本管理》,研究报告,2010 年。
57. 财政部会计司编写组:《企业会计准则讲解——2010》,人民出版社,2010 年。
58. 查璐:《中国建设银行投资价值分析》,厦门大学硕士论文(指导教师:吴世农),2011 年。
59. 陈小悦、贺颖奇、陈朝武:《财务管理基础理论与实务专题》,中国财政经济出版社,2006 年。
60. 陈晓、陈小悦、倪凡:"我国上市公司首次股利信号传递效应的实证研究",《经济科学》,1998 年第 5 期。
61. 黄世忠:《会计数字游戏:美国十大财务舞弊案例剖析》,中国财政经济出版社,2003 年。
62. 李常青:《当代股利政策理论发展综述和股利信号理论的实证研究》,中国人民大学出版社,2003 年。
63. 李常青:《股利政策的理论与实证研究》,中国人民大学出版社,2001 年。
64. 李常青、魏志华、吴世农:"半强制分红政策的市场反应研究",《经济研究》,2010 年第 3 期。
65. 刘星、李豫湘、杨秀苔:"影响我国股份公司股利决策的因素分析",《管理工程学报》,1997 年 1 期。
66. 陆正飞等:《中国上市公司融资行为与融资结构研究》,北京大学出版社,2005 年。
67. 吕长江、王克敏:"上市公司股利政策的实证分析",《经济研究》,1999 年第 12 期。
68. 沈艺峰:《资本结构理论史》,经济科学出版社,1999 年。
69. 沈艺峰、沈洪涛:《公司财务理论主流》,东北财经大学出版社,2004 年。
70. 王志强:《税收与公司财务政策选择》,中国商务出版社,2004 年。
71. 魏刚:"我国上市公司股利分配的实证研究",《经济研究》,1998 年第 6 期。
72. 吴世农:《投资项目经济效益的评价与决策方法》,江西人民出版社,1992 年。
73. 吴世农:《现代财务理论与方法》,中国经济出版社,1996 年。
74. 吴世农:《中国股票市场风险研究》,中国人民大学出版社,2005 年。
75. 吴世农、卢贤义:"我国上市公司财务困境预测模型研究",《经济研究》,2001 年第 6 期。
76. 余绪缨等:《企业理财学》,辽宁人民出版社,2004 年。
77. 卓建明:《格力电器与美的电器的财务绩效、财务政策及财务战略分析》,厦门大学硕士论文(指导教师:吴世农),2010 年 10 月。
78. 张水泉、韩德宗:"上海股票市场股利与配股效应的实证研究",《预测》,1997 年第 3 期。
79. 中国证券监督管理委员会编:《2010 年中国上市公司年鉴》,中国经济出版社,2011 年。
80. 中央结算公司债券信息部:《2011 年度银行间债券市场年度统计分析报告》,研究报告,2012 年。